Rae Orion

Astrologie für Dummies

Der himmlische Ratgeber für Ihr Leben

Übersetzung aus dem
Amerikanischen von
Marion Thomas

mitp

Die Deutsche Bibliothek – CIP-Einheitsaufnahme:

Orion, Rae:
Astrologie für Dummies / Rae Orion. Übers. aus dem Amerikan. von Marion Thomas. - Bonn: MITP-Verlag, 2000
Einheitssacht.: Astrology For Dummies <dt.>
ISBN 3-8266-2896-9

ISBN 3-8266-2896-9
1. Auflage 2000

Übersetzung der amerikanischen Originalausgabe:
Rae Orion: Astrology For Dummies

Printed in Germany

Ein Unternehmen der verlag moderne industrie AG & Co. KG, Landsberg

Lektorat: Sabine Schulz
Korrektorat: Monika Starke
Herstellung: Carin Lebenstedt
Druck: Media-Print, Paderborn
Umschlaggestaltung: Sylvia Eifinger, Bornheim
Satz und Layout: Lieselotte und Conrad Neumann, München

Astrologie für Dummies – Schummelseite

Sonnenzeichen und Symbole

Zeichen	Symbol
Widder	♈
Stier	♉
Zwillinge	♊
Krebs	♋
Löwe	♌
Jungfrau	♍
Waage	♎
Skorpion	♏
Schütze	♐
Steinbock	♑
Wassermann	♒
Fische	♓

Häuser und die Bereiche, die sie regieren

- ✔ **Erstes Haus:** Erscheinung, äußere Persönlichkeit
- ✔ **Zweites Haus:** Geld, Besitztümer, Werte
- ✔ **Drittes Haus:** Kommunikation, lokale Umgebung, Geschwister
- ✔ **Viertes Haus:** Heim, Eltern, Wurzeln, Umstände am Lebensende
- ✔ **Fünftes Haus:** Liebe, Kinder, Kreativität, Spaß
- ✔ **Sechstes Haus:** Beruf, Gesundheit, Dienen
- ✔ **Siebtes Haus:** Ehe und andere Partnerschaften
- ✔ **Achtes Haus:** Sexualität, Tod, Wiedergeburt, das Geld anderer Menschen
- ✔ **Neuntes Haus:** Höhere Bildung, Reisen, Religion, Philosophie, Recht
- ✔ **Zehntes Haus:** Karriere, Status, Ruf
- ✔ **Elftes Haus:** Freunde, Gruppen, Ziele, Wünsche
- ✔ **Zwölftes Haus:** Abgeschiedenheit, Geheimnisse, Spiritualität, Selbstaufopferung, Institutionen, Schicksal, Karma

Symbole der Planeten und anderer Himmelskörper

Symbole der Planeten

Himmelskörper	Symbol
Sonne	☉
Mond	☽
Nördlicher Mondknoten	☊
Südlicher Mondknoten	☋
Merkur	☿
Venus	♀
Mars	♂
Jupiter	♃
Saturn	♄
Uranus	♅
Neptun	♆
Pluto	♇
Chiron	⚷
Ceres	⚳
Juno	⚵
Pallas	⚴
Vesta	⚶
Glückspunkt	⊗

Symbole für die Aspekte

Aspekt	Symbol
Konjunktion	☌
Semisextil	⚺
Semiquadrat	∠
Sextil	⚹
Quadrat	□
Trigon	△
Quinkunx	⚻
Opposition	☍

Astrologie für Dummies – Schummelseite

Sonnenzeichen: Daten, Herrscher und Eigenschaften

Zeichen	Daten	Herrscher	Eigenschaften
Widder	21. Mrz – 20. Apr	Mars	Energie, Initiative
Stier	21. Apr – 20. Mai	Venus	Zuverlässigkeit, Beständigkeit
Zwillinge	21. Mai – 21. Jun	Merkur	Vielseitigkeit, Neugier
Krebs	22. Jun – 22. Jul	Mond	Intuition, Sympathie
Löwe	23. Jul – 23. Aug	Sonne	Selbstvertrauen, Selbstausdruck
Jungfrau	24. Aug – 23. Sept	Merkur	Analyse, Perfektionismus
Waage	24. Sept – 23. Okt	Venus	Ausgeglichenheit, Harmonie
Skorpion	24. Okt – 22. Nov	Pluto	Leidenschaft, Intensität
Schütze	23. Nov – 21. Dez	Jupiter	Abenteuer, Optimismus
Steinbock	22. Dez – 20. Jan	Saturn	Ehrgeiz, Organisation
Wassermann	21. Jan – 19. Feb	Uranus	Originalität, Vision
Fische	20. Feb – 20. Mrz	Neptun	Sensibilität, Glaube

Einflussbereiche der einzelnen Planeten

Planet	Einflussbereich
Sonne	Persönlichkeit, Hauptanliegen, Lebenskraft
Mond	Gefühle, Instinkt, Gewohnheiten
Merkur	Kommunikation, Intellekt, Vernunft
Venus	Liebe, Schönheit, Kunst
Mars	Aktion, Verlangen, Aggression
Jupiter	Erweiterung, Optimismus, Überfluss
Saturn	Einschränkung, Pessimismus, Struktur, Grenze
Uranus	Rebellion, Exzentrizität, Aufstand
Neptun	Phantasie, Träume, Täuschungen
Pluto	Transformation, Obsession, Macht

Astrologie für Dummies

Inhaltsverzeichnis

Einführung

Die Astrologie kann Ihr Leben verändern. Das ist mir selbst so ergangen. Die Astrologie bringt die verborgenen Geheimnisse des Selbst ans Licht und bietet einen Schlüssel, um andere zu verstehen. Sie ist eine nützliche Methode für die Analyse von Beziehungen und lässt uns sogar einen Blick in die Zukunft werfen. Darüber hinaus hat die Astrologie wie alle anderen großen Wissensbereiche die Macht, Ihre Wahrnehmung zu verändern. Sobald Sie etwas über Astrologie wissen, werden Sie die Welt nicht mehr mit den gleichen Augen sehen.

Um ein Vokabular zu verwenden, das sowohl objektiv als auch poetisch ist: Die Astrologie vergrößert Ihre Neugierde (denn wenn Sie ihre Grundlagen aufgesogen haben, wird jeder Mensch, den Sie treffen, egal wie farblos die Person oder wie flüchtig die Begegnung auch ist, zu einem Rätsel, das auf seine Lösung wartet). Die Astrologie erweitert Ihren Einblick in Verhaltensweisen und Motivationen und verstärkt vor allem Ihr Mitgefühl. Manche Leute glauben, dass die Astrologie alle menschlichen Wesen in zwölf Gruppen aufteilt. Wie falsch diese Leute doch liegen! Die Astrologie lehrt, dass alle Menschen universellen Bedürfnissen und Wünschen unterliegen – und dass jeder Mensch vollkommen und wunderbar einzigartig ist.

Über dieses Buch

Betrachten Sie dieses Buch als Nachschlagewerk. Sie müssen die Kapitel nicht in einer bestimmten Reihenfolge lesen. Sie müssen sich nicht einmal viel von einem Kapitel zum nächsten merken, weil dieses Buch voller Querverweise und Gedächtnisstützen ist. Wenn Sie bereits etwas über das Thema Astrologie wissen, können Sie an beliebiger Stelle einsteigen.

Falls Sie ein Neuling sind, kann ich Ihnen auch einfach die Wahrheit sagen: Die Astrologie ist ein kompliziertes System. Man kann sie nur beschreiben, wenn man am Anfang beginnt, und genau das werde ich tun. Ich habe oft gesehen, wie Leute durch Astrologiebücher blättern und ich weiß, dass niemand auf der ganzen Welt (außer meinen Lektoren) dieses Buch von der ersten bis zur letzten Seite lesen wird. Also habe ich es mit dem Gedanken im Hinterkopf geschrieben, dass Sie es an beliebiger Stelle aufschlagen können.

Dennoch möchten Sie vielleicht am Anfang beginnen und ein oder zwei Kapitel lesen, bevor Sie in den Rest des Buches eintauchen. Wenn Sie nur Ihr Sonnenzeichen kennen, schlagen Sie Kapitel 2 auf, in dem Sie erfahren, wie Sie ein Exemplar Ihres vollständigen Geburtshoroskops erhalten können. Wenn Sie bereits ein Exemplar Ihres Horoskops besitzen, können Sie an beliebiger Stelle anfangen. Ich lade Sie dazu ein, einen gemütlichen Spaziergang durch das Buch zu machen.

Was ich über Sie vermute

Ich vermute, dass die Astrologie Sie fasziniert und dass Sie – egal ob Neuling oder langjähriger und leidenschaftlicher Anhänger – sich vor allem für Ihr eigenes Horoskop interessieren. Daher stelle ich Ihnen verschiedene Wege vor, wie Sie Ihr Geburtshoroskop bekommen können. Anhand der Informationen in diesem Buch können Sie ein ungefähres Geburtshoroskop berechnen, das Ihnen viel genauere und persönlichere Informationen gibt, als es Ihr Sonnenzeichen allein vermag. Aber dieses Horoskop wird nicht absolut akkurat sein. Dafür müssen Sie zu einem Profi gehen – oder ins Internet.

Was mich zu meiner zweiten Vermutung bringt: Ich nehme an, dass Sie sich einigermaßen mit Computern auskennen (oder dass Sie clever genug sind, jemanden zu finden, der das kann) und dass Sie einen Zugang zum Internet haben. (Falls Sie selbst keinen Computer besitzen, denken Sie daran, dass viele Bibliotheken Computer haben, die mit dem Internet verbunden und für die Öffentlichkeit verfügbar sind. Außerdem gibt es in jeder größeren Stadt Internet-Cafés, in denen Sie bei einer Tasse Kaffee im Internet surfen können.) Wenn Sie im Internet sind, können Sie Ihr Horoskop ganz einfach berechnen lassen. Mit Ihrem Geburtshoroskop und diesem Buch können Sie die Astrologie auf vielfältige Art und Weise erforschen.

Meine dritte und letzte Vermutung ist ganz einfach, dass Sie einen Kopf zwischen Ihren Schultern haben, dass Sie von der Astrologie Einblicke und keinen Lottogewinn erwarten und dass Sie verstehen, dass die Astrologie nichts mit Schicksal oder Glück zu tun hat. Die Astrologie hat mit Möglichkeiten, Neigungen und Potenzialen zu tun. Eine alte Maxime, die jeder Generation von Astrologen gelehrt wird, sagt alles: Die Sterne treiben an, erzwingen aber nichts.

Wie dieses Buch organisiert ist

Astrologie für Dummies ist logisch aufgebaut. Das Buch beginnt mit einem Überblick. Danach finden Sie verschiedene Methoden, wie Sie Ihr Geburtshoroskop erhalten können, detaillierte Interpretationsmöglichkeiten zu diesem Horoskop, einen Abstecher in den Bereich der Beziehungen, Methoden, wie Sie die Astrologie im Alltag und für einen Blick in die Zukunft anwenden können und schließlich eine würzige Mischung von Themen, die in der Regel in einem Einführungsbuch nicht enthalten sind.

Teil I: Grundkurs Astrologie: Ihr Platz im Kosmos

Diese zwei Kapitel bilden die Grundlagen. Kapitel 1 stellt kurz die Sonne, den Mond, die Planeten, den Aszendenten und die zwölf Häuser vor. In Kapitel 2 erfahren Sie, wie Sie Ihr Geburtshoroskop erhalten können. Der Prozess wird anhand eines praktischen Beispiels verdeutlicht. Wenn Sie Kapitel 2 beendet haben, sind Sie im Stande, in den Rest des Buches einzutauchen.

Teil II: Das kosmische Kochbuch

Die Astrologie ist eine Kunst der Interpretation. Dieser Teil des Buches ist ihr Herz und ihre Seele. In diesen Kapiteln können Sie jeden Planeten in Ihrem Geburtshoroskop nach Zeichen und Haus nachschlagen. Kapitel 3 beschreibt detailliert die Sonne in allen zwölf Zeichen. In Kapitel 4 erfahren Sie etwas über die Bedeutung des Mondes. Kapitel 5 konzentriert sich auf den Aszendenten. In den Kapiteln 6 und 7 werden Merkur, Venus, Mars, Jupiter, Saturn, Uranus, Neptun und Pluto dargestellt.

Teil III: Das Zusammenspiel: Synthese im Sternenlicht

Wenn Sie Ihre Planetenstellungen im kosmischen Kochbuch nachschlagen, können Sie sich leicht von den Informationen erschlagen fühlen. Dieser Teil zeigt Ihnen, wie Sie die gesammelten Daten interpretieren. Kapitel 8 wirft einen Blick auf die Art und Weise, in der die verschiedenen Planeten interagieren. Sie finden hier eine Analyse der *Aspekte* oder geometrischen Beziehungen, durch welche die Planeten verbunden sind. Kapitel 9 zeigt Ihnen, wie Sie diese Informationen auf die wesentlichen Bestandteile reduzieren, indem Sie nach Mustern suchen, die Ihr Geburtshoroskop als Ganzes charakterisieren. Kapitel 10 geht nach einem anderen Muster vor: Es zeigt Ihnen, wie Sie mit fehlenden Aspekten, leeren Häusern und anderen Nullsummen umgehen.

Teil IV: Die Sterne und die Liebe: Kosmische Vergleiche

Suchen Sie die Liebe Ihres Lebens? Dieser Teil von *Astrologie für Dummies* zeigt Ihnen genau, wonach Sie suchen sollten. Kapitel 11 stellt die besonderen astrologischen Verbindungen dar, die zwei Menschen zusammenführen. Kapitel 12 gibt einen größeren Überblick. Hier wird die volle Breite der Möglichkeiten ausgeschöpft – alle 78 möglichen Kombinationen der Sonnenzeichen sind dargestellt. Außerdem finden Sie Tipps, wie Sie das Herz jedes Zeichens im Tierkreis erobern können.

Teil V: Astrologie in der Praxis

Ihr Geburtshoroskop ändert sich nie. Aber es ist auch nicht statisch, da es durch die sich ständig ändernden Positionen der Planeten im Weltall beeinflusst wird. Kapitel 13 stellt die aktuellen Planetenstellungen dar, die *Transite* genannt werden, und Ihr Leben heute beeinflussen. In Kapitel 14 geht es um eine Phobie, die viele Menschen kennen – die Angst vor rückläufigen Planeten. Und Kapitel 15, das praktischste Kapitel im Buch, zeigt Ihnen, wie Sie den Mond – Tag für Tag – zu Ihrem Vorteil nutzen können.

Teil VI: Teil der Zehner

Wenn Sie die Sonne, den Mond und die Planeten verstehen, kennen Sie die Grundlagen. Aber die Astrologie ist ein sich entwickelndes System, zu dem viele weitere Dinge gehören, die über die Grundlagen hinausgehen. Kapitel 16 stellt zehn weitere Faktoren dar, die Sie beachten sollten, wenn Sie ein Geburtshoroskop interpretieren, darunter Chiron, die Asteroiden, die Mondknoten, der Glückspunkt, die Fixsterne und mehr. Kapitel 17 geht über die Geburtsastrologie, auf die der Schwerpunkt dieses Buches gelegt ist, hinaus und wirft einen Blick auf die Mundanastrologie, die Stundenastrologie, die Standortastrologie und die indische, chinesische und präkolumbische Astrologie und andere Formen der altertümlichen Kunst.

Teil VII: Anhänge

Anhang A zeigt Ihnen, wie Sie Ihren Aszendenten bestimmen können. Anhang B listet die Positionen der Sonne, des Mondes und der Planeten, darunter auch Chiron, auf. Anhang C beinhaltet zwei leere Grafiken: eine Basishoroskopgrafik, die Sie für Ihre berechneten Geburtshoroskope verwenden können, und eine doppelte Horoskopgrafik, mit der Sie Geburtshoroskope vergleichen oder die aktuellen Transite verfolgen können.

Konventionen in diesem Buch

Meiner Meinung nach ist einer der charmantesten Aspekte der Astrologie, dass jedes Geburtshoroskop, jeder Kalender und fast jedes Buch mit winzig kleinen, geheimnisvoll aussehenden Symbolen durchsetzt ist. Aber solange sie diese Symbole noch nicht auswendig kennen, können sie ablenkend und verwirrend sein. Darum habe ich in der Regel die Namen der Zeichen, Planeten und Aspekte ausgeschrieben. Aber manchmal reichen Worte nicht aus und es passen nur die Symbole. Immer wenn ich also auf diesen Seiten ein reales Geburtshoroskop verwende, präsentiere ich es so, wie ein professioneller Astrologe es sehen würde – bedeckt mit Symbolen.

Es ist unglaublich nützlich, diese Symbole auswendig zu lernen. Aber Sie müssen es nicht tun. Statt dessen können Sie die Schummelseite zur Hand nehmen, die Sie am Anfang dieses Buches finden und auf der jedes Symbol aufgelistet ist, das Sie kennen müssen. Mit Hilfe der Schummelseite können Sie die Symbole in die deutsche Sprache rückübersetzen. Wenn Sie sich also ein Geburtshoroskop ansehen und etwa Folgendes finden:

☽**26**♊23

wissen Sie, dass es bedeutet, dass der Mond (☽) sich bei 26 Grad 23 Minuten im Zeichen der Zwillinge (♊) befindet.

Und damit komme ich zu einem wichtigen Punkt: Wenn ich eine Planetenstellung wie im vorstehenden Beispiel in diesem Buch erwähne, beschreibe ich die Position als 26°23' Zwillinge. In der Regel schreibe ich die Wörter *Grad* (°) und *Minuten* (') nicht aus. Ich setze voraus, dass Sie die Bedeutung kennen. In den realen Geburtshoroskopen in diesem Buch gehe ich noch einen Schritt weiter und lasse diese winzig kleinen wissenschaftlichen Symbole komplett weg. Stattdessen sind in den Horoskopen in diesem Buch die Gradangaben fett gedruckt und die Minuten in normaler Schrift wie folgt dargestellt: **26** 23.

Icons in diesem Buch

Sieben Icons, die in *Astrologie für Dummies* verteilt sind, dienen als Wegweiser:

Bestimmte Fehler werden leicht gemacht. Dieses Icon warnt Sie vor diesen Fehlern. Es macht Sie außerdem auf Schwierigkeiten aufmerksam, die zwischen Menschen mit bestimmten Sonnenzeichen auftreten können und auch auf Transite – z.B. rückläufiger Mars –, die zu schweren und frustrierenden Einschnitten führen können.

Ich glaube nicht an Glück. Aber ich glaube daran, dass bestimmte Planetenstellungen oder Aspekte die Dinge entschieden einfacher machen. Und ich glaube ganz sicher daran, dass es Zeiten gibt, in denen die Planeten zu Ihrem Vorteil positioniert sind. Dieses Icon zeigt es an.

Die Planeten sind nach Figuren der klassischen Mythologie benannt und diese Namen sind nicht zufällig gewählt, da die Planeten die Mythen reflektieren. Dieses Icon weist auf diese Mythen hin.

In einer perfekten Welt würde jede Planetenstellung, jeder Aspekt und Transit, welche in diesem Buch dargestellt sind, von einem Beispiel aus dem Leben eines real existierenden Menschen begleitet sein. In der realen Welt ist der Platz in einem Buch begrenzt, daher kann ich nur einige Beispiele geben. Dieses Icon weist auf diese Beispiele hin. In vielen Fällen handelt es sich bei den Beispielen aus dem wahren Leben um Filmstars, Politiker und andere öffentliche Persönlichkeiten. Gelegentlich gebe ich Beispiele von Menschen, die ich persönlich kenne. In diesen Fällen sind die Namen geändert. Die Astrologie bleibt gleich.

Gewisse Fakten und Prinzipien sind wichtig. Die meisten davon werden in den ersten Kapiteln dargestellt. Aber wenn Sie sich an eine bestimmte Sache erinnern müssen, um einen anderen Aspekt eines Horoskops verstehen zu können, versuche ich Sie sanft mit diesem Icon darauf hinzuweisen.

Es ist unmöglich, über die Astrologie zu reden, ohne dabei auf die Astronomie und die Mathematik zu stoßen. Immer wenn ich eine wesentliche wissenschaftliche Erklärung eines astrologischen Phänomens gebe, warne ich Sie und stelle dieses Icon voran. Sie wollen die Erklärung überschlagen? Nur zu. Generell gilt, dass Sie sie ignorieren dürfen, aber trotzdem noch folgen können.

Ein Abschnitt, dem dieses Icon vorangestellt ist, kann Ihnen einen einfacheren Weg aufweisen, etwas zu tun, Sie auf ein Buch oder eine Website hinweisen, in dem bzw. der Sie ähnliches Material zum jeweiligen Thema finden oder Ihnen Lösungsvorschläge zu einem Problem geben, das mit bestimmten Konfigurationen in einem Horoskop zusammenhängt.

Und jetzt?

Fangen Sie damit an, Ihr Geburtshoroskop zu untersuchen. Fragen Sie dann andere Menschen nach dem Datum, der Uhrzeit und dem Ort ihrer Geburt und untersuchen Sie auch deren Geburtshoroskope. Werfen Sie einen Blick zurück auf Schlüsselereignisse in Ihrem Leben und vergleichen Sie die Positionen der Planeten zu diesen Zeiten mit den Planeten in Ihrem Geburtshoroskop. Schauen Sie sich an, wo die Planeten jetzt stehen. Sie können sehen, dass Sie eine Mischung aus Möglichkeiten und Schwierigkeiten vorfinden – und Sie fühlen sich vielleicht etwas ängstlich. In diesem Fall sollten Sie daran denken, dass es – besonders unter neuen Astrologen – die Tendenz gibt, die Dinge überdramatisch zu sehen. Genau wie Medizinstudenten, die sich über exotische Krankheiten, die sie theoretisch bekommen könnten, den Kopf zerbrechen, tendieren Neulinge in der Astrologie dazu, großartige Triumphe und schreckliche Tragödien vorherzusehen. Tatsächlich sind solche Ereignisse selten. Aber die tagtäglichen Schwierigkeiten und Wahrscheinlichkeiten des Lebens sind immer gegenwärtig. Die Astrologie kann Ihnen sagen, wie Sie mit diesen Einflüssen umgehen können. Sie kann Ihnen sagen, wann Sie geduldig oder vorsichtig sein, wo Sie Ihre Energien investieren und wo Sie Änderungen erwarten sollten. Aber sie kann Ihnen nicht sagen, was genau passieren wird – es sei denn, Sie haben hellseherische Fähigkeiten.

Darum nehme ich als mein Motto die Worte, die der Wahrsager in Shakespeares Kleopatra sagt: »In der Natur unendlichem Geheimnis les ich ein wenig.« Ich habe festgestellt, dass das Wissen, das ich aus der Astrologie gewonnen habe, immer faszinierend und hilfreich ist. Ich habe die große Hoffnung, dass auch Sie am Wissen der Sterne Ihre Freude haben – und davon profitieren können.

Teil I

Grundkurs Astrologie: Ihr Platz im Kosmos

»Es gibt immer noch einen Widerspruch in diesem Teil meines Geburtshoroskops, in dem ich die Positionen der Autos auf dem Krankenhausparkplatz zur Zeit der Geburt berechnet habe.«

In diesem Teil...

»Erkenne dich selbst«, sagte das Orakel von Delphi. Das ist immer noch ein guter Rat. Aber Ratschläge wie dieser sind nicht leicht zu verwirklichen ... außer, Sie kennen die Astrologie. Als altes und sich weiterhin entwickelndes System wirft die Astrologie Licht auf die geheimen Winkel der Psyche und weist den Weg zur Selbsterkenntnis. Mit ihrer Hilfe können Sie Ihre Stärken und Schwächen erkennen, Ihre Bedürfnisse akzeptieren und das ansonsten unverständliche Verhalten der Menschen um Sie herum verstehen.

Dieser Teil von *Astrologie für Dummies* beginnt mit ein wenig Astronomie, gibt einen Überblick über die grundlegenden Konzepte der Astrologie und taucht dann direkt in die dunklen Tiefen der Kalkulation ein. Aber keine Angst: Auch wer nichts mit Algebra am Hut hat, wird den Anweisungen in Kapitel 2 folgen können, ohne dabei unterzugehen. Und wenn Sie mir durch Teil I folgen, werden Sie am Ende ein vollständiges Exemplar Ihres Geburtshoroskops zur Verfügung haben.

Ein astrologischer Überblick: Das Horoskop kurzgefasst

1

In diesem Kapitel

- Der Sternenhimmel: ein astronomischer Blick
- Ein Spaziergang durch den Tierkreis
- Die Sonne, der Mond und die Planeten
- Einführung in den Aszendenten
- Die Häuser entdecken

Der Legende nach hat sich Sir Isaac Newton, der weithin als das größte Genie aller Zeiten gilt, mit der Astrologie beschäftigt. Newton hatte einen komplexen, neugierigen Geist. Zusätzlich zur Erfindung der Infinitesimalrechnung und der Entdeckung des Gravitationsgesetzes, interessierte er sich auch für die Astrologie, die Bibel und die Alchemie, also der Aufgabe, normale Metalle in Gold zu verwandeln (er hat sich möglicherweise während seiner Experimente mit Quecksilber vergiftet). Als sein Freund Edmund Halley eine abfällige Bemerkung über die Astrologie machte, erwiderte Newton, ein konservativer Steinbock, sofort: »Sir, ich habe das Thema studiert. Sie nicht.« So ähnlich lautet die Geschichte.

Wie jeder andere Astrologe hätte auch ich gerne, dass die Geschichte wahr ist. Schließlich hat die Astrologie über die Jahre immer wieder Höhen und Tiefen erlebt, aber ihr haben nie Anhänger gefehlt. Katharina von Medici hatte Nostradamus als ihren Astrologen, Königin Elisabeth die Erste hatte einen Astrologen und ebenso Napoleon, George Washington, Thomas Jefferson, Benjamin Franklin, J.P. Morgan, und – der Berühmteste – Ronald Reagan. Aber in all dieser Zeit hat niemand eine vollständig zufriedenstellende Antwort darauf geben können, warum die Astrologie funktioniert. Über die Jahrhunderte hinweg haben Anhänger der alten Kunst angenommen, dass die Gravitation der Motor der Astrologie sein muss ... oder Elektromagnetismus ... oder das metaphysische »Gesetz der Zusammenhänge«. Carl G. Jung hat eine ähnliche Ansicht zusammengefasst, als er schrieb: »Wir werden zu einem bestimmten Zeitpunkt und an einem bestimmten Ort geboren und wie die Jahrgänge eines Weines sind die Qualitäten des Jahres und der Jahreszeit unserer Geburt in uns verborgen.«

Ich weiß nicht, warum die Astrologie funktioniert, nicht besser, als es Sir Isaac Newton wusste. Aber ich kann Ihnen versichern, dass sie funktioniert. Die Stellung der Planeten im Moment Ihrer Geburt – das heißt, Ihr *Geburtshoroskop* oder Ihr *Horoskop* – beschreibt Ihre Tendenzen, Ihre Fähigkeiten, Ihre Herausforderungen und Ihr Potenzial. Sie beschreibt nicht Ihr Schicksal, obwohl sie manche Schicksalsabläufe leichter erklärbar macht als andere. Ich glaube, dass die konkrete Form Ihres Schicksals von Ihnen selbst abhängt.

Ihr vollständiges Horoskop umfasst die Sonne, den Mond, die Planeten und eine Reihe anderer Punkte im Kosmos. Wenn Sie Ihr Sonnenzeichen bestimmen, erhalten Sie nur einen Bruchteil des Wissens, das die Astrologie Ihnen bietet. Aber es ist der erste und einzige Ort, an dem Sie beginnen können.

Ein Blick auf den Sternenhimmel

Stellen Sie sich das Sonnensystem vor, in dem wir leben: In der Mitte ist die Sonne. Um sie herum schwirren die Planeten (und Asteroiden), deren Umlaufbahnen die Sonne in etwa so umkreisen, wie die Rillen auf einer Schallplatte den Aufkleber in der Mitte. Egal, wo sie sich auf ihrer Reise um die Sonne befinden, die Planeten und Asteroiden bleiben immer in ihren Rillen innerhalb eines relativ engen Raums, einer Art »Schallplatte« des Weltalls. (Die Ausnahme ist Pluto, dessen Umlaufbahn über und unter den Pfaden der anderen Planeten verläuft.)

Weit über die Grenzen unseres kleinen Systems hinaus finden sich Milliarden von Sternen. Die Sterne sind so unvorstellbar weit entfernt, dass sie sich nie zu bewegen scheinen und unser Sonnensystem wie eine Tapete schmücken. (Tatsächlich bewegen sich die Sterne, aber durch die weite Entfernung ist ihre Bewegung praktisch nicht zu erkennen.) Von Nacht zu Nacht, von Jahreszeit zu Jahreszeit und von Jahr zu Jahr führt die sich ändernde Position der kreisenden Erde dazu, dass verschiedene Teile der Sternentapete in unser Blickfeld rücken. Gegen diesen ruhigen Hintergrund voller Sterne führen die Planeten ihren Tanz aus und folgen immer einer bestimmten Route, die als die *Ekliptik* bekannt ist.

Wir wissen, dass sich die Erde um die Sonne dreht und nicht umgekehrt. Aber unsere Vorfahren waren keine Dummies, weil sie anders dachten. Es sieht wirklich so aus, als würde sich die Sonne um die Erde drehen. Sie scheint im Osten auf- und im Westen unterzugehen. Jahr für Jahr sieht es aus, als würde sie durch die gleichen Konstellationen (Sternbilder) des Tierkreises ziehen. Tatsächlich dreht sich die Erde um die Sonne und all diese visuellen Effekte sind genau das – Effekte. Aber vom Sichtpunkt eines Erdlings scheint sich die Sonne um die Erde zu drehen und immer innerhalb der Beschränkungen eines bestimmten Pfades zu bleiben. Dieser Pfad, diese Schleife des Weltalls, umkreist die Erde wie ein gigantischer Reifen. Da Finsternisse (Eklipsen) immer dort stattfinden, nennt man diesen Pfad Ekliptik. Diese können Sie sofort entdecken, wenn Sie sich den Himmel ansehen, da die Sonne sich immer innerhalb der Begrenzungen der Ekliptik befindet.

Die drei wichtigsten Fakten über die Ekliptik sind:

- ✔ Die Ekliptik stellt den scheinbaren Weg der Sonne um die Erde dar – scheinbar deshalb, weil die Sonne sich tatsächlich gar nicht um die Erde bewegt. Es sieht nur so aus.
- ✔ Wie ein Kreis ist die Ekliptik in 360 Grad aufgeteilt – und jeder Grad wiederum in 60 Minuten. Die ersten 30 Grade der Ekliptik stehen für den Widder, die zweiten 30 für den Stier usw. Wenn Sie im ersten Moment des ersten Tages des astrologischen Jahres geboren wären, würde Ihre Sonne bei 0 Grad 0 Minuten im Zeichen des Widders stehen, was in einem Horoskop als 0°♈0'

dargestellt wird. Etwa 12 Stunden später steht die Sonne bei 0°30' Widder. Am nächsten Tag erreicht die Sonne 1°0' Widder. Wenn Sie bis zur Herbsttagundnachtgleiche um den 23. September vorrücken, finden Sie die Sonne bei 0°0' im Zeichen der Waage. Zwei Wochen später steht sie bei 15°0' Waage usw.

- ✔ Die Ekliptik, also die Umlaufbahn der Sonne, und der Äquator, der die Mitte der Erde wie ein gigantischer Gürtel umgibt, sind nicht dasselbe. Die Ekliptik steht in einem Winkel von 23,5 Grad zum Äquator.

Hinter der Ekliptik, wie Staub an ihrer Längsseite entlang gesprenkelt, befinden sich die Sterne, aus denen die Konstellationen des Tierkreises geformt sind.

Hier beginnt der verwirrende Teil. Die Tierkreiszeichen und die Konstellationen, die ihre Namen teilen, sind nicht dasselbe. Die Zeichen sind Teile der Ekliptik; jedes bildet genau ein Zwölftel der totalen Länge – 30 Grad – nicht mehr und nicht weniger. Die Konstellationen haben nichts mit den Sonnenzeichen zu tun. Den Grund für diese bedauernswerten Zustände habe ich in obigem Kasten »Die Zeichen, die Konstellationen und die Präzessionsbewegung« erklärt.

Die Zeichen, die Konstellationen und die Präzessionsbewegung

Vor Tausenden von Jahren, als die Babylonier die Prinzipien der Astrologie etablierten, standen die Konstellationen in einer Linie mit den Zeichen des Tierkreises. Zur Frühlingstagundnachtgleiche (dem ersten Tag des Frühlings), stand die Sonne »im« Sternbild Widder: Das heißt, wenn man die Sonne und die Sterne gleichzeitig hätte betrachten können, hätte man die Sonne umgeben von den Sternen des Widders gesehen. In diesen glücklichen Tagen entsprachen die Zeichen den Konstellationen.

Leider ist dies nicht mehr der Fall. Zur Frühlingstagundnachtgleiche heutzutage zeigt sich die Sonne zwischen den schwach leuchtenden Sternen der Fische – tatsächlich eine ganz andere Zusammensetzung.

Der Grund für diese Verschiebung liegt darin, dass sich die Erde schwankend um ihre Achsen bewegt, was im Weltall zu einer Form führt, die der Spindel eines Spinnrads entspricht. Während sich die Achse verschiebt, scheinen die Konstellationen nach hinten zu rücken. Die Größe der Verschiebung ist während eines Menschenlebens winzig klein, aber über die Generationen summiert sie sich. Deshalb findet jede Wende im Tierkreis etwas früher statt als die vorherige. Dieser Prozess wird *Präzession der Sonnenwenden* genannt. Damit lässt sich erklären, warum die Frühlingstagundnachtgleiche, die früher in das Sternbild Widder fiel, nun in den Fischen stattfindet.

Wenn die Wende noch weiter zurückgeht, zum Sternbild des Wassermanns, beginnt offiziell das Zeitalter des Wassermanns. Die Meinungen der Astrologen über den genauen Zeitpunkt gehen hier auseinander. Manche sind überzeugt, dass es jetzt stattfindet. Andere glauben, dass es noch einige Jahrzehnte – oder Jahrhunderte – dauern wird. Auf alle Fälle wird der Kreis schließlich irgendwann erneut beginnen. Um das

Jahr 23800 wird die Frühlingstagundnachtgleiche wieder zum Widder zurückkehren und Astrologen werden die ganze Erklärung beiseite lassen können. In der Zwischenzeit sind die Konstellationen des Tierkreises und die Tierkreiszeichen nicht dasselbe.

Skeptiker, die die Astrologie angreifen, – und aus irgendeinem Grund können diese argwöhnischen Seelen überraschend feindselig sein – weisen oft auf die veränderten Positionen der Konstellationen und die Präzession als Beweis dafür hin, dass die Astrologie nicht funktioniert. Tatsache ist, dass Astrologen sich dieses Phänomens sehr wohl bewusst sind und die Konstellationen als Wegweiser nicht mehr verwenden. Wichtig ist die Aufteilung der Ekliptik und die ändert sich nicht.

Denken Sie daran: Wenn Sie sagen, dass Sie Stier oder Skorpion sind, meinen Sie, dass die Sonne in dem entsprechenden Teil der Ekliptik stand, als Sie geboren wurden. Wie glorreich auch immer die Sterne sein mögen, sie haben nichts mit Ihrem Sonnenzeichen zu tun.

Die Tierkreiszeichen

Das Zeichen, in dem die Sonne zur Zeit Ihrer Geburt stand, bildet die grundlegendste astrologische Tatsache über Ihre Person. Es definiert Ihr Ego, Ihre Motivationen und Bedürfnisse und die Art und Weise, wie Sie Ihr Leben angehen. Aber die Sonne ist nicht der einzige Planet, der sich auf Ihre Persönlichkeit auswirkt. (Für astrologische Zwecke werden beide *Himmelskörper* – die Sonne und der Mond – Planeten genannt. Tun Sie sich selbst einen Gefallen und verwenden Sie diese Begriffe nicht, wenn Sie mit Astronomen reden.) Merkur, Venus, Mars, Jupiter, Saturn, Uranus, Neptun und Pluto, und nicht zu vergessen der sich ständig ändernde Mond, standen zum Zeitpunkt Ihrer Geburt alle in einem Zeichen, und jeder von ihnen beeinflusst Sie auf eine andere Art und Weise. Jeder Planet steht für eine bestimmte Art von Energie, jedes Zeichen bringt eine andere Art von Realisierung mit sich und jede Planetenstellung in einem Zeichen beeinflusst Sie auf eine ganz einzigartige Art und Weise. Deshalb weist die Astrologie, die sich nur auf Ihr Sonnenzeichen bezieht, Mängel auf. Sie sind viel mehr als Ihr Sonnenzeichen.

Trotzdem ist, aus astrologischer Sicht, Ihr Sonnenzeichen die grundlegendste Information über Sie. Um Ihr Zeichen zu bestimmen, verwenden Sie Tabelle 1.1. Aber denken Sie daran, dass die Daten nicht so genau sind wie Sie scheinen. Schließlich hat ein Kreis 360 Grad und jedes Zeichen belegt genau 30 Grad. Aber es ist eine unbequeme Tatsache, dass ein Jahr 365 Tage hat – ganz zu schweigen von den Schaltjahren. Daher lassen sich die Zeichen nicht so perfekt in die Tage aufteilen, wie Sie es sich vielleicht wünschten. Wenn Sie am ersten oder letzten Tag eines Zeichens geboren sind, sollten Sie Ihr Sonnenzeichen anhand der Tabellen in Anhang B überprüfen, Informationen aus dem Internet holen oder sich an einen professionellen Astrologen wenden, um genauere Auskünfte zu erhalten.

In Tabelle 1.1 finden Sie die Tierkreiszeichen und ihre entsprechenden Daten sowie die unglaublich nützlichen Symbole, oder *Glyphen*, mit denen sie dargestellt werden.

Zeichen	Datum	Symbol
Widder	21. März - 20. April	♈
Stier	21. April - 20. Mai	♉
Zwillinge	21. Mai - 21. Juni	♊
Krebs	22. Juni - 22. Juli	♋
Löwe	23. Juli - 23. August	♌
Jungfrau	24. August - 23. September	♍
Waage	24. September - 23. Oktober	♎
Skorpion	24. Oktober - 22. November	♏
Schütze	24. November - 21. Dezember	♐
Steinbock	22. Dezember - 20. Januar	♑
Wassermann	21. Januar - 19. Februar	♒
Fische	20. Februar - 20. März	♓

Tabelle 1.1: Die Sonnenzeichen

Die Zeichen verstehen

Wie jedes wirklich zufriedenstellende System klassifiziert und interpretiert die Astrologie ihre wesentlichen Bestandteile auf verschiedene Arten. Für den Anfang wird jedes Zeichen durch eine *Polarität* (positives oder negatives Reaktionsmuster), eine *Qualität* oder *Modalität* (Ausdrucksform), ein *Element* (beschreibt das grundlegende Temperament) und einen einfachen, aus zwei Worten bestehenden Satz beschrieben, der für die grundlegende Einstellung zum Leben steht.

Polarität: Den Tierkreis durch zwei teilen

Sie können die Polarität jedes Zeichens bestimmen, indem Sie den Tierkreis durch zwei teilen. Beginnend mit Widder wechseln sich sechs *positive* oder *männliche* Zeichen mit sechs *negativen* oder *weiblichen* Zeichen ab. Ich muss leider dazu sagen, dass die sexistische Sprache traditionell verwendet wird, was sie nicht entschuldigen soll. Viele Astrologen verwenden stattdessen die Begriffe *Yin* und *Yang* und beschreiben Sie wie folgt:

- ✔ Yang-Zeichen (positive) sind eher extrovertiert, objektiv und selbstbewusst.
- ✔ Yin-Zeichen (negative) sind eher introvertiert, subjektiv und empfänglich.

Modalität: Den Tierkreis durch drei teilen

Die drei Modalitäten beschreiben verschiedene Formen des Ausdrucks wie folgt:

- ✔ **Kardinalzeichen** sind wagemutig. Sie führen Änderungen herbei und setzen Dinge durch. Die Kardinalzeichen sind Widder, Krebs, Waage und Steinbock.

- **Feste Zeichen** sind beständig, festhaltend und widerstrebend gegenüber Veränderungen. Sie sind hartnäckig, konzentriert und entschieden. Die festen Zeichen sind Stier, Löwe, Skorpion und Wassermann.
- **Bewegliche Zeichen** sind flexibel und veränderlich. Sie passen sich an und fügen sich ein. Die beweglichen Zeichen sind Zwillinge, Jungfrau, Schütze und Fische.

Innerhalb des Tierkreises folgen die drei Modalitäten jeweils aufeinander. Kardinale Energie leitet Veränderungen ein, feste Energie ist starr und erhält den Status Quo, bewegliche Energie passt sich an verändernde Bedingungen an.

Elemente: Den Tierkreis durch vier teilen

Die Beschreibung der Temperamente der Tierkreiszeichen durch Einordnung in die vier altertümlichen Elemente ist wohl die berühmteste Methode der Klassifizierung. Die vier Elemente sind Feuer, Erde, Luft und Wasser:

- **Feuer** bringt Vitalität, Begeisterung und Intensität. Die Feuerzeichen sind Widder, Löwe und Schütze.
- **Erde** gibt Stabilität, Vernunft und die Fähigkeit, Dinge zu Ende zu führen. Die Erdzeichen sind Stier, Jungfrau und Steinbock.
- **Luft** belebt den Intellekt und erweitert soziale Fähigkeiten. Die Luftzeichen sind Zwillinge, Waage und Wassermann.
- **Wasser** stärkt die Emotionen und die Intuition. Die Wasserzeichen sind Krebs, Skorpion und Fische.

Wie die drei Modalitäten, folgen auch die vier Elemente aufeinander.

Den Tierkreis wieder zusammensetzen

Wenn Sie die Reihenfolge der Zeichen auswendig kennen, ist es leichter, sie ihren entsprechenden Polaritäten, Modalitäten und Elementen zuzuordnen, weil diese Klassifizierungen immer aufeinander folgen. (Sie können die Abfolge klar in Tabelle 1.2 erkennen.) Diese Klassifizierungen bieten außerdem eine ganze Menge Informationen. Wenn Sie nur die Polarität, Modalität und das Element jedes Zeichens kennen, wissen Sie schon eine ganze Menge.

Zeichen	Polarität	Modalität	Element
Widder	Positiv	Kardinal	Feuer
Stier	Negativ	Fest	Erde
Zwillinge	Positiv	Beweglich	Luft
Krebs	Negativ	Kardinal	Wasser
Löwe	Positiv	Fest	Feuer

Zeichen	Polarität	Modalität	Element
Jungfrau	Negativ	Beweglich	Erde
Waage	Positiv	Kardinal	Luft
Skorpion	Negativ	Fest	Wasser
Schütze	Positiv	Beweglich	Feuer
Steinbock	Negativ	Kardinal	Erde
Wassermann	Positiv	Fest	Luft
Fische	Negativ	Beweglich	Wasser

Tabelle 1.2: Die Qualitäten der Tierkreiszeichen

Nehmen Sie z.B. den Krebs. Er ist ein negatives, kardinales Wasserzeichen. Also sind Krebse häufig introvertiert und empfänglich (negativ), mit einer großen Dosis Initiative (Kardinalzeichen) und einem starken emotionalen Bewusstsein – wie z.B. Norbert Blüm, Meryl Streep und Hermann Hesse.

Oder denken Sie an den Löwen, das auf den Krebs folgende Zeichen, das aber eine vollkommen andere Persönlichkeit hat (wie es oft bei aufeinanderfolgenden Zeichen der Fall ist). Der Löwe ist ein postives, festes Feuerzeichen. Also sind Menschen dieses Zeichens extrovertiert (positiv), bestimmt (fest) und voller Energie (Feuer) – wie z.B. Wim Wenders, Mick Jagger und Madonna.

Oder werfen Sie einen Blick auf die Jungfrau, ein negatives, bewegliches Erdzeichen. Jungfrauen sind introvertierte (negativ) Menschen, die versuchen produktiv zu sein (Erde) und immerzu Wege finden, sich zu verbessern oder anzupassen (beweglich). Kein Wunder, dass sie als Perfektionisten gelten – wie Claudia Schiffer, Franz Beckenbauer und Goethe.

In jedem Fall geben Ihnen die Polarität, die Modalität und das Element eines jeden Zeichens einen groben Überblick, worum es sich bei diesem Zeichen handelt. Eine detaillierte Beschreibung der einzelnen Zeichen finden Sie in Kapitel 3.

Die Sonne, der Mond und die Planeten

Die Sonne, der Mond und jeder der Planeten spielen eine komplizierte Rolle in Ihrem Horoskop. Ihre Bedeutungen sind wie folgt:

- ✔ **Die Sonne** steht für Ihre wesentliche Persönlichkeit, Ihren Willen, Ihre Individualität, Lebenskraft und dem Wunsch nach Macht. Mehr als jeder andere Planet stellt die Sonne dar, wer Sie sind. Sie symbolisiert auch Männer im Allgemeinen.
- ✔ **Der Mond** steht für Ihre Gefühle, das Unbewusste, Ihre Instinkte, Gewohnheiten und Ihr Gedächtnis. Er repräsentiert das Weibliche im Allgemeinen.
- ✔ **Merkur** symbolisiert Ihre Kommunikationsweise, Ihre Argumentationsfähigkeiten und Ihr Denken.

- **Venus** steht für die Bereiche Ihres Lebens, die mit Liebe, Anziehungskraft, Schönheit, Besitztümern und den Künsten zu tun haben.
- **Mars** ist der Planet des Verlangens und der Aggression. Er symbolisiert Ihre körperliche Aktivität, Ihren Kampfgeist, Ihre Unternehmenslust und Ihren Mut.
- **Jupiter** ist der Planet der Expansion und des Glücks. Er steht für Wachstum, Reichtum, Wohlstand, Weisheit, Großzügigkeit und Spiritualität. Die Stellung von Jupiter in einem Horoskop weist darauf hin, in welchen Bereichen Sie Glück haben werden.
- **Saturn** steht für Grenzen, Einschränkungen, Vorsicht, organisatorische Fähigkeiten, Verharren und Disziplin. Er teilt Ihnen mit, in welchen Bereichen Sie auf Ihre Ängste treffen werden – und auch wo Ihre Ambitionen liegen.
- **Uranus** steht für Originalität, Unabhängigkeit, Rebellion, Erfindungsgeist, Einblick und alles Unerwartete.
- **Neptun** steht für Spiritualität, Träume, übersinnliche Fähigkeiten, Intuition, Zerfall, Mitgefühl, Selbstaufgabe, Täuschung und Illusion.
- **Pluto** steht für Eliminierung, Zerstörung, Regeneration, Erneuerung und Transformation.

Um diese Komplexität zu vereinfachen, wird jedem Planeten ein einzelnes Wort – oder wie Astrologen lieber sagen, ein *Schlüsselwort* – zugeordnet. Diese Schlüsselwörter und die Symbole, die für die Planeten stehen, finden Sie in Tabelle 1.3.

Planet	Schlüsselwort	Symbol
Sonne	Selbst	☉
Mond	Gefühl	☽
Merkur	Kommunikation	☿
Venus	Liebe	♀
Mars	Aktion	♂
Jupiter	Expansion	♃
Saturn	Einschränkung	♄
Uranus	Revolution	♅
Neptun	Phantasie	♆
Pluto	Transformation	♇

Tabelle 1.3: Schlüsselwörter für die Planeten

Wer regiert?

In einer perfekten Welt würde jeder Planet in jedem Zeichen gut funktionieren. Aber Tatsache ist, dass manche Positionen besser sind als andere (und niemand hat ein perfektes Geburtshoroskop). Das Zeichen, in dem sich ein Planet am wohlsten zu fühlen scheint und am besten zur Entfaltung kommt, ist das, von dem gesagt wird, dass er es *regiert* oder *beherrscht*. Vor zweitausend Jahren, als sich Astrologen nur über die Sonne, den Mond und fünf andere Planeten den Kopf zerbrechen mussten, wurde die Herrschaft der Planeten wie folgt verteilt:

- ✔ Die Sonne regierte das Zeichen Löwe.
- ✔ Der Mond regierte das Zeichen Krebs.
- ✔ Merkur regierte die Zeichen Zwillinge und Jungfrau.
- ✔ Venus regierte die Zeichen Stier und Waage.
- ✔ Mars regierte die Zeichen Widder und Skorpion.
- ✔ Jupiter regierte die Zeichen Fische und Schütze.
- ✔ Saturn regierte die Zeichen Wassermann und Steinbock.

Über Jahrhunderte hat niemand diese Herrschaft angezweifelt. Aber nachdem 1781 Uranus entdeckt wurde, gefolgt von Neptun im Jahre 1846 und Pluto im Jahre 1930, mussten die Astrologen das System anpassen. Einige besessene Hellseher waren überzeugt, dass es aufgrund der zwölf Zeichen auch zwölf Planeten geben müsse. Leider hat die Suche nach weiteren Planeten in unserem Sonnensystem bislang keine Früchte getragen, aber Astrologen haben viele Diskussionen über Asteroiden und *Chiron*, einem einzelnen Asteroiden (oder möglicherweise Kometen), ins Leben gerufen, von dem manche Astrologen glauben, er sei der Herrscher der Jungfrau. Aber das letzte Wort ist noch nicht gesprochen. Solange sind die weithin akzeptierten Herrscher der Planeten wie folgt:

- ✔ Die Sonne regiert das Zeichen Löwe.
- ✔ Der Mond regiert das Zeichen Krebs.
- ✔ Merkur regiert die Zeichen Zwillinge und Jungfrau.
- ✔ Venus regiert die Zeichen Stier und Waage.
- ✔ Mars regiert das Zeichen Widder.
- ✔ Jupiter regiert das Zeichen Schütze.
- ✔ Saturn regiert das Zeichen Steinbock.
- ✔ Uranus regiert das Zeichen Wassermann.
- ✔ Neptun regiert das Zeichen Fische.
- ✔ Pluto regiert das Zeichen Skorpion.

Der Aszendent

Hatten Sie jemals eine Freundin, die die Sympathie in Person war – bis Sie sie näher kennenlernten? Haben Sie jemals jemanden kennengelernt, der am Anfang unfreundlich und kalt wirkte, aber bald seine Schüchternheit überwand und wärmer wurde? Kennen Sie einen Menschen, dessen unbekümmerte, unbesorgte Art ein kalkulierendes, manipulierendes Wesen maskiert? Und haben Sie sich jemals gefragt, wie Sie auf andere Menschen wirken, besonders wenn diese Sie nicht gut kennen? Ihr Horoskop bietet die Antwort. Während Ihr Sonnenzeichen sich anderen Menschen zeigen kann oder auch nicht, ist Ihr aufsteigendes Zeichen oder Ihr Aszendent definitiv zu bemerken.

Das *aufsteigende Zeichen* ist das Tierkreiszeichen, das im Moment Ihrer Geburt am östlichen Horizont stand; der *Aszendent* ist der genaue Grad dieses Zeichens. Wenn Sie um die Morgendämmerung herum geboren wurden, als die Sonne über den östlichen Horizont hervor schaute, kennen Sie Ihr aufsteigendes Zeichen bereits: Es ist das gleiche Zeichen wie Ihr Sonnenzeichen. Wurden Sie zu anderen Zeiten des Tages geboren, sind Ihr aufsteigendes Zeichen und Ihr Sonnenzeichen verschieden. Manchmal passen Sonnenzeichen und Aszendent nicht zusammen, manchmal unterstützen sie einander. Auf jeden Fall ist der Aszendent ein wichtiges Element Ihres Horoskops. Während die Sonne beschreibt, wer Sie im Grunde sind, beschreibt der Aszendent, wie andere Menschen Sie sehen und wie Sie sich selbst der Welt präsentieren – Ihre Persönlichkeit, Ihre Oberfläche, Ihre Maske, Ihr Erscheinungsbild. Ihr Aszendent bestimmt Ihre Gestik, Ihre Erscheinung, die Oberfläche Ihrer Persönlichkeit. Bei manchen Menschen – denen, die im Morgengrauen geboren wurden – sind Oberfläche und Substanz gleich. Für den Rest von uns gilt, dass Sie nicht unbedingt das bekommen, was Sie sehen.

Denken Sie an Whoopi Goldberg. Ihr Aszendent ist Wassermann, also scheint sie modern, gesellig und exzentrisch zu sein – eine Persönlichkeit mit einem lebhaften Geist und einer freien, beobachtenden Lebensweise. Tatsächlich ist Ihr Sonnenzeichen Skorpion. Unterhalb ihrer brillanten Wassermannoberfläche ist sie also sehr emotional, leidenschaftlich und geheimnisvoll – gar nicht frei.

Um Ihren Aszendenten zu bestimmen, brauchen Sie Ihre Geburtszeit. Wenn Sie diese haben, schlagen Sie Anhang A auf, in dem Sie eine ungefähre Schätzung Ihres Aszendenten finden, und Kapitel 5, das Ihnen hilft, die Informationen zu interpretieren.

Die Häuser

Egal, ob Sie ein Spaß liebender Löwe oder ein in seine Arbeit verliebter Skorpion sind, auch Sie müssen sich mit Beziehungen, Geld, Gesundheit, Karriere usw. beschäftigen. Diese Bereiche unterstehen der Autorität der *Häuser*, die den Himmel in zwölf Teile einteilen, einen für jeden Bereich des Lebens.

Eine Frage zu den Häusern hat die Astrologen seit Jahrhunderten geplagt: Wie sollen die Häuser bestimmt werden? Nach Zeit – eine Methode, die dazu führt, dass einige Häuser größer als andere sind? Oder nach Raum – eine Methode, die jedem Haus eine gleich große Scheibe des Himmels zuteilt? Beide Ansätze existieren in vielen Variationen. Aber auch wenn Astrologen sich über die Methode nicht einig sind, so sind sie in Bezug auf die Bedeutung der Häuser in der Regel doch einer Meinung. Diese sind in Tabelle 1.4 zusammengefasst.

Haus	Betroffene Bereiche
Erstes Haus	Ihre Persönlichkeit und offensichtlichen Neigungen
Zweites Haus	Geld, Besitztümer, Werte
Drittes Haus	Kommunikation, kurze Reisen, Geschwister
Viertes Haus	Heim, Wurzeln, ein Elternteil, Umstände am Lebensende
Fünftes Haus	Romantik, Kinder, Kreativität
Sechstes Haus	Arbeit und Gesundheit
Siebtes Haus	Ehe und andere Partnerschaften
Achtes Haus	Sexualität, Tod, Wiedergeburt, das Geld anderer Menschen
Neuntes Haus	Höhere Bildung, lange Reisen, Religion, Philosophie
Zehntes Haus	Karriere, Status, Ruf, der andere Elternteil
Elftes Haus	Freunde und Wünsche
Zwölftes Haus	Abgeschiedenheit und Geheimnisse

Tabelle 1.4: Häuser und ihre Bedeutung

Ebenso wie jedes Horoskop alle Planeten beinhaltet, verfügt es auch über alle zwölf Häuser. Wenn ein oder mehrere Planeten ein Haus besetzen, erhöht sich die Bedeutung der Lebensbereiche, die von diesem Haus regiert werden. Aber auch wenn ein Haus leer ist (und jedes Horoskop hat ein leeres Haus), können Sie dennoch eine Menge Informationen ableiten. Das Zeichen, das an der *Spitze* oder dem Anfang des Hauses sitzt, bestimmt, wie Sie diesen Lebensbereich angehen. Wenn Sie also das Zeichen Stier an der Spitze Ihres Berufshauses finden, gehen Sie Ihren Job wie ein Stier an, Sie sind also zuverlässig und produktiv –vielleicht ein rechtes Arbeitstier. Es spielt keine Rolle, ob das Haus leer ist oder Sie keine Planeten im Stier haben. Das Zeichen beeinflusst diesen Aspekt Ihres Lebens.

Zusammengefasst beinhaltet Ihr Horoskop die Sonne, den Mond, die Planeten, den Aszendenten, alle zwölf Häuser – und alle zwölf Zeichen. Einige Häuser sind leer. Andere sind überfüllt. Einige Zeichen sind ein Hauptbestandteil Ihrer Persönlichkeit. Andere spielen in Ihrem Leben praktisch keine Rolle. Aber dennoch arbeiten alle in Ihnen.

Sind Sie bereit, die Einzelheiten Ihres Geburtshoroskops zu berechnen? Dann gehen Sie weiter zu Kapitel 2.

Ihr Horoskop berechnen: Die leidige Mathematik

2

In diesem Kapitel

- Eine Horoskopzeichnung in Sekundenschnelle – im Internet
- Ihr Horoskop mit Hilfe der Tabellen in den Anhängen selbst berechnen
- Ein Horoskop auf die harte Tour berechnen: per Hand
- Fehlende Geburtszeit ausgleichen

Wenn Sie sich das Zifferblatt einer Uhr vorstellen, das auf den Himmel gelegt wurde, bekommen Sie eine Ahnung davon, wie Ihr astrologisches Geburtshoroskop aussieht. Stellen Sie sich vor, dass Sie an Ihrem Geburtsort stehen, Sie blicken nach Süden. Zu Ihrer Linken befindet sich der östliche Horizont in der 9-Uhr-Position – Ihr Aszendent. Sind Sie um die Morgendämmerung herum geboren, befindet sich hier auch Ihre Sonne. Die 12-Uhr-Position ist hoch am Himmel vor Ihnen. Dort steht Ihre Sonne, wenn Sie zur Mittagszeit das Licht der Welt erblickt haben. Zu Ihrer Rechten sehen Sie den westlichen Horizont, in der 3-Uhr-Position. Sind Sie in der Abenddämmerung geboren, steht Ihre Sonne hier. Und wenn Sie um Mitternacht herum geboren wurden, als die Sonne sich auf der anderen Seite der Erde befand, ist Ihre Sonne in der 6-Uhr-Position zu finden.

Falls Sie wissen, wo der Mond zum Zeitpunkt Ihrer Geburt stand, können Sie ihn in ganz ähnlicher Art und Weise platzieren. Wurden Sie bei Neumond geboren? Dann stehen Ihr Mond und Ihre Sonne etwa in der gleichen Position. Sind Sie bei Vollmond geboren? Das bedeutet, dass sich die Sonne und der Mond gegenüberstehen.

Der wichtige Punkt dabei: Das Horoskop ist weder eine metaphysische Konstruktion noch ein mystisches Symbol und auch kein psychologisches Portrait. Es ist ein Wegweiser. Ihr Horoskop zeigt die Positionen der Sonne, des Mondes und der Planeten in Bezug auf Ihren Geburtsort zum genauen Zeitpunkt Ihrer Geburt. Die Aufgabe des Astrologen besteht darin, sich diesen Wegweiser anzusehen und seine Bedeutung zu erkennen.

Aber zunächst müssen Sie diesen Wegweiser in Ihre Hände bekommen. Früher, bevor der Computer in jeden Lebensbereich des Menschen eindrang, war die Berechnung der Positionen von Sonne, Mond und Planeten eine deutliche Herausforderung. Sie verlangte Geduld, viele Stunden freie Zeit, einen angstfreien Zugang zur Mathematik und den Willen, sich mit der Art von langweiligen Details herumzuschlagen, die die meisten Menschen in den Wahnsinn treiben.

So musste man z.B. den Längen- und Breitengrad des Geburtsortes nachschlagen. Man musste den Unterschied zwischen dem Geburtsort und dem Standardmeridian für diesen Ort korrigieren. Man musste zwischen lokaler und mittlerer Greenwich-Zeit unterscheiden, ganz zu schweigen von der Standardzeit, der Sommerzeit und der Kriegszeit (während des Zweiten Weltkrieges verwendet). Und man musste die Bewegungen der Planeten u.a. anhand einer Tabelle proportionaler Logarithmen festlegen. Dies verlangte Mühe, Ausdauer und eine Menge Papier. Die meisten Menschen waren dazu nicht bereit.

Ich habe immer anders empfunden. Mir hat es Spaß gemacht, lange aufzubleiben, umgeben von numerischen Tabellen, Massen von astrologischen Daten, Papierblöcken und den speziellen leeren Horoskopzeichnungen, die ich in einem metaphysischen Buchladen kaufte. Während ich jede Planetenposition und Häuserspitze kalkulierte, die Symbole für die Zeichen und Planeten in das Horoskop einfügte und berechnete, wie viele Planeten in Feuerzeichen, Erdzeichen usw. standen, wurde das Geburtshoroskop – und die Person – langsam klarer in meinem Kopf.

Dieser Prozess braucht seine Zeit. Ich mache es nicht mehr so: Ich benutze wie jeder andere Astrologe, den ich kenne, einen Computer und zeige Ihnen in diesem Kapitel, wie Sie ein genaues Geburtshoroskop erhalten können, ohne auch nur an Mathematik denken zu müssen. Aber wenn Sie die Feinheiten der Astrologie verstehen wollen, ist es immer noch am besten, ein Horoskop auf die altmodische Art und Weise zu berechnen.

Aber wenn Sie diesen Prozess meistern wollen, müssen Sie sich mit einer Tabelle von Logarithmen in den Ring begeben und diese in Grund und Boden kämpfen. Wenn sich dies nach einem Kampf anhört, den Sie nicht gewinnen können, sollten Sie vielleicht die Berechnungen komplett überspringen und gleich zu den Interpretationen vorblättern. In diesem Fall können Sie sich ein vollständiges und genaues Geburtshoroskop von einem professionellen Astrologen anfertigen lassen.

Um sicherzustellen, dass Sie es mit einem professionellen Astrologen zu tun haben, können Sie sich an folgende Organisationen wenden:

- ✔ Deutscher Astrologen Verband e.V. – DAV
  Wilhelmstrasse 11
  69115 Heidelberg
  Tel.: 06221-18 20 10
  `www.dav-astrologie.de`
- ✔ Österrreichische Astrologische Gesellschaft – ÖAG
  Mittersteig 3a
  1040 Wien
  Tel.: +43-1-586 29 32
  `www.astrology.at`

Oder streben Sie nach sofortiger Entlohnung und entschließen Sie sich für den einfachen Weg – per Computer.

Ihr Geburtshoroskop in zehn Sekunden

Die einfachste Methode auf der Welt, um ein genaues Exemplar Ihres Geburtshoroskops zu erhalten, besteht darin, sich in das Internet einzuloggen, zu einer der nachfolgenden Websites zu gehen und das Datum, die Zeit und den Ort Ihrer Geburt einzugeben.

- ✔ **Astrodienst** (`www.astrodienst.ch`)**:** Hier erhalten Sie nach Eingabe Ihrer Daten kostenlose Horoskopzeichnungen (Sie haben eine Vielfalt von Optionen), verschiedene Kurzanalysen und Tageshoroskope mit den aktuellen Transiten. Analysen (von der bekannten Astrologin Liz Greene) sind gegen Gebühr erhältlich.
- ✔ **Astrologix** (`www.astrologix.de`)**:** Hier erhalten Sie kostenlose Horoskopzeichnungen (einige Optionen, darunter auch alle arabischen Punkte), eine kurze Analyse (englisch) und eine Fülle von Informationen rund um die Astrologie.
- ✔ **Amanita** (`www.amanita.de`)**:** Bei Amanita gibt es zwar keine Horoskopzeichnung, dafür aber eine ausführliche kostenlose Analyse Ihrer Geburtsdaten per E-Mail (dauert ein paar Tage, ist aber die ausführlichste Analyse, die es kostenlos im Internet gibt). Andere Analysen sind gegen Gebühr erhältlich, außerdem Informationen über Astrologie und andere esoterische Themen.

Es macht auch Spaß, in Software zu investieren und selber Horoskope berechnen zu lassen. Astrologische Software kommt in unendlich vielen Variationen daher. Sie können damit ein Geburtshoroskop berechnen, Horoskope vergleichen, bestimmen, wie die Planeten Sie in Zukunft beeinflussen werden (ich werde dies in Kapitel 13 darstellen), alle wichtigen Asteroiden lokalisieren, die Halbsummen zwischen Planeten (ich stelle Halbsummen in Kapitel 16 dar) festlegen und sich – kurz – über Stunden vergnügen. Die Software ist nicht gerade billig. Aber wenn Sie meinen, dass sich die Ausgabe lohnt, empfehle ich Ihnen Folgendes:

- ✔ Wenn Sie (wie ich) einen Macintosh benutzen, ist die Auswahl nicht sehr groß. Zum einen gibt es die (englischen) Io-Programme von Time Cycles Research. Das Unternehmen bietet eine Reihe von Programmen, darunter Io Edition, das die Berechnung für Sie durchführt, aber keine Interpretationen bietet, Io Horoscope, das auch Interpretationen zur Verfügung stellt, Io Relationship, das zwei Horoskope vergleicht, Io Forecast, das Ihnen mitteilt, was auf Sie zukommt und Io Body and Soul, das Ihnen u.a. Ratschläge gibt, welche Vitamine Sie basierend auf den Planetenpositionen zu sich nehmen sollten. Sie finden Time Cycles Research im Internet unter `www.timecycles.com`. Ein anderes Programm ist die Freeware Kairon, die Sie über `www.astrologix.de` herunterladen können.
- ✔ Wenn Sie keinen Macintosh benutzen, ist das die schlechte Nachricht. Die gute Nachricht ist, dass Sie eine viel größere Softwareauswahl haben, z.B. Argus, Astrolab, Galileo, Hermes, Vienna*Star und viele andere. Die Astrologiezeitschrift Meridian hat 1999 ein Sonderheft zum Thema Astrologie und Computer herausgegeben, in dem alle wichtigen Astrologieprogramme beschrieben und bewertet werden. Auf der dem Heft beiliegenden CD-ROM finden Sie einige dieser Programme zum Ausprobieren. Weitere Informationen hierzu können Sie unter `www.meridian-magazin.de` abrufen.

Ihr Geburtshoroskop mit Hilfe der Tabellen in diesem Buch berechnen

Was, wenn Sie dieses Buch lesen, und keinen Computer oder auch kein Telefon in Ihrer Nähe haben? Was, wenn Sie das Buch auf dieser geheimnisvollen einsamen Insel lesen, während Sie sich genüsslich gegen die berühmte Palme lehnen? Sie können eine ungefähre Version Ihres Geburtshoroskops allein mit den Informationen in diesem Buch erstellen – und für die meisten Zwecke ist diese ungefähre Version vollkommen ausreichend. Kopieren Sie zunächst die leere Horoskopzeichnung in Anhang C, entweder mit einem Kopierer oder von Hand. Der nächste Schritt besteht darin, die Positionen der Sonne, des Monds und der Planeten festzulegen.

Ihre Planeten finden

Blättern Sie zu den Tabellen in Anhang B. Sie zeigen die Bewegungen der Planeten durch den Tierkreis für jedes Jahr von 1930 bis 2005. Gehen Sie zu Ihrem Geburtsjahr und notieren Sie die Positionen der Planeten in dieser Reihenfolge:

- ✔ **Die Sonne:** Ihre Position ist Ihr Sonnenzeichen – Ihr Tierkreiszeichen.
- ✔ **Merkur:** Er wird in einem von drei Zeichen stehen: dem Zeichen, das Ihrem Sonnenzeichen vorausgeht, Ihrem Sonnenzeichen selbst oder dem Zeichen, das Ihrem Sonnenzeichen folgt. Wenn er sich an einer anderen Stelle befindet, lesen Sie die Tabellen falsch.
- ✔ **Venus:** Sie sollte sich innerhalb von 48 Grad von Ihrer Sonne befinden. Das heißt, wenn Ihre Sonne bei 15° Zwillinge steht, könnte Ihre Venus bis zu zwei Zeichen entfernt stehen, bei 3° Löwe (15° Zwillinge plus 30° Krebs plus 3° Löwe ist gleich 48°). Aber auf keinen Fall kann der Planet Venus mehr als zwei Zeichen entfernt sein.
- ✔ **Der Rest der Planeten:** Sie können in jedem beliebigen Zeichen des Tierkreises stehen, unabhängig von Ihrem Sonnenzeichen.
- ✔ **Der Mond:** Sparen Sie sich den Mond für den Schluss auf, da er am schwierigsten zu bestimmen ist. Der Mond geht alle zwei bis drei Tage in einen neues Tierkreiszeichen über, also hängt seine Position in Ihrem Geburtshoroskop von der Zeit Ihrer Geburt ab. Sagen wir, Sie wurden am 19. Oktober 1965 um 13:23 Uhr in Köln geboren. Gehen Sie zur Mondtabelle in Anhang B. Ihr Geburtsdatum ist nicht aufgelistet, suchen Sie also nach dem Tag, der vor Ihrem Geburtstag liegt. Sie sehen, dass der Mond am 18. Oktober in den Löwen eingetreten ist und am 20. in die Jungfrau. Mit Ihrem Geburtsdatum am 19. ist Ihr Mond also im Zeichen des Löwen.

  Aber was ist, wenn der Mond an Ihrem Geburtstag das Zeichen gewechselt hat? In diesem Fall müssen Sie herausfinden, was zuerst stattgefunden hat: Ihre Geburt oder der Übergang des Mondes in ein neues Zeichen. Wenn Sie zuerst geboren wurden, ist Ihr Mond ganz klar im ersten Zeichen. Wenn Sie geboren wurden, nachdem der Mond das Zeichen gewechselt hat, ist Ihr Mond in dem neuen Zeichen. Nehmen Sie z.B. Jodie Foster, die am 19. November 1962 um 8.14 Uhr in Los Angeles geboren wurde (Pacific Standard Time, PST). Nach der Mondtabelle in Anhang B trat der Mond an diesem Tag um 10.33 Uhr nach westeuropäischer Zeit in das Zeichen der Jungfrau ein. Ist ihr Mond also im Zeichen des Löwen oder der Jungfrau? Um dies herauszufinden, müssen Sie die westeuropäische Zeit in die Pacific Standard Time (PST) umwandeln, um zu wissen, welche Zeit es in Kalifornien war, als der Mond das Zeichen wechselte. Da die PST neun Stunden früher liegt als die Zeiten, die in Anhang B angegeben sind, müssen Sie neun Stunden von der Zeit abziehen, zu der der Mond in das Zeichen der Jungfrau eintrat: 10.32 Uhr in Westeuropa - 9 Stunden = 1.32 Uhr PST, der Moment, an dem der Mond in Kalifornien das Zeichen der Jungfrau betrat. Jodie wurde fast sieben Stunden später geboren, also ist ihr Mond ganz klar im Zeichen der Jungfrau.

Was ist, wenn Sie an dem Tag geboren wurden, an dem der Mond das Zeichen gewechselt hat, aber Ihre Geburtszeit nicht kennen? Sie müssen raten. Lesen Sie die Beschreibungen für beide Zeichen und sehen Sie, ob eine auf Sie zutrifft. Vielleicht erkennen Sie es sofort: Das eine hört sich ganz nach Ihnen an und das andere beschreibt einen Menschen, den Sie niemals getroffen haben. Aber seien Sie nicht überrascht, wenn die Entscheidung schwer fällt. Erstens erscheint jedes Tierkreiszeichen irgendwo in Ihrem Geburtshoroskop und somit können Sie irgendeinen Teil von sich mit jedem Zeichen identifizieren. Darüber hinaus verzerren möglicherweise andere Planeten das Bild. So ist z.B. vielleicht der Mond am Tag Ihrer Geburt vom Zeichen des Stiers in das der Zwillinge übergegangen. Aber wenn Sie außerdem Jupiter im Stier und Venus in den Zwillingen haben, kann es schwer sein, sich nur auf Grund von Intuition zu entscheiden. Sie brauchen die Mathematik.

Ihren Aszendenten bestimmen

Die Bestimmung des Zeichens, das im Moment Ihrer Geburt am östlichen Horizont aufstieg, ist der schwerste Teil der Horoskopberechnung, aber er folgt einer gewissen Logik. Sie müssen nur feststellen, wo die Sonne stand und Sie sind bereits auf dem besten Weg, Ihr aufsteigendes Zeichen oder Ihren Aszendenten zu kennen. (Die zwei Begriffe werden oft austauschbar verwendet, obwohl *Aszendent* sich auf die genaue Gradangabe am Horizont bezieht und *aufsteigendes Zeichen* einfach das Zeichen bezeichnet.)

Die Ekliptik – der Pfad, dem die Sonne und die Planeten auf Ihrem Weg durch das Weltall folgen (in Kapitel 1 finden Sie weitere Informationen über die Ekliptik) – umgibt die Erde wie ein gigantisches Band. Dieses Band ist in 12 Abschnitte aufgeteilt, einer für jedes Zeichen des Tierkreises. Während die Erde jeden Tag um ihre Achsen kreist, bewegt sie sich an jedem dieser Abschnitte vorbei – an allen zwölf Zeichen in 24 Stunden. Der Abschnitt, der zum Zeitpunkt Ihrer Geburt über dem Horizont auftaucht, bestimmt Ihr aufsteigendes Zeichen. Das aufsteigende Zeichen wechselt etwa alle zwei Stunden, obwohl der Längengrad eine Rolle spielt und manche Zeichen länger andauern als andere. Der Zeitpunkt Ihrer Geburt bestimmt Ihren Aszendenten.

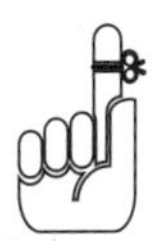

Wenn Sie in der Morgendämmerung geboren sind, entspricht Ihr Aszendent Ihrem Sonnenzeichen. Wurden Sie zwei Stunden nach Sonnenaufgang geboren, ist Ihr Aszendent wahrscheinlich das Zeichen, das Ihrem Sonnenzeichen folgt. (Wenn Sie also ein Zwilling sind, ist Ihr Aszendent Krebs.) Wenn Sie in der Abenddämmerung geboren sind, ist Ihr Aszendent das Zeichen, das Ihrem Sonnenzeichen im Tierkreis gegenübersteht. (Das heißt, wenn Sie ein Widder sind, der bei Sonnenuntergang geboren wurde, ist Ihr Aszendent Jungfrau, der Aszendent eines Stiers ist Skorpion usw.)

Um Ihren Aszendenten auf einfache Art und Weise zu bestimmen, blättern Sie zu Anhang A. Suchen Sie Ihr Sonnenzeichen und dann den Zeitraum, in dem Sie geboren wurden. Vergessen

Sie die Sommerzeit nicht, die normalerweise von Ende März bis Ende Oktober gilt. Sie können diese berücksichtigen, indem Sie eine Stunde von Ihrer Geburtszeit abziehen.

In den meisten Fällen gibt Ihnen die Tabelle in Anhang A das korrekte aufsteigende Zeichen, aber es ist nur eine ungefähre Angabe und legt nicht den Grad Ihres Aszendenten offen. Und möglicherweise kann sie Ihnen das falsche aufsteigende Zeichen geben. Aber es kann sich höchstens um eine Verschiebung von einem Zeichen handeln. Wenn sich ein Zeichen also gar nicht nach Ihnen anhört, ziehen Sie das nächstgelegene Zeichen in Betracht. Wenn die Tabelle z.B. sagt, dass Ihr aufsteigendes Zeichen Skorpion ist, Sie aber ein ausgeglichener Mensch sind, der niemanden einschüchtert, ziehen Sie die Möglichkeit in Betracht, dass Ihr Aszendent nicht Skorpion ist und lesen Sie die Beschreibungen zur Waage.

Whitney Houston

Denken Sie an ein Baby, das am 9. August 1963 um 20.55 Uhr in Newark, New Jersey in den USA, geboren wurde. Das Datum an sich sagt Ihnen, dass diese Person ein warmherziger, dramatischer Löwe ist, aber um den Aszendenten festzulegen, müssen Sie sich die Geburtszeit näher ansehen. Da zu der Zeit die Sommerzeit galt, müssen Sie von der angegebenen Geburtszeit eine Stunde abziehen. Damit haben Sie eine Geburtszeit von 19.55 Uhr. Die Tabelle in Anhang A zeigt, dass der Aszendent Fische ist, was bedeutet, dass diese Person trotz einer selbstbewussten, extrovertierten Basis ein verletzliches Bild nach außen zeigen kann. Erinnern Sie sich an den Film *Bodyguard*? In diesem Film spielt Whitney Houston eine eigenwillige Diva (Löwe), die dennoch Liebe und Schutz braucht (Fische). Diese Rolle, wie das Horoskop, passt wie angegossen.

Ihre Häuser bestimmen

Wenn Sie Ihr aufsteigendes Zeichen kennen, sind Ihre Schwierigkeiten vorüber. Gehen Sie zu Anhang C und machen Sie eine Kopie der leeren Horoskopzeichnung. (Oder zeichnen Sie einen Kreis und teilen Sie ihn in zwölf Abschnitte auf, die Kuchenstücken ähneln.) Nun müssen Sie nur die Häuser mit den entsprechenden Zeichen versehen. Gehen Sie folgendermaßen vor: Beschriften Sie das erste Haus mit dem Namen (oder noch besser, dem Symbol) Ihres aufsteigenden Zeichens. Fahren Sie dann gegen den Uhrzeigersinn um den Kreis herum fort, beschriften Sie das zweite Haus mit dem Zeichen, das Ihrem aufsteigenden Zeichen folgt, das dritte Haus mit dem, das diesem Zeichen folgt usw.

In einem Horoskop, das in zwölf Abschnitte aufgeteilt ist, beginnt das erste Haus in der 9-Uhr-Position und geht, gegen die Uhr, bis zur 8-Uhr-Position.

Egal, welches Ihr aufsteigendes Zeichen ist, die Zeichen folgen immer ihrer natürlichen Reihenfolge. Ist Ihr Aszendent also im Zeichen des Skorpions, befindet sich Ihre zweite Häuserspitze im Schützen, die dritte im Steinbock usw. Ist Ihr aufsteigendes Zeichen Fische, ist Widder an der Häuserspitze Ihres zweiten Hauses, Stier an der des dritten Hauses usw.

Häuserspitze bezeichnet ganz einfach den Anfang des Hauses.

Die Häuser einteilen

Astrologen debattieren bereits seit langer Zeit über die verschiedenen Methoden der Häusereinteilung. Die am häufigsten benutzte Methode ist ein kompliziertes, auf Zeit basiertes System, das im 17. Jahrhundert von einem Astrologen namens Placidus de Tito entwickelt wurde. Das Placidus-System wird weithin benutzt, aber es ist schwer zu berechnen und in den nördlichen Längenbreiten weitgehend ungenau. (Trotzdem ist es das System, das ich für die Horoskope in diesem Buch verwende, weil es so weit verbreitet ist.)

Das einfachste System – nun, eigentlich das zweiteinfachste – wurde vor fast 2000 Jahren von Ptolemäus erfunden. Es wird das *äquale System* genannt, weil es davon ausgeht, dass alle Häuser die gleiche Größe haben. Ist Ihr Aszendent also 18°36' Wassermann (wie der von Michael J. Fox), ist die Häuserspitze des zweiten Hauses bei 18°36' Fische, die des dritten Hauses bei 18°36' Widder usw.

Das einfachste und direkteste System zur Häusereinteilung wird gewöhnlich in der Hindu-Astrologie verwendet. Es ordnet die Zeichen den Häusern zu und nimmt an, dass die Spitze jedes Hauses bei 0 Grad steht. (Der Aszendent ist daher nicht die Spitze des ersten Hauses, sondern einfach ein Punkt innerhalb des ersten Hauses.) Wenn Ihr aufsteigendes Zeichen also Schütze ist, haben Sie den kompletten Schützen im ersten Haus, den kompletten Steinbock im zweiten usw. Zwar wird dieses System in der westlichen Astrologie nicht verbreitet eingesetzt, aber der Astrologe Robert Hand empfiehlt seine Wiederbelebung – und man kann ihm nur zustimmen, besonders wenn Sie den Verdacht haben, dass die Geburtszeit nicht richtig ist.

Was, wenn Sie Ihre Geburtszeit nicht kennen?

Auch wenn sich niemand an die genaue Zeit Ihrer Geburt erinnert, kann vielleicht doch jemand einen Hinweis geben, ob Ihre Mutter Sie kurz vor Mittag, bei Sonnenuntergang oder irgendwann zwischen Mitternacht und dem Morgengrauen geboren hat. Wenn Sie sich in dieser Situation wiederfinden, wählen Sie eine ungefähre Zeit. Und denken Sie daran, dass Sie zu einem professionellen Astrologen gehen und diesen bitten können, Ihr Geburtshoroskop zu *rektifizieren*. Der Astrologe korrigiert Ihr Geburtshoroskop, indem er sich anhand von wichtigen Ereignissen in Ihrem Leben (z.B. Heirat oder der Tod eines Elternteils) rückwärts arbeitet, um eine genauere

Geburtszeit einzugrenzen und festzulegen. Verwenden Sie währenddessen die ungefähre Zeit, aber beachten Sie, dass Ihr Aszendent nur eine gute Annahme ist und dass die Position Ihres Mondes ein oder zwei Grad verschoben sein kann – was ihn in manchen Fällen zu einem anderen Zeichen des Tierkreises bringt.

Wenn Sie keine Ahnung haben, zu welchem Zeitpunkt Sie geboren wurden, werden Sie den Grad und möglicherweise auch das Zeichen Ihres Geburtsmondes niemals kennen und Sie werden sich nie Ihres Aszendenten und Ihrer Häusereinteilung sicher sein können. Aber Sie sollten sich nicht zu sehr bemitleiden: Ihr Sonnenzeichen, Ihr ungefähres Mondzeichen und Ihre Planetenpositionen sind sehr aufschlussreich, besonders wenn sie ordentlich in einer Horoskopzeichnung dargestellt werden. Sie können Folgendes tun: Stellen Sie ein *Solarhoroskop* auf. Das bedeutet, Sie nehmen an, dass Sie um die Morgendämmerung herum geboren wurden. Wenn Ihr Geburtstag also der 7. Januar ist, setzen Sie Steinbock an die Spitze – das heißt den Anfang – des ersten Hauses, Wassermann an die Spitze des zweiten Hauses usw. Setzen Sie dann Ihre Sonne in das erste Haus und platzieren Sie die anderen Planeten, wie im Abschnitt »Ihre Planeten platzieren« beschrieben.

Ihr Geburtshoroskop zusammensetzen

Folgende Schritte sind notwendig, um ein grundlegendes Geburtshoroskop zu erstellen: die Planeten nachschlagen, Ihren Aszendenten bestimmen, die Horoskopzeichnung erstellen und die Planeten in diese Horoskopzeichnung platzieren. Danach sind Sie bereit für die wahre Kunst der Astrologie: Die Interpretation.

Denken Sie an Oprah Winfrey, die am 29. Januar 1954 um 19.51 Uhr geboren wurde. Um ein Geburtshoroskop für sie zu erstellen, müssen Sie ihre Planeten in Anhang B suchen, ihr aufsteigendes Zeichen mit Hilfe von Anhang A bestimmen und einen Häuserkreis zeichnen (benutzen Sie die leere Horoskopgrafik in Anhang C). Bei den Zeiten in Anhang B müssen Sie allerdings 6 Stunden abziehen, um die für die USA relevante Zeit zu erhalten (vgl. Seite 304). Dies ist vor allen dann ausschlaggebend, wenn die Geburtszeit in der Nähe eines Übergangs von einem in das nächste Sternzeichen liegt.

Beginnen Sie damit, ihre Planeten in Anhang B zu suchen. Sie erhalten die folgende Liste:

Ihre Sonne ist im Wassermann.	Jupiter ist in den Zwillingen.
Ihr Mond ist im Steinbock.	Saturn ist im Skorpion.
Merkur ist im Wassermann.	Uranus ist im Krebs.
Venus ist im Wassermann.	Neptun ist in der Waage.
Mars ist im Skorpion.	Pluto ist im Löwen.

Der nächste Schritt besteht darin, ihr aufsteigendes Zeichen zu bestimmen. Blättern Sie zur Aszendententabelle in Anhang A. Suchen Sie zunächst Wassermann, ihr Sonnenzeichen. Suchen

Sie dann den Zwei-Stunden-Block, der 19.51 Uhr beinhaltet. Er zeigt, dass ihr aufsteigendes Zeichen Jungfrau ist.

Nehmen Sie nun eine leere Horoskopzeichnung wie die in Anhang C und ordnen Sie Jungfrau dem ersten Haus zu, Waage dem zweiten usw., wie in Abbildung 2.1 dargestellt.

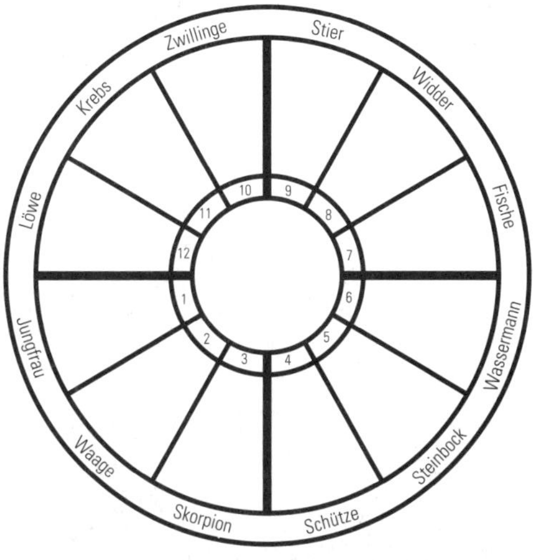

Abbildung 2.1: Ein Basishoroskop für das aufsteigende Zeichen Jungfrau

Schreiben Sie nun die Symbole für die Planeten (oder ihre Namen) in die korrekten Häuser, und Sie haben ein ausreichend gutes Geburtshoroskop. Wenn Sie Anfänger sind, möchten Sie die Namen vielleicht ausschreiben, ein Prozess, der zu einem Horoskop wie dem in Abbildung 2.2 führt.

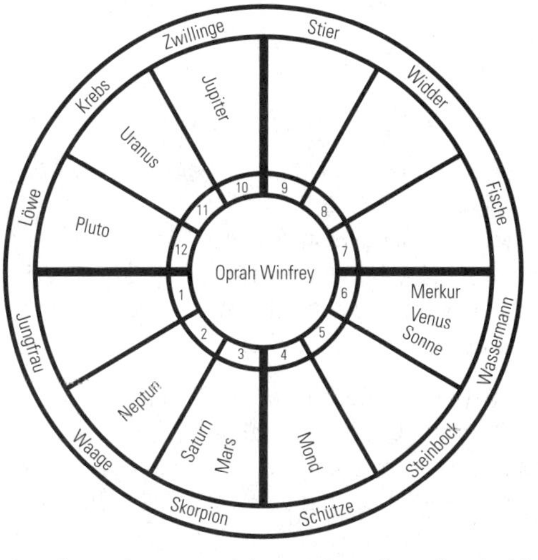

Abbildung 2.2: Oprah Winfreys ungefähres Geburtshoroskop in klarem Deutsch

Noch besser, lernen Sie die wunderschönen und geheimnisvollen astrologischen Symbole auswendig. (Die Schummelseite am Anfang des Buches kann Ihnen dabei helfen.) Dann erhalten Sie ein Geburtshoroskop, das wie in Abbildung 2.3 aussieht.

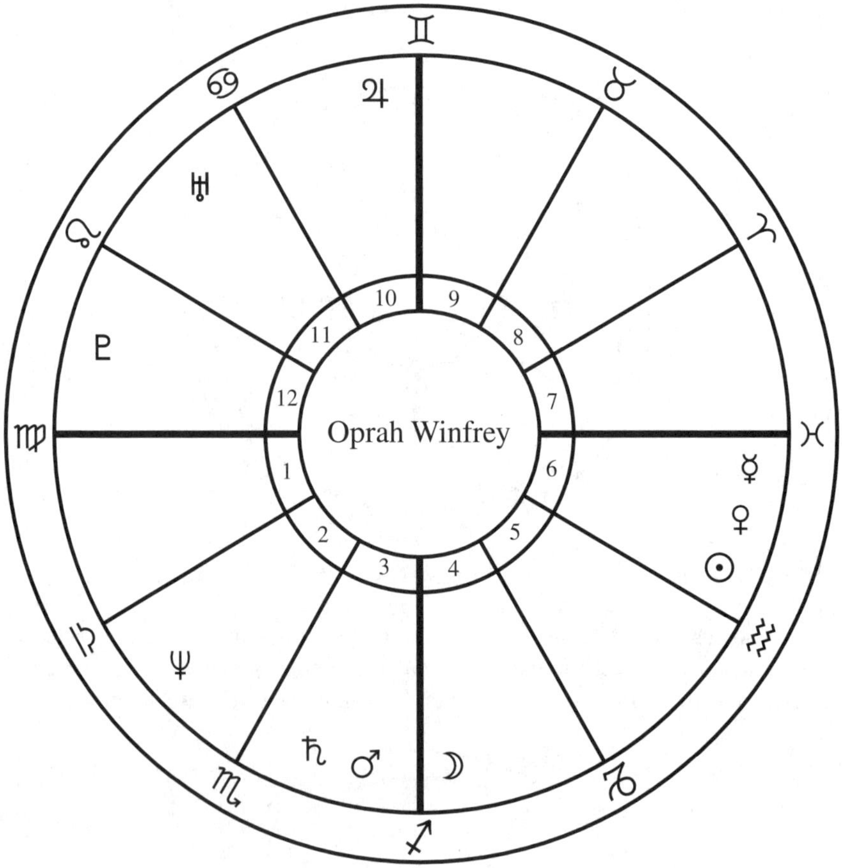

Abbildung 2.3: Oprahs ungefähres Geburtshoroskop mit astrologischen Symbolen

Inwiefern unterscheidet sich das Geburtshoroskop in Abbildung 2.3 von einem mathematisch präzisen Horoskop? Abbildung 2.4 zeigt Oprahs Horoskop, korrigiert nach Geburtsort (sie ist in Kosciusko, Mississippi, USA geboren) und auf die Minute genau per Computer berechnet, basierend auf dem Placidus-System der Häusereinteilung.

Gibt es Unterschiede zwischen diesen Methoden? Natürlich, besonders wenn Sie sich die Häusereinteilung ansehen. Ein von einem Computer erstelltes Geburtshoroskop ist auf alle Fälle besser als ein ungefähres Horoskop. Aber trotzdem ist auch letzteres voller Informationen über Ihre Persönlichkeit, Ihre Talente, Ihre Schwächen, Ihre Wünsche, Ihr Liebesleben, Ihre Karriere und sogar Ihre Zukunft. Es ist nicht perfekt. Aber es regt Sie dennoch zum Nachdenken an und wird Sie beschäftigen.

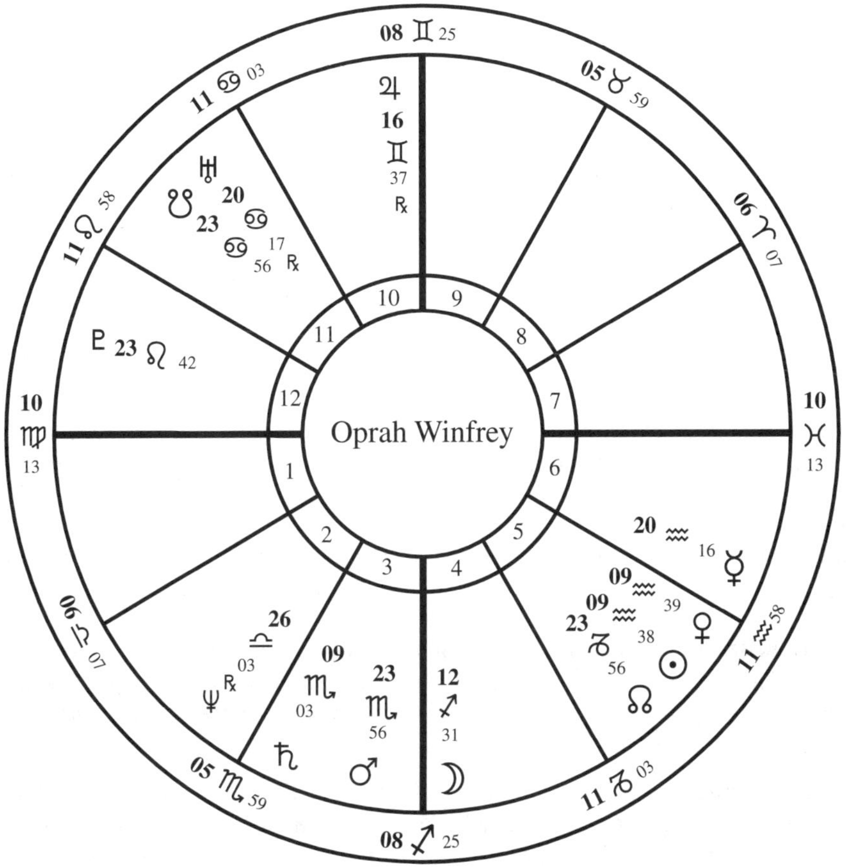

Abbildung 2.4: Oprahs genaues, von einem Computer generiertes Geburtshoroskop

Vorbereitungen, um Ihr Geburtshoroskop auf altmodische Weise zu erstellen – per Hand

Wenn Sie ein mathematisch perfektes Geburtshoroskop wollen, brauchen Sie Folgendes, um es selbst zu berechnen:

- ✔ **Den genauen Längen- und Breitengrad Ihres Geburtsortes.**
- ✔ **Eine korrekte Geburtszeit, welche die Zeitzone beinhaltet, in der Sie geboren wurden.** Sie denken vielleicht, dass Sie die Zeitzone kennen, in der Sie geboren wurden – aber dies ist ein Bereich, der so komplex ist, dass es sicherer ist, nachzusehen.

  Der US-Bundesstaat Tennessee z.B. ist in der Mitte geteilt und gehört zu einer Hälfte der einen Zeitzone und zur anderen Hälfte einer anderen an. Die meisten Orte im US-Bundesstaat Texas folgen der Eastern Standard Time – aber der Ort El Paso nicht. Und wenn Sie zwischen 1955 und 1965 im US-Bundesstaat Indiana geboren wurden, sind Sie in Schwierigkeiten. Während dieser Jahre sahen sich die Mächtigen nicht in der Lage, sich zwischen der Central und der Eastern Time zu entscheiden und beschlossen, den Staat aufzuteilen und jeder Zeitzone verschiedene Regionen zuzuweisen. Jedes Jahr wurde diese Aufteilung auf eine andere Art und Weise durchgeführt. Falls Sie von dieser behördlichen Misere betroffen sind, haben Sie keine Wahl: Gehen Sie zu einem professionellen Astrologen.

Dann ist da noch die Sommerzeit. Sie ist von Ende März bis Ende Oktober im Einsatz, aber die genauen Tage ändern sich von Jahr zu Jahr und Land zu Land. Wenn Sie z.B. am 27. Oktober 1963 in Kalifornien geboren wurden, liegt Ihr Geburtstag in der Sommerzeit. Aber wenn Ihr Geburtstag ein Jahr später ist, am 27. Oktober 1964, sind Sie während der Normalzeit geboren.

Und wussten Sie, dass während des Zweiten Weltkrieges in ganz Amerika die Kriegszeit galt? Auch hier müssen Sie wieder die Zeit nachschlagen.

Informationen zu Zeitzonen finden Sie in guten Atlanten.

- **Eine Häusertabelle.** Diese teilt Ihnen mit, welcher Grad des Tierkreises auf Grundlage der Zeit und des Längengrades Ihrer Geburt zu einem bestimmten Moment aufsteigt. Eine gute Informationsquelle ist das Buch *Die Deutsche Ephemeride. Die globalen Häusertabellen.* (O.W. Barth).
- **Eine Ephemeride für das Jahr, in dem Sie geboren sind.** Dies ist die Grundlage der Astrologie. Hier werden die Positionen der Sonne, des Mondes und der Planeten an jedem Tag des Jahres aufgelistet, entweder für Mitternacht oder Mittag in Greenwich, England (die Basis für die mittlere Greenwich-Zeit, von der ausgehend alle Zeitzonen bestimmt werden). Wenn Sie also Schlag Mitternacht in Greenwich geboren wurden, brauchen Sie nichts zu tun, um die Positionen Ihrer Planeten zu bestimmen. Sie können sie direkt aus dem Buch entnehmen. Aber wenn Sie an einem anderen Ort und zu einer anderen Zeit geboren wurden, müssen Sie Anpassungen vornehmen. Mit Hilfe der Prinzipien der Algebra, können Sie ein ziemlich genaues Ergebnis erhalten. Aber wenn Sie wirklich präzise sein wollen, müssen Sie Folgendes benutzen:
- **Eine Tabelle proportionaler Logarithmen.** Aber lassen Sie uns ehrlich sein: Wenn Sie sich mit Logarithmen abgeben wollten, würden Sie nicht *Astrologie für Dummies* lesen.

Um eines der oben erwähnten Bücher zu bekommen, gehen Sie in eine gut ausgestattete astrologische oder New-Age-Buchhandlung – wenn Sie eine finden können. Oder gehen Sie ins Internet. Eine astrologische Fachbuchhandlung gibt es unter `www.peterkernverlag.de`.

Teil II

Das kosmische Kochbuch

»Hör dir mein Horoskop in dieser Ausgabe von ›Perücken und Dauerwellen‹ an. »Lassen Sie in diesem Monat Ihr Haar herunter, aber stellen Sie sicher, dass Sie viel zum Herunterlassen haben, indem Sie sich eine Dauerwelle machen lassen. Gegen Ende des Monats werden Sie eine Romanze mit einem Friseur, Friseursaloneigentümer oder einem Perückenmacher haben! Reisen liegen in Ihrer Zukunft. Packen Sie viele kurze Hosen, Sonnencreme und Perücken ein ...«

In diesem Teil...

Wenn Sie mit einem kosmisch erweiterten Blick geboren worden wären, hätten Sie sich den Sternenhimmel ansehen und mit Ihrem ersten Atemzug das gesamte Sonnensystem einsaugen können. Sie hätten die Sonne an einem Punkt gesehen, den Mond an einem anderen, den roten Mars hier, Saturn mit seinen Ringen dort und all die anderen Planeten (ganz zu schweigen von den Asteroiden), die über den Himmel verteilt sind wie Tannenzapfen auf einem Waldweg. Hätten Sie all das beobachten können, hätten Sie mehr getan, als nur die Sterne anzusehen: Sie hätten klar und deutlich Ihr Horoskop gesehen.

Ihr Horoskop auf Papier, mit seinen geheimnisvollen Symbolen, konzentrischen Kreisen und winzigen Zahlen, kommt Ihnen vielleicht wie das Amulett eines Zauberers vor. Tatsächlich ist es ganz einfach eine Übersicht der Planeten im Moment Ihrer Geburt. Es stellt in vereinfachter Form den Blick auf den Sternenhimmel dar, den Sie bei Ihrer Geburt gesehen hätten. Dieses Himmelsmuster, das für etwa 26.000 Jahre in der Form nicht wiederholt wird, schließt die Kräfte ein, die zum Zeitpunkt Ihrer Geburt wirksam waren. Jedes Objekt in Ihrem Horoskop reflektiert oder symbolisiert einen Aspekt Ihrer Persönlichkeit.

In diesem Teil können Sie die Auswirkungen der Sonne, des Mondes, des Aszendenten und der Planeten, jeweils nach Zeichen und nach Haus, überprüfen. Wenn Sie die Beschreibungen lesen, werden Sie die Möglichkeiten sehen.

Sonnenzeichen: Die Guten, die Bösen und die Verwirrenden

3

In diesem Kapitel

- Die Sonne in den Zeichen
- Die Sonne in den Häusern

Als ich im College war, fiel mir mein erstes Astrologiebuch zufällig in die Hände und mein Lebensverständnis änderte sich. Das Buch – es war eines der vielen Werke von Zolar, ein Name, der von mehreren astrologischen Autoren verwendet wurde – beschrieb die Menschen, die ich kannte, unheimlich treffend. Meine Eltern, meine Zimmergenossin, mein sogenannter Freund – alle waren da, in erstaunlichem Detail. Während dieser ersten Stunden entdeckte ich, dass das Sonnenzeichen allein überraschend aufschlussreich ist.

Später wurde mir klar, dass ein Horoskop oder astrologisches Geburtsbild so kompliziert wie eine lange laufende Seifenoper ist (und in den Händen eines erfahrenen Astrologen fast ebenso vorhersagbar). Ein Geburtshoroskop beinhaltet zehn Planeten, zwölf Häuser, zwölf Zeichen, mehrere mathematische Schnittpunkte und mehr. Nachdem ich meine ersten *Ephemeride* (ein Almanach, der die Positionen der Planeten für ein bestimmtes Jahr auflistet) gekauft und die entsprechende Mathematik gelernt hatte, berechnete ich die Horoskope von allen Menschen, die ich kannte. Mit diesen Horoskopen untersuchte ich viele Analysemethoden, dachte über die Bedeutung jedes Planeten nach, experimentierte mit verschiedenen geheimnisvollen Techniken und schaute über die Planeten hinaus auf alle möglichen Himmelskörper, die die Geheimnisse des Schicksals offenbaren könnten (Asteroiden! Kometen! Unentdeckte Planeten! Das schwarze Loch, das unsere Galaxie auffrisst!). Während all dieser Forschungen kehrte ich immer wieder zu der gleichen Sammlung von Geburtshoroskopen zurück. Und mir wurde klar, dass das Herzstück praktisch jeden Horoskops die Sonne ist. Sie bringt Ihr wahres Selbst ans Licht und dominiert Ihr Geburtshoroskop ebenso wie die strahlende Sonne den Himmel dominiert.

Zwischen zwei Zeichen geboren

Sie wissen wahrscheinlich bereits, unter welchem Zeichen des Tierkreises Sie geboren wurden. Aber wenn Ihr Geburtstag am Anfang oder Ende eines Zeichens liegt, sollten Sie vorsichtig sein. Die Daten, die in Kapitel 1 (und in jedem anderen Buch über Astrologie) angegeben sind, können irreführend sein. Sie zeigen, wann die Sonne generell von einem Zeichen zum nächsten wandert, aber tatsächlich sind die genauen Momente immer unterschiedlich. In manchen Jahren marschiert die Sonne am Morgen in das neue Zeichen, zu anderen Zeiten findet der Übergang am Nachmittag statt und gelegentlich nach Mitternacht. Wenn Sie z.B. am 22. November 1977 morgens in Boston geboren wurden, sind Sie Schütze. Wenn Sie aber am gleichen Ort und zur gleichen Zeit ein Jahr später geboren wurden, sind Sie Skorpion. Was sollen Sie also tun, wenn Ihr Geburtstag am 22. November oder an einem anderen Tag ist, der am Anfang oder Ende eines Zeichens steht? Wenden Sie sich an einen Astrologen, überprüfen Sie Ihr Horoskop im Internet oder blättern Sie zu Anhang B und fangen Sie an zu rechnen. Sonst wissen Sie nicht sicher, ob Sie am Ende eines Zeichens oder am Anfang eines anderen geboren wurden. Sie sind dann gezwungen, eine der schwammigsten astrologischen Aussagen zu machen: »Ich bin zwischen zwei Zeichen geboren.«

Nehmen wir an, Ihr Geburtstag ist der 20. März 1981. Sie vereinigen in sich die Supersensibilität der Fische mit der rohen Energie des Widders – aber nicht, weil Ihre Sonne beide Qualitäten beinhaltet. Sie weisen Charakterzüge auf, die beiden Zeichen entsprechen, weil Sie eine sanfte Venus in den Fischen und einen lebhaften Mars im Widder haben. Aber wenn Sie Ihre Geburtszeit nicht kennen, können Sie auch Ihr Sonnenzeichen nicht wissen. Wenn Sie am Morgen dieses Tages geboren wurden, ist es Fische. Wurden Sie am Nachmittag geboren, sind Sie ein Widder. Sie sind entweder das eine oder das andere – nicht beides.

Aber egal, welcher Standort der Sonne nun auch zutrifft, Sie können dank Mars und Venus trotzdem Qualitäten beider Zeichen in sich bergen. In diesem Fall fragen Sie sich vielleicht, warum ist es dann wichtig? Es ist wichtig, weil die Sonne dominant ist und Ihr inneres Gleichgewicht in ihre eigene Richtung zieht. Es ist wichtig in Hinsicht auf Zeitplanung (die ich in Kapitel 15 darstelle). Und es ist wichtig, weil Sie sich selbst nichts vormachen wollen. Wenn Sie zwischen zwei Zeichen geboren wurden, stehen Sie in Gefahr, einem Wunschdenken zum Opfer zu fallen, das Zeichen herauszupicken, das sich »besser« anhört und Ihr Bild von sich selbst so zu verdrehen, dass Sie sich selbst so weitgehend wie möglich nach dem bevorzugten Zeichen richten. Tun Sie das nicht. Holen Sie sich die Tatsachen. Sie können von der Weisheit der Astrologie nicht profitieren, wenn Sie versuchen, mit dem Wegweiser der Psyche eines anderen Menschen durchs Leben zu gehen.

Andererseits, wenn Sie einer der seltenen Menschen sind, die an einem der Schlüsseltage geboren wurden und Ihre Geburtszeit nicht kennen, lesen Sie die Beschreibungen zu beiden Zeichen und schauen Sie, welches sich richtig anhört. In manchen Fällen ist es absolut offensichtlich. In anderen Fällen wird sich das Geheimnis Ihrer Geburt vielleicht nie lösen lassen und Sie können sich den Luxus der Wahl erlauben.

☉ Das Symbol der Sonne zeigt den Punkt der Individualität umgeben vom Kreis der Ganzheit und des Potenzials.

Die Sonne in den Zeichen

Das Zeichen, in dem die Sonne bei Ihrer Geburt stand, bestimmt Ihre Motivationen, die Art, wie Sie sich ausdrücken und wie Sie grundlegend auf das Leben zugehen. Sie bildet die Grundlage Ihres Selbst.

Jedes Zeichen gehört einer Polarität (positiv oder negativ), einer Qualität oder Modalität (kardinal, fest oder beweglich) und einem Element (Feuer, Erde, Luft oder Wasser) an. Weitere Informationen zu diesen Begriffen finden Sie in Kapitel 1.

Der Widder: 21. März – 20. April

Das astrologische Jahr beginnt mit der Frühlingstagundnachtgleiche, die den ersten Tag des Widders markiert, das Zeichen des Pioniers. Beherrscht von Mars, dem Planeten des römischen Kriegsgotts, sind Sie dynamisch, direkt und ergreifen gern die Initiative. Der Widder ist das Zeichen des Neubeginns.

Die Sonnenseite

Denken Sie an Helmut Kohl, Richard von Weizsäcker, Marlon Brando oder auch Vincent Van Gogh. Sie sind alle unternehmenslustig, unerschrocken, leidenschaftlich, unermüdlich und mutig. Kurz, sie sind typische Widder. Als Widder teilen Sie ihre Abenteuerlust und ihren Hunger nach Leben. Sie platzen vor Energie und Lebenskraft. Unabhängig und erfreut individualistisch haben Sie ein sehr starkes Bild von sich selbst und lassen sich nicht von anderen definieren. Sie sind ein Anführer, kein Anhänger. Mit Ihrem Pioniergeist nehmen Sie gerne Risiken in Kauf und haben eine angeborene Freude an allem Neuen. Wenn eine faszinierende Idee oder ein aufregendes Projekt Ihr Interesse erweckt, springen Sie gleich auf. Warum warten? Schließlich ist der Widder das Zeichen des Neubeginns. Wenn Ihre Pläne nicht funktionieren, tragen Sie die Enttäuschung mit Würde und gehen weiter.

Die Schattenseite

Wie ein Kind können Sie egoistisch, rücksichtslos und entschlossen sein, die Dinge auf Ihre Art und Weise durchzuziehen, egal was passiert. Ruhelos und ungeduldig, zeigen Sie manchmal einen jämmerlichen Mangel an Voraussicht und es fehlt Ihnen an Durchhaltevermögen. Ihre anfängliche Begeisterung verläuft oft im Sande, deshalb finden Sie größere Zufriedenheit mit kurzen als mit langen Projekten. Auf der emotionalen Seite fällt es Ihnen manchmal schwer, sich in andere Menschen einzufühlen. Und Sie haben ein stürmisches Temperament: Es kommt und geht wie der Blitz, aber wenn es erscheint, sind Sie beängstigend. Sie haben feste Meinungen und keine Angst, diese auszudrücken. Sie haben folgende Maxime: Wenn der Ausdruck Ihrer Ansichten anderen Unbehagen bereitet, sollen diese ihr empfindliches Feingefühl doch selber pflegen. Sie haben zu viel zu tun, um herumzusitzen und sich über verletzte Gefühle oder die Ungerechtigkeiten der Vergangenheit den Kopf zu zerbrechen.

♈ Das Symbol des Widders repräsentiert den Kopf des Tiers, eine überschäumende Fontäne der Energie oder Augenbrauen und Nase eines Menschen – ein Teil des Gesichts, der bei einem typischen Widder gut geformt und anmutig ist.

Klassische Widder

- Marlon Brando (Mond im Widder)
- Diana Ross (Mond im Stier)
- Helmut Kohl (Mond im Zwilling)
- Aretha Franklin (Mond im Krebs)
- Peter Ustinov (Mond im Löwen)
- Ira von Fürstenberg (Mond in der Jungfrau)
- Wilhelm Busch (Mond in der Waage)
- Claudia Cardinale (Mond im Skorpion)
- Vincent van Gogh (Mond im Schütze)
- Hardy Krüger (Mond im Steinbock)
- Steve McQueen (Mond im Wassermann)
- Richard von Weizsäcker (Mond in Fische)

Widder: Die grundlegenden Fakten

Polarität: positiv	Lieblingsfarben: rot und weiß
Qualität: kardinal	Glücksstein: Diamant
Element: Feuer	Körperteil: Kopf
Herrschender Planet: Mars	Schlüsselsatz: Ich bin
Gegenüberliegendes Zeichen: Waage	Haupteigenschaften: energisch, aber ungestüm

Der Stier: 21. April – 20. Mai

Als Harry Truman Präsident der USA war, stand auf einem Schild im Oval Office zu lesen »The buck stops here« (deutsch: Hier endet das Geld). Denn er war ein Stier: vernünftig, zuverlässig und bereit, die Verantwortung zu übernehmen. Aber der Stier hat auch eine andere Seite, denn er wird von Venus beherrscht, dem Planeten, der nach der Göttin der Liebe benannt ist.

Die Sonnenseite

Im Tierkreis steht der Widder, der Pionier, an erster Stelle und versprüht seine Energie in alle Richtungen. Der Stier bringt diese Energie auf die Erde zurück und benutzt sie, um etwas Solides zu bauen. Als festes Erdzeichen stehen Sie mit beiden Beinen auf der Erde, verankert in der

Realität und absolut zuverlässig. Konkrete Ziele machen für Sie den meisten Sinn, und Sie verfolgen diese mit ruhiger Beharrlichkeit. Da Sie ein intensives Bedürfnis nach Sicherheit haben, tendieren Sie zu vorsichtigen Entscheidungen, sowohl in emotionaler als auch finanzieller Hinsicht. Geld ist wichtig für Sie, aber Sie sind auch sehr kreativ und haben wahrscheinlich musisches oder künstlerisches Talent. Mit Venus, der Hüterin der Liebe und Schönheit, als Ihrem herrschenden Planeten, sind Sie liebevoll, romantisch und sinnlich. Sie lieben langsamen, trägen Sex, die Materialien Seide und Samt, frisches Brot, guten Rotwein, die Natur in allen Jahreszeiten und schöne Gegenstände, die Sie mit Leichtigkeit finden.

Die Schattenseite

Obwohl Ihre Hingabe beeindruckend ist, kann Ihre langsame Art andere Menschen wahnsinnig machen. Sie beginnen langsam, tendieren dazu, sich abzuplagen und lehnen es ab, sich hetzen zu lassen. Sie können unglaublich und aufreizend dickköpfig sein. Sie können außerdem gierig und materialistisch sowie unglaublich unersättlich, faul und zügellos sein. Auf der anderen Seite wissen Sie, wohin Sie gehen und was Sie wollen. Sie erreichen Ihr Ziel vielleicht nicht schnell – aber wie die berühmte Schildkröte, mit der Sie oft verglichen werden, kommen Sie dorthin.

♉ Das Zeichen des Stiers stellt den Kopf des Bullen dar, das Kinn und die Kehle, die Gebärmutter und Eileiter oder den symbolischen Kreis des Potenzials, auf dem die Sichel der Empfänglichkeit ruht.

Stier: Die grundlegenden Fakten

Polarität: negativ

Qualität: fest

Element: Erde

Herrschender Planet: Venus

Gegenüberliegendes Zeichen: Skorpion

Lieblingsfarben: Grün- und Brauntöne

Glücksstein: Smaragd

Körperteile: Hals und Kehle

Schlüsselsatz: Ich baue

Haupteigenschaften: produktiv, aber eigensinnig

Klassische Stiere

- ✔ Magda Schneider (Mond im Widder)
- ✔ Katharine Hepburn (Mond im Stier)
- ✔ Sigmund Freud (Mond im Zwilling)
- ✔ Peter Tschaikowski (Mond im Krebs)
- ✔ Barbra Streisand (Mond im Löwen)
- ✔ Michelle Pfeiffer (Mond in Jungfrau)
- ✔ Billy Joel (Mond in Waage)

- ✔ Alfred Krupp (Mond im Skorpion)
- ✔ Udo Lindenberg (Mond im Schützen)
- ✔ Cher (Mond im Steinbock)
- ✔ Orson Welles (Mond im Wassermann)
- ✔ Audrey Hepburn (Mond in Fische)

Die Zwillinge: 21. Mai – 21. Juni

Mit ihrem schnellen Verstand und der Fähigkeit, sich klar auszudrücken, sind Menschen, die im Zeichen Zwillinge geboren wurden, neugierig, flexibel und überzeugend. Denn sie werden vom aufgeweckten Merkur regiert, dem Gott, der sich aus allem herausreden konnte.

Die Sonnenseite

Immer jung, sagen sie. Sie sind clever, fröhlich und durch und durch am Leben interessiert. In Ihrer nie endenden Suche nach geistiger Anregung sind Sie fasziniert von der Vielfalt der Welt. Sie reagieren fröhlich auf diese Welt. Wenn Sie eine Fähigkeit meistern, an einen neuen Ort reisen, einen Wissensbereich erforschen oder einen neuen Menschen kennen lernen, fühlen Sie sich lebendig. Sie sind ein Meister der Kommunikation und des Klatsches, außerdem gewandt, intelligent und von schneller Auffassungsgabe. Sie können jeden Menschen von allem überzeugen – auch sich selbst. In Ihren besten Momenten sind Sie amüsant, gesellig, geistreich und immer auf dem neuesten Stand der Dinge – in einem Wort: glänzend. Abwechslung und Aktivität erfreuen Sie, und Sie haben viele Interessen (und Zeitschriftenabos). Um sicherzustellen, dass Sie sich niemals langweilen, halten Sie sich Optionen offen. Sie fühlen sich sicher, wenn zwei Romane auf Ihrem Nachttisch liegen, Sie zwei Jobs haben, zwei Liebesoptionen (eine Hauptliebe und eine im Hintergrund, nur für alle Fälle). Haben Sie viel zu tun, sind Sie glücklich. Ist Ihr Teller übervoll, fühlen Sie sich in der Welt zu Hause.

Die Schattenseite

Sie reden zu viel. Sie erschöpfen die Leute. Sie können sogar Ihr eigenes Interesse an einer Idee erschöpfen, indem Sie diese zu Tode reden. Wenn Sie in den höchsten Gang schalten, was oft geschieht, werden Sie nervös und angespannt. Sie ändern schnell Ihre Meinung, können nur schwer mit Gefühlen umgehen und sind manchmal gerissen, oberflächlich und launisch – das lebende Bildnis heißer Luft. Andere Menschen werfen Ihnen vor, dass Sie oberflächlich sind. Tatsächlich erleben Sie richtige Gefühle – aber nicht lange. Wenn es zu Schwierigkeiten kommt, stellen Sie Ihre Gefühle beiseite und passen sich mit erstaunlicher Leichtigkeit an. Ihr Partner hat sich von Ihnen getrennt? Sie schreiben die Geschichte neu – und bald sind Sie derjenige, der gegangen ist. Sie werden sich später um die emotionalen Konsequenzen kümmern. In der Zwischenzeit haben Sie ein neues Kapitel begonnen. Sie sind ein wahres Chamäleon.

Klassische Zwillinge

- ✔ Kristine Vulpius-Goethe (Mond im Widder)
- ✔ Björn Borg (Mond im Stier)
- ✔ Steffi Graf (Mond in Zwillingen)
- ✔ Boy George (Mond im Krebs)
- ✔ Anne Frank (Mond im Löwen)
- ✔ John F. Kennedy (Mond Jungfrau)
- ✔ George Bush (Mond in Waage)
- ✔ Miles Davis (Mond im Skorpion)
- ✔ Theo Lingen (Mond im Schützen)
- ✔ Chè Guevara (Mond im Steinbock)
- ✔ Dieter Hildebrandt (Mond im Wassermann)
- ✔ Françoise Sagan (Mond in Fische)

♊ Die Säulen des Symbols Zwillinge repräsentieren die mythischen Zwillinge: Castor, der menschliche Sohn eines Königs, und Pollux, der unsterbliche Sohn des Zeus. Sie stehen außerdem für Ihren zweiseitigen Charakter.

Zwillinge: Die grundlegenden Fakten

Polarität: positiv	Lieblingsfarbe: gelb
Qualität: beweglich	Glücksstein: Achat
Element: Luft	Körperteile: Arme, Schultern und Lungen
Herrschender Planet: Merkur	Schlüsselsatz: Ich denke
Gegenüberliegendes Zeichen: Schütze	Haupteigenschaften: klug, aber oberflächlich

Der Krebs: 22. Juni – 22. Juli

Beherrscht vom sich ständig ändernden Mond sind Sie empfänglich und aufmerksam, ein Wesen mit vielen Stimmungen. Aber auch wenn Sie manchmal das Gefühl haben, hilflos in einem Meer von Gefühlen zu treiben, sind Sie entschlossen, Ihre Ziele zu erreichen – und in der Regel schaffen Sie das auch.

Klassische Krebse

- ✔ Norbert Blüm (Mond in Widder)
- ✔ Meryl Streep (Mond in Stier)
- ✔ Franz Kafka (Mond in Zwilling)
- ✔ Tom Cruise und Harrison Ford (Mond in Krebs)
- ✔ Antoine de Saint-Exupéry (Mond in Löwe)
- ✔ Der Dalai Lama (Mond in Jungfrau)
- ✔ Isabelle Adjani (Mond in Waage)
- ✔ Hans Fallada (Mond in Skorpion)
- ✔ Ute Lemper (Mond in Schütze)
- ✔ Ernest Hemingway (Mond in Steinbock)
- ✔ Prinzessin Diana (Mond in Wassermann)
- ✔ Robin Williams (Mond in Fische)

Die Sonnenseite

Sie verkörpern ein interessantes Paradox. Als Wasserzeichen sind Sie ein zutiefst sensibler Mensch, dessen sich ändernde Stimmungen wie ein Barometer die emotionale Atmosphäre um Sie herum reflektieren. Sie verspüren außerdem einen großen Hang zur Vergangenheit, verfügen über eine bemerkenswerte Intuition und ein intensives Bedürfnis nach einem Heim, einer Familie und emotionaler Sicherheit. Hartnäckig und fest entschlossen geben Sie niemals jemanden auf, den Sie lieben – und wenn das bedeutet, dass Sie sich anklammern oder andere zu sehr behüten, dann ist das eben so. Ihre Fähigkeit, andere zu pflegen, steht parallel zu Ihrem lebenslangen Bedürfnis, sich selbst zu pflegen und zu trösten. Aber es gibt noch einen anderen Aspekt Ihrer Persönlichkeit, der häufig übersehen wird. Als Kardinalzeichen sind Sie darauf erpicht, Aktivität ins Leben zu rufen. Auch wenn Ihre Gefühle wie das Meer in Ihnen tosen, lassen Sie sich davon nicht aufhalten. Sie nehmen Ihren Mut, unterdrücken Ihre Zweifel und kämpfen sich voran, allerdings nicht ohne ein paar Tränen auf dem Weg zu vergießen. Der Krebs ist bekannt als häusliches Zeichen, aber Sie sind auch einfallsreich, scharfsinnig und ehrgeizig. Und ich sollte noch hinzufügen, dass Sie über das beste Erinnerungsvermögen auf dem ganzen Planeten verfügen.

Die Schattenseite

Schauen Sie sich den Krebs an. Er nähert sich seitwärts seinem Ziel und zieht sich bei Angst in seinen Panzer zurück. Sie tun das Gleiche. Sie schützen sich selbst gut. Manchmal sind Sie derart in der Defensive, derart darauf aus, sich selbst vor Verletzung zu schützen, dass es geradezu unmöglich ist, mit Ihnen zu reden. Sie sind auch äußerst reizbar und furchterregend besitzergreifend. Wenn Sie fürchten, verlassen zu werden – von einem Geliebten, einem Freund oder sogar Ihrem eigenen Kind – klammern Sie sich an. Ihre Gefühle können überwältigend sein und um sich wieder neu zu finden, müssen Sie sich oft wie der Krebs in ruhige Einsamkeit zurückziehen. Eine der Herausforderungen, auf die Sie immer wieder treffen, besteht darin, dem Treibsand der Unsicherheit und der Hölle der Depression zu entkommen. Wie für die meisten Herausforderungen in Ihrem Leben gilt auch für dieses Problem, dass Sie mehr als in der Lage sind, es zu meistern.

♋ Das Symbol des Krebses steht für die Brüste (und also die Mutter), die Zangen des Krebses und die fließende Natur des Lebens und der Gefühle.

Der Krebs: Die grundlegenden Fakten

Polarität: negativ

Qualität: kardinal

Element: Wasser

Herrschender Planet: Mond

Gegenüberliegendes Zeichen: Steinbock

Lieblingsfarben: weiß und silber

Glücksstein: Perlen und Mondstein

Körperteile: Magen und Brüste

Schlüsselsatz: Ich fühle

Haupteigenschaften: intuitiv, aber launisch

Der Löwe: 23. Juli – 23. August

Ich habe immer geglaubt, ich sei irgendwie einzigartig, weil so viele meiner engen Freunde Löwen sind. Aber mir ist klar geworden, dass Löwen so offen und warm sind, dass sie Freunde sammeln wie andere Menschen Visitenkarten. Tatsache ist, ich habe bisher kaum Leute getroffen, die nicht einen oder zwei Löwen zu ihren engsten Vertrauten zählen.

Die Sonnenseite

Sie haben das gewisse Etwas. Wenn Sie ein typischer Löwe sind, sind Sie großzügig, extrovertiert, loyal und liebenswürdig (meistens). Auch in normalen Unterhaltungen fällt Ihnen oft die Rolle zu, andere zu unterhalten (wenn Sie ein Löwe sind, wissen Sie, was ich meine), weil Sie gerne im Mittelpunkt des Interesses stehen – und mit der Sonne als herrschendem Planeten bringen Sie wirklich Licht in jeden Raum. Gesegnet mit einem allseits bereiten Lachen, starken Meinungen und der Fähigkeit, auch unter ungünstigen Bedingungen Spaß zu haben, sind Sie selbstsicher, fröhlich, kreativ und haben einen starken Willen. Sie präsentieren sich selbst mit viel Drama und Getöse. Sie sind energisch und stolz und haben viel Charisma – und einen Sinn für Würde (und einen Anspruch), der dem König des Dschungels entspricht. Natürlich wollen Sie, dass dieser erkannt wird. Sie sehnen sich nach Glamour, Luxus und dem Gefühl, dass Sie das Leben voll und ganz ausschöpfen.

Klassische Löwen

- ✔ Jacqueline Kennedy Onassis (Mond in Widder)
- ✔ Bill Clinton und Monica Lewinsky (Mond in Stier)
- ✔ Emmanuelle Béart (Mond in Zwillinge)
- ✔ Emily Brontë (Mond in Krebs)
- ✔ Peter O'Toole (Mond in Löwe)
- ✔ Madonna (Mond in Jungfrau)
- ✔ Fidel Castro (Mond in Waage)
- ✔ Stanley Kubrick (Mond in Skorpion)
- ✔ Andy Warhol (Mond in Schütze)
- ✔ Arnold Schwarzenegger (Mond in Steinbock)
- ✔ Gustav Heinemann (Mond in Wassermann)
- ✔ Robert de Niro (Mond in Fische)

Die Schattenseite

Unter Ihrer pompösen Persönlichkeit wären Sie gedemütigt, wenn jemand jemals bemerken würde, wie sehr Sie sich bemühen müssen oder wie verletzlich Sie tatsächlich sind. Sie wollen unbedingt, dass andere Sie mögen, aber dennoch können Sie die allgemeine Aufmerksamkeit an sich reißen und reduzieren manchmal alle anderen um sich herum auf die Rolle des Zuschauers. (Sie sollten wissen, dass die meisten Menschen diese Rolle nicht mögen.) Sie können dogmatisch und kontrollierend sein. Sie haben große Angst vor Zurückweisung und glauben, dass Sie jedes Spiel gewinnen können, wenn Sie nur die Karten richtig ausgeben. Also fällt es Ihnen sehr leicht, anderen zu sagen, was diese hören wollen, um sich dann später herauszuwinden, wenn die Wahrheit ans Licht kommt. Es fällt Ihnen schwer, Fehler zuzugeben. Manchmal sind Sie ein Angeber und Schauspieler. Aber wenn Sie sich selbst etwas zurücknehmen, aufhören zu manipulieren und Ihre natürliche Ausgelassenheit und Wärme zum Ausdruck bringen, erhalten Sie die Bewunderung, nach der Sie sich sehnen.

♌ Das geschwungene Zeichen des Löwen steht für den Schwanz oder die Mähne des Löwen oder die kreative Kraft der Sonne.

Der Löwe: Die grundlegenden Fakten

Polarität: positiv

Qualität: fest

Lieblingsfarben: gold und orange

Glücksstein: Rubin

Element: Feuer

Herrschender Planet: Sonne

Gegenüberliegendes Zeichen: Wassermann

Körperteile: Herz und Wirbelsäule

Schlüsselsatz: Ich werde

Haupteigenschaften: extrovertiert, aber anspruchsvoll

Die Jungfrau: 24. August – 23. September

Der Geist einer Jungfrau ist ein seltsames Ding. Dank dem scharfäugigen Merkur, dem Planeten der Kommunikation, sind Sie beobachtend, analytisch und intelligent. Außerdem versuchen Sie ständig, sich selbst zu verbessern. Sie betrachten sich selbst als ein Werk, das noch auf seine Vollendung wartet.

Die Sonnenseite

Nichts entgeht Ihnen. Sie haben ein Auge für Details, einen angeborenen Sinn für Effizienz und eine erhöhte Sensibilität für sprachliche Feinheiten. Sie verfügen außerdem über außergewöhnliche analytische Fähigkeiten, eine seltene Klarheit des Geistes, eine beneidenswerte Konzentrationsfähigkeit und dazu noch eine reizvolle Bescheidenheit. Sie wissen, dass Sie nicht perfekt sind – aber Sie tun alles in Ihrer Macht stehende, um eines Tages dorthin zu kommen. Sie wissen, wie die Dinge sein sollten und Sie sind sicher, dass Sie, einen Schritt nach dem anderen gehend, an diesen Punkt gelangen werden. Sie sind organisiert und diszipliniert – oder Sie wären es gerne. Und Sie gehen bis an Ihre Grenzen. Wenn andere Menschen versuchen, sich aus unangenehmen Aufgaben herauszuwinden, springen Sie ein, erstellen eine genaue Liste der Dinge, die noch erledigt werden müssen, und streichen dann jeden Punkt auf der Liste aus. Auf Ihrem Schreibtisch landet mehr Arbeit als auf jedem anderen, und wissen Sie warum? Sie sind kompetenter als jeder andere. Sie sind außerdem hilfsbereit, zuverlässig, attraktiv (einige der tollsten Menschen auf der Erde wurden im Zeichen der Jungfrau geboren) und unglaublich unterhaltsam in Konversationen.

Die Schattenseite

Sie sind zu hart zu jedem, auch zu sich selbst. Sie nörgeln. Sie kritisieren. Sie können nicht zwischen dem unterscheiden, was akzeptabel ist (Ihr Partner) und was ideal (Ihr Partner, wenn er oder sie Ihnen nur zuhören und sich zusammenreißen würde) wäre. Sie nehmen die Rolle des noblen Märtyrers an. Und Sie leiden unter Ängsten: Sie zerbrechen sich über die Luft den Kopf, über das Wasser, die Ozonschicht, die Kalorien, die Sie zu sich nehmen, den Zustand der Welt, Ihre Familie, die obdachlose Person, der Sie auf der Straße begegnen, die unsensible Äußerung, die Sie vielleicht gemacht haben, und Ihre Gesundheit. Im Leben einer typischen Jungfrau ist Hypochondrie ein Drachen, den es zu besiegen gilt. Gesunde Ernährung, ausreichende Bewegung und eine zuverlässige Methode zur Stressreduzierung sind sehr wichtig.

Eine Bemerkung zur Ordnung: Egal, was Sie möglicherweise gehört haben, die meisten Jungfrauen sind keine Ordnungsfanatiker. Nicht, dass es nicht passiert: Ich kenne Jungfrauen, die nicht eher Ruhe geben, bis alles im Kühlschrank parallel zur Tür geordnet ist. Ich kenne Jungfrauen, die eine bestimmte Meinung zu Reinigungsmitteln für Fliesen haben. Und ich kenne Jungfrauen, die nichts wegwerfen können. Ihre Absicht besteht darin, mit all diesen Dingen etwas zu tun. In der Zwischenzeit sehen sie gar nicht zwanghaft aus, sie sehen alle etwas schlampig aus.

♍ Das Symbol der Jungfrau sieht aus wie ein M mit einer abschließenden Schleife. Es steht für die weiblichen Genitalien, im Gegensatz zum Skorpion, der die männlichen repräsentiert.

Die Jungfrau: Grundlegende Fakten

Polarität: negativ

Qualität: beweglich

Element: Erde

Herrschender Planet: Merkur

Gegenüberliegendes Zeichen: Fische

Lieblingsfarben: blau und neutrale Farben

Glücksstein: Peridot

Körperteil: Nervensystem

Schlüsselsatz: Ich analysiere

Haupteigenschaften: analytisch, aber kritisierend

Klassische Jungfrauen

- ✔ Ingrid Bergmann (Mond in Widder)
- ✔ Oliver Stone (Mond in Stier)
- ✔ Claudia Schiffer (Mond in Zwillingen)
- ✔ Julio Iglesias (Mond in Krebs)
- ✔ Franz Josef Strauss (Mond in Löwe)
- ✔ Sean Connery (Mond in Jungfrau)
- ✔ Agathe Christie (Mond in Waage)
- ✔ Bruno Bettelheim (Mond in Skorpion)
- ✔ Stephen King (Mond in Schütze)
- ✔ Anton Bruckner (Mond in Steinbock)
- ✔ Sophia Loren (Mond in Wassermann)
- ✔ Michael Jackson (Mond in Fische)

Die Waage: 24. September – 23. Oktober

Ich bin von Waagen umgeben aufgewachsen und ich kann Ihnen sagen: Die Waage ist das Zeichen der Zivilisation. Beherrscht von Venus, dem Planeten der Liebe und Schönheit, handeln Sie rational, glauben an Gerechtigkeit, und ganz allgemein ist es eine Freude, um Sie herum zu sein.

Die Sonnenseite

Wenn Sie im Zeichen der Waage geboren wurden, teilen Sie diese Eigenschaften. Sie sind kultiviert, liebenswert, ausgeglichen und der ultimative Diplomat (wenn Sie es wollen). Sie suchen Heiterkeit, haben einen starken Sinn für Kunst und Musik und gedeihen in ästhetisch angenehmen Umgebungen (gewöhnliche Ärgernisse wie Lärm machen Sie dagegen angespannt und müde). Mit Ihrer Gelassenheit, Ihrer Eleganz und Ihrem Charme sind Sie ein gesuchter Gast für Parties. Und obwohl Sie gerne flirten, sind Sie auch ein zuverlässiger Partner, für den Beziehungen unentbehrlich sind. Gleichzeitig haben Sie als Luftzeichen einen ausgeprägten Intellekt und gehen vernünftig auf das Leben zu. Die Konsequenzen aller Entscheidungen sind Ihnen bewusst und es ist Ihnen wichtig, keine voreiligen Schlüsse zu ziehen. Natürlich versuchen Sie objektiv zu sein. (Das ist die Bedeutung der Waagschalen, Ihrem Symbol, das für die Fähigkeit steht, beide Seiten einer Sache abzuwägen. Interessanterweise ist die Waage das einzige Zeichen des Tierkreises, das durch ein Objekt statt durch ein lebendes Wesen symbolisiert wird.) Meistens funktioniert Ihre umsichtige, objektive Haltung gut. Die Harmonie und das Gleichgewicht, die Sie suchen, sind erreichbar.

Die Schattenseite

Ihre angenehme Persönlichkeit verdeckt manchmal ein vages Gefühl der Unzufriedenheit, eine große Schwierigkeit, mit emotionaler Komplexität umzugehen und einen jämmerlichen Mangel an Selbstbewusstsein. Sie können vage, abhängig und nachgiebig gegen sich selbst sein, und Ihre kultivierte Sensibilität wird leicht verletzt. Sie können keinen Streit aushalten. Und es fällt Ihnen schwer, das Gleichgewicht zu finden, das Sie brauchen. Da Sie ein ernsthafter Denker sind, können Sie sich nur schwer entscheiden, was lähmende Auswirkungen auf Sie hat. Sie gehen vor und zurück. Sie vergleichen und stellen gegeneinander. Sie wechseln die Seiten. Sie werden nervös, abweisend, streitlustig, erschöpft oder deprimiert. In Ihrer Suche nach Frieden, Schönheit und Ausgeglichenheit ist der beste Weg der römische: Mäßigung in allen Dingen.

♎ Das Symbol der Waage steht für zwei Waagschalen oder die untergehende Sonne, also die Tatsache, dass der erste Tag der Waage mit der Herbsttagundnachtgleiche zusammenfällt, wenn Tag und Nacht einen Punkt der perfekten Ausgeglichenheit erreichen.

Die Waage: Grundlegende Fakten

Polarität: positiv

Qualität: kardinal

Element: Luft

Herrschender Planet: Venus

Gegenüberliegendes Zeichen: Widder

Günstige Farben: Blau- und Pastelltöne

Glückssteine: Saphir und Jade

Körperteile: Nieren und Haut

Schlüsselsatz: Ich wäge ab

Haupteigenschaften: kosmopolit, aber unentschlossen

Klassische Waagen

- Giuseppe Verdi (Mond in Widder)
- Groucho Marx (Mond in Stier)
- Brigitte Bardot (Mond in Zwillinge)
- Günter Grass (Mond in Krebs)
- Margaret Thatcher (Mond in Löwe)
- Max Schmeling (Mond in Jungfrau)
- Romy Schneider (Mond in Waage)
- Will Smith (Mond in Skorpion)
- Christopher Reeves (Mond in Schütze)
- Susan Sarandon (Mond in Steinbock)
- John Lennon (Mond in Wassermann)
- Yves Montand (Mond in Fische)

Der Skorpion: 24. Oktober – 22. November

Intensität ist der Schlüssel zum Skorpion. Beherrscht von Pluto, dem Planeten der Veränderung, sind Sie eine starke Persönlichkeit – und eine Kreatur der Extreme.

Die Sonnenseite

Sie sind voller Kraft, faszinierend und leidenschaftlich und werten Selbstkontrolle hoch, fühlen sich von mächtigen Menschen angezogen und zielen nach dem Höchsten – oder dem Niedrigsten. (Darum hat der Skorpion, im Gegensatz zu allen anderen Zeichen, tatsächlich drei Symbole: den Skorpion, der durch den Staub kriecht, den Adler, der durch die Luft fliegt und den Phoenix, der sich selbst in der Hitze seiner eigenen Leidenschaft verbrennt und neu geboren wird.) Scharfsichtig, emotional, sinnlich und mit wachen Sinnen erleben Sie das Leben voll. Obwohl Ihre Stimmung zwischen ekstatischen Höhen und alptraumartigen Tiefen schwankt, gefällt Ihnen dieses Melodrama und Sie haben einen tiefen Grad an Einsicht und Verständnis. Sie können gut Geheimnisse ausgraben und sind fasziniert von Mysterien. (Altmodische astrologische Bücher empfehlen unausweichlich, dass Skorpione Detektive oder Spione werden sollten.) Ihre Willenskraft ist beeindruckend (obwohl Sie diese auch zu Extremen führen können: Essstörungen sind ein Fluch Ihres Zeichens), ebenso wie Ihre Entschlossenheit. Einfallsreich und engagiert machen Sie vorsichtige Pläne. Sie bewegen sich nicht schnell. Und Sie geben niemals auf.

Klassische Skorpione

- ✔ Bill Gates (Mond in Widder)
- ✔ Prinz Charles (Mond in Stier)
- ✔ Goldie Hawn (Mond in Zwillinge)
- ✔ Boris Becker (Mond in Krebs)
- ✔ Uwe Seeler (Mond in Löwe)
- ✔ Jodie Foster (Mond in Jungfrau)
- ✔ Leonardo DiCaprio (Mond in Waage)
- ✔ Whoopi Goldberg (Mond in Skorpion)
- ✔ Pablo Picasso (Mond in Schütze)
- ✔ Loriot (Mond in Steinbock)
- ✔ Robert Kennedy (Mond in Wassermann)
- ✔ Grace Kelly (Mond in Fische)

Die Schattenseite

Lassen Sie mich ehrlich sein: der Skorpion hat einige sehr unangenehme Charaktereigenschaften. Sie können besessen, rachsüchtig, eifersüchtig, gehässig und unnachgiebig sein. Aber meiner Erfahrung nach schaffen es die meisten Skorpione, diese Seite ihrer Persönlichkeit zu kontrollieren. Es fällt Ihnen schwer, mit Depressionen umzugehen. Sind die Zeiten schwierig, lassen Sie sich auf den Grund des Meeres sinken. Andere Zeichen können die pure Verzweiflung, die Sie herunterzieht, nicht einmal im Ansatz verstehen. Aber es ist ein wichtiger Teil des Skorpions. Das Ganze läuft etwa so ab: Sie versinken in die Dunkelheit, wandern durch die übersinnliche Unterwelt und müssen sich mit Ihren eigenen schlimmsten Eigenschaften und tiefsten Ängsten auseinandersetzen. Zum Glück sind Sie unerschütterlich. Nach und nach kämpfen Sie sich Ihren Weg zurück. Sie suchen furchtlos nach Lösungen – und schließlich triumphieren Sie, finden Erneuerung und verändern sich selbst, wieder und wieder.

♏ Das Zeichen des Skorpions zeigt die männlichen Genitalien oder den stechenden Stachel am Schwanz des Skorpions.

Der Skorpion: Grundlegende Fakten

Polarität: negativ

Qualität: fest

Element: Wasser

Farben: dunkelrot und schwarz

Glücksstein: Opal

Körperteile: reproduktive Organe

Herrschender Planet: Pluto

Gegenüberstehendes Zeichen: Stier

Schlüsselsatz: Ich verlange

Haupteigenschaften: leidenschaftlich, aber besessen

Der Schütze: 23. November – 21. Dezember

Sie sind unabhängig, ehrlich, haben einen Sinn für die Möglichkeiten und fühlen sich dann lebendig, wenn Sie ein Abenteuer in der Welt erleben können. Das liegt an Jupiter, Ihrem Herrscher, dem Planeten der Expansion und des guten Glücks.

Die Sonnenseite

In Ihren glücklichsten und besten Momenten sind Sie ein freier Geist, ein gut gelaunter Wanderer und ein Philosoph, der gerne über die großen Fragen nachdenkt, vorzugsweise mit einigen engen Freunden und einem großen Vorrat an Snacks. Mit Ihrem Optimismus, Ihrer Ruhelosigkeit und Unabhängigkeit sehen Sie das Leben als fortwährendes Abenteuer und nicht als Jagd nach Sicherheit. In Ihrer lebenslangen Suche nach Abwechslung und neuen Erfahrungen setzen Sie sich große Ziele. Ihr Ziel besteht darin, Ihre Visionen und Ihre Möglichkeiten zu erweitern. Sie wollen die Welt sehen (der Schütze ist das Zeichen des Reisens) und Sie wollen sie verstehen. (Altmodische Astrologen bezeichneten den Schützen als das Zeichen der Weisheit und des höheren Geistes, was aus den Zwillingen, Ihrem Gegenüber, das Zeichen des niederen Geistes machte.) Der Schütze beherrscht die Philosophie, die Religion, das Recht, die höhere Bildung und abstrakte Theorien aller Art. Wenn sich das anhört, als wären Sie snobistisch und elitär, denken Sie noch einmal nach. Sie lieben die Natur und sind ein Komödiant. Der Schütze ist ungezwungen, direkt, ehrlich und fröhlich (obwohl manche Planeten im Skorpion oder Steinbock eine Tendenz zur Melancholie hinzufügen können). Von Ihnen wird gesagt, dass Sie Glück haben. Tatsache ist, dass Sie wie jeder andere auch Ihre Tiefschläge erleben, aber Sie sind lebhaft und vielseitig: Sie kommen wieder hoch. Sie stimmen dem Philosophen und Schützen George Santayana zu, der sagte: »Geburt und Tod lassen sich nicht vermeiden, also sollte man die Zeit dazwischen genießen.«

Die Schattenseite

Wie Ihr Symbol, das halb Mensch, halb Pferd ist, sind Sie zwiegespalten. Ein Teil von Ihnen möchte bis in die Nacht feiern (das ist die Hälfte des Zentaurs). Der andere Teil von Ihnen strebt danach, Ihren Intellekt zu erweitern und die unendlichen Weiten des Geistes zu entdecken. Aber ohne Ziel taumeln Sie umher. Sie können erstaunlich unorganisiert sein und Ihre Tendenz, Dinge hinauszuschieben, kann jeden anderen wahnsinnig machen. Sie tendieren zu Übertreibungen. Sie haben die verwirrende Tendenz zu predigen. Und obwohl Ihnen nachgesagt wird, dass Sie athletisch sind, können Sie physisch ungeschickt sein, wie Ihre blauen Flecken beweisen. Dann ist da noch Ihre legendäre Taktlosigkeit. Sie haben es nicht gelernt zu lügen, auch wenn es eine gute Tat wäre, es zu tun. Ein Freund erscheint mit frisch geschnittenen Haaren? Sie platzen mit der wenig schmeichelhaften Wahrheit heraus. Aber wenn Sie Ihr Ego beiseite lassen und Ihren

Forschungen nachgehen können, wenn Sie über sich hinaus in das Unbekannte reichen können, verblassen Ihre Unsicherheiten und Sie inspirieren sich selbst.

♐ Das Symbol des Schützen steht für den Pfeil des Zentaurs und Ihre hohen Erwartungen.

Der Schütze: Grundlegende Fakten

Polarität: positiv	Farben: lila und blau
Qualität: beweglich	Glücksstein: Türkis
Element: Feuer	Körperteile: Hüften und Oberschenkel
Herrschender Planet: Jupiter	Schlüsselsatz: Ich sehe
Gegenüberliegendes Zeichen: Zwillinge	Haupteigenschaften: abenteuerlustig, aber selbstgerecht

Klassische Schützen

- ✔ Mark Twain (Mond in Widder)
- ✔ Jim Morrison (Mond in Stier)
- ✔ Tina Turner (Mond in Zwillinge)
- ✔ Jimi Hendrix (Mond in Krebs)
- ✔ Winston Churchill (Mond in Löwe)
- ✔ Frank Zappa (Mond in Jungfrau)
- ✔ Heinrich Heine (Mond in Waage)
- ✔ Steven Spielberg (Mond in Skorpion)
- ✔ Ludwig van Beethoven (Mond in Schütze)
- ✔ Brad Pitt (Mond in Steinbock)
- ✔ Woody Allen (Mond in Wassermann)
- ✔ Frank Sinatra (Mond in Fische)

Der Steinbock: 22. Dezember – 20. Januar

Jemand muss die Tradition bewahren. Jemand muss den Regeln folgen. Überhaupt muss jemand diese erst aufstellen. Mit Saturn, dem Planeten der Strukturen, als Ihrem Herrscher, kann es gut sein, dass Sie dieser Jemand sind.

Die Sonnenseite

Sie sind produktiv, verantwortungsvoll, konkurrenzfähig und ehrgeizig. Wie die Bergziege, die unermüdlich über ihr steiniges Revier klettert, um den Gipfel zu erreichen, haben Sie Ihr Ziel im Blick. Nicht nur das, Sie haben auch eine konstruktive, machbare Strategie entwickelt, um dorthin zu gelangen. Mit Ihrer Geduld, Ihrem Fleiß und Ihrer Sparsamkeit können Sie alle Schwierigkeiten auf Ihrem Weg überkommen. Sie sind ein natürlicher Anführer und übernehmen bereitwillig die Verantwortung. Sie sind erwachsen. Auch wenn Sie innerlich durchdrehen, bleiben Sie nach außen ruhig. Und im Gegensatz zu anderen Zeichen, die ich nennen kann (sagen wir z.B. Schütze oder Fische), wissen Sie, wie Sie Ihre Selbstdisziplin einsetzen können. Diese Kontrolle ist in jeder Zelle Ihres Körpers offensichtlich. Sie sind kühl, reserviert, würdevoll, autoritär, organisiert und ernsthaft. Sie kriegen die Dinge tatsächlich fertig. Und obwohl es Ihnen schwer fällt, locker zu sein, haben Sie die Sinnlichkeit aller Erdzeichen. Sie lieben sorgfältig zubereitetes Essen, zeitlose Kunst, wahre Liebe, die Freuden des Schlafzimmers und die feineren Dinge im Leben. Es ist nicht so, dass Sie gierig sind. Sie wissen sehr gut, dass Sie mit Geld kein Glück kaufen können. Aber Sie können viele andere Dinge damit kaufen und wollen auch einige davon.

Die Schattenseite

Mit Ihrem angeborenen Konservatismus können Sie, egal wo Ihre politischen Vorlieben liegen, zu einem Workaholic mit einem Terminplan für alles werden. Sie sind auf Status bedacht, orientieren sich manchmal extrem an Traditionen und können ängstlich, gehemmt und pessimistisch sein. Widerstandsfähigkeit und Lebenskraft gehören normalerweise nicht zu Ihren Eigenschaften. Emotionale Probleme, auch unter Freunden, empfinden Sie als bedrohlich (Sie möchten lieber überhaupt nicht über Gefühle reden, vielen Dank). Sie leiden lange Zeit still vor sich hin, bis Sie weniger gehemmt und selbstbewusster werden. Die gute Nachricht ist, dass Sie mit Würde altern und Ihr Leben auf dem Weg besser und besser wird. Je älter Sie werden, umso glücklicher werden Sie. Das ist das Wunder des Steinbocks.

♑ Das Zeichen des Steinbocks steht entweder für den Steinbock mit seinen geringelten Hörnern oder für die mythische Figur, die oben Steinbock und unten Fisch ist.

Der Steinbock: Grundlegende Fakten

Polarität: negativ

Qualität: kardinal

Element: Erde

Herrschender Planet: Saturn

Gegenüberliegendes Zeichen: Krebs

Farben: dunkelgrün und braun

Glücksstein: Onyx

Körperteile: Knochen und Zähne

Schlüsselsatz: Ich benutze

Haupteigenschaften: zielorientiert, aber starr

Klassische Steinböcke

- ✔ Konrad Adenauer (Mond in Widder)
- ✔ Max Pechstein (Mond in Stier)
- ✔ Hildegard Knef (Mond in Zwillinge)
- ✔ Lee Van Cleef (Mond in Krebs)
- ✔ David Bowie und Mao Tse Tung (Mond in Löwe)
- ✔ Stephen Hawking (Mond in Jungfrau)
- ✔ Humphrey Bogart (Mond in Waage)
- ✔ Königin Silvia von Schweden (Mond in Skorpion)
- ✔ Kevin Costner (Mond in Schütze)
- ✔ Federico Fellini (Mond in Steinbock)
- ✔ Diane Keaton (Mond in Wassermann)
- ✔ Simone de Beauvoir (Mond in Fische)

Der Wassermann: 21. Januar – 19. Februar

Sie sind ein Original. Mit dem unberechenbaren Uranus als Herrscher, haben Sie oft brillante Augenblicke der Einsicht. Sie sind außerdem eigenartiger, als Sie vielleicht denken.

Die Sonnenseite

Sie sind altruistisch, problemorientiert, charismatisch und immer auf dem neuesten Stand der Dinge. Als festes Mitglied Ihrer eigenen Generation sind Sie ein natürlicher Visionär und Menschenfreund erster Ordnung. Sie haben hochgesteckte Prinzipien und versuchen, nach diesen zu leben. Die schrecklichen Dinge, die in der Welt passieren, entsetzen Sie, die alltäglichen Probleme animieren Sie. Sie glauben fest an die Gleichheit aller Menschen und interessieren sich für jeden. Die Einschränkungen von Klasse, Rasse und Alter haben für Sie keine Bedeutung. Freundlich, ungezwungen und für alles offen, machen Sie sich viele Freunde. (Zu Ihrer perversen Freude mögen diese sich oft nicht.) Aber es ist nicht nur Ihre liebenswerte Seite oder Ihr menschenfreundlicher Glaube, der Sie für andere anziehend macht. Sie sind ein Außenseiter mit einem erfinderischen Geist und einer ungewöhnlichen Sammlung von Interessen, Gewohnheiten und Freunden. Es ist nicht weiter überraschend, dass viele Künstler, die für uns zur Avantgarde zählen (z.B. Gertrude Stein, James Joyce, Yoko Ono) unter dem Zeichen des Wassermanns geboren wurden. Sie sind durch und durch zeitgenössisch, ein vollkommen moderner Mensch.

Klassische Wassermänner

- ✔ Placido Domingo (Mond in Widder)
- ✔ Ronald Reagan (Mond in Stier)
- ✔ John McEnroe (Mond in Zwillinge)
- ✔ Boris Jelzin (Mond in Krebs)
- ✔ Jack Lemmon (Mond in Löwe)
- ✔ John Travolta (Mond in Jungfrau)
- ✔ Bertolt Brecht (Mond in Waage)
- ✔ James Dean (Mond in Skorpion)
- ✔ Wolfgang Amadeus Mozart (Mond in Schütze)
- ✔ Charles Darwin (Mond in Steinbock)
- ✔ Prinzessin Stephanie von Monaco (Mond in Wassermann)
- ✔ Paul Newman (Mond in Fische)

Die Schattenseite

Ihr unkonventionelles, unabhängiges Äußeres kann sich in Exzentrizität, Gedankenlosigkeit, unsinniger Rebellion und einer seltsamen Frisur äußern. Sie können aufsässig und kindisch sein, ein mit den Füßen aufstampfender Rebell, der nie bereit ist, sich anzupassen. Und Ihre berühmte Menschenfreundlichkeit, vielleicht Ihr feinster Charakterzug, kann falsch scheinen. Sie wirken möglicherweise distanziert und reserviert auf andere, da Sie vor echter Intimität zurückschrecken. Sie sind ein Showmaster oder Soziologe, für den Distanz eine natürliche Begebenheit ist. Sie können besser mit Ideen als mit Gefühlen umgehen und können nach außen warm, aber nach innen kalt sein: ein Besucher auf dem Raumschiff Erde, neugierig, aber unbeteiligt. Zum Glück gründet Ihr Idealismus tief. Da Sie das Beste wollen, für sich selbst und für andere, werden die Menschen unvermeidbar von Ihnen angezogen und bringen Ihre Wärme heraus.

♒ Das Symbol des Wassermanns zeigt die Wellen des Wassers oder, noch besser, die Wellen von Sound, Elektrizität und Licht.

Der Wassermann: Grundlegende Fakten

Polarität: positiv

Qualität: fest

Element: Luft

Farben: elektrisches blau und Neonfarben

Glücksstein: Amethyst

Körperteile: Knöchel und Blutkreislaufsystem

Herrschender Planet: Uranus

Gegenüberliegendes Zeichen: Löwe

Schlüsselsatz: Ich weiß

Haupteigenschaften: progressiv, aber rebellisch

Die Fische: 20. Februar – 20. März

Ihres ist das Zeichen der Träume, der Phantasie, der Poesie und der geistlichen Dinge. Beherrscht vom geheimnisvollen Neptun, dem Planeten von Glamour und Illusion, besteht Ihre Herausforderung darin, in einer alltäglichen Welt zu überleben, obwohl Sie über eine Sensibilität verfügen, die nicht von dieser Welt zu sein scheint.

Die Sonnenseite

Sie wollen Sensibilität? Fische sind sensibel. Jeder winzige Sprung in der emotionalen Wetterlage bringt Ihr internes Barometer aus der Fassung. Mit Ihrem Mitgefühl und Ihrer tiefen Aufnahmefähigkeit reagieren Sie auf alles. Sie haben keine Grenzen. All Ihre Membrane sind durchlässig. Die Leute über Ihnen streiten sich: Sie fühlen sich nicht so gut. Wenn guten Menschen schlechte Dinge widerfahren, leiden Sie mit und wenn den Menschen, die Sie lieben, gute Dinge passieren, freuen Sie sich. Sie sind großherzig und großzügig und empfangen ständig eine überwältigende Menge an Eindrücken und Informationen und können geradezu unheimlich übersinnlich sein. Ihre Träume, in wachem Zustand oder sonstige, sind eine Quelle der Inspiration. Mit Ihrer mächtigen Phantasie können Sie sich ein erstaunliches Spektrum von Zukunftsvisionen ausmalen, von sagenhaften (Sie gewinnen den Oscar und den Friedensnobelpreis) bis hin zu beängstigenden (Sie landen obdachlos in einem Pappkarton auf der Straße). Auf Ihrem intuitiven Höhepunkt ermöglicht die Tatsache, dass Sie die Grenzen der Realität ablehnen, es Ihnen, Grenzen zu durchbrechen und kreative Änderungen herbeizuführen. Oft haben Sie mit Ihren Spielen Erfolg. Wenn nicht, nehmen Sie das Ganze philosophisch hin. Wie Albert Einstein, ein typischer Fisch, sagte: »Ein Mensch, der niemals einen Fehler gemacht hat, hat nie etwas Neues ausprobiert.«

Die Schattenseite

In Ihren schlechtesten Momenten sind Sie extrem naiv und fallen Ihrem Wunschdenken zum Opfer. Ihre Gefühle sind derart leicht verletzlich, dass Sie im Grunde genommen eine offene Wunde sind. Und Ihre Passivität kann jeder Vernünftigkeit entsagen. In Ihrer Unentschlossenheit und Schwäche gehen Sie mit Krisen um, indem Sie gar nichts tun. Statt die Dinge in die Hand zu nehmen, schwimmen Sie in einem Meer der Unklarheit. Sie können sich unsicher darüber sein, was Sie wollen und keine Ahnung haben, wie Sie dorthin gelangen. Und am schlimmsten ist, dass Sie, wenn Ihre Träume sich als Illusionen herausstellen – Sie gewinnen nicht im Lotto oder treffen nicht den Märchenprinzen –, sich in Lethargie, Alkohol, Isolation und Selbstmitleid verlieren. Meistens sind Sie selbst Ihr eigener schlimmster Feind. Und meistens haben Sie durchaus die Fähigkeit, Ihre Bedingungen (und Ihr Verhalten) umzukehren.

Klassische Fische

- ✔ Auguste Renoir (Mond in Widder)
- ✔ Sepp Maier (Mond in Stier)
- ✔ Roger Daltry (Mond in Zwillinge)
- ✔ Kurt Cobain (Mond in Krebs)
- ✔ Erich Kästner (Mond in Löwe)
- ✔ Gabriel Garcia Marquez (Mond in Jungfrau)
- ✔ Georg Händel (Mond in Waage)
- ✔ Elizabeth Taylor (Mond in Skorpion)
- ✔ Albert Einstein (Mond in Schütze)
- ✔ Anais Nin (Mond in Steinbock)
- ✔ Glenn Close (Mond in Wassermann)
- ✔ Michelangelo (Mond in Fische)

♓ Das Symbol der Fische steht für zwei Formen der Erfahrung, intern und extern, – oder zwei miteinander verbundene Fische. Wenn Sie zusammenarbeiten, navigieren sie mit Leichtigkeit durch ihre wässrige Domäne. Wenn Sie in gegensätzliche Richtungen ziehen, erreicht keiner sein Ziel.

Die Fische: Grundlegende Fakten

Polarität: negativ

Qualität: beweglich

Element: Wasser

Herrschender Planet: Neptun

Gegenüberliegendes Zeichen: Jungfrau

Farben: seegrün und lavendel

Glücksstein: Aquamarin

Körperteile: Füße und Immunsystem

Schlüsselsatz: Ich glaube

Haupteigenschaften: sensibel, aber flüchtend

Die Sonne in den Häusern

Das Haus, in dem die Sonne steht, beschreibt den Lebensbereich, in dem Sie am besten Ihren Willen, Ihre Ziele und Ihr wesentliches Selbst ausdrücken können. (Mehr über die Häuser finden Sie in Kapitel 1.)

Die Anordnung der Häuser basiert auf Ihrer Geburtszeit, nicht auf Ihrem Sonnenzeichen. (Wenn Sie z.B. direkt vor der Morgendämmerung geboren wurden, ist Ihre Sonne im ersten Haus – unabhängig von Ihrem Sonnenzeichen.) Wenn Sie Ihre Geburtszeit nicht kennen, können Sie diesen Abschnitt gerne überspringen.

✔ **Sonne im ersten Haus:** Es ist wichtig für Sie, dass Sie Ihre Persönlichkeit behaupten können. Sie sind aktiv, egozentrisch, würdevoll und stolz auf das, was Sie erreicht haben. Ihr Erfolg basiert auf Ihren eigenen Bemühungen.

Beispiele: Helmut Kohl (Sonne in Widder), Henry Kissinger (Sonne in Zwillinge), Grace Kelly (Sonne in Skorpion), Abraham Lincoln (Sonne in Wassermann).

✔ **Sonne im zweiten Haus:** Sie sind praktisch und ausdauernd, interessieren sich für Geld und können den Wert der Dinge gut einschätzen. Ihre Besitztümer reflektieren Ihre tieferen Werte. Finanzielle Sicherheit ist Ihnen wichtig und Sie sind zufrieden, wenn Sie diese erreichen.

Beispiele: Curd Jürgens (Sonne in Schütze), Elvis Presley (Sonne in Steinbock), Bridget Fonda (Sonne in Wassermann), Bertolt Brecht (Sonne in Wassermann).

✔ **Sonne im dritten Haus:** Sie sind neugierig und gesprächig, sammeln Informationen und können sich mit Leichtigkeit ausdrücken, sowohl schriftlich als auch mündlich. Reisen und Geschwister spielen in Ihrem Leben wichtige Rollen.

Beispiele: Ludwig Erhard (Sonne in Wassermann), Paul McCartney (Sonne in Zwillinge), Heinz Rühmann (Sonne in Fische), Winston Churchill (Sonne in Schütze).

✔ **Sonne im vierten Haus:** Sie sind intuitiv und introvertiert, mit einem starken Selbstsinn und einer engen Verbindung zu Ihren Vorfahren. Das Heim und die Familie sind zentrale Themen in Ihrem Leben.

Beispiele: Woody Allen (Sonne in Schütze), Joyce Carol Oates (Sonne in Zwillinge), Franz Beckenbauer (Sonne in Jungfrau), Loriot (Sonne in Skorpion).

✔ **Sonne im fünften Haus:** Romantisch und auf der Suche nach Zufriedenheit finden Sie Ihr Glück durch Liebe, Kinder und Aktivitäten, die Ihnen Gelegenheit geben, Ihre Kreativität zum Ausdruck zu bringen.

Beispiele: Aretha Franklin (Sonne in Widder), Romy Schneider (Sonne in Waage), Hilary Clinton (Sonne in Skorpion), Jon Bon Jovi (Sonne in Fische).

✔ **Sonne im sechsten Haus:** Für Sie ist es wichtig, einen erfüllenden Beruf zu finden, da Sie sich Ihrem Beruf widmen und sich über ihn definieren. Obwohl Sie sich über Ihre Gesundheit viele Sorgen machen, ist diese in der Regel gut. Unabhängig von Ihrem Sonnenzeichen tendieren Sie zum Perfektionismus.

Beispiele: Bob Dylan (Sonne in Zwillinge), Robert Redford (Sonne in Löwe), Muhammed Ali (Sonne in Steinbock), Sepp Maier (Sonne in Fische).

- **Sonne im siebten Haus:** Ehe und andere Partnerschaften sind wichtig für das, was Sie sind, obwohl Sie zwischen der Angst vor Isolation und der Angst vor Bindung schwanken. Ein Problem in Beziehungen ist die Gleichberechtigung.

  Beispiele: Warren Beatty (Sonne in Widder), Prinzessin Diana (Sonne in Krebs), Karlheinz Böhm (Sonne in Widder), Martina Navratilova (Sonne in Waage).

- **Sonne im achten Haus:** Sie sind ein zutiefst emotionaler Mensch, dessen Bedürfnis, das Geheimnis der eigenen Psyche zu entdecken, Befreiung und Veränderung bringt. Sexualität, Geld und Erbangelegenheiten jeglicher Art spielen in Ihrem Leben eine große Rolle.

  Beispiele: Hardy Krüger (Sonne in Widder), Shirley MacLaine (Sonne in Stier), Thomas Gottschalk (Sonne in Stier), Katherine Hepburn (Sonne in Stier).

- **Sonne im neunten Haus:** Sie sind lebenslang auf der Suche nach dem Sinn des Lebens und versuchen, Ihren Geist durch Bildung, Religion, Philosophie und Reisen zu erweitern.

  Beispiele: Uma Thurman (Sonne in Stier), Jaqueline Kennedy Onassis (Sonne in Löwe), Norbert Blüm (Sonne in Krebs), Willy Brandt (Sonne in Schütze).

- **Sonne im zehnten Haus:** Ihre Konzentration auf Erfolg und Ihr Wunsch nach öffentlicher Anerkennung machen Sie zu einem natürlichen Anführer – und weisen auf professionellen Erfolg hin.

  Beispiele: Harrison Ford (Sonne in Krebs), Claudia Schiffer (Sonne in Jungfrau), Niki Lauda (Sonne in Fische), Albert Einstein (Sonne in Fische).

- **Sonne im elften Haus:** Sie haben hohe Ideale und Erwartungen, viele Freunde, einen großen Bekanntenkreis und die Fähigkeit, gut in einer Gruppe zu arbeiten.

  Beispiele: Antoine de Saint-Exupéry (Sonne in Krebs), Franz Josef Strauss (Sonne in Jungfrau), Jessie Jackson (Sonne in Waage), Konrad Adenauer (Sonne in Steinbock).

- **Sonne im zwölften Haus:** Sie sind intuitiv, zurückgezogen und verschlossen und ziehen es vor, hinter der Bühne zu bleiben. Sie laufen Gefahr, sich selbst zu isolieren. Spirituelle Aktivität zieht Sie an. Sie schließen sich möglicherweise großen Institutionen wie z.B. Krankenhäusern oder Gefängnissen an.

  Beispiele: Senta Berger (Sonne in Stier), der Dalai Lama (Sonne in Krebs), Wim Wenders (Sonne in Löwe), Jodie Foster (Sonne in Skorpion).

Mondzeichen: Einfluss der Gefühle

4

In diesem Kapitel

- Der Mond in den Zeichen
- Der Mond in den Häusern

Seltsam, aber wahr: Für einen Erdbewohner, der in den Himmel schaut, scheinen die Sonne und der Mond die gleiche Größe zu haben. Die unwiderlegbaren Beweise der Wissenschaft sagen, dass die Sonne im Vergleich zum Mond enorm groß ist. Aber visuell sind die beiden gleich. In den seltenen Momenten, in denen die Sonne, der Mond und die Erde in einer perfekten Linie stehen, erleben wir eine Sonnenfinsternis: Der Mond schiebt sich vor die Sonne, blockiert sie komplett und taucht die Erde in unnatürliche Finsternis.

Im Altertum sahen die Menschen Sonne und Mond ebenfalls als gleich an – als streitende Liebende, Geschwister, die nicht miteinander reden, Zwillingsschlangen oder, nach einer sibirischen Sage, als zueinander gehörende Spiegel, die von einem Gott in den Himmel gesetzt wurden, um das Licht der Menschheit zu reflektieren.

Viele Astrologen sehen die konstante Sonne und den sich ständig ändernden Mond als gleichberechtigte Partner, die zusammen regieren. Die Sonne steht für Ihr grundlegendes Wesen, während der Mond Ihre emotionalen Reaktionen, Ihre Instinkte und das Unbewusste repräsentiert. Standen Sonne und Mond im Moment Ihrer Geburt in miteinander zu vereinbarenden Zeichen, passen Ihr Wille und Ihre Emotionen, Ihr bewusstes Erleben und Ihr unbewusstes Selbst grundsätzlich zueinander. Das muss schön sein – ich selbst kenne es nicht. Zu anderen Zeiten stehen Sonne und Mond in Zeichen, die sich widersprechen, und führen zu einem Sturm der gegensätzlichen Bedürfnisse und Wünsche. Nun, das ist das Leben. Die Astrologie reflektiert es nur.

Um die Position des Mondes in Ihrem Geburtshoroskop zu bestimmen, blättern Sie zu Anhang B. Aber bedenken Sie, dass der Mond in weniger als einem Monat durch den gesamten Tierkreis reist und alle zwei oder drei Tage in ein neues Zeichen eintritt. Hat der Mond also am Tag Ihrer Geburt das Zeichen gewechselt, müssen Sie eventuell etwas rechnen, um Ihr Mondzeichen festzulegen. Schließlich könnten Sie denken, dass Sie einen sensiblen, mütterlichen Krebsmond haben, wenn Sie tatsächlich einen herrischen Löwenmond besitzen. Ihre Freunde werden Ihnen das nicht sagen, aber Sie sollten es wissen.

Um ein genaues Geburtshoroskop zu bekommen (eines, das Ihnen die exakte Position des Mondes angibt), müssen Sie a) einen Astrologen anrufen, b) ins Internet gehen, c) die mathematischen Berechnungen selbst machen oder d) in astrologische Software investieren. In Kapitel 2 finden Sie Hinweise, wo Sie die Informationen erhalten können, die Sie brauchen.

Der Mond, der durch reflektiertes Licht scheint, wird durch die Sichel der Empfänglichkeit symbolisiert.

Der Mond in den Zeichen

Das Zeichen, in dem der Mond bei Ihrer Geburt stand, bestimmt, wie Sie emotional auf Menschen und Ereignisse reagieren. Es beschreibt außerdem, wie Sie die Beziehung zu Ihrer Mutter wahrgenommen haben, als Sie ein Kind waren.

- ✔ **Mond im Widder:** Sie reagieren instinktiv auf Menschen und bilden sich sofort ein Urteil. Sie lassen sich schnell begeistern und werden ebenso schnell wütend. Wenn Sie Zweifel haben, werden Sie aktiv. Sie sind handlungsorientiert, energisch und entschieden, aber Sie können auch egoistisch, reizbar, ungeduldig und derb sein. Sie stellen sicher, dass andere Ihre Bedürfnisse kennen. In Ihrer Kindheit reagierte Ihre Mutter auf Ihre heftigen Wünsche. Sie musste es. Als Ergebnis sahen Sie Ihre Mutter als einen Menschen der Tat. Sie hat Ihnen durch ihr Beispiel beigebracht, unabhängig zu sein.
- ✔ **Mond im Stier:** Auf emotionaler Ebene sind Sie vorsichtig, zuverlässig und freundlich. Sie reagieren langsam, aber wenn Sie sich einmal auf etwas einlassen, bleiben Sie lange Zeit dabei. Sie sind beständig – und dickköpfig. Wenn Sie Zweifel haben, weigern Sie sich, sich von der Stelle zu rühren. Aber Sie leiden in Zeiten der Veränderungen. Als Kind brauchten Sie unbedingt die Sicherheit, die von einem zuverlässigen, sorgenden Elternteil kommt. Die Wahrscheinlichkeit ist groß, dass Ihre Mutter versucht hat, genau das für Sie zu sein. Aber auch wenn sie es nicht geschafft hat, sehnen Sie sich immer noch nach den Freuden der Berechenbarkeit.
- ✔ **Mond in den Zwillingen:** Sie sind flatterhaft, ruhelos, forsch und können sich gut ausdrücken. Sie drücken Ihre Gefühle mit Witz und Intelligenz aus. Aber Sie gehen emotionale Themen im Wesentlichen vom Kopf her an. Obwohl Sie dazu tendieren, sich Sorgen zu machen, bringt Ihnen die Analyse Ihrer eigenen Reaktionen ein gewisses Maß der Ruhe und Sie können sich Änderungen mit Leichtigkeit anpassen. Als Kind waren Sie ruhelos, neugierig und leicht abzulenken. Daher fand Ihre Mutter, dass es leichter war, Ihre Aufmerksamkeit abzulenken als mit Ihren Problemen umzugehen. Manchmal benutzen Sie diese Methode auch heute noch.
- ✔ **Mond im Krebs:** Der Mond regiert das Zeichen des Krebses, unabhängig davon, was noch in Ihrem Horoskop vor sich geht, sind Sie also ein Mondmensch: launisch, empfänglich, sentimental und dem kontinuierlichen Fluss der Emotionen ausgesetzt. Ihnen springen leicht Tränen in die Augen und die Vergangenheit zieht Sie an wie ein Magnet. Als Kind waren Sie außerordentlich empfänglich für alles, was Ihre Mutter getan hat. Ihr Einfluss auf Sie geht über das normale Maß hinaus, auch im Erwachsenenalter. Wenn Sie selbst Kinder haben, sind Sie sicherlich sehr liebevoll und ungewöhnlich engagiert.
- ✔ **Mond im Löwen:** Ein Löwemond bringt jedem Sonnenzeichen Wärme, Glanz und Ausgelassenheit. Sie sehen sich selbst als überlebensgroße Figur. Obwohl Ihr Stolz leicht verletzt wird,

sind Sie in der Regel selbstsicher und glücklich. Aber wenn die Dinge nicht so laufen, wie Sie es möchten, verstecken Sie Ihre Selbstzweifel und Ambivalenz hinter emotionalen Feuerwerken. Wenn dies in Ihrer Kindheit passiert ist, reagierte Ihre Mutter manchmal ebenbürtig – mit einer größeren Darstellung der Emotionen. Also sehen Sie Ihre Mutter wahrscheinlich auch als Königin des Dramas. Aber sie hatte auch hohe Erwartungen an Sie. Schließlich konnte sie sehen, wie effektiv Sie waren, wenn es darum ging, sich durchzusetzen.

Die Leihmutter Mary Beth Whitehead

Mary Beth Whitehead, geboren am 7. April 1957, verfügt über all den Pioniergeist, den Sie von einem Widder erwarten. Dank ihrer kühnen Widdersonne und den befreiten Gefühlen und unkonventionellen Verhaltensweisen ihres Wassermann-Aszendenten, willigte sie ein, Leihmutter für die Sterns zu werden, einem Paar, das unbedingt ein Kind wollte. Aber Mary Beth hat auch den Mond im Krebs im fünften Haus der Kinder.

Nach der Geburt kam ihr Mond ans Licht. Sie weigerte sich dickköpfig, das Kind aufzugeben, das sie ausgetragen hatte. Vier Tage später wies der Richter sie an, das zu tun und sie übergab den Sterns den Säugling (ebenfalls ein Widder). Hätte sie vorher mit einem Astrologen gesprochen, hätte sie der Vereinbarung niemals zugestimmt.

- **Mond in der Jungfrau:** Sie sind emotional schüchtern und fühlen sich besser, wenn Sie Ihre Gefühle verbergen statt sie auszudrücken. Sie versuchen bescheiden zu sein und finden es oft schwierig, wichtige Probleme anzugehen. Stattdessen lenken Sie sich ab, indem Sie sich auf Details konzentrieren oder so hart arbeiten, dass Sie kaum Zeit zum Denken haben. Sie sind fleißig, praktisch und hilfsbereit. In Ihrer Kindheit hatten Sie ein großes Bedürfnis für Effizienz und Organisation. Immer wenn Ihre Mutter diese Tugenden zeigte, reagierten Sie hervorragend. Sie haben gelernt, sie als harte Arbeiterin wahrzunehmen, einen Wert, der Ihnen selber wichtig ist.
- **Mond in der Waage:** Sie sind freundlich, nett, romantisch und diplomatisch. Sie vermeiden alles vulgäre und versuchen, Ihre Gefühle auf eine ausgeglichene, vernünftige Art auszudrükken. Als Kind haben Sie versucht, den Schein zu wahren, auch wenn Ihnen Schaden zugefügt wurde. Ihr ausgeglichenes Temperament brachte Ihnen Lob, und Ihre Mutter hat gelernt, es von Ihnen zu erwarten. Sie haben die Nachricht verstanden: heute scheinen Sie unerschütterlich. Liebe und Beziehungen sind für Ihr Wohlbefinden unerlässlich und Sie können sich das Leben kaum ohne Partner vorstellen. Aber Sie schätzen auch Klarheit und werden alles Notwendige tun, um dieses schwer zu definierende Ziel zu erreichen.
- **Mond im Skorpion:** Mit Ihrer Leidenschaft und Verletzlichkeit sind Sie ein komplizierter Mensch. Eigenwillig, stark und manchmal selbstzerstörerisch, drücken Sie Ihre Gefühle indirekt aus und versuchen oft, sie zu verstecken, eine Aufgabe, die manchmal ein gewisses Maß an Manipulation verlangt. Nicht, dass Sie absichtlich kontrollieren – Sie können einfach nichts

dagegen tun. Auch in Ihrer Kindheit blickten Sie oft neidisch auf andere Menschen, das war unangenehm für Sie. Sie wussten, was wirklich los war, besonders mit Ihrer Mutter: Sie spürten die Realität. Und Sie haben gelernt, sich selbst zu schützen, indem Sie Ihre Bedürfnisse verschwiegen. Die Dinge schienen so besser zu funktionieren. Und obwohl manche Menschen mit dieser Stellung zu Rachephantasien neigen, entziehen sich die meisten ganz einfach emotionaler Konfrontation: Es scheint sicherer zu sein.

- ✔ **Mond im Schützen:** Sie sind philosophisch, offen, fröhlich und großzügig. Sie haben gute Absichten und sind idealistisch, nehmen aber auch Risiken auf sich und schätzen Ihre Unabhängigkeit. Sie tun alles, um diese zu wahren. Sogar als Baby strahlten Sie Selbstsicherheit aus. Die Wahrscheinlichkeit ist groß, dass Ihre Mutter versucht hat, dies zu ermutigen, indem Sie auf Ihre Begeisterung statt auf Ihren Schmerz reagierte. Deshalb fühlen Sie sich wohler, wenn es um Taten geht und nicht um Gefühle. Treffen Sie auf Schwierigkeiten, suchen Sie nach Erklärungen und tendieren zu Rationalisierung. Sie können selbstgerecht, kurz angebunden und unabsichtlich verletzend sein. Aber letztendlich gewinnt Ihr Optimismus wieder die Oberhand und Sie machen sich auf den Weg in ein anderes Abenteuer.

- ✔ **Mond im Steinbock:** Sie sind ausgeglichen, reserviert und diszipliniert. Schon in Ihrer Kindheit sahen Sie das Leben von seiner ernsten Seite. Sie kennen Ihre Grenzen. Sie können pessimistisch und verdrossen sein, da die typischen Freuden der Kindheit irgendwie an Ihnen vorbei gegangen sind. Vielleicht litt Ihre Mutter unter postnatalen Depressionen. Sie fühlten es und zogen sich zurück. Sie sind reserviert und gehemmt und fühlen sich sicherer und ruhiger, wenn Sie erfolgreich sind. Ausladende Gefühlsausbrüche und die Dramen anderer Menschen machen Ihnen Angst. Aber in Krisenzeiten treten Sie auf die Bühne und übernehmen die Verantwortung. Wenn Sie die Dinge in der Hand haben, spüren Sie ein Gefühl der Autorität und Kontrolle, das Sie unbedingt bewahren möchten.

- ✔ **Mond im Wassermann:** In Ihrem Herzen sehen Sie sich selbst als eine Art Kreuzritter oder Samariter. Sie denken gerne, dass Sie etwas in der Welt bewirken können. Unabhängig von den anderen Bereichen Ihres Horoskops werden Sie vom Ausgefallenen und Unkonventionellen angezogen – eine Tendenz, die in Ihrer Familie weit verbreitet ist. Auch wenn Ihre frühen Jahre von Zerrüttung gekennzeichnet waren, hat Ihre Mutter Sie dennoch ermutigt, Ihre Individualität zu zeigen. Auch als Erwachsener sehnen Sie sich noch danach zu rebellieren, besonders wenn Sie dies basierend auf irgendeinem Prinzip tun können. Aber Ihre Gefühle auszudrücken – oder auch nur zu erkennen – ist schwer für Sie und Sie wirken auf andere Menschen möglicherweise distanziert. Tatsächlich wissen Sie nicht, was Sie mit Ihren Gefühlen anfangen sollen, also tun Sie so, als hätten Sie keine – und manchmal funktioniert diese Technik.

- ✔ **Mond in den Fischen:** Sie sind sanftmütig, sentimental, leicht zu beeindrucken und voller Mitgefühl. Aber Sie werden von jeder Welle der emotionalen Brandung umgeschmissen. Sie sind äußerst sensibel und leicht verletzbar und verfügen über eine fein abgestimmte Intuition. Wenn Sie mit dieser in Einklang handeln, geht es Ihnen gut. In Ihrer Kindheit spürten Sie den emotionalen Zustand aller Menschen um sie herum, auch das Leid Ihrer Mutter. Deshalb passen Sie sich extrem an die emotionale Atmosphäre an. Obwohl Sie verträumt und unpraktisch sein können, ist es unerlässlich, dass Sie sich selbst emotional schützen.

Der Mond in den Häusern

Das Haus, in dem der Mond in Ihrem Geburtshoroskop steht, bestimmt den Lebensbereich, in dem Sie ganz instinktiv reagieren. Ihr emotionales Wohlbefinden hängt von den Themen dieses Hauses ab. (In Kapitel 1 finden Sie die Lebensbereiche, die von jedem Haus regiert werden.)

- ✔ **Mond im ersten Haus:** Glauben Sie nicht, dass Ihre Gefühle irgendwie versteckt oder maskiert sind. Sie sind für alle anderen offensichtlich. Ihr Wohlbefinden ist abhängig von Ihrer Erscheinung und Ihrer Wirkung auf andere.
- ✔ **Mond im zweiten Haus:** Obwohl Sie in Ihrem Leben finanzielle Hoch- und Tiefpunkte erleben, werden Sie mehr und mehr an Ihrem Geld festhalten – was ein Glück ist, da materielle Sicherheit sehr wichtig für Ihr Wohlbefinden ist. Sie halten sich selbst vielleicht nicht für einen materiellen Menschen, aber Geld ist Ihnen wichtig.
- ✔ **Mond im dritten Haus:** Sie haben einen anpassungsfähigen, neugierigen Geist, ein enges Verhältnis zu Ihren Geschwistern und die Fähigkeit, emotionale Verbindungen mit Leichtigkeit einzugehen. Sie können sich sehr gut ausdrücken, sowohl in Unterhaltungen als auch auf dem Papier. In einer umfassenden, nicht wissenschaftlichen Studie auf Basis einer sehr kleinen Bevölkerungsgruppe stellte sich heraus, dass zwei von drei Literaturagenten in meinem Bekanntenkreis den Mond in dieser Stellung haben. (Der andere hat mehrere Planeten in den Zwillingen, das Zeichen, das dem dritten Haus am ähnlichsten ist.)
- ✔ **Mond im vierten Haus:** Ihre Eltern und Ihr Familienerbe sind Ihnen sehr wichtig und die Vergangenheit hat eine Anziehungskraft, der Sie nur schwer widerstehen können. Sie haben ein starkes Bedürfnis nach Sicherheit. Es ist sehr wichtig für Sie, ein Heim zu haben, in dem Sie sich wohl fühlen. In Ihrer Suche nach dem perfekten Heim werden Sie wahrscheinlich viele Umzüge erleben.
- ✔ **Mond im fünften Haus:** Sie sind romantisch, dramatisch und emotional, besonders was Herzensangelegenheiten betrifft. Sie sind außerdem kreativ und talentiert, vielleicht in mehr als einem Bereich. Sie gehen Risiken ein, besonders in Liebesdingen, und können gut auf Kinder eingehen, egal ob es sich um Ihre eigenen oder die Kinder von anderen handelt. (Die besten Lehrer, die ich kenne, haben diese Stellung.)
- ✔ **Mond im sechsten Haus:** Bis Sie einen Beruf finden, der Sie zufriedenstellt, werden Sie wahrscheinlich wiederholt Ihren Arbeitsplatz wechseln. Es reicht Ihnen nicht, für Geld zu arbeiten, Sie müssen das Gefühl haben, produktiv und ausgefüllt zu sein. Berufe im Dienstleistungs- oder Gesundheitsbereich sind besonders zufriedenstellend. Außerdem sorgen Sie sich um Ihre Gesundheit, die durch Ihre Reaktionen auf Ihren Beruf beeinträchtigt werden kann.
- ✔ **Mond im siebten Haus:** Die Ehe und andere Partnerschaften haben eine große Bedeutung für Sie, obwohl Sie sich vielleicht unentschlossen fühlen, was Beziehungen betrifft. Wenn Sie sich aber einmal einlassen, laufen Sie Gefahr, zu abhängig zu werden. Im beruflichen Bereich sind Sie sehr gefragt.

Walt Whitman

Der Dichter Walt Whitman, geboren am 31. Mai 1819, hatte den Mond im Löwen im sechsten Haus. Als Zwilling ist er für seine schriftstellerischen Werke bekannt. Aber als ein Mensch mit dem Mond im Haus der Arbeit und Gesundheit wird er auch für seine regulären Berufe anerkannt, denen er während seines Lebens nachgegangen ist. Unter anderem war er Druckergeselle, Journalist, Lehrer, Regierungsangestellter und Krankenpfleger während des Bürgerkriegs, eine Beschäftigung, die sowohl dramatisch, passend zur Stellung seines Mondes im Löwen, als auch dienend war, wie es das sechste Haus vermuten lässt.

- **Mond im achten Haus:** Sie haben stark schwankende Emotionen, ein mächtiges sexuelles Verlangen und die Fähigkeit, emotionale Wunden bei sich selbst und möglicherweise auch bei anderen zu heilen. Sie sind emotional mutig und gewillt, die Realität zu konfrontieren. Finanziell erleben Sie möglicherweise Hoch- und Tiefpunkte, besonders während einer romantischen Beziehung.
- **Mond im neunten Haus:** Je mehr Sie über die Grenzen Ihres Lebens hinausgehen und neue Erfahrungen machen können, umso glücklicher fühlen Sie sich. Sie haben eine aktive Phantasie und großen Wissensdurst. Sie werden vielleicht viele Religionen und Philosophien ausprobieren, bevor Sie eine finden, die Sie zufriedenstellt. Reisen beruhigt Ihre Seele und Sie werden häufig unterwegs sein.
- **Mond im zehnten Haus:** Ihr Wohlbefinden geht Hand in Hand mit Ihren professionellen Erfolgen. Ihre Karriere ist Ihnen sehr wichtig, aber Sie werden viele Veränderungen durchlaufen, bis Sie den richtigen Bereich gefunden haben. Wenn das der Fall ist, bringen Sie sich voll ein. Ihr Privatleben wird darunter leiden. Die gute Nachricht ist, dass es Ihnen egal ist, wenn Sie das, was Sie tun, wirklich lieben.
- **Mond im elften Haus:** Gesellschaftlich sind Sie beliebt und ungezwungen, mit einer großen Kapazität für Freundschaften. Sie können andere Menschen instinktiv verstehen und Freunde spielen in Ihrem Leben eine große Rolle (obwohl Sie es zu wichtig nehmen, was diese über Sie denken). Ihre Ziele und Hoffnungen ändern sich wahrscheinlich häufig und damit kann sich auch Ihr Freundeskreis verschieben.
- **Mond im zwölften Haus:** Es ist keine leichte Aufgabe, Ihr Geheimnis auszugraben. Sie sind launisch und sensibel und fühlen sich von der geheimen Seite des Lebens angezogen. Ihr Motto ist Rückzug. Sie ziehen es vor, Ihre Emotionen zu verbergen (zusammen mit gewissen schmutzigen Episoden Ihrer Vergangenheit). Sie werden möglicherweise mit Institutionen wie Krankenhäusern oder Gefängnissen in Berührung kommen. Heimliche Beziehungen können Ihnen eine Form der emotionalen Unterstützung geben, die Sie sonst nirgends finden.

Was Sie sehen und was Sie bekommen: Das aufsteigende Zeichen (und mehr)

5

In diesem Kapitel

- Ihr aufsteigendes Zeichen und Ihren Deszendenten analysieren
- Ihre Himmelsmitte (MC) und Ihr IC

Ich habe früher in einer Buchhandlung mit einer Frau zusammengearbeitet, die so gut organisiert und kontrolliert war, dass jeder sich auf sie verließ. Sie wusste, was in den Regalen war, was bestellt war, was nicht mehr gedruckt wurde, was im Lager war und was hinter der Kasse. Noch dazu hatte sie alles gelesen, auch die Klassiker, von denen die meisten Menschen nicht einmal wissen, dass sie Klassiker sind, und sie konnte auch den härtesten Kunden beraten. Wenn sie einmal nicht da war, fiel alles zusammen. Ich war also nicht überrascht, als ich Ihr Geburtshoroskop berechnete und entdeckte, dass Ihr aufsteigendes Zeichen Jungfrau war. Sie schien so intelligent, organisiert und genau wie jede Jungfrau, die ich kannte.

Doch aufsteigende Zeichen können irreführend sein. Sicher, an der Oberfläche war sie an Details orientiert und in Kontrolle, genau wie eine Jungfrau. Aber ihre Sonne war nicht in der Jungfrau. Sie war in den sensiblen, wohltätigen Fischen, dem verträumtesten, beeindruckbarsten Zeichen des Tierkreises. Und tatsächlich beschrieb dieses Zeichen sie vollständiger. Sie war freundlich, mitfühlend und phantasievoll (deshalb war sie eine derart leidenschaftliche Leserin – sie verlor sich selbst in den Büchern). Sie hatte viele treue Freunde, einen Ehemann, den Sie sehr liebte, eine Dachgeschosswohnung in der Stadt, die mit echten Kunstwerken gefüllt war und ein zweites Heim – ein winziges Häuschen – auf einer windigen Insel in einem weit entfernten Meer. Ihr Leben war durchflutet von Romantik, Kreativität und Wasser. So erlebte sie die Poesie der Fische, aber auch das Leid. In der einen oder anderen Form hatte sie alles erlebt, von einem Verwandten im Gefängnis bis zum Alkoholismus. Sie war durch und durch Fisch.

Aber sie sah wie eine Jungfrau aus, weil Jungfrau ihr aufsteigendes Zeichen oder Aszendent war. Der Aszendent beschreibt die Oberfläche Ihrer Persönlichkeit. Er ist, was Sie darstellen.

Der Tierkreis umgibt uns wie ein gigantischer Ring. Zu einem bestimmten Zeitpunkt steigt ein Zeichen des Tierkreises am östlichen Horizont auf und ein anderes Zeichen geht am westlichen Horizont unter. Ein Zeichen befindet sich hoch über Ihnen und ein Zeichen ist am anderen Ende der Erde. Das Zeichen am östlichen Horizont ist Ihr *aufsteigendes Zeichen*, der genaue Grad dieses Zeichens ist Ihr *Aszendent*. Der Punkt am westlichen Horizont gegenüber Ihrem aufsteigenden Zeichen ist der *Deszendent*, oder sinkendes Zeichen – es ist immer genau 180 Grad vom Aszendenten entfernt. Der Grad ganz oben in Ihrem Geburtshoroskop ist die *Himmelsmitte* oder der *MC* (vom lateinischen Begriff *Medium Coeli*). Und der Grad ganz unten in Ihrem Geburtsbild, 180 Grad vom MC entfernt, ist der *IC* (vom lateinischen Begriff *Imum Coeli*). Diese vier Punkte bestimmen die vier Kardinalpunkte Ihres Geburtsbildes, wie in Abbildung 5.1 dargestellt.

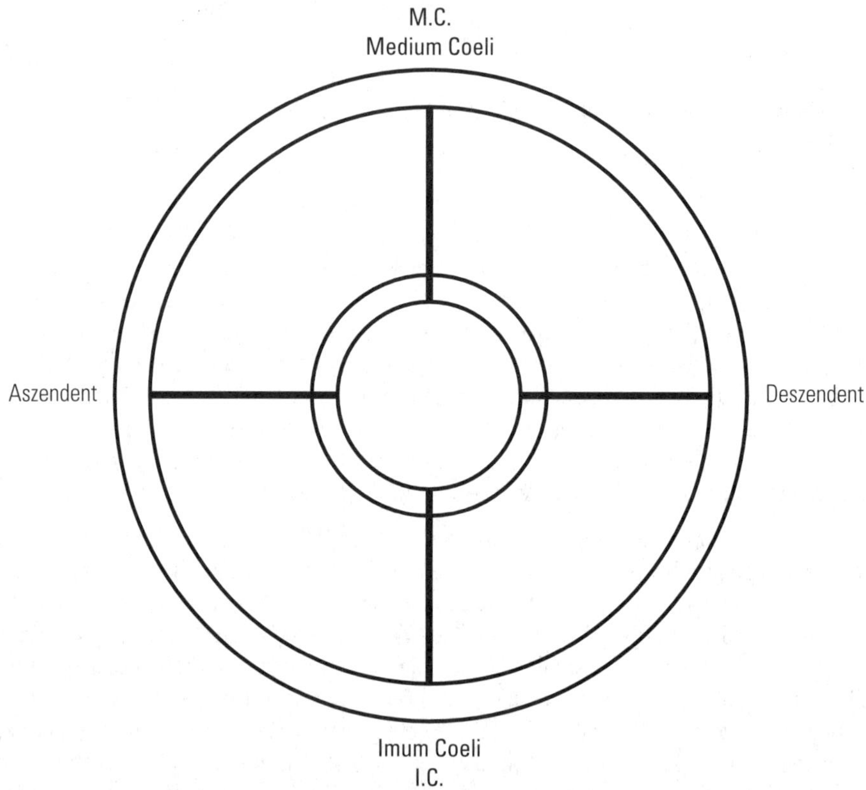

Abbildung 5.1: Die vier Kardinalpunkte des Geburtsbildes: der Aszendent, die Himmelsmitte (MC), der Deszendent und der IC.

Ihren Aszendenten bestimmen

Unabhängig von Ihrem Sonnenzeichen hätte jedes der zwölf Tierkreiszeichen im Moment Ihrer Geburt am östlichen Horizont aufsteigen können. Denn die Erde dreht sich jeden Tag komplett um ihre Achse, so dass alle zwölf Zeichen irgendwann im Tagesverlauf am Horizont aufsteigen. Dazu kommt noch, dass sich der Grad des aufsteigenden Zeichens (wie weit das aufsteigende Zeichen über den Horizont gestiegen ist) am östlichen Horizont alle vier Minuten ändert (darum haben nicht einmal Zwillinge exakt das gleiche Geburtshoroskop). Um bei Ihrem Aszendenten absolut sicher sein zu können, brauchen Sie ein genaues Geburtshoroskop, nicht ein ungefähres. Sie haben die Wahl: Holen Sie sich die geographischen Koordinaten Ihres Geburtsortes und rechnen Sie selbst, kontaktieren Sie einen professionellen Astrologen oder benutzen Sie das Internet, wie in Kapitel 2 beschrieben. Oder lassen Sie die Suche nach Genauigkeit zumindest für den Moment beiseite und stellen Sie eine Vermutung an, indem Sie zu Anhang A blättern und den Anweisungen dort folgen.

Ihren Deszendenten bestimmen

Wenn Sie Ihr aufsteigendes Zeichen berechnet haben, kennen Sie automatisch Ihren Deszendenten. Per Definition ist dieser immer das Zeichen, das dem aufsteigenden Zeichen gegenübersteht. Ist Ihr aufsteigendes Zeichen also Krebs, ist Ihr Deszendent Steinbock. Der Deszendent ist weniger mächtig als der Aszendent und bestimmt, wie Sie mit der Ehe und Partnerschaften umgehen. Er beschreibt die Natur dieser Beziehungen in Ihrem Leben und die Art von Mensch, in die Sie sich wahrscheinlich verlieben. Was ist Ihr Typ? Ihr Deszendent bietet die Antwort.

Ihr Aszendent und Deszendent

Der Aszendent beschreibt die Oberfläche Ihrer Persönlichkeit und Ihre Wirkung auf andere Menschen (besonders in den ersten drei Minuten). Der Deszendent beschreibt, wie Sie mit Beziehungen umgehen.

- ✔ **Aszendent Widder:** Sie sind aktiv, selbstbewusst, abenteuerlustig, eigensinnig und manchmal anfällig für Unfälle. Sie sind stolz auf Ihre Unabhängigkeit und es fällt Ihnen schwer, sich niederzulassen. Sie haben eine starke Persönlichkeit.

  Unabhängig von Ihrem Sonnenzeichen ist Mars der Planet, der Ihr Geburtshoroskop regiert.

The Wife of Bath

Wenn Astrologen literarische Figuren analysieren, sind wir normalerweise gezwungen, intuitiv ihre Geburtsdaten zu raten. Aber manchmal teilt uns ein Autor mit, was wir wissen wollen. Geoffrey Chaucer z.B. kannte sich in der Astrologie ganz klar aus. In seinen *Canterbury-Erzählungen* erklärte er das unflätige Verhalten der *Wife of Bath* als das natürliche Ergebnis eines Stier-Aszendenten mit Mars, dem Planeten des Verlangens, im gleichen lüsternden Zeichen.

Und wer sind die Menschen des realen Lebens mit einem Stier-Aszendenten und Mars im gleichen Zeichen? Janet Jackson ist ein Beispiel. Barbara LaMarr ist ein anderes. Sie ist eine Schauspielerin aus der Stummfilmära und war sechsmal verheiratet, bevor sie im Alter von 29 Jahren wegen Drogenmissbrauchs starb.

Ihr Deszendent ist in der Waage. Ihr idealer Partner ist also im Gegensatz zu Ihnen selbst ausgeglichen und gelassen, eine Kraft der Harmonie – genau die Eigenschaft, die Sie am meisten brauchen.

- **Aszendent Stier:** Sie sind dickköpfig, warm, auf Sicherheit bedacht und ändern sich nur langsam. Sie haben etwas Beruhigendes an sich (vielleicht ist es Ihre liebevolle Art oder Ihre Vorliebe für gutes Essen und Getränke). Aber Sie öffnen sich nur schwer.

  Unabhängig von Ihrem Sonnenzeichen ist Venus Ihr herrschender Planet.

  Ihr Deszendent ist Skorpion. Ihr idealer Partner ist also sexuell leidenschaftlich, emotional intensiv und voll und ganz gewillt, sich auf tiefste Intimität einzulassen.

- **Aszendent Zwillinge:** Sie reden viel, lassen sich schnell begeistern, sind witzig, schnell gelangweilt, leiden wahrscheinlich an Schlaflosigkeit und bleiben immer jung. Sie lernen schnell: Sie saugen Informationen blitzschnell auf, reagieren schnell und passen sich mit Leichtigkeit Veränderungen an (auch wenn Sie sich gerne darüber beschweren).

  Unabhängig von Ihrem Sonnenzeichen ist Merkur Ihr herrschender Planet.

  Ihr Deszendent ist Schütze, was darauf hinweist, dass Ihr idealer Partner ein unabhängiger Mensch mit festen Überzeugungen ist, der Ihre Welt erweitern kann.

- **Aszendent Krebs:** Sie sind launisch, sensibel, phantasievoll, scharfsinnig und beschützend. Sie wollen Sicherheit, Bequemlichkeit, appetitanregendes Essen, ein Heim und sich um andere Menschen kümmern. Ihre Gefühle gehen tief und Sie lehnen es in der Regel ab, Risiken einzugehen.

  Unabhängig von Ihrem Sonnenzeichen ist der Mond Ihr herrschender Planet.

  Ihr Deszendent ist Steinbock, was bedeutet, dass Ihr idealer Partner offen und zuverlässig ist – ein älterer oder etablierter Mensch, der Ihnen die Sicherheit geben kann, die Sie brauchen.

- **Aszendent Löwe:** Sie sind auffällig, spaßig, gütig, charismatisch und freundlich. Ganz das Gegenteil eines Mauerblümchens, können Sie es nicht leiden, nicht beachtet zu werden. Sie tun Ihr Bestes, um unbeschwert und selbstsicher zu wirken und in der Regel haben Sie auch Erfolg damit. Andere wollen sich in Ihrem Glanz sonnen.

  Unabhängig von Ihrem Sonnenzeichen ist die Sonne Ihr herrschender Planet.

  Ihr Deszendent ist Wassermann, was bedeutet, dass Ihr idealer Partner ein einzigartiger und stimulierender Freund ist, jemand, zu dem Sie eine lebendige mentale Verbindung spüren – nicht unbedingt die prahlerische Romanze, die Sie sich vielleicht vorstellen.

- **Aszendent Jungfrau:** Sie sind praktisch, kontrollierend, nervös und gedankenvoll. Mit Ihrem guten Ausdruck und Ihrer Schnelligkeit können Sie sich mit Leichtigkeit über alle erdenklichen Themen unterhalten und Sie haben eine sehr gute Beobachtungsgabe. Aber Sie versuchen, Ihre Gefühle für sich zu behalten. Allergien können ein Problem sein.

  Unabhängig von Ihrem Sonnenzeichen ist Merkur Ihr herrschender Planet.

Ihr Deszendent ist Fische, Ihr idealer Partner ist also ein sympathischer Mensch, der Ihnen hilft, lockerer zu werden, mit dem Fluss zu gehen und damit aufzuhören, sich über jede kleine Sache wie verrückt den Kopf zu zerbrechen.

- ✔ **Aszendent Waage:** Sie sind einnehmend, taktvoll, angenehm und gefällig, aber Sie tun alles, um Konflikte zu vermeiden. Sie können es nicht ertragen, in einer feindseligen Umgebung zu sein. Sie haben außerdem Geschmack, sind attraktiv und kultiviert.

  Unabhängig von Ihrem Sonnenzeichen ist Venus Ihr herrschender Planet.

  Ihr Deszendent ist Widder, Ihr idealer Partner ist also jemand mit einem feurigen Temperament, der Ihre Begeisterung anfachen und Ihnen helfen kann, mit Konflikten umzugehen.

- ✔ **Aszendent Skorpion:** Ihre intensiven Augen und Ihre unwiderstehliche Art ziehen andere Menschen an. Sie sind geheimnisvoll, magnetisch und sexy. Sie sind auch ein Überlebenskünstler, der in Krisenzeiten die Kontrolle übernimmt. Sie haben einen starken Willen und die Fähigkeit, sich selbst zu transformieren, sowohl innerlich als auch äußerlich. Sie können die Art und Weise, in der Sie sich präsentieren, komplett verändern.

  Unabhängig von Ihrem Sonnenzeichen ist Pluto Ihr herrschender Planet.

  Ihr Deszendent ist Stier. Der beste Partner für Sie ist jemand, der mit beiden Füßen auf der Erde steht, zuverlässig und so dickköpfig wie Sie.

- ✔ **Aszendent Schütze:** Sie sind extrovertiert, unabhängig, optimistisch, ruhelos und unbekümmert. In Ihrer Suche nach einem vielseitigen Leben reisen Sie so viel wie möglich und können sich völlig für eine Idee begeistern. Geistreich, begeisterungsfähig und wortreich sind Sie ein Mensch mit viel Glück und einer unbeschwerten Persönlichkeit. Ihnen laufen viele Gelegenheiten über den Weg – und Sie wissen instinktiv, wann Sie zugreifen müssen.

  Unabhängig von Ihrem Sonnenzeichen ist Jupiter Ihr herrschender Planet.

  Ihr Deszendent ist Zwillinge, damit ist Ihr idealer Partner ein aktiver Mensch mit vielen Facetten, dessen Unterhaltung so anregend ist, dass Sie sich niemals langweilen.

Die Aliase des Skorpion-Aszendenten

Einige Menschen mit einem Skorpion-Aszendenten können es nicht lassen, mit ihrer eigenen Identität zu spielen. Beispiele hierfür sind die Autorin Mary Anne Evans, die unter dem Namen George Eliot veröffentlichte, Samuel Clemens, der als Mark Twain schrieb, Prince Rogers Nelson, der seinen Namen in ein Symbol änderte und nun The Artist Formerly Known As Prince heißt, die Spionin Mata Hari, Grace Kelly, die das glamouröse Leben als Hollywoodstar aufgab und Fürstin von Monaco wurde, Jaqueline Kennedy, die nach der Ermordung ihres Mannes die USA verließ und Jackie O. wurde und Tracey Ullman, deren viele Erscheinungsbilder allen Rassen, Geschlechtern, Altersstufen und Meinungen angehören.

Mein Freund Howard

Extrovertierte Löwen gibt es jede Menge. Einsiedlerische Löwen, wie mein Freund Howard, sind eine Seltenheit. Er verlässt nur selten das Haus, aber wenn er es tut, ist er so geistreich und unterhaltsam wie ein Löwe nur sein kann, und ich sage das nicht nur, weil er mein Freund ist. Wie kommt es also, dass er Beziehungen scheut und lieber zu Hause an seinem Computer sitzt? Das liegt daran, dass sein aufsteigendes Zeichen Steinbock ist und sein herrschender Planet, der strenge Saturn, den gleichen Grad des Tierkreises besetzt wie seine Sonne. Also ist er ein Mensch, der sich viele Sorgen macht, er ist unflexibel und erwartet immer das Schlimmste. Kein Wunder, dass er zu Hause bleibt.

- ✔ **Aszendent Steinbock:** Chaos macht Sie wahnsinnig. Sie sind ein ernsthafter, reservierter Mensch, der für alles eine Methode hat. Ehrgeizig und konkurrenzfähig, nehmen Sie Verantwortung auf sich und üben wirksam Autorität aus. Aber es fällt Ihnen schwer, locker zu sein und Sie sind anfällig für Depressionen. Obwohl Ihre Kindheit möglicherweise schwer war, werden die Aussichten besser, wenn Sie älter werden (und dank Ihrer gesunden Gewohnheiten, erhalten Sie sich ein jugendliches Aussehen).

  Unabhängig von Ihrem Sonnenzeichen ist Saturn Ihr herrschender Planet.

  Ihr Deszendent ist Krebs, Sie brauchen also einen warmen, unterstützenden Partner, der Sie löst, indem er Ihnen die Sicherheit (und die selbst gekochten Mahlzeiten) gibt, nach der Sie sich sehnen. Traditionelle Beziehungen sind für Sie am besten geeignet.

- ✔ **Aszendent Wassermann:** Sie haben viele Interessen, viele Freunde und eine lässige, liebenswerte Persönlichkeit. Aber Sie behalten eine gewisse Distanz, die wie Desinteresse von Ihrer Seite wirken kann. Andere Menschen merken, dass Sie einem anderen Rhythmus folgen. Unerwartete Ereignisse, besonders in der Kindheit, haben Sie vorsichtig werden lassen und Sie widerstreben Veränderungen.

  Unabhängig von Ihrem Sonnenzeichen ist Uranus Ihr herrschender Planet.

  Ihr Deszendent ist der feurige Löwe, was vermuten lässt, dass eine Beziehung mit der Leidenschaft, Lebensfreude und persönlichen Hingabe dieses Zeichens Ihrer luftigen Objektivität entgegensteht und Ihnen Zufriedenheit bringen kann.

- ✔ **Aszendent Fische:** Sie sind romantisch, leicht zu beeindrucken, sentimental und so mitfühlend, dass Sie es manchmal kaum ertragen können, mit unglücklichen Menschen zusammen zu sein. Sie verfügen über starke übersinnliche Fähigkeiten und eine legendäre Liebenswürdigkeit, aber Sie können zu naiv oder unterwürfig sein, mehr als Ihnen guttut. Sie haben außerdem die Kapazität für kreative oder spirituelle Erfüllung.

  Unabhängig von Ihrem Sonnenzeichen ist Neptun Ihr herrschender Planet.

Ihr Deszendent ist Jungfrau, somit kann ein Partner, der praktisch und analytisch denkt und gut mit Details umgehen kann, Ihre intuitive Annäherung an das Leben ausgleichen und Ihnen helfen, das von Ihnen herbeigeführte Chaos zu vermindern.

Ihre Himmelsmitte und Ihr IC

Wie kommt es, dass manche Menschen die seltsamsten Karrieren verfolgen? Die *Himmelsmitte*, auch als MC bekannt, ist häufig dafür verantwortlich. Die Himmelsmitte ist der höchste Punkt der Ekliptik in Ihrem Geburtshoroskop. Sie bestimmt Ihre Talente nicht, beeinflusst aber Ihr öffentliches Auftreten und die Art, wie Sie Ihre Karriere angehen. Direkt gegenüber der Himmelsmitte ist der *IC*, dessen lateinische Übersetzung den untersten Teil des Himmels bezeichnet. Der IC beeinflusst Ihr Verhalten in Bezug auf Heim und Familie und wirkt sich auf die Umstände am Ende Ihres Lebens aus.

Wenn Sie ein exaktes Exemplar Ihres Geburtshoroskops haben, finden Sie Ihre Himmelsmitte in der Nähe der zehnten Häuserspitze in oder bei der 12-Uhr-Position in Ihrem Horoskop. In den meisten Horoskopen sind die Himmelsmitte und die Spitze des zehnten Hauses identisch. Sie sehen also vielleicht nichts, das als Himmelsmitte oder MC bezeichnet ist, aber dennoch ist der Punkt vorhanden. Er entspricht der Spitze des zehnten Hauses. (Wenn Sie sich z.B. das Geburtshoroskop von Oprah Winfrey in Kapitel 2 ansehen, finden Sie die Spitze des zehnten Hauses in den Zwillingen bei 8°25'. Das ist ihr MC.)

Bei manchen Häusersystemen sind die Himmelsmitte und die zehnte Häuserspitze nicht gleich. Ist das in Ihrem Geburtshoroskop der Fall, machen Sie sich keine Gedanken über diese Situation. Lesen Sie die Beschreibung zu Ihrem MC und gehen Sie ins Internet, um sich ein exaktes Geburtshoroskop zu holen.

Am leichtesten können Sie über das Internet ein exaktes Exemplar Ihres Geburtshoroskops erhalten. Kostenlose Horoskopzeichnungen erhalten Sie z.B. unter `www.astrologix.de` oder `www.astrodienst.ch`.

In der Zwischenzeit können Sie mit Hilfe von Anhang A Ihren Aszendenten bestimmen und davon ausgehen, dass Ihre Himmelsmitte in dem Zeichen steht, das Sie an der Spitze des zehnten Hauses finden.

Talente und Gelegenheiten kommen aus verschiedenen Richtungen, es ist also klar, dass bei der Wahl einer Karriere viele Faktoren eine Rolle spielen. Die Himmelsmitte ist nur einer dieser Faktoren. Andere wichtige Punkte sind u.a. die Planeten im zehnten Haus, die Stellung des Planeten, der Ihre Himmelsmitte regiert, die Hauptbetonung in Ihrem Geburtshoroskop – wie auch immer diese sein mag – und natürlich Ihr Sonnenzeichen.

Die Himmelsmitte beeinflusst Ihre Haltung gegenüber Ihrer Karriere. Der IC beeinflusst Ihre Haltung in Bezug auf Heim und Familie.

- **Himmelsmitte im Widder:** Sie gehen Ihre Karriere kühn an. Sie mögen Herausforderungen und fühlen sich aufgeregt und erfüllt, wenn Sie ein neues Projekt starten können. Selbständigkeit bringt Ihnen Zufriedenheit.

  Ihre Himmelsmitte wird von Mars regiert.

  Ihr IC ist in der Waage, Sie brauchen also ein friedliches, harmonisches Zuhause. Nehmen Sie sich den Ratschlag des Künstlers William Morris (Widder) in *The Beauty of Life* zu Herzen: »Bewahren Sie nichts in Ihrem Haus auf, das Sie nicht als nützlich oder schön betrachten.« Und wenn Sie Zweifel haben, was wichtiger ist – Nützlichkeit oder Schönheit – ziehen Sie Letzteres vor.

- **Himmelsmitte im Stier:** Sicherheit ist wichtig. Sie brauchen etwas Handfestes in Ihrer Karriere – und was immer es ist, Sie brauchen auch umfangreiche Belohnungen.

  Ihre Himmelsmitte wird von der Venus regiert.

  Ihr IC ist im Skorpion, Ihr Heim sollte also Ihr Rückzugsort sein, an dem Sie Ihre tiefsten Leidenschaften ausdrücken und die benötigte Privatsphäre finden können.

- **Himmelsmitte in den Zwillingen:** Sie brauchen Abwechslung in Ihrer Karriere und die Möglichkeit, Ihre Ideen zu kommunizieren.

  Ihre Himmelsmitte wird von Merkur regiert.

  Ihr IC ist im Schützen, was ein Hinweis darauf ist, dass Sie entweder regelmäßig umziehen oder dass Ihr häusliches Leben von starken religiösen Prinzipien geformt ist. Sie stimmen dem Schriftsteller und Zwilling G.K. Chesterton zu, der in *Was Unrecht ist an der Welt* schrieb: »Das Zuhause ist nicht der eine zahme Ort in einer Welt der Abenteuer, es ist der eine wilde Platz in einer Welt der Regeln und Pflichten.«

- **Himmelsmitte im Krebs:** Sie brauchen eine Karriere, in der Sie Ihre Intuition einsetzen, emotionale Verbindungen herstellen und Sicherheit für Ihre Familie bieten können.

  Ihre Himmelsmitte wird vom Mond regiert.

  Ihr IC ist im Steinbock, Sie haben also einen eher traditionellen Geschmack in Bezug auf die Inneneinrichtung und zeigen konservatives Verhalten, was Familie betrifft – daher tragen Sie eine enorme Menge Verantwortung.

- **Himmelsmitte im Löwen:** Sie brauchen eine Karriere, die Ihnen zwei Dinge bietet: kreative Möglichkeiten und öffentliche Anerkennung.

  Ihre Himmelsmitte wird von der Sonne regiert.

  Ihr IC ist im Wassermann, ein Hinweis darauf, dass Sie in Bezug auf Heim und Familie eine unabhängige Haltung einnehmen. Deshalb könnte Ihr häusliches Leben eine ungewöhnliche Form annehmen.

- **Himmelsmitte in der Jungfrau:** Egal welche Art von Karriere Sie verfolgen, Sie haben Erfolg, denn Sie machen Ihre Hausaufgaben und achten auf Details.

Ihre Himmelsmitte wird von Merkur regiert.

Ihr IC ist in den Fischen, somit sehnen Sie sich nach starken Gefühlen der Verlassenheit in Ihrer Kindheit nach einem friedlichen Heim, das Ihnen spirituellen Trost bietet. Ihr Standpunkt entspricht dem des französischen Philosophen Gaston Bachelard, der in *Poetik des Raumes* schrieb: »Wenn ich die Hauptvorteile des Hauses nennen sollte, würde ich antworten: das Haus beherbergt Tagträume, das Hause schützt den Träumer, das Haus ermöglicht es, in Frieden zu träumen.«

✔ **Himmelsmitte in der Waage:** Sie wollen eine angenehme, rationale Karriere, die es Ihnen ermöglicht, Ihr öffentliches und privates Leben zu vereinbaren. Ideal wäre eine Karriere im künstlerischen Bereich. Sie ziehen mit Leichtigkeit andere Menschen an, die Ihnen bei der Verwirklichung Ihrer Ziele helfen können.

Ihre Himmelsmitte wird von der Venus regiert.

Ihr IC ist im Widder, Sie drücken also Ihre Individualität am aktivsten zu Hause aus – aber Sie können auch rebellisch und ungeduldig mit Familienmitgliedern umgehen.

✔ **Himmelsmitte im Skorpion:** Sie streben nach einer Karriere, in der Sie Macht ausüben oder intensive Gefühle ausdrücken können. Wenn Sie einmal ein bestimmtes Ziel im Auge haben, sind Sie entschlossen, es zu erreichen.

Ihre Himmelsmitte wird von Pluto regiert.

Ihr IC ist im Stier, also sind Ihnen die Sicherheit und der Trost eines Heims sehr wichtig. Es bringt Ihnen ein Gefühl des Friedens, wenn Sie Ihr eigenes Haus besitzen.

✔ **Himmelsmitte im Schützen:** Sie sind mit einer Karriere am glücklichsten, die Ihnen Unabhängigkeit, die Möglichkeit, Ihren Horizont zu erweitern, und viele Vielfliegermeilen bringt.

Ihre Himmelsmitte wird von Jupiter regiert.

Ihr IC ist in den Zwillingen, was darauf hinweist, dass Ihr Zuhause ein geschäftiger Ort ist, voller Bücher, Zeitschriften und Unterhaltungen. Sie hätten gerne zwei Orte, die Sie Ihr Zuhause nennen, und ziehen möglicherweise häufig um.

✔ **Himmelsmitte im Steinbock:** Sie sind zuverlässig und verantwortungsvoll. Um optimistisch zu bleiben, brauchen Sie eine Karriere, die Struktur, normale Arbeitszeiten und, am wichtigsten, klare Zeichen des Fortkommens bietet.

Ihre Himmelsmitte wird von Saturn regiert.

Ihr IC ist im Krebs, daher ist Ihre Verbindung zur Familie im Allgemeinen und zu Ihrer Mutter im Besonderen stark. Es tut Ihnen gut, in der Nähe von Wasser zu leben.

✔ **Himmelsmitte im Wassermann:** Ihre Haltung in Bezug auf Karriere ist unabhängig und höchst persönlich. Die ideale Karriere für Sie ist unkonventionell und einzigartig – etwas, das nur Sie tun können.

Ihre Himmelsmitte wird von Uranus regiert.

Ihr IC ist im Löwen. Sie sind stolz auf Ihr Zuhause, das ein Ort ist, an dem Sie Ihre Gefühle und kreativen Talente ausdrücken können. Auch wenn Sie sonst eher schüchtern sind, sind Sie hier der Star.

- **Himmelsmitte in den Fischen:** Mitgefühl und/oder Phantasie bestimmen die Wahl Ihrer Karriere. So werden Sie möglicherweise von den helfenden Berufen oder einem glamourösen Bereich wie Musik oder Tanz angezogen. In jedem Fall werden Sie von Ihrer Intuition und Ihren übersinnlichen Fähigkeiten geleitet.

  Ihre Himmelsmitte wird von Neptun regiert.

  Ihr IC ist in der Jungfrau, eine saubere und ordentliche Umgebung in Ihrem Zuhause gibt Ihnen die Sicherheit und das Fundament, die Sie brauchen. Häufige Umzüge sind möglich.

Die persönlichen Planeten

6

In diesem Kapitel

- Merkur, Venus, Mars, Jupiter und Saturn in der Astronomie, der Mythologie und der Astrologie
- Die Planeten in den Zeichen verstehen
- Die Planeten in den Häusern entdecken
- Merkur, Venus, Mars, Jupiter und Saturn in Ihrem Geburtshoroskop interpretieren

Die Sonne und der Mond allein bieten bereits eine Menge Informationen. Aber um Ihr eigenes Horoskop (oder das jeder anderen Person) vollständig erfassen zu können, müssen Sie die Stellungen aller Planeten kennen. Merkur, Venus, Mars, Jupiter und Saturn, die einzigen Planeten, die frühen Astrologen bekannt waren, beschreiben Aspekte der Persönlichkeit und sind als die *persönlichen Planeten* bekannt. Uranus, Neptun und Pluto, die *äußeren* Planeten, sind nicht ohne Hilfe eines Teleskops sichtbar. Sie wirken sich weniger auf die Persönlichkeit aus (mit Ausnahmen, auf die ich in diesem Kapitel hinweisen werde), aber sie beeinflussen das Unbewusste, definieren Generationen und bestimmen Ereignisse im Leben von Nationen und Individuen. Die äußeren Planeten werde ich in Kapitel 7 darstellen.

Jeder Planet hat in Ihrem Horoskop eine andere Funktion. Um die Unterschiede zwischen den einzelnen Planeten klarzustellen, denken Sie daran, dass jedem Planeten mindestens ein *Schlüsselwort* zugewiesen ist, das seine Bedeutung auf den Punkt bringt. Die Schlüsselwörter finden Sie in Tabelle 6.1, zusammen mit den unglaublich nützlichen Symbolen, mit denen die Planeten dargestellt werden.

Wenn Sie sich Ihren Weg durch Kapitel 2 gearbeitet, eine der dort aufgelisteten Websites verwendet oder einen Freund darum gebeten haben, die mühselige Arbeit für Sie zu übernehmen, sollten Sie Ihr Geburtshoroskop vor sich haben und damit Ihre Planetenstellungen bereits kennen. Um herauszufinden, was sie *bedeuten*, listen Sie Ihre Planeten nach Zeichen und nach Haus auf und lesen Sie dann die Beschreibungen in diesem und im nächsten Kapitel. So können Sie sich ein klares Bild über Ihre Möglichkeiten machen.

Zerbrechen Sie sich nicht den Kopf, wenn Sie gelegentlich auf Widersprüche stoßen, während Sie Ihre Planetenstellungen nachschlagen: Sie sind unvermeidbar. Wie Walt Whitman sagte: »Widerspreche ich mir? Gut, dann widerspreche ich mir, (ich bin groß, ich bin vielfältig.)« Konzentrieren Sie sich stattdessen auf die Ideen, die immer wieder auftauchen. Wenn Sie diese Themen identifizieren können, sind Sie auf dem besten Wege, ein Astrologe zu werden.

Planet	Schlüsselwort	Symbol
Merkur	Kommunikation	☿
Venus	Liebe	♀
Mars	Aktivität	♂
Jupiter	Expansion	♃
Saturn	Einschränkung	♄
Uranus	Revolution	♅
Neptun	Phantasie	♆
Pluto	Transformation	♇

Tabelle 6.1: Schlüsselwörter und Symbole der Planeten

Wenn Sie noch kein Exemplar Ihres Horoskops haben, gehen Sie direkt zu Anhang B. Suchen Sie für jeden Planeten die Seite und Spalte, die Ihren Geburtstag enthält und notieren Sie, in welchem Tierkreiszeichen der Planet an diesem Tag stand. Denken Sie aber daran, dass der Anhang keine Häuserstellungen geben kann. Dafür müssen Sie ein komplettes astrologisches Geburtshoroskop erstellen. Kapitel 2 sagt Ihnen, wie Sie dies tun können.

Merkur: Kommunizieren mit Stil

Die Astronomie, die Mythologie und die Astrologie sind sehr verschieden, aber jeder Bereich trägt zu unserem Verständnis der Planeten bei.

In der Astronomie ist der kleine Planet Merkur wegen seiner Schnelligkeit einzigartig – er schwirrt in nur 88 Tagen um die Sonne – und auch wegen seiner Nähe zur Sonne.

In der Mythologie wird der römische Gott Merkur – den Griechen als Hermes bekannt – ebenfalls wegen seiner Schnelligkeit anerkannt. Mit seinen geflügelten Sandalen und seinem Umhang war er Götterbote, Dieb, Musiker, Trickspieler und ein geübter Lügner, der sich aus allem herausreden konnte. Merkur war ein Meister der Planung. Im Altertum verehrten die Menschen ihn als Gott der Reisen, der Rede, der Straßen, der Grenzen, des Schlafs, der Träume und der namenlosen Orte, die zwischen hier und dort fallen. (Zu diesen Zwischenplätzen zählt auch der dämmerige Übergang vom Leben zum Tod: Hermes begleitete tote Seelen in die Unterwelt.)

Astrologen sehen Merkur als Symbol für Kommunikation, Reden, Schreiben, Wissen, Intellekt, Vernunft, Witz und Lernen. Seine Stellung in Ihrem Geburtshoroskop bestimmt Ihre Denkweise, die Geschwindigkeit, mit der Sie Fakten sammeln und Informationen verarbeiten, Ihren Ausdrucksstil und Ihre Fähigkeit, Geschichten zu erzählen (wahr oder auch nicht), Reden zu halten und Wörter zu benutzen.

Da Merkur die Sonne derart nah umkreist, steht er entweder im gleichen Zeichen wie die Sonne oder in einem benachbarten Zeichen – und in keinem Fall ist er mehr als 28° von der Sonne entfernt. In Anhang B finden Sie die Merkur-Tabelle, mit der Sie Merkurs Position in Ihrem Horoskop bestimmen können.

Das Symbol für Merkur hat Metaphysikern zufolge drei Komponenten: das Kreuz der Erde oder Bedeutung, den Kreis des Geistes und oben sitzend die Sichel der Persönlichkeit, die wie eine winzige Satellitenschüssel aussieht, immer bereit Informationen zu empfangen.

Merkur in den Zeichen

Die Stellung Merkurs in den Zeichen bestimmt Ihren Kommunikationsstil und die Art, wie Sie Informationen verarbeiten und wie Ihr Kopf arbeitet.

✔ **Merkur im Widder:** Mit Ihrem sehr schnellen Geist und Ihrer direkten und kraftvollen Ausdrucksweise sind Sie immer schnell dabei, Schlüsse zu ziehen. Sie können zwar ungeduldig, konkurrenzorientiert und reizbar sein, und oft fällt es Ihnen schwer, sich zu konzentrieren, aber Sie sind niemals langweilig oder unklar. Sie sind gewillt, Gesetze zu übertreten, wenn Sie es müssen. Sie drücken sich selbstbewusst aus und lassen andere Menschen in der Regel wissen, was Sie denken. (Steht Merkur allerdings in Ihrem zwölften Haus, versuchen Sie möglicherweise, Ihre Meinungen zu verbergen, gewöhnlich ohne Erfolg.)

✔ **Merkur im Stier:** Sie sind gedankenvoll, konservativ und bemerkenswert vernünftig. Sie sammeln Ihre Fakten, konstruieren ein sorgfältiges Argument und präsentieren es auf diplomatische Art und Weise. Danach werden Sie Ihre Meinung kaum ändern, egal was passiert. Nachdem Sie eine wohldurchdachte Entscheidung in gemächlicher Geschwindigkeit getroffen haben, sehen Sie keinen Grund, diese noch einmal zu ändern. Sie sind wenig flexibel und es ist schwer, mit Ihnen zu diskutieren, teils weil Sie die Fakten zur Hand haben, teils weil es nicht leicht für Sie ist, sich neuen Ideen zu öffnen.

Merkur in den Zwillingen: Sie sind intelligent, wissbegierig, auffassungsfähig, humorvoll, unbekümmert und können sich unglaublich gut ausdrücken. Ihre mentale Schnelligkeit und intellektuelle Beweglichkeit ist außergewöhnlich. Ihr Kopf ist schnell bei der Sache und Sie können schnell wie der Blitz reden. Aber Sie sind auch wie ein Fähnlein im Winde. Allzu anpassungsfähig können Sie alles rational erklären. Merkur regiert die Zwillinge (und die Jungfrau), also arbeitet er hier sehr effektiv.

✔ **Merkur im Krebs:** Sie sind sensibel, mitfühlend, intuitiv und nachdenklich und stellen sich sehr gut auf alles ein. Sie können mit Schwung und Begeisterung kommunizieren und nehmen Informationen so bereitwillig auf, dass Sie manchmal geradezu übersinnlich scheinen. Sie haben ein erstaunlich gutes Gedächtnis. Aber Ihre Launen lassen Sie manchmal Ihr besseres Wissen vergessen und Sie sind anfällig für Wunschdenken.

✔ **Merkur im Löwen:** Mit Ihrer Dramatik, Würde und Ihrem Ehrgeiz denken Sie kreativ, drücken sich lebhaft aus und sind sich Ihrer Meinungen sicher (obwohl dies weniger der Fall ist, wenn Ihre Sonne im Krebs steht). Sie sehen immer das ganze Bild und sind überzeugend, redegewandt und organisiert in Ihrem Denken. Aber Sie können auch dogmatisch und angeberisch sein, doch Ihre Begeisterung ist uneingeschränkt – und wie es oft bei Planeten im Löwen der Fall ist, minimiert Ihre Wärme Ihre Tendenz, anzugeben und rettet Ihren Tag.

Merkur in der Jungfrau: Sie sind intelligent, feinsinnig, ausdauernd, kenntnisreich, klug, analytisch und scharfsinnig. Nichts entgeht Ihnen, auch keine logischen Ungereimtheiten. Als heimlicher Idealist, der den Unterschied zwischen der Tatsache, wie die Dinge sind und wie sie sein sollten, bedauert, können Sie pingelig sein, ein Kritiker oder Staatsanwalt. Aber Sie sind auch ein brillanter Denker und ein höchst interessanter Gesprächspartner. Merkur regiert die Jungfrau, also passt diese Planet/Zeichen-Kombination außergewöhnlich gut zusammen. Sie können sicher sein: Sie haben einen feinsinnigen Geist.

- **Merkur in der Waage:** Mit Ihrer rationalen Denkweise und Ihrem eleganten Ausdruck suchen Sie einen ausgewogenen Standpunkt und verstehen intuitiv, dass die beste Lösung in der Regel die einfachste ist. Vorsichtig, diskret und ausgestattet mit einem starken ästhetischen Sinn, sind Sie charmant, objektiv und diplomatisch (obwohl Sie es lieben, zu debattieren). Sie interessieren sich für die Meinungen der Menschen, die Sie respektieren. Aber in der Privatsphäre Ihres eigenen Geistes schwingen Sie auf der Wippe der Unsicherheit auf und ab und es braucht einige Zeit, bis Sie zu einer wohlüberlegten Entscheidung kommen.

- **Merkur im Skorpion:** Sie haben einen eindringlichen, erfinderischen Geist, der ständig unter der Oberfläche forscht. Sie nehmen nichts als gegeben hin und leiden darum oft unter Misstrauen und sogar Paranoia. Aber Sie sind auch analytisch, klug, scharfsinnig und fähig, alle möglichen Informationen ans Licht zu bringen. Dies ist eine großartige Stellung für einen Detektiv, einen Forscher oder einen Therapeuten. Aber sie birgt auch Gefahren, denn sie verleiht einen beißenden Humor und die Tendenz, Wörter als Waffen zu benutzen.

- **Merkur im Schützen:** Sie haben einen suchenden Intellekt und einen vielfältigen Geist. Sie lieben es, über die großen Fragen nachzudenken und können von Ihren Einsichten inspiriert und im Philosophieren groß sein. Als Gesprächspartner sind Sie unterhaltsam und weise. Aber Sie können auch dogmatisch, heuchlerisch, schwach in Details und geradezu taktlos sein. Evangeline Adams, die große Astrologin des frühen 20. Jahrhunderts beschwerte sich in *Astrology for Everyone*, dass Menschen mit dieser Planetenstellung wegen der »unbeständigen und flatterhaften Qualität« ihres Geistes ihre Versprechen oft nicht halten. Ihr Sinn für Humor ist Ihre Rettung. (Denken Sie an Woody Allen.)

- **Merkur im Steinbock:** Sie sind methodisch, realistisch, organisiert und ein systematischer Denker. Sie machen Ihre Hausaufgaben, Sie konzentrieren sich, Sie verhalten sich wie ein Erwachsener. Obwohl Sie traditionell, steif und pessimistisch sein können, versuchen Sie, objektiv und vorsichtig Ihre Schlüsse zu ziehen, auch wenn das bedeutet, Ihre eigenen Neigungen zu überwinden. Als ernsthafter Denker sind Sie verantwortungsvoll genug, sich die Fakten zu besorgen und kommunizieren klar und verantwortlich.

Bill Clinton

Als Löwe erster Ordnung gibt Bill Clintons Merkur im gleichen Zeichen ihm eine warme und selbstbewusste Ausdrucksweise. Die Konjunktion seines Merkurs mit Saturn – siehe Kapitel 8 für eine Beschreibung dieses Aspekts – gibt ihm außerdem einen ernsthaften, disziplinierten und strategischen Geist, ein hervorragendes Gedächtnis und die Fähigkeit, etwas Nützliches aus jeder Unterhaltung zu ziehen.

- ✔ **Merkur im Wassermann:** Angetrieben durch Ideen, haben Sie einen erfinderischen, oft brillanten Geist (denken Sie an Thomas Edison). Sie sind progressiv, menschenfreundlich und fühlen sich am glücklichsten, wenn Sie sich einer guten Sache verpflichten können. Sie drücken sich in einer einzigartigen Weise aus und gewinnen Ihre größten Einsichten oft in plötzlichen Geistesblitzen. Ihre Wahrnehmungen sind ganz und gar Ihre eigenen. Sie können wegen eines sozialen Problems oder einer abstrakten Theorie ganz aufgeregt reagieren. Aber Sie können sich auch so sehr auf eine Idee versteifen, dass Sie inflexibel werden und es nicht zulassen, dass Fakten – oder Menschen – Ihnen im Wege stehen.
- ✔ **Merkur in den Fischen:** Jeder Planet in den Fischen führt zum Triumph der Gefühle über die Fakten. Sie reagieren instinktiv auf Menschen und Situationen und treffen oft die richtige Entscheidung, ohne zu wissen, warum. Sie verstehen, wie Menschen handeln. Und Sie passen sich mit Leichtigkeit veränderten Umständen an. Ihr Geist ist empfänglich, klug, mitfühlend und phantasievoll, aber Logik ist nicht Ihre starke Seite. Andererseits haben Sie leichten Zugriff auf Ihre Intuition – ein stetiger Strom von Eindrücken und Einsichten, der nur Millimeter von Ihren bewussten Gedanken entfernt fließt.

Merkur in den Häusern

Merkurs Stellung in den Häusern lässt auf die Bereiche in Ihrem Leben schließen, die Ihren Kopf am meisten beschäftigen und Ihre Gedanken anregen.

- ✔ **Merkur im ersten Haus:** Sie sind ein Redner – immer auf Draht, redselig, manchmal geschwätzig, immer glücklich, Ihre Gedanken mitzuteilen. Möglicherweise sind Sie ein geselliger Geschichtenerzähler, die Art von Mensch, der Herz und Seele jeder Party ist. Aber auch wenn Sie weniger extrovertiert sind, sind Sie der Lage gewachsen, wenn es darum geht, eine Rede zu halten. Ihre Kommunikationsfähigkeit ist eine Ihrer Stärken und sie zieht andere Menschen an.
- ✔ **Merkur im zweiten Haus:** Sie verhalten sich systematisch, besonders wenn es um Geldangelegenheiten geht. Sie legen Wert auf Ergebnisse und sind überzeugt, dass Sie sich in praktischen Angelegenheiten auskennen und eine Idee zu Ihrem konkreten Vorteil wenden können. Ob dies tatsächlich der Fall ist oder nicht, hängt von anderen Faktoren ab, aber in jedem Fall denken Sie generell praktisch.

Merkur im dritten Haus: Sie haben Glück, diese weithin bewunderte Stellung Ihr eigen zu nennen, denn sie gibt Ihnen einen wachen und lebhaften Geist, große intellektuelle Neugierde und eine gewinnende Art, mit Wörtern umzugehen. Sie sind ein wirkungsvoller öffentlicher Redner, ein talentierter Gesprächspartner und ein guter Autor.

- **Merkur im vierten Haus:** Sie sind stark von Ihren Eltern beeinflusst und machen Ihr Zuhause zu einem Zentrum der Aktivität und intellektuellen Anregung. Möglicherweise arbeiten Sie sogar zu Hause. Ihr Familienhintergrund ist wahrscheinlich in irgendeiner Art und Weise kompliziert, und Sie werden sich letztendlich direkt damit beschäftigen müssen. In Ihren schlechtesten Momenten können Sie engstirnig und pedantisch sein. In Ihren besten Momenten sind Sie für alles offen und durch und durch aufmerksam.
- **Merkur im fünften Haus:** Als Mensch mit vielen Interessen, der Spaß liebt, sind Sie ein kreativer Denker mit einer Schwäche für Spekulationen und einer romantischen Vergangenheit, über die es sich zu schreiben lohnt. In der Liebe suchen Sie nach jemandem, der Sie mental anspornt. Als Elternteil ziehen Sie große Freude aus Ihren Kindern, reden endlos über sie und etablieren starke, liebende Verbindungen zu ihnen.
- **Merkur im sechsten Haus:** Mit Ihrer Fähigkeit und Effizienz tendieren Sie dazu, sich in Ihre Arbeit zu vertiefen und entweder die Details mit Leichtigkeit zu handhaben oder geradezu davon besessen zu sein. Wenn Sie nichts wichtiges zu tun haben, schaffen Sie es, sich Arbeit zu machen – es ist also sehr wichtig, dass Sie einen zufriedenstellenden, anregenden Beruf finden. Als ängstlicher Mensch machen Sie sich unnötig Sorgen und werden möglicherweise zu einem Hypochonder. Um diese Möglichkeit zu zerschlagen, sollten Sie positive Schritte unternehmen, um Ihre Gesundheit zu erhalten.
- **Merkur im siebten Haus:** Sie sind ein geselliger Mensch, der nach lebhaften Unterhaltungen und intellektuell anregenden Beziehungen sucht. Aber Sie werden vielleicht Schwierigkeiten haben, die Liebe – und mentale Herausforderung – zu finden, die Sie suchen. Obwohl Sie offen sind und leicht Verbindungen herstellen, langweilen Sie sich schnell und scheuen vielleicht, ohne es zu realisieren, davor zurück, sich ganz einzulassen. Wenn Sie aber die Beziehung finden, die Sie suchen, wird die Unterhaltung niemals enden.
- **Merkur im achten Haus:** Diese Stellung gibt Ihnen einen angeboren intuitiven Geist, die Fähigkeit, Geheimnisse herauszulocken, hervorragende Forschungsfähigkeiten und ein profundes mentales Engagement mit den Geheimnissen des Lebens, darunter Sexualität, Tod, Geld (Sie lehnen es ab, sich darüber Sorgen zu machen) und den metaphysischen Künsten.
- **Merkur im neunten Haus:** Sie werden ermutigt durch Ideen, motiviert von der Philosophie, angeregt durch die Kräfte des Intellekts und sind glücklich, die Welt zu entdecken. Sie genießen es, sich mit Ideen zu beschäftigen und andere Menschen zu treffen, damit ist Bildung ein passender Bereich für Sie. (Andere gute Bereiche: Jura, Verlagswesen, Religion.) Sie handhaben große Ideen mit Leichtigkeit, haben aber nur wenig Geduld für die Trivialitäten des alltäglichen Lebens.

- **Merkur im zehnten Haus:** Mit dieser hochrangigen Stellung ist es wahrscheinlich, dass Sie eine anregende Karriere entwickeln, die häufig das geschriebene Wort beinhaltet. Ihr idealer Beruf umfasst große Abwechslung. Ist das nicht der Fall, werden Sie viele Berufswechsel erleben. Sie brauchen ständig mentale Anregung. Sie ziehen es vor, verantwortlich zu sein und sind am erfolgreichsten, wenn Sie Ihre eigenen Ideen verfolgen können.
- **Merkur im elften Haus:** Ein aktives soziales Leben ist für Sie sehr wichtig. Sie machen sich leicht Freunde (aber wenn Merkur durch eine Reihe von spannungsreichen Aspekten mit anderen Planeten belastet ist, können Ihre Freundschaften belastende Eigenschaften aufweisen: Eine Darstellung der Aspekte finden Sie in Kapitel 8.) Sie denken sehr sorgfältig über Ihre Ideen und Bestrebungen nach und sind gern mit Menschen zusammen, die diese aktiv unterstützen. Ganz ähnlich dazu empfinden Sie es als anregend, in einer Gruppe zu arbeiten, bevorzugt in einem Unternehmen, das auf einem Glauben oder Prinzip irgendeiner Art basiert.
- **Merkur im zwölften Haus:** Sie sind geheimnisvoll, intuitiv, nachdenklich und verschlossen. Sie können Träume deuten, die Mächte der Phantasie nutzbar machen, Regeln brechen und alle Arten von mentalen Aufgaben durchführen, die ein Denken außerhalb der Grenzen erfordern. Aber Sie brauchen dafür Ihre Privatsphäre.

Venus: Die Liebe siegt

Ob als Morgen- oder Abendstern, Venus, der Planet, der am zweitnächsten zur Sonne steht, leuchtet stärker als fast jedes andere Objekt am Himmel.

Astronomen erzählen uns, dass Venus eine heiße Hölle ist, mit durchbrochenen Ebenen und altertümlichen Vulkanen, die unter dicken Decken giftiger Wolken eingehüllt sind. Mit einer Oberflächentemperatur von etwa 300° C, einer völlig giftigen Atmosphäre und einem Oberflächendruck, der 100 mal höher ist als der auf der Erde, ist der Planet unbewohnbar, ein unvorstellbar unschöner Ort.

Die Griechen und Römer sahen es unterschiedlich. In der klassischen Mythologie war Venus (Aphrodite für die Griechen) die Göttin der Liebe und Schönheit. Sie war die Geliebte des Adonis (und anderen), die ständige Begleiterin des geflügelten Gottes Eros und die untreue Frau des Gottes Vulkan, der sie mit ihrem bevorzugten Geliebten Mars, dem Kriegsgott, in flagranti erwischte.

Astrologen verbinden Venus mit Liebe, Flirts, Verführung, Schönheit, Kunst, Luxus, Harmonie und Genuss. Venus beschreibt die Qualität Ihrer Interaktionen mit anderen, die Art und Weise, wie Sie Ihre Zuneigung ausdrücken, Ihre künstlerischen Impulse – und, seltsam genug, Ihren Umgang mit Geld. Denn Venus regiert die Macht der Anziehung, sexuelle und andere.

Von der Erde aus gesehen, kann der Planet Venus nicht mehr als 48° von der Sonne entfernt sein. Das bedeutet eine maximale Entfernung von zwei Zeichen zwischen Venus und Sonne. In Anhang B finden Sie die Venus-Tabelle, mit der Sie die Position der Venus in Ihrem Geburtshoroskop bestimmen können.

♀ Das Symbol für den Planeten Venus hat zwei metaphysische Komponenten: das Kreuz der Erde und den Kreis des Geistes. Aber die meisten Menschen verbinden es mit dem biologischen Symbol für die Frau.

Venus in den Zeichen

Der Planet Venus steht für Ihre romantischen Tendenzen, Ihre Werte und Reaktionen auf Schönheit und Kunst. Das Zeichen, in dem Venus steht, beschreibt die Art und Weise, wie Sie diese Seite Ihrer Persönlichkeit ausdrücken.

- **Venus im Widder:** Sie sind reizbar, begeisterungsfähig und impulsiv und halten sich für einen romantischen Abenteurer. So verlieben Sie sich heftig und auf den ersten Blick – und ebenso schnell geht die Liebe wieder vorbei. Sie sind anspruchsvoller (und egoistischer), als Sie denken, aber auch liebevoll, leidenschaftlich und leicht erregbar. Obwohl Sie letztendlich mentale Vergleichbarkeit brauchen, werden Sie zunächst von der äußeren Erscheinung angezogen.

Venus im Stier: Als Herrscher des Stiers fühlt sich Venus hier ganz zuhause und macht Sie liebevoll, charmant, künstlerisch begabt und sinnlich bis zum Extrem. Alle Bequemlichkeiten des Lebens ziehen Sie an, beginnend mit gutem Essen und endend mit langen, prächtigen sexuellen Begegnungen, bevorzugt immer mit der gleichen Person. Sie legen Wert auf Beständigkeit, und obwohl Sie in der Lage sind, fremd zu gehen, liegt das nicht in Ihrer Natur. Sie brauchen Sicherheit, Bequemlichkeit, Zärtlichkeit, schöne Objekte, einen gelegentlichen Tritt, damit Sie sich bewegen, und einen treuen Partner.

- **Venus in den Zwillingen:** Der Planet der Liebe im Zeichen des unsteten Geistes führt zu geistreichen Neckereien, vielen glücklichen Stunden der Unterhaltung und des Stöberns in Buchhandlungen, jeder Menge leichtherziger Flirts und einer unwiderstehlichen Anziehung zu Menschen, die intelligent und schnell sind. Sie sind mehr als in der Lage, eine Liebesaffäre per Fax aufrecht zu erhalten. Aber wenn besänftigende Faktoren fehlen, wird Ihre Zuneigung schnell schwanken und es fällt Ihnen oft schwer, zwischen tatsächlicher Liebe und dem zu unterscheiden, was eine großartige Romanze sein sollte (es hört sich nach einer guten Idee an).
- **Venus im Krebs:** Als natürlicher Nestbauer finden Sie Ihre größte Freude in einem Zuhause und einer Familie. Sie sind liebevoll, sympathisch, sentimental, loyal, treu, beliebt und ein großartiger Koch (oder wären es zumindest gerne). Aber auch wenn Sie völlig selbstsicher wirken, brauchen Sie mehr als nur ein wenig psychologische Unterstützung. Ihre Angst vor Zurückweisung mag versteckt sein, aber sie ist definitiv vorhanden. Was vielleicht der Grund dafür ist, dass Sie oft zu lange festhalten, sowohl an Geliebten als auch an Freunden. Wenn Sie jemanden lieben, möchten Sie, dass es für immer ist.
- **Venus im Löwen:** Warm, extrovertiert, loyal und mit einem Hang zum Luxus, fühlen Sie sich von der Kunst angezogen, sind kreativ, setzen sich selbst gerne in Szene und lieben die Liebe. Sie fühlen leidenschaftlich und drücken sich extravagant aus. Die Liebe ist ein natürlicher Bestandteil Ihres Charakters und Sie tendieren dazu, sich durch sie zu definieren. Sie lieben

auch die Künste. Aber Sie laufen nicht Gefahr, mit einem unbekannten Dichter davonzulaufen, wenn Sie es vermeiden können – es sei denn, besagter Künstler verfügt über einen Investmentfond. Sie fühlen sich am glücklichsten, wenn das Geld fließt.

- ✔ **Venus in der Jungfrau:** Wenn Sie verliebt sind, sind Sie sehr aufmerksam, analysieren jede Begegnung, lesen immer wieder Ihre Liebesbriefe und hören sich wiederholt die Meldungen auf Ihrem Anrufbeantworter an, um sicherzustellen, dass Sie jede Nuance mitbekommen. Sie würden alles für Ihren Geliebten tun. Aber Sie können auch kritisch und kontrollierend sein, voller Meinungen darüber, wie andere Menschen sich verhalten sollten. Einige Menschen mit dieser Stellung haben auffällige Persönlichkeiten (jene mit der Sonne im Löwen z.B.). Wenn Sie einer dieser Menschen sind, stellen sich andere vor, dass Sie umwerfend im Bett sein müssten. Tatsächlich sind die meisten Menschen mit Venus in der Jungfrau bescheiden und sogar etwas schüchtern zwischen den Laken.
- ✔ **Venus in der Waage:** Sie sind liebevoll, sanft, warm und bereit, Freude zu machen. Als wahrer Romantiker idealisieren Sie die Liebe und haben oft Schwierigkeiten, sich an eine reale Beziehung anzupassen. Wenn Sie Enttäuschungen erleben, nehmen Sie dies schwer. Aber Sie sitzen nicht Trübsal blasend herum. Sie sind für andere Menschen höchst attraktiv und es gibt in der Regel immer jemanden, der an Ihnen interessiert ist. Diese Stellung bringt außerdem eine starke ästhetische Sensibilität mit sich.
- ✔ **Venus im Skorpion:** Dank des berühmten Sex-Appeals des Skorpions hört sich dies nach einer Freifahrt zur Ekstase an. Und manchmal ist es das auch. Sie werden von der Präsenz des Mysteriösen, der Intensität und auch einem subtilen Hang zur Dunkelheit erregt. Stolz, leidenschaftlich und verführerisch, sind Sie anfällig für tiefes Verlangen, sowohl sexuell als auch emotional, und Ihr Leben tendiert dazu, stürmisch zu sein. In Ihren besten Momenten geben Sie sich ganz hin und sind vollkommen intim. In Ihren schlechtesten Momenten können Sie eifersüchtig und rachsüchtig sein. Aber entgegen Ihrem Ruf sind Sie auch in der Lage, sich von sozialen Begegnungen zurückzuziehen und sich hinter einem unsichtbaren Schild zu isolieren.
- ✔ **Venus im Schützen:** Gefühlvoll, leidenschaftlich und begeisterungsfähig sehen Sie die Liebe als ein Abenteuer – nicht als einen Weg, Ihre Zukunft zu sichern. Sie legen viel Wert auf Ihre Freiheit und Ihr idealer Partner ist jemand, der Ihnen hilft, mehr von der Welt zu sehen und mehr zu erleben – nicht jemand, der Ihre Aktivitäten einschränkt. Sie haben hohe Ideale und fühlen sich von Menschen angezogen, die sich für etwas engagieren. Sie sind außerdem von Menschen fasziniert, die aus einem sozialen Hintergrund kommen, der sich vollkommen von dem Ihren unterscheidet. Es macht Ihnen nichts aus, Leute zu schockieren.
- ✔ **Venus im Steinbock:** Sie sind sinnlich in Ihren sexuellen Verbindungen und beständig in Ihren Zuneigungen, aber vorsichtig, wenn es darum geht, Ihre Gefühle offenzulegen. Sie legen Wert auf Stabilität, Anstand und Rechtschaffenheit und wollen die Kontrolle nicht verlieren. Der Schmutz emotionaler Rangeleien macht Ihnen Angst, also halten Sie Ihre Gefühle gut versteckt. Sie sind ernsthaft und kultiviert und bewundern alles Klassische. In der Kunst wie in der Liebe verstehen Sie das Bedürfnis nach Kontrolle.

- **Venus im Wassermann:** Mit Ihrer Offenheit, Ihrer Freundlichkeit und Ihrem Idealismus fühlen Sie sich von Außenseitern und Rebellen angezogen und haben eine Vielfalt an Freunden. Aber Sie sind nicht die leidenschaftlichste Person auf der Erde und tendieren dazu, eine intellektuell anregende Begegnung mehr zu genießen als eine romantische. Sie brauchen außerdem eine gewisse Menge Einsamkeit und behandeln die Sexualität häufig gleichgültig. Neue Techniken interessieren Sie. Leidenschaftliche Darbietungen tun es nicht. Letztendlich sind Sie ein unabhängiger Typ und Ihr Herz ist schwer zu fangen.
- **Venus in den Fischen:** Sie sind sentimental, künstlerisch, treu und gewillt, alles für Ihren Geliebten zu tun. Sie idealisieren Ihre Geliebten und suchen eine wahre Verbindung zu ihnen, aber Sie haben keine Ahnung, was angemessen ist und was nicht. Anderen Menschen fällt es leicht, Sie zu missbrauchen, teilweise weil Sie mit Ihren Schultern zucken und alles akzeptieren. Mit der Zeit macht Sie das aggressiv, darum können Sie manchmal emotionalen Missbrauch betreiben, normalerweise in einer passiv-aggressiven Art und Weise. Sie wissen wirklich, wie man liebt – aber manchmal sind Sie viel zu leicht bereit, Ihre eigenen Bedürfnisse denen Ihres Geliebten zu opfern.

Jane Fonda

Als freimütiger Schütze mit Venus im gleichen Zeichen ist Jane Fonda bekannt für ihre Aktivität, ihre Schauspielkarriere, ihr Gymnastikgeschäft und ihre erstaunlich verschiedenen, aber ebenso eifrigen und engagierten Ehemänner, jeder aus einer vollkommen anderen Welt, nämlich:

- Als erster kam der französische Filmregisseur Roger Vadim, der vor allem dafür bekannt geworden ist, dass er Brigitte Bardot, seine vorherige Frau, zu einem internationalen Sexsymbol machte. Vadim hat ebenfalls Venus im Schützen.
- Danach kam Tom Hayden, ein Anti-Kriegsaktivist, der zum Politiker wurde. Er war ein radikaler Studentenführer in den 60er Jahren und seine Sonne im Steinbock steht in Konjunktion zu Jane Fondas Venus.
- Ihr dritter Ehemann ist der Yachteigentümer und Medienmogul Ted Turner, dessen auffallender Merkur nur 1° von Jane Fondas Venus entfernt steht.

In allen drei Fällen brachte ihre Venus im Schützen Jane Fonda dazu, abenteuerlustige und das Risiko liebende Männer mit starken Überzeugungen zu finden.

Venus in den Häusern

Das Haus, in dem Venus in Ihrem Geburtshoroskop steht, beschreibt die Lebensbereiche, die Ihnen besonders viel Freude bringen und Ihre Liebesfähigkeit anregen.

- **Venus im ersten Haus:** Alles, was im ersten Haus erscheint, ist für andere Menschen offensichtlich. Mit Venus in dieser Stellung sind Sie warm, gesellig und gutaussehend, ein Merkmal, das Sie auch bei anderen Menschen bewundern.
- **Venus im zweiten Haus:** Sie haben gehört, dass Sie mit Geld keine Liebe kaufen können. Aber Sie glauben es einfach nicht. Geld und die Dinge, die Sie damit kaufen können, sind Ihnen wichtig. Zum Glück sind Sie normalerweise recht geschickt darin, das Geld nach Hause zu bringen.
- **Venus im dritten Haus:** Sie lieben es zu reden, zu reisen und Informationen zu sammeln. Sie lieben Literatur, drücken sich gewandt aus und Ihre verbalen Fähigkeiten ziehen Bewunderer an. Sie verstehen sich außerdem gut mit Ihren Geschwistern. Eine gute Stellung für einen Schriftsteller oder öffentlichen Redner.
- **Venus im vierten Haus:** Wenn keine anderen Faktoren hinzukommen, schenkt Ihnen diese bevorzugte Stellung eine glückliche Kindheit, eine enge Verbindung zu Ihrer Mutter, ein Talent für Dekorationen und ein wunderschönes Zuhause.
- **Venus im fünften Haus:** Sie ziehen die Liebe an, reagieren tief auf die Künste und haben eine hervorragende Art mit Kindern umzugehen. Es ist eine Freude, Sie um sich zu haben, Sie reagieren auf eine positive Art und Weise auf Menschen und genießen das Leben in vollen Zügen. Es wird Ihnen nie an Romanzen fehlen.
- **Venus im sechsten Haus:** Ihre Arbeit ist für Ihr Glück ebenso wichtig wie die Liebe. Wenn ein Bereich gedeiht, tut es auch der andere. Sie treffen potentielle Partner durch Ihren Beruf, machen sich an Ihrem Arbeitsplatz Freunde und rufen Zuneigung hervor. Ein erfüllender Beruf bringt Ihnen Glück, verbessert Ihre Gesundheit und macht Sie attraktiver.
- **Venus im siebten Haus:** Liebevoll, freundlich und gewillt, Kompromisse zu schließen, sind sie am glücklichsten, wenn Sie verheiratet sind. Obwohl die traditionelle Astrologie uns versichert, dass diese Stellung eine glückliche Ehe mit sich bringt, habe ich leider festgestellt, dass das nicht unbedingt der Fall ist. Aber sie bringt eine ansprechende Sammlung potentieller Partner und die Fähigkeit, eine liebevolle Beziehung aufzubauen. Geschäftliche Beziehungen stehen ebenfalls unter einem guten Licht.
- **Venus im achten Haus:** Geben Sie es zu: Sie sind verführerisch, manipulativ, besessen, leidenschaftlich und stehen in der Regel unter dem Einfluss eines rasenden Sturms der Gefühle – und dazu gehört auch ein großes Verlangen nach Sexualität. Ihr Liebesleben ist wahrscheinlich ein Netz der Komplikationen. Geld läuft Ihnen häufig über den Weg, oft durch Heirat oder Erbe.
- **Venus im neunten Haus:** Die Liebe kommt zu Ihnen durch alles, was Ihren Horizont erweitern kann, besonders Reisen, Bildung, Recht und Verlagswesen, alles Bereiche, die gut zu Ihnen passen. Sie sind philosophisch und idealistisch und reagieren auf große Ideen und Denksysteme. Sie könnten einen Ausländer heiraten (oder jemanden, den Sie auf Reisen getroffen haben), einen Professor, einen Schriftsteller, einen Anwalt, jemanden mit einer spirituellen Veranlagung oder jemanden, der etwas mit dem Verlagswesen zu tun hat.

- **Venus im zehnten Haus:** Ihre Karriere, idealerweise in den Künsten, ist Ihnen sehr wichtig. Die Menschen, die Sie durch Ihren Beruf treffen, Freunde und Geliebte inklusive, fühlen sich sofort von Ihnen angezogen. Sie sind beliebt und extrovertiert, erhalten Hilfe von Frauen und haben einen guten Ruf – es sei denn, Sie zeigen zu sehr, wie ehrgeizig Sie auf sozialer Ebene sind. Sie wollen einen Partner mit hohem Status. Zum Glück werden andere Menschen ganz natürlich von Ihnen angezogen: Sie müssen nicht nachhelfen.
- **Venus im elften Haus:** Sie sind offen, liebevoll und hilfsbereit und andere Menschen fühlen sich bei Ihnen wohl. Sie sind der Mittelpunkt Ihres sozialen Kreises, ein natürlicher Anführer innerhalb einer Gruppe und ein treuer Kumpel. Sie ziehen mit Leichtigkeit sowohl Freunde als auch Geliebte an.
- **Venus im zwölften Haus:** Mit Ihrer feinen Antenne für die Gefühle anderer sind Sie ein sensibler Mensch, der das Bedürfnis hat, seine Privatsphäre zu bewahren und zu Geheimnissen tendiert. Viele Menschen mit dieser Planetenstellung fallen in heimliche Liebesbeziehungen, während andere, die unter Schüchternheit und Verletzlichkeit leiden, in sozialen Begegnungen so leicht verletzt werden, dass sie sich zurückziehen, um ihre Wunden zu lecken.

Mars: Der Straßenkämpfer

Was für einen schlechten Ruf Mars hat. Weil er rot am Himmel leuchtet (ein Resultat des Eisenoxids in seinem steinigen Boden) brachten die Babylonier ihn mit Tod und Zerstörung in Verbindung, die Einwohner der Pazifischen Inseln stellten ihn sich als Heimat eines riesigen roten Schweins vor und die Bewohner von New Jersey, die 1938 Orson Welles im Radio zuhörten, rannten schreiend aus ihren Häusern, in Angst vor einfallenden Marsmenschen. Aber die Menschen haben immer Phantasien gehegt, auf dem roten Planeten zu leben. Der Grund:

Astronomen haben festgestellt, dass vor langer, langer Zeit Flüsse durch die Landschaft des Mars flossen und es vielleicht sogar eine primitive Form des Lebens dort gab. Heute ist der Mars unfruchtbar und (wahrscheinlich) ohne Leben. Aber er könnte theoretisch besiedelt werden. Wenn Menschen jemals auf einem anderen Planeten ihre Zelte aufschlagen sollten, ist Mars das Ziel der Wahl.

Für die alten Römer war Mars der Kriegsgott, zu dessen Ehren viele Feste gefeiert wurden. Ares, seine griechische Entsprechung, wurde nicht besonders bewundert. Durch die gesamte griechische Mythologie wird Ares immer wieder von anderen Göttern niedergemacht – mit der Ausnahme von Aphrodite (Venus), der Göttin der Liebe, die ihn verehrt.

Frühe Astrologen sahen Mars als den Planeten der Gewalt, der Wut und der schlechten Laune. Bis ins 15. Jahrhundert hinein wurde Mars mit Diebstahl, Mord, Kriegen, Lüsternheit, Lügen und jeder Art von Schlechtigkeit in Verbindung gebracht. Auch heute verbinden Astrologen Mars noch mit Wut, Unfällen und Verletzungen. Aber sie sehen Mars auch als Planeten der Aktion, der Energie und des Verlangens. Er bringt Willenskraft, Durchhaltevermögen, Antrieb, Leidenschaft, körperliche Kraft und den Mut, das zu verfolgen, was Sie haben wollen. Mars lässt die Dinge geschehen.

Als vierter Planet von der Sonne gesehen braucht Mars fast zwei Jahre – 687 Tage, um genau zu sein – um durch den Tierkreis zu reisen. Er verbringt durchschnittlich etwa zwei Monate in einem Zeichen (aber alle 1 1/2 Jahre verbleibt er länger in einem Abschnitt des Himmels und gibt dem entsprechenden Zeichen einen Extraschuss Energie). Unabhängig von Ihrem Sonnenzeichen kann Mars in jedem der 12 Tierkreiszeichen sein. In Anhang B finden Sie die Mars-Tabelle, mit deren Hilfe Sie die Position von Mars in Ihrem Geburtshoroskop bestimmen können.

♂ Das Symbol des Planeten Mars hat ähnliche Komponenten wie das Symbol der Venus, aber in umgekehrter Position, mit dem Kreis des Geistes unten und dem Pfeil der Aktion oben. In der Biologie steht dieses Symbol für den Mann.

Mars in den Zeichen

Die Stellung von Mars in den Zeichen beschreibt, wie Sie die Initiative ergreifen, sich selbst behaupten und in etwas Neues eintauchen.

Mars im Widder: Als Herrscher des Widders schenkt Mars den diesem Zeichen angehörigen Menschen Massen an Energie, viel sexuelles Charisma und manchmal ein explosives Temperament, das Sie kontrollieren lernen müssen. Zum Glück löst sich Ihre Wut schnell wieder auf. Sie sind begeisterungsfähig, selbstsicher und mutig, ein natürlicher Anführer, der Aufmerksamkeit erhält, ohne sie zu suchen.

- ✔ **Mars im Stier:** Sie sind ein sehr ausdauernder, hart arbeitender Mensch, der mit beiden Beinen auf der Erde steht. Sie sind willensstark, ausdauernd, vernünftig und unermüdlich und können durch fleischliches Verlangen abgelenkt werden, aber wenn Sie sich auf etwas einlassen, sei es eine Beziehung oder ein Job, bleiben Sie auf lange Sicht dabei – auch wegen des Geldes. Mit Ihrer angeborenen ernsthaften und praktischen Seite mögen Sie materielle Besitztümer und Status, oft mehr, als Sie es selbst zugeben wollen.

- ✔ **Mars in den Zwillingen:** Mit dem Planeten der Aggression im Zeichen der Zwillinge sind Sie temperamentvoll, streitlustig, nervös und reizbar. Obwohl Sie gern debattieren, gelingt es Ihnen nicht immer, zwischen wichtigen Prinzipien und unwichtigen Nebensachen zu unterscheiden. Ihre Energie nimmt zu und ab, oft mit überraschender Geschwindigkeit, aber Sie haben einen lebhaften, erfinderischen Geist und machen viel Spaß: Ohne Zweifel hatte die Person, die den Telefonsex erfand, diese Planetenstellung.

- ✔ **Mars im Krebs:** Sie sind ein an sich emotionaler Mensch, der seine Launen in den Griff kriegen muss, bevor er erfolgreich seine Ziele erreichen kann. Ohne es zu realisieren, haben Sie eine Tendenz zu schmollen. Sie sind höchst sensibel, aber Sie geben möglicherweise derart subtile Signale, dass viele Menschen diese nicht mitbekommen. In einer Beziehung können Sie besitzergreifend und hartnäckig sein, wenn Sie stattdessen wütend sein und davongehen sollten. Sie schmoren. Sie vergraben Ihre Emotionen. Sie müssen lernen, direkt zu sein. Aber Sie sind auch aufnahmefähig, beschützend, treu und phantasievoll, sowohl im Bett als auch an anderen Orten.

- **Mars im Löwen:** Selbstsicher, leidenschaftlich und unermüdlich vereinen Sie Präsenz und Durchhaltevermögen. Wenn Sie sich auf eine Sache oder Aktivität einlassen, sind Sie praktisch nicht zu stoppen. Es ist wahr, Sie können egoistisch und arrogant sein, und Ihr Bedürfnis nach Zuschauern kann ermüdend sein. Aber Ihre Wärme, gute Laune und der Wille, den ersten Schritt zu machen, bringen Ihnen viele Bewunderer romantischer und anderer Art. Sie sorgen für Aufregung.

- **Mars in der Jungfrau:** Kontrolle ist ein Problem für Sie. Sie arbeiten hart, sind berechnend und können der Realität direkt ins Auge sehen. Sie sind vernünftig und methodisch und können sich selbst emotional loslösen, wenn Ihr Erfolg davon abhängt. Dieser Wesenszug ist vorteilhaft für Ihre Karriere. In Ihrem Privatleben gibt er Ihnen die erstaunliche Fähigkeit, Ihren Sexualtrieb ein- und auszuschalten, scheinbar beliebig. (Einige berühmte Militärpersonen, darunter Alexander der Große, Napoleon Bonaparte und General George Patton, hatten diese Planetenstellung gemeinsam.)

- **Mars in der Waage:** In Ihren besten Momenten sind Sie freundlich, flirten gern, sind charmant, stilvoll und unglaublich reizvoll. Sie legen Wert auf soziale Begegnungen und sind gewillt, Kompromisse einzugehen, sowohl in romantischen als auch sonstigen sozialen Situationen. Aber im Beruf wie auch in Ihrem Privatleben fühlen Sie sich ohne Partner verloren. Außerdem haben Sie die Tendenz, Ihre Unsicherheiten und Ungewissheiten zu verbergen, indem Sie Ihre schlecht durchdachten Aussagen mit mehr Leidenschaft als Logik verteidigen – obwohl Sie stolz auf Ihren rationalen Geist sind. Manchmal sind andere gezwungen, Ihnen zuzustimmen, nur um die Diskussion zu beenden.

Mars im Skorpion: Sie sind mutig und klug, entschlossen und unabhängig. Gesegnet mit starker Willenskraft und unerschütterlichem Verlangen, sind Sie außerdem höchst erotisch und äußerst emotional. Sie können starken Gefühlen nicht widerstehen und haben möglicherweise mit Eifersucht und dem Wunsch nach Rache zu kämpfen. Es ist nicht leicht für Sie, sich veränderten Umständen anzupassen, aber Sie haben eine solide, zuverlässige Quelle interner Energie und eine ganze Menge persönlicher Kraft. Dies ist eine vorteilhafte Kombination.

- **Mars im Schützen:** Mit Ihrer Unabhängigkeit und Begeisterungsfähigkeit haben Sie feste Überzeugungen, eine Liebe zur Natur und ein tiefes Verlangen nach Abenteuern. Aber Sie können ungestüm und trotzig sein und Ihre Kreuzzüge, die Sie so eifrig begonnen haben, werden nicht immer komplett zu Ende gebracht. Evangeline Adams, die nie ein Blatt vor den Mund nahm, behauptet, dass diese Planetenstellung die Menschen »eher schillernd als solide und eher forsch als standhaft« macht. Wie auch immer: Sie sind gerecht, direkt und idealistisch und können Ihre Energie schnell sammeln – besonders wenn Sie auf dem Weg zu neuen Abenteuern sind.

- **Mars im Steinbock:** Ihr Verlangen sexueller und anderer Art ist stark, Ihre Ambitionen konzentriert. Wenn Sie sich anerkannt fühlen, ist Ihre Energie zuverlässig und anhaltend, aber wenn Sie sich hintergangen fühlen, schwächt sich Ihre Lebenskraft. Sie sind effizient, systematisch und kontrolliert, respektieren Traditionen und Autorität und schaffen es oft bis an die Spitze. Sie verstehen Hierarchien und sind in vielen Dingen ein naturgegebener Anführer.

Aber wenn Sie nicht den Gehorsam ernten, den Sie verlangen, können Sie überraschend kühl sein. In der Regel versuchen Sie, Ihren Ärger zu verstecken, aber wenn er herauskommt, werden Sie gemein.

✔ **Mars im Wassermann:** Sie bevorzugen möglichst ungewöhnliche Wege. Sie sind unternehmungslustig, ungeduldig, unvorhersehbar und es macht Ihnen nichts aus, Risiken einzugehen. Konventionen langweilen Sie. Moderne Ideen faszinieren Sie und Sie legen Wert auf die Idee des Fortschritts. Änderungen finden Sie spannend. Sie sind unabhängig, idealistisch und freundlich. Aber emotional können Sie sich von der kühlen Seite zeigen und Sie rebellieren manchmal nur, um auf sich aufmerksam zu machen.

✔ **Mars in den Fischen:** Sie verlieben sich heftig. Sie sind großzügig, launisch, ruhelos und höchst intuitiv. Aber wenn das emotionale Getöse mehr wird, als Sie tolerieren können, tendieren Sie dazu, sich zu verschließen. Wenn das passiert, verpufft Ihre Willenskraft und Sie können sich nur schwer motivieren. Sie können Ihre Freunde mit Ihrer Passivität in den Wahnsinn treiben und Ihre körperliche Energie verschwindet. Eine der zentralen Herausforderungen in Ihrem Leben ist die Regulierung Ihrer Energie, die oft ein Sklave Ihrer Gefühle sein kann.

Mars in den Häusern

Die Stellung von Mars in den Häusern verrät, in welchen Lebensbereichen Sie am ehesten impulsiv handeln, Risiken auf sich nehmen und Ihrem persönlichen Verlangen folgen.

✔ **Mars im ersten Haus:** Mit Energie und Leidenschaft regen Sie Aktivitäten an, manchmal impulsiv, und Ihre Leidenschaften (und Ihre Wut) sind für alle offensichtlich. Diese Planetenstellung gibt Ihnen große Lebenskraft und eine selbstbewusste Persönlichkeit.

✔ **Mars im zweiten Haus:** Sie sind praktisch, orientieren sich an der Konkurrenz und am Gewinn und sind viel glücklicher, wenn Sie sich auf ein konkretes Ziel konzentrieren können. Sie wollen für Ihre Bemühungen belohnt werden – und nicht nur verbal. Geld und materielle Objekte sind in der Regel viel effektiver als reine Worte.

✔ **Mars im dritten Haus:** Sie haben einen energischen, unabhängigen, manchmal streitsüchtigen Geist und nehmen die Dinge so auf, wie Sie sie sehen, auch wenn das bedeutet, voreilige Schlüsse zu ziehen. Mit Ihrem rasiermesserartigem Scharfsinn können Sie in Unterhaltungen aggressiv sein. Aber Sie sind ungeduldig, lassen sich leicht ablenken und Ihre Energie kann sprunghaft sein.

✔ **Mars im vierten Haus:** Sie versuchen, eine schwierige Kindheit auszugleichen, indem Sie sich auf Ihr häusliches Leben konzentrieren. Sie schützen Ihr Heim und Familie in besonderem Maße und sind ein unabhängiger Mensch mit einer robusten Konstitution und einer angeborenen Lebenskraft. Familienangelegenheiten füllen Sie aus, aber passen Sie auf, dass Sie keine Umgebung kreieren, die mit Streit und Meinungsverschiedenheiten gefüllt ist.

✔ **Mars im fünften Haus:** Sie sind impulsiv, begeisterungsfähig, höchst erotisch und aktiv, lieben Spaß und haben Freude daran, kreative Projekte ins Leben zu rufen. Sie beschäftigen sich außerdem sehr mit Ihrer Nachkommenschaft, egal ob es sich dabei um tatsächliche Babys aus Fleisch und Blut oder Phantasiekinder handelt. Obwohl Sie ungeduldig und auf die Konkurrenz bedacht sein können, genießen Sie Spiele, athletische oder anderer Art, und erhalten durch Risiken neue Energie.

- **Mars im sechsten Haus:** Arbeit spornt Sie an (auch wenn diese Sie erschöpft). Sie sind effizient, talentiert und genau, mit großer körperlicher Energie, hervorragenden mechanischen Fähigkeiten und einer Liebe zu den Werkzeugen Ihres Berufszweiges. Ein langweiliger Beruf stresst Sie und einschränkende organisatorische Regeln lassen Sie rebellieren. Andererseits regt eine Herausforderung Sie an, auch wenn Sie Risiken birgt. Vermeiden Sie Überarbeitung und treiben Sie viel Sport.

- **Mars im siebten Haus:** Beziehungen geben Ihnen Energie, aber das bedeutet nicht, dass Sie eine leichte Zeit mit ihnen haben. Sie haben keine Angst vor Konfrontationen und legen die Dinge mutig – und aggressiv – auf den Tisch, womit Sie Mars im siebten Haus zur Planetenstellung der häufigen Versöhnungen machen. Es kann auch sein, dass Sie einen aggressiven Partner anziehen.

- **Mars im achten Haus:** Sie haben ein mächtiges Verlangen, gepaart mit Ausdauer und haufenweise sexuellem Charisma. Als talentierter Forscher fühlen Sie sich vielleicht zu den heilenden Berufen und okkulten Dingen hingezogen. Finanzielle Geschäfte faszinieren Sie eventuell ebenfalls, obwohl Geld und Erbschaften zu Konflikten führen können. Da diese Planetenstellung eine Sehnsucht nach intensiven Erfahrungen anreizt, unternehmen Sie ohne Angst Schritte, die sensiblere Seelen vermeiden. Darum kann diese Position, wenn sie durch spannungsreiche Aspekte zu anderen Planeten beeinflusst wird, eine gewalttätige Anlage zeigen (wie im Falle von Andrew Cunanon oder Lee Harvey Oswald) oder auch den Tod durch Gewalt (wie bei James Dean oder dem US-Präsidenten John F. Kennedy). Aber diese Stellung allein ist auch nicht im Ansatz genug, um ein derart beängstigendes Ergebnis hervorzubringen. Schließlich haben viele gute Menschen, die ein langes und produktives Leben führten, ebenfalls Mars im achten Haus, z.B. Mutter Teresa, Burt Lancaster, Gert Fröbe.

- **Mars im neunten Haus:** Sie sind ein leidenschaftlicher Individualist und ein unabhängiger Denker mit starken Überzeugungen, weit gesteckten Zielen und einem Verlangen, die Welt zu erobern. Ideen motivieren Sie und Sie sind in den Bereichen des Rechts, der Religion und der Bildung zu Hause. Aber Sie können in den Fanatismus abrutschen und müssen aufpassen, nicht intolerant zu werden.

- **Mars im zehnten Haus:** Eine anspruchsvolle, aufregende Karriere bringt Ihnen Energie. Sie wären gerne berühmt, aber noch eher wären Sie an etwas Großartigem beteiligt, das Strategie und Geist braucht – wie ein Krieg, eine soziale Protestbewegung oder die Entstehung eines Films. Sie sind ehrgeizig und aggressiv und wollen einen starken Einfluss auf die Welt ausüben.

- **Mars im elften Haus:** Ihre Freunde bringen Ihnen Energie, regen Sie an und helfen Ihnen, Ihre Erwartungen zu erreichen. In einer Gruppe steigen Sie in eine führende Position auf. Aber Sie können auch unangemessen anspruchsvoll sein und unbewusst Konflikte hervorrufen oder sich von streitsüchtigen Menschen angezogen fühlen.

✔ **Mars im zwölften Haus:** Andere Menschen verstehen möglicherweise nicht, wer Sie sind, da eine Menge Ihrer Energie, Ihrer Wut und Ihrer Leidenschaft verborgen ist. Sie zögern, die Aspekte Ihrer Persönlichkeit offenzulegen und fühlen sich daher möglicherweise nicht anerkannt. Dennoch erweckt es Sie zu neuem Leben, Zeit allein zu verbringen und Sie sind unheimlich effektiv, wenn Sie hinter der Bühne arbeiten können.

Jupiter: Mehr ist besser

Sie suchen das Glück? Ihre Suche ist beendet. Der begünstigte Jupiter ist der Herrscher des Glücks, der Wächter des guten Schicksals und der Champion der Gerechtigkeit.

Jupiter ist bei weitem der größte Planet im Sonnensystem. Massiver als alle anderen Planeten zusammengenommen könnte er 1.330 Erden verschlucken und hätte immer noch genug Platz für einen Rülpser. Sein berühmtestes Merkmal, bekannt als Großer Roter Punkt, ist ein 300 Jahre alter Zyklon, der doppelt so groß wie die Erde ist.

Nicht überraschend wurde Jupiter nach dem König der Götter benannt, der in Griechenland als Zeus und in Rom als Jupiter Optimus Maximus bekannt war – der Größte und Beste. Die Griechen stellten ihn als bärtig, würdig und stark dar – Zeus, die Vaterfigur, der das Universum von seinem Heim auf dem verschneiten Berg Olymp beobachtete.

Astrologen verbinden Jupiter mit Möglichkeiten, Erweiterung, Wachstum, Reichtum, Lernen, Erfolg, Optimismus und guter Laune. Was Jupiter auch immer anfasst, erweitert sich – aber wie jeder Planet kann er sich positiv oder negativ ausdrücken. Wenn er gut platziert ist, bringt er Glück, Großzügigkeit und die Fähigkeit, eine Chance wahrzunehmen. Wenn er durch spannungsreiche Aspekte wie z.B. Quadrate oder Oppositionen mit anderen Planeten verbunden ist (das wird in Kapitel 8 dargestellt), bringt er seine Schattenseite zum Ausdruck, was zu Unersättlichkeit, Faulheit und Ausschweifungen jeder Art führt.

Jupiter braucht etwa 12 Jahre, um durch den gesamten Tierkreis zu reisen. In Anhang B finden Sie die Jupiter-Tabelle, mit der Sie die Position von Jupiter in Ihrem Geburtsbild bestimmen können.

♃ Das Symbol des Planeten Jupiter besteht aus zwei Teilen: das Kreuz der Bedeutung und die Kurve der Persönlichkeit, die für die erweiterte Entfaltung der Persönlichkeit steht. Das ist ein Weg, sich daran zu erinnern. Oder Sie denken an das Symbol als eine sehr stilisierte Zahl vier.

Galileo und die Monde des Jupiter

Etwa hundert Jahre nach der Geburt Christi schrieb der Astronom Ptolemäus ein Buch, das voller Inbrunst sicherstellte, was jeder bereits wusste: dass die Erde der Mittelpunkt des Universums ist und alles andere – der Mond, die Sonne, die Sterne und die Planeten – um uns kreisen.

1453 zeigte Kopernikus, dass die Erde die Sonne umläuft und nicht anders herum, aber seine Beobachtungen wurden nicht akzeptiert. Martin Luther bezeichnete ihn als einen »emporgekommenen Astrologen« (und tatsächlich war er wie die meisten Astronomen ein Astrologe), und die Menschen glaubten weiterhin an Ptolemäus. Nur wenige zweifelten daran, dass die Erde das Zentrum des Universums war.

Anderthalb Jahrhunderte später stellte Galileo sein Teleskop auf den weit entfernten Jupiter ein und sah, dass er von mehreren Monden umkreist wurde. (Er sah vier: Wissenschaftler haben heute 16 identifiziert.) Seine Ankündigung wurde mit Unbehagen aufgenommen, besonders von der Kirche, denn wenn diese vier Monde Jupiter umliefen, würde per Definition nicht alles um die Erde kreisen und das Ptolemische System falsch sein. Galileo verbrachte für die von ihm hervorgerufenen Schwierigkeiten schließlich den Rest seines Lebens unter Hausarrest, aber seine Ideen triumphierten. Daher ebneten Jupiter und seine vielen Monde den Weg, das Universum auf eine andere Art und Weise zu sehen. In einem astrologischen Geburtshoroskop hat Jupiter eine ähnliche Funktion. Er öffnet die Dinge und erweitert die Möglichkeiten.

Jupiter in den Zeichen

Jupiters Stellung in den Zeichen beschreibt die Art und Weise, in der Sie versuchen, Ihren Horizont zu erweitern und mehr von der Welt zu erleben.

- ✔ **Jupiter im Widder:** Sie haben Selbstbewusstsein, Energie und sind vom Leben sehr begeistert. Sie fangen leicht Feuer, selbst bis an den Punkt der Manie, und haben viele Interessen, obwohl Sie diese auf lange Sicht nicht beibehalten. Sie können sich schnell in Ihren eigenen Sorgen verstricken und sollten auf Ihre Tendenz achten, zur Egozentrik zu neigen und die Kontrolle über Details zu verlieren.
- ✔ **Jupiter im Stier:** Sie sind hingebungsvoll und liebenswürdig, ein Liebhaber der Natur, materieller Dinge und sinnlicher Freuden. Sie können leicht in Zügellosigkeit verfallen. Sie sind großartig im Bett – plagen sich aber vielleicht mit Übergewicht. Zum Glück halten Sie die Balance zwischen Ihrer Suche nach Freuden und deren Durchführbarkeit. Unterm Strich ist Ihr Urteil vernünftig.
- ✔ **Jupiter in den Zwillingen:** Nichts feuert Sie mehr an als eine Idee. Sie sind intelligent, in vielen Bereichen talentiert, neugierig und leicht begeistert, aber Sie sind anfällig, Ihr Interesse an einem Thema zu verlieren, indem Sie es zu Tode reden. Sie profitieren von allem, das mit Schreiben zu tun hat – vom Führen eines Tagebuchs über die Arbeit in einer Buchhandlung bis hin zum Journalismus.
- ✔ **Jupiter im Krebs:** Sie sind offenherzig, gütig, intuitiv, beschützend und sympathisch – die ultimative Mutter Erde, auch wenn Sie ein Mann sind. Verstehend und vergebend (manchmal bis zu einem lächerlichen Grad), lieben Sie die Freuden eines Heims, des Besitzes und der Elternschaft. Die traditionelle Astrologie ist der Ansicht, dass Jupiter in dieser Stellung verstärkt wird, und Erfahrungen zeigen, dass sie eine Tendenz für Glück in Immobilien mit sich bringt, aber Sie haben möglicherweise auch mit Ihrer Liebe zu gutem Essen zu kämpfen.

- ✔ **Jupiter im Löwen:** Sie sind großmütig, mitfühlend, überschwenglich und dramatisch, mit einer enormen Lebenskraft und einem tiefen Bedürfnis nach Anerkennung, Respekt und Macht. Obwohl Sie manchmal arrogant oder oberflächlich sein können, sind Sie ein offenherziger Mensch, der gerne andere Menschen mit einbezieht, also sind Sie normalerweise gern gesehen. Diese Planetenstellung, die als begünstigte betrachtet wird, bringt oft Erfolg mit sich.
- ✔ **Jupiter in der Jungfrau:** Sie sind organisiert, praktisch veranlagt und am glücklichsten, wenn Ihre Bemühungen konkrete Ergebnisse zeigen. Sie verfügen über einen feinen Intellekt, die Bereitschaft, hart zu arbeiten und tendieren dazu, zu viele Stunden mit der Verfolgung der Perfektion zu verbringen. Aber während Jupiter für Erweiterung steht, repräsentiert die Jungfrau Einschränkung, also bringt diese Planetenstellung das Potenzial für interne Spannung mit sich.
- ✔ **Jupiter in der Waage:** Sie sind liebenswert, sympathisch, gerecht und beliebt. Mit Ihrem natürlichen Charme arbeiten Sie gut mit anderen Menschen zusammen und fühlen sich von den Künsten angezogen. Aber möglicherweise sind Sie gezwungen, mit der klassischen Schwierigkeit der Waage zu kämpfen, was Entscheidungen angeht.
- ✔ **Jupiter im Skorpion:** Sie haben eine große Leidenschaft, eine magnetische Intensität, die andere Menschen spüren können, und eine stark sexuelle Natur. Obwohl Sie reserviert sein können, haben Sie ein ernsthaftes Interesse zu untersuchen, was sich unter dem Stein verbirgt. Sie beobachten ständig und sammeln Informationen. Sie sind ehrgeizig und manchmal aggressiv, mit einer Menge persönlichem Stolz und einem starken Willen, der Ihnen dabei helfen kann, Ihre Träume zu erreichen.
- ✔ **Jupiter im Schützen:** Da Jupiter den Schützen regiert, wird dies als eine günstige Planetenstellung angesehen. Im Schützen zeigt Jupiter sich von seiner besten Seite und macht Sie genial, optimistisch, großzügig, tolerant und philosophisch (so dass Sie sich nicht übermäßig mit den kleinen Dingen abgeben). Sie sind ein fähiger Lehrer und fühlen sich von Reisen in die Fremde, höherer Bildung und großen umfassenden Philosophien, Religionen und Glaubenssystemen angezogen. Aber achten Sie darauf, dass diese Planetenstellung auch Ihren Glauben (oder Fanatismus) aufbläht, zusammen mit Ihrer Tendenz, andere zu belehren.
- ✔ **Jupiter im Steinbock:** Mit dem Planeten der Erweiterung im vorsichtigen Steinbock sind Sie ehrgeizig, pflichtgetreu, ehrlich, ernsthaft, realistisch, diszipliniert und arbeiten hart. Wenn Sie sich ein Ziel setzen, sind die Chancen sehr hoch, dass Sie es auch erreichen. Aber auf Ihrem Weg müssen Sie möglicherweise mit Pessimismus kämpfen.
- ✔ **Jupiter im Wassermann:** Sie sind offen, altruistisch, innovativ, sehr originell und interessieren sich für alles, was hochmodern ist. Sie haben außerdem eine angeborene Toleranz. Aber Sie können nicht gut mit Enttäuschungen umgehen. Wenn sich Ihre hohen Ideale nicht erfüllen, können Sie egoistisch und anmaßend werden.
- ✔ **Jupiter in den Fischen:** Sie sind sympathisch, vergebend und phantasievoll. Mit Ihren mächtigen intuitiven Fähigkeiten erfassen Sie alles, was um Sie herum vorgeht. Als großzügiger Mensch versuchen Sie, die Dinge besser zu machen, sogar bis zum Punkt der Selbstaufopferung. Aber wenn Sie sich überwältigt fühlen, können Sie zum Einsiedler werden. Spirituelle Themen interessieren Sie und halten Sie aufrecht.

Jupiter in den Häusern

Jupiters Stellung in den Häusern bestimmt die Lebensbereiche, die für Sie die lohnendsten sind – die Bereiche, von denen Sie am leichtesten profitieren.

- **Jupiter im ersten Haus:** Sie haben eine umfassende, charismatische Persönlichkeit, die andere Menschen natürlich anzieht. Aber Sie haben möglicherweise mit einer Tendenz zu Übergewicht zu kämpfen.

- **Jupiter im zweiten Haus:** Geld und Wohlstand laufen Ihnen über den Weg, oft in Form von unverhofften Gewinnen. Aber Ihr Verlangen, Geld auszugeben, mag Ihre Fähigkeit, es zu verdienen oder zu sparen, übersteigen. Seien Sie also vorsichtig!

- **Jupiter im dritten Haus:** Sie sind redselig und hungrig nach Informationen, intelligent und gut unterrichtet, obwohl Sie Gefahr laufen, Ihren Kopf bis zum Rand mit Klatsch und Tratsch zu füllen. Sie profitieren von Reisen, Lesen und der Gesellschaft Ihrer Geschwister.

- **Jupiter im vierten Haus:** Sie sind ein großzügiger Mensch, der sein Heim für andere öffnet. Bequeme, sogar luxuriöse Wohngelegenheiten laufen Ihnen über den Weg und Sie haben ein Händchen dafür, Ihr Heim in einen angenehmen Ort zu verwandeln, an dem man gerne verweilt. Das Leben wird für Sie leichter, je älter Sie werden, und im Alter sind Sie von Komfort umgeben.

- **Jupiter im fünften Haus:** Haben Sie Spaß? Wenn Sie diese Planetenstellung in Ihrem Horoskop haben, ist die Antwort oft ja. Sie bringt eine Fülle an romantischen Affären, eine Liebe zu den Freuden des Lebens, die Fähigkeit, auch in schwierigen Situationen Spaß zu haben, und eine freudige Kreativität mit sich. Obwohl nicht jeder mit dieser Planetenstellung Kinder bekommt, erfahren die, die es tun, damit große Zufriedenheit.

- **Jupiter im sechsten Haus:** Den richtigen Beruf zu finden ist sehr wichtig für Ihr Glück und Sie mögen es, anderen einen Dienst zu erweisen. In einem zufriedenstellenden Beruf sind Sie ein treuer Angestellter (oder ein glücklicher Unternehmer), der hervorragend mit seinen Kollegen zurechtkommt. Aber Sie tendieren dazu, die Details zu übersehen und Sie können zum Workaholic werden. Ihre Gesundheit ist in der Regel gut, aber Sie müssen Ausschweifungen vermeiden.

- **Jupiter im siebten Haus:** Sie sind gesellig und leicht zu erobern. Die Ehe und Geschäftspartnerschaften sind von dieser Planetenstellung begünstigt, und Sie haben viele Gelegenheiten, Verbindungen mit anderen Menschen zu formen. Auch im Zeitalter der Scheidungen heiraten Menschen mit dieser Planetenstellung in der Regel für das Leben.

- **Jupiter im achten Haus:** Finanziell gewinnen Sie durch Investitionen, Versicherungen, Erbschaften und Geschäften, die Sie mit anderen Menschen eingehen. Sie haben einen starken Sexualtrieb, ein tiefes Interesse am Prozess persönlicher Veränderung und hervorragende Fähigkeiten, neue Kraft zu schöpfen.

- **Jupiter im neunten Haus:** Sie haben eine umfassende, optimistische Haltung dem Leben gegenüber. Sie sind ein natürlicher Lehrer mit einem philosophischen Draht und wollen alles sehen und alles verstehen. Sie profitieren von allem, das Ihren Horizont erweitert, z.B. Reisen, Bildung, Religion und Verlagswesen.

- ✔ **Jupiter im zehnten Haus:** Mit etwas Mühe können Sie Ihr Verlangen nach Anerkennung erfüllen. Sie haben natürliche Führungsqualitäten. Andere Menschen wollen Ihnen helfen und Sie leben auf, wenn das Auge der Öffentlichkeit auf Ihnen ruht. Diese Planetenstellung bringt Erfolg, Bekanntheit und sogar Ruhm.
- ✔ **Jupiter im elften Haus:** Sie sind offen, sympathisch, hilfsbereit und gerecht. Sie arbeiten effizient mit anderen zusammen, kennen eine Million Leute und Ihre besten Freunde sind Ihnen extrem wichtig. Große Ambitionen bringen das Beste aus Ihnen heraus. Erfolg kommt durch Gruppenunternehmungen.
- ✔ **Jupiter im zwölften Haus:** Sie sind sympathisch, selbstkritisch und anderen gegenüber großzügig. Sie haben möglicherweise übersinnliche Fähigkeiten. Aber Sie tendieren dazu, sich selbst zu sehr zu verausgaben, also müssen Sie einen Weg finden, wie Sie wieder neue Kraft schöpfen können. Einsamkeit und spirituelle Erforschungen haben eine beruhigende Wirkung auf Sie, stärken Ihre Intuition und bereiten Sie auf Ihre Ausflüge in die Welt vor.

Saturn: Herr der Ringe

Vor der Erfindung des Teleskops war Saturn der am weitesten entfernte Planet, den man sehen konnte. Er markierte das Ende des Sonnensystems. Natürlich wurde er gleichgesetzt mit Grenzen. Auch heute bleibt er der am weitesten entfernte Planet, der mit bloßem Auge sichtbar ist, also trifft diese Bedeutung immer noch zu. Aber sein Ruf hat sich verbessert. Dank dem Teleskop (und den Voyager Weltallmissionen) wissen wir, wie Saturn aussieht. Wir haben seine beeindruckende Ringstruktur gesehen. Und wir wissen, dass er der schönste Planet im Sonnensystem ist.

Als zweitgrößter Planet (nach Jupiter) ist Saturn ein Riese aus Gas, der von einem breiten Band eisiger Ringe und mindestens 18 bekannten Monden (und weiteren) umgeben ist. Er ist so groß, dass die Erde 95 mal hineinpassen würde. Aber seine Dichte ist so gering, dass Saturn im Wasser treiben würde, wenn es denn einen Ozean gäbe, der groß genug wäre, um den gesamten Planeten zu fassen.

In der Mythologie war Saturn ursprünglich ein italienischer Getreidegott. Die Römer identifizierten ihn mit dem griechischen Gott Kronos (oder Zeit). Wir kennen ihn als Vater der Zeit, dem Repräsentanten der Vergangenheit und alter Regeln.

In der Astrologie verkörpert Saturn das System. Sein Einfluss ist ernster und melancholischer Natur. Er bringt Struktur, Disziplin, Einschränkungen, Grenzen, Verantwortung, Pflichten, Ausdauer und Angst. Er testet uns und zwingt uns, der Realität ins Gesicht zu sehen. Daher hat Saturn einen schrecklichen Ruf, einen, der von Generationen von Astrologen genährt wurde, darunter die große Evangeline Adams. In *Astrology for Everyone* erklärte sie, dass Saturn »alles zunichte macht, was er anschaut. Er ist der Fluch der Enttäuschung, nicht der Wut. Er lässt

Wasserquellen gefrieren und ist Verfall und Tod des Ungöttlichen. Er sieht auf die Sonne, verzweifelt. In zynischer Bitterkeit wird seine Dürre gebräut und er trinkt sie, mit dem Wunsch, es wäre Gift. Sein Atem lässt Liebe verkümmern, sein Wort ist Verwünschung ... Aber in jedem von uns existiert dieses Prinzip, es ist das unausweichlichste all unserer Schicksale.«

Mit einer derartigen Beschreibung ist es kein Wunder, dass Anhänger der Astrologie begannen, Saturn zu fürchten. Aber sein Ruf trifft nicht ganz zu. Denn obwohl Saturn Schwierigkeiten mit sich bringt, hilft er uns auch, Ordnung herzustellen. Saturns Einfluss ermöglicht es uns, unsere Ängste zu überwinden und unsere Trägheit zu bekämpfen. Wenn er uns zwingt, mit Depressionen, Armut und anderen Hindernissen zu kämpfen, nötigt er uns auch, Lösungen zu suchen, Ziele zu setzen, Zeitpläne zu etablieren, härter zu arbeiten, als wir es für möglich hielten, und uns zu organisieren. Saturn ist, kurz gesagt, der Planet der erreichten Ziele.

Saturn braucht 29 ½ Jahre, um durch den Tierkreis zu reisen. Er verbringt etwa 2 ½ Jahre in jedem Zeichen. In Anhang B finden Sie die Saturn-Tabelle, mit der Sie seine Position in Ihrem Geburtshoroskop bestimmen können.

♄ Im Symbol für den Planeten Saturn steigt das Kreuz der Bedeutung und der Umstände aus der Sichel der Persönlichkeit, was darauf schließen lässt, dass wir selbst unsere eigenen Beschränkungen erzeugen. Das Symbol ähnelt einem kurvigen klein geschriebenen »h« mit einer Schlitzmarkierung wie bei einer französischen »7«.

Saturn in den Zeichen

Saturns Stellung in den Zeichen bestimmt Ihren Sinn für das Unpassende, Ihre Ängste und Ihr Zögern sowie die Art und Weise, in der Sie versuchen, diese Schwächen zu überwinden.

- ✔ **Saturn im Widder:** Sie sind ein unabhängiger Denker: Sie können es nicht aushalten, dem Anführer zu folgen, aber Sie mögen es auch nicht besonders, andere Menschen zu leiten. Obwohl Sie unternehmungslustig, entschlossen und diszipliniert sind, können Sie auch rücksichtslos, streitsüchtig und anmaßend sein. Wenn Sie ein Ziel und einen Plan zu dessen Erreichung haben, sind Sie sagenhaft gut. Ohne Anweisungen kommen Sie ins Schwimmen. Aber das Ziel kann Ihnen nicht vorgewiesen werden. Es muss aus Ihnen herauskommen.
- ✔ **Saturn im Stier:** Bilder des Armenhauses tanzen in Ihrem Kopf. Sie haben ein intensives Bedürfnis nach Sicherheit, und der Gedanke, ohne Geld zu sein, ist entsetzlich für Sie. Also lernen Sie, Ihre Ressourcen effektiv zu managen und werden möglicherweise sogar recht gut betucht. Sie sind arbeitsam, praktisch veranlagt und vorsichtig. Sie erledigen die Dinge auf eine methodische und kompetente Art und Weise. Die Schattenseite? Sie sind dickköpfig, es fehlt Ihnen an Spontaneität und Sie laufen Gefahr, ein Arbeitstier zu werden. Und obwohl manche Menschen mit dieser Planetenstellung besessen vom Sex und anderen Freuden sein können, sind Sie im Geheimen diesen Dingen gegenüber ambivalent und die Wahrscheinlichkeit ist groß, dass Sie sich derartige materielle Komforts versagen.
- ✔ **Saturn in den Zwillingen:** Sie sind intelligent, clever und können sich trotz Ihrer Angst vor intellektueller Minderwertigkeit oder Sprachlosigkeit gut ausdrücken. Sie können hervorra-

gend Probleme lösen, haben einen aktiven Intellekt und viele Interessen. Sie lieben es, mit Ideen um sich zu werfen, aber es fällt Ihnen schwer, diese zu verwirklichen, da Sie Gefahr laufen, Ihre Energie durch Reden zu verplempern. Sie haben einen klaren und hellen Geist, aber seien Sie vorsichtig: Sie können sich selbst von allem überzeugen.

- ✔ **Saturn im Krebs:** Dies ist keine einfache Kombination. Saturn im Krebs bringt im Allgemeinen eine schwierige Kindheit mit sich, mit mindestens einem Elternteil, der kaltherzig ist oder Ihnen etwas vorenthält. Daher sind Sie vielleicht unsicher und gehemmt, mit einer Sehnsucht nach emotionaler Kontrolle und Verständnis. Ihr Versuch, die Liebe zu gewinnen, die Ihnen als Kind gefehlt hat, kann eine Aufgabe für das Leben werden. Einige Menschen mit dieser Planetenstellung klammern sich an oder verbergen ihre Angst vor Verletzung, indem sie sich sehr selbstbewusst oder gleichgültig geben. (Die Maskierung führt übrigens niemanden in die Irre.) Die meisten versuchen, als Erwachsene das zu kreieren, was ihnen selbst gefehlt hat, indem sie tolerante, beschützende und liebende Eltern werden.
- ✔ **Saturn im Löwen:** Entschlossen und würdevoll sehnen Sie sich danach, kreativ zu sein, haben aber Angst, sich selbst auszudrücken. Sie wollen anerkannt werden – aber fürchten sich vor Mittelmäßigkeit. Das ist ein Teufelskreis, aus dem Sie einen Ausweg finden müssen. Selbstzweifel erschöpfen Sie und bringen Ihnen nichts. Die Herausforderung dieser Planetenstellung besteht darin, Ihr Bedürfnis nach Anerkennung anzunehmen und nicht zu vergraben, und einen Weg zu finden, wie Sie diese Anerkennung erreichen können. Ganz ähnlich brauchen Ihre kreativen Triebe dramatischen Ausdruck und positive Akzeptanz. Überwinden Sie die Tendenz zur Arroganz, die Geißel des Löwen. Trauen Sie sich, dramatisch zu sein: Sie werden viel glücklicher leben.
- ✔ **Saturn in der Jungfrau:** Sie sind analytisch, besorgt, arbeitsam und fühlen sich von der Einsamkeit angezogen. (In einem früheren Leben waren Sie vielleicht ein mittelalterlicher Mönch.) Da Sie Angst davor haben, die Kontrolle zu verlieren, ist es für Sie am besten, jedes Detail festzunageln. Rituale entspannen Sie und wahrscheinlich folgen Sie in Ihrem alltäglichen Leben festgesetzten Routinen. Obwohl Sie es bei weitem vorziehen, dass die Dinge geordnet sind und bleiben, ist dies auch der Punkt, über den Sie stolpern (das soll heißen, dass Sie eventuell unter hochrangiger Schlampigkeit leiden). Machen Sie diese Aussage von Henry David Thoreau (aus: *Walden oder Leben in den Wäldern, Wo und wofür ich lebte*) zu Ihrem Motto: »Wir verplempern unser Leben mit Details ... Vereinfache, vereinfache.«
- ✔ **Saturn in der Waage:** Diese begünstigte Planetenstellung macht Sie rational, zuverlässig, diplomatisch und ernsthaft, besonders in Beziehungen. Sie haben Angst vor dem Alleinsein, was Sie noch gewissenhafter macht, wenn Sie versuchen, Beziehungen einzugehen. Ihre Beziehungen reflektieren Sie deutlich – aber es kann sein, dass Ihnen nicht gefällt, was Sie sehen. Zum Glück sind Sie im Wesentlichen treu und monogam, und Sie sind immer bereit zu verhandeln. Obwohl Sie vielleicht denken, dass Sie ein leidenschaftliches Verhältnis wünschen, sind Sie letztendlich viel glücklicher, wenn Sie die vernünftige Wahl treffen. Sie tendieren dazu, einen älteren Menschen zu heiraten und heiraten möglicherweise erst spät.
- ✔ **Saturn im Skorpion:** Sie sind ein einfallsreicher, energiegeladener Mensch mit starken Überzeugungen und großer Entschlusskraft. Probleme in Bezug auf Abhängigkeiten können für

Sie hart sein und Sie haben möglicherweise damit zu kämpfen, sich selbst als eigenständiges Individuum zu definieren, während Sie eine Beziehung aufrecht erhalten. Sie haben starke sexuelle Bedürfnisse, aber dennoch sind diese ein komplizierter Bereich für Sie. Obwohl Sie anfällig für Eifersucht und Ablehnung sind, finden Sie den Mut, Ihre Probleme zu handhaben und Ihre Ängste zu bekämpfen, darunter auch die Angst vor dem Tod. Geheimnisse faszinieren Sie und nichts mehr als das Geheimnis Ihrer eigenen Psyche.

- **Saturn im Schützen:** »Sperr mich nicht ein«, ist Ihr Motto. Sie suchen Abenteuer, Reisen und weite Horizonte. Aber wenn Sie keinen strukturierten Weg finden, um Ihre Ziele zu erreichen, können widrige Umstände Sie davon abhalten, sie zu verwirklichen. Bildung ist für Sie wichtig. Ebenso müssen Sie eine Sammlung philosophischer oder moralischer Richtlinien finden, nach denen Sie leben können. Obwohl Sie vielleicht davon träumen, unabhängig und wild zu sein, brauchen Sie tatsächlich einen Sinn in Ihrem Leben, müssen Ihren philosophischen Standpunkt erweitern und viel reisen, aber all dies sollten Sie mit einem Zweck tun.
- **Saturn im Steinbock:** Sie sind fähig, ehrgeizig und pragmatisch, mit natürlicher Autorität und offensichtlicher Kompetenz. Da Sie nach Anerkennung streben und insgeheim befürchten, dass Sie diese nicht bekommen, verfolgen Sie hartnäckig Ihre Ziele und stellen sicher, dass Sie den Regeln folgen – auch wenn Sie auf dem Weg originellere Ideen aufgeben müssen. Sie mögen keine Einschränkungen, aber Sie sind ein disziplinierter Mensch, der mit Grenzen umgehen und innerhalb einer Struktur arbeiten kann. Sie können sogar Ihre Tendenz zu Depressionen überwinden. Saturn regiert den Steinbock, also wird dies als bevorzugte Planetenstellung angesehen.
- **Saturn im Wassermann:** Sie haben einen klaren und originellen Geist, einen ungewöhnlichen Sinn für Organisation und Struktur und die Fähigkeit, ein Anführer zu sein. Mit Ihrer liberalen Einstellung und Ihrem fehlenden Egoismus (zum Teil, weil Sie nicht wollen, dass andere Menschen schlecht von Ihnen denken) sind Sie ein Prinzipienmensch. Es ist wichtig für Ihr Wohlbefinden und Ihre Selbstachtung, dass Sie in Einklang mit diesen Idealen leben, die in der Regel den höchsten entsprechen. Sie stellen sich selbst als ein Teil eines größeren Ganzen vor, ein Mitglied einer Gruppe oder einer Gesellschaft. Materieller Erfolg gehört nicht zu den motivierenden Kräften in Ihrem Leben: Ihre Prinzipien sind wichtiger.

Gloria Steinem

Als Vorkämpferin der zweiten Welle des Feminismus ist Gloria Steinem ein Widder mit Pioniergeist und einem verführerischen, geheimnisvollen Skorpion-Aszendenten sowie einem extravaganten Löwe-Mond. Ihre Ideale und ihr soziales Bewusstsein kommen von ihrem Saturn im progressiven Wassermann. Seine Stellung im vierten Haus lässt darauf schließen, dass ihre eigene Mutter ihre prinzipientreue Haltung beeinflusst hat.

- **Saturn in den Fischen:** Sie sind sympathisch und intuitiv. Ihre Sensibilität macht Sie für andere reizvoll und Ihre Kreativität bringt Ihnen große Zufriedenheit. Aber Sie haben wahrscheinlich auch mehr als das normale Maß an Neurosen, Ängsten und grundlosen Sorgen. Obwohl Sie verstehen, wie andere Menschen funktionieren, sind Sie vielleicht nicht in der Lage, Ihre eigenen Probleme zu lösen (besonders wenn ein Missbrauch der Substanz eines von ihnen ist). Sie haben Angst vor Chaos, Krankheit und Einsamkeit und werden alles tun, um diese Schrecken von Ihnen fern zu halten. Es hilft, Routinen zu etablieren, besonders wenn Sie Ihrem Instinkt trauen und es intuitiv tun. Ihr Unglück ist die Sucht.

Saturn in den Häusern

Saturns Stellung in den Häusern bestimmt die Lebensbereiche, in denen Sie Ordnung und Grenzen errichten müssen.

- **Saturn im ersten Haus:** Sie sind befangen, ernst und haben Angst, verletzt zu werden. Sie machen sich Sorgen darüber, was andere über Sie sagen und verbergen daher entweder Ihre eigentliche Persönlichkeit oder versuchen, die Kontrolle zu ergreifen. Es ist eine Herausforderung, Sie näher kennenzulernen. Unterhalb Ihres vorsichtigen und reservierten Äußeren sind Sie ein komplizierter Mensch und der Versuch lohnt sich. Aber Sie machen es anderen nicht leicht.
- **Saturn im zweiten Haus:** Sie machen sich Sorgen über die praktische Seite des Lebens und Geld ist ein Problem, egal ob Sie sparsam sind oder das Geld mit vollen Händen ausgeben. Auch wenn Sie es mit emotionalen Problemen zu tun haben, sind Ihnen die praktischen Auswirkungen bewusst. Sie würden gern im Lotto gewinnen, aber es ist sehr unwahrscheinlich, dass das passiert (und wenn es so wäre, könnte es Ihnen mehr Schwierigkeiten bringen, als das es sich lohnt). Aber Sie können die Sicherheit, die Sie suchen, durch Ihre eigene harte Arbeit gewinnen.
- **Saturn im dritten Haus:** Sie haben einen ernsten, gewissenhaften und nachdenklichen Geist und die Fähigkeit, eine Sache tiefgehend zu ergründen. Kommunikationsprobleme, egal ob gesprochen oder geschrieben, haben eine große Bedeutung. Sie haben komplizierte Beziehungen zu Ihren Geschwistern und Rivalität untereinander mag ein Problem für Sie sein.
- **Saturn im vierten Haus:** Obwohl Ihre Familie Ihnen extrem wichtig ist, sehen Sie sich von ihr getrennt und fühlen sich möglicherweise von einem bestimmten Elternteil entfremdet. Es verlangt Mühe, Wege zu finden, wie Sie erfolgreich mit Familienmitgliedern interagieren können (oder sie auch einfach nur verstehen können). Außerdem ist der Besitz Ihres eigenen Heims eine wichtige Quelle für Identität und Sicherheit.
- **Saturn im fünften Haus:** Sie gehen spielerische Dinge ernsthaft an und es ist schwierig für Sie, sich zu lockern. Sie flirten nicht leichtfertig. Kreativität bedeutet Ihnen viel, aber Sie tendieren dazu, Ihre Bedürfnisse zu unterdrücken, weil Sie Angst davor haben, nicht talentiert genug zu sein: Entweder das oder Sie entsprechen der Herausforderung von Saturn und brin-

gen Struktur in Ihr kreatives Leben. (Einige Menschen mit dieser Planetenstellung werden professionelle Künstler.) Als Elternteil sind Sie verantwortungsbewusst und engagiert.

- **Saturn im sechsten Haus:** In Ihrem Beruf sind Sie zuverlässig, genau und effizient. Sie geben Acht auf die gewöhnlichen Aufgaben des Alltags und Sie arbeiten an Ihrem Beruf, bis Sie ihn meistern. Sie verpassen nie einen Termin. Wenn Sie den Mut haben, darauf zu bestehen, etwas zu tun, das Sie lieben, werden Sie große Erfüllung durch Ihre Arbeit finden. Sie machen sich außerdem extrem viele Sorgen über Ihre Gesundheit, lassen Sie sich also durch regelmäßige Untersuchungen beruhigen.

- **Saturn im siebten Haus:** Sie gehen die Ehe ernsthaft an, aber scheuen sich möglicherweise auch davor. Wenn Sie Ihre Angst vor Intimität überwinden, können Sie eine lang andauernde, solide Beziehung aufbauen. Sie werden am glücklichsten mit einem Partner sein, der verantwortungsbewusst, nüchtern und älter ist.

- **Saturn im achten Haus:** Sie haben große psychologische Einsichten. Ihre Herausforderung besteht darin, Ihre Angst vor dem Tod zu überwinden und Ihre sexuellen Probleme zu lösen, die von milder Hemmung bis hin zu gefühlloser Zügellosigkeit rangieren können. Außerdem sind Sie sowohl vorsichtig als auch kompetent, was Geldangelegenheiten betrifft – was eine gute Sache ist, denn die Wahrscheinlichkeit ist hoch, dass Sie jemanden heiraten, der finanzielle Probleme hat.

- **Saturn im neunten Haus:** Sie sind ein ernsthafter Mensch mit einer weitreichenden Intelligenz. Sie fühlen sich von großen Ideen angezogen – Philosophie oder Religion, z.B. – und Ihre gründliche Erforschung dieser Bereiche macht Sie zu einem natürlichen Lehrer, Schriftsteller oder Verleger. Sie können auch Erfolg durch Reisen und das Recht finden.

- **Saturn im zehnten Haus:** Sie sind verantwortungsbewusst, ehrgeizig und beharrlich, aber Sie können auch arrogant sein und müssen Ihren Beitrag leisten, bevor Sie den Erfolg haben, der Ihnen letztendlich zusteht. Einer Ihrer Elternteile (wahrscheinlich Ihr Vater) war möglicherweise besonders schwierig.

- **Saturn im elften Haus:** Sie machen sich nicht leicht Freunde, aber die Freundschaften, die Sie haben, sind lang andauernd und stark. Ihre Träume sind traditionell und ehrgeizig und Sie müssen hart arbeiten, um sie zu realisieren. Zum Glück haben Sie gute organisatorische Fähigkeiten und können die Hilfe mobilisieren, die Sie brauchen.

- **Saturn im zwölften Haus:** Sie sind ein hilfsbereiter Mensch. Viele Menschen wären überrascht zu wissen, dass Sie unterhalb der Oberfläche mit Angst, Pessimismus, Unsicherheit, Einsamkeit und Schuldgefühlen zu kämpfen haben. Obwohl Sie es gewohnt sind, hinter dem Vorhang zu arbeiten, ist Einsamkeit ein Problem, da Ihre Ängste in Ihrem Kopf am stärksten sind, wenn Sie allein sind. Egal ob Sie dazu tendieren, mit einem Seufzer der Erleichterung in sie hineinzutauchen oder ob Sie wie wahnsinnig in die gegensätzliche Richtung strampeln, es ist sehr wichtig für Ihr Wohlbefinden, mit Einsamkeit gut umgehen zu können.

Die äußeren Planeten

7

In diesem Kapitel

- Die äußeren Planeten in der Astronomie, der Mythologie und der Astrologie
- Der Einfluss der äußeren Planeten: Uranus, Neptun und Pluto

Bis zum Jahre 1781 haben Astrologen Horoskope nur anhand der Sonne, des Mondes und der fünf Planeten, die von der Erde aus sichtbar sind, erstellt: Merkur, Venus, Mars, Jupiter und Saturn. Dann gelang William Herschel, einem professionellen Musiker und Amateur-Teleskophersteller, ein bemerkenswerter Durchbruch. Nach Jahren, in denen er des Nachts mit seiner treuen Schwester aufgeblieben war und wie besessen (er war ein Skorpion) den Himmel beobachtet hatte, wurde er der erste Mensch in der Geschichte, der ein Teleskop auf den Nachthimmel richtete und einen Planeten entdeckte. Diese Entdeckung – des Planeten Uranus – erschütterte die Welt.

Im 19. Jahrhundert realisierten Wissenschaftler, dass verschiedene Anomalien in der Umlaufbahn von Uranus nur durch die Präsenz eines anderen Planeten erklärt werden könnten. 1846, nach einer Suche, die durch totale Verwirrung gekennzeichnet war (die der Natur des Planeten entspricht), identifizierten europäische Astronomen den unbekannten Himmelskörper und nannten ihn Neptun. Eine dritte Entdeckung erweiterte wiederum unser Sonnensystem im Jahr 1930, als Clyde Tombaugh, ein 23 Jahre alter Amateur, der photographische Platten des Nachthimmels untersuchen sollte, fand, wonach er suchte: ein winziger, weit entfernter Planet, der heute Pluto heißt.

Obwohl manche Astrologen glauben, dass andere Planeten in unserem Sonnensystem nur darauf warten, entdeckt zu werden (darunter vielleicht sogar ein Planet, der näher zur Sonne steht als Merkur), finden Astronomen heute keinen Beweis dafür. Für den Moment sind diese neun Planeten alles, was wir haben.

Uranus, Neptun und Pluto arbeiten anders als die Planeten des Altertums. Die sichtbaren Planeten beeinflussen unser Verhalten und unsere Persönlichkeiten in einer direkten Art und Weise. Aber Uranus, Neptun und Pluto definieren eher Generationen als individuelle Charakterzüge. Schließlich kreist die Sonne in einem Jahr durch alle zwölf Zeichen – aber Uranus braucht 84 Jahre, Neptun braucht 165 Jahre und der winzige Pluto braucht fast zweieinhalb Jahrhunderte, um die Reise durch den Tierkreis zu vollenden.

Diese Planeten verbleiben mehrere Jahre in einem einzelnen Zeichen und haben nur einen relativ geringen Einfluss auf alltägliches Verhalten. Die äußeren Planeten definieren Generationen, lösen Ereignisse aus und bringen versteckte Potenziale ans Licht. Aber sie unterscheiden Sie nicht von Ihrem Mitmensch, wie die anderen Planeten es tun.

Sie führen jedoch die Parade an, wenn es Zeit für eine große Veränderung ist, sowohl extern als auch intern. Die Planeten rütteln Sie auf (der revolutionäre Uranus), inspirieren und verwirren Sie (der nebulöse Neptun) und bringen Sie an den Rand der Verzweiflung (der unabhängige Pluto). Sie sind die unsichtbaren Kräfte der Veränderung.

Die Daten, die später in diesem Kapitel für die Planetenstellungen in Klammern angegeben sind, sind nicht exakt. Was tatsächlich passiert, wenn Neptun, Uranus und Pluto das Zeichen wechseln, ist, dass fast für ein Jahr (und manchmal länger als das) der Planet zwischen dem alten und dem neuen Zeichen hin- und herspringt. Wenn Sie also während (oder auch nur in der Nähe) des ersten oder letzten Jahres der Reise eines Planeten durch ein Zeichen geboren wurden, können Sie sich auf die Daten in diesem Kapitel nicht verlassen, sehen Sie dann stattdessen in Anhang B nach.

Uranus: Der Rebell

Als der erste Planet, der durch Anwendung der Technologie entdeckt wurde, ist Uranus der Planet der Revolution und der Moderne. Er regiert die Elektrizität, die Technologie, Computer und alles, was modern ist. Er ist außerdem der Planet der Astrologie.

Es dauert 84 Jahre – ein Menschenleben –, bis Uranus und seine 15 Monde durch den Tierkreis gewandert sind. Wie Jupiter, Saturn und Neptun ist er ein Gasriese. Aber während jeder andere Planet in einer mehr oder weniger geraden Art und Weise um seine Achsen kreist, scheint Uranus auf seiner Seite zu rollen, mit seinem Nordpol, der zur Sonne zeigt. Deshalb ist ein Uranus-Tag 42 Jahre lang, und die Nacht hat die gleiche Länge.

In der Mythologie war Uranus Sohn und Liebhaber der Mutter Erde oder Gaia. Sie gebar viele seiner Kinder, aber er war neidisch auf sie – also nahm er sie gefangen. Schließlich überzeugte Gaia ihren Sohn Kronos (Saturn), dass er etwas wegen des Verhaltens seines Vaters tun müsse. Kronos nahm eine Sense, kastrierte Uranus und schmiss seine Genitalien in das Meer, wo sie zu Aphrodite, der Göttin der Liebe, wurden. Aus dem Blickwinkel eines Astrologen entspricht ein derartig unvorhersehbares und erstaunliches Ereignis voll und ganz dem Planeten Uranus.

Uranus ist ein Schocker. Er bringt unerwartete Veränderungen, Einsichtsblitze, Rebellion und Originalität. Er ist der Planet der Exzentrizität, des Genius, der Erfindungsfreude und allem, was aus dem Nichts passiert.

Uranus verbringt etwa sieben Jahre in jedem Zeichen. Wie Neptun und Pluto definiert er Generationen und sein Einfluss ist normalerweise subtil. Wenn er vorherrschend ist, ist Uranus das Zeichen für Genies, Idealisten, Nonkonformisten und Astrologen.

Uranus ist vorherrschend in Ihrem Geburtshoroskop, wenn

- ✔ er einen Winkel in Ihrem Geburtshoroskop besetzt – d.h. im ersten, vierten, siebten oder zehnten Haus steht. Er ist besonders stark, wenn er in der Nähe (innerhalb von etwa 8°) Ihres Aszendenten oder Ihrer Himmelsmitte steht. (Siehe Kapitel 5 für weitere Informationen über Aszendenten und die Himmelsmitte.)

- ✔ wenn er einige enge Aspekte zu anderen Planeten formt, besonders zur Sonne, zum Mond oder dem Planeten, der Ihren Aszendenten regiert. (Siehe Kapitel 8 für eine Darstellung der Aspekte.)
- ✔ Sie einen oder mehrere Planeten im Wassermann haben.

In Anhang B finden Sie die Uranus-Tabelle, mit der Sie die Stellung von Uranus in Ihrem Geburtshoroskop bestimmen können.

♅ Das Symbol für den Planeten Uranus sieht aus wie eine Fernsehantenne – ein passendes Bild für den Planeten, der mit Elektrizität, Technologie, der Zukunft und allem, was aus dem Nichts passiert, in Verbindung gebracht wird. Das Symbol verkörpert außerdem den Buchstaben H, eine Erinnerung an William Herschel, der Uranus 1781 entdeckte.

Uranus in den Zeichen

Das Zeichen, in dem Uranus bei Ihrer Geburt stand, bestimmt die Art und Weise, wie Sie Ihre Einzigartigkeit zum Ausdruck bringen und gegen die etablierte Ordnung rebellieren.

- ✔ **Uranus im Widder (1927 bis 1935):** Sie sind unabhängig, energisch, unbeugsam und ungeduldig. Wenn Veränderungen anstehen, reagieren Sie lieber schnell, damit Sie es hinter sich haben. Ihre Begeisterung kommt und geht, aber Sie sind geistreich, unerschrocken und erfinderisch.
- ✔ **Uranus im Stier (1935 bis 1942):** Wenn Sie einmal entschieden haben, dass Sie etwas wollen, bleiben Sie bei Ihrem Engagement. Sie haben starke Gefühle dem Geld gegenüber, entweder positiv oder negativ, und Sie leiden unter finanziellen Hoch- und Tiefschlägen. Ihre Willenskraft hilft Ihnen, alle Hindernisse zu überwinden, materiell und sonstiger Art, und Sie neigen zu konkreten, innovativen Methoden, Ihr Geld zu verdienen.
- ✔ **Uranus in den Zwillingen (1942 bis 1949):** Sie sind clever, neugierig, nervös, vielseitig und redselig. Sie gehen mit Veränderungen um, indem Sie darüber reden und schließlich sich selbst überzeugen, dass Sie damit umgehen können oder dass Sie diese Veränderungen aktiv gewünscht haben. Sie neigen außerdem zu originellen Ideen und neuen Wegen der Kommunikation. Handys wurden für Sie gemacht.
- ✔ **Uranus im Krebs (1949 bis 1956):** Sie haben eine aktive Phantasie, eine vernünftige Anlage und ein ungewöhnliches Familienleben. Ihre Stimmungen flackern in Zeiten der Veränderungen wild hin und her. So sehr Sie sich nach der Sicherheit einer Kernfamilie sehnen, so sehr rebellieren Sie dagegen. Und wenn Sie sich innerhalb einer traditionellen Familie wiederfinden, ändern Sie ihre Struktur.
- ✔ **Uranus im Löwen (1956 bis 1962):** Sie schmeißen sich begeistert in alle Arten von kreativen Unternehmungen, darunter auch ungewöhnliche Liebesaffären. Sie sind leidenschaftlich, dick-

köpfig und talentiert und Sie gehen Zeiten der Veränderung begeistert an. Aber Sie können auch herrisch, anspruchsvoll und – in einem Wort – unangenehm sein.

- **Uranus in der Jungfrau (1962 bis 1969):** Obwohl Sie einen analytischen Geist und eine praktische Seite haben, rebellieren Sie gegen Routinen und unerwartete Umwege bringen Sie in überraschende Richtungen. Sie gehen mit Änderungen in einer Art und Weise um, die praktisch und spezifisch, aber auch zwingend ist.
- **Uranus in der Waage (1969 bis 1975):** Sie sind phantasievoll und künstlerisch veranlagt, obwohl die Mitglieder anderer Generationen Ihren Geschmack vielleicht abstoßend finden. Sie fühlen sich von Menschen und Situationen angezogen, die außerhalb des Gewöhnlichen liegen und Ihre Beziehungen spiegeln das wider. Wenn Veränderungen unvermeidbar sind, sind Sie am glücklichsten, wenn Sie diese mit einem anderen Menschen zusammen durchleben können.
- **Uranus im Skorpion (1975 bis 1981):** Sie sind zutiefst intuitiv, willensstark, charismatisch und entschlossen, mit einer ungewöhnlichen Haltung zur Sexualität. Plötzliche Verliebtheit mag Sie des öfteren plagen. Eine Ehe kann finanzielle Hoch- und Tiefschläge bringen. Aber Sie sind sehr erfinderisch und wenn eine Veränderung in der Luft liegt, wollen Sie diese tief und bewusst erleben.
- **Uranus im Schützen (1981 bis 1988):** Sie sind optimistisch, unabhängig und lebhaft, mit großen Hoffnungen. Sie lehnen Neinsager und Pessimisten ab, die glauben, dass Ihre großen Träume unrealistisch sind. Sie möchten die Welt sehen (und dabei nicht der Route eines anderen Menschen folgen). Sie möchten spirituelle Erleuchtung erreichen (aber Sie rebellieren gegen traditionelle Religionen). Reisen und Bildung gefallen Ihnen. Sie fühlen sich von den Kräften der Veränderung befreit.
- **Uranus im Steinbock (1988 bis 1996):** Sie sind ehrgeizig, verantwortungsbewusst und methodisch. Aber gleichzeitig meiden Sie instinktiv den vorgeschriebenen Pfad und Ihre Karriere nimmt einige überraschende Umwege. Wenn Sie Ihre Individualität innerhalb einer Organisation oder eines Systems ausdrücken können, ist es gut. Wenn nicht, wird Ihr tiefes Gefühl des Unbehagens Sie dazu zwingen, dem Ganzen entweder den Rücken zu kehren oder es in die Knie zu zwingen. Wenn Sie Veränderungen herbeiführen, tun Sie es zum Glück auf eine konstruktive Art und Weise.
- **Uranus im Wassermann (1996 bis 2003):** Sie sind tolerant, unsentimental, menschenfreundlich und höchst erfinderisch. Im Herzen ein Nonkonformist begrüßen Sie Individualität in anderen und zählen einige seltsame Menschen zu Ihren Freunden. Erstaunliche Zufälle und Glückssträhnen kennzeichnen Ihr Leben. Wenn Sie Veränderungen offen annehmen, öffnet sich Ihre Welt. Wenn Sie ihnen widerstehen, folgt Unglück.
- **Uranus in den Fischen (2003 bis 2011):** Sie sind anfällig für seltsame Träume und übersinnliche Eingebungen. Ihre Phantasie, Talente und Intuition sind inspiriert. Aber Ihre Entschlossenheit wankt und Ihre Willenskraft braucht Unterstützung. Die Kunst und spirituelle Dinge stellen einen positiven Pfad für Sie dar.

Uranus in den Häusern

Die Stellung von Uranus in den Häusern bestimmt, in welchem Lebensbereich Sie Unerwartetes erwarten können.

- ✔ **Uranus im ersten Haus:** Sie zeigen ein ungewöhnliches Verhalten und wirken auf andere Menschen wie ein richtiges Original oder sogar wie ein Exzentriker. Egal wie sehr Sie versuchen, konventionell auszusehen, Ihre Versuche als normal durchzugehen sind dazu verdammt, zu scheitern. Von Zeit zu Zeit stellen unvorhergesehene Ereignisse von unerwarteter Seite Ihre Welt auf den Kopf.

Monica Lewinsky ist ein Löwe, der das Rampenlicht liebt. Sie hat Uranus in der Waage und im ersten Haus, was ihr eine denkwürdige Persönlichkeit und eine einzigartige Erscheinung gibt.

- ✔ **Uranus im zweiten Haus:** Geld und Besitztümer kommen und gehen und das mit jäher Geschwindigkeit. Möglicherweise treffen Sie auf eine Ölquelle oder aber Sie gehen bankrott. Ihre Werte können ebenfalls plötzlichen Änderungen zum Opfer fallen.
- ✔ **Uranus im dritten Haus:** Sie haben einen innovativen Geist und eine clevere Ausdrucksweise. Sie könnten ein brillanter Denker oder Schriftsteller sein – oder Sie könnten völlig verrückt sein. Außerdem haben Sie ungewöhnliche Geschwister, aber Ihre Beziehung zu ihnen hat ihre Höhen und Tiefen. Während Reisen können Sie auf Schwierigkeiten treffen.
- ✔ **Uranus im vierten Haus:** Sie kommen aus einer unkonventionelle Familie oder gründen selbst eine. Eine schwierige Beziehung zu einem Elternteil (Ihrer Mutter wahrscheinlich) hat eine starke Auswirkung auf Sie. Es fällt Ihnen schwer, sich niederzulassen und wenn Sie es tun, gestalten Sie Ihren Haushalt auf eine höchst individuelle Art und Weise. Veränderungen in Ihrer Karriere beeinflussen Ihr häusliches Leben.
- ✔ **Uranus im fünften Haus:** Sie haben eine wilde, kreative Seite und ein unvorhersehbares Liebesleben. Sie sind anfällig, sich auf den ersten Blick zu verlieben, bevorzugt in rebellische Typen. Aber plötzliche Trennungen sind auch Teil des Ganzen. Ihre Kinder sind möglicherweise bemerkenswerte Menschen, aber Sie haben vielleicht auch das Gefühl, dass sie Ihre Freiheit einschränken.
- ✔ **Uranus im sechsten Haus:** Es macht Ihnen nichts aus, zu arbeiten, aber Sie lehnen das Konzept einer geregelten Arbeitszeit geradewegs ab. Sie schaffen es, ungewöhnliche oder sogar seltsame Berufe zu finden. Und auch in Ihrem Alltag erledigen Sie die Dinge auf Ihre eigene einzigartige Weise. Ihre Nerven beeinträchtigen Ihre Gesundheit und Sie profitieren von alternativen Heilmethoden.

Thomas Edison, ein Tabak kauender Wassermann mit Mond im praktischen Steinbock, hatte Uranus im Widder in seinem sechsten Haus der Arbeit und alltäglichen Routine – die er komplett revolutionierte, als er das elektrische Licht erfand.

Prinzessin Diana und der gewaltsame Tod

Das Lesen altmodischer Astrologiebücher kann beängstigend sein. Sie sind gefüllt mit unheimlich tönenden Vorhersagen von Armut, Krankheit oder sogar Tod. Diese alten Bücher können besonders nervtötend sein, wenn Sie eine Stellung wie Uranus, dem Planeten des Unerwarteten, oder Mars, dem Planeten der Gewalt, im achten Haus des Todes und der Wiedergeburt haben. Es hört sich schlimm an. Tatsache ist, dass viele Indikatoren notwendig sind, um etwas so Ernsthaftes wie einen gewaltsamen Tod vorhersagen zu können. Nicht einmal die Präsenz von Uranus und Mars zusammen im achten Haus verspricht eine solche Tragödie. Dafür bräuchten Sie wirklich schreckliche Aspekte – wie z.B. die von Prinzessin Diana, einem sensiblen Krebs mit Mond im Wassermann.

Nicht nur war Dianas achtes Haus Heim sowohl von Uranus als auch Mars, sondern auch von Pluto, dem Planeten der Transformation. Zusätzlich dazu bildete Uranus ein spannungsreiches T-Quadrat-Muster mit dem Mond und Venus, die Planeten, die ihr Liebesleben regierten. (Eine Darstellung des T-Quadrats finden Sie in Kapitel 8.) Dies ist eine ungewöhnlich schlechte Aspektkombination. Ihr Geburtshoroskop wies ganz klar das Potenzial auf für einen lebensbedrohlichen Unfall, der mit einem Liebhaber zu tun hatte. Außerdem erhöhte die Position der äußeren Planeten zum Zeitpunkt ihres Todes die Gefahren, die in ihrem Geburtshoroskop auf sich warten ließen.

Aber musste sie an diesem Tag sterben, direkt vor einer Sonnenfinsternis? Einige Astrologen behaupten, dass Sie Ihrem Schicksal nicht entkommen können. Andere, zu denen ich mich auch zähle, glauben, dass jeder Einfluss sich auf viele verschiedene Arten ausdrücken kann. Sicherlich stand Dianas Horoskop zur Zeit ihres tödlichen Autounfalls unter enormem Stress. Auch im Rückblick wissen wir nicht, ob Diana diesen furchtbaren Unfall hätte verhindern können. Aber so viel ist sicher: Es hätte nicht schaden können, Vorsichtsmaßnahmen zu treffen – und den Gurt anzulegen.

- **Uranus im siebten Haus:** Sie heiraten möglicherweise einen unkonventionellen Menschen oder Ihre Beziehung nimmt eine radikale Form an, vor allem, weil Sie Unabhängigkeit brauchen. Sie sind anfällig dafür, in Lichtgeschwindigkeit zu heiraten – und sich auf die gleiche Art und Weise scheiden zu lassen.

- **Uranus im achten Haus:** Ihr Sexualleben hat einen bemerkenswerten, sogar frevelhaften Aspekt an sich und das Gleiche gilt für Ihre Finanzen (und die Ihres Partners). Sie fühlen sich von okkulten und metaphysischen Themen angezogen, darunter auch von der Idee der Wiedergeburt. Und obwohl ich zögere, dies zu erwähnen, sollten Sie es ruhig wissen: Wenn diese Stellung mit einer Reihe spannungsreicher Aspekte zusammentrifft, kann sie Sie darauf hinweisen, dass Sie durch plötzlichen, zufälligen Tod getroffen werden – nicht unbedingt Ihr eigener. Sollten Sie sich Sorgen machen? Schauen Sie sich den Kasten »Prinzessin Diana und der gewaltsame Tod« oben an.

- ✔ **Uranus im neunten Haus:** Sie machen ungewöhnliche Erfahrungen durch Reisen und Bildung. Sie interessieren sich für Religion, aber nicht auf konventionelle Art und Weise und Ihre Lebensphilosophie ist Ihre eigene Erfindung.
- ✔ **Uranus im zehnten Haus:** Sie bestehen darauf, Ihre Unabhängigkeit zu bewahren, besonders, was Ihre Karriere betrifft. (Gute Bereiche sind u.a. soziale Aktivitäten, Informatik, Astrologie und Wissenschaft.) Sie haben einen originellen Standpunkt und treffen aus dem Nichts heraus auf Möglichkeiten. Da Sie zu rebellisch sind, um in einer stark hierarchischen Organisation zu arbeiten, sind Sie ein geborener Unternehmer oder Freiberufler.
- ✔ **Uranus im elften Haus:** Sie sind ein toleranter Mensch mit ungewöhnlichen Erwartungen und vielen höchst intelligenten, aber unsteten Freunden, die Sie motivieren können, Ihre Ziele zu erreichen. Viele Leute treten plötzlich in Ihr Leben ein, besonders wenn Sie sich für eine gute Sache engagieren, aber Sie können den Kontakt zu ihnen ebenso schnell wieder verlieren.
- ✔ **Uranus im zwölften Haus:** Sie lieben Ihre Freiheit, brauchen Unabhängigkeit und rebellieren gegen Zwänge. Sie fühlen sich von ungewöhnlichen spirituellen Formen angezogen. Sie drücken Ihre tiefste Individualität in Einsamkeit aus. Geistesblitze der Intuition und Einsicht kommen aus Ihrem Innersten. Sie sollten lernen, mehr auf diese zu achten.

Neptun: Der Träumer

Im Jahre 1612 sah Galileo durch sein kleines Teleskop und entdeckte etwas, das wie ein schwach leuchtender Stern aussah – außer dass es sich im Gegensatz zu anderen Sternen bewegte. Hätte er nachgedacht, hätte er realisiert, dass es ein Planet war. Aber er schaffte es nicht, zwei und zwei zusammenzuzählen und verpasste so die Gelegenheit, Neptun zu identifizieren. 1846 übernahm ein junger Assistent am Berliner Observatorium mit dem Namen Johann Galle diese Aufgabe.

Auf Fotos der NASA sieht Neptun wie eine wunderschöne türkisfarbene Murmel aus, fast ohne Strukturen. Astronomen nennen Neptun einen Gasgiganten, da er wie Uranus im Wesentlichen ein Ball aus Gasen ist, die um einen kleinen metallischen Kern schweben. Zusätzlich zu einem »Heiligenschein« aus kaum sichtbaren Ringen hat Neptun die schnellsten Winde im Solarsystem und mindestens acht Monde. Einer von ihnen – der mit Geysiren übersäte Triton – ist der kälteste Ort im Sonnensystem.

In der klassischen Mythologie war Poseidon – Neptun für die Römer – der Bruder von Zeus und Hades (oder Pluto). Als die drei das Universum unter sich aufteilten, wurde Poseidon der Gott des Meeres. Die Griechen nannten ihn auch Erdbeweger, den Gott der Erdbeben, denn immer, wenn er seinen berühmten Dreizack in den Boden stampfte, wackelte die Erde.

Als Herr der wässrigen Tiefen regiert Neptun die Intuition, übersinnliche Fähigkeiten, die Phantasie und alles, was fließt. Er regiert den Tanz, die Musik, die Poesie und das Glamouröse. Er bringt Mitgefühl, löst Grenzen auf und sensibilisiert alles, was er berührt. Idealistisch und zutiefst spirituell, hat er auch eine dunkle Seite. Neptun ist der Planet der Illusion und Verwirrung, der

Täuschung und des Wunschdenkens, ganz zu schweigen von Alkoholismus und Drogenmissbrauch. Ist Neptun auf eine positive Weise vorherrschend, bringt er künstlerisches Talent, spirituelle Neigungen und übersinnliche Fähigkeiten. Aber wenn er in vielen spannungsreichen Quadraten oder Oppositionen zu anderen Planeten steht, kann er Abhängigkeit, Vagheit, Hypochondrie und Fluchtverhalten mit sich bringen.

Neptun ist vorherrschend in Ihrem Geburtshoroskop, wenn

- ✔ er in einem Winkel steht – das heißt im ersten, vierten, siebten oder zehnten Haus in Ihrem Geburtshoroskop zu finden ist. Er ist besonders stark, wenn er in der Nähe (innerhalb von etwa 8°) Ihres Aszendenten oder Ihrer Himmelsmitte steht. (Näheres zu Aszendenten und Himmelsmitte finden Sie in Kapitel 5.)
- ✔ er eine Reihe von engen Aspekten zu anderen Planeten formt, insbesondere zur Sonne, zum Mond, oder dem Planeten, der Ihren Aszendenten regiert. (In Kapitel 8 werden die Aspekte dargestellt.)
- ✔ Sie einen oder mehr Planeten in den Fischen haben.

Neptun verbringt durchschnittlich 14 Jahre in einem Zeichen. In Anhang B finden Sie die Neptun-Tabelle, mit der Sie die Stellung von Neptun in Ihrem Geburtshoroskop bestimmen können.

Ψ Das Symbol für den Planeten Neptun sieht aus wie der Dreizack des Gottes Neptun, der in dem mythologischen Symbol dargestellt ist.

Neptun in den Zeichen

Neptuns Stellung in den Zeichen beschreibt den Realismus oder Irrealismus Ihrer Generation.

- ✔ **Neptun im Widder (1861 bis 1874):** Sie haben ein intuitives Verständnis Ihres Selbst und gehen Ihr spirituelles Leben aktiv an. Aber Sie können sehr rücksichtslos sein und haben Schwierigkeiten, Ihre Aggressionen im Zaum zu halten. Manchmal können Sie viel zu schwach sein, während Sie zu anderen Zeiten zu aggressiv und unbekümmert sind.
- ✔ **Neptun im Stier (1875 bis 1889):** Sie lieben die Kunst, Bequemlichkeit und die Natur. Zusätzlich haben Sie heilende Fähigkeiten und reagieren intuitiv auf die Rhythmen des Körpers. Aber Sie haben wahrscheinlich Schwierigkeiten, mit den praktischen Dingen umzugehen – darunter auch die Finanzen. Sie fragen sich, warum es falsch ist, Geld in eine Unternehmung zu stecken. Ist es nicht dafür da?
- ✔ **Neptun in den Zwillingen (1889 bis 1902):** Sie haben einen subtilen, cleveren, komplizierten Geist, eine gut entwickelte Phantasie, literarisches Talent und eine Tendenz zur Oberflächlichkeit. Sie können unrealistisch und sogar unehrlich sein.
- ✔ **Neptun im Krebs (1902 bis 1915):** Sie sind aufmerksam, aufnahmefähig und sentimental. Ihr Heim, Ihre Familie und Ihr Heimatland bringen Ihnen Tränen in die Augen und Sie tendieren dazu, alles Vergangene zu romantisieren. Es ist nicht einfach für Sie, mit den Problemen umzugehen, auf die Sie im Hier und Jetzt treffen.

- **Neptun im Löwen (1915 bis 1929):** Sie sind extravagant, künstlerisch veranlagt und romantisch. Sie idealisieren die Liebe, Kinder und den kreativen Prozess und sind bereit, Risiken auf sich zu nehmen. Oft gewinnen Sie Ihre ungeheuerlichen Wetten. Die Schattenseite ist, dass Sie derart durch einen Menschen (oder ein Idee) geblendet werden können, dass Sie nicht einmal offenkundige Hinweise bemerken, dass das Gefühl nicht auf Gegenseitigkeit beruht.
- **Neptun in der Jungfrau (1929 bis 1942):** Neptun, der Planet der nebulösen Vagheit ist nicht glücklich in der auf Details bedachten Jungfrau. Sie können nicht unterscheiden, welche Details wichtig sind und welche nicht – also machen Sie sich wahrscheinlich wegen all der falschen Dinge Sorgen. Hypochondrie ist eine definitive Bedrohung. Arbeit, die Ihre Phantasie kontrolliert, bringt Ihnen Freude.
- **Neptun in der Waage (1942 bis 1957):** Sie sind idealistisch, mitfühlend und aufnahmefähig für Kunst und Musik. Aber romantische Beziehungen verwirren Sie. Wenn Sie mit dieser Planetenstellung geboren wurden, können Sie erwarten, große Verschiebungen in den Regeln der menschlichen Beziehungen zu erwarten.
- **Neptun im Skorpion (1957 bis 1970):** Mit dieser machtvollen Position fühlen Sie sich von der Magie, dem Mystischen und Unbekannten angezogen. Sie projizieren eine Aura der magnetischen Intensität und des emotionalen Muts. Aber Sie sind anfällig für sexuelle Extreme und selbstzerstörerisches Verhalten und werden vielleicht nicht in der Lage sein, die Quellen Ihrer eigenen Emotionen zu erkennen.
- **Neptun im Schützen (1970 bis 1984):** Fragen der Philosophie, des Glaubens und der religiösen Werte drehen sich in Ihrem Kopf: Es fällt Ihnen leicht, darüber zu reden, aber es ist schwer, sie zu lösen. Sie haben ein großes Bedürfnis nach persönlicher Freiheit. Reisen (idealerweise zu heiligen Orten) sind erfüllend. Aber seien Sie vorsichtig in rechtlichen Angelegenheiten, in denen Sie zu Leichtgläubigkeit tendieren und sich schnell irreführen lassen.
- **Neptun im Steinbock (1984 bis 1998):** Sie sind ehrgeizig, pragmatisch und nostalgisch in Bezug auf die altmodischen Werte der Vergangenheit – oder der Vergangenheit, wie sie in Ihrer Vorstellung existiert. Sie finden Zufriedenheit in organisierten Religionen. Aber Sie müssen gegen eine Tendenz ankämpfen, autoritär zu werden.
- **Neptun im Wassermann (1998 bis 2012):** Als einer der Erleuchtung suchenden, technologisch talentierten Menschen, die geboren wurden, seit Neptun 1998 in den Wassermann trat, besitzen Sie einen intuitiven Sinn des Guten für die Allgemeinheit und gehen soziale Reformen progressiv an.
- **Neptun in den Fischen (2012 bis 2026):** Sie haben einen der typischsten Charakterzüge der Fische – Anpassungsfähigkeit. Sie sind übersinnlich, großzügig, verständnisvoll, reagieren auf Ihre Umgebung, sind mystisch, leichtgläubig, passiv, selbstzerstörerisch, ein Genie des bewussten Träumens, ein Liebhaber der phantastischen Geschichten und Filme und ein wahrscheinlicher Kandidat für alle Arten der Sucht.

Neptun in den Häusern

Das Haus, in dem Neptun in Ihrem Horoskop steht, weist auf den Lebensbereich hin, in dem Sie auf den tiefsten Grad der Intuition zurückgreifen können – und auch den, in dem Sie anfällig für Täuschung sind.

- ✔ **Neptun im ersten Haus:** Sie sind leicht zu beeindrucken, verträumt und anpassungsfähig. Ihre Intuition ist extrem gut, aber Sie können leicht in Abhängigkeit verfallen. Sie verwirren und faszinieren andere, die nicht sicher sind, wer Sie sind oder was Sie wollen. Es gibt eine recht gute Chance, dass Sie musikalische Fähigkeiten besitzen.
- ✔ **Neptun im zweiten Haus:** Sie haben einen intuitiven Sinn dafür, auf was Sie Wert legen und wie Sie Geld machen können. Sie haben die Fähigkeit, durch spirituelle Dinge Geld zu verdienen. Aber Sie haben auch die Fähigkeit, sich täuschen zu lassen, da Sie keine Ahnung von den Mechanismen des Geldes haben und Ihre finanziellen Geschäfte wahrscheinlich chaotisch sind.
- ✔ **Neptun im dritten Haus:** Sie sind leicht zu beeindrucken, phantasievoll und höchst sensibel für die Feinheiten der Sprache. Überzeugend, aber schnell abgelenkt, saugen Sie Wissen auf und haben poetische Fähigkeiten. Aber Sie sind leichtgläubig und können betrogen werden – und niemand kann das besser als Ihre Geschwister.
- ✔ **Neptun im vierten Haus:** Obwohl die Mitglieder Ihrer Familie ungewöhnliche Menschen sind, ist ihr Einfluss mächtig und subtil, und es fällt Ihnen schwer, sich von ihnen zu lösen. Sie haben möglicherweise vererbte übersinnliche Fähigkeiten von einem Ihrer Elternteile.
- ✔ **Neptun im fünften Haus:** Sie sind künstlerisch begabt und sensibel, aber es fällt Ihnen schwer, sich auf Ihre kreativsten Impulse zu konzentrieren. (Beginnen Sie mit Ihren Träumen!) Platonische Beziehungen und geheime Affären sind Teil Ihres Liebeslebens und Sie fühlen sich von Menschen angezogen, die Sie verwirren. Ihre Kinder, sollten Sie Ihre Ambivalenz diesbezüglich überwinden können und sich entschließen, welche zu haben, sind wahrscheinlich leicht zu beeindrucken und zurückhaltend, und Sie werden eine starke übersinnliche Verbindung zu ihnen haben.
- ✔ **Neptun im sechsten Haus:** Sie tendieren dazu, sich im Netz der Bürogepflogenheiten zu verstricken und die äußerlichen Aspekte normaler Jobs – das grelle Licht, das abscheuliche Dekor – führen dazu, dass Sie sich nach Flucht sehnen. Berufsmöglichkeiten existieren im Filmgeschäft, der Pharmakologie, der Musik und allem, was mit dem Meer zu tun hat. Ihre gesundheitlichen Beschwerden werden nur selten durch die herkömmliche Medizin geheilt. Ärzte haben Schwierigkeiten, Sie zu diagnostizieren und es ist besser, wenn Sie sich alternativen Heilmethoden zuwenden.
- ✔ **Neptun im siebten Haus:** Sie fühlen sich von launigen Menschen und künstlerischen Seelen angezogen. Sie suchen Ihren spirituellen Seelenpartner, aber in Ihrer Verwirrung über Beziehungen opfern Sie sich möglicherweise zu schnell einem Bild oder Ideal, das nichts mit Ihrem tatsächlichen Partner zu tun hat. Denken Sie daran, dass Idealismus wunderbar ist, aber nur wenn er durch ein wenig Realität gezähmt wird.

- ✔ **Neptun im achten Haus:** Sie fühlen sich von Seancen, Ouija-Bords, außersinnlicher Wahrnehmung und allen Arten der Kommunikation mit dem großen Unbekannten angezogen. Sie betrachten Sexualität als spirituelle Übung. Aber Sie vertrauen Ihren Instinkten vielleicht zu viel, besonders wenn es um das Geld Ihres Partners geht. Seien Sie vorsichtig in Geschäftsbeziehungen.
- ✔ **Neptun im neunten Haus:** Mystische Religionen und spirituelle Reisen sind genau das Richtige für Sie. Sie wollen verzweifelt Ihren Guru finden und sind sicher, dass Sie ihn oder sie in dem Moment erkennen, in dem er oder sie auftaucht. Aber Neptun ist der Planet der Täuschung, also sollten Sie vorsichtig sein. Sie sind außerdem ein sensibler Lehrer.
- ✔ **Neptun im zehnten Haus:** Wenn Sie einen Beruf wählen, der verlangt, dass Sie Ihre Intuition mit einbringen, werden Sie den Erfolg haben, nach dem Sie sich sehnen. Wenn Sie einem Berufsweg folgen, nur weil Sie denken, dass er praktisch ist (als würden Sie das wissen), vergeuden Sie Ihre Zeit. Sie treffen möglicherweise auf zwei Probleme in Ihrer Karriere: Sie tendieren dazu, sich treiben zu lassen und Sie setzen sich nur selten durch – Sie sehen keinen Sinn darin.
- ✔ **Neptun im elften Haus:** Sie haben ständig wechselnde Ideale und vage Hoffnungen, zusammen mit einer großen Sammlung inspirierender, talentierter Freunde, die eventuell Drogen- und Alkoholprobleme haben. Ihre Haltung ihnen gegenüber kann leicht übermäßig verherrlichend sein, da Sie dazu tendieren, nur das in Ihren Freunden zu sehen, was Sie sehen wollen. Es ist vorteilhaft für Sie, einer spirituellen Organisation beizutreten.
- ✔ **Neptun im zwölften Haus:** Sie sind mitfühlend, besinnlich, einsiedlerisch und wahrscheinlich übersinnlich. Sie erhalten einen anhaltenden Fluss von Nachrichten aus Ihrem Unterbewusstsein. Metaphysisches, Mysterien, Träume und Geheimnisse faszinieren Sie und Sie sind höchst empfänglich für die Probleme der Bedürftigen. Ihre kreativen Bemühungen werden am besten im Privaten ausgelebt und Einsamkeit ist für Ihren Seelenfrieden notwendig.

Pluto: Die Macht der Transformation

Pluto, der am weitesten entfernte Planet im Sonnensystem, bewegt sich derart langsam über den Himmel, dass er es in den Jahren, seit er 1930 entdeckt wurde, noch nicht einmal halb um den Tierkreis geschafft hat. Er wird den Kreis nicht vor dem Jahre 2176 vollenden. In vielen Dingen bleibt Pluto also unbekannt, seine Auswirkung unbeobachtet. Aber so viel ist sicher: Obwohl er subtil und langsam ist, hat Pluto die Macht totaler Transformation.

Pluto ist klein, steinig und mysteriös. Seine verlängerte Umlaufbahn, die zum Rest des Sonnensystems in einem Winkel von 17° steht, überlappt die Umlaufbahn von Neptun und so ersetzte in den Jahren von 1979 bis 1999 Neptun Pluto als den Planeten, der am weitesten entfernt ist. Plutos einziger Mond, Chiron, ist so groß, dass manche Astrologen Pluto als doppelten Planeten klassifizieren. Andere Astronomen glauben, dass er gar kein Planet ist: Sie denken, dass er ein Asteroid ist, weit entfernt von seiner Heimat, ein Stück Stein, das von der Entstehung des Sonnensystem übrig geblieben ist oder ein abtrünniger Mond, der einmal zu Neptun gehörte.

In der klassischen Mythologie war Pluto (Hades für die Griechen) der Gott der Unterwelt. In der bekanntesten Sage fuhr er an einem wunderschönen Frühlingstag seinen Wagen aus der Unterwelt und entführte Persephone, die Tochter von Ceres (für die Römer) oder Demeter (für die Griechen). Gegen ihren Willen wurde Persephone seine Partnerin. Als Königin der Unterwelt war Persephone eine derart anziehende Person, dass ein Freund des großen Theseus sich in sie verliebte (und entsprechend zu leiden hatte). Niemand verliebte sich je in Pluto. Er bleibt eine schattenhafte Figur, mit so wenigen Sagen zu seiner Person, dass er in der Mythologie kaum in Erscheinung tritt. Aber die Macht des Planeten Pluto ist groß.

Für Astrologen repräsentiert Pluto den Tod, die Erneuerung und die Wiedergeburt. Er zerstört, reinigt, klärt, erneuert. Er blockiert, er ist besessen. Mit tiefer und sorgfältiger Arbeit bringt er das ans Licht, was verborgen war, stärkt, was schwach war und bringt schließlich Transformation. Der Prozess kann anstrengend und hart sein. Auf dem Weg kann Pluto Schuldgefühle, Ablehnung, Besessenheit und Angst aufwühlen. Aber die Belohnung wird das Leben verändern.

Pluto ist in Ihrem Geburtshoroskop vorherrschend, wenn

- ✔ er in einem Winkel steht, d.h. im ersten, vierten, siebten oder zehnten Haus Ihres Geburtsbildes. Er ist besonders stark, wenn er in der Nähe (innerhalb von etwa 8°) Ihres Aszendenten oder Ihrer Himmelsmitte steht. (Näheres zu Aszendenten und Himmelsmitte finden Sie in Kapitel 5.)
- ✔ wenn er eine Reihe enger Aspekte mit anderen Planeten formt, insbesondere der Sonne, dem Mond oder dem Planeten, der Ihren Aszendenten regiert.
- ✔ Sie einen oder mehrere Planeten im Skorpion haben.

Obwohl Pluto im Durchschnitt etwa 20 Jahre in jedem Zeichen verweilt, eilt er durch manche Zeichen (er verbringt nur zwölf Jahre in der Waage) und spaziert gemächlich durch andere (wie z.B. den Stier, in dem er 32 lange Jahre verweilt). In Anhang B finden Sie die Pluto-Tabelle, mit der Sie die Stellung von Pluto in Ihrem Geburtshoroskop bestimmen können.

♇

Pluto hat zwei Symbole: ein »todschickes« metaphysisches Symbol und ein anderes, gewöhnlicheres Symbol, das wesentlich einfacher zu interpretieren ist. Dieses Symbol zeigt die ersten zwei Buchstaben des Planetennamens und die Initialen des aristokratischen Astronomen Percival Lowell, der so überzeugt davon war, dass es Leben auf dem Mars gibt, dass er ein Observatorium in Arizona, USA, baute, das nur dem Zweck diente, den Planeten zu beobachten. Er engagierte sich außerdem in der Suche nach dem mysteriösen Planeten X. Er war sicher, dass dieser in den Außenbereichen des Sonnensystems, weit hinter Neptun, um die Sonne kreiste. Er fand ihn nie. Aber 14 Jahre nach Lowells Tod entdeckte ihn Clyde Tombaugh, der am Lowell Observatorium arbeitete. Das Symbol erkennt Lowells Beiträge an.

Pluto in den Zeichen

Plutos Stellung in den Zeichen bestimmt die tiefsten Obsessionen Ihrer Generation sowie die Art und Weise, wie Sie transformierende Ereignisse in Ihrem Leben angehen.

- ✔ **Pluto im Widder (1823 bis 1852):** Diese Generation ist eigenwillig, rebellisch, impulsiv und besessen von Macht.
- ✔ **Pluto im Stier (1852 bis 1884):** Sicherheit bringt Macht für diese hart arbeitenden Menschen, aber Werte, insbesondere in Bezug auf Besitztümer, unterliegen einem ständigen Wandel. Eigentum ist ein Problem – der amerikanische Bürgerkrieg entbrannte in diesen Jahren genau wegen dieser Zwänge.
- ✔ **Pluto in den Zwillingen (1884 bis 1914):** Geistreiches herrscht. Neuheiten begeistern Sie. Ihr Geist ist immer jung.
- ✔ **Pluto im Krebs (1914 bis 1939):** Wenn Sie während dieser Jahre geboren wurden, steht die Familie zentral, herrscht Sicherheit vor und Sie halten an dem fest, was Sie haben, auch wenn Sie es besser wissen. Es ist kein Wunder, wenn Sie sich so fühlen: Sie haben entweder die große Depression durchlebt oder sind während ihr geboren.
- ✔ **Pluto im Löwen (1939 bis 1957):** Ihr Wunsch, sich dramatisch und weithin auszudrücken, kann zur Obsession werden. Diese Planetenstellung ist das Markenzeichen der Baby-Boomer, die verachtend auf die Suche nach Sicherheit der vorherigen Generation blicken – und in gleicher Weise von den nachfolgenden Generationen betrachtet werden, da Sie es, in wahrer Löwenmanier, nicht lassen können, anzugeben.
- ✔ **Pluto in der Jungfrau (1957 bis 1972):** Die Exzesse der egomanischen Baby-Boomer treiben Sie zur Raserei und Sie agieren dagegen. Sie suchen persönliche Kontrolle, sind besessen von Details und haben jede Intention, perfekt zu werden. Wenn Sie in den Jahren von 1962 bis 1969 geboren wurden, haben Sie Uranus ebenfalls in der Jungfrau, also können unerwartete Probleme Sie aus der Bahn werfen.
- ✔ **Pluto in der Waage (1972 bis 1984):** Sie sind besessen von Ausgeglichenheit, Schönheit und sozialen Beziehungen. Sie ziehen große Macht aus tiefgehenden Beziehungen, aber Sie verlangen eine Hochzeit gleichwertiger Partner. Die Künste haben einen großen Einfluss auf Sie.
- ✔ **Pluto im Skorpion (1984 bis 1995):** Sie sind leidenschaftlich, resolut, zutiefst sexuell und darauf aus, auch den letzten Tropfen dessen zu genießen, was das Leben zu bieten hat. Aber es ist wichtig, dass Sie Ihr Verlangen kontrollieren. Zum Glück haben Sie eine unglaubliche Willenskraft.
- ✔ **Pluto im Schützen (1995 bis 2008):** Sie spüren eine tiefe Sehnsucht nach einer Religion oder Philosophie, die intensive spirituelle und intellektuelle Erfahrungen bietet – aber Sie laufen Gefahr, wichtigtuerisch und fanatisch zu sein. Freiheit ist Ihnen sehr wichtig.
- ✔ **Pluto im Steinbock (2008 bis 2024):** Babys, die mit Pluto im verschlossenen Steinbock geboren werden, sind zielorientiert, ausdauernd und pragmatisch, mit einem angeborenen Sinn dafür, wie die Welt funktioniert. Sie glauben, Sie haben fähige Politiker erlebt? Warten Sie, bis

diese Babys ihren Weg gehen. Es war im Jahr 1776, als Pluto das letzte Mal ein Jahr im Zeichen des Steinbocks verbrachte.

- **Pluto im Wassermann (2024 bis 2044):** Diese Pragmatiker-Generation lockert die Dinge auf, indem sie progressive Ideale verfolgt und Transformation durch intensive, unkonventionelle Verbindungen sucht. Erinnern Sie sich noch an diese großartige Barszene aus dem alten *Krieg der Sterne*? Das ist das Bild von Pluto im Wassermann.
- **Pluto in den Fischen (2044 bis 2068):** Diese Stellung ist dafür prädestiniert, interessant zu sein. Eine selbstaufopfernde, mystische Generation taucht tief in das kollektive Unterbewusste ein. Aber externe Strukturen können sich in Chaos auflösen, wie sie es zu Lebzeiten von Abraham Lincoln und Queen Victoria getan haben, die beide wie andere Mitglieder ihrer Generation Pluto in den Fischen hatten.

Pluto in den Häusern

Das Haus, in dem Pluto in Ihrem Geburtshoroskop steht, bestimmt den Lebensbereich, in dem tiefgehende Transformationen am wahrscheinlichsten sind.

- **Pluto im ersten Haus:** Sie haben eine pflichtbewusste, kontrollierende und magnetische Persönlichkeit, zusammen mit einer Tendenz zu dominieren. Sie machen einen kraftvollen Eindruck auf andere Menschen – aber weisen Sie vielleicht auch von sich.
- **Pluto im zweiten Haus:** Sie finden konkrete Äußerungsmöglichkeiten für Ihre Fähigkeiten, aber Sie können auch besessen von Ihren Besitztümern sein. Noch wichtiger, Geld kann ein Schlachtfeld werden und Sie werden vielleicht darum kämpfen, andere Menschen damit zu kontrollieren.
- **Pluto im dritten Haus:** Sie haben einen tiefsinnigen Geist, genaue Wahrnehmungen, eine Sehnsucht, die Geheimnisse des Lebens zu lösen und ein obsessives Bedürfnis nach Kommunikation. Gleichzeitig haben Sie einen starken Sinn für Privatsphäre. (Sicherlich hatte der Erfinder des abschließbaren Tagebuchs Pluto im dritten Haus.)
- **Pluto im vierten Haus:** Einer Ihrer Elternteile war eine Kraft, mit der man rechnen muss. Ihre von Pluto gestellte Aufgabe ist der Umgang mit den psychologischen Auswirkungen. Ihre größten Transformationen kommen durch Familie und Heim.
- **Pluto im fünften Haus:** Sie sind besessen von Romanzen. Aber egal, wie sehr Sie versuchen, Ihren Geliebten zu manipulieren, sind Sie derjenige, der am meisten durch die Verbindung verändert wird. Machtkämpfe um Kinder sind an der Tagesordnung. Kreative Bemühungen sind transformierend für Sie, aber Spielen kann zur Sucht führen.
- **Pluto im sechsten Haus:** Sie verfügen über eine große Konzentrationsfähigkeit, viel Antrieb und eventuell sogar heilende Fähigkeiten. Ihr Verlangen nach Macht ist auf den Beruf konzentriert, aber das Resultat ist, dass Sie dazu tendieren, zu viel zu tun. Ihr Beruf muss eine Bedeutung haben, sonst könnte Ihre Gesundheit leiden. Sie brauchen einen Sinn im Leben.

- ✔ **Pluto im siebten Haus:** Beziehungen und Obsession gehen bei Ihnen Hand in Hand und die Ehe ist ein Prüfstein. Sie ziehen einen mächtigen Partner an, dessen Einfluss Sie dazu bringt, sich grundlegend zu ändern. Es ist nicht leicht für Sie, im Beisein dieses mächtigen Menschen Ihre Selbstbehauptung zu behalten. Geschäftsbeziehungen bieten ähnliche Herausforderungen.

- ✔ **Pluto im achten Haus:** Das Leben nach dem Tod, übersinnliche Wahrnehmungen und alle okkulten Themen faszinieren Sie, und Sie gewinnen durch diese Bereiche große Weisheit. Sie sind intuitiv, schlau und zutiefst ernst. Sie müssen die wirklich großen Probleme im Leben angehen, darunter auch die sorgenvollen Bereiche rund um Sexualität, Geld und Tod.

- ✔ **Pluto im neunten Haus:** Philosophie, Religion und große Denksysteme ziehen Sie an und stärken Sie. Wenn Sie sich selbst in Studien vertiefen oder sich leidenschaftlich mit Menschen aus einer anderen Kultur als Ihrer eigenen abgeben, vertiefen Sie Ihr Verständnis für das Leben. Bildung und Reisen sind Ihre Fahrscheine zur Transformation, aber Sie müssen sie auf Ihre eigene Art und Weise angehen.

- ✔ **Pluto im zehnten Haus:** Sie sind eine unwiderstehliche Kraft in der politischen Arena. Sie lehnen autoritäre Figuren ab (beginnend mit einem Ihrer Elternteile) und doch wünschen Sie sich, Autorität auszuüben. Wenn Sie sich entscheiden, dass Sie daran interessiert sind, Macht zu suchen, können Sie ein richtiger Spieler sein. Diese Planetenstellung führt oft zum Erfolg.

- ✔ **Pluto im elften Haus:** Freundschaften stellen einen problematischen Bereich für Sie dar. Ihre Besessenheit mit Freundschaften (besonders, wenn Sie jung sind) führt möglicherweise zu Kämpfen und Schwierigkeiten. Aber letztendlich werden Ihre Freunde Ihnen dabei helfen, Ihre Träume und Wünsche zu formen und zutiefst transformierende Erfahrungen durch diese Beziehungen zu machen.

- ✔ **Pluto im zwölften Haus:** Egal wie extrovertiert Sie auch scheinen mögen, Sie sind ein privater Mensch mit einem geheimen Leben. Sie scheuen sich davor, Ihre Macht auszudrücken, aber Sie sind fasziniert von allem, was hinter der Bühne oder unterhalb der Oberfläche passiert, besonders was Ihre eigene Psyche betrifft. Das Eintauchen in Ihr Unbewusstes und Ihre Träume bringt Transformation.

Teil III

Das Puzzle zusammensetzen: Synthese im Sternenlicht

In diesem Teil...

Haben Sie sich jemals eine Partitur zu einem Musikstück angesehen? Wenn Sie nicht gerade ein professioneller Dirigent sind, kann auch eine relativ einfache Partitur vollkommen verwirrend sein. Wenn Sie sich diese Zeilen von Musik ansehen, die alle gleichzeitig gespielt werden sollen, ist es schwer zu sagen, welcher Teil dominant ist, welche Melodie Sie auf Ihrem Heimweg summen werden und welche Töne Tränen in Ihre Augen treiben. Selbst viele Musiker können die Musik nicht aus einer Partitur herauslesen: Sie müssen sie erst tatsächlich hören. Der Dirigent dagegen ist dafür ausgebildet, diese komplizierten Hieroglyphen zu lesen und sich vorzustellen, wie sie sich anhören werden.

Ein astrologisches Geburtshoroskop ist in einer gewissen Art und Weise einer Partitur ähnlich. Es beinhaltet die Entsprechungen zu zehn Musikern – die zehn Planeten (die Sonne, den Mond und alle Planeten außer der Erde) – die alle eine andere Melodie an einem anderen Ort spielen. Mit einem Blick auf das Horoskop ist es schwer zu sagen, welche Planeten harmonisieren, welche Planeten zusammenstoßen, welche laut spielen und welche streng *pianissimo* sind. Um diese Informationen herauszulesen, müssen Sie die *Aspekte* in Betracht ziehen, die Ihnen sagen, wie die Planeten interagieren. Aber wenn Sie all diese Informationen aufnehmen, werden Sie sich vielleicht überwältigt fühlen. Dieser Teil von *Astrologie für Dummies* hat daher zwei Aufgaben: Erstens verkompliziert er Ihr Geburtshoroskop noch mehr, indem er einen Blick auf das anhaltende Drama der Aspekte wirft – und dann vereinfacht er das Ganze wiederum, indem er Ihnen ein einfaches, aus vier Schritten bestehendes System für die Interpretation des Geburtshoroskops gibt. Wenn Sie das System meistern, werden Sie wie der Dirigent in der Lage sein, sich ein Horoskop anzusehen und die Musik der Sterne zu hören.

Kosmische Geometrie: Aspekte der Planeten

8

In diesem Kapitel

- Aspekte zwischen Planeten erkennen
- Die Aspekte interpretieren

Wenn Sie die Stellung der Planeten in den Zeichen und Häusern kennen, reicht dies auch nicht annähernd aus, um ein astrologisches Geburtshoroskop mit all seinen Facetten in den Griff zu bekommen. Sie müssen verstehen, wie die Planeten miteinander interagieren. Diese Information wird durch die mathematischen Winkel, oder *Aspekte*, zwischen den Planeten offen gelegt.

Denken Sie an eine Frau, deren Venus, der Planet der Liebe, innerhalb einiger weniger kurzer Grade von Jupiter steht, dem Planeten des guten Glücks. Diese Kombination macht es ihr einfach, Zuneigung auszudrücken und Liebe anzuziehen. Aber was ist, wenn beide Planeten 90° Grad von Saturn entfernt stehen? Mit diesem rechten Winkel treten Pessimismus und Enttäuschung ins Bild. Jetzt haben Sie einen charmanten, attraktiven Menschen, der leicht andere Menschen anzieht, aber nie mit ihnen zufrieden ist – ein Mensch wie Groucho Marx, der niemals in einem Club sein wollte, der ihn selbst als Mitglied akzeptiert.

Um diese Art von internen Prozessen in Ihrem eigenen Geburtshoroskop zu erkennen, müssen Sie Ihre Aspekte betrachten. Dafür müssen Sie den genauen Grad kennen, an dem jeder Planet in Ihrem Horoskop steht, eine Information, die den Rahmen dieses Buches sprengen würde. Sie brauchen ein professionell erstelltes Geburtshoroskop (in Kapitel 2 finden Sie Anweisungen, wie Sie dieses bekommen können). Und Sie müssen Ihre Mathe-Phobie überwinden. Zwar ist die Berechnung der Distanz zwischen jedem Planetenpaar anstrengend, aber die Bestimmung der Hauptaspekte ist ein Kinderspiel.

Die Hauptaspekte

Ein astrologisches Geburtshoroskop besteht wie jeder Kreis aus 360°, wobei jedes Tierkreiszeichen genau 30° belegt oder 1/12 des Ganzen. Innerhalb dieses Kreises ist jedes Planetenpaar durch eine bestimmte Anzahl von Graden voneinander getrennt. Planeten, die in einer bestimmten Distanz zueinander stehen, formen einen *Aspekt*. In Tabelle 8.1 finden Sie die Hauptaspekte zusammen mit ihren Symbolen, die oft in Aspekttafeln (oder *Aspektorien*), die zu vielen Geburtshoroskopen gehören, erscheinen. (Die Nebenaspekte werden in Kapitel 16 dargestellt.)

Distanz	Name des Aspekts	Symbol	Auswirkung
0°	Konjunktion	☌	vereint oder verbindet harmonisch
60°	Sextil	⚹	unterstützt
90°	Quadrat	□	erzeugt Spannungen
120°	Trigon	△	unterstützt und bringt Möglichkeiten
180°	Opposition	☍	steht im Gegensatz

Tabelle 8.1: Die Hauptaspekte

Grob gesagt gibt es drei Aspekttypen. Sind zwei Planeten nur durch einige Grade getrennt, formen sie eine Konjunktion, was bedeutet, dass sie zusammenarbeiten. Stehen zwei Planeten 60° oder 120° voneinander entfernt, unterstützen und helfen sie einander: Diese Aspekte werden als *harmonisch* betrachtet. Und wenn zwei Planeten gegenüber oder in rechtem Winkel zueinander stehen, befinden sie sich im Wesentlichen im Kriegszustand. Diese Aspekte werden als *spannungsreich* betrachtet.

Schauen Sie sich Oprah Winfreys Geburtshoroskop in Kapitel 2 noch einmal an. Folgendes sollten Sie beachten:

- ✔ Sie hat eine exakte Konjunktion zwischen Sonne und Venus bei 9° Wassermann.
- ✔ Sie hat ein harmonisches Trigon zwischen Merkur, dem Planeten der Kommunikation (20° Wassermann) und Jupiter, dem Planeten des guten Glücks, bei 16° Zwillinge.
- ✔ Sie hat ein spannungsreiches Quadrat zwischen dem aggressiven Mars bei 23° Skorpion und Pluto bei 23° Löwe.

Wie die meisten Menschen hat Oprah Winfrey eine Mischung aus Konjunktionen, harmonischen und spannungsreichen Aspekten in ihrem Geburtshoroskop.

Überraschenderweise ist ein „einfaches" Geburtsbild, das von Sextilen und Trigonen übersät ist, nicht unbedingt besser als ein „spannungsreiches", das voller Quadrate und Oppositionen ist. Astrologen haben schon vor langer Zeit festgestellt, dass Menschen mit einfachen Geburtshoroskopen Gefahr laufen, faul und selbstzufrieden zu werden, während weithin anerkannte Erfolgsmenschen oft schwierige Geburtshoroskope haben.

Die Aspekte sind dann am wirkungsvollsten, wenn die Distanz zwischen den Planeten den Distanzen entsprechen, die in Tabelle 8.1 aufgelistet sind. Ein 90°-Quadrat ist z.B. stärker als ein 82°-Quadrat, egal welche Planeten betroffen sind. Aber die Erfahrung hat gezeigt, dass ein Aspekt nicht exakt sein muss, um einen Einfluss auszuüben. Astrologen erlauben eine kleine Abweichung auf jeder Seite, die als *Orbis* bezeichnet wird. Sie sind sich jedoch nicht einig darüber, wie groß dieser Orbis sein darf. Einige großzügige Astrologen verwenden einen Orbis, der bis zu 14° Abweichung erlaubt. Strengere Verfolger erlauben nicht mehr als 5°. Die meisten Astrologen, zu denen auch ich zähle, nehmen einen Wert, der irgendwo in der Mitte liegt.

Im Allgemeinen empfehle ich, einen Orbis von 8° für die Konjunktion, das Quadrat, das Trigon und die Opposition zu verwenden und einen Orbis von 6° für das Sextil, das ein etwas schwächerer Aspekt ist. (Die Nebenaspekte, die ich in Kapitel 16 darstelle, können nur einen Orbis von 2° oder 3° verkraften.) In jedem Fall können Sie zusätzliche 2° hinzufügen, wenn Sonne oder Mond beteiligt sind. Ist Ihre Sonne also bei 14° in einem Zeichen, bildet jeder Planet, der zwischen 4° und 24° in diesem Zeichen steht, eine Konjunktion, ein Planet, der 52° bis 68° von Ihrer Sonne entfernt ist, ein Sextil, ein Planet, der 80° bis 100° entfernt ist, ein Quadrat usw.

Ihre Aspekte berechnen

So können Sie die fünf Hauptaspekte in Ihrem Geburtshoroskop identifizieren:

- ✔ **Konjunktionen:** Konjunktionen sind leicht zu erkennen. Wenn zwei Planeten innerhalb von 8° entfernt stehen (10°, wenn Sonne oder Mond beteiligt sind), bilden sie eine Konjunktion, auch wenn sie nicht im gleichen Zeichen stehen. Wenn also Ihre Venus bei 28° Steinbock und Ihr Mond bei 1° Wassermann stehen, bilden Venus und Mond eine Konjunktion.
- ✔ **Oppositionen:** Planeten in Opposition zueinander sind ebenfalls leicht zu erkennen. Stehen sie in gegenüberliegenden Zeichen, bilden sie oft (wenn auch nicht immer) eine Opposition. Um ganz sicher zu sein, überprüfen Sie, ob sie sich innerhalb des zugelassenen Orbis befinden. Steht Ihr Mars z.B. bei 18° Schütze, ist jeder Planet zwischen 10° und 26° in den Zwillingen (18° Zwillinge plus oder minus 8°) in Opposition. Ein Planet bei 7° Zwillinge steht nicht in Opposition.
- ✔ **Quadrate:** Quadrate sind schwieriger zu erkennen. Schauen Sie nach Planeten in Zeichen der gleichen Qualität (kardinal, fest oder beweglich) und überprüfen Sie, ob Sie innerhalb des Orbis sind. Wenn ja, haben Sie die Quelle Ihrer tiefsten Frustrationen gefunden.
- ✔ **Trigone:** Sie finden Trigone zwischen Planeten in Zeichen des gleichen Elements – das heißt, beide Planeten sind in Feuer-, Erd-, Luft- oder Wasserzeichen. Sie haben Merkur in den Zwillingen und Uranus in der Waage? Wenn Sie innerhalb des zugelassenen Orbis stehen, bilden Sie ein Trigon – in diesem Fall herzlichen Glückwunsch: Sie haben einen gewandten, originellen Geist.
- ✔ **Sextile:** Dies sind die schwächsten der Hauptaspekte. Sextile werden von Planeten geformt, die zwei Zeichen voneinander entfernt stehen.

Tabelle 8.2 gibt Ihnen mögliche Planetenstellungen für Quadrate und Oppositionen auf einen Blick. In Tabelle 8.3 finden Sie eine ähnliche Aufstellung für die harmonischen Aspekte.

Wenn ein Planet in diesem Zeichen steht ...	kann er im Quadrat zu Planeten in diesen Zeichen stehen ...	und in Opposition zu Planeten in ...
Widder	Krebs und Steinbock	Waage
Stier	Löwe und Wassermann	Skorpion
Zwillinge	Jungfrau und Fische	Schütze
Krebs	Widder und Waage	Steinbock
Löwe	Stier und Skorpion	Wassermann
Jungfrau	Zwillinge und Schütze	Fische
Waage	Krebs und Steinbock	Widder
Skorpion	Löwe und Wassermann	Stier
Schütze	Jungfrau und Fische	Zwillinge
Steinbock	Widder und Waage	Krebs
Wassermann	Stier und Skorpion	Löwe
Fische	Zwillinge und Schütze	Jungfrau

Tabelle 8.2: Die spannungsreichen Aspekte

Wenn ein Planet in diesem Zeichen steht ...	kann er im Sextil zu Planeten in diesen Zeichen stehen ...	und im Trigon zu Planeten in diesen Zeichen ...
Widder	Wassermann und Zwillinge	Löwe und Schütze
Stier	Fische und Krebs	Jungfrau und Steinbock
Zwillinge	Widder und Löwe	Waage und Wassermann
Krebs	Stier und Jungfrau	Skorpion und Fische
Löwe	Zwillinge und Waage	Schütze und Widder
Jungfrau	Krebs und Skorpion	Stier und Steinbock
Waage	Löwe und Schütze	Zwillinge und Wassermann
Skorpion	Jungfrau und Steinbock	Krebs und Fische
Schütze	Waage und Wassermann	Widder und Löwe
Steinbock	Skorpion und Fische	Stier und Jungfrau
Wassermann	Schütze und Widder	Zwillinge und Waage
Fische	Steinbock und Stier	Krebs und Skorpion

Tabelle 8.3: Die harmonischen Aspekte

Wenn Planeten in den ersten oder letzten Graden eines Zeichens stehen, sollten Sie auf Aspekte außerhalb der üblichen Zeichen suchen, die äußerst schwer zu entdekken sind. Wenn Sie sich ein Geburtshoroskop mit beispielsweise der Sonne bei 28° Zwillinge und Saturn bei 1° Waage ansehen, ist leicht anzunehmen, dass die Planeten, da sie sich beide in einem Luftzeichen befinden, im Trigon zueinander stehen müssten. Tatsächlich sind Sie 93° voneinander entfernt und formen damit ein Quadrat. Deshalb sollten Sie sich ein von einem Computer berechnetes Geburtshoroskop besorgen. Auch ein erfahrener Astrologe kann einen Aspekt außerhalb der Zeichen übersehen, aber einen Computer können Sie nicht täuschen.

Die Aspekte interpretieren

Auf den folgenden Seiten fasse ich Sextile und Trigone als harmonische Aspekte zusammen. Ihre Aktionen sind ähnlich, obwohl Trigone mächtiger sind. Ganz ähnlich dazu bündele ich Quadrate und Oppositionen als spannungsreiche Aspekte zusammen, obwohl auch sie nicht identisch sind. In der Regel bringt ein Quadrat interne Konflikte, während Oppositionen mehr zu äußeren Hindernissen führen.

Ich stelle die Planeten in dieser Reihenfolge dar: Sonne, Mond, Merkur, Venus, Mars, Jupiter, Saturn, Uranus, Neptun und Pluto. Wenn Sie einen Aspekt suchen, sollten Sie ihn unter dem Planeten suchen, der in der Liste zuerst kommt. Ein Aspekt zwischen Uranus und Merkur z.B. erscheint unter Merkur, eine Opposition zwischen Venus und Pluto wird unter Venus dargestellt usw.

Aspekte zur Sonne

Ihr Sonnenzeichen steht für den tiefsten, wesentlichsten Teil Ihres Charakters. Die Aspekte, die es zu anderen Planeten formt, können Ihnen helfen, Ihr Potenzial auszudrücken – oder es schwieriger machen, all das zu erreichen, wozu Sie fähig sind, oder Ihrem Potenzial zu entsprechen.

Sonne/Mond

Die Sonne steht für Ihre bewusste Identität, während der Mond Ihre innersten Gefühle und Ihr unbewusstes Selbst steuert. Der Sonne/Mond-Aspekt zeigt, wie gut diese zwei kooperieren.

✔ **Konjunktion:** Sie wurden um den Neumond herum geboren, mit all der Vitalität, die dem zu Grunde liegt. Ihr Wille und Ihr Unterbewusstes arbeiten zusammen, also haben Sie starke Intentionen, eine große Begeisterungs- und Konzentrationsfähigkeit. Aber Sie sind möglicherweise auch dickköpfig und engstirnig.

✔ **Harmonische Aspekte:** Sie sind freundlich, energisch und beliebt. Gute Gelegenheiten laufen Ihnen über den Weg. Alle Dinge sind ausgeglichen und Sie sind im Wesentlichen im Frieden mit sich selbst. Betrachten Sie sich als beschenkt.

✔ **Spannungsreiche Aspekte:** Bilden Ihre Sonne und Ihr Mond ein Quadrat, wünscht sich Ihr bewusster Wille eine Sache und Ihr Unterbewusstsein sehnt sich nach einer anderen. So sind Sie eventuell hypersensibel, frustriert und unsicher und tendieren dazu, sich selbst zu blockieren. Aber Missbehagen ist äußerst motivierend. Viele sehr erfolgreiche Menschen haben diesen Aspekt. Stehen Ihre Sonne und Ihr Mond in Opposition zueinander, wurden Sie während des

Vollmonds geboren, wenn die Gefühle auf Hochtouren laufen. Ruhelos und sprunghaft in Ihren Gewohnheiten, ziehen Sie vielleicht Ihr Verlangen Ihren Fähigkeiten vor und umgekehrt. Es fällt Ihnen nicht leicht, diese beiden zu kombinieren. Sie ziehen schwierige Beziehungen an und tendieren dazu, bei Hindernissen zu stark zu reagieren, da Sie innerlich Widersprüche in sich spüren (Beispiel: Michael Jackson). Aber denken Sie an Folgendes: Obwohl manche Menschen mit Sonne-Mond-Oppositionen auf erstaunliche Art und Weise Ihr Leben vergeuden (denken Sie an Gary »Monkey Business« Hart und Ted »Chappaquidick« Kennedy) besiegen andere die interne Trennung und werden enorm erfolgreich. Zu den Beispielen gehören Henry Ford (Sonne in Löwe, Mond in Wassermann), Mario Adorf (Sonne in Jungfrau, Mond in Fische) und Gabriel Garcia Marquez (Sonne in Fische, Mond in Jungfrau).

Sonne/Merkur

Die feurige Sonne regiert Ihr Ego, während Merkur die Kommunikation beherrscht. Dieser Aspekt legt die Leichtigkeit offen, mit der Sie Ihre wesentlichsten Gedanken zum Ausdruck bringen.

- ✔ **Konjunktion:** Diese zwei Himmelskörper können nie mehr als 28° auseinander stehen, deshalb haben viele Menschen diesen Aspekt. Er weist auf einen nervösen, schnellen, aktiven Geist hin. Wenn die Konjunktion außergewöhnlich nah ist, etwa 4° oder weniger, weist sie außerdem auf einen Grad des Eigeninteresses hin, der manchmal irritierend sein kann.
- ✔ **Harmonische Aspekte:** Merkur und die Sonne sind niemals weit genug voneinander entfernt, um ein Sextil (60°) oder ein Trigon (120°) zu formen. Aber manchmal stehen sie 28° voneinander entfernt, womit sie ein Semisextil bilden, ein eher hilfreicher Aspekt, der Ihre Kommunikationsfähigkeit sehr stärkt. (Weitere Informationen über Semisextile und andere Nebenaspekte finden Sie in Kapitel 16.)
- ✔ **Spannungsreiche Konflikte:** Merkur und die Sonne stehen immer so nah beieinander, dass sie nie einen spannungsreichen Aspekt bilden können.

Sonne/Venus

Die Interaktion dieser zwei Planeten beeinflusst Ihre künstlerischen Qualitäten, Ihre Geselligkeit und Ihre Fähigkeit, das anzuziehen, was Sie lieben – besonders in Hinsicht auf Beziehungen, Geld oder Besitztümer.

- ✔ **Konjunktion:** Sie sind anziehend, liebevoll und kreativ. Sie haben ein tiefes Bedürfnis, in einer Beziehung zu sein, eine angeborene Kapazität für Intimität und eine Liebe zu den schönen Dingen des Lebens. Dieser Aspekt bringt außerdem künstlerisches Talent mit sich. Da Venus niemals mehr als 48° von der Sonne entfernt sein kann, ist dies der einzige Hauptaspekt, den die zwei Planeten bilden können.
- ✔ **Harmonische Aspekte:** Venus und die Sonne sind nie weit genug voneinander entfernt, um ein Sextil oder Trigon bilden zu können. Aber wenn sie 30° voneinander entfernt stehen, werden künstlerische Talente und die Fähigkeit, Zuneigung auszudrücken, unterstützt. (Siehe Kapitel 16 für weitere Informationen über das Halbsextil.)

- ✔ **Spannungsreiche Aspekte:** Die Sonne und Venus bilden niemals eine Opposition oder ein Quadrat. Aber wenn sie nah zu ihrer maximal möglichen Distanz stehen, bilden sie ein Semiquadrat, einen Nebenaspekt mit 45°, der sexuelle Probleme hervorrufen und dazu führen kann, dass Sie Theater spielen. Wollen Sie Beispiele? Denken Sie an Woody Allen, Bill Clinton, Pamela Anderson, Ilona Staller und den Marquis de Sade.

Sonne/Mars

Dieser Aspekt beschreibt Ihre Fähigkeit, Energien zu konzentrieren, Unternehmungen anzugehen und Ihre Intentionen in die Tat umzusetzen.

- ✔ **Konjunktion:** Sie sind ein Abenteurer mit viel Energie, Mut und starken Passionen – sexueller und sonstiger Natur. Sie sind unternehmungslustig, auf Konkurrenz bedacht und gewillt, die Initiative zu übernehmen – durch und durch eine Kämpfernatur.
- ✔ **Harmonische Aspekte:** Ihre Energie ist da, wenn Sie diese brauchen. Sie sind selbstbewusst, ohne kämpferisch zu sein und energisch, ohne manisch zu sein.
- ✔ **Spannungsreiche Aspekte:** Lebenskraft fließt durch Sie, aber es fällt Ihnen nicht leicht, Ihre Energie – und Ihr Temperament – zu kontrollieren. Sie tendieren zu Übertreibungen, oft sind Sie ein Workaholic. Sie können streitsüchtig und anfällig für Unfälle sein und tendieren dazu, vorschnell zu handeln. Beispiele: Al Capone, Robert De Niro, Ludwig van Beethoven, Boris Jelzin.

Sonne/Jupiter

Kombinieren Sie die Sonne, die für Ihr Potenzial steht, mit Jupiter, dem Überbringer von Gelegenheiten und Glück, und Sie haben einen beneidenswerten Aspekt. Die Herausforderung besteht darin, die Verbindung zwischen den beiden Planeten zu nutzen – und nicht zu vergeuden.

- ✔ **Konjunktion:** Sie sind beschenkt mit gutem Glück, einem Sinn für Humor, hoher Intelligenz, einem starken Geist und einer optimistischen Einstellung. Aber Sie können auch unvorsichtig und zu selbstsicher sein in dem Wissen, dass das Glück immer auf Ihrer Seite steht.
- ✔ **Harmonische Aspekte:** Dieser Aspekt bringt Gesundheit, Erfolg, eine angenehme und positive Einstellung zum Leben und einen großzügigen Charakter. Mögliche Schattenseite: eine Tendenz, zurückzuschlagen und faul zu sein.
- ✔ **Spannungsreiche Aspekte:** Sie tendieren zu Übertreibungen, Überheblichkeit, falschen Urteilen und fehlendem Sinn für das Maß der Dinge. Extravaganz kann ein Problem sein. Aber dieser Aspekt kann auch gute Gelegenheiten mit sich bringen.

Sonne/Saturn

Die Sonne möchte alles überstrahlen, aber der melancholische Saturn steht für Einschränkungen. Wenn diese Planeten einen wichtigen Aspekt formen, ist das ein Hinweis, dass Sie sich auf verschiedene Weise geprüft fühlen. Der Aspekt zeigt, wie Sie mit diesen Herausforderungen umgehen.

- **Konjunktion:** Eingeschränkt aber beharrlich, sind Sie verantwortungsbewusst, realistisch, nach innen gewandt und vorsichtig. Sie nehmen sich selbst ernst. Dies ist ein schwieriger Aspekt, aber einer, der Richtung, Bestimmung und die Kapazität mit sich bringt, Ihr frühes Gefühl der Unzulänglichkeit durch solide Erfolge zu überkommen. Beispiele: Sonny Bono, Arnold Schwarzenegger, Richard Gere.
- **Harmonische Aspekte:** Sie sind arbeitsam, zielorientiert und gewillt, die Verantwortung für Ihre eigene Situation zu übernehmen. Sie sind entschlossen und praktisch und schauen erst hin, bevor Sie springen. Ihre Vorsicht zahlt sich aus.
- **Spannungsreiche Aspekte:** Enttäuschungen und Frustrationen in Ihrer Kindheit haben möglicherweise Ihr Selbstbild verzerrt. Bilden Sonne und Saturn ein Quadrat, sind Ihre Probleme hauptsächlich innerlich und persönlich. Stehen Sonne und Saturn in Opposition, blockieren eventuell äußere Feinde und Situationen Ihren Weg. Letztendlich haben Sie die Fähigkeit, Ihre Selbstzweifel, Depressionen und das Gefühl der Frustration durch Selbstdisziplin und Beharrlichkeit zu überwinden.

Sonne/Uranus

Die Sonne steht für Ihre Kernidentität. Uranus repräsentiert Ihre exzentrischste Seite. Bilden diese beiden einen wichtigen Aspekt, können Sie sich sicher sein: Sie sind nicht wie jeder andere.

- **Konjunktion:** Sie sind unabhängig, unberechenbar und durch und durch einzigartig und gehen das Leben höchst individualistisch und sehr originell an. Sie sind impulsiv und exzentrisch, ein Genie oder ein Rebell und auf alle Fälle äußerst anziehend. Beispiele: Meryl Streep, Baba Ram Dass.
- **Harmonische Aspekte:** Sie sind ein freidenkender Abenteurer und besitzen Originalität, Unabhängigkeit, eine flexible Einstellung und eine Tendenz, in unerwartete Glückssituationen hineinzustolpern.
- **Spannungsreiche Aspekte:** Sie sind ein ungewöhnlicher, dramatischer Mensch mit einer unglücklichen Tendenz, in exzentrischer und unpraktischer Weise zu handeln und vorschnelle, impulsive Entscheidungen zu treffen. Sie sind rebellisch und langweilen sich schnell. Es ist wahrscheinlich, dass Sie in unvorhergesehene Richtungen streben, besonders, wenn Sie von den Ereignissen überrascht werden, wie es manchmal der Fall ist.

Sonne/Neptun

Die Sonne gibt Vitalität, während der verträumte Neptun Inspiration bringt ... oder Trägheit. Diese Kombination kann kreatives Potenzial verstärken, aber leider auch Ihr Wunschdenken.

- **Konjunktion:** Sie sind ein Träumer, ein Poet, ein inspirierter Idealist. Sie sind intuitiv, sensibel, manchmal sogar übersinnlich und verfügen über eine gut entwickelte Phantasie und großes kreatives Talent, sowohl für mystische als auch künstlerische Unternehmen, was nur wenig Raum für praktische Angelegenheiten lässt. Sie tendieren außerdem dazu, sich selbst (oder andere) zu belügen – Sie leben in einer Phantasiewelt und sehen nur das, was Sie sehen wollen. Drogen- und Alkoholmissbrauch kann ein Problem für Sie sein.

- ✔ **Harmonische Aspekte:** Sie haben eine stark entwickelte Intuition und die Fähigkeit, Ihre Phantasie auf konstruktive Art und Weise zu nutzen.
- ✔ **Spannungsreiche Aspekte:** Sie haben eine aktive Phantasie, kombiniert mit der Tendenz, sich entmutigen zu lassen. Wie bei allen Neptunaspekten fällt es Ihnen leicht, sich in Tagträumen oder Illusionen zu verlieren. Täuschung kann ein Problem sein, entweder, weil Sie andere täuschen oder weil Sie so leichtgläubig sind, dass jeder Ihnen ein X für ein U vormachen kann.

Sonne/Pluto

Wenn diese zwei Planeten einen Hauptaspekt formen, ist Kontrolle ein Problem für Sie. Dieser Aspekt legt offen, wie Sie Ihre grundlegende Identität und Ihren Wunsch nach Macht in Einklang bringen.

- ✔ **Konjunktion:** Als starker, lebhafter, charismatischer Mensch sind Sie ein Extremist mit starken Reaktionen, großer Willenskraft und der Fähigkeit, sich selbst zu transformieren. Sie haben möglicherweise mit einer Tendenz zu Dominanz oder Besessenheit zu kämpfen.
- ✔ **Harmonische Aspekte:** Sie sind willensstark, zäh, mit Macht vertraut und haben Einsicht in sich selbst. Außerdem haben Sie die Fähigkeit, sich veränderten Umständen anzupassen und positive Veränderungen mit relativer Leichtigkeit herbeizuführen.
- ✔ **Spannungsreiche Aspekte:** Konkurrenz stachelt Sie an. Sie benutzen Ihre persönliche Macht bewusst, manipulieren gern, sind erfinderisch, dominierend und manchmal einschüchternd. Das Problem – egal, ob Sie zu anderen in Konkurrenz stehen oder nur versuchen, Ihre eigenen umfangreichen Ambitionen zu erfüllen – liegt darin, einen Weg zu finden, auf Ihre persönliche Macht zurückzugreifen, ohne übermäßig aggressiv oder machthungrig zu sein.

Aspekte zum Mond

Der Mond steht für Ihre Gefühle, Instinkte, Gewohnheiten und Ihr Unterbewusstes.

Mond/Merkur

Haben Sie ein starkes Bedürfnis, über Ihre Gefühle zu reden? Wenn Merkur und Mond einen Hauptaspekt bilden, ist die Antwort ja.

- ✔ **Konjunktion:** Sie sind intelligent, aufnahmefähig und in Einklang mit Ihren Gefühlen. Sie können genau, sicher und mit Grazie kommunizieren. Aber Ihr logischer Geist kann nicht von Ihren Gefühlen getrennt werden. Ob Sie es zugeben oder nicht, die zwei sind miteinander verbunden.

- **Harmonische Aspekte:** Sie denken klar, kommunizieren effektiv, haben einen guten Sinn für Humor und ein hervorragendes Gedächtnis.
- **Spannungsreiche Aspekte:** Sie reagieren schnell, werden aber oft ängstlich. Sie sind mit einem unkonventionellen Geist beschenkt und haben oft das Gefühl, dass andere Menschen Sie nicht verstehen. Sie reagieren höchst sensibel auf Kritik. Beispiele: Norbert Blüm, Robert De Niro, Boris Jelzin.

Mond/Venus

Wenn Mond und Venus einen Hauptaspekt formen, sind Ihre emotionalen Bedürfnisse und Ihr Verlangen nach Liebe und Schönheit miteinander verbunden.

- **Konjunktion:** Sie lieben Bequemlichkeit, sind aufmerksam, anziehend, liebevoll, kreativ und leicht zu erobern. Ihre Stimmung hängt von Ihren Beziehungen ab und Sie können sich ganz in das Spiel der Liebe verstricken.
- **Harmonische Aspekte:** Sie drücken Ihre Zuneigungen mit Leichtigkeit aus. Sie sind liebenswert, selbstsicher und angenehm und haben guten Geschmack und romantisches Zartgefühl, auch wenn Sie manchmal in die Falle der Zügellosigkeit stolpern. Beispiele: Thomas Gottschalk, Doris Day, Elke Sommer.
- **Spannungsreiche Aspekte:** Ihre Liebesaffären gehen einen stolprigen Pfad, bringen Schwierigkeiten, Konflikte und emotionale Frustration. Einige Menschen reagieren darauf mit Rückzug, andere werden anspruchsvoll und besitzergreifend. In jedem Fall haben Sie das unterschwellige Gefühl, dass Sie härter als andere Menschen arbeiten müssen, um das zu bekommen, was Sie wollen.

Mond/Mars

Einige Menschen akzeptieren ihre Gefühle auf ruhige Art und Weise. Das ist bei Ihnen nicht so. Wenn Sie einen Hauptaspekt zwischen Mond und Mars haben, sind Sie sehr selbstbewusst, wenn es darum geht, Ihre Gefühle auszudrücken.

- **Konjunktion:** Sie sind stark gefühlsbetont, ungeduldig, werden schnell wütend und können sich durchsetzen. Sie lassen andere wissen, wie Sie sich fühlen und sind nicht immer diplomatisch.
- **Harmonische Aspekte:** Sie sind mutig, energiegeladen, hilfreich, direkt und bereit, Risiken auf sich zu nehmen und sich in neue Situationen zu stürzen.
- **Spannungsreiche Aspekte:** Sie sind unbesonnen, defensiv, manchmal launisch, impulsiv, konkurrenzorientiert und tonangebend. Sie halten sich nicht zurück, Ihre Gefühle auszudrükken, aber Ihre schwankenden Stimmungen können zu Konflikten führen. Welches Gesicht Sie auch immer der Welt zeigen, Wut ist ein Problem, mit dem Sie umgehen müssen.

Mond/Jupiter

Der Mond will Gefühle herausströmen lassen und der extravagante Jupiter sagt »mehr ist mehr« – was einen starken, emotionalen Cocktail hervorbringt.

- ✔ **Konjunktion:** Sie sind warmherzig, optimistisch, rücksichtsvoll, aufnahmefähig und mitfühlend, auch wenn Sie gelegentlich mehr versprechen als Sie halten können. Sie glauben an Ihre eigenen Fähigkeiten. Sie fühlen sich am besten, wenn sich Ihre Möglichkeiten vervielfältigen und sich Ihre Welt erweitert.
- ✔ **Harmonische Aspekte:** Sie sind höchst aufgeschlossen, sanft und unterstützend: ein wahrer Mensch.
- ✔ **Spannungsreiche Aspekte:** Sie leben nach dem Prinzip »Alles oder Nichts«. Sie sind ekstatisch oder von Trauer umnebelt, glückselig oder am Rande des Nervenzusammenbruchs. Kurz, es fällt Ihnen schwer, Ihre Gefühle zu kontrollieren und Sie tendieren zu Übertreibungen. Beispiele: Cher, Don Johnson, Monica Lewinsky, Dennis Rodman, Diana Ross, Elizabeth Taylor, Oprah Winfrey.

Mond/Saturn

Saturn ist der Planet der Einschränkung, während der Mond für ungezügelte Gefühle steht. Dieses Paar könnte man auch »Vernunft und Sensibilität« nennen.

- ✔ **Konjunktion:** Die Vergangenheit übt eine große Faszination auf Sie aus. Sie leiden möglicherweise unter Selbstzweifeln, die das Resultat einer weniger als herzlichen Beziehung zu Ihrer Mutter sind. Zum Glück schwingen Sie die Waffe der Selbstkontrolle. Vernunft hilft Ihnen, Ihre Gefühle auf eine positive Art und Weise zu kontrollieren.
- ✔ **Harmonische Aspekte:** Sie sind diszipliniert und sensibel und geben sich größte Mühe, Ihre Gefühle zu kontrollieren, was normalerweise auch erfolgreich ist. Deshalb tun Evel Knievel und Stephen King, was sie tun.
- ✔ **Spannungsreiche Aspekte:** Sie sind ein ernsthafter, vorsichtiger Mensch. Eine Vergangenheit voller emotionaler Entbehrungen macht Sie zögerlich und befangen. Zwar machen Ihnen Pessimismus, unterdrückte Gefühle und Schwierigkeiten mit Frauen zu schaffen, aber mit dem Alter wachsen Ihr Verstehen und Ihre Fähigkeit, Glück und Zufriedenheit zu finden.

Mond/Uranus

Es gibt nie einen langweiligen Moment, wenn der gefühlvolle Mond sich mit dem Planeten der Unvorhersehbarkeit zusammentut.

- ✔ **Konjunktion:** Mit Ihrer Impulsivität und Begeisterungsfähigkeit reagieren Sie auf eine unkonventionelle Art, ziehen ungewöhnliche Erfahrungen an und haben möglicherweise unter unvorhersehbaren Stimmungsschwankungen zu leiden. Beispiele: Yves Montand, Anais Nin, Andy Warhol, Orson Welles.

- **Harmonische Aspekte:** Sie rebellieren gegen Einschränkungen und Konventionen, sind stolz auf Ihre Unabhängigkeit und legen viel Wert auf Ihre Autonomie, auch innerhalb von Beziehungen. Sie fühlen sich von anregenden Menschen und ungewöhnlichen Situationen angezogen.
- **Spannungsreiche Aspekte:** Talentiert, aber leicht abzulenken, können Sie es nicht aushalten, sich eingeengt oder beschränkt zu fühlen. Sie regen sich auf, reagieren schnell und rufen von Zeit zu Zeit eine Krise hervor (oder ziehen eine solche an). Um Ihre Unabhängigkeit zu bewahren, distanzieren Sie sich möglicherweise unbewusst von anderen.

Mond/Neptun

Der Mond beherbergt die sensibelste, persönlichste Seite Ihres Charakters und Neptun verhüllt alles in Geheimnisse. Zusammen kann dieses Paar Ihre Phantasie sensibilisieren – oder Sie in einen emotionalen Nebel hüllen.

- **Konjunktion:** Sie reagieren auf die geringsten emotionalen Hinweise, fühlen sich aber oft überwältigt, ausgelaugt oder selbstmitleidig. Sie sind verletzlich und liebevoll, mit starken spirituellen Bedürfnissen, definitivem übersinnlichen Potenzial und einem aktiven Traumleben. Dieser Aspekt weist auf Phantasie und kreatives Talent hin, kann aber auch eine Tendenz zu Fluchtverhalten, Alkoholismus und Drogenmissbrauch mit sich bringen.
- **Harmonische Aspekte:** Sie sind mitfühlend, intuitiv, kümmern sich gern um andere und finden es schwer, nein zu sagen. Obwohl dieser Aspekt Ihre Kreativität erhöht, kann es schwierig sein, diese auch zu nutzen, da Sie dazu neigen, in Tagträume zu fallen. Phantasie in die Realität umzusetzen verlangt Arbeit, und das kann ein Problem für Sie sein.
- **Spannungsreiche Aspekte:** Sie haben vielleicht mit Wunschdenken, irrationalen Ängsten (wie z.B. Hypochondrie) und emotionaler Instabilität zu kämpfen, ganz zu schweigen von Drogen- und Alkoholmissbrauch. Aber Sie sind auch sensibel, kreativ und empfänglich.

Mond/Pluto

Pluto verleiht den vom Mond regierten emotionalen Dingen Intensität. Ein Hauptaspekt zwischen diesen beiden Planeten bedeutet, dass Ihre Gefühle tief gehen und Ihre Wahrnehmung messerscharf ist.

- **Konjunktion:** Sie sind anziehend, kontrollierend, besitzergreifend und zwanghaft. Sie haben Schwierigkeiten mit kleinsten Veränderungen: Sie würden lieber bei dem bleiben, was Sie kennen. Aber wenn es zu größeren Veränderungen kommt, sind Sie vollkommen mit sich im Reinen. Sie haben die Fähigkeit, ein erstklassiger Forscher zu sein.
- **Harmonische Aspekte:** Sie handhaben wichtige Änderungen mit Leichtigkeit. Sie verfügen über tiefe Emotionen und ein starkes Bedürfnis, sich von Zeit zu Zeit von alten Gefühlen zu reinigen, was Ihnen Erleichterung und Zufriedenheit bringt.

- ✔ **Spannungsreiche Aspekte:** Obwohl Ihre Gefühle mächtig sind, sind Sie gehemmt, diese auch auszudrücken. Andere müssen hart arbeiten, um Ihr Vertrauen zu gewinnen. Von Zeit zu Zeit erschüttern häusliche Umbrüche Ihr Leben.

Aspekte zu Merkur

Merkur steht für Ihre Denkweise, Ihre Neugier, Ihre Ausdrucksweise und Ihren Intellekt.

Merkur/Venus

Liebliche Venus, die Muse des Tierkreises, schenkt Merkurs mentalen Bemühungen einen graziösen Ausdruck.

- ✔ **Konjunktion:** Sie drücken sich mit Leichtigkeit, Charme und Humor aus. Sie haben möglicherweise literarische Fähigkeiten und sicherlich lieben Sie es, zu reden, was vorteilhaft ist, denn Sie sind durch und durch ein Tratscher.
- ✔ **Harmonische Aspekte:** Sie sind aufmerksam, charmant, diplomatisch und ein fähiger Partner in Unterhaltungen.
- ✔ **Spannungsreiche Aspekt (sozusagen):** Merkur und Venus sind nie mehr als 76° voneinander entfernt, also können sie weder im Quadrat noch in der Opposition zueinander stehen. Aber Sie können ein Semiquadrat bilden – einen 45°-Winkel, der Ihre kreativen Fähigkeiten verstärkt, Sie aber auch dazu bringen kann, den Menschen gegenüber kritisch zu sein, die Sie am meisten lieben.

Merkur/Mars

Wenn der Herrscher des Intellekts sich mit dem Planeten der Aggression verbündet, erhalten Sie einen scharfen, durchsetzungsfähigen Geist.

- ✔ **Konjunktion:** Sie haben einen lebhaften, streitbaren Geist, Meinungen, an denen Sie festhalten, und intellektuelle Autorität. Sie gewinnen die meisten Ihrer Debatten.
- ✔ **Harmonische Aspekte:** Sie sind direkt und geistig aktiv, mit einer schnellen Auffassungsgabe und der Fähigkeit, klare Entscheidungen zu treffen.
- ✔ **Spannungsreiche Aspekte:** Sie reagieren prompt und manchmal unbekümmert. Sie haben außerdem eine scharfe Zunge und zeigen eine Tendenz zur Streitlustigkeit.

Merkur/Jupiter

Merkur ist der Planet der geistigen Fähigkeiten, während der erweiternde Jupiter alles größer und besser macht. Dieses Paar kann große Ideen oder abgelenkte Exzesse inspirieren.

- **Konjunktion:** Sie sind intelligent, philosophisch, offen und in der Lage, den großen Zusammenhang zu sehen. Sie stellen die wichtigen Fragen, vereinen Dutzende von Interessen und haben die Fähigkeit, andere zu beeinflussen. Es macht Sie glücklich, Informationen zu sammeln und neue Fähigkeiten zu erlernen. Beispiele: Woody Allen, William Faulkner, Vanessa Redgrave.
- **Harmonische Aspekte:** Sie sind gedankenvoll und gutmütig, optimistisch, sogar klarsichtig. Ihr Urteil ist gut.
- **Spannungsreiche Aspekte:** Sie sind voller guter Ideen und Intentionen. Aber sie tendieren zu Übertreibungen und vorschnellen Schlüssen, und Ihre Einschätzung kann völlig daneben liegen. Beispiele: Robert Redford, Frank Sinatra, John Travolta.

Merkur/Saturn

Merkur regiert den Denkprozess. Saturn ist ein Anweiser. Sie arbeiten gut zusammen, wenn Merkur Saturns Disziplin nutzen kann, um Gedanken in die Tat umzusetzen.

- **Konjunktion:** Sie sind ein ernsthafter Mensch mit einem rationalen Geist und einem trockenen Sinn für Humor, der nützliches Wissen zu schätzen weiß.
- **Harmonische Aspekte:** Sie sind gut organisiert, methodisch, zurückhaltend und intelligent, mit einem natürlichen Verständnis dafür, wie Sie Ihren Geist konzentrieren und Informationen verarbeiten können.
- **Spannungsreiche Aspekte:** Sie nehmen die Dinge nicht leicht, auch wenn Sie es sollten. Obwohl Sie ein wirkungsvoller Planer sind, können Sie auch inflexibel, melancholisch und skeptisch gegenüber neuen Ideen sein.

Merkur/Uranus

Merkur repräsentiert Ihre Denkweise, während Uranus Inspirationen aus dem Blauen heraus repräsentiert. Je nachdem wie die zwei miteinander verbunden sind, können sie den brillanten Erfinder oder den verrückten Wissenschaftler hervorbringen.

- **Konjunktion:** Dies ist der heureka!-Aspekt – Sie sind ein progressiver Denker, der anfällig für plötzliche Einsichten und überraschende Ideen ist. Sie haben einen unkonventionellen Geist, eine neuartige Ausdrucksweise, sogar ein Quäntchen eines Genies. Beispiele: Simone de Beauvoir, Christian Dior, Theodor Fontane.
- **Harmonische Aspekte:** Ungewöhnliche Ideen faszinieren Sie. Ihr Geist ist erfinderisch, ungezwungen und klug, und Sie drücken sich auf eine lebhafte und originelle Art und Weise aus. Beispiele: Louis Armstrong, Charles Darwin, Romy Schneider.
- **Spannungsreiche Aspekte:** Manchmal brillant, manchmal nur ungeduldig, haben Sie einen unsteten Geist. Sie rebellieren gegen Autorität, Routine und Konventionen und rufen dabei Spannung und Konflikte hervor. Aber Sie haben auch einen spontanen, geistreichen Intellekt, der Sie weit bringen kann. Beispiele: Lauren Bacall, Brigitte Bardot, Oscar Wilde.

Merkur/Neptun

Merkur denkt, während Neptun träumt. Merkur kann dabei helfen, Neptuns Phantasien in die Realität umzusetzen, während Neptun Merkurs Ideen Einsichten vermittelt und Schwung in die Phantasie bringt.

- ✔ **Konjunktion:** Sie sind ein Visionär mit einer inspirierten Phantasie, ein Träumer, der für Stimmungen und Sprache sensibel ist, ein Künstler, der weiß, wie er durch Worte allein Stimmungen erzeugen kann. Es gibt viele Dichter mit diesem Aspekt, und auch Anwälte. Beispiele: Bruce Springsteen, Stephen King, Romy Schneider.
- ✔ **Harmonische Aspekte:** Sie haben einen scharfsinnigen Geist, eine künstlerische Phantasie und eine phantasievolle Ausdrucksart.
- ✔ **Spannungsreiche Aspekte:** Phantasie und Realität buhlen um Ihre Aufmerksamkeit und es ist nie klar, wer gewinnt, da Sie möglicherweise unorganisiert, unachtsam und vergesslich sind, mit einer destruktiven Tendenz, nur das zu sehen, was Sie sehen wollen.

Merkur/Pluto

Wenn Pluto, der Detektiv des Tierkreises, sich mit dem schnell denkenden Merkur verbindet, gibt Ihnen die Kombination einen außergewöhnlichen Geist und die Fähigkeit, sich zu konzentrieren.

- ✔ **Konjunktion:** Sie sind analytisch, konzentriert und sehr gut darin, Geheimnisse herauszufinden. Mit Ihrer eindringlichen Intelligenz können Sie ein großartiger Forscher, untersuchender Reporter oder Detektiv sein. Dieser Aspekt bringt Einsicht und schriftstellerische Fähigkeiten, zusammen mit besessenen Gedanken. Sir Arthur Conan Doyle, der Erfinder von Sherlock Holmes, hatte diesen Aspekt , ebenso Galileo.
- ✔ **Harmonische Aspekte:** Sie sind ein scharfsinniger, kreativer Denker, der an der Oberfläche kratzen kann.
- ✔ **Spannungsreiche Aspekte:** Sie sind gedankenvoll und beobachtend, aber angespannt und Sie haben eine Tendenz zum Grübeln. Beispiele: Humphrey Bogart, Alain Delon, John Lennon.

Aspekte zu Venus

Venus symbolisiert die Liebe, Beziehungen, die Kunst, die Freuden des Lebens, Besitztümer und Geld.

Venus/Mars

Venus ist der Planet der Anziehungskraft. Mars regt das Verlangen an. Zusammen bringen Sie jede Menge Leidenschaft, Sinnlichkeit und Charisma ins Spiel.

- ✔ **Konjunktion:** Sie sind überzeugend und anziehend und strahlen Sexualität, Lebenskraft und Entschlossenheit aus. Die Menschen wollen in Ihrer Nähe sein. Rasputin, Vincent van Gogh,

Yves Montand, Charlie Chaplin, Magic Johnson, Bill Clinton und Herbert von Karajan wurden alle mit diesem Aspekt geboren.

- **Harmonische Aspekte:** Sie sind attraktiv, freundlich und liebevoll und es ist sehr wahrscheinlich, dass Sie romantische Erfüllung finden.
- **Spannungsreiche Aspekte:** Sie sind nicht sicher, was Sie wollen, besonders in Beziehungen. Deshalb kann Ihr Liebesleben durch Streitereien, Unglück und viele Spannungen gekennzeichnet sein. Beispiele: Monica Seles, Woody Allen, Ernest Hemingway, Audrey Hepburn.

Venus/Jupiter

Wenn die liebende Venus in einem Geburtshoroskop auf den großzügigen Jupiter trifft, ist das Ergebnis herausströmende Zuneigung, eine Liebe zum Luxus und eine Vorliebe zur Kunst und Schönheit.

- **Konjunktion:** Dies ist ein glücklicher Aspekt. Da Sie so liebevoll und großzügig sind, ziehen Sie Liebe, Freundschaft und sogar Geld an – was erstaunlich ist, wenn man bedenkt, wie unbesonnen, undiszipliniert und zügellos Sie sein können. Dieser Aspekt bringt außerdem künstlerische Fähigkeiten mit sich.
- **Harmonische Aspekte:** Dieser Aspekt erhöht Ihren Charme ebenso wie Ihre Fähigkeit, Aufmerksamkeit anzuziehen, Geld zu machen und den richtigen Partner zu wählen. Beispiele: Simone Signoret, Naomi Campbell, Kurt Cobain. (Also warum hat er sich umgebracht? Trotz des guten Trigons stand seine Venus auch in Konjunktion zu Saturn und in Opposition zu Uranus. Schauen Sie sich diese schwierigen Aspekte an und Sie werden sehen, warum die Astrologie so kompliziert ist – und auch, warum es sich lohnt, erst das gesamte Geburtshoroskop anzusehen, bevor Sie voreilige Schlüsse ziehen.)
- **Spannungsreiche Aspekte:** Sie übertreiben. Wie ein verliebter Teenager sprengen Ihre Gefühle alle Proportionen und das teilen Sie der Welt mit. Sie essen oder trinken möglicherweise bis zum Exzess oder sind außergewöhnlich anspruchsvoll. Beispiele: Alice Cooper, Boy George, Snoop Doggy Dog.

Venus/Saturn

Der einschränkende Saturn hemmt die liebevolle Venus. Diese Aspekte vertiefen und stärken Ihre Gefühle – bringen aber auch Leiden und späte Liebe.

- **Konjunktion:** Sie sind emotional gehemmt und haben Angst vor Verletzung, Sie nehmen sich selbst zu ernst, um die Liebe auf die leichte Schulter zu nehmen. Sie fühlen sich am wohlsten in Beziehungen mit einem Menschen, der älter oder etablierter ist als Sie selbst. Einige Menschen mit diesem Aspekt machen aus der Liebe eine Art besessener Suche. (Denken Sie an den romantischen Dichter Lord Byron und die oft verheiratete Liebesromanautorin Danielle Steel.) Egal, ob Sie dies tun oder nicht, die Liebe ist ein Problem für Sie. Beispiele: Kurt Cobain, Bill Gates, Annie Lennox, Yoko Ono, Lauryn Hill, Steffi Graf. Dieser Aspekt bringt außerdem mehr

Kreativität, weil er Ihnen hilft, Ihre künstlerischen Talente (gegeben von Venus) zu konzentrieren (der Einfluss von Saturn).

- ✔ **Harmonische Aspekte:** Sowohl emotional als auch finanziell legen Sie mehr Wert auf Sicherheit als auf Aufregung. Sie sind verantwortungsbewusst und loyal und suchen eine solide, dauerhafte Beziehung – und eine gut ausgestattete Geldbörse.
- ✔ **Spannungsreiche Aspekte:** Liebe ist ein Kampf. Sie sind defensiv und schüchtern, haben Angst vor Zurückweisung und errichten eine Mauer, die Sie in Einsamkeit gefangen halten kann. Auch wenn Sie erfüllende Beziehungen finden (und viele Menschen mit diesem Aspekt sind glücklich verheiratet), fühlen Sie sich möglicherweise irgendwie getrennt oder melancholisch. Es hilft nicht zu versuchen, die Leere durch ständiges Zusammensein (oder übermäßige sexuelle Exzesse) zu füllen. Aber es hilft, realistische Erwartungen zu haben, sich selbst zu lieben und sich klare Ziele zu setzen (sowohl finanziell als auch emotional).

Venus/Uranus

Wenn die liebliche Venus und der unkonventionelle Uranus sich in Ihrem Geburtshoroskop verbinden, sind Sie der impulsive, unerschrockene Star Ihrer eigenen romantischen Seifenoper.

- ✔ **Konjunktion:** Dies ist der blitzartige Aspekt, der einen anregenden Charakter, Liebe auf den ersten Blick und ein dramatisches, oft unstetes Liebesleben mit sich bringt. Wie Elizabeth Taylor, Warren Beatty und Heather Locklear wollen Sie sofortige Anziehung und ständige Feuerwerke.
- ✔ **Harmonische Aspekte:** In Freundschaften wie in der Liebe fühlen Sie sich von Menschen angezogen, die aufregend, unvorhersehbar und ungewöhnlich sind. Sie sind originell, künstlerisch begabt und haben Glück in der Liebe. Außerdem haben Sie die beneidenswerte (aber unkontrollierbare) Fähigkeit, plötzlichen Geldsegen anzuziehen.
- ✔ **Spannungsreiche Aspekte:** Sie suchen nach einer zuverlässigen Beziehung zu einem entsprechenden Menschen? Ich bezweifle es. Sie suchen die Spannung des Verbotenen. Plötzliche Liebe ist Teil Ihrer Geschichte, plötzlicher Betrug mag ein anderer sein. Unter den Menschen in meinen Ordnern, die einen spannungsreichen Aspekt zwischen Venus und Uranus haben, ist eine, die eine Affäre mit dem Partner ihrer Schwester hatte, eine, die mit dem Mann ihrer besten Freundin weggerannt ist, eine, die ihren Cousin ersten Grades heiratete und mehrere, die den Erwartungen widersprachen, indem sie jemanden heirateten, der einer anderen Rasse oder Nationalität angehörte.

Venus/Neptun

Venus lebt für die Liebe und Schönheit. Der glamouröse Neptun ermutigt Mystisches und Magie. Wenn Sie synchron zueinander sind, können Sie auf Wolken schweben, doch auch die Konjunktion kann Sie ganz schnell auf den Boden zurückholen.

- **Konjunktion:** Ihre lebhafte Phantasie kann Sie zu einem inspirierten Künstler machen, aber sie kann Sie auch in große Schwierigkeiten bringen, besonders in der Liebe. Sie sind oft ein Opfer der Phantasie und Selbsttäuschung und lassen unbewusst Ihr Verlangen nach Liebe (und/oder Erleuchtung) Ihren Blick vernebeln. Sie sind ein Romantiker, ein Idealist und ein spirituell Suchender. Ihr idealer Partner teilt diese Vorlieben.
- **Harmonische Aspekte:** Sie können mystisch, musikalisch, kultiviert und kreativ, aber auch faul und zügellos sein.
- **Spannungsreiche Aspekte:** Illusion tritt auf eine positive Art und Weise durch Kunst, Musik und Film in Ihr Leben. Aber wenn Sie die Wahl zwischen romantischer Verblendung und normalen, zuverlässigen Beziehungen haben, wählen Sie jedesmal ersteres. Sei es aktiv oder passiv, Sie lassen Ihr Liebesleben von Täuschung, Verwirrung und Betrug formen. Beispiele: Camilla Parker Bowles, Dwight D. Eisenhower, Mia Farrow, Tina Turner.

Venus/Pluto

Der Planet der Liebe trifft auf den Planeten der Besessenheit. Sie können sich vorstellen, was passiert: Eifersucht, Intrigen und Leidenschaft sind die Schlüsselwörter für dieses Paar.

- **Konjunktion:** Sie sind eifersüchtig, besitzergreifend, zutiefst sexuell und kontrollierend. Dieser Aspekt bringt außerdem künstlerische und finanzielle Fähigkeiten mit sich.
- **Harmonische Aspekte:** Leidenschaftlich, aber nicht zerstörerisch, versuchen Sie sich erfolgreich durch Beziehungen zu verändern. Sie ziehen mächtige Menschen an, sowohl in der Liebe als auch im Geschäftsleben.
- **Spannungsreiche Aspekte:** Waren Sie jemals auf jemanden fixiert, von dem Sie wussten, dass er oder sie nicht gut für Sie sein würde? Das dachte ich mir. Dieser Aspekt bringt Leidenschaft und Besessenheit. Er kann Sie außerdem auf magnetische Weise anziehend machen, wie die folgende Liste zeigt: Jackson Pollock, Paul Newman, Cary Grant, Sean Connery, Elvis Presley, Elizabeth Taylor und Zsa Zsa Gabor.

Aspekte zu Mars

Mars steht für Ihren Willen, Ihr Verlangen, Ihren Antrieb, Ihre Energie und Ihre Aggression.

Mars/Jupiter

Die »Ich werde es tun«-Energie des Mars ist eine perfekte Ergänzung zur »Ich kann es tun«-Energie des Jupiter – ein begeistertes Paar.

- **Konjunktion:** Warum weist der berühmteste astrologische Song, der jemals geschrieben wurde (»Age of Aquarius« von Fifth Dimension), darauf hin, dass wir Frieden und Liebe erleben werden, wenn »der Mond im siebten Haus ist und Jupiter sich neben Mars stellt«? Ehrlich gesagt bin ich nicht sicher. Aber ich kann Folgendes sagen: Wenn Sie diese Stellung in Ihrem Geburtshoroskop haben, sind Sie begeisterungsfähig, haben Antrieb, ein Verlangen zu entdecken, ein natürliches Gefühl für Zeit und die Fähigkeit, Ihre Wünsche in einer extravaganten Art und Weise zu erfüllen.

- ✔ **Harmonische Aspekte:** Sie setzen sich ganz natürlich große Ziele. Sie sind abenteuerlustig, unermüdlich, optimistisch und robust: eine großartige Kombination.
- ✔ **Spannungsreiche Aspekte:** Sie sind ruhelos und extravagant, haben haufenweise Energie, aber es fällt Ihnen schwer, diese zu kontrollieren. Mäßigung ist nicht Ihre Sache.

Mars/Saturn

Der hitzige Mars ist der Planet der Aktion, der melancholische Saturn der Herr der Vorsicht. Die zwei mögen sich nicht besonders, können aber zusammen arbeiten.

- ✔ **Konjunktion:** In seiner besten Form bringt dieser Aspekt Selbstdisziplin, Ausdauer und Mut. In seiner schlechtesten Form führt er zu Schüchternheit, Hemmungen, Unwille und zerstörerischem Verhalten.
- ✔ **Harmonische Aspekte:** Sie sind ehrgeizig, entschieden, arbeitsam und vernünftig. Bei Ihnen werden die Dinge erledigt.
- ✔ **Spannungsreiche Aspekte:** Ungeduld schafft Sie. Sie fühlen sich blockiert und frustriert und es fällt Ihnen nicht leicht, Ihre Stimmungen zu regulieren. Außerdem haben Sie möglicherweise das Gefühl, dass Sie Feinde haben. Konfrontationen mit Autoritäten, die nur zu gegenwärtig in Ihrem Leben sind, halten Sie möglicherweise beschäftigt. Dies kann ein schwieriger Aspekt sein (denken Sie an den verurteilten Mörder Gary Gilmore), aber zu den positiven Beispielen gehören Mario Adorf und Albert Schweitzer.

Mars/Uranus

Der ungeduldige Mars und der unkontrollierbare Uranus bilden die Böse-Buben-Kombination des Tierkreises – und sie können einfach nicht anders, als Ärger hervorrufen.

- ✔ **Konjunktion:** Sie sind ungehemmt und entschlossen, mögen unkonventionelle sexuelle Praktiken, haben ungewöhnliche Wünsche und einen großartigen Antrieb. Aber Ihre Energie ist unberechenbar und Sie können anfällig für Unfälle sein.
- ✔ **Harmonische Aspekte:** Nervös und offen verfolgen Sie eifrig Ihre Ziele, suchen das Neue und reagieren schnell. Aber nutzen Sie Ihre umfangreiche Energie auf konstruktive Art und Weise oder vergeuden Sie sie? Das hängt davon ab, ob Sie eher wie Ralph Waldo Emerson oder wie Kato Kaelin sind.
- ✔ **Spannungsreiche Aspekte:** Sie gehen gern Risiken ein und sind ein Freidenker, dessen rebellische Art alles um Sie herum zertrümmern kann. Im schlimmsten Fall führt dieser Aspekt zu wirklich dummem, angeberischem Verhalten, an seinem kreativen Höhepunkt ermutigt er Unabhängigkeit und Abenteuer.

Mars/Neptun

Der verträumte Neptun kann den Tag in vernebelter Träumerei verbringen, während der achtlose Mars handelt (wie schlecht durchdacht oder wenig wirksam auch immer). Zum Glück kann Mars den Antrieb geben, um Neptuns kreative Pläne anzufeuern.

- ✔ **Konjunktion:** Sie sind unsicher, aber talentiert und sensibel und es fällt Ihnen schwer, Ihre Energie zu konzentrieren. Sie setzen sich manchmal unrealistische Ziele. John Lennon hatte diesen Aspekt.
- ✔ **Harmonische Aspekte:** Sie sind romantisch, künstlerisch veranlagt und fähig, Ihre Träume und Inspirationen in die Tat umzusetzen.
- ✔ **Spannungsreiche Aspekte:** Sie sind idealistisch, lassen sich aber schnell entmutigen, mit einer Tendenz zum Fluchtverhalten.

Mars/Pluto

Sie nähren sich aus einem tiefen Brunnen der Energie und Intensität. Dieser Aspekt bringt Ehrgeiz und Ausdauer – in Hülle und Fülle.

- ✔ **Konjunktion:** Körperlich mit enormen Energiereserven ausgestattet, sind Sie aggressiv, ehrgeizig und arbeitsam. Sie verfolgen Ihre Ziele mit einer furchteinflößenden Entschlossenheit. Ein mächtiger Aspekt, wie diese Liste zeigt: Die US-Generäle Douglas MacArthur und Norman Schwartzkopf, Hillary Clinton, Sigourney Weaver und Cher.
- ✔ **Harmonische Aspekte:** Sie haben starke Vorlieben und Abneigungen, ein solides Selbstbewusstsein und die seltene Gabe, eine Beziehung oder einen Job ohne Zusammenbruch zu beenden und mit Energie und Intensität ein neues Unternehmen zu beginnen.
- ✔ **Spannungsreiche Aspekte:** Sie haben starke leidenschaftliche Gefühle, aber es fällt Ihnen schwer, diese zu kontrollieren. Obwohl Sie dazu tendieren, sich selbst zu blockieren, haben Sie auch ein eindrucksvolles Durchhaltevermögen und die Fähigkeit, Ihre negativen Verhaltensweisen zu ändern und das zu erreichen, was Sie wirklich wollen: Macht.

Aspekte zu Jupiter

Jupiter repräsentiert Wohlstand, Weisheit, Überfluss, Extravaganz und Erweiterung. Seine Stellung in Ihrem Geburtshoroskop teilt Ihnen mit, wo Sie Glück erwarten können.

Jupiter/Saturn

Der erweiternde Jupiter und der einschränkende Saturn sind keine natürlichen Verbündeten. Treffen beide zusammen, erhalten Sie Spannungen – und Entschlossenheit.

- ✔ **Konjunktion:** Wenn der optimistische Jupiter in Konjunktion zum pessimistischen Saturn steht, wird Idealismus durch Realismus zerquetscht und Frustration ist vorherrschend. Ihr Weg ist voller Hindernisse, aber Ihre Kapazität für harte Arbeit ist furchteinflößend und im Allgemeinen kriegen Sie Ihre Angelegenheiten geregelt. Dieser schwierige Aspekt tritt etwa alle 20 Jahre in Erscheinung.
- ✔ **Harmonische Aspekte:** Sie sind vernünftig, behalten einen kühlen Kopf und sind praktisch genug, um Ihre Grenzen zu erkennen und mit Ihren Kräften zu haushalten. Die besten Therapeuten, die ich kenne, haben diesen Aspekt.
- ✔ **Spannungsreiche Aspekte:** Ein Tauziehen zwischen den Kräften der Ausdehnung und den Kräften der Einschränkung beeinträchtigen Ihr Gleichgewicht. Ruhelosigkeit, Unzufriedenheit, schlechte Planung und Spannungen können Sie plagen. Auf einer tiefen Ebene haben Sie Angst, dass Ihr Urteil nicht zuverlässig ist und Ihr Selbstbewusstsein leidet entsprechend.

Jupiter/Uranus

Überraschungen sind reichlich vorhanden, wenn der wohlwollende Jupiter auf Uranus, den Planeten der plötzlichen Ereignisse, trifft. Uranus fügt der offenherzigen Begeisterung des Jupiter den Touch eines Außenseiters hinzu.

- ✔ **Konjunktion:** Dies ist der Aspekt des plötzlichen Glücks. Möglichkeiten ergeben sich völlig unerwartet und Sie sind bereit, diese zu Ihrem Vorteil zu nutzen.
- ✔ **Harmonische Aspekte:** Sie sind wachsam und kreativ und reagieren auf Gelegenheiten, die aufregend, ungewöhnlich und durch und durch modern sind.
- ✔ **Spannungsreiche Aspekte:** Der vorbestimmte Pfad und die allgemein verlangten Lehren gefallen Ihnen nicht. Sie wollen Ihre eigenen Entscheidungen treffen, auch wenn Sie unter Ihrem Versagen, der Norm zu entsprechen, leiden. Sie sind ein natürlicher Rebell.

Jupiter/Neptun

Der extravagante Jupiter ermutigt den beeindruckbaren Neptun zu großen Träumen. Dieser Aspekt erweitert die Phantasie, den Idealismus und Spiritualismus.

- ✔ **Konjunktion:** Dieser glückliche Aspekt unterstützt Spiritualismus, Idealismus und sogar finanziellen Wohlstand. Aber seien Sie vorsichtig: Zwar sind Sie mit reichlich Intuition beschenkt, aber Sie leiden möglicherweise unter Vagheit, Selbsttäuschung und einer Tendenz, sich herauszuhalten.
- ✔ **Harmonische Aspekte:** Sie sind sympathisch, sanft, einsichtig, kreativ und glücklich, mit einem angeborenen Interesse an spirituellen Dingen.
- ✔ **Spannungsreiche Aspekte:** Sie tendieren dazu, Ihre Bemühungen zu zerstreuen, Sie sind viel zu leichtgläubig und Ihre Weigerung, sich der Realität zu stellen, kann Ihre Freunde zum Alkohol treiben, eine Substanz, die Sie mit Vorsicht behandeln sollten, damit es nicht zum

Missbrauch kommt. Dieser Aspekt kann Geld und Talent bringen, besonders im musischen Bereich. (Denken Sie an Celine Dion, Melissa Etheridge, Annie Lennox und Claude Debussy.) Aber hochfliegende Träume können ein Problem sein.

Jupiter/Pluto

Jupiter erweitert alles, was er anfasst. Pluto repräsentiert die Reise nach innen und die Macht der Transformation.

- ✔ **Konjunktion:** Wenn diese zwei Planeten Seite an Seite stehen, werden Sie ein mächtiger Hüter des Wechsels, wenn nicht nach außen, dann in Ihnen selbst. Bill Gates hat diese Konjunktion im dritten Haus der Kommunikation.
- ✔ **Harmonische Aspekte:** Wenn Zeiten der Veränderung heranrollen, sind Sie bereit. Sie sind gut organisiert und ein machtvoller Anführer.
- ✔ **Spannungsreiche Aspekte:** Sie sind ein Kreuzritter, entschlossen, die Welt zu verändern. In Ihren besten Momenten kämpfen Sie mit den schrecklichsten Goliaths – und gewinnen. Aber Ihnen wohnt ein geheimes Verlangen nach Macht inne und Sie können rücksichtslos, misstrauisch, selbstzerstörerisch und fanatisch sein. Dieser Aspekt ist im Geburtsbild von Christopher Reeves vorherrschend. Andere, die Auswirkungen des Aspekts zeigen, sind Margaret Thatcher, Saddam Hussein, Richard Nixon und Mata Hari.

Aspekte zu Saturn

Saturn symbolisiert Grenzen, Zusammenziehung, Einschränkung und den Bedarf an Strukturen. Seine Stellung zeigt Ihnen, wo Sie arbeiten und sich organisieren müssen.

Saturn/Uranus

Tradition (Saturn) trifft auf Innovation (Uranus). Es erübrigt sich zu sagen, dass Dinge sich ereignen werden.

- ✔ **Konjunktion:** Sie haben Antrieb, Durchhaltevermögen, Potenzial zum Anführer und die Fähigkeit, Ihre originellsten Ideen zu konzentrieren, indem Sie die Brillanz von Uranus mit der Struktur von Saturn kombinieren.
- ✔ **Harmonische Aspekte:** Sie sind entschlossen, entschieden und fähig, die praktische Seite des Saturn mit der Originalität des Uranus zu vermischen. Dies ist ein erfolgreicher Aspekt.
- ✔ **Spannungsreiche Aspekte:** Kompromisse sind schwierig für Sie. Sie können egoistisch, gefühllos und überkritisch sein – ein richtiger Nervtöter. In Ihren schlimmsten Momenten haben Sie das Gefühl, dass Sie den schlechten Teil abgekommen haben und Ihnen die Anerkennung, der Status und der materielle Wohlstand, die Sie verdient hätten, verwehrt werden. In Ihren besten Momenten sind Sie ein Reformer, in der Lage, originelle Ideen (des Uranus) auf

alte Probleme (des Saturn) anzuwenden. Beispiele: Leo Tolstoi, Konrad Adenauer, Anwar Sadat, Helmut Schmidt.

Saturn/Neptun

Der praktische Saturn folgt Anweisungen. Der verträumte Neptun wandert ohne Plan herum. Zusammen kreieren sie konzentrierte Phantasie – oder zeigen eine totale Unfähigkeit, sich zu organisieren.

- ✔ **Konjunktion:** Wenn die zwei Planeten Hand in Hand arbeiten, sind Sie diszipliniert, vernünftig und kreativ. Wenn Saturn Neptun dominiert, misstrauen Sie Ihrer Intuition und zerstören Ihre Kreativität. Ist Neptun dominant, haben Sie mit Ihren Bemühungen, ordentlich, organisiert und in Kontrolle zu sein, zu kämpfen.
- ✔ **Harmonische Aspekte:** Ihr Idealismus und Ihr Realitätssinn arbeiten zusammen und geben Ihnen die Fähigkeit, Ihre Phantasie in eine praktische Richtung zu lenken.
- ✔ **Spannungsreiche Aspekte:** Emotional halten Sie sich zurück. Sie vertrauen Menschen nicht leichtfertig, zeigen die Tendenz, sich zurückzuziehen und müssen Ihre kreativen Ideen auf eine höchst strukturierte Weise organisieren, bevor Sie sie ausdrücken können.

Saturn/Pluto

Pluto ist der Planet der tiefen, inneren Veränderung, während Saturn der Anführer des Tierkreises und Herr der Disziplin ist. Wenn Sie sich in Ihrem Geburtshoroskop verbinden, wird Ihre Fähigkeit vertieft, sich selbst zu verändern.

- ✔ **Konjunktion:** Pluto sucht Transformation, aber der vorsichtige Saturn schränkt seine Handlungen ein und erzeugt damit zwanghaftes Verhalten, schwer zu durchbrechende Gewohnheiten und jede Menge Widerstand. Um diese frustrierende Situation zu durchbrechen, brauchen Sie Organisation, einen systematischen Ansatz zur Problemlösung und jede Menge Selbstdisziplin.
- ✔ **Harmonische Aspekte:** Dieser Aspekt stärkt Ihre Willenskraft, Ihr Gefühl der Kontrolle und Ihre Zuversicht.
- ✔ **Spannungsreiche Aspekte:** Sie sind möglicherweise so lange in obsessiven Gedanken oder zwanghaftem Verhalten gefangen, bis Sie einen Weg finden, deren Auswirkungen zu vermindern.

Aspekte zu Uranus, Neptun und Pluto

Uranus steht für Individualität, Exzentrizität, Aufstand, Revolution und das Unvorhersehbare.

Neptun symbolisiert die Phantasie, spirituelle Dinge, Träume, Visionen und Täuschung.

Pluto repräsentiert Besessenheit, Zwänge, Tod, Wiedergeburt und Transformation.

Uranus, Neptun und Pluto, die drei äußeren Planeten, bewegen sich derart langsam durch den Tierkreis, dass Ihr größter Einfluss sich auf Generationen, nicht auf einzelne Menschen, bezieht. Die Aspekte, die Sie formen, stehen lange Zeit innerhalb des zugelassenen Orbis. Eine Konjunktion zwischen zwei dieser Planeten dauert Jahre an. Also unterscheidet Sie die alleinige Tatsache eines solchen Aspekts nicht von anderen. Aber ein Aspekt kann unter folgenden Umständen auch für den einzelnen Menschen von Bedeutung sein:

- ✔ Jeder der betroffenen Planeten belegt einen Winkel oder steht in Konjunktion zum Aszendenten oder zur Himmelsmitte.
- ✔ Jeder Planet formt einige enge Aspekte zu anderen Planeten, insbesondere zur Sonne, zum Mond oder dem Planeten, der Ihren Aszendenten regiert.
- ✔ Jeder Planet regiert Ihr Sonnenzeichen, Mondzeichen oder aufsteigendes Zeichen. (Uranus regiert den Wassermann, Neptun regiert die Fische und Pluto regiert den Skorpion.)

Uranus/Neptun

Uranus, der Planet der plötzlichen Veränderungen, und der mystische Neptun, der Planet der Träume und Visionen, können Sie inspirieren und Ihnen überraschende Einsichten bringen.

- ✔ **Konjunktion:** 1992 und 1993 standen Uranus und Neptun zum erstenmal seit 1821 in einer exakten Konjunktion, ein Kunstgriff, den sie erst um das Jahr 2163 wiederholen werden. Jeder, der mit diesem Aspekt geboren wurde, geht wahrscheinlich Veränderungen erfinderisch und intuitiv an, hat einen mitfühlenden Charakter und eine nervöse Veranlagung.
- ✔ **Harmonische Aspekte:** Wenn Sie ein Trigon oder ein Sextil zwischen Neptun und Uranus haben, gehören Sie einer Generation an, die sensibel, utopisch und spirituell veranlagt ist.
- ✔ **Spannungsreiche Aspekte:** Sie sind emotional, exzentrisch und äußerst originell, besonders, wenn jeder dieser Planeten einen dritten auf eine besondere Weise berührt.

Uranus/Pluto

Der unkonventionelle Uranus und der strapazierfähige Pluto in Kombination führen zu wichtigen, manchmal revolutionären Veränderungen.

- ✔ **Konjunktion:** Haben Sie sich jemals gefragt, warum die 60er Jahre so turbulent waren? Hier ist der Grund: Zum ersten Mal seit 115 Jahren stand Uranus, der Planet der Revolution und Exzentrizität, in Konjunktion zu Pluto, dem Planeten der Transformation. Planetentransite wirken sich auf jeden Menschen aus – nicht nur auf Babys, die unter ihrem Einfluss geboren werden. Wenn Sie während dieses Jahrzehnts geboren wurden – wenn Sie also ein wahres Kind der 60er sind – sind Sie unabhängig und willensstark, und Sie tragen dieses Gefühl kreativer Rebellion in sich.

- ✔ **Harmonische Aspekte:** Trigone und Sextile zwischen Uranus und Pluto bringen zerrüttende Veränderungen mit sich, ermöglichen es Ihnen aber, die freigesetzte Energie in einer kreativen Weise zu nutzen.
- ✔ **Spannungsreiche Aspekte:** Wenn der Blitz einschlägt, versuchen Sie, Ihre natürlichen Reaktionen zu unterdrücken und erzeugen dadurch zusätzlich zu allem anderen eine Extradosis Angst. Fühlen Sie sich nicht schlecht: Sie wurden während der Großen Depression in Amerika geboren und können nichts dagegen tun. Sie können nur schwer mit unerwarteten Veränderungen umgehen.

Neptun/Pluto

Neptun reagiert empfänglich auf Musik, Poesie und alles Unausgesprochene. Der mächtige Pluto untersucht Geheimnisse und ergründet den Bereich des Verbotenen. Zusammen bilden Sie eine mächtige Combo, bringen Inspiration und eine Sehnsucht nach dem Abenteuer, das in einer heroischen Aufgabe gefunden werden kann.

- ✔ **Konjunktion:** Diese seltene Konjunktion, die zum letzten Mal 1892 zu sehen war und bis zum 24. Jahrhundert nicht wiederkehren wird, kombiniert die Spiritualität des Neptun mit dem Machtstreben und Verständnis des Pluto. Beispiele: Charles De Gaulle, J.R.R. Tolkien.
- ✔ **Harmonische Aspekte:** Seit etwa 1928 stehen Neptun und Pluto in einem ungefähren Sextil, ein Aspekt, der die mystische Sehnsucht des Neptun mit dem transformativen Drang des Pluto vereint und einen Aufschwung der Spiritualität, des Hellsehens, der übersinnlichen Wahrnehmung und allem bisher noch nicht Gesehenen mit sich bringt.
- ✔ **Spannungsreiche Aspekte:** Ein Interesse für das Übernatürliche, veränderte Bewusstseinszustände und Sexualität kann aus der blockierten Energie dieses mächtigen Aspekts erwachsen. Besessenheit ist wahrscheinlich – aber die Richtung dieser Besessenheit hängt vom einzelnen Menschen ab. Beispiele: Queen Victoria, die einer Ära, die für ihre Unterdrückung bekannt war, ihren Namen gab und Walt Whitman, dessen Poesie von Sexualität, Hoffnungslosigkeit und Liebe durchtränkt ist.

Eine Anleitung zur Interpretation

9

In diesem Kapitel

- Ihr Geburtshoroskop als Ganzes – nach Mustern suchen
- Den Schwerpunkt auf die wichtigsten Komponenten eines Geburtshoroskops legen
- Wichtige Aspektfiguren betrachten
- Das Puzzle zusammensetzen

Astrologen stimmen darin überein, dass die Sonnenzeichenastrologie, die eher Typen als einzelne Menschen beschreibt, nicht ausreichend ist. Aber obwohl die feineren Details ausgelassen werden, kann die Sonnenzeichenastrologie einen Vorteil für sich verbuchen: Sie ist einfach. Ein vollständiges astrologisches Geburtshoroskop dagegen, mit seiner Vernetzung der Planeten, Zeichen, Häuser und Aspekte ist so komplex wie der tatsächliche Mensch – und ebenso schwer zu verstehen.

Zum Glück brauchen Sie keine übersinnlichen Fähigkeiten, um Astrologe zu sein. Aber Sie brauchen ein System, besonders wenn Sie Anfänger sind. Die folgenden Schritte bieten Ihnen ein solches System. (In Kapitel 2 können Sie herausfinden, wie Sie ein Exemplar Ihres Geburtshoroskops erhalten.)

1. **Untersuchen Sie das Geburtshoroskop als Ganzes.**

   Suchen Sie nach offensichtlichen Mustern wie z.B.

   - Planeten über und unter der Horizontlinie
   - Planeten rechts und links der Achse MC/IC
   - Planetenverteilung im gesamten Geburtshoroskop
   - Planeten in bestimmten Zeichentypen
   - Planeten in bestimmten Häusertypen

2. **Betrachten Sie diese fünf Komponenten Ihres Geburtshoroskops:**

   - Ihre Sonne nach Zeichen und Haus (siehe Kapitel 3)
   - Ihren Mond nach Zeichen und Haus (siehe Kapitel 4)
   - Ihren Aszendenten

- Ihren herrschenden Planeten
- Jede Gruppe (oder *Stellatium*) von drei oder mehr Planeten

3. **Suchen Sie nach wichtigen Aspektfiguren, darunter folgende:**
   - Das T-Quadrat
   - Das große Kreuz
   - Das große Trigon
4. **Überprüfen Sie alles andere.**

Der Rest dieses Kapitels beschreibt diese Schritte detaillierter.

Schritt eins: Nach allgemeinen Mustern suchen

Wenn Sie durch einen Stapel von Geburtshoroskopen blättern, werden Sie vielleicht bemerken, dass in einigen die Planeten in einem Teil des Kreises gebündelt sind, während sie in anderen wie Zahlen auf einer Uhr um den Kreis verteilt erscheinen. Diese Gruppierungen, die nichts mit den betroffenen Planeten und Zeichen zu tun haben, können erstaunlich aufschlussreich sein. Astrologen haben zwei Hauptmethoden entwickelt, um die Konfigurationen eines astrologischen Geburtshoroskops einzuschätzen:

- ✔ **Hemisphärenanalyse:** So leicht, dass jedes Kind sie machen kann, teilt diese Methode den Horoskopkreis in eine horizontale und eine vertikale Hälfte und zieht die Anzahl der Planeten auf jeder Seite in Betracht.
- ✔ **Musteranalyse:** Diese Methode, die erstmals vom Astrologen Marc Edmund Jones in seinem Buch *Guide to Horoscope Interpretation* eingeführt wurde, zieht die Art und Weise in Betracht, wie die Planeten um den Horoskopkreis verteilt sind. Beide Methoden beziehen sich nur auf Muster, nicht auf bestimmte Zeichen oder Planeten.

Hemisphärenanalyse

Ein schneller Blick auf Ihr Geburtshoroskop bietet Ihnen einen einfachen Einstieg in die Interpretation – und Sie müssen nur zählen. Suchen Sie zunächst die Horizontlinie in Ihrem Geburtshoroskop – eine Linie, die vom Aszendenten zum Deszendenten verläuft, wie in Abbildung 9.1 dargestellt. (Weitere Informationen zu Ihrem Aszendenten und Deszendenten finden Sie in Kapitel 5.) Wenn sich die Mehrheit Ihrer Planeten über dem Horizont befindet, sind Sie ein extrovertierter Mensch, der auf die externe Welt schaut, um Anerkennung und Unterstützung zu finden. Sind die meisten Ihrer Planeten unterhalb der Linie zu finden, sind Sie ein introvertierter Mensch, der Privatsphäre braucht, sich vom öffentlichen Leben fernhält und persönliche Erfüllung sucht.

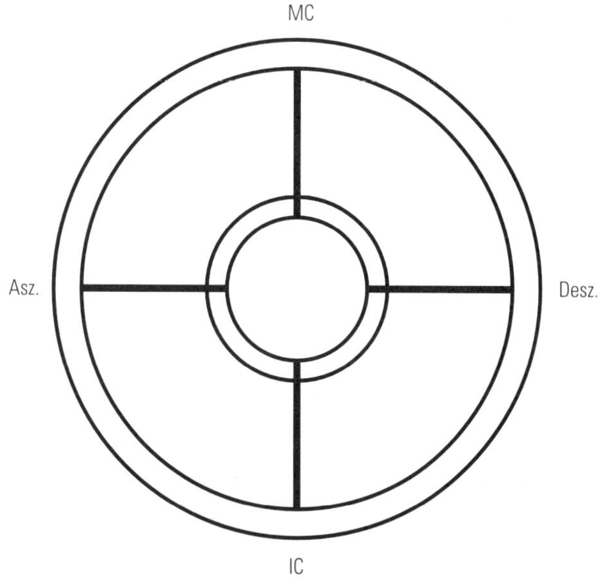

Abbildung 9.1: Ihr Geburtshoroskop mit Hilfe der Horizont- und der Meridianlinie aufteilen

Teilen Sie nun Ihr Geburtshoroskop vertikal oder entlang des Meridians, der von Ihrer Himmelsmitte, oder MC, oben in Ihrem Geburtsbild bis zu Ihrem IC unten verläuft. Diese Linie teilt das Horoskop ebenfalls in zwei Bereiche: die östliche Hemisphäre auf der linken Seite und die westliche Hemisphäre auf der rechten Seite. Befinden sich die meisten Ihrer Planeten auf der östlichen oder linken Seite Ihres Horoskops, haben Sie die beneidenswerte Fähigkeit, Dinge in die Tat umzusetzen und Ihre eigenen Möglichkeiten zu kreieren. Sie sind höchst unabhängig, aber Sie können auch intolerant den Menschen gegenüber sein, die die Dinge nicht so sehen können wie Sie. Liegt Ihr Geburtshoroskop stark auf der westlichen oder rechten Seite gewichtet, lassen Sie sich mehr von den Umständen beeinflussen und haben wahrscheinlich das Gefühl, dass Sie sich den Bedürfnissen anderer anpassen müssen, wenn Sie Erfolg haben wollen. Die meisten Menschen, darunter auch die Großen dieser Welt, haben Planeten auf beiden Seiten.

Der Aszendent symbolisiert Ihre Persönlichkeit, die Sie nach außen zeigen. Der Deszendent zeigt Ihre Haltung gegenüber Ehe und Beziehungen. Die Himmelsmitte oder MC beschreibt Ihre Ambitionen und Ihr Image in der Öffentlichkeit. Der Imum Coeli oder IC gibt einen Hinweis darauf, wie Sie zu Heim und Familie stehen.

Sieben Planetenmuster

Seit 1941, als der Astrologe Marc Edmund Jones (eine Waage) sieben mögliche Muster identifizierte, die von den Planeten als Gruppe geformt werden können, untersuchen Studenten der Astrologie ihre Bedeutung. Dies sind die sieben möglichen Muster der Planeten:

- **Das Bündel:** Wenn all Ihre Planeten innerhalb von vier Zeichen oder 120° (einem Trigon) konzentriert sind, haben Sie ein Bündelhoroskop, egal welche Zeichen betroffen sind oder auf welchen Teil des Kreises das Bündel der Planeten fällt. Dieses Muster, das Sie in Abbildung 9.2 sehen, gibt Ihnen einen klaren Fokus, feste Interessen, Selbstbewusstsein und persönliche Stärke. Aber es schränkt Sie auch ein: Sie sind nur in den Bereichen stark, in denen Sie stark sind und wissen gar nichts von den Bereichen (oder sind nicht daran interessiert), in denen Sie es nicht sind.

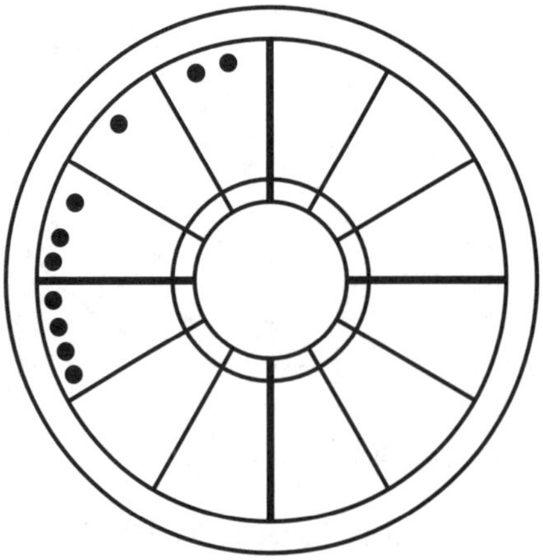

Abbildung 9.2: Das Bündel

- **Die Schüssel:** Wenn Ihre Planeten mehr als 120°, aber nicht mehr als 180° (oder die Hälfte des Tierkreises) abdecken, haben Sie ein Schüsselhoroskop, wie in Abbildung 9.3 dargestellt. Dieses höchst motivierende Muster kann ein frustrierendes Gefühl hervorrufen, dass etwas fehle, kombiniert mit einer stahlharten Entschlossenheit, diese Leere durch Aktion zu füllen.

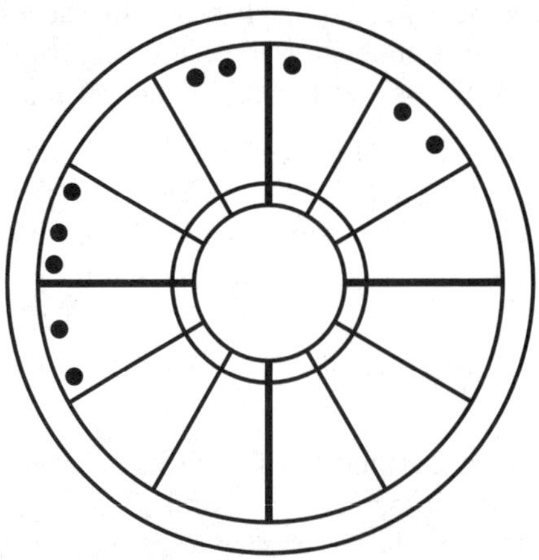

Abbildung 9.3: Die Schüssel

Zwei Beispiele für einen Einzelplaneten

Immer wenn Sie ein Geburtsbild mit einem wahren Einzelgänger finden – d.h. ein Korbhoroskop mit einem Planeten, der von allen anderen entfernt steht – haben Sie den Schlüssel zu dem betroffenen Menschen gefunden. Schauen Sie sich diese zwei Beispiele aus meiner Praxis an:

- ✔ Lulu (Name geändert), die perfekte Gastgeberin. Mit drei Planeten im charismatischen Löwen zieht sie überall Menschen an, gibt die besten Parties, zu denen ich je eingeladen war, und sieht aus wie die Königin des Selbstbewusstseins. Sie ist außerdem eine der erfolgreichsten, mitfühlendsten Frauen, die ich kenne. Aber sie hat bereits mehrere Ehen und Scheidungen hinter sich, hat mehr Liebhaber als der Rest meiner Freunde zusammengenommen und ist besessen von Beziehungen. Warum? Sie hat ein Korbhoroskop mit neun Planeten auf einer Seite, ausgeglichen durch den emotionalen, nach Sicherheit suchenden Mond auf der anderen Seite. Dank der neun Planeten ist sie aktiv, autonom, ein richtiger Tatmensch. Aber mit dem Mond genau in der Mitte ihres siebten Hauses der Partnerschaft, kreist ihr emotionales Wohlbefinden um Beziehungen. Dies zeigt der Standort des Einzelgängers an: ihren Lebensschwerpunkt.
- ✔ Dr. X (Name geändert), der unterhaltsamste Psychiater, den ich kenne. Seine warme Persönlichkeit liegt in seinem Aszendenten Löwe begründet. Sein Interesse an der Psychiatrie kommt ganz klar von seinem Mond-Einzelgänger, der, wie der Mond von Dr. Freud, im achten Haus der Intimität, Geheimnisse, Psychoanalyse, Regeneration (oder Heilung) und des okkulten Wissens steht. In seiner Arbeit als Therapeut meistert Dr. X die Fähigkeit, bei seinen Patienten ein Gefühl der Intimität zu erzeugen, die es ihm ermöglicht, Ihre Geheimnisse ans Licht zu bringen. Im Privaten spornt sein Mond ihn an, Bereiche zu erforschen, von denen die meisten Mediziner nicht einmal zugeben würden, dass sie darüber nachdenken – Bereiche wie z.B. übersinnliches Bewusstsein, Handlesen (ihm wurde zum ersten Mal die Hand gelesen, als er 5 Jahre alt war), Astrologie (dadurch wurden wir Freunde) und alle möglichen spirituellen Techniken. Noch einmal, der einzelne Planet ist der Schlüssel.

- ✔ **Der Korb:** Ein Korbhoroskop ist wie ein Schüsselhoroskop, außer dass ein Planet (oder manchmal zwei in einer engen Konjunktion) vom Rest abgetrennt ist, wie in Abbildung 9.4 dargestellt. Dieser Einzelplanet, der Henkel des Korbs, wird zum Mittelpunkt des Geburtshoroskops. Da seine Bedürfnisse immer vorherrschend sind, verglich Marc Edmund Jones diesen einsamen Planeten mit Zahnschmerzen. Er verlangt Aufmerksamkeit – und manchmal ruft er Schmerzen hervor. Denn seine Aufgabe besteht im Wesentlichen darin, den Rest des Horoskops auszugleichen. Seine Bedeutung ist derart groß, dass er häufig, nach Zeichen und Haus interpretiert, eine Person geradezu unheimlich genau beschreibt.

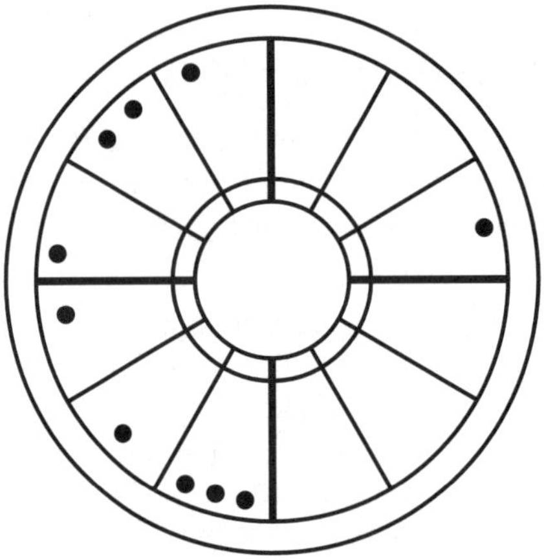

Abbildung 9.4: Der Korb

- **Die Lokomotive:** Wenn sich die zehn Planeten in Ihrem Geburtshoroskop über zwei Drittel des Tierkreises ordentlich aufreihen, wie in Abbildung 9.5 dargestellt, haben Sie Antriebskraft, Durchhaltevermögen und eine praktische Seite. Die wichtigsten Planeten sind der erste und letzte – die Lokomotive, welche die Parade der Planeten anführt, wenn das Geburtshoroskop im Uhrzeigersinn gedreht wird und der Bremswagen, der am Ende die Stellung hält.

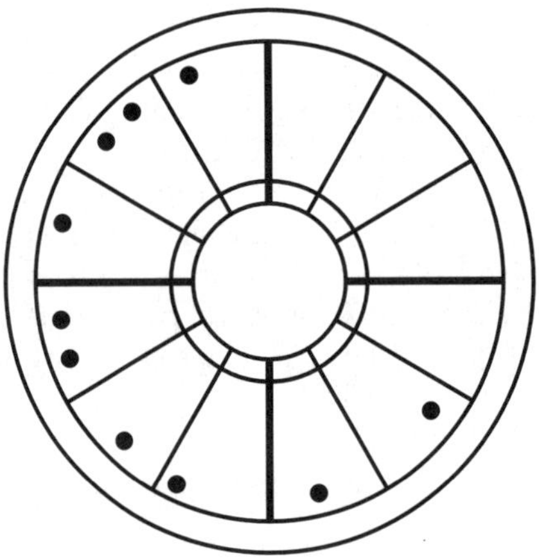

Abbildung 9.5: Die Lokomotive

- **Der Spritzer:** Ganz wie es sich anhört – die Planeten sind mehr oder weniger gleichmäßig über den gesamten Tierkreis verstreut, mit leeren Bereichen hier oder dort, aber nur aus dem Grund, weil es zehn Planeten und zwölf Zeichen gibt, wie Abbildung 9.6 zeigt. Also liegt eine Fülle von Lebenserfahrungen für Sie bereit, nach denen Sie nur zu greifen brauchen. Der Nachteil? Sie verteilen Ihre Energie und Ihre Interessen in der gleichen Weise, wie ein Obstbaum seine Blütenblätter an einem windigen Tag verstreut.

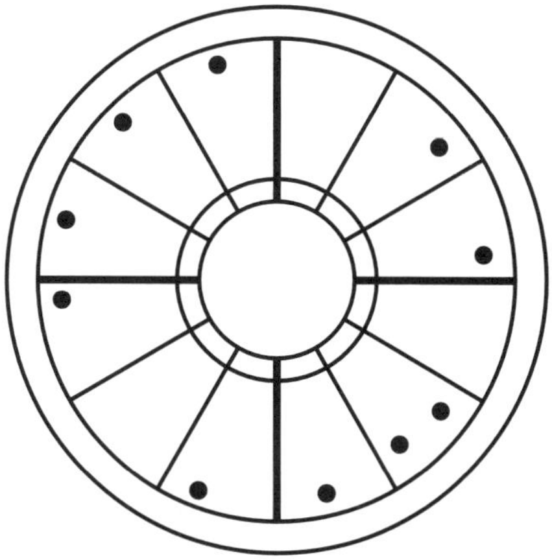

Abbildung 9.6: Der Spritzer

- **Der Tupfer:** In diesem Muster, das Sie in Abbildung 9.7 sehen können, sind die Planeten ungleichmäßig über das gesamte Geburtsbild verteilt, mit mindestens einer Anhäufung von drei oder mehr Planeten. Menschen mit diesem Muster sind individualistisch, mit einem starken Bewusstsein für ihre eigenen Interessen und einer Ablehnung, sich der öffentlichen Meinung anzupassen.

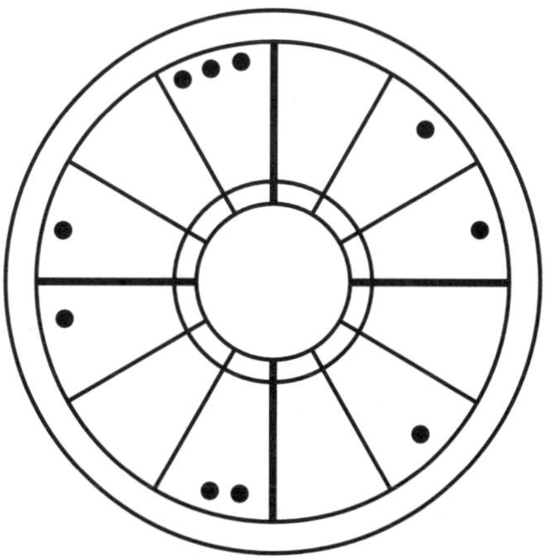

Abbildung 9.7: Der Tupfer

- **Die Wippe:** Wenn Sie zwei Gruppen gegenüberstehender Planeten haben, die auf jeder Seite durch ein paar leere Häuser getrennt sind (siehe Abbildung 9.8), schwingen Sie ständig auf der Wippe der Umstände hoch und runter. Sie sind ein exzellenter Vermittler, Richter und Verwalter und können die Dinge objektiv sehen. Aber Sie fühlen sich vielleicht innerlich gespalten, da sie je zwei Ausrichtungen von Bedürfnissen und Talenten haben und es Ihnen schwerfallen mag, beide zufriedenzustellen.

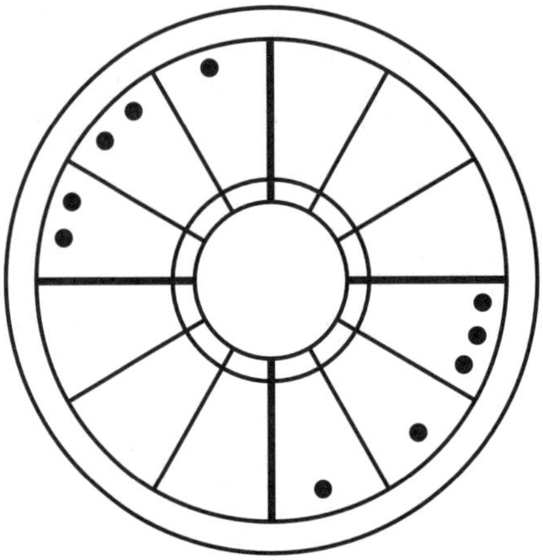

Abbildung 9.8: Die Wippe

Die Zeichen betrachten

Nachdem Sie sich Ihr Geburtshoroskop als Ganzes angesehen haben, können Sie nun die Zeichen und Planeten hinsichtlich ihres Elements oder ihrer Qualität beurteilen. Beginnen Sie, indem Sie die Planeten in jedem Element (Feuer, Erde, Luft und Wasser) und in jeder Qualität (kardinal, fest und beweglich) zählen – Tabelle 9.1 zeigt Ihnen, welches Zeichen wozu gehört. Wenn Sie Ihre Geburtszeit kennen, sollten Sie auch Ihren Aszendenten und Ihre Himmelsmitte dazu nehmen, womit Sie insgesamt 12 unterschiedliche Komponenten erhalten.

	Feuer	Erde	Luft	Wasser
Kardinal	Widder	Steinbock	Waage	Krebs
Fest	Löwe	Stier	Wassermann	Skorpion
Beweglich	Schütze	Jungfrau	Zwillinge	Fische

Tabelle 9.1: Elemente und Qualitäten

Die meisten Menschen sind mehr oder weniger ausgeglichen, mit zwei bis vier Planeten in jedem Element. Aber wenn Sie fünf oder mehr Planeten in Zeichen eines Elements oder einer Qualität haben, werden die Eigenschaften dieses Elements oder dieser Qualität betont. Werfen Sie einen Blick auf Tabelle 9.2 für eine Erklärung, was eine solche Anhäufung für Sie bedeuten kann.

Mit einer überwiegenden Zahl von Planeten in ...	sind Sie...
Feuerzeichen	aktiv, abenteuerlustig, lebhaft, durchsetzungsfähig, ein natürlicher Anführer
Erdzeichen	praktisch, sinnlich, stabil, vorsichtig, arbeitsam, auf Sicherheit bedacht

Mit einer überwiegenden Zahl von Planeten in ...	sind Sie...
Luftzeichen	kommunikativ, intellektuell, gesellig, angetrieben von Ideen und Konversation
Wasserzeichen	sensibel, leidenschaftlich, leicht zu beeindrucken, mitfühlend und einsichtig

Tabelle 9.2: Betonung nach Element

Wenn Sie die Komponenten eines Geburtsbildes klassifizieren, denken Sie daran, dass Sonne und Mond mehr Einfluss haben als die anderen Planeten und deshalb zusätzliches Gewicht geben können. Einige Astrologen zählen sie sogar zweimal, nur um sicherzugehen, dass ihnen genügend Bedeutung zugemessen wird.

Die Qualitäten funktionieren genau wie die Elemente. Die meisten Menschen haben ein ungefähres Gleichgewicht. Aber wenn Sie einen Haufen Planeten in einer bestimmten Qualität haben, werden diese Eigenschaften betont. (Informationen darüber, was es bedeutet, wenn Sie keine Planeten in einem Element haben, finden Sie in Kapitel 10.)

Mit einer überwiegenden Zahl von Planeten in...	sind Sie...
Kardinalzeichen	handlungsorientiert, mutig, gewillt die Initiative zu übernehmen
festen Zeichen	unbeirrbar, entschlossen, konzentriert, ablehnend Veränderungen gegenüber
beweglichen Zeichen	flexibel, anpassungsfähig und offen für Veränderungen

Tabelle 9.3: Betonung nach Qualität

Planeten in den Häusern: ein Nebeneffekt

Wenn Sie Parallelen zwischen den Häusern und den Zeichen ziehen, so dass das erste Haus dem Widder entspricht, das zweite Haus dem Stier usw., können Sie die Häuser in einer charakteristischen Weise klassifizieren, wie in Tabelle 9.4 gezeigt.

Häuser	Gruppenname	Eigenschaften
1, 5 und 9	Häuser des Lebens	feurig, dynamisch, motiviert, das Leben zu genießen und so viel wie möglich aus Erfahrungen zu machen
2, 6 und 10	Häuser der Substanz	praktisch, liebt Systeme und Methoden, motiviert durch die Suche nach Sicherheit, Gesundheit und Anerkennung
3, 7 und 11	Häuser der Beziehungen	kommunikativ, an anderen orientiert, motiviert, erfüllende Beziehungen jeglicher Art aufzubauen
4, 8 und 12	Häuser der Gefühle	emotional, aufnahmefähig, erkennend, motiviert, Familienverbindungen und die Vergangenheit zu erforschen

Tabelle 9.4: Häuserklassifizierung

Obwohl diese Häuserbereiche Sie nicht mit den gleichen Fähigkeiten und Eigenschaften ausstatten wie die Zeichen, leiten sie doch Ihre Interessen in einer Art, die einem ansonsten aus dem Rahmen fallenden Geburtshoroskop das benötigte Gleichgewicht geben kann. Einem Menschen z.B., der keine Planeten in den Erdzeichen hat, fehlen praktische Fähigkeiten. Aber die Anwesenheit von Planeten im zweiten, sechsten und zehnten Haus kann dieser Unfähigkeit zumindest ein wenig entgegenwirken, weil sie Motivation bringt. Solche Planeten können einen angehenden Dichter nicht zu einem Buchhalter machen. Aber sie können dem Dichter den Drang geben, sich zu organisieren, eine Form der Sicherheit zu finden und öffentliche Anerkennung zu suchen.

Sie können auch Parallelen zwischen Häusern und Qualitäten finden, wie in Tabelle 9.5 dargestellt.

Häuser	Gruppenname	Eigenschaften
1, 4, 7 und 10	Eckhäuser	unternehmungslustig, aktiv
2, 5, 8 und 11	Mittelhäuser	stabil, entschlossen
3, 6, 9 und 12	Endhäuser	gedankenvoll, flexibel

Tabelle 9.5: Qualitäten der Häuser

Astrologen betrachten die Eckhäuser (besonders das erste und das zehnte) traditionell als die stärksten, während die Endhäuser (besonders das sechste und das zwölfte) als die schwächsten gelten. Diese Art der Analyse ist für diejenigen unter uns mit vielen Planeten in Endhäusern entmutigend. Zum Glück kam in den letzten Jahrzehnten Hilfe in Form von Michel Gauquelin, einem französischen Wissenschaftler, der sich entschlossen hat, die Aussagen der Astrologie wissenschaftlich zu untersuchen. Er fand heraus, dass in bestimmten Bereichen gewisse Planeten wiederholt in einer Art und Weise auftauchen, die statistisch bedeutsam ist. Gauquelin fand folgende Trends:

- ✔ Der aggressive Mars ist oft vorherrschend in den Geburtshoroskopen erfolgreicher Athleten.
- ✔ Der Mond, Herrscher über Stimmungen, Instinkt und Schreiben, spielt eine wichtige Rolle in Geburtshoroskopen von Schriftstellern.
- ✔ Der melancholische Saturn, Herr der Struktur und Beständigkeit, ist vorherrschend in den Geburtshoroskopen von Wissenschaftlern.
- ✔ Der joviale Jupiter, der Planet der Extravaganz, ist vorherrschend in den Geburtshoroskopen von Schauspielern.

Diese Planeten waren oft in den Bereichen des Horoskops zu finden, die auch als *Gauquelin-Zonen* bezeichnet werden. Diese Bereiche der Macht umfassen große Teile der Eckhäuser, wobei das zwölfte und das neunte Haus als die wichtigsten gelten. Trotz der traditionellen Astrologie, die das Gegenteil behauptet, sind Planeten in den Eckhäusern also gar nicht unbedingt schwach.

Schritt zwei: Die fünf Hauptkomponenten eines Geburtshoroskops

Nachdem Sie die allgemeinen Muster Ihres Geburtshoroskops interpretiert haben, können Sie nun bestimmte Zeichen und Planeten angehen. Um Ihr Geburtshoroskop zu begreifen, ohne sich in Details zu erschöpfen, konzentrieren Sie sich auf diese Faktoren:

- ✔ **Die Sonne:** Die Sonne bestimmt Ihre grundlegende Identität – Ihre Motivationen, Bedürfnisse, Ihren Willen und Ihre Individualität. Das Zeichen, in dem die Sonne steht, beschreibt, wie Sie diese wichtigen Aspekte Ihres Selbst ausdrücken. Das Haus, in dem sie sich befindet, bestimmt den Lebensbereich, der für Sie der wichtigste ist und in dem Sie Ihr wesentliches Selbst am wirksamsten ausdrücken können. (Mehr Informationen zu Ihrem Sonnenzeichen finden Sie in Kapitel 3.)
- ✔ **Der Mond:** Der Mond bestimmt Ihre Gefühle, Ihr Unterbewusstes, Ihre Instinkte, Gewohnheiten und Ihr Gedächtnis. Das Zeichen, in dem der Mond steht, beschreibt, wie Sie die emotionale Seite Ihrer Persönlichkeit zum Ausdruck bringen. Seine Stellung in den Häusern bestimmt den Lebensbereich, der für Ihr emotionales Wohlbefinden am wichtigsten ist. (Mehr über Mondzeichen finden Sie in Kapitel 4.)
- ✔ **Das aufsteigende Zeichen oder der Aszendent:** Der Aszendent beschreibt die Oberfläche Ihrer Persönlichkeit – das Gesicht, das Sie der Welt zeigen. (Eine Darstellung der aufsteigenden Zeichen finden Sie in Kapitel 5.)
- ✔ **Der herrschende Planet:** Der Planet, der Ihren Aszendenten regiert, wird als Herrscher Ihres Geburtshoroskops betrachtet, unabhängig von seiner Stellung und dessen, was sonst in Ihrem Horoskop passiert. Als Herrscher trägt er sehr viel sowohl zu Ihrem Selbstsinn bei als auch zu dem Eindruck, den Sie anderen geben. Tabelle 9.6 gibt Ihnen einen schnellen Rückblick auf die aufsteigenden Zeichen und ihre herrschenden Planeten. In Kapitel 6 und 7 finden Sie weitere Einsichten zu diesem Thema.

Wenn Ihr aufsteigendes Zeichen folgendes ist ...	wirken Sie so auf andere Menschen ...	und Ihr herrschender Planet ist ...
Widder	impulsiv, willensstark	Mars
Stier	stabil, sinnlich	Venus
Zwillinge	wortreich, nervös	Merkur
Krebs	emotional, aufgeschlossen	Mond
Löwe	selbstsicher, überschwenglich	Sonne
Jungfrau	methodisch, kritisch	Merkur
Waage	charmant, reizvoll	Venus
Skorpion	kontrolliert, reserviert	Pluto
Schütze	kosmopolit, unverwüstlich	Jupiter
Steinbock	respektabel, stolz	Saturn

Wenn Ihr aufsteigendes Zeichen folgendes ist ...	wirken Sie so auf andere Menschen ...	und Ihr herrschender Planet ist ...
Wassermann	freundlich, individualistisch	Uranus
Fische	idealistisch, empfänglich	Neptun

Tabelle 9.6: Aufsteigende Zeichen und ihre Herrscher

Eine der aufschlussreichsten Qualitäten des herrschenden Planeten ist seine Stellung in den Häusern. Oprah Winfrey z.B. hat den Aszendenten Jungfrau. (In Kapitel 2 können Sie einen Blick auf ihr Geburtshoroskop werfen.) Also ist Merkur ihr herrschender Planet, der im sechsten Haus der Arbeit (und der Selbstverbesserung) steht. Welcher Planet auch immer Ihr Horoskop beherrscht, seine Stellung in den Häusern hat einen starken Einfluss. Tabelle 9.7 zeigt Ihnen, wie dieser wichtige Faktor Sie beeinflusst.

Wenn Ihr herrschender Planet in diesem Haus steht ...	sind Sie...
erstes Haus	eine Persönlichkeit und ein Initiator
zweites Haus	ein Materialist und ein Geldmacher
drittes Haus	ein Unterhalter und Tratscher
viertes Haus	ein Familienmitglied und Heimschaffer
fünftes Haus	ein Romantiker und Spaßliebhaber
sechstes Haus	ein Workaholic und Sorgenmacher
siebtes Haus	ein Vertrauter und Kumpel
achtes Haus	ein Beobachter und Frager
neuntes Haus	ein Forscher und Denker
zehntes Haus	ein Erfolgsmensch und eine berühmte Persönlichkeit
elftes Haus	ein Freund und Mitmacher
zwölftes Haus	ein spirituell Suchender und Eremit

Tabelle 9.7: Der herrschende Planet in den Häusern

✔ **Stellarien:** Eine Ansammlung von drei oder mehr Planeten im gleichen Zeichen und vorzugsweise gleichen Haus ist als *Stellarium* bekannt. Solch eine Gruppierung ist automatisch wichtig. Wenn es im gleichen Zeichen wie die Sonne steht, verstärkt es in der Regel die Bedeutung dieses Zeichens. Befindet es sich in einem anderen Zeichen, werden eine Reihe anderer Qualitäten und Einflüsse hinzugefügt, die manchmal in Rivalität zur Bedeutung des Sonnenzeichens stehen können.

Die Größe des Stellariums ist ebenfalls ein wichtiger Faktor. Normalerweise besteht ein Stellarium aus drei oder vier Planeten. Selten können Sie auch mehr vorfinden. Aber gelegentliche Planetenanhäufungen produzieren monströse Stellarien, wie z.B. im Fall der Schauspielerin Jennifer Jason Leigh, deren außergewöhnliches Geburtshoroskop sieben Planeten, darunter die Sonne und der Mond (plus der Südknoten des Monds) im Wassermann zeigt. Die beängstigende Intensität, die Sie in ihrer Schauspielerei zeigt, kommt direkt aus der Macht dieses Stellariums.

Schritt drei: Nach Aspektfiguren suchen

Nachdem Sie in die Sonne, den Mond, das aufsteigende Zeichen, den herrschenden Planeten und die Stellarien eingetaucht sind, können Sie die Aspekte nicht länger vermeiden. Ein Geburtshoroskop kann leicht zwei Dutzend Aspekte beinhalten. Zum Glück sind einige wichtiger als andere. Die meiste Aufmerksamkeit verdienen die engsten Aspekte, die Aspekte, an denen Sonne und Mond beteiligt sind, und solche, die drei oder mehr Planeten zu einer einzelnen Figur vereinen, wie in folgenden Konfigurationen:

- ✔ **Das große Trigon:** Drei Planeten, die jeweils ein Trigon zu den anderen bilden, formen ein großes Dreieck des Glücks, welches großes Trigon genannt wird (siehe Abbildung 9.9).

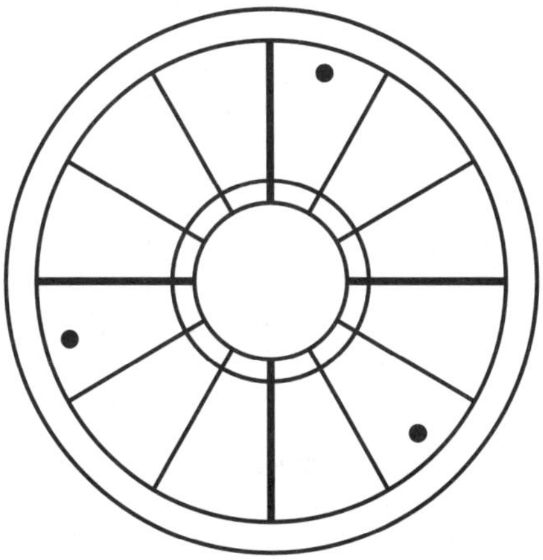

Abbildung 9.9: Ein großes Trigon

Ein perfektes großes Trigon beinhaltet immer mindestens einen Planeten in jedem Zeichen eines bestimmten Elements. In diesen Lebensbereichen fließt Energie, und Gelegenheiten sind vielfältig vorhanden. Der Pop-Künstler Andy Warhol z.B. war ein um Aufmerksamkeit buhlender Löwe mit einem großen Trigon im Element Feuer: sein Mond und Uranus im Widder, die Sonne im Löwen und Saturn im Schützen. Wie die meisten von uns hatte Andy Warhol andere Bereiche in seinem Geburtshoroskop, die jede Menge Schwierigkeiten boten. Aber er nutzte sein großes Trigon zu seinem Vorteil, sowohl künstlerisch (dank Saturn im fünften Haus der Kreativität) als auch gesellschaftlich (dank seinem lebhaften Sonnenzeichen). Nicht jeder, der glücklich genug ist, diesen Aspekt zu haben, nutzt ihn so wirkungsvoll. Große Trigone, ein Zeichen des Faulpelzes, sind berüchtigt dafür, dass sie gerade genug Glück bringen, um Sie von dem Gefühl abzuhalten, dass Sie sich verausgaben müssen.

- **Das große Kreuz:** Wenn zwei Paare von Planeten in Ihrem Geburtshoroskop in Opposition oder im Quadrat zueinander stehen, wie in Abbildung 9.10 gezeigt, haben Sie alle Hände voll zu tun. Das große Kreuz ist ein relativ seltener Aspekt, der Spannungen, Hindernisse und Frustration symbolisiert.

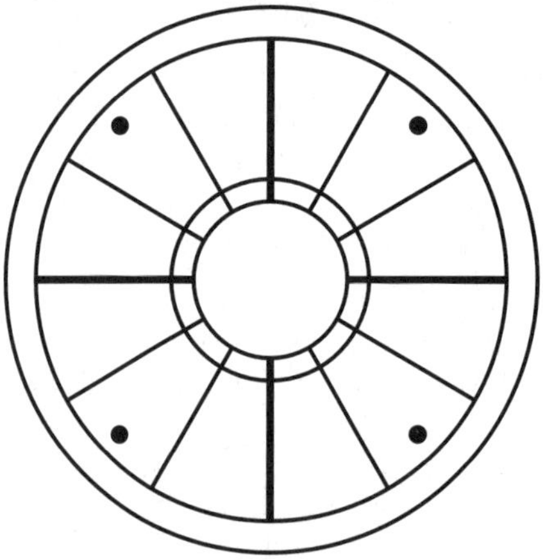

Abbildung 9.10: Ein großes Kreuz.

Einige Menschen werden von einem großen Kreuz überwältigt. (Denken Sie an Nicole Brown Simpson, deren Geburtshoroskop von Quadraten geradezu überschwemmt war.) Aber das große Kreuz kann auch eine Quelle unglaublichen Engagements, Entschlossenheit, Muts und Energie sein – wie in den Geburtsbildern von Miles Davis, Stonewall Jackson und Douglas Adams, dem Autor von *Per Anhalter durch die Galaxis*.

- **Das T-Quadrat:** Wenn zwei Planeten in Opposition zueinander stehen und ein dritter im Quadrat zu beiden (siehe Abbildung 9.11), formen diese Planeten ein T-Quadrat – eine ruhelose, problematische, aber weit verbreitete Zusammenstellung. Ein T-Quadrat führt unweigerlich zu Spannungen, Frustration und Unzufriedenheit. Aber es motiviert Sie auch, auf den Tisch zu hauen und etwas an der Situation zu ändern, was ein Grund dafür sein mag, dass so viele erfolgreiche Menschen ein T-Quadrat haben.

  Gehen Sie z.B. zu Kapitel 2 und werfen Sie noch einen Blick auf Oprah Winfreys Geburtshoroskop. Ihr T-Quadrat umfasst Pluto im Löwen, Mars im Skorpion und Merkur im Wassermann.

- **Jod, Finger des Schicksals oder Finger Gottes:** Hört sich ernst an, oder? Tatsächlich ist diese schwer zu findende Figur, die Sie in Abbildung 9.12 sehen, subtiler als die anderen Aspektfiguren. Sie sieht aus wie ein langes, schmales Dreieck, mit zwei Planeten unten, die ein Sextil (einen 60°-Winkel) formen und einem dritten an der Spitze, der einen 150°-Winkel zu den anderen beiden bildet.

  Dieser 150°-Aspekt, der auch als *Quincunx* bezeichnet wird, hat eine »Stop-und-Go«-Energie, die falsche Anfänge, Rückschritte und Frustrationen erzeugt. Er verlangt andauernde

Anpassung und verschlechtert Ihre Entscheidungsfähigkeiten, besonders in den Bereichen, die durch den Planeten an der Spitze betroffen sind. Dieser Aspekt richtet komplexe Dynamiken in einem Geburtsbild ein. Aber ist er gefährlich? Nein. Ist er ein Zeichen der Nähe Gottes? Nein. Lassen Sie sich durch den Namen dieses Aspektes nicht verwirren.

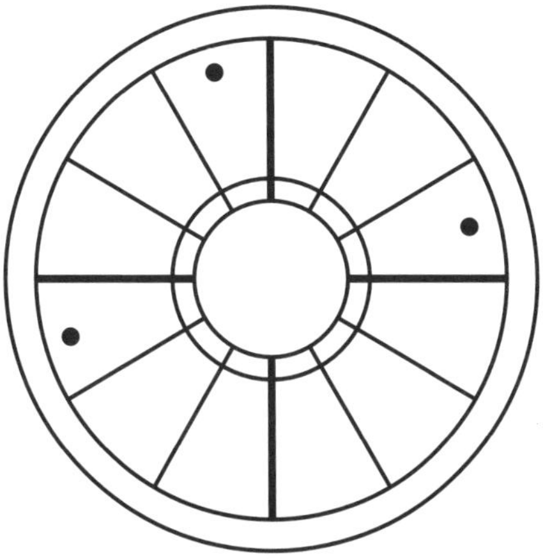

Abbildung 9.11: Ein T-Quadrat

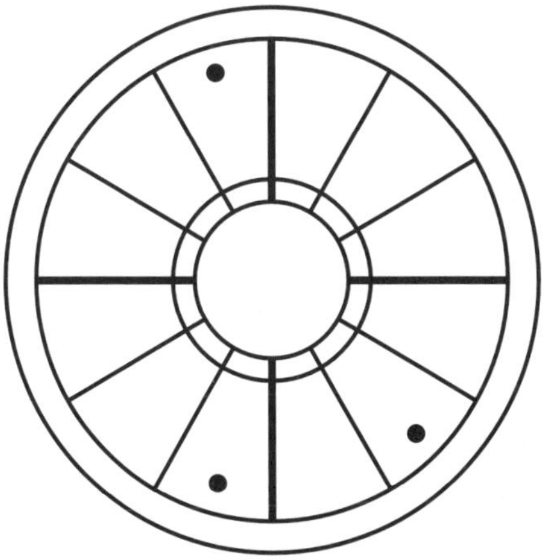

Abbildung 9.12: Jod oder Finger Gottes

Schritt vier: Alles andere

Alles andere bedeutet alle Planeten, alle Aspekte, den Aszendenten und die Himmelsmitte, alle Zeichen des Tierkreises und alle Häuser, auch die nicht besetzten. (Für Hinweise, wie Sie das »Nichts« interpretieren, werfen Sie einen Blick in Kapitel 10.)

Wenn Sie in ein Geburtshoroskop eintauchen, werden Sie wahrscheinlich auf einige Widersprüche treffen, einen gelegentlichen Charakterzug, der scheinbar nicht zum Rest des Horoskops passt, und auf eine Gruppe von Eigenschaften, die überall aufzutauchen scheinen, wohin Sie auch blicken. Es ist erstaunlich, wie in jedem Geburtshoroskop bestimmte Themen wieder und wieder erscheinen und die Dinge beginnen, an ihren richtigen Platz zu fallen. Wenn Sie merken, dass dies passiert, wissen Sie, dass Sie auf dem Weg zu einer akkuraten Interpretation sind.

Der Nullfaktor

10

In diesem Kapitel

- Fehlende Elemente und Qualitäten analysieren
- Die Auswirkungen leerer Häuser
- Andere Nullwerte

In der Kunst gibt es ein Konzept, das als *negativer Raum* bekannt ist. Es bezieht sich auf den Bereich, der das zentrale Objekt umgibt: die leere Wand, die den Hintergrund für eine Obstschale in einem Stillleben von Cézanne bildet oder die Dunkelheit, die eine Figur in einem Portrait von Rembrandt umgibt. Der negative Raum bestimmt, wie Sie das Hauptobjekt sehen. Ändern Sie diesen Raum und Sie ändern alles.

Der negative Raum spielt auch in Ihrem Geburtshoroskop eine Rolle, in den Häusern und Zeichen, die nicht besetzt sind, den fehlenden Elementen und den Qualitäten, die in einem individuellen Geburtshoroskop nicht vorhanden sind. Dieser negative Raum, den ich den *Nullfaktor* nenne, betrifft jedes Geburtsbild. Ob es ein fehlendes Element (wie z.B. eine Leere in den Erdzeichen), eine fehlende Qualität (vielleicht keine Planeten in Kardinalzeichen) oder einfach ein leeres Haus ist, die Interpretation dessen, was nicht da ist, kann ein Geburtsbild auf eine nützliche Art und Weise bereichern.

Fehlende Elemente

Nicht jeder hat ein fehlendes Element. In den meisten Geburtshoroskopen können Sie mindestens einen Planeten in jedem der vier Elemente finden: Feuer (Widder, Löwe, Schütze), Erde (Stier, Jungfrau, Steinbock), Luft (Zwillinge, Waage, Wassermann) und Wasser (Krebs, Skorpion, Fische). Aber manchmal fehlt eben ein Element.

Elementare Leeren kommen häufig in Mustern vor, die ganze Generationen beeinflussen. Zwischen 1943 und 1955 z.B. stand Pluto im feurigen Löwen und Neptun in der luftigen Waage. Niemand, der während dieser Zeit geboren wurde, hat also eine Leere in Feuer- oder Luftelementen – darum kann man den Baby-Boomern, egal, was man sonst von ihnen halten mag, keinen Vorwurf wegen fehlender Energie (Feuer) oder fehlenden Ideen (Luft) machen. Aber, manche dieser Menschen (wenn auch nicht die meisten) sind von Leeren in den Elementen Erde (praktische Seite) und Wasser (emotionales Bewusstsein) betroffen, was erklären mag, warum so viele Angehörige der Woodstock-Generation als abgehoben beschrieben werden können.

Wenn Sie andererseits in den 60er Jahren geboren wurden, als Neptun im wässrigen Skorpion und Pluto in der erdgebundenen Jungfrau standen, können Sie weder eine Leere im Element Wasser (Sensibilität) noch im Element Erde (Produktivität) haben. Aber Sie können leicht die

Elemente Feuer (Begeisterung) oder Luft (Intellekt) nicht besetzt haben, denn die Stärken einer Generation sind die Schwächen der nächsten.

Nicht besetzte Elemente sind aber nicht nur ein Phänomen der Generationen. Wenn Sie während der Jahre geboren wurden, in denen die langsamen Planeten zwischen zwei Zeichen hin- und herwechselten (wie Pluto, Uranus und Neptun es in den späten 50er Jahren getan haben), können Sie eine Leere in jedem Element haben. So können Sie diese Leere interpretieren:

- ✔ **Keine Feuerzeichen:** Es fällt Ihnen schwer, sich durchzusetzen, einen beständigen Grad der Begeisterung beizubehalten und die notwendige Energie zu mobilisieren.
- ✔ **Keine Erdzeichen:** Die materielle, praktische Seite des Lebens ist nicht Ihr Ding. Der Umgang mit alltäglichen Dingen – die Miete zahlen, Vorsorgeuntersuchungen beim Arzt, Ölwechsel am Auto – langweilt Sie im besten Fall und führt im schlimmsten Fall dazu, dass Sie die Nerven verlieren. Oder Sie übertreiben und fixieren sich auf die irdische Welt.
- ✔ **Keine Luftzeichen:** Sie reagieren emotional und persönlich. Es fällt Ihnen sehr schwer, eine Situation (oder sich selbst) objektiv einzuschätzen. Es macht Ihnen Angst, sich mit Abstraktem abgeben zu müssen (und das trifft auch zu, wenn Sie sich in einem Elfenbeinturm befinden und sich durch verwirrende Theorien ernähren).
- ✔ **Keine Wasserzeichen:** Gefühle verwirren und überwältigen Sie. Oft erkennen Sie Ihre eigenen Gefühle erst sehr spät und es fällt Ihnen schwer, die Gefühle anderer zu verstehen. Ihnen wurde gesagt, »mit dem Strom zu gehen«. Das Problem ist, dass Sie den Strom nicht spüren und nicht sagen können, wohin er fließt.

Überkompensation ist eine Möglichkeit

Einige Menschen mit einer Leere in den Erdzeichen umgehen ihre Unfähigkeit, indem sie sich weigern, die praktische Seite des Lebens wahrzunehmen. Das sind die Menschen, die sich nie um ihren Kontostand kümmern, den 15. April für den Geburtstag von Leonardo da Vinci halten und sich in der materiellen Welt komplett unwohl fühlen. Andere Menschen ohne Erdzeichen gehen den entgegengesetzten Weg und überkompensieren.

Überkompensation ermöglicht dem Menschen ohne Luftzeichen, sich wie ein Intellektueller zu verhalten (ich kenne so einen persönlich und wünschte, er würde sofort damit aufhören), dem Menschen mit einer Leere in Wasserzeichen, Therapeut zu werden (es gibt viele von ihnen da draußen, also Käufer, aufpassen), dem Menschen ohne die Energie gebenden Feuerzeichen ständig – sogar manisch – unter Strom zu stehen und dem Menschen ohne einen einzigen Planeten in einem Erdzeichen, eine funktionierende Weltraumstation aus zwei Stöcken und einem Kaugummi zu bauen.

Einer dieser Menschen ist ein Freund von mir. Geboren ohne das kleinste bisschen Erde in seinem Geburtshoroskop, ist er ein Gehirnchirurg (wirklich) mit der Sonne im achten Haus in den sensiblen Fischen, seinem Mond im emotionalen Skorpion und einem großen Trigon in den Wasserzeichen. Er ist ein zutiefst mitfühlender Mensch und außerdem höchst – man könnte sogar sagen geradezu verrückt – kenntnisreich in handfesten Aufgaben wie z.B. Zimmerhandwerk, Bauarbeiten, Automechanik und allem, was mit Computern zu tun hat. Woher kommen all diese bemerkenswerten Fähigkeiten? Sie spiegeln, glaube ich, die Freude an der Überkompensation wider – den Ort, an dem die Leere auf Freud trifft.

Ausgleichende Faktoren für fehlende Elemente

Obwohl Ihnen vielleicht Planeten in einem bestimmten Element fehlen, wird diese Leere gut ausgeglichen, wenn Sie Ihren Aszendenten, Ihre Himmelsmitte, den Asteroiden Chiron oder die Mondknoten (siehe Kapitel 16) in einem Zeichen des fehlenden Elements haben.

Die Häuserstellung der Planeten kann auch etwas Ausgleich bieten:

- ✔ Planeten in den Häusern 1, 5 und 9, den Häusern des Lebens, gleichen ein Fehlen von Feuerzeichen aus.
- ✔ Planeten in den Häusern 2, 6 und 10, den Häusern der Substanz, bieten einen Fokus auf Erdzeichen.
- ✔ Planeten in den Häusern 3, 7 und 11, den Häusern der Beziehungen, haben einen luftigen Einfluss.
- ✔ Planeten in den Häusern 4, 8 und 12, den Häusern der Emotion, können die armen Seelen ohne Wasser dazu zwingen, sich um ihre emotionalen Angelegenheiten zu kümmern.

Kann ein Planet in diesen Häusern etwas bewirken? Die Antwort ist ein definitives Ja. Das liegt daran, dass die Häuser Ihnen helfen, die wichtigsten Bereiche in Ihrem Leben zu definieren und damit die Bereiche, in denen Sie gewillt sind, sich anzustrengen.

Fehlende Qualitäten

Es ist weniger üblich, keine Planeten in kardinalen, festen oder beweglichen Zeichen (siehe Kapitel 1) zu haben als nicht besetzte Elemente, aber vielleicht ernst zu nehmender. Wenn Ihnen eine Qualität in Ihrem Geburtshoroskop fehlt, können Sie dies wie folgt interpretieren:

- ✔ **Keine Planeten in Kardinalzeichen:** Es fällt Ihnen schwer, einen Anfang zu finden und die Initiative zu ergreifen. Wenn es zu Veränderungen kommt, ist das für Sie in Ordnung. Sie haben kein Problem, Dinge zu vollenden. Aber Sie würden lieber in einer unangenehmen Situation verbleiben, als das Risiko auf sich zu nehmen, sie zu verändern.
- ✔ **Keine Planeten in festen Zeichen:** Sie sind wie ein Fähnlein im Winde, und machen sich glücklich in neue Richtungen auf, wenn die Situation es verlangt. Beständigkeit ist nicht Ihr Ding – um es milde auszudrücken.

- **Keine Planeten in beweglichen Zeichen:** Wie ein Fähnlein im Winde? Warum sollten Sie das tun wollen? Sie sind inflexibel und halten an Ihren Zielen und Entscheidungen fest, auch wenn es höchste Zeit für Veränderungen ist.

Ausgleichende Faktoren für fehlende Qualitäten

Wie bei fehlenden Elementen können auch hier der Aszendent, die Himmelsmitte, Chiron oder einer der Mondknoten in einem Zeichen der fehlenden Qualität Ihr Geburtshoroskop ausgleichen.

Häuserstellungen wirken sich ebenfalls aus:

- Planeten in Eckhäusern (Häuser 1, 4, 7 und 10) helfen fehlende Kardinalzeichen auszugleichen.
- Planeten in den Häusern 2, 5, 8 und 11 gleichen zumindest teilweise fehlende feste Zeichen aus.
- Planeten in den Häusern 3, 6, 9 und 12 gleichen fehlende bewegliche Zeichen aus.

Diese Stellungen verhindern die Auswirkung der fehlenden Qualität nicht, aber vermindern sie.

Hilfe von den Asteroiden

Glauben Sie mir: Es gibt viel zu viele Menschen da draußen, die Ihre Unfähigkeit zu vernünftigem Verhalten mit der Theorie entschuldigen, dass Ihnen Erdzeichen fehlen. Aber ist das wirklich so? Auch wenn Sie die Häuserstellungen beiseite lassen, werden Sie vielleicht feststellen, dass ein zusätzlicher Faktor genau erklärt, warum einige Menschen ohne Erde nicht in der Lage sind, ihre eigenen Geschäfte zu regeln, während andere trotz all ihrer Beschwerden ganz gut zurechtkommen. Ich rede von den Asteroiden (in Kapitel 16 finden Sie mehr zu diesem faszinierenden Thema). Es ist wahr, dass es so viele Asteroiden gibt, dass Astronomen sie als »die Parasiten des Himmels« bezeichnen. In den Händen eines verzweifelten Astrologen können sie benutzt werden, um praktisch alles zu erklären. Aber wenn sie vernünftig verwendet werden, können die wichtigen Asteroiden extrem hilfreich sein. Und wenn Sie einmal ein oder zwei von ihnen in ein Geburtshoroskop aufnehmen, wird die Leere vielleicht verschwinden.

Leere Häuser interpretieren

Sie brauchen nur zu rechnen: zwölf Häuser, zehn Planeten. Jeder hat leere Häuser, sie sind unvermeidbar. Sie sind außerdem kein Grund zur Sorge.

Wenn Sie z.B. ein leeres Haus der Ehe haben, bedeutet das nicht, dass Sie niemals heiraten werden. Fragen Sie einfach Elizabeth Taylor, die (bis jetzt) acht Ehemänner hatte, trotz der Tatsache, dass ihr siebtes Haus vollkommen leer ist. Ganz ähnlich heißt ein nicht besetztes zweites Haus des Geldes nicht, dass Armut Ihr Schicksal ist. Schauen Sie sich Bill Gates an, den jüngsten Self-Made-Milliardär in der Geschichte. Sein zweites Haus ist vollkommen leer (ebenso sein achtes Haus, das auch mit Geld verbunden ist).

Oft zeigt ein nicht besetztes Haus an, dass die üblichen Themen dieses Hauses im Großen und Ganzen wahrscheinlich kein wichtiges Thema für Sie sind. Aber achten Sie auf die Einschränkungen, die ich in diesen Satz gepackt habe. Tatsache ist, dass die Themen, die durch ein besetztes Haus bestimmt werden, immer eine große Rolle im Leben des Horoskopeigentümers spielen. Aber ein kurzer Blick kann Ihnen nicht sagen, ob die Themen eines leeren Hauses wichtig sind. Es heißt nicht, dass sie nicht wichtig sind, nur weil das Haus leer ist.

Um ein leeres Haus zu untersuchen, schlage ich folgende Methode vor, die aus vier Schritten besteht:

1. **Sehen Sie sich das Zeichen an der Häuserspitze an.**

   Die Häuserspitze ist am Anfang des Hauses. Die Spitze des ersten Hauses steht in der 9-Uhr-Position des Horoskoprads, die Spitze des zweiten Hauses in der 8-Uhr-Position, die Spitze des dritten Hauses in der 7-Uhr-Position usw.

   Jedes Zeichen kann an jeder Häuserspitze stehen. Es hängt alles von Ihrem aufsteigenden Zeichen ab.

   Mit einem Schütze-Aszendenten z.B. haben Sie wahrscheinlich Widder an der Spitze des fünften Hauses der Liebe. Ist Steinbock Ihr aufsteigendes Zeichen, haben Sie wahrscheinlich Widder an der Spitze des vierten Hauses des Heims. Und wenn Ihr Aszendent Fische ist, haben Sie sehr wahrscheinlich Widder an der Spitze des zweiten Hauses des Geldes, was darauf hinweist, dass Sie in einer direkten, riskanten Art und Weise Ihre Finanzen angehen. Tabelle 10.1 gibt Ihnen Vorschläge, wie Sie das Zeichen an der Spitze eines Hauses interpretieren können. (Sie können diese Tabelle übrigens auch verwenden, wenn das Haus nicht leer ist. Auch wenn eine ganze Ansammlung von Planeten innerhalb der Grenzen dieses Hauses zu finden ist, bestimmt das Zeichen an der Häuserspitze dennoch, wie Sie die Themen dieses Hauses angehen.)

2. **Überprüfen Sie den Planet, der das Zeichen an der Häuserspitze regiert.**

   Die Stellung dieses Planeten sagt Ihnen eine ganze Menge. Um mit dem gleichen Beispiel fortzufahren: Wenn Sie Widder an der Spitze des zweiten Hauses haben, gibt Ihnen die Stellung von Mars, dem Herrscher des Widders, zusätzliche Informationen über Ihre Finanzen. Ist Mars in Ihrem sechsten Haus der Arbeit, kommen Sie zu Geld durch Ihre eigenen Bemühungen, wahrscheinlich durch einen Beruf. Steht Mars im Löwen, suchen Sie außerdem Möglichkeiten, kreativ zu sein, sich selbst auszudrücken und durch Ihre Arbeit anerkannt zu werden.

3. **Schauen Sie sich die Aspekte an, die der herrschende Planet formt.**

   Steht Mars in Opposition zu Saturn, können Sie Frustration und Kämpfe in Ihren Bemühungen für professionellen Erfolg erleben (was nicht bedeutet, dass Sie keinen Erfolg haben werden, sondern nur, dass Sie auf dem Weg zur Spitze kämpfen müssen.) Steht Mars im Trigon zu Uranus, profitieren Sie von unerwarteten Gelegenheiten. Und so weiter.

Wenn das Zeichen an der Häuserspitze Folgendes ist ...	gehen Sie die Themen dieses Hauses so an ...	und der Herrscher des Hauses ist ...
Widder	spontan, energisch	Mars
Stier	produktiv, überlegt	Venus
Zwillinge	flexibel, kommunikativ	Merkur
Krebs	intuitiv, defensiv	Mond
Löwe	würdevoll, ausdrucksstark	Sonne
Jungfrau	analytisch, detailorientiert	Merkur
Waage	diplomatisch, künstlerisch	Venus
Skorpion	leidenschaftlich, eindringlich	Pluto
Schütze	unabhängig, weitreichend	Jupiter
Steinbock	verantwortungsbewusst, traditionell	Saturn
Wassermann	unkonventionell, losgelöst	Uranus
Fische	aufnahmefähig, verletzlich	Neptun

Tabelle 10.1: Herrscher der Häuser

Mehr über leere Häuser herausfinden

In den meisten Fällen fällt ein Haus in einen Teil des einen Zeichens und einen Teil des nächsten. Wenn die Spitze Ihres zehnten Hauses z.B. bei 22° Fische steht und die Spitze des elften Hauses bei 29° Widder, enthält Ihr zehntes Haus etwas von den Fischen und praktisch alles vom Widder. Aber was ist, wenn dieses wichtige Haus leer ist? Um das Haus zu analysieren, schauen Sie zuerst auf den verwirrenden Neptun, dem Herrscher der Fische. Dann, nachdem Sie Neptuns Stellung untersucht haben, können Sie über die Stellung von Mars nachdenken, dem Herrscher des Widders, da Mars der Unterherrscher des zehnten Hauses ist. Jetzt haben Sie zwei Zeichen, die Sie in Betracht ziehen müssen und zwei herrschende Planeten, von denen jeder in einem anderen Zeichen und anderen Haus steht, und jeder verschiedene Aspekte zu anderen Planeten formt, einige positiv, andere schwierig. Kurz, wenn Sie sich entscheiden, der Sache nachzugehen, kann die Interpretation eines leeren Hauses genau so kompliziert und endlos sein wie alles andere in einem Geburtshoroskop.

Andere Nullwerte

Bestimmte Grade sind mächtiger als andere. Einer der stärksten ist 0° Widder, den Punkt, den die Sonne zur Frühlingstagundnachtgleiche zu Beginn des astrologischen Jahres besetzt. Dieser Punkt, an dem der Tierkreis beginnt, ist ein sensibler Punkt in jedem Geburtsbild, und das gilt noch mehr, wenn sich ein Planet oder eine Häuserspitze dort befindet. (Der Astrologe Robert Hand behauptet, dass 0° Widder mit Berühmtheit in Verbindung steht.) Aber auch wenn 0° Widder nicht in die Nähe eines Planeten kommt, legt seine Position in den Häusern und der Aspekt, den es formt, etwas darüber offen, was Ihre Energie antreibt, was Sie reizt und was Ihr Potenzial sein kann.

Ganz ähnlich dazu ist jeder Planet bei 0° in jedem Zeichen wichtig. Jedesmal, wenn ein transitierender Planet das Zeichen wechselt – egal, ob es der Mond ist, der den gesamten Tierkreis in einem Monat durchreist, oder Pluto, der nur wenige Male während eines Lebens in ein anderes Zeichen wechselt – dieser 0°-Planet in Ihrem Geburtsbild merkt das als erstes. Saturn wechselt das Zeichen? Der 0°-Planet spürt die Elektrizität zuerst. Wenn Sie einen solchen Planeten in Ihrem Geburtsbild haben, betrachten Sie sich als kosmischer Vorreiter. Sie sind vor meisten Menschen da draußen voraus. Wenn große kosmische Veränderungen passieren, fühlen Sie diese als Erster. Auch wenn er in Ihrem Geburtshoroskop ansonsten unwichtig erscheint, ein Planet bei 0° ist immer der erste Soldat auf dem Schlachtfeld.

Teil IV

Liebende unter Sternen: Kosmische Vergleiche

»Ich bin mir nicht sicher, ob diese ›Geboren am‹-Angabe so eine gute Idee war. Ich habe gehört, dass es ein paar Astrologen gibt, die unser Bier nicht trinken werden, wenn es nicht in einem passenden Sonnenzeichen datiert ist.«

In diesem Teil...

Die Astrologie urteilt nicht. Alle zwölf Zeichen haben den gleichen Wert. Das ist die offizielle Aussage, aber tatsächlich hat jeder seine Vorlieben. Wenn Sie aus den Grenzen Ihres eigenen Geburtshoroskops hinausspähen, haben Sie ohne Zweifel das Gefühl, dass Ihnen manche Zeichen angenehmer sind als andere. Die Astrologie erklärt diese Gefühle und hilft Ihnen gleichzeitig – denn sie erklärt die seltsamen und eigenartigen Wege, in denen andere Menschen denken – Ihr Urteil zu überwinden und Ihre Beziehung zu jedem beliebigen Menschen zu verbessern – dem, bei dem Sie sich ganz natürlich wohl fühlen und dem, der Sie wahnsinnig macht.

Dieser Teil von *Astrologie für Dummies* wirft einen Blick auf Beziehungen. Kapitel 11 erklärt bestimmte Planetenverbindungen, die Menschen zusammenbringen (und es ermöglichen, schwierige Sonnenzeichenkombinationen auszugleichen). Kapitel 12 beschreibt die möglichen Kombinationen der Sonnenzeichen. Schließlich wissen Sie vielleicht nicht, wo Venus, Mars oder Mond im Geburtsbild der anderen Person stehen, aber Sie können immer ein Sonnenzeichen entdecken – und diese Information kann Ihnen manchmal alles sagen, was Sie wissen müssen.

Mit der Astrologie Ihren Partner wählen

11

In diesem Kapitel

- Die Sonne und der Mond
- Venus und Mars zusammenbringen
- Der Aszendent
- Die verzweifelte Suche nach anderen Faktoren
- Vergleichshoroskope erstellen: Zwei Methoden, die funktionieren

Wenn es einfach nur darum gehen würde, jemanden mit dem passenden Sonnenzeichen zu finden, wenn man sich verliebt und bis ans Lebensende glücklich zusammenleben möchte, würde Scheidung heute nicht Nationalsport sein (außer unter den beweglichen Zeichen). Tatsächlich ist das Zueinanderpassen ein komplizierter Bereich, und Sonnenzeichen sind zwar wichtig, aber nicht der einzige Teil des Ganzen. Venus, Mars und der Mond sind ebenfalls wichtige Faktoren im Verkupplungsspiel, gefolgt von der Achse Aszendent/Deszendent, den anderen Planeten und ein oder zwei faszinierenden Punkten, die derart unklar sind, dass sie nur als mathematische Konstruktionen existieren.

In der Theorie ist Ihr perfekter Partner ein Mensch, dessen Planeten auf eine ganz bestimmte Art und Weise mit Ihren Planeten interagieren. Im wahren Leben landen die Menschen aus diversen Gründen bei allen möglichen Arten von Partnern. Manche Menschen finden wahre Seelenpartner (oder sagen sie zumindest), andere gewöhnen sich aneinander. Einige Menschen finden Partner, die perfekte Spiegelbilder sind, andere suchen im Partner genau die Eigenschaften, die ihnen selbst fehlen, wie die vielen Paare, die ich kenne, bei denen sich fehlende Elemente oder Qualitäten ergänzen. Er beispielsweise hat sechs Planeten in Wasserzeichen, aber keinen in den Luftzeichen, sie hat vier Planeten in Luftzeichen, aber nicht ein kleines bisschen Wasser. Verstehen diese Menschen einander? Vielleicht nicht. Aber untereinander kriegen sie die Dinge in den Griff.

Wenn Sie zwei Geburtshoroskope miteinander vergleichen, sind die wichtigsten Vergleichspunkte die Sonne, der Mond, Venus, Mars, der Aszendent und der Herrscher des Aszendenten. Die Abschnitte in diesem Kapitel sagen Ihnen, wonach Sie suchen müssen.

Die Sonne und der Mond

Die Sonne, die Ihre Kernidentität repräsentiert, und der Mond, der für Ihre Gefühle und Ihr Unbewusstes steht, sind die wichtigsten Planeten in jedem Geburtshoroskop. Also ist der ideale Partner ein Mensch, dessen Sonnenzeichen und Mondzeichen zu den Ihrigen passen. Wie können Sie diese Kompatibilität beurteilen? Auf der einfachsten Ebene lässt sich folgendes sagen: Positive Zeichen – Luft und Feuer – kommen mit anderen positiven Zeichen klar, und negative Zeichen – Wasser und Erde – verstehen sich mit anderen negativen Zeichen.

Zusätzlich dazu interagieren Ihre Sonne und der Mond Ihres Partners auf eine bestimmte und spezielle Art und Weise, nicht nur nach Zeichen, sondern auch nach Aspekt. Hier sind die Möglichkeiten:

Ihre Sonne in Konjunktion zum Mond Ihres Partners (oder umgekehrt). Dies ist einer der zwei heureka!-Aspekte. (Venus in Konjunktion zu Mars ist der andere.) Wenn Ihre Sonne und der Mond Ihres Partners im gleichen Zeichen in Konjunktion zueinander stehen, haben Sie sehr wahrscheinlich ein tiefes, intuitives Verständnis füreinander, das es Ihnen ermöglicht, alle Stürme zu überstehen. (Lassen Sie mich noch sagen, nur für das Protokoll, dass die traditionelle Astrologie – sexistisch durch und durch – behauptet, es sei besser, wenn die Sonne des Mannes in Konjunktion zum Mond der Frau steht, da ansonsten die Frau dominieren könnte. Und das ist natürlich undenkbar.)

- ✔ **Ihre Sonne im Trigon oder Sextil zum Mond Ihres Partners.** Ihre Gefühle harmonisieren. Sie ergänzen sich. Alles ist gut. Wenn dieser Aspekt in beide Richtungen funktioniert, umso besser.

- ✔ **Ihre Sonne im Quadrat oder in Opposition zum Mond Ihres Partners.** Die Sonnenperson dominiert und kann, ohne es zu wollen, rücksichtslos sein. Die Mondperson fühlt sich in der Beziehung wahrscheinlich weniger mächtig und ist leichter verletzbar. Aber Quadrat oder Opposition können motivierend und aufregend und daher ein positives Zeichen sein. Wenn Sie Horoskope vergleichen, ist es vor allem wichtig, dass es einen Aspekt zwischen Sonne und Mond gibt. Die genaue Art dieses Aspekts ist weniger wichtig.

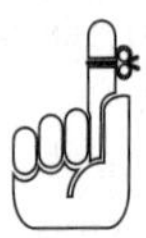

Ein *Aspekt* ist eine geometrische Verbindung zwischen zwei Planeten, die durch ihre Distanz bestimmt wird. Nur bestimmte Entfernungen sind in der Aspektbestimmung wichtig. Der engste Aspekt ist die *Konjunktion*, im idealsten Fall besetzen hier zwei Planeten den gleichen Grad. Der am weitesten auseinander liegende Aspekt ist die *Opposition*, von der wir reden, wenn zwei Planeten 180° auseinander liegen. Mehr über Aspekte erfahren Sie in Kapitel 8.

Wenn Ihre Sonne und der Mond Ihres Partners (oder umgekehrt) durch einen Hauptaspekt miteinander verbunden sind, haben Sie Glück. Wenn Sie in zusammenpassenden Zeichen stehen oder durch einen Nebenaspekt verbunden sind, reden sie immerhin miteinander. (Eine Darstellung der Nebenaspekte finden Sie in Kapitel 16.) Gibt es keine Aspekte zwischen Sonne und Mond und stehen sie nicht in zusammenpassenden Zeichen, bedeutet dies nicht unbedingt den Todesstoß – vorausgesetzt, dass andere Planeten in einem Geburtshoroskop durch Aspekte mit Sonne oder Mond im anderen Horoskop verbunden sind. Ein Aspekt zwischen Ihrer Sonne oder Ihrem Mond und der Venus Ihres Partners z.B. kann lebenslange Bewunderung bringen. Ein Aspekt zu Merkur öffnet die Türen der Kommunikation usw. Jeder wichtige Aspekt spielt hier eine Rolle. Aber Konjunktionen haben ihre eigene Magie.

Eine *Konjunktion* haben Sie, wenn zwei Planeten sich sehr nah stehen, bevorzugt innerhalb von 8° und im gleichen Tierkreiszeichen. Wenn ein Planet in Ihrem Geburtshoroskop in Konjunktion zu einem Planeten im Geburtshoroskop eines anderen Menschen steht, werden Sie sich mit diesem Menschen sofort in dem bestimmten Bereich verbunden fühlen – besonders wenn einer der Planeten Ihre Sonne oder Ihr Mond ist. Werfen Sie einen Blick in Tabelle 11.1 für mehr Informationen über diese romantischen Konjunktionen.

Wenn Ihre Sonne oder Ihr Mond in Konjunktion zu folgendem Planet Ihres Partners steht ...	ist Ihre Beziehung durch Folgendes gekennzeichnet ...
Merkur	einfache Kommunikation und Verständnis
Venus	Anziehung und Rücksichtnahme
Mars	Leidenschaft, Lebenskraft und Konkurrenz
Jupiter	Sympathie, Vertrauen und Ermutigung
Saturn	Verantwortung, Sorgen, mögliche Depression
Uranus	Verliebtheit, Originalität, Aufregungen und Abkühlungen
Neptun	Leidenschaft, eine übersinnliche oder spirituelle Verbindung oder Illusion
Pluto	Anziehung, Transformation und möglicherweise Eifersucht

Tabelle 11.1: Konjunktionen zwischen Sonne oder Mond und den Planeten

Einige Worte zu Saturn, dem gefürchtetsten aller Planeten: Als Planet der Einschränkung, Grenzen und Depression hat Saturn einen schrecklichen Ruf und man könnte leicht denken, dass eine Konjunktion, ein Quadrat oder eine Opposition zwischen dem Saturn eines Menschen und Sonne oder Mond eines anderen eine schreckliche Sache sein muss. Vorausgesetzt dass die zwei Geburtshoroskope andere Aspekte zeigen, die für sie sprechen, fügt ein Saturnaspekt Ihrer Beziehung lediglich eine ernsthafte Note hinzu. Saturn weckt das Bedürfnis nach Struktur, Organisation und Sicherheit, fördert Disziplin und Bemühungen. Er ist der Planet der gelernten Lektionen. Also spielt er immer eine Rolle in langen, ernsten Beziehungen. Denken Sie z.B. an Tom Cruise und Nicole Kidman. Sein Saturn steht in Opposition zu ihrer Venus, ihr Saturn im Quadrat zu seiner Sonne. Probleme? Sicher. Ist das eine perfekte Beziehung? Nein. Auf eine bestimmte unbequeme Art und Weise hemmen sie sich und fordern sich gegenseitig heraus. Aber eine Beziehung ohne Saturn gleitet häufig ins Leichte ab. Ganz ähnlich ist eine Beziehung ohne Quadrate oder Oppositionen einfach, aber sie kann auch monoton und kühl sein. Obwohl ich sie nicht persönlich kenne, kann ich Ihnen versichern – Tom und Nicole haben dieses Problem nicht.

Venus und Mars

In der klassischen Mythologie ist Venus die Göttin der Liebe, die mit dem hart arbeitenden Vulkan, dem verkrüppelten Gott des Handwerks, verheiratet ist. Dennoch hatte sie viele Liebhaber, der wichtigste war Mars, der Gott des Krieges. Obwohl die anderen Götter Mars verabscheuten, fand Venus ihn unwiderstehlich – und das ist alles, was zählt.

In der Astrologie führt eine Verbindung zwischen der sanften Venus und dem lüsternen Mars, den Göttern der Liebe und des Begehrens, zu gegenseitiger Anziehung. Sie regt die Leidenschaft an und trägt zur Langlebigkeit romantischer Beziehungen bei. Hier ist, wonach Sie suchen müssen:

Ihre Venus in Konjunktion, Sextil oder Trigon zur Venus Ihres Partners. Sie sind liebevoll, sympathisch und durch und durch geistesverwandt.

- **Ihre Venus im Quadrat oder in Opposition zur Venus Ihres Partners.** Sie drücken Zuneigung auf verschiedene Weise aus und Ihr Geschmack ist nicht der gleiche. Aber die Verbindung zwischen Ihnen, besonders bei einer Opposition, ist stark.
- **Ihr Mars in Konjunktion, Sextil, Trigon oder Opposition zum Mars Ihres Partners.** Ihr Energielevel und Ihr sexuelles Verlangen sind ähnlich (im Fall der Opposition) oder harmonisch.
- **Ihr Mars im Quadrat oder in Opposition zum Mars Ihres Partners.** Ein Fluss der Energie verbindet Sie, besonders bei der Opposition. Aber die Spannung und Streitlust kann intensiv sein.

Ihre Venus in Konjunktion zum Mars Ihres Partners (oder umgekehrt). Dies ist ein weiterer heureka!-Aspekt. Sie fühlen sich stark zueinander hingezogen. Auch wenn die Planeten im gleichen Zeichen stehen, aber technisch nicht in Konjunktion, spüren Sie eine magnetische Anziehungskraft zum anderen.

Ihre Venus im Trigon oder Sextil zum Mars Ihres Partners (oder umgekehrt). Ein weiterer Hinweis auf Anziehung, ohne die unwiderstehliche, obsessive Verbindung, die mit einer Opposition kommen kann.

- **Ihre Venus im Quadrat oder in Opposition zum Mars Ihres Partners (oder umgekehrt).** Ein starker Fluss der Energie und Sexualität läuft zwischen Ihnen, aber Ihre Beziehung kann etwas schwierig sein. Eine mächtige, spannende Verbindung.

Aszendent und Deszendent

Der Aszendent oder das aufsteigende Zeichen – das Zeichen an der Spitze Ihres ersten Hauses – legt Ihre Persönlichkeit offen, die Sie nach außen hin zeigen. Der Deszendent oder das sinkende Zeichen – das Zeichen an der Spitze des siebten Hauses – beschreibt Ihre Haltung gegenüber Ehe und anderen engen Beziehungen. Diese zwei Bereiche, zusammen mit dem Herrscher des Aszendenten, spielen eine wichtige Rolle, wenn Sie Ihr Geburtshoroskop mit dem Ihres Partners vergleichen.

Vergessen Sie nicht: Der Herrscher Ihres Aszendenten ist der Herrscher Ihres Geburtshoroskops. Wenn Ihr aufsteigendes Zeichen Widder ist, ist Mars der Herrscher Ihres Geburtshoroskops. Mit Stier oder Waage als Aszendenten ist Venus Ihr Herrscher. Und so weiter. Um herauszufinden, welcher Planet Ihren Aszendenten regiert, blättern Sie zu Kapitel 9. Wenn Sie Ihren Aszendenten nicht kennen, gehen Sie zu Anhang A. Informationen über Aszendent und Deszendent finden Sie in Kapitel 5.

Was Sie sehen wollen, wenn Sie zwei Horoskope vergleichen, ist eine Verbindung zwischen dem Herrscher des einen Horoskops und den Planeten, dem Aszendenten oder Deszendenten im anderen Geburtshoroskop. Ist Ihr Aszendent z.B. Fische, wird Ihr Geburtshoroskop von Neptun beherrscht (in Kapitel 1 finden Sie eine Liste der Zeichen und Ihrer herrschenden Planeten). Also ist eine Konjunktion, ein Sextil, ein Trigon oder eine Opposition zwischen Ihrem Neptun und einem Planeten im Horoskop eines anderen Menschen etwas Besonderes (insbesondere wenn es sich bei diesem Planeten um Sonne, Mond, Venus oder Mars handelt).

Hier sind einige andere Verbindungen, nach denen es sich zu suchen lohnt:

- ✔ **Der Herrscher Ihres Geburtshoroskops steht im gleichen Zeichen wie der Aszendent Ihres Partners.** Wenn Sie z.B. den Aszendenten Zwillinge haben, ist Merkur Ihr herrschender Planet. Steht Ihr Merkur im Skorpion – und hat Ihr Partner einen Skorpion-Aszendenten – haben Sie Glück.
- ✔ **Der Herrscher Ihres Geburtshoroskops steht im gleichen Zeichen wie der Deszendent Ihres Partners.** Sagen wir, dass Wassermann Ihr aufsteigendes Zeichen ist, Uranus also Ihr herrschender Planet, der für dieses Beispiel in der Waage steht. Vielleicht hat Ihr Partner einen Widder-Aszendenten und einen Waage-Deszendenten. (Wenn Sie den Aszendenten kennen, können Sie den Deszendenten ganz leicht herausfinden, weil die zwei Punkte einander immer genau gegenüberstehen. Ein Widder-Aszendent bedeutet in jedem Fall einen Waage-Deszendenten.) Also verbindet sich Ihr Herrscher Uranus (in der Waage) mit dem Waage-Deszendenten Ihres Liebsten – ein positives Zeichen.
- ✔ **Der Herrscher Ihres Geburtshoroskops steht im gleichen Zeichen wie der Herrscher des Horoskops Ihres Partners.** Sie haben z.B. einen Waage-Aszendenten (was bedeutet, dass Venus Ihr herrschender Planet ist) und Venus in der Jungfrau. Ihr Partner hat einen Schütze-Aszendenten und Jupiter als Herrscher, der ebenfalls in der Jungfrau steht. Auch hier finden sich zwei.

Zusätzliche Faktoren

Als erstes eine Warnung: Wenn Sie Ihr Geburtshoroskop mit dem eines anderen Menschen vergleichen und feststellen, dass Ihre Sonnenzeichen und Mondzeichen in keiner Verbindung zueinander stehen, sich die Venus beider Menschen nicht mit Mars des anderen Menschen verbinden und der Aszendent des einen Geburtshoroskops sich nicht irgendwie mit dem anderen verbindet – verschwenden Sie vielleicht Ihre Zeit, wenn Sie versuchen, eine Beziehung in die Gänge zu bringen. Was die Liebe betrifft, ist es besser, zumindest irgendeine Interaktion zwischen diesen Planeten zu haben, da sie die Hauptbeteiligten in jeder Liebesverbindung sind.

Sie sind aber nicht die einzigen Beteiligten. Die äußeren Planeten spielen ebenfalls eine Rolle, besonders wenn sie in Kontakt zu den persönlichen oder sichtbaren Planeten stehen.

Die äußeren Planeten – Uranus, Neptun und Pluto – bewegen sich so langsam, dass die meisten Menschen in Ihrer Abiturklasse diese Planeten praktisch in der gleichen Position haben wie Sie. Also beweist eine Pluto/Pluto-, Neptun/Neptun- oder Uranus/Uranus-Konjunktion nur, dass Sie Klassenkameraden sind – nicht Seelenverwandte.

Zwei andere Punkte, die erwähnenswert scheinen, sind die Sonne/Mond-Halbsumme und der Glückspunkt.

Die Sonne/Mond-Halbsumme

In der Mitte zwischen Sonne und Mond befindet sich ein Punkt, der gleich weit von den zwei Himmelskörpern entfernt ist, an dem sich ihre Energien verschmelzen. Nach der Astrologin Rose Murray ist dieser höchst zugängliche Punkt ein »für die Ehe sensibler Punkt«, da er auf halbem Weg zwischen der Sonne, welche die maskulinen Eigenschaften (Yang) symbolisiert, und dem Mond liegt, der die femininen Eigenschaften (Yin) ausdrückt. Eine Konjunktion oder Opposition zwischen der Sonne/Mond-Halbsumme in einem Geburtshoroskop und der Sonne, dem Mond, dem Aszendenten oder der Sonne/Mond-Halbsumme in einem anderen kann eine mächtige Verbindung sein. (Anweisungen zur Berechnung einer Halbsumme finden Sie in Kapitel 16.)

Es ist nicht schwierig, Ihre Sonne/Mond-Halbsumme zu berechnen, aber ich gebe zu, dass es mühsam ist. Doch es lohnt sich, da die Sonne/Mond-Halbsumme zu oft in Partnerhoroskopen auftaucht, um sie ignorieren zu können.

Der Glückspunkt

Die *arabischen Punkte*, die nach einer Technik der alten Griechen berechnet und mit den arabischen Astrologen des Mittelalters in Verbindung gebracht werden, sind astrologische Punkte, die im Gegensatz zu Planeten gar nicht wirklich existieren. Sie sind komplett mathematisch.

Es gibt eine verwirrende Anzahl dieser Punkte, darunter den Punkt der Ehe, den Punkt der Scheidung, den Punkt des Geistes und den Punkt der Verbindungen, ganz zu schweigen vom Punkt der Reisen, des Verstehens, des Todes, der Zwietracht, der Bediensteten und des Granatapfels. Sie werden nicht weiter überrascht sein, dass moderne Astrologen die große Mehrzahl dieser Punkte ignorieren.

Aber der Glückspunkt ist wieder etwas anderes. Er ist ein günstiger oder glücklicher Punkt in einem individuellen Horoskop, der ebensoweit vom Aszendenten entfernt ist, wie der Mond von der Sonne. (Anweisungen zur Berechnung des Glückspunkts finden Sie in Kapitel 16.) Wenn Sie also bei Neumond geboren wurden, standen Sonne und Mond am Himmel nah beieinander, dann liegt Ihr Glückspunkt nah bei Ihrem Aszendenten. Wurden Sie unter einem Viertelmond geboren, wenn etwa 90° Abstand zwischen Sonne und Mond zu finden sind, ist Ihr Glückspunkt 90 Grad von Ihrem Aszendenten entfernt. (Weitere Informationen zum Aszendenten finden Sie in Kapitel 5.)

Berührt der Glückspunkt in einem Geburtshoroskop die Sonne, den Mond, Venus, Neptun oder den Aszendenten in einem anderen Horoskop, ist der Kontakt ein glücklicher und fügt der Beziehung eine gewisse Leichtigkeit hinzu – sie fühlt sich einfach richtig an.

Tipper Gores Glückspunkt z.B. ist im Steinbock, in enger Konjunktion zum Mond Ihres Mannes Al, der auch im Zeichen Steinbock steht.

Übrigens steht Bill Clintons Glückspunkt in genauer Konjunktion zu Hillarys Aszendent.

Eine Konjunktion zum Glückspunkt allein wird eine nicht existente Beziehung nicht in eine jahrelange Liebesaffäre verwandeln. Aber in Kombination mit einigen anderen Faktoren stärkt sie die Romanze und bietet einen genauso guten Grund wie andere dafür, sich zu verlieben.

Halbsummen und die Ehe

Die Geburtshoroskope von John Lennon, Prinzessin Diana und John F. Kennedy zeigten alle eine enge Verbindung der Sonne/Mond-Halbsumme zu ihren jeweiligen Partnern. Zur Information:

- ✔ John Lennon war eine Waage mit Mond im Wassermann und Sonne/Mond-Halbsumme bei etwa 10° Schütze, in enger Konjunktion zum Mond seiner Frau Yoko Ono bei 12° Schütze.
- ✔ Ein ähnliches Muster findet sich in den Geburtshoroskopen von Prinzessin Diana, ein Krebs mit Mond im Wassermann, und Prinz Charles, ein Skorpion mit Mond im Stier. Ihre Sonne/Mond-Halbsumme war bei etwa 3° Stier, sein Mond bei etwa 1° Stier.
- ✔ Und John F. Kennedy, Jr., der Sohn des berühmten US-Präsidenten, schließlich war ein Schütze mit Mond im Wassermann und seiner Sonne/Mond-Halbsumme bei etwa 16° Steinbock, in Konjunktion zu Saturn und in Opposition zu Mars im Krebs. Seine Frau, Carolyn Bessette Kennedy, hatte ihre Sonne bei 17° Steinbock, in Konjunktion sowohl zu seiner Sonne/Mond-Halbsumme als auch seinem Saturn. Ihre Verbindung war turbulent, karmisch und am Ende gar nicht glücklich.

Seltsam genug hatten der Ex-Beatle, die Königin der Herzen und der Mann mit dem größten Sex-Appeal der Welt alle noch etwas anderes gemeinsam: alle drei hatten ihren Mond im coolen und luftigen Wassermann. Also versuchten alle drei, ihre Gefühle zu beherrschen – und alle drei brauchten mehr als das normale Maß an Unabhängigkeit.

Geburtshoroskope vergleichen (wonach Sie suchen müssen)

Die beste Methode, im astrologischen Sinne über eine Beziehung nachzudenken, besteht darin, die Geburtshoroskope einzeln anzusehen und dann miteinander zu vergleichen. Dabei ist es sehr effektiv, ein Horoskop über das andere zu legen. Oder Sie erstellen ein zusammengesetztes Partnerhoroskop (*Composit*), das die Beziehung an sich darstellt. Ich beschreibe beide Methoden in den nächsten zwei Abschnitten.

Partnerhoroskop mit zwei Kreisen

Nehmen Sie ein Paar – sagen wir Sie selbst und das Objekt Ihrer Begierde. Erstellen Sie jeweils ein Exemplar Ihrer Geburtshoroskope. Blättern Sie zu Anhang C und kopieren Sie die leere doppelte Horoskopzeichnung. Geben Sie Ihre astrologischen Daten wie folgt in dieses Formular ein:

1. **Platzieren Sie Ihren Aszendenten und Ihre Häuserspitzen in den schmalen äußeren Rand des Horoskopkreises.**
2. **Stellen Sie Ihre Planeten in den inneren Ring.**
3. **Nehmen Sie das Geburtshoroskop Ihres Partners und kopieren Sie es in den verbleibenden Ring in der Mitte.**

   Sie müssen die Häuserstellungen Ihres Partners ignorieren. Stattdessen achten Sie auf die Zeichen. Ihr Geliebter hat drei Planeten im Stier? Platzieren Sie diese Planeten in den Teil des Kreises, an den der Stier in Ihrem Geburtsbild fällt. Um den Aszendenten und die Himmelmitte Ihres Partners einzufügen, setzen Sie diese in den äußeren Ring und verwenden Sie die Abkürzungen A (oder AS oder Asz) und MC.

Jetzt haben Sie eine doppelte Horoskopzeichnung, mit einem Geburtshoroskop im inneren Ring und dem anderen im äußeren Ring.

Hier können Sie leicht die Kontaktpunkte zwischen den zwei Horoskopen sehen. Sie erkennen die Bereiche, in denen das eine Geburtshoroskop leer und das andere stark besetzt ist und die Bereiche, in denen ein Planet in einem Geburtshoroskop einen Planet im anderen berührt. Konjunktionen springen Ihnen direkt ins Auge. Andere Aspekte sind schwerer zu erkennen, aber wenn Sie weitersuchen, können Sie auch diese entdecken.

Mit dieser Art des Vergleichs können Sie auch sehr leicht sehen, wie die Häuser in einem Geburtshoroskop durch Planeten im anderen beeinflusst werden. Fällt Ihre Sonne in das fünfte Haus Ihres Partners? Berührt der Mond Ihres Lieblings Ihren Deszendenten? Dies sind positive Zeichen – aber Sie werden sie nicht sehen, wenn Sie nicht die Mühe auf sich nehmen, ein Geburtshoroskop auf das andere zu setzen.

Was sollten Sie bei diesem Vergleich der Horoskope zu finden hoffen? Es wäre schön, jemanden zu finden, dessen Planeten – und insbesondere Sonne, Mond, Venus und Mars – in Ihr fünftes

Haus der Liebe und Kinder, Ihr siebtes Haus der Partnerschaft und Ihr erstes Haus der Persönlichkeit fallen.

Schauen Sie sich Abbildung 11.1 an. Das Geburtshoroskop in der Mitte gehört zu Jacqueline Kennedy Onassis. Das auf dem äußeren Ring dem früheren US-Präsidenten John F. Kennedy. Beachten Sie, dass fünf seiner Planeten – Mars, Merkur, Jupiter, Sonne und Venus – zusammen in ihrem siebten Haus der Ehe zu sehen sind.

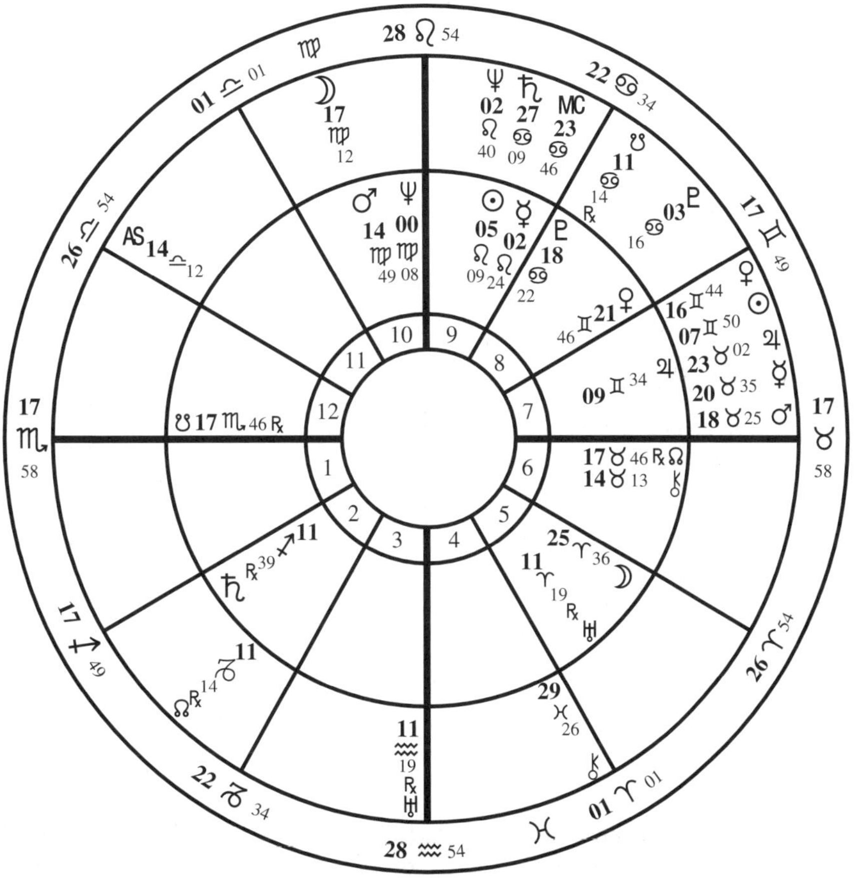

Abbildung 11.1: Jackie O's Geburtsbild mit JFKs Geburtsbild außen herum

Drehen Sie die Geburtshoroskope um, mit JFKs in der Mitte, wie in Abbildung 11.2 gezeigt, und Sie sehen, dass Jackies Mond im Widder in sein siebtes Haus der Ehe fällt und in Konjunktion zu seinem Deszendenten steht. Sie waren natürliche Partner.

Was, wenn Sie keine Kontakte im fünften, siebten oder ersten Haus finden? Keine Sorge. Häuserstellungen sind nur ein Faktor unter vielen. Starke Aspekte triumphieren immer über Häuserstellungen.

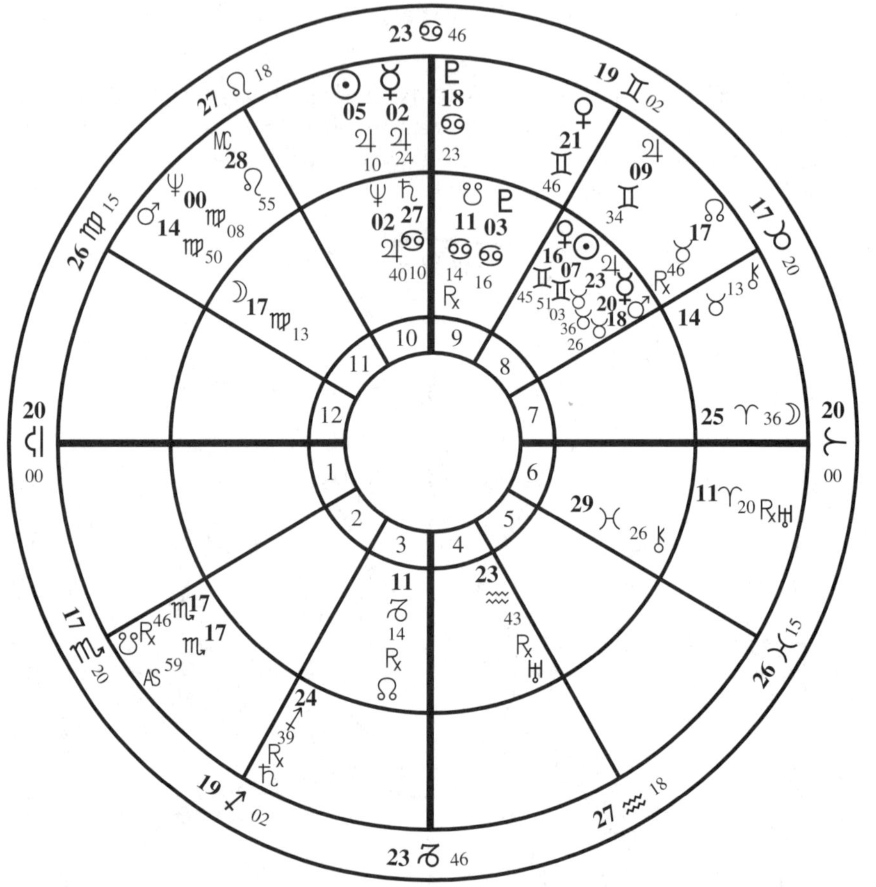

Abbildung 11.2: JFKs Geburtsbild umgeben von Jackie O's Geburtsbild

Composit-Horoskope

Eine faszinierende Vergleichsmethode, die in Amerika durch den Astrologen Robert Hand erfunden wurde, ist die Berechnung eines Composit-Horoskops mit Hilfe der Halbsummen zwischen jedem Planetenpaar (zusammen mit Ihren Aszendenten, der jeweiligen Himmelsmitte und allen Häuserspitzen). Die folgenden Beispiele sollen erklären, wie das funktioniert.

Wenn Ihre Sonne bei 16° Jungfrau steht und die Sonne Ihres Partners genau zwei Zeichen entfernt bei 16° Skorpion, steht Ihre Composit-Sonne genau in der Mitte – bei 16° Waage.

Vielleicht steht Ihr Mond bei 28° Zwillinge und Sie sind sehr verliebt in jemanden, dessen Mond bei 8° Löwe steht. Es sind 40° zwischen den zwei Monden: die restlichen 2° in den Zwillingen, alle 30° des Krebses und 8° im Löwen, machen zusammen 40°. Die Hälfte davon ist 20°. Addieren Sie also 20° zu 28° Zwillinge und Sie erhalten 18° Krebs, die Position Ihres Composit-Monds. (In

Kapitel 1 finden Sie eine Erklärung der Grade im Tierkreis.) Um Ihr Composit-Horoskop zu vervollständigen, müssen Sie die Halbsumme von Merkur und Merkur, Venus und Venus und allen anderen Planetenpaaren berechnen.

In Abbildung 11.3 sehen Sie das Composit-Horoskop von John F. Kennedy und Jackie O. Beachten Sie, dass dieses eine sehr positive Sonne/Mond-Konjunktion (im Krebs) zeigt. Beachten Sie außerdem, dass die größte Betonung in das neunte Haus der Reisen und Öffentlichkeit fällt.

Ohne Computer ist diese Berechnung extrem mühsam. Das Leben ist zu kurz, um sich für jemanden, den Sie gerade getroffen haben, mit diesen Berechnungen per Hand abzugeben. Aber wenn Ihre Beziehung bereits im Gange ist, sind ein oder zwei Stunden Mathematik eine lohnende Investition.

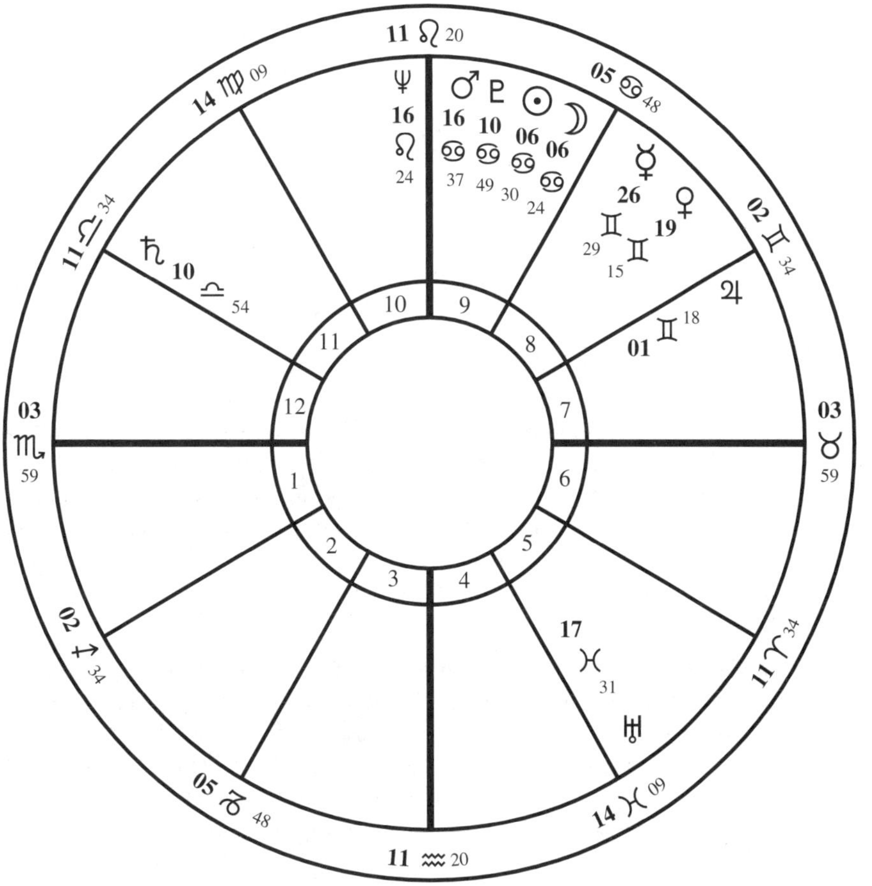

Abbildung 11.3: Composit-Horoskop für JFK und Jackie O

Auf folgende Dinge sollten Sie in einem Composit-Horoskop achten:

- ✔ **Die wichtigsten Bestandteile des Horoskops sind die Sonne, der Mond, der Aszendent und jede Gruppe, oder *Stellarium*, von drei oder mehr Planeten im gleichen Zeichen.** Die Zeichen und Häuser, die durch diese Stellungen betont werden, können Ihnen eine ganze Menge über die Beziehung sagen, wie Tabelle 11.2 zeigt.

Mit einem Schwerpunkt in...	ist Ihre Beziehung...
Widder, dem ersten Haus	energisch, selbständig, verbunden
Stier, dem zweiten Haus	konzentriert auf Geld und Besitztümer
Zwillinge, dem dritten Haus	angefeuert durch Kommunikation und Aktivität
Krebs, dem vierten Haus	darauf basiert, zusammen ein Heim zu schaffen
Löwe, dem fünften Haus	romantisch, dramatisch, spaßig
Jungfrau, dem sechsten Haus	konzentriert auf die Arbeit, Gesundheit und alltägliche Aktivitäten
Waage, dem siebten Haus	eine Partnerschaft
Skorpion, dem achten Haus	emotional und sexuell intensiv
Schütze, dem neunten Haus	umfangreich, forschend, belebt durch Reisen
Steinbock, dem zehnten Haus	konzentriert auf Karriere, Status und öffentliches Image
Wassermann, dem elften Haus	freundlich, gesellig, markiert durch gemeinsame Ziele
Fische, dem zwölften Haus	übersinnlich, karmisch, versteckt oder unterdrückt

Tabelle 11.2: Betonung nach Haus und Zeichen in Composit-Horoskopen

- ✔ **Schauen Sie sich die Aspekte an, die von Sonne, Mond, Venus und Mars geformt werden.** Konjunktionen, Sextile und Trigone lassen auf eine liebevolle Beziehung schließen. Eine Sammlung von Quadraten und Oppositionen weist auf eine konfliktreiche Beziehung hin, aber Sie brauchen sich keine Sorgen zu machen, wenn es ein oder zwei Quadrate gibt: Das zeugt nur von ein bisschen Pfeffer. Andererseits weist ein Fehlen von Aspekten zwischen diesen vier Planeten darauf hin, dass es an Gemeinsamkeiten fehlt, ein Punkt, der vielleicht nur schwer auszugleichen ist.

- ✔ **Die Aspekte, die von anderen Planeten geformt werden.** Vergessen Sie nicht: Jupiter bringt Glück, Saturn bringt Einschränkung und Hindernisse, kann aber auch Verantwortungsgefühl und Stabilität hervorrufen. Uranus führt zu Aufregung, kann aber die Dinge auch auf den Kopf stellen. Neptun bringt Inspiration und eine übersinnliche Verbindung, wenn die Aspekte positiv sind (Konjunktion, Trigon oder Sextil), und Illusion und Täuschung, wenn sie spannungsreich sind (Quadrat oder Opposition). Pluto bringt Transformation.

Das große Ganze

Sie wissen, was die Bibel sagt: Suche und du wirst finden. Aber es ist auch möglich, zu hart zu suchen und nur das zu finden, was Sie sehen wollen. Ohne Zweifel ist das die Hauptfalle des Horoskopvergleichs.

Dies sind die Regeln für den Vergleich von Horoskopen:

1. **Urteilen Sie anhand Ihrer Erfahrungen mit dem anderen Menschen, nicht nur anhand ihres oder seines Horoskops.**

   Vielleicht haben Sie nicht die korrekten Informationen zur Geburtszeit. (Glauben Sie mir, es kann passieren: Meine eigene Mutter hat mich in Bezug auf ihr Geburtsjahr angelogen.) Wenn das Horoskop ideal aussieht, die Beziehung es aber ganz eindeutig nicht ist, gehen Sie davon aus, dass Sie etwas übersehen. Im Zweifelsfalle vertrauen Sie Ihrer Erfahrung.

2. **Halten Sie nicht an einer Beziehung fest, von der Sie tief in Ihrem Herzen wissen, dass sie nicht weitergehen kann, nur weil Sie sicher sind, dass mit den vielen wundervollen Trigonen, die Ihre Geburtshoroskope miteinander verbinden, die Beziehung irgendwann einmal besser werden muss.**

   Starke Verbindungen sind notwendig, um eine Beziehung aufrecht zu erhalten, aber sie sind nicht ausreichend: Beide Beteiligten müssen die gleiche Sache wollen. Auch der Zeitpunkt muss richtig sein.

3. **Brechen Sie keine entstehende Beziehung ab, nur weil Sie nicht die Planetenmuster finden können, die Sie sehen wollen.**

   Vielleicht suchen Sie nicht an den richtigen Stellen. Und andererseits...

4. **Machen Sie nicht den Fehler, zwei Geburtshoroskope unters Mikroskop zu legen und sie derart detailliert zu vergleichen, bis Sie schließlich nach allergrößten Mühen ein Detail finden, das positiv aussieht.**

   Ihr Merkur im Sextil zu seiner Venus/Jupiter-Halbsumme? Ihr Glückspunkt in Konjunktion zu ihrer fünften Häuserspitze? Ihre Freude beginnt zu wachsen. Das sollte nicht der Fall sein. Lassen Sie sich nicht von winzigen Details verführen. Wahrscheinlich haben Sie stärkere und zahlreichere Aspekte mit der Person, die Ihnen Ihren Kaffee verkauft. Damit sich zwei Menschen auf einer tieferen Ebene verbinden können, müssen Ihre Geburtshoroskope auf verschiedene Weise miteinander interagieren. Ein Nebenaspekt hier und da reicht einfach nicht.

Die Astrologie ist nichts Magisches. Der Vergleich zweier Geburtshoroskope kann Ihnen ein Gefühl dafür geben, wie zwei Menschen zueinander passen, aber nur weil zwei Geburtshoroskope gut zusammenpassen heißt das noch lange nicht, dass diese zwei Menschen über das erste Stadium hinauskommen.

Nehmen wir z.B. meine Freundin Suzanne. Als sie ankündigte, dass sie ihren Idealmann gefunden hätte, überprüfte ich sofort sein Geburtshoroskop. Und es war tatsächlich so, ihre Geburtshoroskope passten hervorragend zusammen. Leider hat sie den Typen bisher noch nicht getroffen. Also ... Antonio Banderas, falls die Dinge mit Melanie nicht so laufen, ruf mich doch einfach an. Ich habe eine tolle Frau für dich.

Wenn nun Ihr Interesse am Horoskopvergleich geweckt wurde, sollten Sie sich diese Bücher ansehen:

Das Composit-Horoskop. Aufgabe, Weg und Ziel einer Beziehung von Ingrid Zinnel (Hugendubel)

Planeten im Composit. Astrologie der Beziehungen von Robert Hand (Hugendubel)

Sonnenzeichenkombinationen

12

In diesem Kapitel

- Ein Blick auf die Liebe, Zeichen für Zeichen
- Die Kombinationen

Jede Beziehung ist, genau wie jeder Mensch, einzigartig. Die Möglichkeiten sind unendlich, aber die Wahrscheinlichkeiten nicht. Wie kann ich Sie lieben? Hier sind 78 Wege, einer für jede mögliche Kombination der Sonnenzeichen.

In diesem Kapitel stelle ich jede Kombination unter dem Zeichen vor, das im Tierkreis zuerst vorkommt. Wenn Sie also ein feuriger Widder sind und Ihr Partner eine friedvolle Waage, schauen Sie unter Widder für eine Beschreibung der Dynamik Ihrer Beziehung. Und sind Sie ein sentimentaler Fisch, der mit einer arbeitssüchtigen Jungfrau verbändelt ist, finden Sie eine Darstellung dieser Kombination unter Jungfrau (so wie es in Ihrer Beziehung immer ist, oder?).

Der Widder in der Liebe

Sie sind voller Leben, überschwenglich, leidenschaftlich, idealistisch und hingebungsvoll, besonders wenn Sie verliebt sind. Aber Sie sind auch ungeduldig und mögen es nicht, sich eingeengt zu fühlen. Liebhaber, die versuchen, Ihr Verhalten zu kontrollieren, verlieren schnell Ihre Gunst, ebenso wie Freunde, die zu oft anrufen oder zu viel Intimität verlangen. So ergeht es Ihnen mit den anderen Zeichen des Tierkreises:

- ✔ **Widder + Widder:** Denken Sie an Chili-Schoten, Saxophone, Vulkane – alles, was heiß ist. Diese sich schnell bewegende, aktionsorientierte, auf die Konkurrenz achtende Combo führt zu Feuerwerken – sowohl gewollt als auch nicht gewollt. Beispiel: Matthew Broderick und Sarah Jessica Parker.
- ✔ **Widder + Stier:** Der impulsive Widder ist energisch, dynamisch und immer auf Trab, der stabile, dickköpfige, sinnliche Stier ist absolut ohne Eile und unbewegbar. Wie bei allen Kombinationen nebeneinander stehender Zeichen können die Unterschiede in Stil und Tempo Sie in den Wahnsinn treiben, es sei denn, einer oder beide von Ihnen haben Planeten im Zeichen des anderen. Beispiel: Spencer Tracy (Sonne im Widder mit Venus im Stier) und Katharine Hepburn (Sonne im Stier und Venus im Widder).
- ✔ **Widder + Zwillinge:** Sie sind beide lebhaft, dynamisch und schnell gelangweilt, mit einer Million Interessen und einer Liebe für Aktivitäten jeglicher Art. Der Widder ist direkt und höchst körperlich, während der unbeständige Zwilling in seinem oder ihrem Kopf lebt. Dennoch eine tolle Kombination. Beispiele: Warren Beatty (Widder) und Annette Bening (Zwillinge).

- **Widder + Krebs:** Sie sind beide energisch und ausdrucksstark, aber der Krebs ist sensibel und voller Ängste, während der temperamentvolle Widder dominant, spontan und mutig ist. Der Widder ist emotional nicht besonders aufnahmefähig – zur ständigen Frustration des launischen, intuitiven Krebses. Beispiele: Steve McQueen (Widder) und Neile Adams (Krebs), Mary Welsh (Widder) und Ernest Hemingway (Krebs).

Widder + Löwe: Zwei Feuerzeichen zusammen erzeugen eine Menge Wärme. Abgesehen von gelegentlichen Ausbrüchen des Egos auf beiden Seiten, kann es kaum ein besseres als dieses glückliche, lebhafte Paar geben. Beispiel: Al (Widder) und Tipper Gore (Löwe). (Sie sehen nur so aus, als hätten sie keinen Spaß miteinander.)

- **Widder + Jungfrau:** Der wilde Widder zieht es vor, zuerst zu springen und dann zu schauen, während die gehemmte Jungfrau über die Dinge grübeln möchte. Der Widder sagt es, wie es ist, direkt und genau, die analytische Jungfrau denkt, bevor sie redet und versucht, vernünftig zu sein. Beide Zeichen haben berechtigte Beschwerden über das jeweils andere. Beispiel: Gloria Swanson (Widder) und Joseph Kennedy, Sr. (Jungfrau).

Widder und Waage: Gegensätze ziehen sich an. Der Widder bringt der Verbindung leidenschaftliche Energie, Neugier und Begeisterung. Die Waage bringt Intelligenz, Liebenswürdigkeit und Charme. Obwohl die Unterschiede zwischen Ihnen sich nicht verleugnen lassen – der Widder ist spontan und direkt, die Waage ist sanft, gedankenvoll und zurückhaltend – ist dies dennoch ein sicheres Rezept für die Liebe. Beispiel: Yves Montand (Widder) und Simone Signoret (Waage).

- **Widder + Skorpion:** Sexuell sprengt diese Verbindung alle Normen. Aber der forsche Widder ist direkt, während der eifersüchtige Skorpion alles andere als das ist. Als generelle Regel kann man sagen, dass diese Paarung geradezu nach Problemen schreit. Beispiel: Dennis Quaid (Widder) und Meg Ryan (Skorpion).

Widder + Schütze: Zwei Feuerzeichen, die sich gegenseitig anstacheln: eine klassische Verbindung mit großer Energie und viel Spaß. Beispiele: Alec Baldwin (Widder) und Kim Basinger (Schütze), Emma Thompson (Widder) und Kenneth Branagh (Schütze). (Okay, die Magie hält nicht für die Ewigkeit.)

Widder + Steinbock: Der Steinbock lässt sich anfangs von dem Abenteuer blenden, mit einem so unbekümmerten, stürmischen Menschen zusammen zu sein. Aber Steinböcke sind schonungslos erwachsen und Widder sind ewige Jugendliche, die vor Begeisterung und halbgebackenen Plänen überschäumen. Meistens lässt die Spannung schnell wieder nach. Beispiel: Patricia Arquette (Widder) und Nicholas Cage (Steinbock).

- **Widder + Wassermann:** Obwohl diese zwei Zeichen im Sextil zueinander stehen, bilden Sie nicht so ein glückliches Duo wie man erwarten könnte. Der visionäre Wassermann denkt über die Zukunft nach, der Widder ist ungestüm, unerschrocken und sehr mit der Gegenwart verbunden. Eine starke Venus/Mars-Verbindung kann eine große Hilfe sein. Beispiel: Andre Previn (Widder) und Mia Farrow (Wassermann).

Widder + Fische: Der veränderliche, sympathische Fisch kann den dominierenden Widder für eine Weile zähmen. Aber was passiert in dem unvermeidlichen Moment, wenn der emotionale Fisch ein bisschen Mitgefühl braucht? Der Widder haut ab. Schütze dich, Fisch. Such lieber anderswo. Beispiel: Eric Clapton (Widder) und Patti Boyd (Fische).

Wenn Sie in einen Widder verliebt sind, seien Sie nicht schüchtern, subtil oder zögerlich. Flirten Sie unerschrocken. Schlagen Sie etwas Unerwartetes und Spontanes vor. Wenn Ihre Bemühungen aber nicht greifen, ziehen Sie sich sofort zurück und versuchen Sie, nicht erreichbar zu sein. Vor allem sollten Sie niemals betteln, bitten oder jammern. Der Widder hat keine Geduld für kleinliches Verhalten oder irgendeine Form des Brauchens.

Der Stier in der Liebe

Besitzergreifend, treu und nicht immer so locker, wie Sie gerne wären, brauchen Sie physischen Kontakt, emotionale und finanzielle Sicherheit und häuslichen Komfort. Wenn Sie einmal jemanden gefunden haben, der Ihre Sinnlichkeit und Ihre grundlegenden Werte teilt, sind Sie zufrieden. Sie können Ihre Zeit einfach nur glücklich damit verbringen, zusammen zu sein und nichts zu tun. Probleme tauchen auf, wenn Ihr Partner einen Schritt schneller gehen will. Unvermeidlich werden Sie sich widersetzen. Sie sind das nicht zu bewegende Objekt. Lernen Sie, sich zu beugen.

✔ **Stier + Stier:** Vorausgesetzt, dass einer von Ihnen den Schneid hat, den ersten Schritt zu machen, könnte dies eine Langzeitliebe sein. Aber wenn es zu Unstimmigkeiten kommt, verkeilen Sie Ihre Hörner ineinander. Große Leidenschaft, große Kämpfe, aber definitiv eine positive Verbindung. Beispiel: Anouk Aimée und Albert Finney.

✔ **Stier + Zwillinge:** Der übersprudelnde Zwilling lockert den unerschütterlichen Stier auf. Aber der Zwilling liebt Veränderungen und springt in diese hinein, ohne auch nur darüber nachzudenken, während der Stier es vorzieht, sie so lange wie möglich zu vermeiden. Wie immer können nebeneinander liegende Zeichen problematisch sein. Schauen Sie nach Planeten in Ihrem jeweiligen Zeichen. Beispiele: Natasha Richardson (Stier) und Liam Neeson (Zwillinge), Andre Agassi (Stier) und Brooke Shields (Zwillinge).

Stier + Krebs: Willkommen zu Hause. Der Stier ist sinnlich, liebevoll und auf Sicherheit bedacht, der Krebs ist intuitiv, sorgend und ebenfalls auf Sicherheit bedacht. Eine perfekte Verbindung. Beispiel: Barbra Streisand (Stier) und James Brolin (Krebs).

Stier + Löwe: Der zuverlässige Stier möchte ein normales Leben haben, regelmäßige Ruhezeiten und ein wachsendes Bankkonto. Der anspruchsvolle Löwe will auf großem Fuß leben. Und keiner von Ihnen gibt auch nur einen Zentimeter nach. Beispiele: Bianca (Stier) und Mick Jagger (Löwe), Debra Winger (Stier) und Timothy Hutton (Löwe).

Stier + Jungfrau: Sie legen beide Wert auf praktische Lösungen, auch wenn der vernünftige Stier länger braucht, dorthin zu gelangen als die effiziente Jungfrau. Zusätzlich zu den gemeinsamen Werten kann der vernünftige Stier die Nerven der Jungfrau beruhigen und die Jungfrau kann den Stier zu Aktionen anspornen. Eine feine Verbindung. Beispiel: Roberto Rossellini (Stier) und Ingrid Bergman (Jungfrau).

- ✔ **Stier + Waage:** Sie werden beide von Venus regiert, aber wie verschieden sind Sie doch! Die intellektuelle Waage legt Wert auf Kultiviertheit, Musik, sanfte Beleuchtung, der erdgebundene Stier will das Vorspiel auslassen und zur Sache kommen. Wenn die Spannung des Moments verblasst, haben Sie sich nur wenig zu sagen. Ich entschuldige mich dennoch im voraus für diese Beispiele: Evita (Stier) und Juan Peron (Waage), Julius (Stier) und Ethel Rosenberg (Waage).
- ✔ **Stier + Skorpion:** Die Leidenschaft ist der Spielplatz. Der Skorpion schäumt vor erotischen Ideen über und der Stier zieht mit. Die Liebe des Skorpions zu Geheimnissen, Melodrama und Kontrolle trifft auf ein kühleres Willkommen des Stiers, der wesentlich direkter ist. Wenn Probleme auftauchen, sind Sie beide gleich dickköpfig. Beispiele: Uma Thurman (Stier) und Ethan Hawke (Skorpion), Jessica Lange (Stier) und Sam Shepard (Skorpion), Pierre (Stier) und Marie Curie (Skorpion).

Stier + Schütze: Sexuell passen Sie gut zusammen, zumindest für eine Weile. Aber ansonsten sind Sie so verschieden, dass es erstaunlich ist, dass Sie jemals zueinander gefunden haben. Der Schütze sammelt Meilen für Vielflieger, braucht jede Menge Raum und hungert nach Anregungen. Der Stier arbeitet im Garten, braucht viele Streicheleinheiten (und ein gemütliches Plätzchen) und liebt es, nichts zu tun. Das alles führt zu einer schwierigen Verbindung. Beispiele: Bing Crosby (Stier) und Kathryn Grant (Schütze), Ann Margret (Stier) und Roger Smith (Schütze).

Stier + Steinbock: Eine gute Verbindung. Sie haben gemeinsame Werte, mögen physischen Komfort, spüren das Verlangen nach finanziellem Wohlstand (und den Willen, dafür zu arbeiten) und hegen einen häufig bekräftigten Glauben an die heilenden Kräfte des Sex. Beispiele: Coretta Scott King (Stier) und Martin Luther King (Steinbock), William Randolph Hearst (Stier) und Marian Davies (Steinbock).

- ✔ **Stier + Wassermann:** Beim luftigen Wassermann dreht sich alles um Ideen, beim beständigen Stier um die Realität. Beide sind unbeweglich. Keine gute langfristige Aussicht, trotz des Beispiels von Harry S. (Stier) und Bess Truman (Wassermann), die über 50 Jahre verheiratet waren – aber als er im Weißen Haus war, verbrachte die unabhängige Bess Wochen in ihrer Heimatstadt Independence im US-Staat Missouri. Andere Beispiele: Alice B. Toklas (Stier) und Gertrude Stein (Wassermann), Billy Joel (Stier) und Christie Brinkley (Wassermann), Cher (Stier) und Sonny Bono (Wassermann).
- ✔ **Stier + Fische:** Abgesehen von der Tatsache, dass der Stier ein praktischer Mensch und der Fisch ein Träumer ist, haben diese beiden einen ähnlichen Rhythmus, Geschmack und romantische Vorlieben gemeinsam. Beispiel: Robert (Stier) und Elizabeth Barrett Browning (Fische).

Sie sind in einen Stier verliebt? Bleiben Sie in seiner Nähe. Seien Sie da. Haben Sie Geduld. Vermeiden Sie Streitigkeiten. Legen Sie keine tiefliegenden Neurosen offen. Und geben Sie dem Stier eine Chance, sich komfortabel zu fühlen. Sicherheit ist für den Stier sehr wichtig. Um Ihrem Stier einen sicheren Hafen zu geben, bieten Sie ihm reichhaltiges Essen, sanfte Berührungen, faule Nachmittage, guten Wein und gemütliche Spaziergänge im Wald. Der Stier reagiert auf Geruch und Stoffe, tragen Sie also Seide, Samt, Kaschmir, Tweed – alles, was man gern anfasst. Das ist die Welt des Stiers.

Zwillinge in der Liebe

Der ausgelassene Zwilling, der letzte lebende Befürworter der zwanglosen Sexualität, flirtet ungehemmt und verbindet sich leicht, macht sich aber mit Lichtgeschwindigkeit aus dem Staub, wenn die Dinge auseinander fallen. Der Grund hierfür ist, dass Sie Abwechslung lieben, intellektuelle Herausforderungen suchen und witzige, moderne Menschen herauspicken, die Ihre Freude an leichtem Geplänkel und ständigem Anreiz teilen. Sie sind lebhaft und entzückend. Aber Sie sind auch flüchtig – wieder mal ein Opfer des Märchens vom Gras, das beim Nachbarn grüner ist.

✔ **Zwillinge + Zwillinge:** Trotz des allgemeinen Maßes an nervöser Energie, die sie zusammen generieren, amüsieren Sie sich miteinander. Und Sie brauchen sich niemals mit diesem trüben Schweigen abzugeben, das die Beziehungen anderer belastet. Ein definitives Redefest. Beispiele: Marilyn Monroe und John F. Kennedy, George und Barbara Bush.

Zwillinge + Krebs: Die leicht abzulenkenden Zwillinge sind emotionale Leichtgewichte, durchaus in der Lage, ihre Gefühle jahrelang zu unterdrücken. Launische Krebse, Gewinner der Olympischen Goldmedaille im Tränenvergießen, wollen sich emotional verbinden, bevorzugt im eigenen Heim. Suchen Sie nach starken Planetenverbindungen, da dies normalerweise kein perfektes Paar ist. Beispiele: Wallis Simpson (Zwillinge) und Edward VIII (Krebs), Gene Wilder (Zwillinge) und Gilda Radner (Krebs), Nicole Kidman (Zwillinge) und Tom Cruise (Krebs).

✔ **Zwillinge + Löwe:** Diese zwei verspielten Nachtschwärmer genießen einander richtig, obwohl sie unbewusst um den vorderen Platz auf der Bühne konkurrieren können, den der Löwe für sich beansprucht und der Zwilling, ein ständiger Redner, nur ungern abgibt. Außerdem ist der Löwe extrem loyal, während die Zwillinge ... nun, betrachten Sie dieses Beispiel: John F. Kennedy (Zwillinge) und Jacqueline Kennedy (Löwe). (Vergleichen Sie ihre Geburtshoroskope in Kapitel 11.)

✔ **Zwillinge + Jungfrau:** Die guten Neuigkeiten: Sie verstehen sich sofort (sogar über das Telefon), Sie haben sich viel zu sagen und Sie können nicht aufhören zu reden. Die schlechten Neuigkeiten: Sie können sich auf die Nerven gehen. Beispiel: Elizabeth Hurley (Zwillinge) und Hugh Grant (Jungfrau).

Zwillinge + Waage: Eine natürliche, einfache Kombination, die liebevolles Flirten und Unterhaltungen ohne Ende mit sich bringt. Obwohl dies nicht die leidenschaftlichste Verbindung ist, können Sie im Großen und Ganzen nichts falsch machen. Beispiele: Marilyn Monroe (Zwillinge) und Arthur Miller (Waage), Paul McCartney (Zwillinge) und Linda Eastman (Waage).

Zwillinge + Skorpion: Der Skorpion betrachtet Sexualtität als das zentrale Mysterium des Lebens. Der Zwilling (ein lüsterneres Zeichen, als oft angenommen wird) genießt Sexualtität, fährt aber deswegen nicht völlig aus der Haut. Der eifersüchtige Skorpion fühlt sich bald verletzt, während der flüchtige Zwilling sich fragt, wo das Problem liegt. Beispiele: Fürst Rainier von Monaco (Zwillinge) und Grace Kelly (Skorpion), Donald Trump (Zwillinge) und Marla Maples (Skorpion).

✔ **Zwillinge + Schütze:** Trotz gelegentlicher Zusammenstöße ist dieses freiheitsliebende, redselige Paar auf der gleichen Wellenlänge. Ein Ratschlag: Füllen Sie Ihre Planung, sowohl getrennt als auch zusammen, mit viel Aktivität und Reisen und stapeln Sie jede Menge Lesestoff auf Ihren Nachttischen. Beispiele: Marilyn Monroe (Zwillinge) und Joe DiMaggio (Schütze), Helena Bonham Carter (Zwillinge) und Kenneth Branagh (Schütze).

Zwillinge + Steinbock: Melancholische Steinböcke nehmen sich selbst ernst, leichtherzige Zwillinge lachen bereitwillig, nehmen die Dinge leicht und machen sich ständig in neue Richtungen auf. Keine einfache Verbindung. Beispiele: Jean Paul Sartre (Zwillinge) und Simone de Beauvoir (Steinbock), Priscilla (Zwillinge) und Elvis (Steinbock) Presley, Johnny Depp (Zwillinge) und Kate Moss (Steinbock).

Zwillinge + Wassermann: Sie können Seelenverwandte sein. Sie sind beide gesellig und lieben Spaß, und Sie haben beide einen aktiven Geist (obwohl der Wassermann über soziale Probleme diskutieren möchte, während der Zwilling Ideen zu weniger hochtrabenden Themen hat). Aber keiner von Ihnen ist emotional besonders verbunden; wenn die Zeiten also hart werden, könnte das, was Sie zusammenhält, sich schwächen. Beispiel: Anne Heche (Zwillinge) und Ellen DeGeneres (Wassermann).

Zwillinge + Fische: Der gemütliche Fisch möchte ausschlafen, der Zwilling ist ein Frühaufsteher. Der mystische Fisch möchte Ihre Träume analysieren, der Zwilling will MTV schauen. Sie kommen von verschiedenen Planeten. Zum Glück sind Sie beide gewillt zu lernen. Beispiele: Martha (Zwillinge) und George Washington (Fische), Laurie Anderson (Zwillinge) und Lou Reed (Fische).

Wenn Sie sich einen Zwilling in den Kopf gesetzt haben, seien Sie schwungvoll, auf dem neuesten Stand der Dinge, undurchschaubar und verfügbar. Der Zwilling ist geistreich, neugierig, gut informiert und bereit zu allem. Um die Aufmerksamkeit eines Zwillings auf sich zu ziehen, zeigen Sie die gleichen Qualitäten. Seien Sie nicht verdrießlich. Bedauern Sie nicht den traurigen Stand der Dinge in der Welt von heute. Beschweren Sie sich nicht. Verlangen Sie nicht, dass die Dinge Wochen im voraus geplant werden. Und vor allem, langweilen Sie den Zwilling nicht, der sehr viel Wert auf lebhafte Unterhaltungen legt. Fragen Sie sich, warum Zwillinge den Ruf haben, untreu zu sein? Weil sie sich so schnell langweilen.

Der Krebs in der Liebe

Der Krebs hat ein Talent für Intimität, Umsorgen und Liebe. Wenn Sie verliebt sind, ignorieren Sie vergnügt die offensichtlichsten Fehler, während Sie sich auf das versteckte Potenzial Ihres Geliebten einschießen. Liebevoll, großzügig, sentimental und mütterlich, müssen Sie mit jemandem zusammen sein, der Ihren Antrieb und Ihren Willen teilt, komplexe emotionale Probleme zu erforschen. Wenn Sie einen solchen Menschen finden, geben Sie alles. Sie sind vollkommen unterstützend. Aber Sie haben auch eine Tendenz, sich festzuklammern. Es gibt einen Grund dafür, dass die überbeschützende Mutter ein Krebs-Archetyp ist: Manchmal können Sie nicht loslassen, auch nicht ein kleines bisschen.

Krebs + Krebs: Sie sind intuitiv und empfänglich, mit jeder Menge Energie und Antrieb. Legen Sie los. Aber denken Sie daran: Gefühle sind während der Vollmondphasen auf dem Höhepunkt und Sie spüren beide die Auswirkungen. Beispiel: die Literaturkritiker Diana und Lionel Trilling.

✔ **Krebs + Löwe:** Der dominierende Löwe liebt Leidenschaft, Abenteuer und Fünf-Sterne-Hotels, der launische Krebs will ein ruhigeres Leben in einer gemütlichen Hütte, die mit wildem Wein überwachsen ist. Wenn der Löwe gewillt ist, seine Erwartungen herunterzuschrauben und der Krebs in der Lage ist, das fragile Ego des Löwen zu streicheln und ein Risiko einzugehen, können Sie Gemeinsamkeiten finden. Beispiele: Jerry Hall (Krebs) und Mick Jagger (Löwe), Kevin Bacon (Krebs) und Kyra Sedgwick (Löwe), Bob (Krebs) und Elizabeth Dole (Löwe).

✔ **Krebs + Jungfrau:** Nachdem Sie etwas Vertrauen zueinander gefunden haben, hilft der Krebs der Jungfrau, sich zu entspannen, und die Jungfrau hilft dem Krebs, sich sicherer zu fühlen. Aber Gefühle sind schwierig – der übersensible Krebs will über Gefühle reden, während die kritische Jungfrau es vorzieht, die emotionalen Dinge außen vor zu lassen (es sei denn, sie können in einer systematischen Art und Weise angegangen werden) und praktische Pläne zu machen. Beispiel: Ringo Starr (Krebs) und Barbara Bach (Jungfrau).

✔ **Krebs + Waage:** Der häusliche Krebs und die künstlerische Waage verbringen eine tolle Zeit miteinander, zusammen ein Haus zu dekorieren. Aber die emotionalen Bedürfnisse des Krebses führen dazu, dass die logische Waage sich zurückzieht. Keine natürliche Verbindung, obwohl der Wunsch der Waage nach einer Beziehung ein mildernder Faktor sein kann. Beispiel: Pamela Anderson (Krebs) und Tommy Lee (Waage).

✔ **Krebs + Skorpion:** Sie sind beide mit Ihren Gefühlen vertraut und verliebt in die Liebe. Wahrscheinlich haben Sie eine zutiefst intuitive Beziehung, obwohl ich an mehrere Beispiele denken kann, in denen diese Verbindung ins Schwimmen kam. Probleme tauchen auf, wenn der Skorpion nicht mit dem schnellen Auf und Ab der Gefühle eines Krebses umgehen kann. Die Gefühle des Skorpions sind tief und ändern sich, wenn überhaupt, nur langsam, die Gefühle des Krebses ändern sich ständig. Beispiel: Prinzessin Diana (Krebs) und Prinz Charles (Skorpion).

Krebs + Schütze: Der Krebs will lieben, umsorgen und besitzen, den Schützen kann man nicht besitzen. Obwohl Sie sich intensiv lieben können, sind sie komplett verschieden. Tun Sie es nicht. Beispiel: Frida Kahlo (Krebs) und Diego Rivera (Schütze).

- **Krebs + Steinbock:** Wie jede Paarung gegenüberstehender Zeichen hat auch diese ihre Vor- und Nachteile. Der launische Krebs hat ein intuitives Gefühl dafür, wie die Dinge gemacht werden sollten, der vernünftige Steinbock zieht es vor, nach den Regeln zu gehen. Aber der Steinbock hilft dem Krebs, sich sicher zu fühlen, und der Krebs hilft dem Steinbock, sich geliebt zu fühlen. Außerdem teilen Sie eine Verehrung von Traditionen und Familie. Beispiel: Egon (Krebs) und Diane von Fürstenburg (Steinbock).

- **Krebs + Wassermann:** Der warme, umsorgende Krebs mit dem kühlen, losgelösten Wassermann? Nicht empfehlenswert. Was nicht heißt, dass einige Paare den Umständen nicht widerstanden hätten. Schauen Sie sich diese Beispiele an: Natalie Wood (Krebs) und Robert Wagner (Wassermann), Nancy (Krebs) und Ronald Reagan (Wassermann).

Krebs + Fische: Sie sind gleichermaßen sensibel. Große Gefühle fließen zwischen Ihnen, Ihre Rhythmen sind ähnlich und Sie teilen vielleicht sogar eine seltene übersinnliche Verbindung. Ein perfektes Paar, obwohl der Krebs, der es liebt, zu retten, es schwierig finden kann, die berühmte Fähigkeit des Fischs zur Selbstzerstörung zu überwinden. Beispiele: George Sand (Krebs) und Frederic Chopin (Fische), Courtney Love (Krebs) und Kurt Cobain (Fische).

Wenn Sie sich in einen Krebs verlieben, denken Sie in Rosen, Schokolade, Kerzenlicht. Der Krebs ist im Herzen monogam, ein wahrer Romantiker, der Richtige. Fahren Sie ans Meer. Gehen Sie tanzen. Gehen Sie im Mondschein spazieren. Manche Zeichen tun diese Dinge, weil sie die Erfahrung schätzen. Krebse tun sie, weil sie auf diese traditionellen Symbole ansprechen – und weil sie sich vor allem nach Intimität sehnen. Drei Vorschläge: Fragen Sie nach dem kompletten Familienstammbaum Ihres Krebses, beweisen Sie, dass Sie kochen können und seien Sie gewillt, über Ihre Gefühle zu sprechen – in allen Details.

Der Löwe in der Liebe

Sie sind sexuell ohne Hemmungen, romantisch, manipulierend, loyal und trotz Ihrer sicheren Erscheinung verzweifelt nach Liebe bedürftig. Wenn jemand Ihr Herz gewinnt, wollen Sie diesen Menschen für immer in Ihrem Leben haben. Aber Sie wollen auf genau die richtige Art und Weise angebetet werden, bestehen darauf, die Zügel in der Hand zu halten und können eingreifend und kontrollierend sein. Trotz Ihres schlechten Verhaltens sind Sie so strahlend und liebenswert, dass es Ihnen gelingt, mit allem davonzukommen.

- **Löwe + Löwe:** Sie haben große, theatralische Persönlichkeiten und Ihr Haus ist von Lachen erfüllt. Aber Sie haben auch große, durstige Egos, die ständige Eingaben des Beifalls und Lobes brauchen. Sexuell sind Sie wie Dynamit. Aber die Frage bleibt: Wer ist der König in diesem Schloss? Ein schwieriges Unterfangen. Beispiele: Madonna und Sean Penn, Melanie Griffith und Antonio Banderas.

Löwe + Jungfrau: Der extravagante Löwe macht große Gesten, die nervöse Jungfrau konzentriert sich auf Details. Dies ist kein natürliches Duo. Idealerweise hat einer von Ihnen oder beide mindestens einen Planeten im Zeichen des anderen, um einen Teil der beträchtlichen Distanz zwischen Ihnen zu überbrücken. Beispiele: Jacqueline Kennedy (Löwe mit Mars in der Jungfrau) und Aristoteles Onassis (Jungfrau), Prinzessin Anne (Löwe) und Mark Philips (Jungfrau).

Löwe + Waage: Die Waage ist ein Flirter, der Löwe liebt Spiele – es funktioniert. Obwohl der Löwe dramatischer ist als die ausgeglichene Waage, regen diese beiden sich gegenseitig an und erfreuen sich aneinander. Beispiele: Zelda (Löwe) und F. Scott Fitzgerald (Waage), Rosalyn (Löwe) und Jimmy Carter (Waage), Ben Affleck (Löwe) und Gwyneth Paltrow (Waage).

✔ **Löwe + Skorpion:** Der Löwe glüht, der Skorpion verbrennt, beide sind Könige des Dramas. Feurig, intensiv, unterhaltsam und durch und durch engagiert, führt diese leidenschaftliche, komplizierte Verbindung zu tollen Zeiten und großen Kämpfen – Feuer und Eis. Schauen Sie sich die Beispiele an: Louis XVI (Löwe) und Marie Antoinette (Skorpion), Ted Hughes (Löwe) und Sylvia Plath (Skorpion), Arnold Schwarzenegger (Löwe) und Maria Shriver (Skorpion), Bill (Löwe) und Hillary Clinton (Skorpion).

Löwe + Schütze: Dieses feurige, überschwengliche Paar bietet Lachen in rauhen Mengen, jede Menge Leidenschaft und gemeinsame Abenteuer in der Welt als Ganzes. Aber der loyale Löwe, der alles zusammen tun möchte, sollte sich daran erinnern, dass der sorglose Schütze manchmal von der Leine gelassen werden muss, und der freimütige Schütze muss sich an die Tatsache gewöhnen, dass der melodramatische Löwe auch höchst manipulierend ist. Beispiel: Melanie Griffith (Löwe) und Don Johnson (Schütze) – sie hatten Recht, es noch einmal zu versuchen.

✔ **Löwe + Steinbock:** Der extravagante Löwe liebt große Gesten, übertriebene Emotionen und dramatische Szenen. Der konservative Steinbock zieht es vor, kühl zu bleiben, indem er seine Reaktionen herunterspielt. Aber beide bewundern luxuriöse Umgebungen und die feineren Dinge im Leben. Wenn Sie viel Geld haben, kann diese Verbindung funktionieren. Beispiel: Connie Chung (Löwe) und Maury Povich (Steinbock).

✔ **Löwe + Wassermann:** Wenn der ausdrucksstarke Löwe die exzentrische Art (und die Freunde) des Wassermanns akzeptieren kann und der freiheitsliebende Wassermann keine Probleme damit hat, den bedürftigen Löwen mit Bewunderung zu überschütten, kann dies eine gelungene Beziehung sein. Der Löwe muss aber auch etwas Kontrolle aufgeben, da der Wassermann nicht bereit ist, sich in die Planung eines anderen Menschen einzuordnen. Beispiele: Roman Polanski (Löwe) und Sharon Tate (Wassermann), Loni Anderson (Löwe) und Burt Reynolds (Wassermann).

✔ **Löwe + Fische:** Der Fisch ist vom feurigen Selbstbewusstsein des kühnen Löwen verzaubert, der wiederum vom ausdrucksstarken, romantischen Fisch begeistert ist. Aber obwohl sich der Fisch anfangs vom Löwen beschützt fühlt, der alles in Ordnung bringen will, fühlt sich der Fisch (der die Dinge in einer Art und Weise vermasselt hat, wie es der Löwe kaum wahrhaben will) am Ende kritisiert und verurteilt. Lassen Sie es lieber. Beispiel: David Duchovny (Löwe) und Téa Leone (Fische).

Um das Herz eines Löwen zu erobern, sehen Sie gut aus, zeigen Sie sich sicher und öffnen Sie Ihr Portemonnaie. Der Löwe erwartet Blumen nach dem ersten Rendezvous und danach steigen die Einsätze – Essen in erstklassigen Restaurants und klassische Schmuckstücke sind Teil des Pakets. Und glauben Sie nicht, dass Sie mit zweitklassigen Dingen davonkommen – der Löwe kennt den Unterschied. Außerdem ist der Löwe unersättlich nach Zuneigung, Aufmerksamkeit und Komplimenten. Sie können nicht zu schamlos sein – Löwe-Frösche denken, sie sind Prinzen, Löwe-Prinzen denken, sie sind Könige und Löwe-Könige denken, sie sind Götter. Sie können nicht zu dick auftragen.

Die Jungfrau in der Liebe

Sie sind verständnisvoll, ein leichter Gesprächspartner und viel erotischer, als Ihr jungfräuliches Symbol vermuten lässt. Aber Ihre idealistischen Standards sind unmöglich hoch und reine Sterbliche haben Schwierigkeiten, dem zu entsprechen. Wenn sich schließlich jemand als würdig erweist, sind Sie warm, anbetend, treu und hilfsbereit. Leider müssen Sie oft auf die harte Tour lernen, dass gut gemeinte Vorschläge und Ratschläge, egal wie sanft sie übermittelt werden, einen schrecklichen Schlag in sich bergen.

- **Jungfrau + Jungfrau:** Ihre Köpfe arbeiten auf ähnliche Art und Weise. Vorausgesetzt, dass Ihre perfektionistischen Zwänge nebeneinander existieren können, ist dies eine glückliche, gesunde Verbindung. Beispiel: Claudia Schiffer und David Copperfield.

- **Jungfrau + Waage:** Die analytische Jungfrau und die gedankenvolle Waage verbinden sich mental. Aber die effiziente, arbeitsame Jungfrau zielt auf Perfektion, während die flirtende, etwas faule Waage mehr Auszeiten braucht und sich nach Romantik sehnt, auch wenn die Wäsche wartet. Wie immer bei nebeneinander stehenden Zeichen suchen Sie nach Planeten im Zeichen des anderen. Beispiel: Jada Pinkett Smith (Jungfrau mit Venus in der Waage) und Will Smith (Waage mit Mars in der Jungfrau).

Jungfrau + Skorpion: Ein bewundernswertes Paar. Die Jungfrau ist erdgebunden genug, um die lüsternen Momente des Skorpions zufriedenzustellen, während der Skorpion, ein natürlicher Detektiv, der es liebt, die Bedeutung der Dinge zu erforschen, die Jungfrau auf ihrem eigenen intellektuellen Grund treffen kann. Beispiel: Joan Blondell (Jungfrau) und Dick Powell (Skorpion).

- **Jungfrau + Schütze:** Eine heiße erotische Stimmung besteht oft zwischen Ihnen und Sie verbinden sich mental, obwohl der extravagante Schütze gern groß redet und sich erst später (wenn überhaupt) um die kleinen Dinge kümmert, während die vorsichtige Jungfrau es vorzieht, realistisch zu bleiben. Nachdem die anfängliche Faszination verblasst, können die Unterschiede zu groß sein, um sie zu überwinden. Beispiele: Amy Irving (Jungfrau) und Steven Spielberg (Schütze), Jacqueline Bisset (Jungfrau) und Alexander Godunov (Schütze).

Jungfrau + Steinbock: Zwei Zeichen des gleichen Elements verstehen sich. Sie harmonisieren gut, ohne große Mühen. Sie sind beide praktisch, methodisch, erfolgreich, eifrig. Ein exzellenter Tipp für eine andauernde und angenehme Beziehung. Beispiel: Lyndon (Jungfrau) und Lady Bird Johnson (Steinbock).

Jungfrau + Wassermann: Der einzigartige, gut ausgerüstete Geist der Jungfrau begeistert den brillanten Wassermann, dessen rebellische Art der Jungfrau hilft, lockerer zu sein. Sie haben viel Spaß zusammen und verstehen sich intellektuell. Aber keiner von Ihnen ist im klebrigen Reich der Gefühle zu Hause und wenn in diesem Bereich Probleme auftauchen, fühlen Sie sich beide durch und durch unwohl. Beispiele: Lauren Bacall (Jungfrau) und Humphry Bogart (Wassermann), Michael Jackson (Jungfrau) und Lisa Marie Presley (Wassermann).

- **Jungfrau + Fische:** Sie sind voneinander fasziniert, weil Sie gegenüberliegende Pole besetzen. Die Jungfrau braucht Ordnung, Planung, vernünftige Gründe. Der intuitive Fisch reagiert instinktiv und fühlt sich ständig und zutiefst von Chaos angezogen. Natürlich gewinnt die Jungfrau das Argument. Aber der gefällige Fisch hat Wege, nicht mitzuziehen: analytisch-zwingend trifft passiv-aggressiv. Beispiele: Peggy Lipton (Jungfrau) und Quincy Jones (Fische), Richard Gere (Jungfrau) und Cindy Crawford (Fische) und Salt (Fische)-n-Pepa (Jungfrau).

Um eine Jungfrau zu verführen, bewundern Sie ihre Intelligenz, sammeln Sie Artikel, engagieren Sie sich in Wortspielen, schmeicheln Sie ihrem schlauen Geist. Zwischen den Laken kann die Jungfrau absolut heiß sein, aber die Jungfrau ist auch ein Kontrollfreak – so verklemmt wie es nur geht. Vermeiden Sie also chaotische Emotionen. Tatsächlich sollten Sie Chaos jeglicher Art vermeiden. Und denken Sie daran: die Jungfrau sorgt sich ständig über angemessenes Verhalten und eine ordentliche Erscheinung, also bitte keine Zuneigungsbeweise in der Öffentlichkeit.

Die Waage in der Liebe

Sie sind gesellig, attraktiv, ein natürlicher Charmeur. Geboren für eine Beziehung, sind Sie in der Öffentlichkeit zurückhaltend, im Privaten verliebt und identifizieren sich durch und durch mit dem Objekt Ihrer Zuneigung. Als alleinstehender Mensch sind Sie romantisch, charmant, flirtend und beliebt. Aber für Ihre Erfüllung ist es wichtig, in einer Beziehung zu sein und letztendlich werden Sie glücklich sein, das Leben mit vielen Verabredungen hinter sich lassen zu können.

- **Waage + Waage:** Der Nachteil dieses Paares ist, dass Sie, wenn Sie den gleichen Problemen gegenüber ambivalent sind, ewig in Unentschiedenheit vor sich hin leben können. Aber andererseits sind Sie beide kreativ, höflich, logisch und liebenswert. Beispiele: Carrie Fisher und Paul Simon, Tim Robbins und Susan Sarandon.

Waage + Skorpion: Diese Zeichen teilen eine Sehnsucht nach Liebe. Aber während der Skorpion emotionale Intensität und Melodrama sucht, sehnt sich die ausgeglichene Waage nach Klarheit. Außer wenn die Waage Planeten im Skorpion hat, ist zwar die anfängliche Anziehung stark, die langfristige Verbindung ist es aber nicht.

Beispiel: Matt Damon (Waage mit drei Planeten im Skorpion) und Winona Ryder (Skorpion mit zwei Planeten in der Waage).

Waage + Schütze: Obwohl das Bedürfnis des unabhängigen Schützen nach Abenteuer der Waage ein paar eifersüchtige Momente bereiten kann, holt der Charme der Waage in der Regel den wandernden Zigeuner wieder zurück. Ein leichtes, natürliches Paar trotz dieser Beispiele: Soon-yi Previn (Waage) und Woody Allen (Schütze), Gwyneth Paltrow (Waage) und Brad Pitt (Schütze).

- ✔ **Waage + Steinbock:** Altmodische Romantik zieht Sie beide an und Sie lieben es, in einer Beziehung zu sein. Aber Sie tendieren beide dazu, Gefühle zu unterdrücken – wenn also Probleme auftauchen, wie es unweigerlich der Fall sein wird, besteht die Herausforderung darin, zuzugeben, dass es ein Problem gibt und dieses anzugehen. Beispiele: Jayne Meadows (Waage) und Steve Allen (Steinbock), Britt Ekland (Waage) und Rod Stewart (Steinbock).
- ✔ **Waage + Wassermann:** Sie könnten die ganze Nacht reden. Ihre mentale Verbindung ist außergewöhnlich. Aber andere Aspekte romantischer Liebe lassen zu wünschen übrig. Suchen Sie nach einer starken Mars/Venus-Verbindung. Was die folgenden Paare betrifft, sie hatten diese Planetenverbindung nicht: Eleanor (Waage) und Franklin Delano Roosevelt (Wassermann), John Lennon (Waage) und Yoko Ono (Wassermann).

Waage + Fische: Sie scheinen seelenverwandt zu sein, sind es aber nicht. Der mysteriöse Fisch ist eine brodelnde Seelenmasse und die Waage, obwohl verlockend romantisch an der Oberfläche, ist kühl, ruhig und fühlt sich unwohl mit Emotionen. Nach einer Weile fühlt sich der sensible Fisch ignoriert und die Waage, die nicht gerade zu den energiereichsten Zeichen des Tierkreises gehört, erschöpft. Beispiele: Lotte Lenya (Waage) und Kurt Weill (Fische), Abbott (Waage) und Costello (Fische).

Verliebt in eine Waage? Seien Sie intelligent, stilvoll, kultiviert und gutaussehend. Bringen Sie die Waage an reizvolle Orte – die Waage schmilzt dahin, wenn Sie natürliche Schönheit sieht. Versuchen Sie, nicht bedürftig (die Waage reagiert nur, wenn es wichtig ist, also jaulen Sie nicht) oder eifersüchtig zu sein (die Waage flirtet wie verrückt und zieht überall Bewunderer an). Und seien Sie nicht laut oder unanständig: die Waage kann das nicht ausstehen. Sie kann aber gesunde Streitigkeiten ertragen, tatsächlich lebt sie davon häufig auf. Denn die Waage sucht tatsächlich nach einer Beziehung, nicht nach einem Klon.

Der Skorpion in der Liebe

Sie sind intensiv, treu und fasziniert vom Spiel der Liebe. Sie denken an die Liebe in mystischen Begriffen, verlangen große Leidenschaft, sexuell und anderer Art und fallen oft in den Treibsand der Obsession. Da Sie Sex-Appeal ausstrahlen und eine unwiderstehliche Persönlichkeit haben, fixieren sich andere Menschen oft auf Sie. (Beachten Sie aber auch, dass viele Skorpione trotz ihres Rufs mit sexuellen Problemen zu kämpfen haben, die von sexuellen Exzessen bis hin zur

Impotenz reichen, mit vielen bizarren Umwegen dazwischen.) Dennoch ist die Zusammenfassung dies: Sie erwarten, dass Liebe (und Sex) Sie transformieren – und das ist genau, was passiert.

✔ **Skorpion + Skorpion:** Kommunikation ist unheimlich einfach und Sexualität ist unvorstellbar erotisch. Aber sollte es nur einen Hinweis auf Misstrauen oder ein Gerangel um Macht geben, ist der psychische Krieg unerträglich. Dies kann eine Verbindung für die Ewigkeit sein oder eine Übung in gequältem Exzess. Beispiel: Julia Roberts und Lyle Lovett.

✔ **Skorpion + Schütze:** Der Skorpion ist kompliziert und geheimnisvoll, der Schütze ist direkt und ehrlich. Der Skorpion sucht totale Versunkenheit, der Schütze will Unabhängigkeit. Diese Sonnenzeichen sind erstaunlich verschieden. Aber wenn mindestens ein Partner Planeten im Zeichen des anderen hat, ist die Anziehung stark. Beispiele: Pablo Picasso (Skorpion mit Mond im Schützen) und Françoise Gilot (Schütze), Kate Capshaw (Skorpion) und Steven Spielberg (Schütze mit Mond im Skorpion), Ted Turner (Skorpion) und Jane Fonda (Schütze).

Skorpion + Steinbock: Diese ernsthaften, lüsternen Zeichen scheinen verschieden, weil der Skorpion tief in das tropische Meer der Emotionen eintaucht, während der Steinbock, der als Grübler gilt, es vorzieht, leicht auf der gefrorenen Oberfläche zu gleiten. Tatsächlich gibt der Skorpion dem Steinbock die Erlaubnis, Gefühle zu haben und der Steinbock beschützt den immer gefühlvollen Skorpion. Sie werden sich beide so fühlen, als seien Sie nach Hause gekommen. Beispiel: Whoopi Goldberg (Skorpion) und Frank Langella (Steinbock).

Skorpion + Wassermann: Feste Zeichen fügen sich nicht leicht ein. Aber Sie respektieren auch keine Menschen, die das tun. Das Problem ist, dass der Skorpion eine enge Verbindung sucht und von emotionaler Komplexität fasziniert ist, während der Wassermann emotionale Distanz bevorzugt, sich aber leidenschaftlich für Ideen begeistern kann. Eine vergängliche Verbindung. Beispiel: Vivien Leigh (Skorpion) und Clark Gable (Wassermann).

Skorpion + Fische: Sie sind beide sinnlich, intuitiv und emotional wach. Generell kann der besitzergreifende Skorpion leichter mit der Welt umgehen als der verträumte, unrealistische Fisch. Aber der Skorpion sehnt sich nach Magie und die Fische können dies wahr werden lassen. Beispiele: Richard Burton (Skorpion) und Elizabeth Taylor (Fische), Demi Moore (Skorpion) und Bruce Willis (Fische), Goldie Hawn (Skorpion) und Kurt Russell (Fische).

Wenn Sie sich in einen Skorpion verliebt haben, seien Sie romantisch. Singen Sie Gershwin oder Cole Porter. Laden Sie den Skorpion zu sich ein und schauen Sie gemeinsam Casablanca an. Beobachten Sie eine Sonnenfinsternis zusammen. Wenn das Objekt Ihrer Zuneigung in Ihr Reich eintritt, nutzen Sie Ihren Heimvorteil. Sie können beliebig Spiele spielen, Andeutungen machen, flirten, sich zurückziehen. Der Skorpion liebt diese Spielchen. Seien Sie geheimnisvoll, vielversprechend, manipulierend und ein ganz kleines bisschen aggressiv – aber gleichzeitig emotional verfügbar. Halten Sie Augenkontakt. Lassen Sie den Skorpion wissen, wie faszinierend und komplex Sie sind. Tatsächlich, Sie sind einzigartig ... richtig?

Der Schütze in der Liebe

Sie schätzen Ihre Freiheit, sehnen sich nach Abenteuern und Ihr persönliches Motto ist »Sperr mich nicht ein«. Ich brauche nicht zu sagen, dass Beziehungen ein Problem sind. Wenn eine Beziehung Sie herausfordert oder Ihnen eine andere Welt öffnet, sind Sie fasziniert und begeistert. Unvorsehbarkeit zieht Sie an. Zu viele Regeln, zu viele formale Abendessen und zu viel Häuslichkeit bringen Sie zur Verzweiflung.

✔ **Schütze + Schütze:** Wie zwei Don Quichotes verstehen Sie sich gut. Im Herzen immer jung, teilen Sie Abenteuer, Wünsche und die Fähigkeit, sich gegenseitig zu amüsieren. Aber Sie tendieren dazu, den unmöglichen Traum zu träumen und schaffen es vielleicht nicht, konkrete Probleme anzugehen, wenn sie auftauchen. Sie sollten häufige Realitätsprüfungen durchführen. Beispiel: Darryl Hannah und John F. Kennedy, Jr.

✔ **Schütze + Steinbock:** Der Steinbock ist von der verrückten Art des Schützen fasziniert, während der muntere Schütze beeindruckt ist, wie organisiert und erwachsen der Steinbock ist. Wie zwei aneinandergrenzende Länder können Sie entweder in den Kriegszustand treten oder einen kulturellen Austausch etablieren. Es hilft, wenn einer von Ihnen einen oder zwei Planeten im Zeichen des anderen hat. Beispiele: John F. Kennedy, Jr. (Schütze) und Carolyn Bessette Kennedy (Steinbock), Woody Allen (Schütze) und Diane Keaton (Steinbock), Frank Sinatra (Schütze) und Ava Gardner (Steinbock).

✔ **Schütze + Wassermann:** Sie sind beide lebhaft, offen und lassen sich nicht bevormunden. Aber keiner von Ihnen hat viel Talent für Häuslichkeit. Bereiten Sie sich auf ein Leben zwischen Liefermenüs, seltsamen Freunden, Videos und Unterhaltungen bis spät in die Nacht vor. Und Sie sollten sicherstellen, dass Sie beide ein Handy haben. Ansonsten könnte es sein, dass Sie sich nie zu sehen bekommen. Beispiele: Frank Sinatra (Schütze) und Mia Farrow (Wassermann), Woody Allen (Schütze) und Mia Farrow (Wassermann), Brad Pitt (Schütze) und Jennifer Aniston (Wassermann).

✔ **Schütze + Fische:** Hier sind Sie: zwei Suchende, jeder mit einem Hang zum Träumen. Das sind die guten Neuigkeiten. Aber der Schütze lässt dem fragilen Ego des Fischs die Luft ausgehen, während der sensible Fisch, obwohl auf eine gewisse Art und Weise betörend, seltsam passiv werden kann, was der feurige Schütze nicht erträgt. Beispiel: Mileva (Schütze) und Albert Einstein (Fische). Nach drei Kindern und mehr als zwölf Jahren Ehe ließ er sie fallen, versprach ihr das Geld aus seinem Nobelpreis, falls und wenn er ihn gewinnen sollte, und heiratete seine Cousine ersten Grades. Als er schließlich den Nobelpreis gewann, bekam Mileva das Geld.

Um einen Schützen zu fangen, sollten Sie nicht zu dick auftragen. Schwere romantische Geschütze vertreiben den Schützen. Stattdessen seien Sie unverbindlich, witzig, leichtherzig und spontan. Ungeplante Ausflüge arbeiten zu Ihren Gunsten, zu viele Regeln sprechen gegen Sie. Denken Sie daran, dass der Schütze ein freier Geist sein will und sich am Unerwarteten erfreut. Achten Sie also darauf, dass Ihr Reisepass immer gültig ist. Trauen Sie sich, etwas zu wagen. Und drängen Sie einen Schützen nicht: Egal was sie sagen mögen, die meisten Schützen haben eine Phobie vor Verpflichtung. Sie müssen sich entspannt in eine Beziehung begeben können.

Der Steinbock in der Liebe

Sie sind konservativ und klassisch und wollen eine traditionelle Beziehung mit allem Drum und Dran. Sie sind nicht besonders an wilden Affären interessiert, was nicht bedeutet, dass Sie kein Interesse an Sexualität haben. Im Gegenteil, als ein erdgebundenes Zeichen sind Sie ein höchst hormonal gesteuerter, durchhaltefähiger Liebhaber. Aber zufällige Sexualität scheint Ihnen bedeutungslos. Sie sind ein treuer Partner, ein aufmerksamer Elternteil, ein wahrer Freund, ein loyaler Sohn oder eine loyale Tochter – die ganze Palette. Sie suchen langfristige Verpflichtung und nichts weniger als das.

- ✔ **Steinbock + Steinbock:** Sie sind beide ehrgeizig, engagiert und lebenslustig. Aber Sie laufen Gefahr, ein Leben zu führen, das derart korrekt, arbeitsorientiert und durchgeplant ist, dass Sie, abgesehen vom Sex, keinen Spaß haben. (Und auch auf dem Gebiet sind Sie nicht gerade die kreativsten Liebenden auf dem Planeten.) Und wenn einer von Ihnen deprimiert ist, haben Sie Probleme. Beispiel: Mary Tyler Moore und Grant Tinker.

Steinbock + Wassermann: Der Steinbock ist ein Traditionalist, der an Systeme glaubt, der progressive Wassermann ist ein waschechter Außenseiter, der diese gerne auf den Kopf stellt. Der Steinbock sorgt sich und fühlt sich verzagt, der Wassermann glaubt daran, dass die Zukunft wundervolle Dinge mit sich bringt. Die Wahrscheinlichkeit ist groß, dass Sie sich gegenseitig irritieren. Dies kann eine Katastrophe sein – es sei denn, einer von Ihnen hat Planeten im Zeichen des anderen. Beispiele: Ted Danson (Steinbock mit Venus im Wassermann) und Mary Steenburgen (Wassermann), William Masters (Steinbock mit Venus im Wassermann) und Virginia Johnson (Wassermann mit Jupiter im Steinbock).

Steinbock + Fische: Der unternehmungslustige Steinbock weiß, wie er die reale Welt handhaben muss, kann sich aber in ihr festfahren, der mitfühlende Fisch, der andere Werte hat, ist spezialisiert in der Flucht (oder der Ignoranz) vor den Anforderungen der realen Welt. Aber der Fisch kann den Mut des Steinbocks heben, und der Steinbock kann dem Fisch dabei helfen, einen oder zwei Zehen auf den Boden zu bekommen. Sie inspirieren und unterstützen einander. Beispiel: Richard (Steinbock) und Pat Nixon (Fische).

Fixiert auf einen Steinbock? Kühl und kontrolliert folgt der Steinbock den Regeln. Sie sollten dies ebenfalls tun. Ziehen Sie sich mit Klasse an, seien Sie höflich, erfolgreich, bewundernd. Bieten Sie dem Steinbock respektable, hochrangige Aktivitäten – Theater, Kunstausstellungen, Lesungen. Springen Sie nicht gleich ins Bett. Seien Sie nicht aggressiv. Seien Sie nicht vulgär. Meckern Sie nicht. Lassen Sie den Dingen ihren natürlichen Lauf. Und haben Sie Geduld: Der Steinbock unterdrückt seine Gefühle und geht die Dinge in der Regel langsam an, aber er zielt auf Dauerhaftes.

Der Wassermann in der Liebe

Als freundlicher, unkonventioneller Typ, der von jedem fasziniert ist, verbinden Sie sich leicht, aber oberflächlich, und legen Wert auf Ihre Freiheit. Aber trotz Ihres Rufes für unkonventionelles Verhalten, gehen Sie gewillt die Verpflichtung ein, wenn Sie jemanden finden, den Sie respektieren – was nicht bedeutet, dass Sie die Absicht haben, Ihre Unabhängigkeit, Ihre Freunde oder Ihre exzentrische Art aufzugeben. (Die sind für die Ewigkeit.) Sie können so leidenschaftlich wie jeder andere sein (und verrückter als die meisten anderen), aber so sehr Sie die Sexualität genießen, sind Sie nicht ihr Sklave. Sie leben in Ihrem Kopf.

- ✔ **Wassermann + Wassermann:** Oh, die Menschen, die Sie treffen, die Ideen, die Sie unterstützen und die Parties, die Sie schmeißen! Ganz zu schweigen von der Art und Weise, in der Sie Ihr Haus dekorieren. Sie sind frei, unkonventionell, eigensinnig und visionär – ein Paar nicht wie andere. Mental sind Sie verbunden. Romantisch ist es eine ganz andere Geschichte. Aber vielleicht ist das nicht wichtig. Sie können leicht von einem Meer der Konversation davongetragen werden. Beispiel: Jill Eikenberry und Michael Tucker.
- ✔ **Wassermann + Fische:** Anfangs verlockend, aber enttäuschend auf lange Sicht – der sanfte Fisch ist viel zu sensibel, um mit jemandem zusammen zu sein, der so distanziert und kopflastig ist wie der Wassermann. Aber erzählen Sie dies Paul Newman und Joanne Woodward nicht. Er hat seine Sonne im Wassermann und den Mond in den Fischen. Sie hat ihre Sonne in den Fischen und den Mond im Wassermann. Wir sollten alle so viel Glück haben. Ein weniger glückliches Paar: Claire Bloom (Wassermann) und Philip Roth (Fische).

Wenn Sie von einem Wassermann betört sind, bereiten Sie sich darauf vor, dass Sie mehr Exzentriker treffen werden, als Sie sich vorstellen können. Der Wassermann sammelt sie. Ihre Mission besteht darin, dem Wassermann als unersetzlich und faszinierend genug vorzukommen, um der Sammlung hinzugefügt zu werden. Präsentieren Sie sich nicht falsch und versuchen Sie nicht, Ihre Macken auszubügeln. Seien Sie unabhängig (aber verfügbar). Drücken Sie Ihre Meinung aus. Und zeigen Sie Ihr wahres Selbst – je unkonventioneller, desto besser. Ein Dutzend Rosen? Nein, nein, nein. Eine Einladung zu einem Mitternachtsfilm im Schlachthofviertel? Das könnte funktionieren.

Die Fische in der Liebe

Gesten – die einzelne rote Rose, der Spaziergang im Mondschein, die romantischen Sänger – bedeuten für Sie die Welt. Sie sind ein sentimentaler Romantiker, der eine kosmisch und zutiefst verbundene, karmisch entstandene, reizende Abende garantierende Union mit einen Seelenpartner sucht. Obwohl Ihre Intuition zu anderen Zeiten haargenau funktioniert, können Sie in verliebtem Zustand erstaunlich leichtgläubig, unglaublich abhängig und anspruchsvoller sein, als Sie realisieren mögen. Beherrscht von Ihren Gefühlen sind Sie außerdem großzügig, erotisch, liebevoll, unterstützend und gütig.

✔ **Fische + Fische:** Verbindungen zwischen zwei gleichen Zeichen sind ein zweischneidiges Schwert, da sie sowohl die Stärken als auch die Schwächen des Zeichens verstärken. Zwei verträumte Fische können auf eine Art und Weise kommunizieren, die andere Zeichen sich nicht einmal vorstellen können. Aber alles Praktische liegt Ihnen fern. Die Frage ist, ist das wichtig? Letztendlich wahrscheinlich ja. Beispiel: George Harrison und Patti Boyd. (Ihre Ehe zerbrach und sie heiratete seinen Widder-Freund Eric Clapton.)

Wenn Sie sich in einen Fisch verlieben, seien Sie romantisch. Fische wollen davongehoben werden, aber nicht à la Tarzan und Jane. Zuviel Aggressivität kann kurzzeitig funktionieren (Fische können passiv sein), aber auf lange Sicht gesehen wird diese nicht gut ankommen. Fische wollen, dass die Liebe ein Zusammenfinden zweier gleicher Seelen bedeutet, zwei Kumpel gegen die Widrigkeiten des Alltags. Fische wollen außerdem sentimentale Geschenke, Essen bei Kerzenlicht, Aufmerksamkeiten zum Valentinstag, das ganze Brimborium. Was ein Fisch nicht will, sind gute Ratschläge. Egal wie Sie es formulieren, ein Fisch nimmt es als Kritik auf, also lassen Sie es.

Eine abschließende Warnung

Sicher haben Sie bemerkt, dass einige der Paare, die in diesem Kapitel erwähnt werden, nicht mehr zusammen sind, auch wenn die Sonnenzeichenkombination angeblich eine begünstigte ist. Andere Paare überwinden alle Zweifel und bleiben für immer zusammen, trotz nicht zusammenpassender Sonnenzeichen. Der Grund dafür ist einfach: Zwei Sonnenzeichen mögen in der Theorie nicht zusammenpassen, aber das ist möglicherweise nicht so wichtig, wenn andere Planeten in bevorzugten Stellungen stehen. Wenn z.B. seine Sonne in Konjunktion zu ihrem Mond steht, und ihr Mond in Konjunktion zu seiner Venus und Merkur glückliche Kontakte rundherum macht, kann ein Paar mit nicht zusammenpassenden Sonnenzeichen eine hervorragende Beziehung führen. Ohne Zweifel ist es leichter, mit jemandem zusammen zu sein, dessen Sonnenzeichen zu Ihrem eigenen passt. Aber Beziehungen sind, ebenso wie astrologische Geburtshoroskope, kompliziert. Und auch die Sonne, obwohl zwar wichtig, ist nur ein Teil des Ganzen.

Teil V

Astrologie in der Praxis

»Können wir vielleicht darüber reden, wenn Mars nicht gerade in Opposition zu deiner Sonne steht?«

In diesem Teil...

Die Astrologie wird aus einem Grund bereits seit Tausenden von Jahren angewendet: Sie ist extrem nützlich und das nicht nur, weil sie Einblicke in die Eigenarten der Persönlichkeit gibt. Sie bietet außerdem unschätzbare Informationen darüber, wie Sie sich Ihr Leben einfacher machen können – und wann Sie dies tun können. Sie hilft Ihnen, die Zeit, in der Sie leben, zu verstehen und erlaubt Ihnen einen Blick in die Zukunft.

Über die Jahrhunderte haben Astrologen ein ganzes Arsenal an Methoden entwickelt, um die Gegenwart verstehen und in die Zukunft blicken zu können. Die zwei Hauptmethoden sind Progressionen und Transite. Progressionen sind symbolische Bewegungen, die auf Ihrem Geburtstag basieren. Planetentransite sind gar nicht symbolisch, sondern wahrhaftig. Sie beziehen sich auf die Planeten, wie sie jetzt am Himmel erscheinen.

Dieser Teil von *Astrologie für Dummies* konzentriert sich auf Transite. Kapitel 13 wirft einen Blick auf die Art und Weise, in der die sich ändernden Positionen der Planeten heute Ihre Geburtsplaneten beeinflussen. Kapitel 14 stellt die Auswirkungen der rückläufigen Bewegungen dar, wenn Planeten rückwärts durch den Tierkreis zu reisen scheinen. Und Kapitel 15 befasst sich mit dem sichtbarsten astrologischen Indikator von allen: dem Mond.

Unser heutiges Leben: Transite

13

In diesem Kapitel

- Transite entdecken
- Den Zyklus des Mars verfolgen
- Jupiter aktivieren
- Mit Saturn zurechtkommen
- Mit Uranus, Neptun und Pluto umgehen
- Ganz ruhig bleiben: Eine gutgemeinte Warnung

Es war einmal vor langer Zeit, da war die Astrologie die Domäne der Privilegierten. Könige und Pharaos konsultierten Astrologen, nicht weil Sie von den Eigenarten der Persönlichkeit fasziniert waren, sondern weil sie wissen wollten, was die Zukunft bringen würde. Sie wollten wissen, wann sie in den Krieg ziehen, nach einer Allianz suchen, Weizen lagern, einen Tempel bauen, heiraten, aus der Stadt fliehen sollten. Kurz, sie wollten wissen, wie sie ihr Leben leben sollten. Die Astrologie bot einige Antworten.

Heute kann jeder den Vorteil der Weisheit nutzen, die die Astrologie zu bieten hat. Einiges dieser Weisheit findet sich in Ihrem individuellen Geburtshoroskop. Aber Sie können auch eine ganze Menge nützlicher Informationen aus den aktuellen Positionen der Planeten ziehen. Transitierende Planeten sind die Planeten, die sich jetzt am Himmel zeigen. Während sie durch den Tierkreis ziehen, berühren sie Ihre Geburtsplaneten und präsentieren Ihnen Herausforderungen, Gelegenheiten und anregende Ereignisse. Saturn steht in Konjunktion zu Ihrem Mond? Richten Sie sich darauf ein, Depressionen zu bekämpfen. Uranus kreuzt Ihre Himmelsmitte? Bereiten Sie sich auf eine Veränderung in Ihrer Karriere vor. Jedesmal, wenn ein Planet am Himmel einen Aspekt zu einem Planeten (siehe Kapitel 8) oder einem Winkel in Ihrem Geburtshoroskop formt, wird ein anderer Teil Ihrer Psyche stimuliert.

Leider ist dieses Buch nicht ausführlich genug, um jeden Transit in Betracht ziehen zu können. Also lasse ich die Transite durch die Häuser außer Betracht. Ich ignoriere transitierende Quadrate (sie sind anstrengend), Sextile und Trigone (sie sind hilfreich). Und ich lasse alle Aspekte aus, die durch Transite der Venus, des Merkurs oder der Sonne geformt werden. Diese Planeten bewegen sich so schnell, dass ihr Einfluss flüchtig ist. (Der Mond bewegt sich noch schneller durch die Zeichen des Tierkreises. Aber er ist uns so nah, dass wir seinen Einfluss dennoch spüren, deshalb hat der Mond Kapitel 15 ganz für sich alleine.)

Dieses Kapitel konzentriert sich auf die langsameren Planeten weit hinter der Erde, beginnend mit Mars (der innerhalb von zwei Jahren durch den Tierkreis reist) und Jupiter (der für die gleiche Reise zwölf Jahre benötigt). Ich fahre fort mit Saturn, Uranus, Neptun und Pluto, die ihren

Weg noch langsamer gehen. Ich stelle in diesem Kapitel nur die Konjunktionen und Oppositionen dieser Planeten – Transite von Mars, Jupiter, Saturn, Uranus, Neptun und Pluto – zu Sonne, Mond, Planeten, Aszendenten und Himmelsmitte in Ihrem Geburtsbild dar.

Ein Blick in die Zukunft mit Hilfe von Progressionen

Die andere Methode, um mit Hilfe der Astrologie in die Zukunft zu blicken, sind die *Progressionen*, die mit Ihrem Geburtshoroskop beginnen. Um Ihr Geburtshoroskop in die Zukunft zu versetzen, bewegen Sie grundsätzlich jeden Planeten pro Jahr in Ihrem Leben um einen Tag im Kalender vor. Wenn Sie also ein progressives Geburtshoroskop für Ihr 35. Lebensjahr sehen wollen, suchen Sie die Positionen der Planeten 35 Tage nach Ihrer Geburt. Sie würden feststellen, dass die Sonne in ein anderes Zeichen übergegangen ist, der Mond den Tierkreis komplett einmal umkreist hat und sich mehrere Zeichen hinter Ihrem Geburtsmondzeichen befindet usw. Eine Methode für die Interpretation dieser Progressionen besteht darin, sie mit den Planeten in Ihrem Geburtshoroskop zu vergleichen.

Um Ihre Progressionen vollständig zu interpretieren, müssen Sie sich ein Progressionshoroskop von einem professionellen Astrologen oder einer Website (siehe Kapitel 2) holen. Aber eine Progression können Sie selber schätzen: die Progression der Sonne in ein anderes Zeichen, ein Einfluss, der oft mit wichtigen neuen Phasen in Ihrem Leben zusammenfällt. Die Sonne bewegt sich etwa 1° pro Tag. Wenn Sie die Formel benutzen, dass ein Jahr Ihres Lebens einem Tag auf dem Kalender entspricht, verschiebt sich die Sonne pro Jahr in Ihrem Geburtshoroskop um etwa 1°. Da jedes Tierkreiszeichen 30° umfasst, durchläuft die Sonne ein Zeichen in etwa 30 Jahren. Wenn Sie also mit der Sonne bei 0° Krebs geboren wurden (wie Anne Morrow Lindbergh, deren Geburtshoroskop ich in diesem Kapitel darstelle), geht Ihre Sonne in den Löwen über, wenn Sie etwa 30 Jahre alt sind, in die Jungfrau, wenn Sie etwa 60 Jahre alt sind usw.

Aber was ist, wenn Sie wie die meisten Menschen nicht am ersten Tag Ihres Zeichens geboren wurden, als die Sonne bei 0° stand? Es ist ganz einfach. Um zu berechnen, wie lange die Sonne braucht, um zum Ende Ihres Zeichens vorzugehen, ziehen Sie einfach den Grad Ihrer Sonne von 30° ab. Wenn Sie also z.B. mit der Sonne bei 5° geboren wurden, rechnen Sie: 30° - 5° = 25°, also tritt die Sonne in ein neues Zeichen ein, wenn Sie etwa 25 Jahre alt sind. Wurden Sie mit der Sonne bei 12° geboren, lautet die Rechnung: 30° - 12° = 18°, also tritt die Sonne in ein neues Zeichen über, wenn Sie etwa 18 Jahre alt sind. Und wenn die Sonne bei Ihrer Geburt bei 28° stand, rechnen Sie 30° - 28° = 2°, also tritt die Sonne in ein neues Zeichen über, wenn Sie etwa 2 Jahre alt sind. In jedem Fall tritt die Sonne dann etwa 30 Jahre später wieder in ein neues Zeichen über.

Beeinträchtigt irgendetwas hiervon Ihr Geburtshoroskop? Nein, nein, nein. Ob Sie es mögen oder nicht, Ihr Geburtshoroskop bleibt für die Ewigkeit das gleiche. Progressionen helfen Ihnen ebenso wie Transite, das Potenzial zu erreichen, das in Ihrem Geburtshoroskop steckt. Aber sie ändern es in keinster Weise.

Transite untersuchen

Um die jetzt wirksamen Transite herauszufinden, blättern Sie zu Anhang B am Ende dieses Buches und suchen Sie die aktuellen Positionen der Planeten heraus. Wenn Sie Ihren Einfluss erkennen wollen, können Sie einfach eine Kopie Ihres Geburtshoroskops machen und die transitierenden Planeten darum platzieren, wie in den Abbildungen 13.2 und 13.3 für Anne Morrow Lindbergh. In jedem Fall stellt der innere Kreis Ihr Geburtshoroskop dar und der äußere zeigt die Stellungen der transitierenden Planeten.

Die Planetentabellen in Anhang B zeigen Ihnen, in welchem Zeichen jeder Planet steht – und nicht mehr. Wenn Sie wissen wollen, wo die Planeten genau stehen und ob sie sich innerhalb von einem oder zwei Grad Ihrer Geburtsplaneten befinden, sollten Sie einen professionellen Astrologen zu Rate ziehen, einen Spaziergang durch das Web machen oder – im besten Fall – einen astrologischen Kalender besorgen, der Ihnen genau sagen kann, wo die Planeten stehen.

Die Bedeutung der Transite

Anne Morrow Lindbergh war Autorin von 14 Büchern, Mutter von sechs Kindern und die Frau des Fliegers Charles Lindbergh, der 1927 allein über den Atlantik flog und damit zum internationalen Helden wurde (obwohl sein Ruf später befleckt wurde, als er einen Preis der Naziregierung akzeptierte). Keineswegs überraschend wurde sie selbst berühmt –und genau das erwartet man von jemandem, der ein derart vollgepacktes zehntes Haus wie sie hat. Abbildung 13.1 zeigt ihr außergewöhnliches Geburtshoroskop.

Nach seinem triumphalen Alleinflug wurde Lindbergh Honorarkonsul für Lateinamerika. Im Dezember 1927 besuchte er Mexiko, wo er Anne kennenlernte, deren Vater der amerikanische Botschafter war. Anderthalb Jahre später waren sie verheiratet. Abbildung 13.2 zeigt Annes Geburtshoroskop umgeben von den Transiten für ihr erstes Treffen mit Charles. Beachten Sie, dass Jupiter, der Planet der Gelegenheiten, und Uranus, der Planet der plötzlichen, unerwarteten Ereignisse, in ihrem siebten Haus der Ehe in Konjunktion stehen (siehe Abbildung 13.2). Jeder Astrologe hätte ihr sagen können, dass sie bald einen sehr ungewöhnlichen Menschen treffen würde.

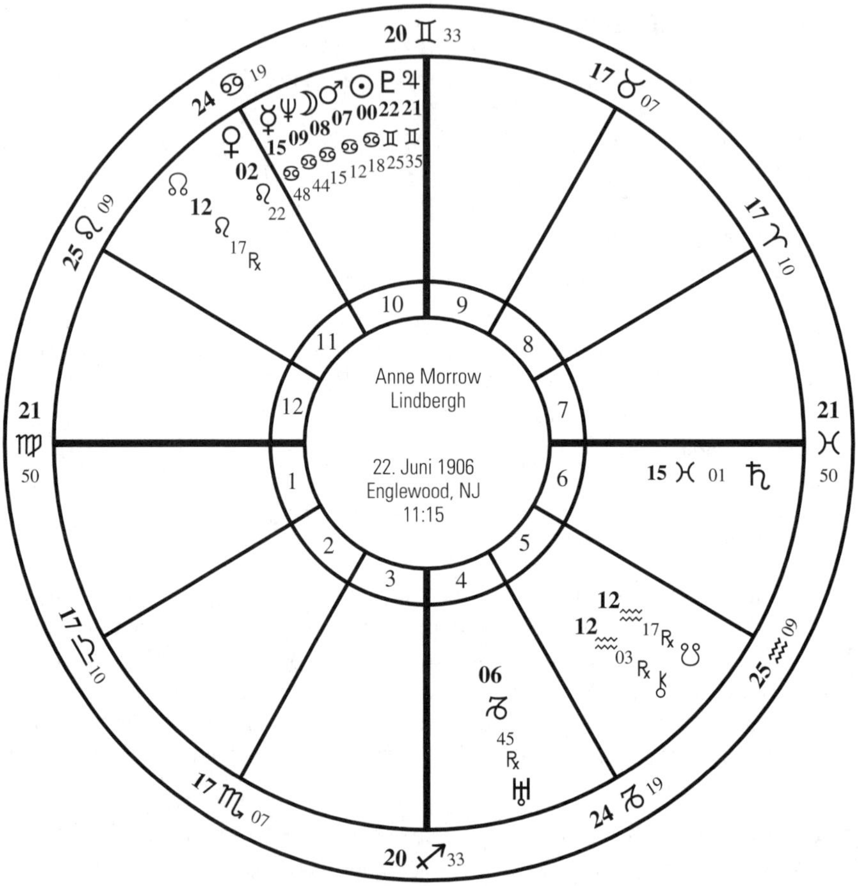

Abbildung 13.1: Das Geburtshoroskop von Anne Morrow Lindbergh

Der innere Kreis ist das Geburtshoroskop. Die Planeten auf dem äußeren Kreis stellen die Transite dar.

Anderthalb Jahre später, mit Uranus immer noch in ihrem siebten Haus, waren sie verheiratet. Fast drei Jahre später, wurde das 20 Monate alte Baby der Lindberghs entführt und ermordet. Die Gerichtsverhandlung des Entführers wurde als »Verhandlung des Jahrhunderts« bekannt und war wohl größer als die von O.J. Simpson. Ihre Transite zur Zeit der Entführung sind in Abbildung 13.3 dargestellt.

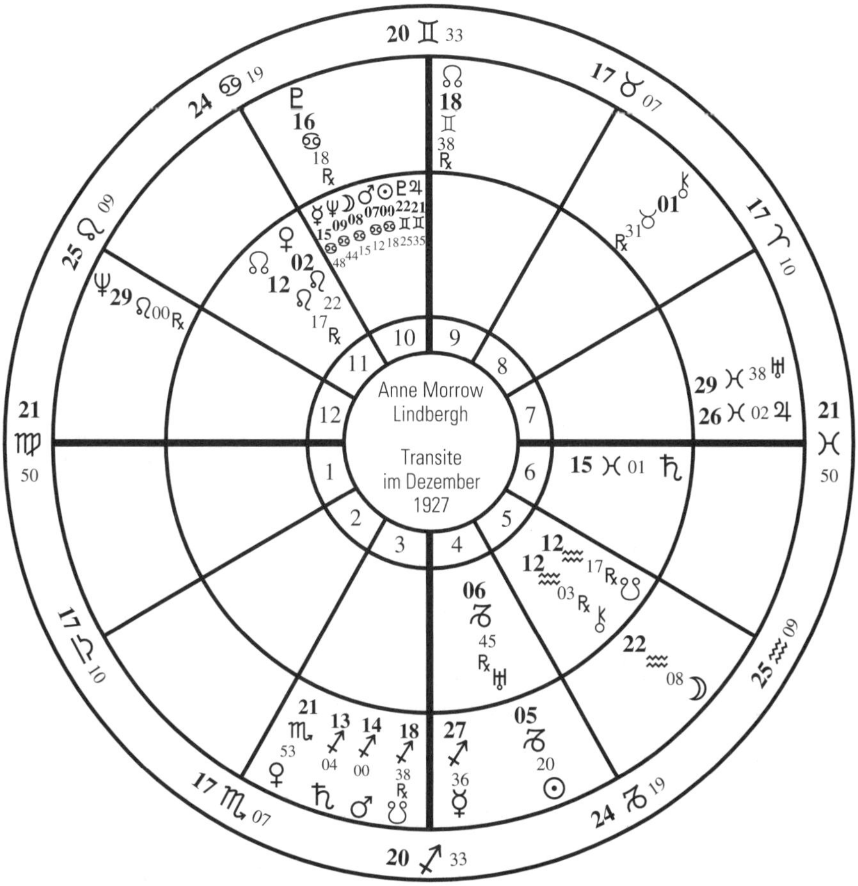

Abbildung 13.2: Das Geburtshoroskop von Anne Morrow Lindbergh im Dezember 1927

Beachten Sie, dass Saturn, der Planet der Einschränkung, jetzt in ihrem fünften Haus der Kinder steht und Uranus, der Planet des Unerwarteten, in ihrem achten Haus des Todes und der Transformation. Diese zwei Transite, darauf sollte ich hinweisen, sind nicht annähernd genug, um solch ein äußerst seltenes und tragisches Ereignis hervorzurufen. Schließlich hat jeder, der seinen Aszendenten in der Nähe von 21° Jungfrau hatte, diese Transite erlebt. Ein Geburtshoroskop muss das Potenzial für ein Ereignis haben, damit es passieren kann. Und das ist sicher: Die enge Opposition von Uranus in ihrem Horoskop mit Sonne, Mond und Neptun weist ganz klar auf die Möglichkeit von Gewalt hin. Die Transite handelten aufgrund des Potenzials in Ihrem Geburtshoroskops.

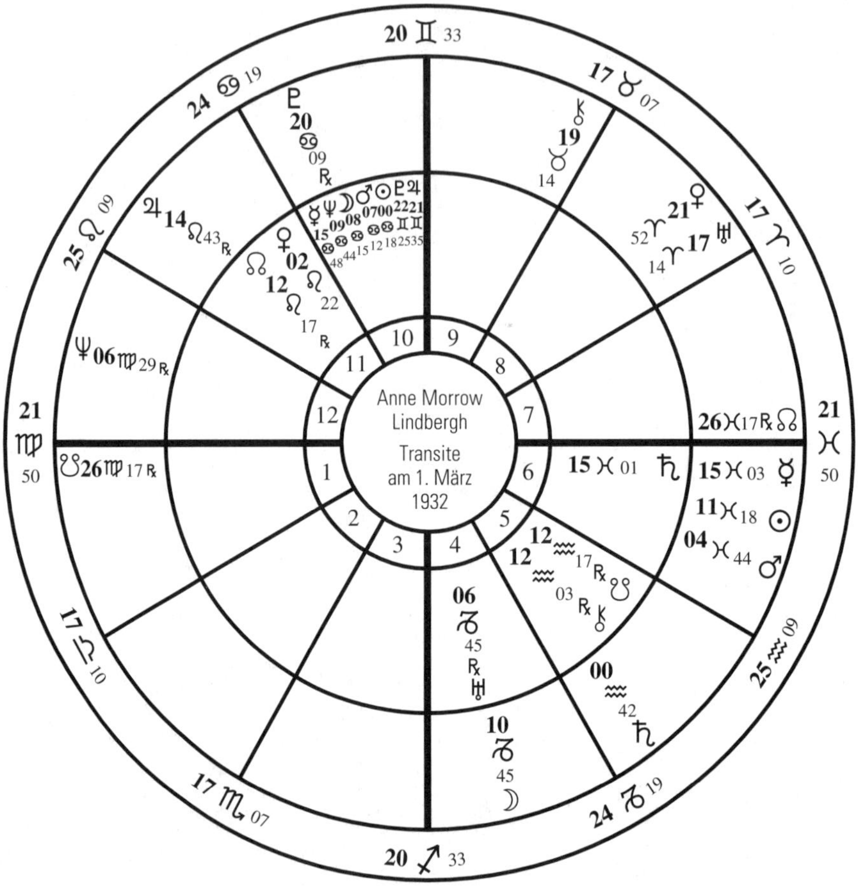

Abbildung 13.3: Das Geburtshoroskop von Anne Morrow Lindbergh zur Zeit der Entführung ihres Sohnes

Ihren Transiten folgen

Um Ihren Transiten zu folgen, kopieren Sie die doppelte Horoskopzeichnung in Anhang C. (Sie können das gleiche Rad für Vergleichshoroskope verwenden.) Setzen Sie Ihre Geburtsstellungen in den großen mittleren Abschnitt, positionieren Sie die transitierenden Planeten um den äußeren Ring und schlagen Sie die Bedeutung der Positionen in diesem Kapitel nach.

Wenn Sie sich hinsetzen und dieses doppelte Horoskop untersuchen, werden Sie wahrscheinlich feststellen, dass Sie eine ganze Reihe von Transiten erleben. Auf welche sollten Sie sich also konzentrieren?

Hier ist die Regel: Die Transite, die den größten Knall verursachen, sind die der langsameren Planeten – Saturn, Uranus, Neptun und Pluto – zu den schnelleren Planeten, beginnend mit der Sonne, dem Mond und dem Aszendenten (siehe Kapitel 5). Aspekte, die von den schnelleren Planeten geformt werden, sind interessant aber flüchtig. Aspekte, die von den langsameren Planeten zu den langsameren Planeten geformt werden (wie z.B. Uranus in Opposition zu Ihrem Pluto oder Neptun in Konjunktion zu Saturn) zeigen ihre Auswirkungen auf Generationen und können zu subtil sein, um sie zu entdecken. Aber Aspekte, die von einem langsameren Planeten zu einem Ihrer persönlichen Planeten geformt werden – Pluto in Konjunktion zu Ihrem Mond, Uranus in Konjunktion zu Ihrer Sonne usw. – bestimmen die Kapitel Ihres Lebens.

Transite aktivieren Ihr Geburtshoroskop. Sie verändern es nicht.

Auf der Fährte von Mars

Mars wird mit Aktivität, Lebenskraft, Initiative, Leidenschaft, Kraft, Wut und Aggression in Verbindung gebracht. Mars regt Ihre Wünsche an und fordert Sie auf, zu handeln. Als Regel gilt, dass Mars etwa zwei Monate in einem Zeichen verbringt, also braucht er etwa zwei Jahre, um durch den Tierkreis zu reisen und an die gleiche Position zurückzukehren, an der er während Ihrer Geburt stand. Aber diese Zahl ist nur ungefähr, da Mars wie die anderen Planeten auch manchmal langsamer oder rückläufig (siehe Kapitel 14 für weitere Informationen zu diesem Thema) wird und mehrere Monate auf einmal in einem Zeichen verbringt. Um Ihnen zu zeigen, wie verschieden der Ablauf sein kann: 1997 eilte Mars in etwa sechs Wochen durch den Skorpion. Aber als er 1999 zu diesem Zeichen zurückkam, zögerte er, wurde rückläufig und verbrachte dort schließlich über fünf Monate. Je länger er in einem Zeichen verbringt, umso mehr Energie erhalten natürlich die Planeten, die er in diesem Zeichen vorfindet.

Die Haupttransite von Mars sind folgende:

- ✔ **Mars in Konjunktion zur Sonne:** Legen Sie los. Sie fühlen sich entschlossen, aktiv, aggressiv und mutig. Fassen Sie aber wirklich zu: Dieser energische Transit hält in der Regel nur einige Tage an, obwohl er gelegentlich, wenn Mars in einem Zeichen rückläufig wird, auch länger anhaltende und robustere Energie mit sich bringt.
- ✔ **Mars in Opposition zur Sonne:** Sie fühlen sich voller Energie, aber in Kampfstimmung – ein »Komm-mir-nicht-in-die-Quere«-Transit.
- ✔ **Mars in Konjunktion zum Mond:** Sie sind energisch, ausdrucksstark und nicht in der Stimmung, Ihre mächtigen Emotionen oder übellaunigen Gereiztheiten zu unterdrücken, die irgendwie einfach herauskommen.

- **Mars in Opposition zum Mond:** Hier gilt das gleiche wie bei der Konjunktion zum Mond – aber seien Sie vorsichtig, weil Ihre emotionalen Ausbrüche schnell in Konfrontationen eskalieren können.
- **Mars in Konjunktion zu Merkur:** Mental fühlen Sie sich angeregt, ungeduldig, aufgeregt und voller Ideen. Sie drücken Ihre Meinungen mit Sicherheit aus, aber ein Hauch von Konkurrenzdenken oder Feindseligkeit kann Ihre Kommunikationsweise beeinflussen.
- **Mars in Opposition zu Merkur:** Sie argumentieren, Sie debattieren, Sie halten sich nicht zurück. Sie fühlen sich vielleicht frustriert und belagert, vielleicht sind Sie auch streitlustig und feindselig. Seien Sie vorsichtig im Umgang mit Maschinen.

Mars in Konjunktion zu Venus: Ihr Sexualtrieb und Ihre Kreativität machen Überstunden. Sie zeigen sich von Ihrer charmantesten Seite.

- **Mars in Opposition zu Venus:** Sozial und emotional sind Sie in der Stimmung für Liebe. Aber Ihre Bemühungen, sich mit anderen Menschen zu verbinden, können weniger als erfolgreich sein. Entweder sind Sie zu selbstbewusst und unkooperativ oder Sie ziehen andere Menschen an, die sich in einer ähnlich unausgeglichenen Art und Weise verhalten.
- **Mars in Konjunktion zu Mars im Geburtsbild:** Mars kehrt zurück. Die Reise des Helden beginnt erneut mit einer frischen Welle der Energie und des Verlangens. Ihre Herausforderung besteht darin, einen Weg zu finden, sie zu kanalisieren. Dieser Transit, der alle zwei Jahre wiederkehrt, markiert das Ende eines Energiezyklus und den Beginn eines neuen. Jetzt ist es an der Zeit, einem neuen Interesse nachzugehen, ein neues Projekt zu beginnen und offen für die Möglichkeiten zu sein, die ungefragt aufzutauchen scheinen. Aber seien Sie auf der Hut: Marstransite können auch Feindseligkeit wecken, achten Sie also auf Ihr Temperament.
- **Mars in Opposition zu Mars im Geburtshoroskop:** Obwohl Ihr Durchhaltevermögen groß ist, fällt es Ihnen vielleicht nicht leicht, Ihre Energie auf eine konstruktive und beständige Art und Weise zu nutzen. Etwas, mit dem Sie seit etwa einem Jahr beschäftigt sind, hat einen kritischen Punkt erreicht und verlangt große Mühen. Ihr Temperament könnte außer Kontrolle geraten.
- **Mars in Konjunktion zu Jupiter:** Ihre Aktionen sind in der Regel erfolgreich. Es ist eine großartige Zeit, etwas Neues auszuprobieren oder ein wichtiges Unternehmen anzugehen. Sie profitieren von Reisen, von der Suche nach Wissen und von der bewussten Erweiterung der Horizonte Ihrer Welt. Aber einige Astrologen warnen davor, während dieses Zyklus größere Käufe zu machen, also passen Sie auf.
- **Mars in Opposition zu Jupiter:** Dies kann ein glücklicher Transit sein. Sie haben viel Energie und sind lebhaft und optimistisch. Aber Sie laufen auch Gefahr, zu viel zu versprechen, Ihre Fähigkeiten zu überschätzen und zu heftig zu reagieren.
- **Mars in Konjunktion zu Saturn:** Sie spüren Grenzen, also ist dieser Transit eher ein herausfordernder. Aber Sie haben auch eine verbesserte Fähigkeit, sich zu organisieren und zu konzentrieren, also können Sie eine Menge erreichen.

Mars in Opposition zu Saturn: Sie treffen auf Widerstand. Sie müssen Vorsicht walten lassen, Strukturen erstellen und geduldig sein. Aber ist es wahrscheinlich, dass Sie dies tun? Nein. Sie widerstehen den Anordnungen anderer, handeln übereilt und drücken Ihre Autorität auf seltsame oder aggressive Art und Weise aus. Und zusätzlich zu allem anderen bedauern Sie sich auch noch selbst.

- ✔ **Mars in Konjunktion zu Uranus:** Sie handeln impulsiv, rebellieren gegen Zwänge und schlagen möglicherweise eine vollkommen unerwartete Richtung ein. Während der wenigen Tage, in denen Mars in exakter Konjunktion zu Uranus in Ihrem Geburtshoroskop steht, vergessen Sie nicht, Ihren Gurt anzulegen und auf beide Seiten zu schauen. Kurz, erwarten Sie das Unerwartete.
- ✔ **Mars in Opposition zu Uranus:** Anspannung, Anstrengung, Unfälle und unvorhersehbare Ereignisse können Ihre Pläne ins Wanken bringen. Gehen Sie während dieser bewegten Periode keine unbedachten Risiken ein. Und stellen Sie sicher, dass Sie alle Ihre Computerdateien sichern.
- ✔ **Mars in Konjunktion zu Neptun:** Ihr Traumleben erhitzt sich. Sie suchen Inspiration. Künstlerische, spirituelle oder heilende Aktivitäten faszinieren Sie, aber seien Sie vorsichtig mit Drogen und Alkohol und vermeiden Sie große Entscheidungen – Ihr Urteil kann nicht so gut sein.
- ✔ **Mars in Opposition zu Neptun:** Ihre Phantasie ist angeregt. Aber Ihre Bemühungen, etwas in der alltäglichen Welt auf die Beine zu stellen, laufen schief. Sie fühlen sich möglicherweise enttäuscht, übervorteilt oder verwirrt.
- ✔ **Mars in Konjunktion zu Pluto:** Ihre Versuche, Ambitionen zu verfolgen und persönliche Macht in Interaktionen mit anderen auszudrücken, erhalten neuen Antrieb.
- ✔ **Mars in Opposition zu Pluto:** In Ihren Bemühungen, sich selbst zu etablieren, laufen Sie Gefahr, in Machtkämpfe zu geraten.
- ✔ **Mars in Konjunktion zum Aszendenten:** Sie setzen sich effektiv durch und nehmen für sich selbst eine aktive Rolle ein. Nach der Konjunktion zu Ihrem Aszendenten reist Mars durch Ihr erstes Haus und verstärkt Ihre persönliche Energie.

Mars in Opposition zu Ihrem Aszendenten: Sie fühlen sich vielleicht verärgert oder verwirrt. Nach der Opposition zu Ihrem Aszendenten reist Mars während der nächsten zwei Monate durch Ihr siebtes Haus und stimuliert Ihre Ehe, Ihr Verlangen, sich mit anderen Menschen zu verbinden, und Ihren Willen, den ersten Schritt zu tun. Aber Konflikte bringen Sie aus dem Lot und Sie lassen Ihre Gefühle der Frustration möglicherweise an anderen aus (besonders an Ihrem Ehe- oder Geschäftspartner).

- ✔ **Mars in Konjunktion zur Himmelsmitte:** Dieser Transit, zusammen mit der zwei Monate dauernden Reise des Mars durch Ihr zehntes Haus, motiviert Sie, mehr Zeit in der Öffentlichkeit zu verbringen, aktiviert Ihre Karriere und feuert Sie an, Ihre professionellen Wünsche mit Begeisterung zu verfolgen. Versuchen Sie, nicht zu streitlustig zu sein.
- ✔ **Mars in Opposition zur Himmelsmitte:** Ihren beruflichen Bemühungen geht die Luft aus oder sie erleiden einen Rückschlag. Aber in Konjunktion zu Ihrem IC und während seiner Reise

durch Ihr viertes Haus regt Mars Ihr Interesse an Ihrem Zuhause und Ihrer Familie an und füllt Ihr häusliches Leben mit Energie.

Sie profitieren von der Reise des Mars durch ein Haus, wenn Sie die Lebensbereiche, die von diesem Haus regiert werden, mutig und direkt angehen.

Der aktivierende Jupiter

Jupiter reist in etwas unter zwölf Jahren durch den Tierkreis und verbringt ungefähr ein Jahr in jedem Zeichen. Seine Transite sind unter den am hoffnungsvollsten erwarteten – und die enttäuschendsten. Als Planet der Erweiterung, Gelegenheit und Großzügigkeit kann Jupiter Glück, Wachstum und Erfolg bringen. Als Planet der Philosophie, Religion und Bildung kann er eine Erforschung der Religionen, eine Welle des Glaubens und eine Vergrößerung des Wissens anregen. Aber Jupiter bringt nicht unbedingt den Lottogewinn an Ihre Tür und Menschen, die herumsitzen und darauf warten, dass ihre Wünsche erfüllt werden, werden sicherlich enttäuscht. Das Problem besteht darin, dass Jupiter zwar die Türen für Möglichkeiten aufschließt, aber auch Gefühle der Zufriedenheit, der Faulheit und der Nachgiebigkeit hervorruft. Statt sich die Mühe zu machen, diese Türen aufzustoßen, lehnen sich viele Menschen zurück, um den Transit zu genießen und verpassen ihn dadurch.

In meiner Erfahrung ist ein Jupitertransit eine Trompete, die zu den Waffen ruft. Wenn Sie sehen, dass Jupiter am Rand Ihres Sonnenzeichens steht, kurz davor ist, Ihre karriereorientierte Himmelsmitte zu kontaktieren oder in Ihr siebtes Haus der Ehe eintritt, wissen Sie, dass in diesen Bereichen Möglichkeiten auf Sie warten. Aber Sie müssen sich schon bemühen. Um das meiste aus einem Jupitertransit zu machen, nehmen Sie die bewusste Mühe auf sich, etwas Neues zu lernen, ein altes Problem ganz neu anzugehen, Ihr Glück zu suchen und Ihrer Begeisterung aktiv und mit Genuss zu folgen. Belohnungen werden unvermeidlich folgen. Wie meine Mutter immer sagt: »Jupiter hilft denen, die sich selbst helfen«, oder so ähnlich.

Ein Transit kann nur das Potenzial aktivieren, das in Ihrem Geburtshoroskop bereits existiert.

- **Jupiter in Konjunktion zur Sonne:** Eine Zeit der guten Gelegenheiten, des Glücks, des Optimismus und Wachstums. Ergreifen Sie die Gelegenheit, sich weiter zu entwickeln. Aber seien Sie gewarnt: Wenn die Dinge bereits so laufen, wie Sie es wollen, sind Sie möglicherweise versucht, nichts zu tun. Und wenn die Dinge nicht gut laufen, werden Sie vielleicht entmutigt oder geraten in die Falle des Zynismus. Lassen Sie sich von Jupiter nicht in Selbstzufriedenheit einlullen: Gehen Sie aus sich heraus, seien Sie großzügig, sammeln Sie Vielfliegermeilen.
- **Jupiter in Opposition zur Sonne:** Gelegenheiten sind definitiv verfügbar, aber Sie laufen Gefahr, sich selbst zu sehr zu verausgaben, Ihre Situation zu sehr zu dramatisieren oder ganz einfach zu viel zu versprechen.

✔ **Jupiter in Konjunktion zum Mond:** Dieser Transit bringt erweiterte Sensibilität und einen größeren Fluss der Emotionen mit sich – angenehm, wenn Ihr Mond hauptsächlich harmonische Aspekte zu anderen Planeten formt, aber ermüdend, wenn Ihr Mond von Quadraten und Oppositionen betroffen ist.

✔ **Jupiter in Opposition zum Mond:** Hier gilt das gleiche wie bei der Konjunktion zum Mond, aber da Sie sehr sensibel sind, könnten Sie Ihre Gefühle aufblähen und überreagieren.

✔ **Jupiter in Konjunktion zu Merkur:** Jupiter belebt Ihren Intellekt und vergrößert Ihre Fähigkeit, sich auszudrücken. Sie reden frei, kommunizieren impulsiv und reisen glücklich.

✔ **Jupiter in Opposition zu Merkur:** Suchen Sie Wissen! Lesen Sie lautstark. Schreiben Sie jeden Tag. Aber denken Sie daran, dass zu großes Vertrauen ein Problem sein könnte. Reden Sie nicht zuviel und treffen Sie keine wichtigen Entscheidungen.

Jupiter in Konjunktion zu Venus: Ihr soziales Leben blüht. Sie drücken Ihre Zuneigung leichter aus, ziehen Liebe an, genießen die Künste. Dieser glückliche Transit verbessert sogar Ihre Fähigkeit, Geld zu machen.

✔ **Jupiter in Opposition zu Venus:** Ihr soziales Leben ist aktiv, aber nicht unbedingt zufriedenstellend. Vielleicht bemühen Sie sich zu sehr. Sie könnten außerdem zu viel Geld ausgeben.

✔ **Jupiter in Konjunktion zu Mars:** Sie sind mutig, leidenschaftlich und voller Lebenskraft. Sich durchzusetzen bringt während dieser geschäftigen, begeisterten Zeit hervorragende Ergebnisse.

✔ **Jupiter in Opposition zu Mars:** Sie fühlen sich energisch, aber frustriert und können Ihre Feindseligkeit nur schwer unterdrücken. Sie treffen auf zahlreiche Anforderungen, und Konflikte können auftauchen.

✔ **Jupiter in Konjunktion zu Jupiter im Geburtshoroskop:** Jupiter kehrt zurück. Der Planet kehrt alle 12 Jahre zu seiner Position während der Geburt zurück und erneuert Ihren natürlichen Optimismus und Schwung. Dies kann eine glückliche, abenteuerliche Zeit sein, in der Sie in Reisen, Bildung und philosophischen Erforschungen Erfüllung finden. Aktivitäten in dieser Zeit öffnen die Grenzen in Ihrem Leben. Erkennen Sie die Bereiche unerfüllter Neugier und suchen Sie einen Weg, diese Begeisterungen in Ihr Leben einzufügen. Aber seien Sie vorsichtig: Jupiter kann auch Selbstzufriedenheit, Zügellosigkeit und blasierte Gleichgültigkeit mit sich bringen.

✔ **Jupiter in Opposition zu Jupiter im Geburtshoroskop:** Sie sind in einer großzügigen, überschwenglichen Stimmung, aber Sie sind möglicherweise hoffnungsfroher, als es die Situation verdient. Zu große Nachgiebigkeit kann ein Problem sein.

Jupiter in Konjunktion zu Saturn: Ihre Ängste und Einschränkungen werden Ihnen vielleicht extrem bewusst, aber sie haben weniger Kraft. Sie finden die Hilfe, die Sie brauchen. Sie finden einen Weg zu besserer Organisation, Sie klemmen sich hinter Ihre Aufgaben, handeln realistisch und gehen Ihre Probleme an.

✔ **Jupiter in Opposition zu Saturn:** So sehr Sie auch aus Ihrem alten Trott ausbrechen wollen, äußere Umstände lassen dies nicht zu. Ihre Verpflichtungen sind zahlreich. Sie sollten diese akzeptieren und den Regeln folgen.

- **Jupiter in Konjunktion zu Uranus:** Sie haben den Mut, Risiken einzugehen, Ihre Individualität auszudrücken und auf ungewöhnliche Gelegenheiten und Menschen zu reagieren. Eine aufregende Zeit positiver Veränderungen.

- **Jupiter in Opposition zu Uranus:** Überraschende Gelegenheiten können eine seit langem ersehnte Chance bringen, aus einschränkenden Umständen auszubrechen. Rücksichtsloses Verhalten und zu viel Vertrauen bringen Ihnen in dieser Zeit der Hoffnung und des Übergangs nichts.

- **Jupiter in Konjunktion zu Neptun:** Ihre mystische Seite, spirituelle Interessen, übersinnliche Fähigkeiten und Phantasie werden gestärkt. Mögliche Probleme sind u.a. Alkohol- und Drogenmissbrauch und die Weigerung, die Realität zu akzeptieren.

Jupiter in Opposition zu Neptun: Es fällt Ihnen nicht leicht, die Realität zu akzeptieren. Ihr Urteilsvermögen kann schlecht sein. Sie sind unpraktisch und leicht zu täuschen.

- **Jupiter in Konjunktion zu Pluto:** Ihre Ambitionen und persönliche Kraft sind vergrößert. In der Vergangenheit sind Sie durch die Unterwelt der Depression, Angst oder Isolation gewandert. Jetzt kehren Sie ins Licht zurück. Ihre Bemühungen tragen Früchte.

Jupiter in Opposition zu Pluto: Ihr Verlangen nach Macht kann außer Kontrolle geraten und Hindernisse können Ihren Weg blockieren. In diesem Moment des Übergangs haben Sie wenig Kontrolle.

- **Jupiter in Konjunktion zum Aszendenten:** Sie fühlen sich offen, überschäumend, glücklich. Während dieses einen Jahres, wenn Jupiter Ihren Aszendenten berührt und durch Ihr erstes Haus reist, gehen Sie mehr aus sich heraus und sind empfänglicher, so dass andere Menschen positiv auf Sie reagieren. Die schlechte Neuigkeit: eine Gewichtszunahme ist sehr gut möglich.

Jupiter in Opposition zum Aszendenten: Sie können sich mit anderen Menschen auf eine leichte, natürliche Art und Weise verbinden. Beziehungen blühen auf. Während des einen Jahres, wenn Jupiter in Opposition zu Ihrem Aszendenten steht und das siebte Haus besetzt, könnten Sie einen neuen Partner anziehen, sei es geschäftlich oder persönlich.

Jupiter in Konjunktion zur Himmelsmitte: Eine Zeit des Erfolgs, der Anerkennung und einer größeren Rolle in der Welt. Jupiters Konjunktion mit der Himmelsmitte, die von einem einjährigen Aufenthalt in Ihrem zehnten Haus gefolgt wird, bedeutet, dass Karriereoptionen vielfältig sind. Profitieren Sie davon.

- **Jupiter in Opposition zur Himmelsmitte:** Häuslichkeit blüht auf. Familienbeziehungen verbessern sich. Wenn Sie daran denken, Ihre Wohnsituation zu ändern, ist dies ein gutes Jahr für einen Umzug.

Mit Saturn klarkommen

Menschen, die sich mit der Astrologie auskennen, freuen sich meistens auf die Transite des Jupiter. Aber Saturntransite betrachten sie mit Alarm. Saturn braucht fast 30 Jahre, um durch den Tierkreis zu wandern. Er verbringt etwa zweieinhalb Jahre in jedem Zeichen und wird mit Pflicht, Disziplin, Mühen, Verantwortung, Hindernissen, Einschränkungen, Grenzen und gelernten Lektionen in Verbindung gebracht. Der düstere Saturn kann Verzweiflung, Apathie und Depressionen hervorrufen, ganz zu schweigen von einem ernsthaften Fall der Schwermütigkeit. Aber ebenso wie Jupiter nicht unbedingt die wahre Liebe, erfolgreiche Erstlingsromane oder Lottogewinne bringt, übermittelt auch Saturn nicht unbedingt das Unglück. Er kann Verantwortung in Form eines besseren Jobs, Einschränkungen in Form einer festen Beziehung oder höhere Selbstachtung als Folge einer erwachenden Selbstdisziplin bringen. Um von Saturns Transiten zu profitieren, müssen Sie Strukturen schaffen, sich organisieren und lernen, Ihre Zeit effektiv zu managen.

Transite sind per Definition vorübergehend. Sie halten nicht lange an, also müssen Sie schnell handeln, um Ihren Vorteil aus ihnen zu ziehen.

- ✔ **Saturn in Konjunktion zur Sonne:** Sie ernten, was Sie säen: Das ist das Motto dieses wichtigen Transits. Erwarten Sie während dieser herausfordernden und oft mühsamen Periode harte Arbeit. Saturn regt Ihre Ambitionen an, erhöht Ihr Bedürfnis nach Sicherheit und zwingt Sie, Disziplin zu lernen. Aber er kann auch Sicherheit, Erfüllung und Anerkennung für gut geleistete Arbeit bringen.
- ✔ **Saturn in Opposition zur Sonne:** Pessimismus und wenig Lebenskraft kennzeichnet diesen entmutigenden Transit, der etwa 14 Jahre, nachdem Saturn in Konjunktion zur Sonne stand, geformt wird. Andere Menschen können Ihre Bemühungen zunichte machen. Haben Sie Geduld.

  Hinweis: Wenn Saturn im Quadrat zur Sonne steht, was sieben Jahre vor und nach der Opposition der Fall ist, kann dies ebenfalls eine schwierige Zeit sein.
- ✔ **Saturn in Konjunktion zum Mond:** Sorgen beeinträchtigen Sie. Sie fühlen sich möglicherweise sensibel, missverstanden, ungeliebt oder unglücklich. Sie könnten unter Depressionen, Entmutigung und Selbstzweifeln zu leiden haben. Sie sind momentan in der Hölle gefangen. Das ist die richtige Zeit, sich einem Tagebuch anzuvertrauen, mit einem Therapeuten zu reden und der Traurigkeit zuzuhören.
- ✔ **Saturn in Opposition zum Mond:** Unsicherheit, Bitterkeit und stressige Beziehungen können dazu führen, dass Sie sich während dieser isolierenden Zeit zurückziehen. Obwohl Sie sich Sympathie von anderen wünschen, ist es unwahrscheinlich, dass Sie diese bekommen. Vermeiden Sie Selbstmitleid. Unternehmen Sie praktische Schritte.
- ✔ **Saturn in Konjunktion zu Merkur:** Sie sind in einer ernsthaften, gedankenvollen, möglicherweise pessimistischen Stimmung, die jedoch das Lernen, Konzentration und regelmäßige Abläufe fördern kann. Dies ist die ideale Zeit, um *Krieg und Frieden*, *Moby Dick* oder jeden anderen dicken Klassiker zu lesen, den Sie bisher gemieden haben.

- **Saturn in Opposition zu Merkur:** Äußere Umstände könnten Sie dazu veranlassen, Ihre Ideen in Frage zu stellen oder nach einer effektiveren Art der Kommunikation zu suchen.
- **Saturn in Konjunktion zu Venus:** Schwache Beziehungen können in die Brüche gehen. Sie fühlen sich möglicherweise einsam, gehemmt, ungeliebt und wenig bemittelt. Aber eine neue, ernsthaftere Beziehung kann beginnen. Dies ist auch eine gute Zeit, um ein größeres künstlerisches Projekt in Angriff zu nehmen.

Saturn in Opposition zu Venus: Eine Trennung ist immer hart, auch wenn sie der einzige Weg ist. Gesunde Beziehungen überleben. Aber auch dann setzen Sie die rosarote Brille ab, während Sie der Wahrheit über die Liebe ins Gesicht schauen. Eine Zeit emotionalen Stresses.

- **Saturn in Konjunktion zu Mars:** Ihre Bemühungen werden erschüttert und Sie fühlen sich vielleicht verärgert, ablehnend und überlastet. Auf der anderen Seite können Sie eine ganze Menge erreichen, wenn Sie Ihre Energien konzentrieren und methodisch handeln.

Saturn in Opposition zu Mars: Dies kann eine harte Zeit sein, besonders wenn Sie die Art von Mensch sind, der Feinde sammelt. Hindernisse blockieren Ihren Weg, während Saturn Sie zwingt, die Realität zu akzeptieren, entsprechend zu handeln und geduldig zu sein.

- **Saturn in Konjunktion zu Jupiter:** Obwohl die Möglichkeiten, die Ihnen über den Weg laufen, vielleicht nicht auffällig sein mögen, sind sie dennoch real. Sie sollten sich bemühen, egal wie anstrengend es sein mag.
- **Saturn in Opposition zu Jupiter:** Das Glück ist Ihnen nicht hold, obwohl es auch nicht gegen Sie arbeitet. Statt dessen ist dies eine Zeit des eingeschränkten Wachstums, der gedämpften Begeisterung, harten Arbeit und der Akzeptanz des Status Quo.
- **Saturn in Konjunktion zu Saturn im Geburtshoroskop:** Saturn kehrt zurück. Eine zentrale Zeit, um der Wahrheit ins Gesicht zu sehen und Selbsterkenntnis zu erlangen. Saturn kehrt in die Position zurück, in der er während Ihrer Geburt stand, wenn Sie etwa 28 bis 30, 58 bis 60 und 88 bis 90 Jahre alt sind. Die erste Rückkehr des Saturn kennzeichnet den wahren Beginn des Erwachsenseins. Während dieser typischerweise herausfordernden Zeit werden Sie gezwungen, die Wahrheit über sich zu akzeptieren, mit den Spielereien aufzuhören und erwachsen zu werden. Die zweite und dritte Rückkehr kennzeichnet weitere Wendepunkte, an denen Sie Ihre Unzufriedenheit angehen und sich auf eine neue Phase Ihres Lebens vorbereiten müssen. In jedem Fall ermutigt Saturn Sie, Ihre Ängste anzusehen, die Hindernisse anzuerkennen, Ihre Ambitionen zu benennen und Ihre Gewohnheiten zu ändern.
- **Saturn in Opposition zu Saturn im Geburtshoroskop:** Dieser Transit, der Sie dazu zwingt, sich selbst in Bezug auf die größere Welt zu betrachten, kann verwirrend sein, besonders beim ersten Mal, wenn Sie etwa 14 Jahre alt sind. Folgeerfahrungen finden im Alter von 44 und 74 Jahren statt. In jedem Fall fühlen Sie sich möglicherweise einsam und unsicher. Was hilft? Die Konzentration auf bestimmte Aufgaben und praktische Bemühungen können Ihr Gefühl der Sicherheit stärken. Das Motto: Ausdauer.

- ✔ **Saturn in Konjunktion zu Uranus:** Obwohl Sie sich eingeschränkt fühlen mögen, ist es zwecklos zu rebellieren. Stattdessen suchen Sie strukturierte Wege, Ihre tiefste Individualität auszudrücken und Sie können mit Leichtigkeit durch diesen Transit schweben.
- ✔ **Saturn in Opposition zu Uranus:** Frei geboren? So fühlt es sich nicht an. Ereignisse kommen zusammen, die Ihnen das Gefühl geben, dass Ihre Optionen beschränkt sind, aber unterschätzen Sie nicht die positive Kraft des Saturn. Saturn verlangt Planung, Selbstdisziplin und Struktur. Er belohnt Sie, indem er Ihnen ermöglicht, die eigensten und originellsten Aspekte Ihres Selbst zu entwickeln.
- ✔ **Saturn in Konjunktion zu Neptun:** Sie fühlen sich möglicherweise stabiler, weniger leichtgläubig und mehr in Kontrolle während dieser nach innen gewandten Periode – oder Sie fühlen sich pessimistisch und voller Zweifel. Wenn Alkohol- oder Drogenmissbrauch ein Problem ist, ist es wahrscheinlich, dass Sie während dieses Transits dazu gezwungen sind, sich damit auseinanderzusetzen.
- ✔ **Saturn in Opposition zu Neptun:** Sie fühlen sich möglicherweise umgeben von Verwirrung, Sorgen und Mutlosigkeit. Träume können wahr werden, aber dennoch sind Sie enttäuscht. Dieser Transit bietet Ihnen eine weitere Gelegenheit, die Realität zu akzeptieren und erwachsen zu werden.
- ✔ **Saturn in Konjunktion zu Pluto:** Probleme der Kontrolle, Manipulation und Macht kommen während dieses langen Transits zum Tragen. Trotz einschränkender und frustrierender Umstände können Sie einen neuen Weg finden, sich auf ein wichtiges persönliches Ziel zu konzentrieren.
- ✔ **Saturn in Opposition zu Pluto:** Sie sind entschlossen, Ihre Umstände zu kontrollieren und Ihr Potenzial zu erfüllen, aber Sie überarbeiten sich oder werden von wichtigen Problemen behindert. Suchen Sie nach Bereichen in Ihrem Leben, die gut funktionieren und konzentrieren Sie sich auf diese.
- ✔ **Saturn in Konjunktion zum Aszendenten:** Sie wirken auf andere Menschen wie ein ernsthafterer Mensch und größere Verantwortung kann auf Sie zukommen. Obwohl Sie sich vielleicht eingeschränkt und überarbeitet fühlen, werden Ihre Fähigkeiten zu Konzentration, Regulierung Ihres Verhaltens und konzentriertem Handeln durch diesen Transit verstärkt. Zur gleichen Zeit beginnen Sie eine sieben Jahre andauernde Periode, die als der *Zyklus des Unbekannten* bezeichnet wird. Während dieser Zeit der Vorbereitung und Selbsterkennung ist die Suche nach persönlichem Wissen und Wachstum ein wichtiger Teil Ihres Lebens.
- ✔ **Saturn in Opposition zum Aszendenten:** Dies ist ein wichtiger Wendepunkt, begleitet von einem holprigen Moment in Beziehungen, sowohl persönlichen als auch beruflichen. Alte Beziehungen können in die Brüche gehen. Neue Verbindungen werden wahrscheinlich zu Menschen aufgenommen, die älter und autoritärer sind. Obwohl Beziehungen wahrscheinlich in den nächsten zweieinhalb Jahren eine Herausforderung sein werden, ist die gute Neuigkeit, dass Sie am Anfang einer siebenjährigen Periode stehen, die von vermehrten Gelegenheiten und größeren Erfolgen gekennzeichnet und auch als *Zyklus der Aktivität* bekannt ist.

- **Saturn in Konjunktion zur Himmelsmitte:** Dies ist der Anfang des siebenjährigen *Zyklus der Einflussnahme*. Wenn Sie Ihre Beiträge geleistet haben, können Sie erwarten, dass Ihr Berufsleben einen Höhepunkt der Anerkennung und Verantwortung erreicht. Dies ist eine wichtige Zeit des Erfolgs, in der Sie Ihren Platz in der Welt etablieren. Aber wenn Sie die Zügel locker gelassen haben, könnte dies eine Zeit des Versagens, des Verlustes und der Neugruppierung sein.
- **Saturn in Opposition zur Himmelsmitte:** Probleme in Bezug auf Ihr Zuhause und Ihre Familie erfordern Ihre Aufmerksamkeit. Auch wenn Sie sich hinsichtlich Familie oder Beruf melancholisch oder entmutigt fühlen, sollten Sie wissen, dass Sie am Anfang einer weiteren Komponente des Saturn-Zyklus stehen. Vielleicht wechseln Sie während dieser Periode Ihren Wohnort, aber auch wenn Sie es nicht tun, werden Sie sicher bemerken, dass Sie anfangen, sich weniger abhängig, sicherer und letztendlich auch fähiger zu fühlen. Nachdem Sie gerade den oben beschriebenen Zyklus des Unbekannten abgeschlossen haben, treten Sie nun in den *Zyklus des Entstehens* ein, eine kreativere und aufregendere Periode in Ihrem Leben.

Unvorhersehbarer Uranus

Wenn Uranus vorbeireitet, fliegen Funken. Uranus unterbricht den gewöhnlichen Fluss des Lebens, bringt Revolutionen und wird mit unerwarteten Ereignissen und ungewöhnlichen Menschen in Verbindung gebracht. Uranus braucht 84 Jahre, um seinen Weg durch den Tierkreis zu vollenden. (In Kapitel 7 finden Sie weitere Informationen über die äußeren Planeten.)

- **Uranus in Konjunktion zur Sonne:** Sie bewegen sich in ausgefahrenen Gleisen, aber Sie werden nicht lange dort sein. Ihr Bedürfnis, Ihre Individualität zum Ausdruck zu bringen, bringt Sie zu ernsthaften Veränderungen. Kein Scherz: Wenn Sie Veränderungen nicht aus eigener Kraft anstreben, können Sie erwarten, dass diese von außen an Sie herangetragen werden.
- **Uranus in Opposition zur Sonne:** Eine nervöse, kreative, explosive Zeit der Veränderung und Instabilität. Es wird nicht funktionieren, wenn Sie sich dagegen wehren. Flexibilität ist notwendig.
- **Uranus in Konjunktion zum Mond:** Intuitive Geistesblitze bringen während dieser aufregenden Zeit Einsichten. Emotionale Stürme, Verschiebungen in der Familiendynamik oder ein plötzliches Verlangen nach Unabhängigkeit können persönliche Hoch- und Tiefschläge bringen.
- **Uranus in Opposition zum Mond:** Gefühle der Einschränkung und ein Bedürfnis, aus der Vergangenheit auszubrechen, machen dies zu einer Zeit der emotionalen Schwankungen und revolutionären Veränderungen in Ihrem Leben.
- **Uranus in Konjunktion zu Merkur:** Geistige Verwirrung: Obwohl Sie sich vielleicht überlastet und verzweifelt fühlen, halten starre Gedankengänge Sie zurück. Neue Einsichten, Wahrnehmungen und Fakten zwingen Sie, alte Ideen und Kommunikationsmuster aufzugeben. Uranus bringt die Fähigkeit hervor, auf eine originelle Art und Weise zu denken.

✔ **Uranus in Opposition zu Merkur:** Sie sind mental aktiv und körperlich nervös und es fällt Ihnen möglicherweise schwer, einzuschlafen. Ihre Probleme in der alten Art und Weise anzugehen führt zu den alten Ergebnissen. Freiwillig oder nicht müssen Sie einen neuen Ansatz finden. Die alten Wege funktionieren nicht.

✔ **Uranus in Konjunktion zu Venus:** Wenn Ihrer Beziehung der Schwung ausgegangen ist, steht Ihnen eine turbulente Zeit bevor. Beziehungen, die den Nervenkitzel des Unvorhersehbaren mit sich bringen, gefallen Ihnen. Langweilige alte Verbindungen, egal wie wertvoll oder verwurzelt in der Vergangenheit, tun dies nicht.

✔ **Uranus in Opposition zu Venus:** In Ihrem Wunsch, der Langeweile zu entkommen, sind Sie, oder schlimmer noch Ihr Partner, vielleicht versucht, eine neue Beziehung einzugehen, die mehr Aufregung zu versprechen scheint. Aber ist diese neue Verbindung von Dauer? Ich würde nicht darauf wetten.

Uranus in Konjunktion zu Mars: Sie ergreifen die Initiative, handeln übereilt und treffen impulsive Entscheidungen. Außerdem sind Sie verärgerter als gewöhnlich und eventuell anfällig für Unfälle.

✔ **Uranus in Opposition zu Mars:** Eine vielseitige Zeit. Ihre Handlungen sind unberechenbar, weil Sie nicht sicher sind, was Sie wollen. Es kann schwierig sein, Ihre Feindseligkeit und Gefühle der Konkurrenz zu kontrollieren und Sie rufen vielleicht den Widerstand anderer hervor.

✔ **Uranus in Konjunktion zu Jupiter:** Unerwartete Gelegenheiten und abrupte Veränderungen Ihrer Umstände markieren diese Periode. In einem Horoskop aus meinen Ordnern traf dieser Transit mit dem Verlust eines Familienmitglieds und einer ungeplanten Schwangerschaft zusammen. In einem anderen Fall brachte er einen aufwühlenden aber positiven Umzug ans andere Ende des Landes. In einem dritten Fall stieg eine Frau zu beruflicher Anerkennung auf, als Uranus in Konjunktion zu Jupiter in ihrem zehnten Haus stand – und fiel ein Jahr später, als Saturn ihre Sonne berührte, hart auf die Erde zurück und erhielt die befürchtete Kündigung.

✔ **Uranus in Opposition zu Jupiter:** Das Bedürfnis nach Unabhängigkeit, der Drang, ein Risiko einzugehen, unerwartete Veränderungen in Beziehungen und eine ganze Litanei von Höhen und Tiefen charakterisieren diesen widerspenstigen Zeitabschnitt.

✔ **Uranus in Konjunktion zu Saturn:** Sie fühlen sich eingesperrt und angespannt. Sie können die Zwänge, die Sie sich selbst auferlegt haben, nicht länger akzeptieren. Uranus agiert als Katalysator und zwingt Sie, alte Ängste, Grenzen und sogar Jobs aufzugeben, um eine weniger begrenzende Struktur suchen zu können.

✔ **Uranus in Opposition zu Saturn:** Sie fühlen sich unwohl und ängstlich. Alte Gewohnheiten sterben und ausgelaugte Strukturen zerbröseln unter dem Ansturm unerwarteter Umstände und Kräfte, die außerhalb Ihrer Kontrolle liegen.

✔ **Uranus in Konjunktion zu Uranus im Geburtshoroskop:** Die Rückkehr des Uranus ist ein Transit, der nur einmal während eines Menschenlebens stattfindet, wenn Sie 84 Jahre alt sind. Er symbolisiert einen kompletten Zyklus der Individualität und kann Sie anregen, einen neuen Ausdruck Ihres wesentlichsten Selbst zu suchen.

- **Uranus in Opposition zu Uranus im Geburtshoroskop:** Dieser aufwühlende, Angst auslösende Transit der Midlife-crisis, der um Ihr 42. Lebensjahr in Kraft tritt, ermutigt Sie, Risiken einzugehen und große Veränderungen zu wagen.
- **Uranus in Konjunktion zu Neptun:** Wenn Sie in den frühen 90er Jahren geboren wurden, haben Sie diesen verwirrenden, sensibilisierenden Transit vielleicht als Kind erlebt. (Episoden plötzlicher übersinnlicher Wahrnehmungen können auf diesen Einfluss zurückgeführt werden.) Wenn Sie jedoch alt genug sind, um sich an 1993 zu erinnern (Hinweis: Clinton wurde US-Präsident), werden Sie diesen Transit nicht mehr erleben.
- **Uranus in Opposition zu Neptun:** Lassen Sie mich offen sein: Wenn Sie diesen Transit erleben, sind Sie alt. Der Vorteil hiervon, abgesehen davon, dass Sie zum halben Preis ins Kino kommen, ist, dass Sie sich weniger Sorgen darüber machen, was andere Menschen denken und mehr darüber, was Ihnen wichtig ist. Erstaunliche Träume, moderne Musik und nicht traditionelle spirituelle Gebiete interessieren Sie. Seien Sie vorsichtig mit Drogen, Alkohol und Scharlatanen, die Ihnen das schnelle Geld versprechen.
- **Uranus in Konjunktion zu Pluto:** Dieser schwergewichtige Transit kann Übergänge bringen, die unvorhergesehen und von großer Tragweite sind. Hört sich ernst an. Aber wenn Sie nicht gerade älter als 100 Jahre sind, werden Sie ihn nicht erleben.
- **Uranus in Opposition zu Pluto:** Alte Muster und Besessenheiten fallen während dieser Zeit der Veränderung zur Seite, besonders wenn Pluto ein mächtiger Planet in Ihrem Geburtshoroskop ist.
- **Uranus in Konjunktion zum Aszendenten:** Sie verändern Ihr äußeres Erscheinungsbild, handeln auf eine abrupte oder unvorhersehbare Art und betonen Ihre größten Exzentrizitäten, um Ihr bestehendes Bedürfnis nach persönlicher Freiheit auszudrücken.
- **Uranus in Opposition zum Aszendenten:** Nicht erwartete Veränderungen in Beziehungen. Die Menschen, von denen Sie sich jetzt angezogen fühlen, sind ganz anders als Ihr gewöhnlicher Typ.
- **Uranus in Konjunktion zur Himmelsmitte:** Karriereumbrüche können ein dramatisches neues Kapitel in Ihrem Leben einläuten. Ihre öffentliches Bild wird transformiert. Denken Sie an Folgendes: Wenn sich Ihnen eine ungewöhnliche Gelegenheit bietet, verfolgen Sie diese. Lassen Sie sich nicht durch ungelöste Gefühle der Minderwertigkeit davon abhalten, Ihr Schicksal zu erfüllen.
- **Uranus in Opposition zur Himmelsmitte:** Unerwartete Ereignisse und Herausforderungen können Ihr häusliches Leben auf den Kopf stellen und Ihren sozialen Status oder Ihre beruflichen Beziehungen ändern. Sie ziehen möglicherweise plötzlich um.

Der nebulöse Neptun

Der magische, mysteriöse Neptun ist unklar, nebulös, vage und inspirierend. Er löst Grenzen, erzeugt Illusionen, ermutigt Mitgefühl und regt die Phantasie an. Im Gegensatz zu Uranus kann sein Einfluss subtil und schwer zu entdecken sein. Neptun braucht 246 Jahre, um durch den Tierkreis zu reisen – Anhang B zeigt Ihnen seinen Weg, ebenso Kapitel 7.

✔ **Neptun in Konjunktion zur Sonne:** Selbstmitleid, Launenhaftigkeit und ein vermindertes Selbstwertgefühl sind die Nachteile dieses lang anhaltenden Transits. Aber er kann auch Ihren Idealismus, Ihr Mitgefühl, Ihre Kreativität und Ihre übersinnliche Sensibilität erhöhen.

✔ **Neptun in Opposition zur Sonne:** Ihre Fähigkeit, sich selbst zu täuschen (oder sich selbst täuschen zu lassen) ist während dieses verwirrenden Zeitraums auf ihrem Höhepunkt.

✔ **Neptun in Konjunktion zum Mond:** Sie sind sensibel, mitfühlend, aufnahmefähig, emotional und romantisch. Lernen Sie, sich auf subtile Ebenen der Intuition einzustellen und achten Sie auf Ihre Träume.

✔ **Neptun in Opposition zum Mond:** Während dieser Periode können Sie von emotionaler Unsicherheit, dem Drang zu fliehen und ungewöhnlichen Obsessionen beeinträchtigt werden. Seien Sie vorsichtig in Bezug auf die Liebe auf den ersten Blick, einen spirituellen Ratgeber, der alle Ihre Fragen beantwortet, und verlassen Sie sich nicht zu sehr auf Alkohol und Drogen.

✔ **Neptun in Konjunktion zu Merkur:** Wenn Sie Poet, Künstler oder Musiker sind, werden Sie diesen Transit lieben. Aber seien Sie vorbereitet: Der Phantasieschub geht auf Kosten der Dinge, auf die Sie normalerweise bei Merkur zählen – z.B. Logik, intelligente Entscheidungen oder sich daran zu erinnern, jemanden zurückzurufen.

✔ **Neptun in Opposition zu Merkur:** Sie denken, dass Sie klar kommunizieren? Sie denken, dass Sie einen unfehlbaren Plan erarbeitet haben, wie Sie Krieg auslöschen, Hunger ausmerzen oder Waffen aus Schulen verbannen können? Denken Sie noch einmal darüber nach. Neptun erzeugt eine Atmosphäre der Missverständnisse, Fehlinterpretationen und des fehlgeleiteten Denkens. Zum Glück kann er auch Ihre Kreativität und Phantasie anregen.

✔ **Neptun in Konjunktion zu Venus:** Sie sind sehr sensibel und bereit, sich zu verlieben. Aber fühlt das Objekt Ihrer Zuneigung ähnlich? Ist die Beziehung so perfekt, wie Sie es sich vorstellen? Denken Sie daran, dass Neptun der Planet der Täuschung ist. Ähnliches gilt, wenn Sie in die Falle des Selbstmitleids tappen und überzeugt sind, dass Sie immer allein sein werden, versuchen Sie dieses Gefühl zu überwinden und Ihr Vertrauen in die Kunst, die Musik und das Universum zu legen.

Neptun in Opposition zu Venus: Sie fühlen sich aufgebracht, besonders in Bezug auf Ihr Liebesleben. Visionen der idealen Liebe tanzen in Ihrem Kopf, aber Sie sind nicht gewillt oder nicht in der Lage, die Dinge in die Hand zu nehmen, um Ihre Träume zu realisieren. Seien Sie vorsichtig: Dieser Transit regt, wie die Konjunktion zwischen Neptun und Venus, zu Wunschdenken in großem Maße an.

✔ **Neptun in Konjunktion zu Mars:** Sie handeln intuitiv. Wenn Sie verärgert und neidisch sind oder Ihre angeborenen Talente nicht gut nutzen, haben Sie möglicherweise eine harte Zeit. Benutzen Sie Ihre Fähigkeiten dagegen auf eine konstruktive Art und Weise, können Sie großen Erfolg haben. Achten Sie auf Zufälle, Unfälle und Glück, egal ob gut oder schlecht. Die Ereignisse in Ihrer äußeren Welt spiegeln Ihre innere Realität wider und sagen Ihnen, ob Sie auf dem richtigen Weg sind.

- **Neptun in Opposition zu Mars:** Sie wissen nicht, was Sie wollen? Beobachten Sie sich selbst, während Ihnen Ihre unterdrückten Wünsche bewusst werden und sich in Ihren Handlungen ausdrücken. Achten Sie auf Ihre negativen Reaktionen gegenüber anderen Menschen: Diese Reaktionen reflektieren Ihren Schatten, die dunkle Seite Ihrer Persönlichkeit.

Neptun in Konjunktion zu Jupiter: Sie phantasieren über eine Vielfalt der Möglichkeiten. Ohne es selbst zu realisieren, öffnen Sie sich für neue Erfahrungen. Ihr Idealismus, Mitgefühl und Vertrauen in das Leben wachsen.

- **Neptun in Opposition zu Jupiter:** Sie sind sympathisch, idealistisch und offen für neue Erfahrungen – aber nicht in Einklang mit der Realität. Übertreiben Sie besser nicht!
- **Neptun in Konjunktion zu Saturn:** Die Regeln und Vorschriften, nach denen Sie gelebt haben, funktionieren nicht mehr und Sie müssen sie durch eine Sammlung kreativerer Gewohnheiten und Strukturen ersetzen. Erinnern Sie sich selbst daran, dass jeder, der innerhalb einiger Monate Ihres eigenen Geburtstags geboren wurde, diesen Transit ebenfalls erlebt. Und seien Sie vorsichtig in Bezug auf Geld.
- **Neptun in Opposition zu Saturn:** Alte Ängste und Einschränkungen tauchen wieder auf, und Sie müssen diese in einer disziplinierten, realistischen Art und Weise angehen. Dies ist eine herausfordernde, aber nicht unbedingt negative Zeit.
- **Neptun in Konjunktion zu Uranus:** Im 21. Jahrhundert ist dieser subtile, für Generationen geltende Transit einer, der nur die Älteren betrifft. Er produziert wahrscheinlich veränderte Bewusstseinszustände, eine Vision der Freiheit und einen Ausbruch von exzentrischem Verhalten.
- **Neptun in Opposition zu Uranus:** Dieser Transit bringt eine Periode der vagen Unzufriedenheit in der Art einer Midlife-crisis. Wenn Sie das Gefühl haben, immer in der gleichen, alten Spur zu stecken, auch wenn Sie diese selber geformt haben, versuchen Sie vielleicht, sich selber neu zu definieren, indem Sie Aufregung und stimulierende Erfahrungen suchen.
- **Neptun in Konjunktion zu Neptun im Geburtshoroskop:** Wenn Sie diesen Transit erfahren, sind Sie entweder zu jung (noch ein Kleinkind) oder zu alt (168), um sich darüber den Kopf zu zerbrechen.
- **Neptun in Opposition zu Neptun im Geburtshoroskop:** Dies passiert im Alter von 82 Jahren, etwa zwei Jahre, bevor Uranus zurückkehrt. Er kann mit einer Zeit größerer Verwirrung zusammenkommen, kann aber auch Ihre Träume, Phantasie und Ihr spirituelles Bewusstsein stärken.
- **Neptun in Konjunktion zu Pluto:** Dies wird während Ihrer Lebenszeit nicht passieren.
- **Neptun in Opposition zu Pluto:** Dieser Transit übt einen subtilen, generationsbedingten Einfluss aus, der das Bewusstsein erhöht und Sie ermutigt, verschiedene Aspekte Ihres Lebens zu überdenken, darunter psychologische Probleme, die Sie zu unterdrücken versucht haben.
- **Neptun in Konjunktion zum Aszendenten:** Neptun löst die Grenzen der externen Persönlichkeit auf. Also sind Sie unkonzentriert und in einem Traum verloren. Im schlimmsten Fall sind

Sie selbstzerstörerisch. Im besten Fall sind Sie intuitiv und kreativ. Kunst, Musik, Traumanalyse usw. sind gesunde Ventile während dieses Transits. Und es ist nichts Schlimmes an Tagträumen.

- ✔ **Neptun in Opposition zum Aszendenten:** Wenn Sie in einer zufriedenstellenden Beziehung sind, entwickeln Sie eine Form der Kommunikation, die praktisch übersinnlich ist. Aber wenn Ihre Beziehung auf wackligen Füßen steht, können leicht Geheimnisse und Selbsttäuschung ins Bild kommen. Achten Sie auf Nuancen.
- ✔ **Neptun in Konjunktion zur Himmelsmitte:** Die Grenzen Ihrer Karriere lösen sich auf. Mysteriöse Vorkommnisse im Büro machen Ihnen Sorgen. Auf der anderen Seite werden Sie von glamouröseren Berufsaussichten inspiriert, darunter alles, was mit spirituellen Dingen, Heilen oder den Künsten zu tun hat.
- ✔ **Neptun in Opposition zur Himmelsmitte:** Verwirrung oder Enttäuschung in Bezug auf Ihre Karriere, Ihre Eltern oder Ihr häusliches Leben machen es Ihnen schwer, Entscheidungen zu treffen. Sie können sich nicht selbst zur Handlung zwingen, wenn Sie nicht wissen, was Sie tun sollen. Um eine Lösung zu finden, müssen Sie still genug sein, um Ihre innere Stimme zu hören. Wie immer bei Neptun kann Hilfe durch Kunst, Musik, spirituelle Wege und lange Spaziergänge am Strand gefunden werden.

Der machthungrige Pluto

Pluto, der Planet der Transformation, wird mit Macht, Wiedergeburt und der Unterwelt in Verbindung gebracht. Es hört sich ernst an und ist es auch – was bedeutet, dass Plutotransite, die zwei oder drei Jahre lang anhalten, gewöhnlich mit Zeiten tiefer, langsamer und permanenter Veränderung zusammentreffen.

- ✔ **Pluto in Konjunktion zur Sonne:** Ihr Bewusstsein verstärkt sich. Sie werden besessen von Ihrem Potenzial und sind letztendlich nicht gewillt, jemand anderer zu sein als Ihr mächtigstes Selbst. Unpassende Beziehungen und Jobs können wegfallen. Auch wichtig: Ungelöste Probleme in Bezug auf Ihren Vater oder andere Autoritätspersonen.
- ✔ **Pluto in Opposition zur Sonne:** Äußere Umstände zwingen Sie, Ihr Schicksal in die Hand zu nehmen. Beziehungen leiden. Obwohl Sie auf Widerstand treffen oder Konflikte mit Autoritäten erfahren könnten, sind Sie entschlossen, in der mächtigsten Art und Weise zu handeln. Vor allem suchen Sie nach Anerkennung. Konstruktive Aktionen führen zu Erfolg, rachsüchtige, angstbasierte oder egoistische Verhaltensweisen gehen nach hinten los. In den nächsten zwei Jahren beginnt eine neue Phase Ihres Lebens.
- ✔ **Pluto in Konjunktion zum Mond:** Mächtige emotionale Kräfte schweben um Sie herum. Vielleicht müssen Sie sogar mit einem Todesfall in der Familie umgehen. Probleme, die Sie seit Ihrer Kindheit ignoriert haben, tauchen wieder auf, darunter Probleme in Bezug auf Ihre Mutter. Wenn Sie Ihren Problemen der Abhängigkeit und Gefühlen der Minderwertigkeit ins Auge blicken, bringt Ihnen dies Heilung und Reinigung.

Mein Freund Ian

Mein Freund Ian hat sich schon immer nach einer Familie gesehnt. Aber sein fünftes Haus der Kinder wurde von Saturn beherrscht, dem Planeten der Einschränkung, und viele Jahre konnte er seinen Traum nicht verwirklichen. Dann trat sein in Progression befindlicher Mond in das fünfte Haus ein und Neptun formte eine Opposition zu seinem Saturn. Die alten Grenzen und Einschränkungen lösten sich auf, aber nicht ohne harte Arbeit und Stress. Nachdem sie viel Zeit, Energie und Geld in die ganze Sache gesteckt hatten, reisten er und seine Frau nach China, wo sie ihre kleine Tochter abholten. Die Transite bestimmten, wann die Zeit richtig war.

- ✔ **Pluto in Opposition zum Mond:** Emotionale Aufregung und sich ändernde Familienumstände erzeugen Veränderungen in Ihrer häuslichen Umgebung. Emotionale Manipulation führt zu traumatischen Erlebnissen. Die einzige Option besteht darin, der Wahrheit ins Gesicht zu sehen, auch wenn dies schmerzlich ist.
- ✔ **Pluto in Konjunktion zu Merkur:** Ihre mentale Fähigkeit entwickelt sich, ernsthafte Interessen fesseln Sie und Ihre Einsichten sind eindringlicher als jemals zuvor. Sie sind in der Lage, andere Menschen durch Ihr gesprochenes oder geschriebenes Wort zu beeinflussen.
- ✔ **Pluto in Opposition zu Merkur:** Meinungsverschiedenheiten, Kommunikationsprobleme und obsessive Gedanken machen Ihnen zu schaffen. Geheimnisse könnten aufgedeckt werden.
- ✔ **Pluto in Konjunktion zu Venus:** Eifersucht, Ablehnung oder obsessive Liebe kann Sie gefangen halten. Unbewusst suchen Sie eine tiefe, denkwürdige Verbindung und können sie wahrscheinlich während dieser intensiven – und oft unglücklichen – Zeit finden.
- ✔ **Pluto in Opposition zu Venus:** Eine emotionale Krise während dieses Transits kann dazu führen, dass eine Beziehung entweder zerbricht oder sich festigt. Ungelöste sexuelle Probleme tauchen in einer wichtigen Form auf und müssen angegangen werden.
- ✔ **Pluto in Konjunktion zu Mars:** Ihre verstärkte Energie, Entschlossenheit und Konzentrationsfähigkeit öffnen die Tür zum Erfolg. Sie können viel wirkungsvoller handeln und Ihr Energielevel wird transformiert. Aber Sie müssen Wege finden, Ihre Wut zu beherrschen.
- ✔ **Pluto in Opposition zu Mars:** Verwirrende Ereignisse oder äußere Umstände zwingen Sie dazu, definitiv zu handeln und Ihre Wut auf konstruktive Art und Weise zu kanalisieren.
- ✔ **Pluto in Konjunktion zu Jupiter:** Erweitern Sie die Grenzen Ihres Lebens und Sie können es vollkommen transformieren. Wichtige Gelegenheiten treten in Ihr Leben ein.
- ✔ **Pluto in Opposition zu Jupiter:** Ihr Wunsch nach Erfolg und Macht motiviert Sie, Ihren Horizont in einer Art und Weise zu erweitern, wie Sie es nie zuvor getan haben. Aber seien Sie sich bewusst, dass die Möglichkeit besteht, dass Sie den Mund zu voll nehmen. Wenn Sie ein religiöser Mensch sind, kann es außerdem sein, dass Sie eine Glaubenskrise erleben.

- **Pluto in Konjunktion zu Saturn:** Es ist nicht leicht, Ihre selbst auferlegten Fesseln zu sprengen. Diese für die ganze Generation geltende Konjunktion leitet eine Periode der intensiven Selbsterkenntnid ein und führt zu permanenter Veränderung.
- **Pluto in Opposition zu Saturn:** Äußere Kräfte vereiteln Ihre Bemühungen und zwingen Sie, Ihre Pläne zu ändern. Dies ist eine schwierige Zeit, die von Machtkämpfen, Konflikten mit den Autoritäten und ungewollten Veränderungen gekennzeichnet ist.
- **Pluto in Konjunktion zu Uranus:** Wenn Sie Ihre Individualität unterdrückt haben, tritt sie nun hervor. Wenn Sie die extravagante Rolle zu sehr gespielt haben, sind Sie nun bereit, Ihre Exzentrizitäten beiseite zu lassen und sich an die Gesellschaft anzupassen.
- **Pluto in Opposition zu Uranus:** Unerwartete Umstände treiben die Zukunft voran und zwingen Sie, klarzustellen, wer Sie sind und wer Sie sein wollen.
- **Pluto in Konjunktion zu Neptun:** Ihre Träume, Ihr Glaube und Ihre Ideale verschieben sich langsam.
- **Pluto in Opposition zu Neptun:** Über diesen Transit brauchen Sie sich nicht den Kopf zu zerbrechen, es sein denn, Sie sind weit über 100 Jahre alt.
- **Pluto in Konjunktion zu Pluto im Geburtshoroskop:** Nicht möglich.
- **Pluto in Opposition zu Pluto im Geburtshoroskop:** Nicht möglich (es sei denn, Sie sind 123 Jahre alt).
- **Pluto in Konjunktion zum Aszendenten:** Sie sind nicht länger gewillt, Ihre persönliche Macht zu verleugnen oder zu unterdrücken. Ein stärkeres Selbstbild ist das Ergebnis.
- **Pluto in Opposition zum Aszendenten:** Sie verlangen Anerkennung als die mächtige Person, die Sie sind und wollen Einfluss auf die Welt nehmen. Wenn eine Beziehung Sie auf irgendeine Art und Weise einschränkt, muss sie weichen.

Joan Collins

Die glamouröse Schauspielerin und Schriftstellerin, bekannt für ihre Rolle in *Denver Clan* und ihre Bestsellerromane, wurde 1996 von Ihrem Verleger mit dem Vorwurf vor Gericht gebracht, dass sie ein schlechtes Manuskript abgeliefert habe. Der Verleger verlangte die 1,2 Millionen Dollar Vorschuss zurück, die sie dafür erhalten hatte. Andere Schriftsteller wären beschämt gewesen. Aber sie ließ sich nicht beirren, nahm den Kampf mit dem großen Unternehmen auf und gewann. Der wichtigste Transit in Ihrem Horoskop zu der Zeit? Pluto im Schützen stand in Opposition zu Ihrer Geburtssonne in den Zwillingen. Obwohl Ihr Stolz sicherlich während der Gerichtsverhandlung litt, in der es um ihre Unfähigkeit als Schriftstellerin ging, triumphierte sie und wurde für Ihre Leiden mit einer großen Summe belohnt.

- **Pluto in Konjunktion zur Himmelsmitte:** Ihre Karriere hat einen Punkt der langsamen, wichtigen Veränderung erreicht.
- **Pluto in Opposition zur Himmelsmitte:** Gewohnheiten müssen sich ändern. Ihr häusliches Leben und Ihre Meinung von Ihren Eltern werden transformiert.

Warnung: Der Fluch des Astrologen

Glauben Sie mir: Wenn Sie die Grundlagen der Transite verstehen, haben Sie ein Problem. Früher oder später werden Sie feststellen, dass ein schwieriger Transit in Ihrem Horoskop ansteht und Sie werden in Panik geraten, weil ein Blick auf Ihr eigenes Geburtshoroskop manchmal Angst auslösen kann. Seien sie also nicht überrascht, wenn Sie während Ihrer ersten Versuche, in die Zukunft zu sehen, Katastrophen vorausahnen. Und seien Sie auch nicht überrascht, wenn keine dieser schlimmen Vorstellungen wahr wird. Die gute Neuigkeit ist, dass Sie, je länger Sie den Transiten folgen, desto zurückhaltender in Ihren Einschätzungen werden.

Die Regeln der Transiteninterpretation sind einfach:

1. **Wenn die Konfiguration in Ihrem Geburtshoroskop ein bestimmtes Ereignis nicht ermöglicht, wird es auch nicht eintreffen, egal welche Transite aktiv sind.** Wenn der unvorhersehbare Uranus Wange an Wange mit dem großzügigen Jupiter durch Ihr zweites Haus des Geldes tanzt, bringt Ihnen dies nur dann einen Lottogewinn, wenn Ihr Geburtshoroskop mit anderen Hinweisen auf leicht gemachtes Geld übersät ist. Die Voraussetzung muss vorhanden sein.
2. **Auch mit der Voraussetzung im Geburtshoroskop trifft ein einzelner Transit selten mit einem dramatischen oder lebensverändernden Ereignis zusammen.** Diese Situationen entstehen aus einer Reihe von Einflüssen, die alle in eine ähnliche Richtung weisen.
3. **Jeder Transit kann vielfältig interpretiert werden.** Nichts ist vorbestimmt. Aber so oder so muss die Energie des Transits ausgedrückt werden. In welcher Art hängt von den Umständen und von Ihren Entscheidungen ab.

Ich kann Ihnen Folgendes versichern: Die meisten Dinge, über die wir uns Sorgen machen, treffen nicht ein. Machen Sie sich also nicht selbst verrückt, indem Sie Ihre Kenntnisse über Transite zu einer Quelle der Angst machen.

Rückläufige Hölle? Die Wahrheit

14

In diesem Kapitel

- Rückläufigkeit – eine Erklärung
- Rückläufigkeit interpretieren
- Der rückläufige Merkur
- Mars und Venus rückläufig
- Rückläufige Planeten in einem Geburtshoroskop

Es ist erstaunlich, wie viele Menschen es gibt, die weder Horoskope berechnen können noch Ihr aufsteigendes Zeichen kennen und trotzdem geradezu panische Angst vor der Rückläufigkeit von Merkur haben. Diese angeblich düsteren Zeiten, in denen dieser kleine Planet rückwärts zu reisen scheint, kommen regelmäßig drei- oder viermal im Jahr vor. Und ja, sie läuten tatsächlich eine Flut von Verzögerungen, Missverständnissen, Verwirrungen und kleineren Störungen ein. Noch schlimmer, sie wecken einen Sturm der Angst und Furcht in den Herzen von Astrologiefans auf der ganzen Welt. Aber ist diese Reaktion berechtigt? Mit einem Wort: Nein. Rückläufigkeit ist keine Tragödie. Sie ist keine Katastrophe. Sie ist nicht einmal Anlass zur Besorgnis. Sie ist ein Aufschub, eine Pause und ein Geschenk des Kosmos – aber nur, wenn Sie ihren Sinn und Zweck verstehen und diese entsprechend nutzen. In diesem Kapitel erzähle ich Ihnen, was Sie wissen müssen, um ruhig und rational mit rückläufigen Planeten umgehen zu können.

Wenn ein Planet *rückläufig* ist, scheint es, als würde er rückwärts durch den Tierkreis reisen. Tatsächlich bewegen sich alle Planeten immer vorwärts, aber so sieht es nicht aus. Zwar bewegen sich die Sonne und der Mond immer klar in die gleiche Richtung, doch die Planeten scheinen einem weniger beständigen Muster zu folgen. Regelmäßig scheint sich jeder der Planeten zu verlangsamen, seinen Pfad zurückzugehen und einen Bogen rückwärts durch den Tierkreis zu schlagen. Wochen- oder monatelang (abhängig vom Planeten) schwimmt er entgegen dem Strom der anderen Planeten. Dann scheint er wiederum langsamer zu werden, sich umzudrehen und wieder seine normale Richtung aufzunehmen (was als *direkte Bewegung* bezeichnet wird). Als Astrologen des Altertums – sie dachten, dass die unbewegliche Erde das Zentrum des Universums sei – sahen, wie sich diese Himmelskörper rückwärts bewegten, erfanden sie alle möglichen Erklärungen, um dieses Phänomen zu erklären. Im zweiten Jahrhundert vor Christus z.B. waren Astronomen in Griechenland davon überzeugt, dass die Planeten sich auf kleinen Kugeln aus klarstem Kristall um ihre gewöhnliche Umlaufbahn winden. Ich brauche nicht zu sagen, dass sie Unrecht hatten. Die Planeten ändern tatsächlich nie ihre Richtung. Die Rückläufigkeit der Planeten ist nur eine Wahrnehmung – eine Illusion, die durch die Tatsache hervorgerufen wird, dass die

Planeten, darunter auch die Erde, sich bewegen und Bögen am Himmel verfolgen, während sie in unterschiedlichen Geschwindigkeiten um die Sonne kreisen.

Sie können den gleichen verwirrenden Effekt in einem Zug erleben. Wenn zwei Züge zusammen aus dem Bahnhof fahren, Ihr Zug sich aber schneller bewegt, scheint es, als würde der Zug auf dem benachbarten Gleis rückwärts gleiten. Diese rückwärtige Bewegung ist wie die Rückläufigkeit der Planeten eine optische Täuschung.

Ein Blick nach hinten: Der rückläufige Merkur

Hier ist eine typische Szene aus meinem Leben: Das Telefon klingelt. Ich hebe zögernd ab (weil ich wie die meisten Menschen etwas übersinnlich reagiere, was das Telefon betrifft). Und tatsächlich, es ist einer der üblichen Verdächtigen, der völlig aufgelöst anruft, nachdem er eine Frustration zuviel erlebt hat. Der letzte Tropfen war vielleicht eine verlorene Kreditkarte, endloses Warten beim Arzt, ein verpasster Termin, ein Computerabsturz, die Unmöglichkeit, eine Wohnung zu den Preisen von 1977 zu finden, eine Voice-Mail-Katastrophe oder ein weiterer Abstieg in die Hölle der öffentlichen Gesundheitsversorgung. Während ich mir die Litanei anhöre, weiß ich, was kommen wird. Mein treuer Anhänger wird mir diese Frage stellen: Ist Merkur rückläufig?

Oft lautet die Anwort ja. Der winzige Merkur, der Planet, der der Sonne am nächsten steht, scheint seine Richtung öfter zu wechseln als jeder andere Planet. Er schaltet drei- oder viermal im Jahr in den »Rückwärtsgang«, jeweils für etwas über drei Wochen. Während dieser Zeiträume – und besonders an deren Anfang und Ende – können Sie kleinere Unglücke, nervende Ärgernisse und alle möglichen Missverständnisse erwarten. Ist Merkur rückläufig, gehen Nachrichten im Cyberspace verloren, werden einfache Aussagen falsch verstanden, vergessen Leute Termine und verlieren Papiere, und Anrufbeantworter, Faxgeräte, Kopierer, Computer und Handys drohen zu streiken. Warum dies passiert, weiß ich auch nicht. Die Astrologie ist meiner Meinung nach ein System der Metaphern, eine symbolische, kosmische Sprache, die unser Leben in der Art und Weise widerspiegelt, wie das Meer den Himmel. Also auch wenn keiner der Planeten jemals tatsächlich die Richtung wechselt, beeinflusst ihre scheinbare Umkehrung subtil unsere Reaktionen, Wahrnehmungen und Erfahrungen. Wenn Merkur rückläufig ist, treten vermehrt Ärgernisse auf. Aber im Gegensatz zu dem, was Sie vielleicht gehört haben und trotz der obigen Auflistung möglicher kleinerer Katastrophen, brauchen Sie einen rückläufigen Merkur nicht zu fürchten. Er bietet eine Pause, eine Chance, die Teilchen zu sammeln. Nachfolgend finden Sie einige Tipps, wie Sie von der Rückläufigkeit des Merkur profitieren können.

Wenn Merkur rückläufig ist, sollten Sie Folgendes vermeiden:

- ✔ ein wichtiges Projekt beginnen
- ✔ ein Auto, Boot oder Haus kaufen
- ✔ umziehen
- ✔ einen neuen Job beginnen

- ✔ eine neue Beziehung beginnen
- ✔ einen Vertrag unterzeichnen
- ✔ erwarten, dass die Dinge glatt laufen
- ✔ versuchen, der Flut die Stirn zu bieten. Wenn Sie die Dinge dazu zwingen, nach Ihrem Plan zu laufen, erzeugen Sie nur weiteres Chaos.

Um das meiste aus einem rückläufigen Merkur herauszuholen, lassen Sie einen Seufzer der Erleichterung heraus und steigen Sie aus der Tretmühle. Sie haben eine Atempause erhalten. Alles was Sie tun müssen ist:

- ✔ zurückblicken
- ✔ Dinge überarbeiten (der rückläufige Merkur ist unschätzbar für Schriftsteller)
- ✔ Dinge neu betrachten (sollte ein alter Liebhaber oder ein altes Problem auftauchen, kann der rückläufige Merkur Ihnen helfen, es zu lösen)
- ✔ die Vergangenheit erneut Revue passieren lassen
- ✔ Ihre Meinung ändern
- ✔ Reservierungen bestätigen
- ✔ die Tatsachen überprüfen
- ✔ Reparaturen durchführen
- ✔ Aufgaben erledigen, die Sie verschoben haben
- ✔ Fehler korrigieren
- ✔ sich organisieren
- ✔ überfällige Briefe schreiben
- ✔ aufräumen
- ✔ Karten und Pakete rechtzeitig losschicken (wenn Merkur rückläufig ist, kann es sein, dass wichtige Post nicht rechtzeitig ankommt)
- ✔ immer ein Buch oder eine Zeitschrift mitnehmen (wenn Merkur rückläufig ist, erhöht sich die Wahrscheinlichkeit enorm, dass Sie in einer Schlange oder einem Stau warten müssen. Und zählen Sie nicht auf Ihr Handy, um Unterhaltung zu finden: Es ist wahrscheinlich, dass es nicht funktioniert.)

Tabelle 14.1 zeigt Ihnen, wann (und wo) Merkur vom ersten Tag des Jahres 2000 bis zum letzten Tag des Jahres 2005 rückläufig sein wird. Die Daten für jede rückläufige Periode werden den Graden des Tierkreises zugeordnet, die Sie in der Spalte »Position« finden. Die erste Zeile für das Jahr 2000 zeigt z.B., dass Merkur vom 21. Februar bis zum 14. März rückläufig war und in dieser Zeit von 17° Fische – sein Standort am 21. Februar – zu 2° Fische zurückreiste, wo er am 14. März ankam. An diesem Punkt hörte die Rückläufigkeit auf und Merkur bewegte sich direkt und vorwärts in seiner normalen Art und Weise. Monate vergehen. Von seinem Startpunkt bei 2° Fische kreist Merkur glücklich durch ein Drittel des Tierkreises. Und dann, am 23. Juni ändert er noch einmal die Richtung, diesmal bei 19° Krebs und die ganze Prozedur startet erneut.

Jahr	Daten	Position
2000	21. Februar – 14. März	17° Fische – 2° Fische
2000	23. Juni – 17. Juli	19° Krebs – 10° Krebs
2000	18. Oktober – 8. November	15° Skorpion – 29° Waage
2001	4. – 25. Februar	29° Wassermann – 15° Wassermann
2001	4. – 28. Juni	29° Zwillinge – 21° Zwillinge
2001	1. – 23. Oktober	29° Waage – 14° Waage
2002	18. Januar – 8. Februar	14° Wassermann – 28° Steinbock
2002	15. Mai – 8. Juni	9° Zwillinge – 1° Zwillinge
2002	14. September – 6. Oktober	13° Waage – 28° Jungfrau
2003	2. – 23. Januar	28° Steinbock – 12° Steinbock
2003	26. April – 20. Mai	20° Stier – 11° Stier
2003	28. August – 20. September	26° Jungfrau – 12 ° Jungfrau
2003	17. Dezember – 6. Januar 2004	12° Steinbock – 26° Schütze
2004	6. – 30. April	1° Stier – 21° Widder
2004	10. August – 2. September	8° Jungfrau – 25° Löwe
2004	30. November – 20. Dezember	26° Schütze – 10° Schütze
2005	20. März – 12. April	14° Widder – 1° Widder
2005	23. Juli – 16. August	20° Löwe – 8° Löwe
2005	14. November – 4. Dezember	10° Schütze – 24° Skorpion

Tabelle 14.1: Rückläufiger Merkur

Manchmal vergehen die Wochen, in denen Merkur rückläufig ist, so ruhig, dass Sie es kaum bemerken. Zu anderen Zeiten bringt ein rückläufiger Merkur eine Fülle von Umwegen und Hindernissen mit sich, die Sie einfach nicht übersehen können. Was macht den Unterschied? Die Antwort ist einfach: die Position. Überprüfen Sie, wo Merkur steht, wenn er rückläufig wird. Ist er in Ihrem Sonnenzeichen, Mondzeichen oder aufsteigendem Zeichen, werden Sie betroffen sein, und wenn Merkur seine rückläufige Periode innerhalb von ein oder zwei Grad eines Planeten in Ihrem Geburtsbild beginnt oder beendet, werden Sie wahrscheinlich einen bedeutenden Einfluss spüren. In diesem Fall machen Sie sich bereit, sich dem Rhythmus der Rückläufigkeit anzupassen. Und vergessen Sie nicht, ein Buch mitzunehmen.

Zu Venus zurückkehren

In der präkolumbianischen Astrologie regierte Venus. Die Azteken und Mayas beobachteten ihr Aufgehen und Untergehen, ihre Erscheinung als Morgenstern und als Abendstern, ihr regelmäßiges Verschwinden und ihre Perioden der Rückläufigkeit sorgfältig, die alle anderthalb Jahre für etwa sechs Wochen in Erscheinung treten. Den Astrologen der Azteken zufolge waren diese sechs Wochen gefährliche Zeiten, besonders in der Politik. Moderne Astrologen sehen die rückläufige Venus in der Regel als Zeichen der Unsicherheit, Ablenkung, Fehlinterpretation, Passivität und unerfüllten Wünsche in zwei Bereichen: Liebe und Finanzen.

Es hört sich schlimm an, aber in der Realität sind die Auswirkungen subtil. Darum scheint es mir, dass das Leben zu kurz ist, um sich übermäßige Sorgen über diesen bestimmten Transit zu machen.

Ich habe zwei strikte Empfehlungen: Heiraten Sie nicht, wenn Venus rückläufig ist (es sei denn, Sie und Ihr Zukünftiger haben beide eine rückläufige Venus in Ihren Geburtshoroskopen) und gehen Sie keine große finanzielle Verpflichtung ein – dies gilt insbesondere für einen Kredit, eine Hypothek, einen Pelzmantel, ein Originalkunstwerk, einen Smaragdring (der Smaragd ist der Edelstein des Stiers, der von Venus regiert wird) und für alles, was Venus liebt (außer Blumen, Schokolade oder Geschenken zum Valentinstag).

Tabelle 14.2 zeigt Ihnen, wann – und wo – Venus von 2000 bis 2005 rückläufig ist. (Die Jahre 2000 und 2003 sind nicht aufgelistet, da Venus in diesen Jahren nicht rückläufig wird.)

Jahr	Daten	Standort
2001	8. März – 19. April	17° Widder – 1° Widder
2002	10. Oktober – 21. November	15° Skorpion – 0° Skorpion
2004	17. Mai – 29. Juni	26° Zwillinge – 9° Zwillinge
2005	24. Dezember – 3. Februar 2006	1° Wassermann – 16° Steinbock

Tabelle 14.2: Rückläufige Venus

Ausschau halten nach dem rückläufigen Mars

Ich liebe Mars, den roten Planeten. Leicht am Himmel erkennbar wegen seiner blassen rosa Farbe, regt er uns zu Aktivität an, fordert uns auf, die Initiative zu ergreifen und erfüllt uns mit Mut. Mars ist unternehmungslustig, dynamisch, entschlossen, dominierend. Aber wenn er rückläufig ist, funktioniert es nicht, die Initiative zu ergreifen und wenn Sie in die Offensive gehen, können Sie unerwartete Konsequenzen erleben. Der aggressive Mars wird alle 22 Monate für etwa 11 Wochen rückläufig. Während dieser Zeit ist die wichtigste Regel einfach: Beginnen Sie keinen Kreuzzug und starten Sie keinen Krieg, metaphorisch oder sonstiger Art.

Tabelle 14.3 zeigt Ihnen, wann und wo Mars von 2000 bis 2005 rückläufig ist. (Er wird nicht rückläufig in den Jahren 2000, 2002 und 2004.)

Jahr	Daten	Standort
2001	11. Mai – 19. Juli	29° Schütze – 15° Schütze
2003	29. Juli – 27 September	10° Fische – 0° Fische
2005	1. Oktober – 10. Dezember	23 ° Stier – 8° Stier

Tabelle 14.3: Rückläufiger Mars

Die anderen Planeten

Über Mars hinausgehend sind die Planeten gleich für Monate rückläufig und die ganze Frage wird unwichtig. Es gibt also keinen Grund, sich hierüber den Kopf zu zerbrechen.

Ich empfehle, nur unter zwei Umständen auf die Rückläufigkeit der äußeren Planeten zu achten:

1. **Wenn fünf oder sechs Planeten auf einmal rückläufig sind.** Dies sind die Zeiten, in denen neue Unternehmungen mit großer Geschwindigkeit vorangehen. Woher wissen Sie, wann Planeten rückläufig sind? Ich bedaure sagen zu müssen, dass dieses Buch Ihnen nicht helfen kann. Aber jeder gute astrologische Kalender kann es.

2. **Wenn ein Planet direkt über oder in Opposition zu Ihren Geburtsplaneten die Richtung ändert und rückläufig oder direkt wird.** Ein Beispiel: Wenn Saturn (oder jede andere Planet) bei 10° Löwe rückläufig wird und Sie genau hier einen Planeten haben, können Sie erwarten, dass Sie die Konsequenzen spüren werden. Ein Problem aus der Vergangenheit, etwas, von dem Sie dachten, es sei komplett abgeschlossen, könnte wieder auftauchen. Sie werden die gleichen Probleme immer wieder angehen, den Hinweis von Saturn annehmen und der Wahrheit ins Gesicht schauen müssen, ob es Ihnen gefällt oder nicht.

Merkur, Venus und Mars rückläufig im Geburtshoroskop

Vor Jahren hatte ich den Eindruck, dass die Energie eines Planeten bei Rückläufigkeit schwächer sei. Ich habe meine Meinung geändert, als ich feststellte, dass einige der intelligentesten und ausdrucksstarksten Menschen, die ich kenne, Merkur rückläufig in Ihren Geburtshoroskopen haben, ebenso wie einige meiner Lieblingsschriftsteller, z.B. M.F.K. Fisher, Robert Frost, Gabriel Garcia Marquez, Henry Miller, Philip Roth, Dylan Thomas und J.R.R. Tolkien. Ganz klar war ihre Kommunikationsfähigkeit unversehrt. Ich entdeckte, dass ein rückläufiger Merkur im Geburtshoroskop die Kommunikationsfähigkeit nicht vermindert. Stattdessen richtet der rückläufige Merkur ihren Geist nach innen, vertieft ihn, erhöht das Bedürfnis nach Reflexion, ruft größere Sorge um die genaue Art und Weise der Kommunikation hervor und macht aus den Menschen einen unabhängigeren, tieferen Denker. Meine Vermutung ist, dass Schriftsteller mit einem rückläufigen Merkur mehr Zeit mit Nachdenken und Überarbeiten verbringen als andere Schriftsteller, die keinen rückläufigen Merkur besitzen.

Wenn Sie eine rückläufige Venus in Ihrem Geburtshoroskop haben, sind Sie möglicherweise schüchtern, unsicher und zögernd, wenn es darum geht, Ihre Zuneigung auszudrücken, besonders potentiellen Partnern gegenüber. Die Liebe ist schwierig für Sie, und Sie werden auf diesem steinigen Weg so manches Mal stolpern. (Ich kenne z.B. einen gutherzigen Mann mit rückläufiger Venus, der eine Frau aus einem anderen Land heiratete – aber niemals mit ihr lebte oder schlief – , nur um ihr zu helfen, ein Visum zu bekommen. Später fand er seine wahre Liebe – und seine erste Frau war ein Gast auf seiner zweiten Hochzeit.) Ich habe außerdem jede Menge Geburtshoroskope von glücklich verheirateten Menschen mit rückläufiger Venus gesehen. Rückläufigkeit verhindert die Liebe nicht. Aber sie verlangsamt den Prozess, weil Sie gezwungen werden, in einer ernsthaften Art und Weise damit umzugehen.

Ein rückläufiger Mars macht die Aggression zu einem Problem, indem er Sie dazu zwingt, einen Weg zu finden, Ihre Wut anzuerkennen und sie konstruktiv zu nutzen. Einige Menschen – Lizzie Borden fällt mir ein – finden niemals einen Weg, dies zu tun. Andere haben triumphale Erfolge. Die Liste erstklassiger Krieger spricht für sich: Billie Jean King, Lillian Hellman, Jesse Jackson, Lech Walesa und Martin Luther King, Jr. Sie alle haben einen rückläufigen Mars in ihrem Geburtshoroskop.

Der Mond: Astrologie im Alltag

15

In diesem Kapitel

- Von den Mondphasen profitieren
- Der Mond in den Zeichen: Tipps
- Die fünf wichtigsten Einflüsse des Monds
- Der Mond im Leerlauf: gute Idee oder Zeitverschwendung?

Wissen Sie, wo der Mond jetzt steht? Können Sie ohne aus dem Fenster zu sehen sagen, in welcher Phase er ist? Können Sie das Tierkreiszeichen nennen, in dem er steht? Wissen Sie, ob er zu- oder abnimmt?

Sie brauchen sich nicht schlecht zu fühlen, wenn Sie die Antworten auf diese Fragen nicht kennen. Wenn nicht gerade Vollmond ist, haben die meisten Menschen keine Ahnung, wo der Mond steht oder was er tut. Aber vor Tausenden von Jahren verehrten Frauen und Männer auf jedem Kontinent den Mond und folgten aufmerksam all seinen Phasen. In diesen altertümlichen Kulturen riefen Geschichtenerzähler eine Reihe von Mondgöttinnen auf die Bühne, von denen jede eine verschiedene Phase des Mondes darstellte. In Griechenland z.B. war die wilde Artemis, Patronin der Mädchen, eine Göttin des Neumonds; Hera, Frau des Zeus und Königin der Götter, und Demeter, Mutter der Persephone, regierten den Vollmond, und Hekate, Göttin eines bestimmtes Alters, regierte über Hexenkraft und die abnehmende Mondsichel. Im Gegensatz zu uns selbst beobachteten die Menschen im Altertum, die diese (und viele andere) Göttinnen verehrten, den Mond sorgfältig und waren sich seiner Position immer bewusst. Mit der Zeit entdeckten sie, dass die allmonatliche Reise des Mondes, während er zunahm und wieder abnahm, die Muster der menschlichen Aktivität sowohl widerspiegelte als auch unterstützte.

Dieses altertümliche Wissen liegt auch in Ihren Händen. Wenn Sie den Mond und seine fundamentalen Veränderungen verstehen, können Sie Termine wählen, die Ihre Intentionen verstärken, Termine vermeiden, die zu Frustration und Misserfolg führen und Ihr Leben in Einklang mit dem Rhythmus des Kosmos führen. Dieses Kapitel sagt Ihnen, wie – und wann – Sie Ihre Chancen ergreifen sollten.

Ihre Aktionen in Einklang mit den Mondphasen planen

Wie viele Mondphasen gibt es? Das hängt davon ab, wen Sie fragen. In Indien identifizieren Astrologen 27 »Mondhäuser«. Der große Astrologe (und Musiker) des 20. Jahrhunderts, Dane Rudhyar, zählte acht Phasen: Neu, Sichel, erstes Viertel, ausbreitend, voll, gewölbt, letztes Viertel und balsamisch. Verehrer der Göttinnen im Altertum, wie auch moderne Heiden und Wicca-Anhänger, sahen in der Regel drei Phasen: zunehmend, voll und abnehmend. Heute werden meist folgende vier Mondphasen anerkannt:

- **Neumond:** Eine Zeit steigender Energie, des Instinkts und Neubeginns.
- **Erstes Viertel:** Eine Zeit des Wachstums, der Spannungen und der Aktion.
- **Vollmond:** Eine Zeit der Erleuchtung – wenn anhaltende Situationen zur Entscheidung kommen und wichtige Ereignisse stattfinden.
- **Letztes Viertel:** Eine Zeit der Vervollständigungen, des Loslassens und der nachlassenden Energie.

Wenn Sie diese natürlichen Rhythmen beachten, können Sie Ihre Aktivitäten zu Ihrem maximalen Vorteil planen – und Sie brauchen auch keinen astrologischen Kalender. Blicken Sie einfach immer, wenn Sie nachts draußen sind, auf den Mond und Sie werden sich bald mit seinen Phasen sehr gut auskennen. Tabelle 15.1 beschreibt das ungefähre Aussehen und die Richtung des Monds zusammen mit den Aktivitäten, die zu jeder Phase am besten passen.

Mondphase	Aussehen	Empfohlene Aktivitäten
Neumond	Zunächst unsichtbar, dann eine dünne Sichel, deren Spitzen nach Osten zeigen. Geht in der Morgendämmerung auf und bei Sonnenuntergang unter.	Beginnen Sie: wünschen Sie sich etwas, setzen Sie Ziele, starten Sie Projekte, pflanzen Sie Samen, initiieren Sie neue Unternehmungen.
Das erste Viertel	Ein Halbkreis, dessen flache Seite nach Osten und gekrümmte Seite nach Westenweist. Geht mittags auf, steht nach Sonnenuntergang hoch am Himmel und geht um Mitternacht unter.	Handeln Sie: entwickeln Sie Projekte, unternehmen Sie wichtige Schritte, treffen Sie Entscheidungen, gehen Sie Konflikte an.
Vollmond	Ein glühender Ball. Geht bei Sonnenuntergang auf, steht um Mitternacht hoch am Himmel und geht um die Morgendämmerung unter.	Werten Sie Ihren Fortschritt, während die Emotionen auf Hochtouren laufen und Ihre Bemühungen fruchten. Stimmen Sie die Dinge ab und kümmern Sie sich um die Auswirkungen.
Das letzte Viertel	Ein Halbkreis, dessen flache Seite nach Westen und gekrümmte Seite nach Osten weist. Geht um Mitternacht auf, steht vor der Morgendämmerung hoch am Himmel.	Beenden Sie die Dinge: Kommen Sie zur Ruhe, denken Sie nach, ziehen Sie sich zurück.

Tabelle 15.1: Was Sie je nach Mondphase tun sollten

Die hoch geladene Zeit zwischen Ihrem Geburtstag und dem Neumond in Ihrem Zeichen – unabhängig davon was zuerst kommt – ist ideal geeignet, um sich Ziele für das Jahr zu setzen und die ersten Schritte zu deren Verwirklichung zu unternehmen.

Den Mond in den Zeichen nutzen

Sie können auch die Reise des Mondes durch den Tierkreis verfolgen, wenn Sie mit ihm in Verbindung bleiben wollen. Benutzen Sie hierfür die Mondtabelle in Anhang B, die Ihnen genau sagt, welche Position der Mond in den Jahren von 1930 bis 2005 einnimmt. Das ist alles, was Sie brauchen.

Zwar enthält Anhang B alles, was Sie brauchen, um dem Mond durch die Zeichen zu folgen, aber Mondkalender bieten Ihnen noch jede Menge zusätzliche Informationen. Ich persönlich könnte ohne einen solchen nicht leben. Diese Kalender zeigen Ihnen alles, was Sie über den Mond wissen wollen, darunter seine Phasen, die Aspekte, die er zu anderen Planeten formt und den genauen Moment, zu dem er in jedes Zeichen des Tierkreises tritt. Diese Kalender finden Sie im Buchhandel.

Ich möchte aber betonen, wie wichtig es ist, dass Sie all dies locker angehen. Ansonsten laufen Sie Gefahr, sich so sehr mit dem Himmel zu beschäftigen, dass Sie die Ereignisse auf Mutter Erde aus den Augen verlieren. Nachdem dies gesagt ist, sind hier kurze Beschreibungen einiger günstiger Aktivitäten für jedes Mondzeichen aufgeführt:

- ✔ **Mond im Widder:** Direkt sein: setzen Sie sich durch, starten Sie kurze Projekte, tun Sie alles, was einen Energiestoß und einen Funken Mut verlangt. Achten Sie auf Wutanfälle.
- ✔ **Mond im Stier:** Praktisch sein: beginnen Sie langfristige Projekte, arbeiten Sie im Garten, gehen Sie zur Bank. Achten Sie auf Ihren Körper. Konzentrieren Sie sich auf Aktivitäten, die Geduld verlangen.
- ✔ **Mond in den Zwillingen:** Kommunikation: reden Sie, schreiben Sie in Ihr Tagebuch, lesen Sie. Kaufen Sie Bücher, Zeitschriften, Briefpapier. Machen Sie Erledigungen und kurze Reisen, ändern Sie Ihre Meinung.
- ✔ **Mond im Krebs:** Zu Hause bleiben: kochen Sie, renovieren Sie Ihre Wohnung, rufen Sie Ihre Mutter an. Verbringen Sie Zeit mit Menschen, die Sie lieben, kaufen Sie Antiquitäten, weinen Sie sich einmal richtig aus. Gehen Sie hinaus und schauen Sie sich den silbrigen Mond an.
- ✔ **Mond im Löwen:** Die schöne Zeit genießen: seien Sie romantisch und gesellig, spielen Sie mit Kindern, lernen Sie Tango tanzen, gehen Sie ins Theater, geben Sie eine Party, reden Sie mit tollen Menschen. Seien Sie zuversichtlich.
- ✔ **Mond in der Jungfrau:** Alltägliche Dinge: putzen Sie das Haus, gehen Sie zum Zahnarzt, gehen Sie zum Tierarzt, organisieren Sie Ihre Papiere, kümmern Sie sich um die vielen Kleinigkeiten, die Sie sonst vermeiden. Das mag sich nicht nach Spaß anhören, aber der Mond in der Jungfrau ist unglaublich nützlich – und kommt jeden Monat wieder.
- ✔ **Mond in der Waage:** Sich selbst und anderen etwas Gutes gönnen: gehen Sie in ein Konzert oder ins Museum, bügeln Sie Streitigkeiten aus, tun Sie etwas Künstlerisches, gönnen Sie sich eine Schönheitsbehandlung, lassen Sie die Menschen, die Sie lieben, wissen, wie sehr Sie sie mögen. Gehen Sie eine Geschäftspartnerschaft ein. Heiraten Sie.

- **Mond im Skorpion:** Intensive Begegnungen: haben Sie Sex, gehen Sie zu Ihrem Therapeuten, lesen Sie einen Krimi, machen Sie Ihre Steuererklärung, zahlen Sie Ihre Schulden, schließen Sie eine Versicherung ab, untersuchen Sie alles.
- **Mond im Schützen:** Erforschen: reisen Sie, besuchen Sie einen Kurs oder Workshop, reden Sie mit einem Anwalt, gehen Sie spirituellen oder philosophischen Interessen nach, treiben Sie Sport, ändern Sie Ihre Routine.
- **Mond im Steinbock:** Geschäftigkeit: schreiben Sie Ihren Lebenslauf, bereiten Sie einen Vertrag vor, erledigen Sie Aufgaben, die mit Unternehmen oder anderen großen Organisationen zu tun haben. Reden Sie mit einem älteren Menschen, erforschen Sie Ihre Vergangenheit.
- **Mond im Wassermann:** Geselligkeit: gehen Sie online, melden Sie sich freiwillig für eine gute Sache, treffen Sie sich mit Freunden, schauen Sie sich einen ungewöhnlichen Film an, besuchen Sie ein Planetarium, tun Sie etwas Ungewöhnliches oder Innovatives.
- **Mond in den Fischen:** Entspannung: meditieren Sie, machen Sie ein Nickerchen, nehmen Sie sich eine Auszeit, hören Sie Musik, gehen Sie schwimmen, analysieren Sie Ihre Träume, halten Sie eine intime Unterredung oder weinen Sie sich noch einmal so richtig aus.

Das meiste aus wichtigen Mondeinflüssen machen

Der Mond reist schneller durch den Tierkreis als jeder andere Planet. Es kann Sie also wahnsinnig machen, wenn Sie sich über jede Reise durch ein Zeichen den Kopf zerbrechen. Aber die folgenden allmonatlich wiederkehrenden Transite sind zu wertvoll, um sie zu verpassen.

Mond in Ihrem Sonnenzeichen: Ihre persönliche Kraft ist auf dem Höhepunkt. Sie zeigen während dieser wenigen Tage Ihr charismatischstes Selbst, damit ist dies eine gute Zeit für Interviews, Blind Dates und alles, bei dem Sie sich von Ihrer besten Seite präsentieren müssen.

- **Mond im Zeichen gegenüber Ihrem Sonnenzeichen:** Ihre persönliche Kraft ist schwach. Sie tanzen nach der Pfeife anderer und es ist wahrscheinlich, dass Ihre Pläne im Sande verlaufen oder unterbrochen werden. Nehmen Sie Störungen in Kauf und planen Sie entsprechend.
- **Mond in Ihrem Mondzeichen:** Ihre Emotionen fließen frei. Ihre Gefühle könnten leichter verletzt werden als gewöhnlich, aber Sie sind auch aufmerksamer für emotionale Feinheiten und unbewusste Motivationen. Hören Sie auf Ihre Intuition.
- **Mondfinsternis:** Am Ende des Mondzyklus steht der Mond so nah zur Sonne, dass er unsichtbar ist. Während dieser Zeit ist die Energie schwach. Versuche, neue Unternehmungen zu starten, enden in Frustration, und oft tritt Hoffnungslosigkeit zu Tage. Statt sich in einem fruchtlosen Versuch, Ereignisse zu beeinflussen, zu verausgaben, verfeinern Sie die Aktivitäten, die kurz vor ihrem Abschluss stehen, ziehen Sie das große Ganze in Betracht und schlafen Sie viel, mit dem sicheren Wissen, dass der Neumond einen frischen Start bedeutet.
- **Neumond:** Wünschen Sie sich etwas, setzen Sie sich Ziele, beginnen Sie neue Projekte.

Die Leere vermeiden

Stellen Sie sich Folgendes vor: Der Mond geht in ein neues Zeichen über – sagen wir den Stier – und beginnt, sich mit Planeten zu verbinden. Am Abend steht er in Konjunktion zu Jupiter (ein spektakuläres Schauspiel), einige Minuten später formt er ein Trigon zu Venus, steht am nächsten Morgen im Quadrat zur Sonne und zur Mittagszeit in Opposition zu Mars, während *Gute Zeiten, Schlechte Zeiten* formt er eine Konjunktion zu Saturn und am nächsten Nachmittag ein Sextil zu Merkur. Danach ... nichts: Keine wichtigen Aspekte mehr. Eine Stunde später tritt er in die Zwillinge ein und der Prozess beginnt erneut.

Diese Spanne, zwischen dem letzten wichtigen Aspekt des Mondes in einem Zeichen und seinem Eintritt in das nächste, kann von ein paar Sekunden bis zu einem Tag oder länger dauern. Während dieser Zeit spricht man davon, dass der Mond im *Leerlauf* ist. Wenn das Wort »leer« Sie nervös macht, spüren Sie das Problem. Wenn der Mond im Leerlauf ist, fallen die Dinge auseinander und das Urteilsvermögen versagt. Obwohl gewöhnliche Aktivitäten nicht betroffen sind, neigen während dieser Zeit getroffene Geschäftsabschlüsse dazu, auseinanderzubrechen, und große Entscheidungen stellen sich als falsch heraus.

Normalerweise wird für die Zeit, in der der Mond im Leerlauf ist, geraten, wichtige Dinge (wie z.B. Geschäftsabschlüsse, Heiraten oder eine Wahlkampagne) zu verschieben. Aber lassen Sie uns realistisch bleiben: Sie müssten unnatürlich aufmerksam sein, um so zu leben. Der Mond geht etwa alle zwei Tage in den Leerlauf, und sich regelmäßig den Kopf darüber zu zerbrechen, wäre wahnsinnig. Tatsächlich habe ich nie auf die ganze Sache geachtet, bis ein Verleger mich aus dem Blauen heraus anrief, mich bat, ein Buch zu einem Thema zu schreiben, das ich liebe und ein Treffen verlangte. Ich stimmte der vorgeschlagenen Zeit zu, obwohl der Mond im Leerlauf war. Das Treffen hätte nicht aufregender sein können. Wir begannen perfekt, waren uns über alles absolut einig und stimmten den Bedingungen begeistert zu. Aber das Projekt löste sich in Luft auf. Wäre es anders gekommen, wenn ich das Treffen für eine andere Zeit geplant hätte? Vielleicht nicht. Aber nach dieser Enttäuschung begann ich, auf den Mond im Leerlauf zu achten und habe festgestellt, dass er tatsächlich einen Einfluss hat.

Dennoch, meistens ignoriere ich ihn. Aber wenn ich ein neues Projekt starte, an dem mir etwas liegt, eine wichtige Besprechung oder ein Ereignis plane, oder einen größeren Kauf tätige (Autos und Haushaltsgeräte zählen, Taschenbücher nicht), werfe ich einen Blick in meinen praktischen Mondkalender und vermeide – wenn möglich – den Leerlauf.

Teil VI

Teil der Zehner

»Wollten Sie einen vedischen oder nicht-vedischen Tisch?«

In diesem Teil...

Denken Sie an die Astrologie als einen Kontinent des Wissens. Teile davon sind groß und dicht bevölkert, aufgebaut auf Jahrhunderte des gesammelten Wissens. Andere Teile sind relativ unerforscht, entweder, weil sie soweit entfernt liegen, aus der Mode (wie die arabischen Punkte), schwer zu meistern (wie die Vedische Astrologie) oder so neu sind, dass sie noch nicht voll verstanden werden. Diese verschiedenen Ansätze und Einzelteile des Wissens sind zwar nicht wichtig, um ein Geburtshoroskop verstehen zu können, aber sie können faszinierend sein.

Wenn Sie sich nur für das ABC der Astrologie interessieren, können Sie diesen Teil gerne überschlagen. Aber wenn Sie sich außerhalb der üblichen Touristenorte umsehen wollen, sind Sie hier an der richtigen Stelle.

Zehn Wege, um ein Geburtshoroskop komplizierter zu machen

16

In diesem Kapitel

- Chiron einbeziehen
- Die anderen Asteroiden
- Ein Blick auf die Fixsterne
- Die Mondknoten erklären
- Halbsummen berechnen
- Den Glückspunkt berechnen
- Die anderen arabischen Punkte erforschen
- Die Nebenaspekte
- Die Würde der Planeten
- Die sabischen Symbole

Bei den meisten Menschen enthüllt das Geburtshoroskop die wichtigsten Informationen zu ihrem Charakter. Aber es gibt immer etwas, das scheinbar nicht erklärt werden kann. Ob es ein Vorfall aus der Vergangenheit ist, eine besondere Gewohnheit oder ein heimlicher Wunsch, den Sie besser verstehen wollen, die Methoden in diesem Kapitel können etwas Licht auf genau die Art von Mysterien werfen.

Chiron

Ist es ein Asteroid? Ein ausgebrannter Komet? Ein winziger Planet? Oder ein abtrünniger Mond von Neptun, der vor langer Zeit aus seiner ursprünglichen Umlaufbahn ausgebrochen ist? Seit dem 1. November 1977, als der Wissenschaftler Charles Kowal Chiron entdeckte, der sich zwischen den Umlaufbahnen von Saturn und Uranus um die Sonne bewegte, diskutieren Astronomen und Astrologen fortwährend über seine Natur. Viel kleiner als jeder Planet (sein Durchmesser wird auf 320 Kilometer geschätzt) hat Chiron eine seltsame Umlaufbahn. Deshalb verbringt er mehr Zeit in einigen Zeichen (Fische, Widder und Stier) als in anderen (Jungfrau, Waage und Skorpion). Eine komplette Reise durch alle zwölf Zeichen des Tierkreises dauert 51 Jahre.

In der Mythologie war Chiron ein weiser und engagierter Lehrer, zu dessen Studenten Herkules, Achilles und Iason gehörten. Eines Tages wurde Chiron versehentlich von einem vergifteten Pfeil des Herkules gestreift. Der Schmerz war so groß, dass er sterben wollte. Aber Chiron war unsterblich. Deshalb war er gezwungen, mit dem Schmerz zu leben. Er wurde Experte in der Kunst des Heilens (und gab sein Wissen an Asklepius, den Sohn des Apollo, weiter. Unter Chirons Führung wurde Asklepius ein derart brillanter Arzt, dass er einmal einen Körper ins Leben zurückbrachte, weshalb Zeus ihn mit einem Donnerschlag tötete. Aber das ist eine Geschichte für einen anderen Tag ...). Trotz all seines Wissens und seiner Techniken, konnte Chiron seinen Schmerz nicht heilen. Aber er fand letztendlich doch eine Lösung. Nach einer Verhandlung mit Zeus vererbte er seine Unsterblichkeit an Prometheus (der den Menschen das Feuer gab und dafür hart bestraft worden war). So wurde Prometheus in die Gesellschaft der Götter aufgenommen und Chiron durfte mit großer Erleichterung in die Unterwelt reisen, seine körperlichen Schmerzen loslassen und seinen Wohnsitz in Hades aufnehmen. Er ist im Sternbild des Centaurus verewigt.

Astrologen sind von dieser unwiderstehlichen Geschichte verzaubert, die in vielen Versionen existiert. In den Jahren, die seiner Entdeckung folgten, waren nur wenige Anhänger mutig genug, Chiron in Geburtshoroskope aufzunehmen. Das hat sich geändert. Heute wird Chiron häufig herbeigerufen – aber nur wenig verstanden. Er wird normalerweise als der verletzte Heilende bezeichnet, und Astrologen sehen ihn als Punkt des Schmerzes – als einen Bereich, in dem Sie gelitten haben oder enttäuscht wurden, in dem die Karten gegen Sie standen und in dem Sie Heilung und Lösung finden müssen.

Aber der astrologische Chiron ist wie die mystische Figur mehr als ein Opfer und Heiler. Als Lehrer war Chiron für seine Weisheit und seine lehrenden Fähigkeiten bekannt. Die Astrologin Zipporah Dobyns, Ph.D., verbindet Chiron mit dem Sternbild des Schützen und vermutet, dass er nicht nur die Suche nach Wissen verkörpert, sondern auch den Impuls, dieses Wissen mit anderen zu teilen.

Chiron in Ihrem Horoskop

Chiron ist klein, weit entfernt und ohne Teleskop nicht erkennbar. Er ist vorherrschend in Ihrem Horoskop, wenn

- ✔ er einen Winkel besetzt (und besonders wenn er in Konjunktion oder Opposition zu Ihrem Aszendenten oder Ihrer Himmelsmitte steht).
- ✔ er einen engen Aspekt zu Ihrer Sonne, Ihrem Mond oder dem Planeten bildet, der Ihren Aszendenten regiert.

Um Chirons Stellung in Ihrem Horoskop zu bestimmen, blättern Sie zu Anhang B oder gehen Sie ins Internet. Die meisten professionell erstellten Horoskope beinhalten auch Chirons Position.

⚷ Das Symbol für Chiron sieht aus wie der Buchstabe K, der auf einem Kreis oder einem Oval balanciert. Es ähnelt einem altmodischen Schlüssel.

Chiron in den Zeichen

Chiron verweilt etwas über vier Jahre in jedem Zeichen. Daher weist er auf einen wichtigen Bereich sowohl für Sie als auch für die Mitglieder Ihrer unmittelbaren Generation hin.

- ✔ **Chiron im Widder:** Ihre Bemühungen, Ihre Persönlichkeit auszudrücken, sind vereitelt worden. Es fällt Ihnen nicht leicht, die Initiative zu ergreifen. Den Mut zu finden, dies zu tun, ist der einzige Weg, um Ihre Ängste und Gefühle der Minderwertigkeit zu überwinden. Beispiele: Steffi Graf, Claudia Schiffer, Konrad Adenauer.
- ✔ **Chiron im Stier:** Stabilität und finanzielle Sicherheit sind schwer zu fassen, aber Sie sehnen sich danach. Um Ihren Wunsch nach materiellen Besitztümern und finanzieller Sicherheit in die richtige Perspektive zu setzen, müssen Sie Ihre tieferen Werte verfolgen. Beispiele: Anne Frank, Boris Jelzin, Helmut Kohl.
- ✔ **Chiron in den Zwillingen:** Ihre Ideen mitzuteilen ist eine Herausforderung und Sie fühlen sich möglicherweise intellektuell minderwertig. Die Suche nach Wissen und das Agieren als Lehrer ermöglicht es Ihnen, diesen Schmerz zu heilen. Beispiele: der Marquis de Sade, Norbert Blüm, Udo Jürgens.
- ✔ **Chiron im Krebs:** Die Familie ist Ihnen sehr wichtig, aber Ihr häusliches Leben, besonders als Kind, könnte von Schmerz beladen sein. Es funktioniert nicht, wenn Sie sich an andere klammern, um Ihren Schmerz zu lindern. Erleichterung kommt durch den bewussten Versuch, eine emotional unterstützende Umgebung aufzubauen. Beispiele: Francis Ford Coppola, Romy Schneider, Joyce Carol Oates.
- ✔ **Chiron im Löwen:** Sie haben während Ihrer Kindheit nicht die Aufmerksamkeit bekommen, nach der Sie sich sehnten und deshalb zweifeln Sie möglicherweise Ihre Talente an. Kreativer Ausdruck hilft, den Schmerz zu heilen. Schauspielerei und Lehrberufe sind besonders günstig. Beispiele: Mae West, Elke Sommer, Erica Jong.
- ✔ **Chiron in der Jungfrau:** Sie sind mit extrem strengen Regeln groß geworden. Deshalb haben Sie mit Ängstlichkeit zu kämpfen. Es ist wichtig, lockerer zu werden. Suchen Sie Erlösung, indem Sie sich auf Wellness konzentrieren, anderen dienen, ohne sich selbst zu opfern, oder ein Handwerk erlernen, in dem Ihre Besessenheit belohnt wird. Beispiele: Rainer Werner Fassbinder, Oskar Maria Graf, Robert DeNiro.
- ✔ **Chiron in der Waage:** Beziehungen sind für Ihr Wohlbefinden sehr wichtig, aber zutiefst enttäuschend. Sie sollten Beziehungen suchen, die auf Gleichheit basieren. Der Schlüssel liegt darin, die Liebe mit der objektiven Realität auszubalancieren. Sie können außerdem Heilung durch die Kunst finden. Beispiele: Goethe, Rita Mae Brown, Mia Farrow.
- ✔ **Chiron im Skorpion:** Sie sehnen sich nach Liebe, Leidenschaft und phänomenalem Sex. Aber Ihr Hang zu Heimlichtuerei und Ihre tief sitzende Angst vor Zurückweisung machen es schwer, Ihre

Wünsche zu erreichen. Sie können Heilung finden, wenn Sie in Ihre Trauer eintauchen und sie verarbeiten. Wissen ist Macht. Ziehen Sie eine Psychotherapie oder jede andere Form der Selbsterkenntnis in Betracht. Beispiele: Rudolf Scharping, Steven Spielberg, Prinz Charles.

- **Chiron im Schützen:** Was ist der Sinn des Lebens? Die traditionellen Antworten lassen Sie mit einem Gefühl der Frustration und Einsamkeit zurück. Aber Ihr fragender Geist will es wissen. Eine persönliche Suche lindert den Schmerz. Beispiele: Meryl Streep, Alfred Hitchcock, Wolfgang Amadeus Mozart.
- **Chiron im Steinbock:** In Ihrem Herzen sehnen Sie sich nach Erfolg. Sie folgen den Regeln, aber diese lassen Sie fallen. Sie können Heilung finden, wenn Sie sich von der starren Statusdefinition der Gesellschaft abwenden und ein inneres Gefühl dafür bekommen, was wirklich wichtig ist. Beispiele: Cary Grant, Marlene Dietrich, Ilja Richter.
- **Chiron im Wassermann:** Was ist eigentlich mit den Menschen los? Ihnen sind die Auswirkungen von ethnischen Unterschieden, sozialen Ungerechtigkeiten und Isolation traurig bewusst – Gefühle, die Sie teilen. Diese Ungerechtigkeiten anzugehen kann Ihr Leben auf den Kopf stellen. Beispiele: Bill Gates, Herbert Grönemeyer, Charles Dickens.
- **Chiron in den Fischen:** Die Fische sind das Zeichen des Mitgefühls, der Sensibilität und des Opfers. Aber Sie bemerken, dass viele Menschen diesen Eigenschaften gegenüber zwar Lippenbekenntnisse ablegen, ohne sie tatsächlich zu praktizieren. Ihre Mission: Die Trauer zu sehen und das Richtige zu tun. Eine spirituelle Grundlage zu finden lindert den Schmerz und bringt Ihnen Kraft. Beispiele: Mutter Teresa, Boris Becker, Michael J. Fox.

Asteroiden

Asteroiden sind so zahlreich, dass Astronomen sie als die »Parasiten des Himmels« bezeichnen. Es gibt eine Million dieser kleinen Himmelskörper, von denen aber nur etwa ein Prozent den Namen und die Nummer erhalten haben, die eine offizielle Anerkennung kennzeichnen. Vater Giuseppi Piazzi, ein Mönch, der auch Direktor eines italienischen Observatoriums war, entdeckte den ersten Asteroiden am Neujahrstag des Jahres 1801. Er nannte ihn Ceres, nach der römischen Göttin des Getreides. Innerhalb der nächsten sechs Jahre entdeckten andere Astronomen Pallas, Juno und Vesta. In den 70er und 80er Jahren, als u.a. die Astrologen Eleanor Bach und Demetra George ihre Aufmerksamkeit auf Asteroiden legten, begannen sie ihre Untersuchungen natürlich mit diesen vier. Folgende Bedeutung wird den vier Asteroiden zugestanden:

- **Ceres:** Verehrt als Göttin des Getreides ist ihr griechisches Pendant, Demeter, als Mutter der Persephone berühmt geworden. Daher repräsentiert Ceres alles, was mit Müttern zu tun hat – von Ihrer eigenen Mutter bis zu Ihren Bemühungen, andere Menschen zu bemuttern.

⚳ Das Symbol für den Asteroid Ceres sieht aus wie ein Hirtenstab oder wie ein umgekehrtes C auf einem Kreuz.

- **Pallas:** Benannt nach Pallas Athene, der Kriegerin, die voll ausgewachsen der Stirn des Zeus entsprang, steht Pallas für Weisheit, die Künste, Intelligenz und berufliche Erfolge.

  Das Symbol für den Asteroid Pallas ist eine Raute auf einem Kreuz.

- **Juno:** Juno entspricht der griechischen Göttin Hera, der Frau des Zeus und Königin der Götter, und repräsentiert Beziehungen.

  Das Symbol für den Asteroid Juno ist ein Stern auf einem Kreuz.

- **Vesta:** Von allen klassischen Göttinnen war Vesta, die Göttin des Herdes, die bescheidenste. Sie steht für Arbeit und Treue.

  Das Symbol für den Asteroid Vesta zeigt die ewige Flamme, die von ihren Anhängern, den Jungfrauen der Vesta, in ihrem Tempel in Rom erhalten wird.

Wenn Sie wissen wollen, wo sich diese Asteroiden in Ihrem Geburtshoroskop befinden, besorgen Sie sich Demetra Georges *Buch der Asteroiden*. Zusätzlich zur detaillierten Interpretation von Ceres, Pallas, Juno und Vesta finden Sie in diesem Buch auch ihre jeweiligen Positionen zusammen mit denen von einem Dutzend weiterer nach Figuren der Mythologie benannter Asteroiden: Psyche, Eros, Lilith, Toro, Sappho, Amor, Pandora, Ikarus, Diana, Hidalgo, Urania und Chiron.

Asteroiden ersetzen oder widerlegen nicht die Bedeutung der Planeten. Aber sie sind faszinierend, unterhaltsam und auf eine seltsame Art und Weise persönlich. Denn während sie durch das Weltall hüpfen – mit ihrer derart geringen Größe, dass alle von ihnen zusammen nur 1/2000 der Masse der Erde ausmachen – haben sie eine Eigenschaft, die den Sternen und Planeten fehlt: sie haben gewöhnliche menschliche Namen, wie Sie und ich.

Ein Asteroid mit Ihrem Namen

In Einklang mit der Tradition suchten die Wissenschaftler, die ursprünglich mit der Namengebung für die Asteroiden betraut waren, in der klassischen Mythologie nach Inspiration. Aber die Asteroiden sind so zahlreich, dass sie schließlich keine Namen mehr in der Mythologie fanden. Deshalb benannten sie ihre Entdeckungen nach berühmten Menschen wie Jesse Owens (Asteroid 6.758), Ben Franklin (5.102) und Stanley Kubrick (10.221), Phantasiefiguren wie Don Quichote (3.552) und Mr. Spock (2.309) und vor allem nach Menschen, die sie kennen, Menschen mit Namen wie Alex und Amanda, Brown und Bernstein.

Und hier kommen Sie ins Spiel. Wie auch immer Ihr Name ist, die Chancen stehen gut, dass ein Asteroid ihn teilt. Es ist wahr, dass einige weit verbreitete Namen unerklärlicherweise fehlen

(John, Michael und William, z.B. sind nicht zu finden, aber Johnny, Michel und Williams sind schon vorhanden). Aber mit über 10.000 benannten Asteroiden derzeit ist die Liste enorm groß.

Natürlich mag es kein besonders angenehmer Gedanke sein, dass es einen umlaufenden Stein da draußen mit Ihrem Namen gibt. Aber wenn Sie seine Stellung in Ihrem Geburtshoroskop kennen, kann dies ein interessantes Licht auf Ihren Lebenszweck werfen. So können Sie die genaue Position von Asteroiden mit den Namen der Menschen, die Ihnen wichtig sind, lokalisieren:

Gehen Sie zu `www.astrodienst.ch`. Nachdem Sie Ihre Geburtsdaten eingegeben haben, können Sie die Seite »erweiterte Grafikauswahl« aufrufen. Dort finden Sie unten den Punkt »beliebigen Asteroiden dazu«, hier müssen Sie die Nummer des Asteroiden eingeben, der in Ihrer Horoskopgrafik erscheinen soll. Eine Liste der Asteroiden nach Namen und Nummern ist auf Klick verfügbar.

Oder besuchen Sie `www.asteroids.com`. Hier können Sie sich vom amerikanischen Astrologen Jacob Schwarz, Ph.D., für 35 US-Dollar ein Geburtshoroskop mit acht Asteroiden Ihrer Wahl oder eine 50-Jahre-Ephemeride mit ihren jeweiligen Positionen für 15 US-Dollar anfertigen lassen. Außerdem finden Sie eine Liste aller benannten Asteroiden und ihrer Nummern.

Ich habe festgestellt, dass der Asteroid mit dem Namen meiner Mutter innerhalb von zwei Grad meiner Geburtssonne steht, der Asteroid mit dem Namen meines Vaters innerhalb von zwei Grad meines herrschenden Planeten und der Asteroid, dessen Name meinem am nächsten kommt (leider ist Rae nicht aufgelistet), im dritten Haus des Schreibens zu finden ist. Sogar der Asteroid, der den Namen meines Partners teilt, war am richtigen Platz (im fünften Haus der Liebe, in Konjunktion zum Herrscher meines Hauses der Ehe). So fühlte ich mich in Bezug auf meine Berufung, meine Familie und mein Liebesleben bestätigt.

Die Fixsterne

In der fernen Vergangenheit, lange bevor die Zeichen identifiziert wurden, beobachteten die Menschen die Sterne und wiesen ihnen spezielle Bedeutungen zu. Die Planeten waren zweitrangig. Aber das änderte sich, als die altertümlichen Beobachter, fasziniert vom prächtigen Tanz der Planeten neben den Konstellationen, sich mehr für die Teile des Kosmos zu interessieren begannen, die in ständiger Bewegung waren. Unter Astrologen herrschten die Planeten. Die Sterne – »fix« genannt, weil sie im Gegensatz zu den Planeten feststehend schienen – wurden unbedeutend.

Heute sind die Fixsterne im Großen und Ganzen aus der Mode. Schließlich sind sie unglaublich weit entfernt. Der nächste Stern im Tierkreis – ein unbedeutender roter Zwerg im Löwen – ist 7,6 Lichtjahre entfernt, was bedeutet, dass Sie, wenn Sie jetzt in Lichtgeschwindigkeit losreisten, erst in siebeneinhalb Jahren dort ankämen. Und sie sind unvorstellbar zahlreich. Unsere Galaxie allein umfasst 200 Milliarden Sterne, von denen nur etwa 6.000 für das bloße Auge sichtbar sind. Wie entscheiden Sie also, welche Sterne Sie in Betracht ziehen und welche Sie ignorieren sollen? Es ist leichter, sie alle vom Tisch zu fegen und bei Sonne, Mond und Planeten zu bleiben.

Dennoch glauben einige Astrologen, dass die Fixsterne unterbewertet sind. Sie argumentieren, dass ein Fixstern alles, was er berührt, mit seiner eigenen Essenz würzt und dass es falsch ist, dies zu ignorieren. Das gilt besonders, so scheint es mir, für die hellen Sterne, die den Tierkreis beleuchten: Sterne wie Antares, ein rötlicher Stern, der wie das Herz des Skorpions aussieht, oder Aldebaron im Stier, der das Auge des Stiers markiert.

Mit der Zeit verschieben sich die Konstellationen des Tierkreises langsam in Relation zur Position der Erde, ein Phänomen, das als *Präzession der Tagundnachtgleiche* bekannt ist (siehe Kapitel 1). Das Ergebnis ist, dass Tierkreiszeichen und Konstellationen nicht in einer Linie stehen. Seien Sie also nicht überrascht, wenn Sie z.B. ein Krebs sind und sich herausstellt, dass Ihre Sonne in Konjunktion mit Castor oder Pollux stehen, den zwei hellsten Sternen in der Konstellation Zwillinge. Kosmische Arithmetik ist kompliziert. Und trotz Ihrer Namen bewegen sich auch Fixsterne ein wenig.

Es gibt natürlich überall am Himmel helle Sterne. Ich habe die hellen Sterne ignoriert, die nicht innerhalb des Tierkreises stehen – Sterne wie Sirius, dem hellsten Stern am Himmel, die glänzenden Sterne der Konstellation Orion und auch die Sterne des Großen Bären. Die Sterne in Tabelle 16.1 können alle im Tierkreis gefunden werden, im gleichen Teil des Himmels, in dem die Planeten stehen.

Stern	Standort	Einfluss
Aldebaron	9° 30' Zwillinge	Macht und Erfolg, mit Problemen der Integrität
El Nath	22° 17' Zwillinge	Glück, erweckt jedoch Probleme mit Krieg, Frieden und Waffen – buchstäblich und metaphorisch
Castor	19° 58' Krebs	Höchst intelligent, kultiviert, höflich, Aussöhnung von Gegensätzen ist ein Problem
Pollux	22° 57' Krebs	Lebhaft, hastig, manipulierend, möglicherweise grausam, wie bei Castor Aussöhnung von Gegensätzen
Regulus	29° 33' Löwe	Ehrgeizig und mit viel Glück, Racheprobleme tauchen auf
Spica	23° 33' Waage	Brillant und begabt
Antares	9° 19' Schütze	Neigt zu Extremen, sucht Spannung, bringt Humor und Talent für Sprachen

Tabelle 16.1: Die hellsten Fixsterne im Tierkreis

Hinweis: Die angegebene Position für jeden Fixstern gilt für das Jahr 1980. Wenn Sie in einem anderen Jahr geboren wurden und pingelig sind, wenn es um Zahlen geht, müssen Sie eine Anpassung von etwa 50 Sekunden pro Jahr vornehmen. Das ist weniger als eine Minute pro Jahr. (Subtrahieren Sie, wenn Sie vor 1980 geboren sind, addieren Sie, wenn Sie später geboren sind.) Aber etwas genauer: Warum sich die Mühe machen? Die Fixsterne bewegen sich extrem langsam. Im Verlauf eines Jahrhunderts bewegen sie sich weniger als anderthalb Grad. Für die meisten Zwecke sind die Zahlen in dieser Tabelle genau genug.

Interessieren Sie sich für Interpretationen dieser und über hundert anderer Fixsterne? Hier können Sie nachschlagen:

- Das klassische Buch für diesen Bereich, das 1923 geschrieben wurde, ist *Fixsterne* von Vivian E. Robson (Hugendubel). Aber seien Sie nicht überrascht, dass Skandale, Schande, Schiffbrüche, jede Menge Erblindung, Gefahr von Reptilien und Tod durch Gift, Enthauptung, Ertrinken, Erhängen, Erstechen oder königlichem Erlass, ganz zu schweigen von der Gefahr des Alleinseins im Wald, vorhergesagt werden. Nehmen Sie es mit einer Prise Humor. Dieses Buch wird nicht mehr gedruckt, aber vielleicht können Sie es in einer Bibliothek finden.
- *Die Bedeutung der Fixsterne* von Reinhold Ebertin (Ebertin-Verlag) bietet eine Menge Informationen zu diesem Thema.
- Gehen Sie zu `www.winshop.com.au/annew/`, wo die Astrologin Anne Wright Ihnen alles erzählt, was Sie je über die Fixsterne wissen wollten (und mehr). Lassen Sie sich nicht von den wissenschaftlichen Ausführungen entmutigen. Klikken Sie auf den Link für die benannten Fixsterne, die in der Reihenfolge von Widder bis Fische aufgelistet sind und lesen Sie alles über sie.

Die Mondknoten

Asteroiden sind klein, Fixsterne sind weit entfernt, aber zumindest sind diese Himmelskörper real. Dank der großartigen Erforschungen des Weltalls durch die NASA haben wir sogar Fotos von ihnen. Also habe ich kein Problem, diese in ein Horoskop aufzunehmen. Aber die Mondknoten existieren (wie die arabischen Punkte und Halbsummen, die später in diesem Kapitel dargestellt werden) nicht tatsächlich. Sie könnten durch ein professionelles Teleskop in Richtung Mondknoten schauen und würden nichts sehen. Dennoch verfügen die Mondknoten, die zwei sensible Grade in Ihrem Geburtshoroskop besetzen, über eine Bedeutung, die manche Astrologen als den wichtigsten Teil des Horoskops betrachten.

Die *Mondknoten* sind die Punkte, an denen die Umlaufbahn des Mondes die Ekliptik – den scheinbaren Pfad der Sonne – schneidet. Der nördliche Mondknoten ist der Punkt, an dem der Mond über die Ekliptik steigt, der südliche Mondknoten ist der Punkt, an dem der Mond darunter sinkt. Die Mondknoten bewegen sich langsam rückwärts durch den Tierkreis, verbringen etwa anderthalb Jahre in jedem Zeichen und reisen in etwa 19 Jahren durch den gesamten Tierkreis.

Obwohl Astrologen seit langer Zeit über die Bedeutung und Wichtigkeit der Mondknoten debattieren, sind sie sich im Wesentlichen einig, dass der nördliche Knoten oder *Drachenkopf* den Weg zur Erfüllung beleuchtet, indem er die positiven, aber schweren Optionen symbolisiert, von denen der Mensch am meisten profitiert. Im Gegensatz dazu steht der südliche Knoten oder der *Drachenschwanz* für den leichten Ausweg, den Weg des geringsten Widerstands. Astrologen des Mittelalters wiesen dem nördlichen Mondknoten Jupiter, den Planeten des Glücks, zu und nannten ihn den Punkt des Jupiter. Der südliche Mondknoten wurde mit Saturn in Verbindung verbracht, dem Planeten der Einschränkung, und Punkt des Saturn genannt. Moderne Astrologen verwenden diese Begriffe nicht mehr, aber sie haben die Ideen dahinter nicht verworfen.

- ✔ Der südliche Mondknoten symbolisiert karmische Muster und Gewohnheiten, die in vorherigen Leben angenommen wurden. Die gewohnten Reaktionen bringen Ihnen nichts mehr, aber es ist leicht, auf sie zurückzufallen, weil der südliche Mondknoten Veränderungen widersteht. Verführerisch, wie eine alte Gewohnheit sein kann, bittet der südliche Mondknoten Sie, noch einmal Ihren gut ausgetretenen Gartenpfad entlang zu schlendern.
- ✔ Der nördliche Mondknoten dagegen steht für einen Punkt der Erweiterung und des persönlichen Wachstums. Weit entfernt, aber voller Versprechungen, glänzt er am fernen Horizont und inspiriert Sie, sich in seine Richtung zu bewegen.

☊ Der nördliche Mondknoten, auch als Drachenkopf bekannt, steht für den Aufstieg des Mondes über die Ekliptik und in das Bewusstsein.

☋ Der südliche Mondknoten, auch als Drachenschwanz bekannt, steht immer genau 180° vom nördlichen Mondknoten entfernt. Er steht für die Reise des Mondes unter die Ekliptik und in die Vergangenheit.

Um die Position Ihrer Mondknoten zu bestimmen, blättern Sie zu Anhang B.

Die Mondknoten in den Häusern

Für eine Interpretation der Mondknoten sind ihre Positionen in den Zeichen, die Aspekte, die sie bilden, vor allem aber ihre Positionen in den Häusern wichtig.

- ✔ **Nördlicher Mondknoten im ersten Haus/südlicher Mondknoten im siebten Haus:** Sie finden Erfüllung, wenn Sie Ihre Persönlichkeit aktiv ausdrücken. Sie stehen still, wenn Sie Ihre Kraft an andere vergeben und zu abhängig werden (besonders von einem Ehepartner).
- ✔ **Nördlicher Mondknoten im zweiten Haus/südlicher Mondknoten im achten Haus:** Es bringt Ihnen Erfüllung, finanzielle Sicherheit durch Ihre eigenen Bemühungen und in Einklang mit Ihren Kernwerten zu suchen. Wenn Sie sich darauf verlassen, dass andere sich um Sie kümmern, auch durch eine Erbschaft, bringt dies Enttäuschung, ebenso wie Beziehungen, die nur auf Sex basieren.
- ✔ **Nördlicher Mondknoten im dritten Haus/südlicher Mondknoten im neunten Haus:** Das Sammeln von Informationen und ihr Nutzen für konkrete Zwecke bringt Erfüllung. Frustration erfahren Sie, wenn Sie sich einen ständigen Platz im luftigen Reich der Akademien einrichten. Vorteilhaft sind Lehrberufe in der Grundschule und Journalismus, philosophische und religiöse Gedankengänge sind es nicht, auch wenn Sie diese genießen.
- ✔ **Nördlicher Mondknoten im vierten Haus/südlicher Mondknoten im zehnten Haus:** Sie finden Erfüllung in der Familie, Tradition und einem nach innen gekehrten Leben. Erwarten Sie keine Erfüllung von der Außenwelt. Obwohl Sie vielleicht Erfolg in einer Karriere finden, kommt Ihre größte Freude aus der Berührung mit Ihren Wurzeln.

- **Nördlicher Mondknoten im fünften Haus/südlicher Mondknoten im elften Haus:** Liebe, Kinder und kreativer Ausdruck erweitern Ihr Bewusstsein. Seien Sie vorsichtig mit sinnloser Gesellschaft, da Sie Ihre Seele in dem geselligen Wirbel verlieren können. Spirituell gesehen führen Gruppenaktivitäten Sie nirgendwo hin.
- **Nördlicher Mondknoten im sechsten Haus/südlicher Mondknoten im zwölften Haus:** Ein zufriedenstellender Beruf ist sehr wichtig für Ihre persönliche Entwicklung, ebenso wie eine positive Einstellung zur Gesundheit. Einsamkeit und Fluchtverhalten schränken Sie ein: Seien Sie kein Einsiedler.
- **Nördlicher Mondknoten im siebten Haus/südlicher Mondknoten im ersten Haus:** Es bringt Ihnen Vorteile, die Herausforderung einer Beziehung anzunehmen und ein ebenbürtiger Partner zu werden. Zusammenarbeit beschleunigt Ihr Fortkommen. Die Konzentration auf persönliche oder egoistische Motive verlangsamt Sie.
- **Nördlicher Mondknoten im achten Haus/südlicher Mondknoten im zweiten Haus:** Sie legen zu viel Wert auf die Bedeutung von Geld und materieller Sicherheit. Stattdessen sollten Sie nach Gelegenheiten zur Zusammenarbeit und intimen Verbindungen zu anderen suchen.
- **Nördlicher Mondknoten im neunten Haus/südlicher Mondknoten im dritten Haus:** Sie tendieren dazu, lieber Fakten als Ideen zu sammeln, hektisch herumzulaufen und zu tratschen. Erweitern Sie Ihren Horizont, indem Sie große Ideen und Philosophien verfolgen. Verlieren Sie sich nicht in Kleinigkeiten. Erweitern Sie Ihren Geist.
- **Nördlicher Mondknoten im zehnten Haus/südlicher Mondknoten im vierten Haus:** Obwohl es Ihnen vielleicht Angst macht, sehnen Sie sich nach öffentlicher Anerkennung. Das Verfolgen Ihrer Karriere bringt Ihnen großes persönliches Wachstum. Sich Ihrem Heim und Ihrer Familie zu verschreiben mag Ihnen zwar reizvoll erscheinen, bringt Ihnen aber nichts. Bleiben Sie nicht zu Hause.
- **Nördlicher Mondknoten im elften Haus/südlicher Mondknoten im fünften Haus:** Ihre Tendenz, sich auf Liebesaffären, persönliche Freuden und Kinder zu konzentrieren, schränkt Ihre Entwicklung ein. Sehen Sie das größere Bild. Tun Sie sich mit anderen für einen guten Zweck zusammen: werden Sie politisch, entwickeln Sie ein soziales Gewissen.
- **Nördlicher Mondknoten im zwölften Haus/südlicher Mondknoten im sechsten Haus:** Arbeit läuft Ihnen über den Weg, droht Sie aber zu überwältigen. Büromachenschaften schwächen Ihre Energie. Einsamkeit, Yoga und die Suche nach spiritueller Transzendenz stärken Sie. Seien Sie kein Workaholic. Und vergessen Sie nicht, zu meditieren.

Wenn Sie sich in Bezug auf Ihre Geburtszeit nicht sicher sind, werden Sie die Häuserstellung Ihrer Mondknoten nicht kennen. In diesem Fall lesen Sie die Stellung, die dem Zeichen entspricht. Das heißt, wenn Ihr nördlicher Mondknoten im Widder steht, lesen Sie die Beschreibung für den nördlichen Mondknoten im ersten Haus, ist Ihr nördlicher Mondknoten im Stier, lesen Sie die Beschreibung für den nördlichen Mondknoten im zweiten Haus usw.

Halbsummen

Die Idee hinter den Halbsummen ist, dass auf halbem Weg zwischen zwei Planeten – sagen wir, dem Mond und der Sonne oder Venus und Mars – ein Punkt ist, an dem ihr Einfluss kombiniert wird. Dieser Punkt ist sensibel genug, um auf Transite zu reagieren, in Vergleichshoroskopen aufzutauchen und in bestimmten Fällen mit anderen Planeten zu interagieren. Aber sie von Hand auszurechnen ist anstrengend. Diese Schritte geben Ihnen den einfachsten Weg dafür, am Beispiel der Sonne/Mond-Halbsumme:

1. **Schreiben Sie die Positionen Ihrer Sonne und Ihres Mondes auf.**

   Werfen Sie z.B. einen Blick auf das Horoskop von John Lennon in Abbildung 16.1. Er war eine Waage mit der Sonne bei 16° 16' Waage und dem Mond bei 3°32' Wassermann.

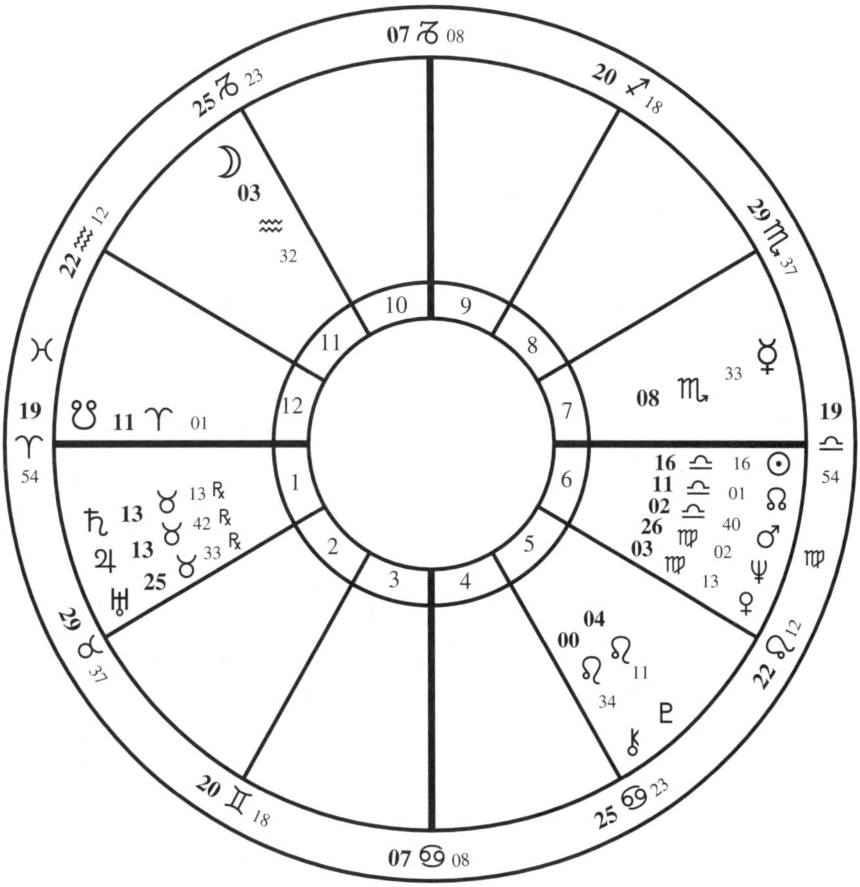

Abbildung 16.1: John Lennon, geboren am 9. Oktober 1940, um 18.30 Uhr in Liverpool, England

2. **Dann betrachten Sie Ihr Geburtshoroskop und schätzen Sie, wo die Halbsumme sein könnte.**

   Im Horoskop des ehemaligen Beatle steht die Sonne im sechsten Haus in der Waage und der Mond im elften Haus im Wassermann. Ein Punkt auf halbem Weg zwischen den beiden wird irgendwo zwischen diesen beiden Punkten liegen – vielleicht im achten oder neunten Haus, vielleicht im Schützen. Für den Moment ist das alles, was Sie wissen müssen. Halten Sie diesen Gedanken fest.

3. **Mit Hilfe von Tabelle 16.2 (der praktischen 360°-Umrechnungstabelle Halbsumme/arabischer Punkt) wandeln Sie die Positionen von Sonne und Mond in eine Zahl um, die ihren Abstand von 0° Widder widerspiegelt.**

   In dem Beispiel, das ich benutze, steht die Sonne bei 16°16' Waage, also ist die Zahl, die den Abstand von 0° Widder kennzeichnet 196°16'. Die entsprechende Zahl für den Mond bei 3°32' Wassermann ist 303°32'.

4. **Zählen Sie die umgewandelten Zahlen für Sonne und Mond zusammen.**

   John Lennons Gesamtsumme ist 499°48'.

5. **Teilen Sie diese Zahl durch zwei.**

   Jetzt müssen Sie eine Entscheidung treffen. Wenn Sie entscheiden, diese Zahl genau zu teilen (daran denkend, dass ein Grad gleich 60 Minuten ist), erhalten Sie 249°54'. Wenn Sie entscheiden, auf 500° aufzurunden, erhalten Sie 250°.

6. **Suchen Sie in der praktischen 360°-Umrechnungstabelle Halbsumme/arabischer Punkt nach dieser Zahl.**

   In Tabelle 16.2 sehen Sie, dass 250° 10° Schütze entspricht und dass 249°54' 9°54' Schütze entspricht. Sie haben John Lennons Sonne/Mond-Halbsumme gefunden. Beachten Sie auch, dass diese sich auf einem wichtigen Fixstern befindet.

Wenn Sie Ihre Sonne/Mond-Halbsumme haben, sehen Sie sich diese nach Zeichen, Haus und Aspekt an. Besonders wichtige Aspekte sind Konjunktionen oder Oppositionen zu einem anderen Planeten in Ihrem Horoskop.

1° ♈	1°	11° ♈	11°	21° ♈	21°	1° ♉	31°
2° ♈	2°	12° ♈	12°	22° ♈	22°	2° ♉	32°
3° ♈	3°	13° ♈	13°	23° ♈	23°	3° ♉	33°
4° ♈	4°	14° ♈	14°	24° ♈	24°	4° ♉	34°
5° ♈	5°	15° ♈	15°	25° ♈	25°	5° ♉	35°
6° ♈	6°	16° ♈	16°	26° ♈	26°	6° ♉	36°
7° ♈	7°	17° ♈	17°	27° ♈	27°	7° ♉	37°
8° ♈	8°	18° ♈	18°	28° ♈	28°	8° ♉	38°
9° ♈	9°	19° ♈	19°	29° ♈	29°	9° ♉	39°
10° ♈	10°	20° ♈	20°	30° ♈	30°	10° ♉	40°

11° ♉	41°	19° ♊	79°	27° ♋	117°	5° ♍	155°
12° ♉	42°	20° ♊	80°	28° ♋	118°	6° ♍	156°
13° ♉	43°	21° ♊	81°	29° ♋	119°	7° ♍	157°
14° ♉	44°	22° ♊	82°	30° ♋	120°	8° ♍	158°
15° ♉	45°	23° ♊	83°	1° ♌	121°	9° ♍	159°
16° ♉	46°	24° ♊	84°	2° ♌	122°	10° ♍	160°
17° ♉	47°	25° ♊	85°	3° ♌	123°	11° ♍	161°
18° ♉	48°	26° ♊	86°	4° ♌	124°	12° ♍	162°
19° ♉	49°	27° ♊	87°	5° ♌	125°	13° ♍	163°
20° ♉	50°	28° ♊	88°	6° ♌	126°	14° ♍	164°
21° ♉	51°	29° ♊	89°	7° ♌	127°	15° ♍	165°
22° ♉	52°	30° ♊	90°	8° ♌	128°	16° ♍	166°
23° ♉	53°	1° ♋	91°	9° ♌	129°	17° ♍	167°
24° ♉	54°	2° ♋	92°	10° ♌	130°	18° ♍	168°
25° ♉	55°	3° ♋	93°	11° ♌	131°	19° ♍	169°
26° ♉	56°	4° ♋	94°	12° ♌	132°	20° ♍	170°
27° ♉	57°	5° ♋	95°	13° ♌	133°	21° ♍	171°
28° ♉	58°	6° ♋	96°	14° ♌	134°	22° ♍	172°
29° ♉	59°	7° ♋	97°	15° ♌	135°	23° ♍	173°
30° ♉	60°	8° ♋	98°	16° ♌	136°	24° ♍	174°
1° ♊	61°	9° ♋	99°	17° ♌	137°	25° ♍	175°
2° ♊	62°	10° ♋	100°	18° ♌	138°	26° ♍	176°
3° ♊	63°	11° ♋	101°	19° ♌	139°	27° ♍	177°
4° ♊	64°	12° ♋	102°	20° ♌	140°	28° ♍	178°
5° ♊	65°	13° ♋	103°	21° ♌	141°	29° ♍	179°
6° ♊	66°	14° ♋	104°	22° ♌	142°	30° ♍	180°
7° ♊	67°	15° ♋	105°	23° ♌	143°	1° ♎	181°
8° ♊	68°	16° ♋	106°	24° ♌	144°	2° ♎	182°
9° ♊	69°	17° ♋	107°	25° ♌	145°	3° ♎	183°
10° ♊	70°	18° ♋	108°	26° ♌	146°	4° ♎	184°
11° ♊	71°	19° ♋	109°	27° ♌	147°	5° ♎	185°
12° ♊	72°	20° ♋	110°	28° ♌	148°	6° ♎	186°
13° ♊	73°	21° ♋	111°	29° ♌	149°	7° ♎	187°
14° ♊	74°	22° ♋	112°	30° ♌	150°	8° ♎	188°
15° ♊	75°	23° ♋	113°	1° ♍	151°	9° ♎	189°
16° ♊	76°	24° ♋	114°	2° ♍	152°	10° ♎	190°
17° ♊	77°	25° ♋	115°	3° ♍	153°	11° ♎	191°
18° ♊	78°	26° ♋	116°	4° ♍	154°	12° ♎	192°

13° ♎	193°	21° ♏	231°	29° ♐	269°	7° ♒	307°
14° ♎	194°	22° ♏	232°	30° ♐	270°	8° ♒	308°
15° ♎	195°	23° ♏	233°	1° ♑	271°	9° ♒	309°
16° ♎	196°	24° ♏	234°	2° ♑	272°	10° ♒	310°
17° ♎	197°	25° ♏	235°	3° ♑	273°	11° ♒	311°
18° ♎	198°	26° ♏	236°	4° ♑	274°	12° ♒	312°
19° ♎	199°	27° ♏	237°	5° ♑	275°	13° ♒	313°
20° ♎	200°	28° ♏	238°	6° ♑	276°	14° ♒	314°
21° ♎	201°	29° ♏	239°	7° ♑	277°	15° ♒	315°
22° ♎	202°	30° ♏	240°	8° ♑	278°	16° ♒	316°
23° ♎	203°	1° ♐	241°	9° ♑	279°	17° ♒	317°
24° ♎	204°	2° ♐	242°	10° ♑	280°	18° ♒	318°
25° ♎	205°	3° ♐	243°	11° ♑	281°	19° ♒	319°
26° ♎	206°	4° ♐	244°	12° ♑	282°	20° ♒	320°
27° ♎	207°	5° ♐	245°	13° ♑	283°	21° ♒	321°
28° ♎	208°	6° ♐	246°	14° ♑	284°	22° ♒	322°
29° ♎	209°	7° ♐	247°	15° ♑	285°	23° ♒	323°
30° ♎	210°	8° ♐	248°	16° ♑	286°	24° ♒	324°
1° ♏	211°	9° ♐	249°	17° ♑	287°	25° ♒	325°
2° ♏	212°	10° ♐	250°	18° ♑	288°	26° ♒	326°
3° ♏	213°	11° ♐	251°	19° ♑	289°	27° ♒	327°
4° ♏	214°	12° ♐	252°	20° ♑	290°	28° ♒	328°
5° ♏	215°	13° ♐	253°	21° ♑	291°	29° ♒	329°
6° ♏	216°	14° ♐	254°	22° ♑	292°	30° ♒	320°
7° ♏	217°	15° ♐	255°	23° ♑	293°	1° ♓	331°
8° ♏	218°	16° ♐	256°	24° ♑	294°	2° ♓	332°
9° ♏	219°	17° ♐	257°	25° ♑	295°	3° ♓	333°
10° ♏	220°	18° ♐	258°	26° ♑	296°	4° ♓	334°
11° ♏	221°	19° ♐	259°	27° ♑	297°	5° ♓	335°
12° ♏	222°	20° ♐	260°	28° ♑	298°	6° ♓	336°
13° ♏	223°	21° ♐	261°	29° ♑	299°	7° ♓	337°
14° ♏	224°	22° ♐	262°	30° ♑	300°	8° ♓	338°
15° ♏	225°	23° ♐	263°	1° ♒	301°	9° ♓	339°
16° ♏	226°	24° ♐	264°	2° ♒	302°	10° ♓	340°
17° ♏	227°	25° ♐	265°	3° ♒	303°	11° ♓	341°
18° ♏	228°	26° ♐	266°	4° ♒	304°	12° ♓	342°
19° ♏	229°	27° ♐	267°	5° ♒	305°	13° ♓	343°
20° ♏	230°	28° ♐	268°	6° ♒	306°	14° ♓	344°

15° ♓	345°	19° ♓	349°	23° ♓	353°	27° ♓	357°
16° ♓	346°	20° ♓	350°	24° ♓	354°	28° ♓	358°
17° ♓	347°	21° ♓	351°	25° ♓	355°	29° ♓	359°
18° ♓	348°	22°)(	352°	26° ♓	356°	30° ♓	360°

Tabelle 16.2: Die praktische 360°-Umrechnungstabelle Halbsumme/arabischer Punkt

Andere Halbsummen, die wichtig sind: Venus/Mars-Halbsumme, ein wichtiger Kontaktpunkt in romantischen Beziehungen, Venus/Uranus-Halbsumme, oft von Bedeutung, wenn es um Liebe auf den ersten Blick geht und Venus/Pluto-Halbsumme, die obsessive Liebe aktivieren kann.

Der Glückspunkt

Während des Mittelalters, als das Licht der Forschung durch viele Teile Europas schwach leuchtete, erhielten und erweiterten arabische Astrologen unser Wissen des Kosmos. Eine ihrer Methoden der Horoskopanalyse, die auf einer von den Griechen erfundenen mathematischen Technik basierte, beinhaltete die Identifizierung verschiedener Punkte in einem Geburtshoroskop, von denen jeder über eine mathematische Formel bestimmt werden konnte. Diese Punkte sprechen Themen an, die von Verstehen zu Erbschaft, von Krankheit zu Dienstboten, von Sexualität zu Tod und Reisen auf dem Wasser reichen. Die arabischen Astrologen waren so begeistert von dieser Methode, dass sie bis zu der Zeit, als sie ihren Höhepunkt der Beliebtheit im 11. Jahrhundert erreicht hatte, 143 solcher Punkte identifiziert hatten. Seitdem ist viel dieses Wissens verloren gegangen, zum Teil sind die europäischen Kreuzritter daran schuld, die jedes arabische Papier zerstörten, das sie in ihre Hände bekamen. Heute scheinen die meisten arabischen Punkte nicht länger relevant oder wichtig, aber der Glückspunkt bildet eine Ausnahme.

Der Glückspunkt, auch bekannt als *Pars Fortuna*, weist auf einen Bereich des Glücks und der Leichtigkeit in einem Geburtshoroskop hin.

Das Symbol für den Glückspunkt ist ein Kreis, der ein Kreuz umgibt.

Die Formel für die Berechnung des Glückspunkts ist:

Aszendent + Mond – Sonne = Glückspunkt

Hier ist ein Beispiel, wie Sie den Glückspunkt berechnen können:

1. **Suchen Sie die Position des Aszendenten nach Zeichen und Grad und konvertieren Sie diese Zahl mit Hilfe der praktischen 360°-Umrechnungstabelle Halbsumme/arabischer Punkt in Tabelle 16.2.**

   Als Beispiel nehmen wir das Horoskop von Eleanor Roosevelt, der ersten First Lady, die in ihrer eigenen Rolle Bedeutung für die Welt gewann. Ihr Aszendent ist im Schützen bei 16°37'. Suchen Sie 16° Schütze in der praktischen 360°-Umrechnungstabelle in Tabelle 16.2. Sie sehen, dass dieser Wert 256° entspricht. Wenn Sie ganz genau sein wollen, fügen Sie die Minuten hinzu und Sie erhalten 256°37'.

2. **Fügen Sie die Position des Mondes hinzu.**

   Mrs. Roosevelts Mond steht im Krebs bei 19°34', was 190°34' in der praktischen 360°-Umrechnungstabelle entspricht. Addieren Sie die zwei Zahlen nun wie folgt zusammen:

   256°37' (Position des Aszendenten)
   + 109°34' (Position des Mondes)
   = 365°71' (Summe des Aszendenten und des Mondes)

3. **Ziehen Sie die Position der Sonne ab.**

   Ihre Sonne steht in der Waage bei 18°45' (oder 198°45' umgerechnet). Ziehen Sie diese Zahl von der Summe aus Aszendent und Mond wie folgt ab:

   365°71' (Summe aus Aszendent und Mond)
   – 198°45' (Position der Sonne)
   = 167°26' (Glückspunkt)

4. **Verwenden Sie die praktische 360°-Umrechnungstabelle, um diese Zahl zurück zu einem bestimmten Grad des Tierkreises zu verwandeln.**

   Mit nochmaliger Hilfe der Tabelle 16.2 suchen Sie 167°26'. Wie Sie sehen, entspricht dieser Wert 17°26' Jungfrau. Nun müssen Sie nur noch den Glückspunkt in ihr Geburtshoroskop einfügen, wie ich es in Abbildung 16.2 getan habe. Sie sehen, dass der Glückspunkt in ihr neuntes Haus fällt, das unter anderen Dingen Reisen, Bildung und internationale Ereignisse regiert – Bereiche, in denen Eleanor Roosevelt eine wichtige Rolle als Botschafterin für die UN spielte.

Um Ihre Berechnungen zu überprüfen, ohne die Mathematik zu bemühen, denken Sie daran, dass der Glückspunkt immer ebenso weit vom Aszendenten entfernt ist wie der Mond von der Sonne. Wenn also Sonne und Mond 22° voneinander entfernt sind, liegt zwischen Aszendent und Glückspunkt ebenfalls eine Distanz von 22°. Stehen Sonne und Mond im Quadrat, ist das beim Aszendenten und Glückspunkt ebenso. Mit dieser Methode sollten Sie in der Lage sein, die ungefähre Position des Glückspunktes ohne Mathematik zu schätzen.

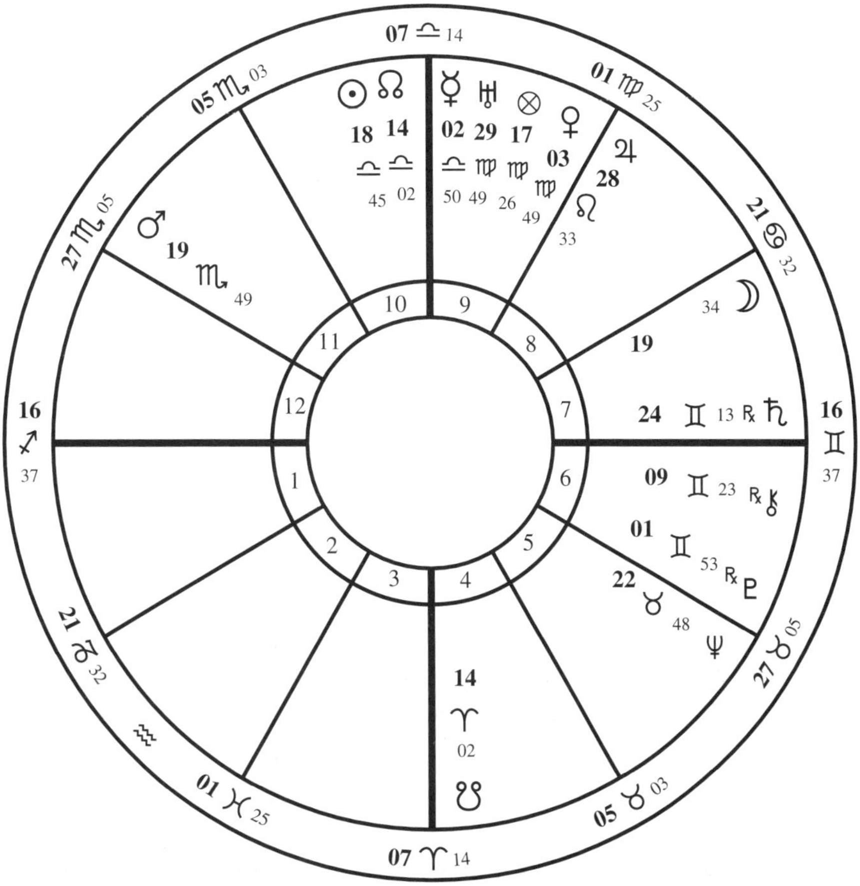

Abbildung 16.2: Eleanor Roosevelt, geboren am 11. Oktober 1884 um 11.00 Uhr in New York

Andere arabische Punkte

Der Glückspunkt ist nur einer von vielen arabischen Punkten. Hier sind einige andere:

✔ **Der Punkt der Ehe** = Aszendent + Deszendent (Spitze des siebten Hauses) – Venus. In Eleanor Roosevelts Fall sind die Berechnungen wie folgt:

Planet oder Punkt in Geburtshoroskop	Position nach Zeichen, Grad und Minuten	Position auf einer 360°-Skala
Aszendent	16°37' Schütze	256°37'
+ Deszendent	16°37' Zwillinge	+ 76°37'
Summe		332°74'
– Venus	3°49' Jungfrau	153°49'
Resultat	29°25' Jungfrau	179°25'

Beachten Sie, dass ihr Punkt der Ehe bei 29°25' Jungfrau im gleichen Zeichen und Haus wie ihr Glückspunkt liegt. Aber im Gegensatz zu Ihrem Glückspunkt steht ihr Punkt der Ehe in Konjunktion zu Uranus und Merkur, was darauf schließen lässt, dass ihre Ehe ungewöhnlich, intellektuell anregend und emotional arm war, was noch milde ausgedrückt ist.

✔ **Der Punkt des Geistes** = Aszendent + Sonne – Mond. Dieser Punkt bietet einen Blick auf Ihr spirituelles Leben.

✔ **Der Punkt der Besitztümer** = Aszendent + Spitze des zweiten Hauses – Herrscher des zweiten Hauses. Dieser Punkt weist auf Ihre wahrscheinlichsten Quellen für Geld und materielle Besitztümer hin.

Die Spitze des zweiten Hauses ist das Zeichen, das sich in der Acht-Uhr-Position in Ihrem Horoskop befindet. Wenn Sie sich z.B. Eleanor Roosevelts Horoskop in Abbildung 16.2 ansehen, sehen Sie, dass die Spitze des zweiten Hauses bei 21°31' Steinbock ist.

Der Herrscher des zweiten Hauses ist der Planet, der dieses Zeichen regiert. In Eleanor Roosevelts Fall ist Saturn, der den Steinbock regiert, der Herrscher ihres zweiten Hauses. (Die Schummelseite am Anfang dieses Buches listet die Zeichen und ihre Herrscher auf.)

✔ **Der Punkt der Sexualität** = Aszendent + Pluto – Venus. Denken Sie an Besessenheit. Die Präsenz von Pluto, der erst 1930 entdeckt wurde, macht Sie auf die Tatsache aufmerksam, dass dieser Punkt eine moderne Erfindung ist.

✔ **Der Punkt des gefährlichsten Jahres** = Aszendent + Herrscher des achten Hauses – Saturn.

Dieser Punkt hört sich schlimmer an, als er ist. Seine Position je nach Haus steht für Ihren schwachen Punkt in sozialen Interaktionen. Zu gehemmt? Dieser gefährliche Punkt ist wahrscheinlich im ersten Haus. Sorgen Sie sich zu sehr darüber, was die Dinge kosten? Er ist im zweiten Haus. Reden Sie zu viel oder zu wenig? Er ist wahrscheinlich im dritten Haus. Sie wissen, was ich meine.

Eleanor Roosevelts Punkt des gefährlichsten Jahres war bei 11°28' Steinbock, und fiel somit in ihr erstes Haus. Wie sie gesagt hat – und sie musste dies auf die harte Tour lernen – »Niemand kann dir ohne deine Zustimmung ein Gefühl der Minderwertigkeit geben«.

Nebenaspekte

In Kapitel 8 ging es um die Hauptaspekte: die Konjunktion (0°), das Sextil (60°), das Quadrat (90°), das Trigon (120°) und die Opposition (180°). Andere Aspekte, die üblicherweise als unwichtiger angesehen werden, öffnen ebenfalls die Türen der Kommunikation zwischen zwei Horoskopen. Auch ein Nebenaspekt zwischen zwei Planeten verbindet sie, spannungsreich oder nicht. Aber denken Sie daran: Je unbedeutender der Aspekt, umso genauer muss er sein.

Tabelle 16.3 listet die meisten der sogenannten Nebenaspekte auf.

Name	Grad	Symbol	Aktion
Semisextil	30°	⚺	gering unterstützend
Semiquadrat	45°	∠	gering spannungsreich
Quintil	72°	Q	fördert Kreativität
Sesquiquadrat	135°	⚼	spannungsreich und aktiv
Biquintil	144°	±	gering positiv
Quinkunx	150°	⚻	unentschieden, mal so, mal so

Tabelle 16.3: Nebenaspekte (die nicht jeder für unbedeutend hält)

Wenn Sie innehalten und nachrechnen, können Sie sehen, dass Aspekte gebildet werden, indem man die 360 Grad eines Kreises wie folgt teilt:

- ✔ Teilen Sie durch 1 und Sie haben eine Konjunktion: 360° (oder 0°).
- ✔ Teilen Sie durch 2 und Sie haben eine Opposition: 180°.
- ✔ Teilen Sie durch 3 und Sie haben ein Trigon: 120°.
- ✔ Teilen Sie durch 4 und Sie haben ein Quadrat: 90°.
- ✔ Teilen Sie durch 5 und Sie haben ein Quintil: 72°. Zwei Quintile entsprechen einem Biquintil.
- ✔ Teilen Sie durch 6 und Sie haben ein Sextil: 60°.
- ✔ Teilen Sie durch 8 und Sie haben ein Semiquadrat: 45°. Ein Semiquadrat plus ein Quadrat entspricht 135° – einem Sesquiquadrat.
- ✔ Teilen Sie durch 12 und Sie haben ein Semisextil: 30°, ein Aspekt, den manche Astrologen als wichtigen Aspekt betrachten. Denn schließlich erhalten Sie ein Sextil, wenn Sie zwei Semisextile zusammenzählen; drei entsprechen einem Quadrat, vier einem Trigon, fünf einem Quinkunx und sechs einer Opposition.

Was passiert, wenn Sie durch 7, 9, 10 oder 11 teilen? Sie erhalten einen derart unwichtigen Aspekt, das es sich nicht lohnt, sich darüber den Kopf zu zerbrechen.

Die Würde der Planeten

Einer fast 2000-jährigen Tradition folgend arbeitet jeder Planet am wirksamsten in zwei Zeichen – im Zeichen seiner *Herrschaft* (die stärkste Stellung für jeden Planeten) und im Zeichen seiner *Erhöhung*. In zwei anderen Zeichen arbeitet ein Planet weniger optimal: im Zeichen seines *Falls*, was dem Zeichen der Erhöhung gegenübersteht und im Zeichen seines *Exils*, das dem Zeichen gegenübersteht, das er regiert.

Planet	Herrschaft	Exil	Erhöhung	Fall
Sonne	Löwe	Wassermann	Widder	Waage
Mond	Krebs	Steinbock	Stier	Skorpion
Merkur	Zwillinge	Schütze	Wassermann	Löwe
	Jungfrau	Fische		
Venus	Stier	Skorpion	Fische	Jungfrau
	Waage	Widder		
Mars	Widder	Waage	Steinbock	Krebs
Jupiter	Schütze	Zwillinge	Krebs	Steinbock
Saturn	Steinbock	Krebs	Waage	Widder
Uranus	Wassermann	Löwe	Skorpion*	Stier*
Neptun	Fische	Jungfrau	Wassermann*	Löwe*
Pluto	Skorpion	Stier	Löwe*	Wassermann*

* *Astrologen sind sich bei diesen nicht einig. Einige Astrologen denken z.B., dass Neptun im Krebs erhöht ist und im Steinbock sein Exil findet. Das ist nicht die Haltung der Mehrheit, aber auch ich wurde überzeugt. Auf der anderen Seite versichern einige Astrologen, dass Pluto im Wassermann erhöht ist und sein Exil im Löwen hat, während andere sicher sind, dass er im Widder erhöht und sein Exil in der Waage hat. Der Punkt ist Folgendes: Wenn Astrologen über die Erhöhung und das Exil der äußeren Planeten diskutieren, ist die Jury definitiv nicht anwesend.*

Tabelle 16.4: Tabelle der Würde der Planeten

Drei Wege, sich über die Würde der Planeten Gedanken zu machen:

- ✔ **Suchen Sie nach mindestens einem Planeten im Zeichen seiner Herrschaft.** Dieser Planet ist per Definition stark. In Eleanor Roosevelts Horoskop (siehe Abbildung 16.2) z.B. steht der Mond in seinem eigenen Zeichen des Krebses, was darauf schließen lässt, dass sie mächtige Gefühle hatte und ihrer Intuition vertrauen konnte.

  Beachten Sie auch, dass die Entscheidungsfindung schwieriger wird, wenn ein Horoskop nicht mindestens einen Planeten in dem Zeichen hat, das er regiert.

- ✔ **Suchen Sie nach gegenseitiger Verstärkung.** Das ist, was Sie erhalten, wenn zwei Planeten jeweils in einem Zeichen stehen, das vom anderen regiert wird. In Eleanor Roosevelts Horoskop (siehe Abbildung 16.2) steht Merkur in der Waage, die von Venus regiert wird, und Venus steht in der Jungfrau, die von Merkur regiert wird. Also stehen die zwei Planeten in gegenseitiger Verstärkung, was ihre Interaktion stärkt.

- **Erkennen Sie zufällige Würden.** Wenn Sie Parallelen zwischen den Häusern und den Zeichen ziehen, so dass das erste Haus dem Widder, das zweite Haus dem Stier usw. entspricht, können Sie Planeten entdecken, die durch ihre Stellung in den Häusern gestärkt werden und somit *zufällige Würde* erlangen. Wenn Sie z.B. Mars im ersten Haus haben, haben Sie etwas von der Aggression und Initiative, die mit Mars im Widder einhergeht, auch wenn Ihr Mars in einem anderen Zeichen steht.

  Schauen Sie sich diese hochgeladene Liste von tatkräftigen Menschen mit Mars im ersten Haus an: Winston Churchill (Mars in der Waage), Bill Clinton (Mars in der Waage), Königin Elizabeth II. (Mars in Wassermann), Indira Gandhi (Mars in der Jungfrau), Mahatma Ghandi (Mars in Skorpion), Lyndon Johnson (Mars in Jungfrau), Henry Kissinger (Mars in Zwillinge), Eva Péron (Mars in Stier), Al Gore (Mars in Löwe), Steve Forbes (Mars in Zwillinge).

Tabelle 16.5 zeigt die Häuserstellungen, die als zufällige Würde betrachtet werden.

Planet	Haus	Planet	Haus
Sonne	fünftes	Jupiter	neuntes
Mond	viertes	Saturn	zehntes
Merkur	drittes und sechstes	Uranus	elftes
Venus	zweites und siebtes	Neptun	zwölftes
Mars	erstes	Pluto	achtes

Tabelle 16.5: Zufällige Würden

Sabische Symbole

An einem sonnigen Tag im Jahre 1925 gingen der Astrologe Marc Edmund Jones und eine seiner Studentinnen, das an einen Rollstuhl gefesselte Medium Elsie Wheeler, in den Balboa Park in San Diego mit der Idee, für jeden der 360 Grade des Tierkreises ein Bild zu kreieren. Im Laufe des Tages beschrieb Elsie Wheeler die Visionen, die ihr für jeden Grad kamen und Mr. Jones schrieb Ihre Worte auf Karteikarten. Später fügte er Kommentare hinzu und veröffentlichte diese Sammlung von Bildern als *Die sabischen Symbole in der Astrologie*. Sabische Symbole sind die Poesie der Astrologie und als solche extrem nützlich.

Stellen Sie sich vor, dass Sie viele Stunden lang über einem Horoskop sitzen. Sie schlagen jeden Planeten in den Zeichen, den Häusern und mit seinen Aspekten nach. Bald ertrinken Sie in Daten. Was nun? Nachdem Sie versucht haben, diese Informationen in eine zusammenhängende Analyse zu bringen, erfrischen Sie sich mit einem Bild. Statt den Mond astrologisch zu analysieren, schauen Sie nach, welchem sabischen Symbol er entspricht. Madonnas Mond z.B. steht bei 11°30' Jungfrau. Runden Sie diese Zahl auf 12° auf (denn so sind die sabischen Symbole organisiert) und suchen Sie in dem Buch nach diesem Grad. Es sagt: »Eine Braut, der der Schleier weggeschnappt wurde«. Kein schlechtes Bild für das »material girl«.

Wenn Sie Zweideutigkeit oder Vagheit nicht tolerieren können, wenn Sie niemals die Faszination der Poesie verstanden haben, nehmen Sie meinen Rat an und vermeiden Sie die sabischen Symbole. Sie sind manchmal unverständlich und können Sie wahnsinnig machen. Aber wenn Sie Metaphern lieben und Sie die Idee eines Bildes mögen, das in Ihrem Kopf nachhallt, schauen Sie sich diese an. Hier können Sie es tun:

- ✔ *Die sabischen Symbole in der Astrologie* von Marc Edmund Jones
- ✔ *Astrologischer Tierkreis und Bewusstsein: eine Interpretation der 360 Tierkreisgrade* von Dane Rudhyar
- ✔ Unter `www.anasymon.de/sabisch.html` finden Sie eine Auflistung aller sabischen Symbole

17 Zehn Teilbereiche der Astrologie

In diesem Kapitel

- Ein Rückblick auf die Geburtsastrologie
- Mundanastrologie verstehen
- Hurra für die Stundenastrologie
- Die Wahl gilt der Elektionsastrologie
- Ein Blick auf die Astrologie des Standorts
- Über die siderische Astrologie nachsinnen
- Die vedische Astrologie erforschen
- Die chinesische Astrologie
- Ein Blick auf die keltische Astrologie
- Die präkolumbische Astrologie

Wie jedes große Thema kann sich die Astrologie vieler Schulen und konkurrierender Theorien rühmen. Dieses Kapitel präsentiert zehn von ihnen.

Die Geburtsastrologie

Sie wissen bereits alles hierüber. Die Geburtsastrologie interpretiert die Persönlichkeit, den Charakter und die Fähigkeiten basierend auf einem Horoskop für einen individuellen Geburtsmoment. Außerdem wird der Begriff *Geburts-* auch manchmal als Ergänzung zu einem Planeten verwendet (z.B. Ihre Geburtssonne), um die Position eines Planeten im Geburtshoroskop von seiner Position zu jeder anderen Zeit zu unterscheiden.

Mundanastrologie

Es ist nicht das, was Sie vielleicht denken. Statt die Welt des Gewöhnlichen, Alltäglichen zu erforschen, betrachten Astrologen der Mundanastrologie das Schicksal von Nationen und Gruppen, indem sie Horoskope für Ereignisse von weltweiter Bedeutung berechnen – Katastrophen, Unabhängigkeitserklärungen usw. Vor fast 4.000 Jahren (um 1700 v.Chr.) beschäftigten sich babylonische Astrologen ausschließlich mit solchen Themen. Individuelle Horoskope traten um 410 v.Chr. in Erscheinung. Aber Astrologen benutzen die Mundanastrologie weiterhin, um aktuelle Ereignisse zu analysieren.

Im Gegensatz zu den meisten Geburtsastrologen berechnen Mundanastrologen Horoskope für Finsternisse und für die Sommer- und Wintersonnenwende. Dann vergleichen sie diese Horoskope mit den Horoskopen von Ländern, Hauptstädten und Staatsoberhäuptern.

Jedes Land (und Unternehmen) hat ein Geburtshoroskop, obgleich wohlgesinnte Astrologen sich über das Geburtsdatum vielleicht nicht einig sind. So wurde die Schweiz einer weithin respektierten Quelle zufolge unter einer Löwesonne im Sommer 1291 gegründet – aber andere Astrologen datieren das Schweizer Horoskop mit Ereignissen im Jahr 1848 zusammen, was eine Jungfraunation aus ihr macht. Das gleiche gilt für die USA, deren Geburtsdatum normalerweise auf den 4. Juli 1776 festgelegt wird, womit die USA eine Krebssonne und einen Wassermannmond hätte. Aber auch hier sind viele Astrologen, die sich die historischen Beweise ansehen, nicht mit diesem Datum einverstanden.

Stundenastrologie

Sie wollen etwas Seltsames? Die Stundenastrologie kann seltsam sein. Stundenastrologen beantworten bestimmte Fragen – Wo ist mein Armband? Werde ich heiraten? Kann ich dieser Person vertrauen? Werde ich eine Gehaltserhöhung bekommen? –, indem sie ein Horoskop für den Moment erstellen, in dem die Frage gestellt wird. Durch besondere Beachtung der Häuser und Häuserherrscher gibt die Stundenastrologie Antworten (»Es ist in einem dunklen, eingeschlossenen Raum im Keller neben etwas blauem«), die geradezu unheimlich sind.

Wenn Sie die Stundenastrologie erforschen wollen, werfen Sie einen Blick in das *Lehrbuch der Stundenastrologie. Fragen und Antworten aus dem Horoskop des Augenblicks* von Erik van Slooten (Ebertin-Verlag).

Stundenastrologie und Astrologie für Dummies

Als ich den Auftrag erhielt, dieses Buch zu schreiben, war der vorgegebene Abgabetermin so eng, dass ich mich fragte, ob ich es schaffen würde. Also berechnete ich ein Stundenhoroskop für den Moment, als mir die Frage in den Kopf schoss und analysierte es folgendermaßen:

Zuerst schaute ich mir den Aszendenten (Löwe) und das erste Haus an, die immer für die Person stehen, von der die Frage gestellt wird (in diesem Fall ich selbst). Dieses Haus war leer, also schaute ich auf die Sonne, dem Herrscher des Löweaszendenten. Ich freute mich zu sehen, dass die Sonne im neunten Haus der Veröffentlichungen stand. Aber ich war besorgt zu sehen, dass sie in exakter Konjunktion zu Saturn stand, dem Planeten der Prüfungen und Hindernisse, und in Opposition zu Mars. Die Bedeutung der Saturnkonjunktion war offensichtlich: Saturn ist der Planet der Selbstdisziplin. Aber Mars machte mir Sorgen, nicht nur, weil er oft Schwierigkeiten mit sich bringt, sondern auch, weil er sowohl das neunte Haus der Veröffentlichungen regierte, was Sinn machte, und das vierte Haus des Zuhauses und der Mutter, was keinen Sinn machte.

Die Interpretation dieses Horoskops war leicht. Stundenhoroskope sind einfach: Trigone und Sextile bedeuten positive Antworten (also freute ich mich, zu sehen, dass Merkur, der Planet des Schreibens, jede Menge von beiden hatte), während Quadrate und Oppositionen sowie die Aspekte, die Mars und Saturn beinhalten, auf einen negativen Ausgang schließen lassen. Also hatte ich meine Antwort: Ich würde hart arbeiten (ein starker Saturn garantierte das) ... aber ich würde meinen Termin nicht einhalten können. Und tatsächlich, als ich gerade anfing, an dem Buch zu arbeiten, zwangen mich Umstände außerhalb meiner Kontrolle – meine Mutter war mehrere Wochen lang krank und brauchte meine Hilfe –, es beiseite zu legen. Mein Abgabetermin musste verschoben werden.

Elektionsastrologie

Die Elektionsastrologie ist die komplizierte, dynamische Kunst, im voraus ein günstiges Datum für ein Ereignis zu wählen. Das Problem? Kein Horoskop ist jemals perfekt. Auch ein Horoskop, das in Trigonen und Sextilen schwimmt, hat mindestens ein Quadrat, einen rückläufigen Merkur, einen leerlaufenden Mond oder einen dieser verzwickten Nebenaspekte, die Frustration und Ärger bringen. Ein glückliches Datum zu wählen kann also schwierig sein – und je größer die Auswahl, umso schwieriger wird es. Aber wenn die Optionen eingeschränkt sind, wird die Elektionsastrologie viel leichter. Für die meisten Ereignisse – eine Hochzeit, die Eröffnung einer Show, die Gründung eines Unternehmens usw. – ist es sicher genug, einen Tag zu wählen, an dem die Aspekte zwischen Sonne und Mond harmonisch sind, der Mond zunehmend ist (und natürlich nicht im Leerlauf) und Merkur und Venus sich direkt bewegen. Versuchen Sie, so weitgehend wie möglich, Quadrate und Oppositionen zu vermeiden, besonders diejenigen, die Saturn, Uranus und Neptun beinhalten.

Operationen in Einklang mit den Sternen

Eine Kundin bat mich einmal um einen beängstigenden Gefallen: Sie wollte, dass ich ein Datum für ihre Gehirnoperation wähle. Ich wollte es nicht tun. Wer erträgt schon diese Art von Verantwortung? Aber sie sagte mir, dass ihr Arzt ihr nur zwei mögliche Termine angeboten hatte, also stimmte ich widerstrebend zu, einen auszuwählen. Das erste Datum zeigte einen zunehmenden, gut aspektierten Mond mit vielen Trigonen und Sextilen. Das zweite Datum war eine hoch intensive Vollmondfinsternis. Sonne und Mond standen in Opposition zueinander – und beide im Quadrat zu Neptun und Uranus: ein schlechter Mond für jeden. Die Wahl war ganz klar. Ich empfahl ihr zuversichtlich das erste Datum und fühlte mich dankbar und erleichtert, als die Operation erfolgreich ablief.

Standortastrologie

Wollen Sie eine Karriere verfolgen, die Universität besuchen, ein Haus kaufen oder nach Liebe suchen? Die Elektionsastrologie konzentriert sich auf die Frage »Wann?«, die Astrologie des Standorts auf die Frage »Wo?«. Ein Standortastrologe betrachtet den Einfluss eines Ortes, indem er Ihr Geburtshoroskop so neu berechnet, als wären Sie an dem Ort geboren, an den Sie ziehen wollen. Datum und Zeit bleiben gleich, aber der Ort ändert sich. Damit stehen die Planeten in den gleichen Positionen und haben die gleichen Beziehungen, aber die Häuserstellungen verschieben sich – was einen erstaunlichen Unterschied machen kann.

Nehmen wir z.B. an, Sie wurden mit Jupiter, dem Planeten der guten Gelegenheiten, im zwölften Haus der Privatsphäre, des Rückzugs und der Abgeschiedenheit geboren. Also sind die Gelegenheiten, auf die Sie treffen, meist subtil und spirituell. Aber was passiert, wenn Sie umziehen und damit der zurückgezogene Jupiter im zwölften Haus ins erste Haus der persönlichen Identität wandert? Sie würden wahrscheinlich offener werden – und erfolgreicher. Standortastrologen glauben, dass eine solche Verschiebung einen großen Unterschied machen kann.

Wie können Sie diese Möglichkeit für sich selbst ausprobieren? Wenn Sie jemals in einer anderen Stadt als Ihrem Geburtsort gelebt haben, lassen Sie sich Ihr Horoskop für diesen Ort ausstellen und schauen Sie, ob es Ihre Erfahrungen akkurat beschreibt. Und wenn Sie daran denken, umzuziehen, besorgen Sie sich ein Horoskop für den neuen Ort, bevor Sie all Ihr Hab und Gut in diesen Lastwagen packen. Hier sind einige Möglichkeiten:

- ✔ Gehen Sie ins Internet zu `www.astronumerics.com`. Dort erhalten Sie für 20 US-Dollar eine Astrokartographieanalyse für drei verschiedene Orte.
- ✔ Allgemeine Informationen zum Thema vermittelt das Buch *Die Astrologie des Standorts* von Steve Cozzi (Chiron-Verlag)

Wo Sie tun, was Sie tun

Eine Freundin von mir, die im Mittelwesten der USA geboren wurde, hat eine sehr energische Sonne/Mars-Konjunktion in ihrem achten Haus. Ein Umzug nach Washington D.C. mit Mitte 20 brachte ihr einen Job in der Regierung und verschob, den Regeln der Standortastrologie folgend, ihre Sonne/Mars-Konjunktion in ihr siebtes Haus der Ehe. Bald verliebte sie sich, packte ihre Siebensachen und zog mit ihrem Geliebten an die Westküste – was ihre Sonne und ihren Mars in das neunte Haus der Bildung und Veröffentlichungen brachte. In ihrer neuen Heimat versuchte sie vergeblich, einen Beruf zu finden, der auf ihre Erfahrungen in Washington aufbaute. Schließlich gab sie auf und folgte anderen Pfaden, wurde erst Lehrerin und dann Lektorin, zwei Berufe des neunten Hauses. In jedem Fall beschrieb die Stellung ihrer Sonne (unter anderen Faktoren) ihre Erfahrungen am jeweiligen Ort.

✔ Gehen Sie zu www.geostelar.net, wo der Außenseiter und Standortastrologe Julian Lee eine kostenlose astrokartographische Karte zusammen mit verschiedenen kostenpflichtigen Diensten anbietet (nur Englisch). Während die meisten Astrologen glauben, dass das Geburtshoroskop immer wichtiger ist, ist Lee der Überzeugung, dass das wichtigere Horoskop – das was aktuell gilt – dasjenige ist, das für den Ort ausgestellt wurde, an dem Sie sich befinden. Seiner Ansicht nach macht die Geographie den großen Unterschied. Schauen Sie es sich an.

Die meisten Umzüge bringen die Dinge nicht derart durcheinander, besonders wenn es sich nur um eine kurze geographische Distanz handelt. Umzüge, die eine Rolle spielen, sind meist in einer Ost-West-Richtung und umfassen Tausende von Kilometern.

Siderische Astrologie

Die meisten Astrologen der westlichen Welt verwenden das, was als *tropischer* Tierkreis bezeichnet wird. In diesem System, das die Jahreszeiten und Zeichen miteinander verbindet, spielen die Sonnenwenden und Tagundnachtgleichen eine fundamentale Rolle. Per Definition beginnt der Widder mit der Frühlingstagundnachtgleiche, wenn Tag und Nacht die gleiche Länge haben. Per Definition bedeutet die Herbsttagundnachtgleiche, dass die Sonne im Zeichen der Waage steht. Die Konstellationen haben damit nichts zu tun. Sie bilden nur den Hintergrund.

Siderische Astrologen, darunter auch die, die der vedischen und chinesischen Astrologie angehören, sehen die Dinge anders. Sie ignorieren die Jahreszeiten und legen ihre Aufmerksamkeit auf die Sterne. Sie berechnen sogar die Länge eines Jahres anhand der Zeit, die die Sonne braucht, um in einer Linie zu einem Stern zu stehen, durch den Tierkreis zu reisen und zu diesem gleichen Stern zurückzukehren. Aus Gründen, die nichts mit der Erdumdrehung zu tun haben, ist diese Rundreise zu einem Stern 20 Minuten länger als das tropische Jahr.

Der Unterschied ist gering, aber mit der Zeit summiert es sich. Deshalb unterscheiden sich tropische Planetenpositionen wie die in diesem Buch erheblich von den siderischen. Wenn Sie z.B. am 31. Oktober geboren wurden, sind Sie nach der westlichen Astrologie ein Skorpion – aber nicht weil die Sonne in der Konstellation des Skorpions stand. Tatsächlich war die Sonne an Ihrem Geburtstag nicht in der Konstellation des Skorpions zu finden. Sie stand mitten in den Sternen der Waage. Ein siderischer Astrologe würde sagen, Sie sind Waage.

Um Ihr siderisches Horoskop zu berechnen, müssen Sie eine gewisse Anzahl von Graden von jedem Planeten in Ihrem Geburtshoroskop abziehen. Um diese Berechnungen genau durchzuführen, sollten Sie sich vielleicht an einen Astrologen wenden oder sich auf einer Website wie z.B. www.astrodienst.ch umsehen. Aber für die meisten Zwecke können Sie die Anpassungen selbst vornehmen. Wenn Sie in den Jahren geboren wurden, die in Tabelle 17.1 aufgelistet sind, nehmen Sie die entsprechende Zahl und ziehen Sie diese von allen Punkten in Ihrem Geburtshoroskop ab, einschließlich dem Aszendenten. Wenn Sie in einem anderen Jahr geboren wurden, nehmen Sie das Jahr, das Ihrem Geburtsjahr am nächsten kommt oder nehmen Sie eine Zahl, die irgendwo zwischen der des früheren und der des späteren Jahres liegt. Oder machen Sie es auf die leichte

Art: Runden Sie die Zahlen. Ziehen Sie einfach 23 Grad von allem ab. In den meisten Fällen werden Sie immer noch im Rahmen bleiben.

Wenn Sie in diesem Jahr geboren wurden ...	ziehen Sie diese Zahl von jedem Ihrer Planeten ab
1900	22°28'
1925	22°49'
1950	23°10'
1975	23°31'
2000	23°52'

Tabelle 17.1: Siderische Astrologie: eine Umrechnungstabelle

Wollen Sie selber beurteilen, ob die siderische Astrologie funktioniert? Es ist nicht so einfach, wie Sie vielleicht denken. Im westlichen System der tropischen Astrologie, scheint der gutaussehende, redegewandte John F. Kennedy ein klassischer Zwilling – intelligent und urban – mit einem eleganten Waageaszendenten. Im siderischen System jedoch ist er ein erdgebundener Stier mit einem pingeligen Jungfrauaszendenten, was ehrlich gesagt, unwahrscheinlich wirkt.

Oder denken Sie an den literarischen Pionier James Joyce, dem Erfinder der Bewusstseinsstromtechnik. Nach dem tropischen Tierkreis der westlichen Astrologie ist er ein Wassermann, intellektuell, unkonventionell und erfinderisch. Das passt. Nach der siderischen Astrologie ist er ein konservativer Steinbock, was sich gar nicht richtig anhört. Aber hier ist der Haken: auch im siderischen System hat er Merkur, den Planeten des Schreibens, im zukunftsorientierten Wassermann. So spielt der Wassermann in beiden Fällen eine einflussreiche Rolle in seiner Schriftstellerkarriere.

Wenn Menschen Planeten in benachbarten Zeichen haben – und die meisten von uns haben das – kann die Unterscheidung zwischen einem tropischen und einem siderischen Horoskop eine besondere Herausforderung sein. Das siderische Horoskop legt eine andere Bedeutung auf die Persönlichkeit. Öfter als Sie denken, scheint die siderische Beschreibung genauso passend wie das Portrait aus dem Geburtshoroskop.

Denken Sie an Marlon Brando: Er ist ein feuriger doppelter Widder (was bedeutet, dass sowohl die Sonne als auch der Mond in diesem Zeichen stehen) mit einem freiheitsliebenden Schützeaszendenten. Im siderischen Tierkreis ist er ein doppelter Fisch mit Skorpionaszendent, was ihn verletzlich, selbstzerstörerisch und intensiv macht. Hört sich richtig an, oder? Oder nehmen Sie Woody Allen. Im tropischen Tierkreis ist er ein freidenkerischer Schütze mit einem ängstlichen Jungfrauaszendenten, was definitiv Sinn macht. Im siderischen Tierkreis ist er ein geheimnistuerischer, sexbesessener Skorpion mit Löweaszendenten, dem Zeichen des Angebers. Hmmmm ...

Pablo Picasso: tropisch oder siderisch?

Werfen Sie einen Blick auf das Geburtshoroskop von Pablo Picasso, unbestritten der größte Künstler des 20. Jahrhunderts. In der westlichen/tropischen Astrologie, die in der linken Abbildung zu sehen ist, hat er seine Sonne im erotischen, intensiven Skorpion (wie jeder an seinen dunklen Augen und seinem glühenden Äußeren sehen kann) mit einem extravaganten Löweaszendenten und dem Mond im freiheitsliebenden Schützen. In der siderischen Astrologie (das Horoskop auf der rechten Seite) steht seine Sonne in der künstlerischen Waage. Er hat einen emotionalen Krebsaszendenten und den Mond – der auch Herrscher seines Aszendenten ist – im Skorpion. Beide Horoskope zeigen Pluto und Jupiter im Stier, ein Bild, von dem er besessen war. Welches passt also besser? Ich persönlich finde, dass Skorpion genau zu Picasso passt. Aber man kann für beide Richtungen Argumente finden. Sie sind der Richter.

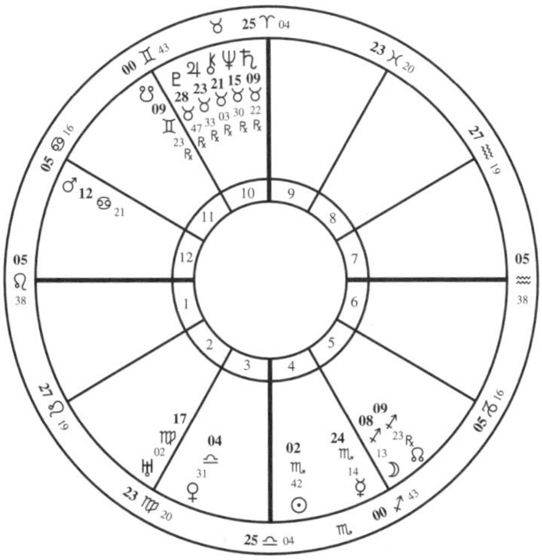

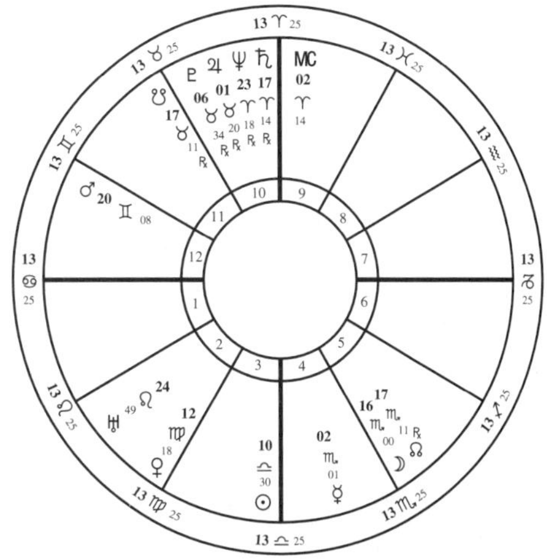

Vedische Astrologie

Kompliziert, faszinierend und manchmal erstaunlich zutreffend hat die vedische oder hinduistische Astrologie, die als *Jyotish* bekannt ist, in den letzten Jahren an Beliebtheit gewonnen, hauptsächlich, weil sie etwas bietet, das in der westlichen Astrologie nur selten gefunden wird: spezifische, genaue Vorhersagen. Wo westliche Astrologen, die darin geschult wurden, psychologisch zu denken, die Persönlichkeit analysieren und dazu tendieren, eine beratende Rolle anzunehmen, konzentrieren sich vedische Astrologen auf Vorhersagen – nicht weil sie die Bedeutung der Persönlichkeit nicht sehen, sondern weil sie das Horoskop als das unvermeidbare Ergebnis Ihrer Handlungen über eine lange Reihe von Leben ansehen. Mit anderen Worten, sie sehen das Horoskop als Ausdruck Ihres *Karma* – die Idee, dass Sie ernten, was Sie säen. Vedische Astrologen glauben, dass man sein Karma nicht bekämpfen kann. Man kann nur lernen, auf die positivste Art und Weise mit ihm umzugehen, weil es Ihr Schicksal ist.

In der vedischen Astrologie kann die Erstellung eines Geburtshoroskops bis zu 16 verschiedene individuelle Horoskope beinhalten, von denen jedes auf eine etwas andere Art und Weise berechnet wird. In ihren Vorhersagen betrachten die vedischen Astrologen das karmische Erbe aus vergangenen Leben und schauen sich die Art und Weisen an, in denen es sich wahrscheinlich in der Zukunft manifestieren wird. So wenden sie ein System ineinander schließender Planetenzyklen (oder *dashas*) an, das weit über die Transite und Progressionen der westlichen Astrologie hinausgeht. Vedische Astrologen machen Vorhersagen, die manchmal auf den Tag genau zutreffen – und sie haben keine Bedenken, Dinge zu sagen, die Sie vielleicht nicht hören wollen. Zum Glück bieten Sie auch Lösungen an, die – unter anderen Heilmitteln – das Singen entsprechender Mantras und das Tragen bestimmter Edelsteine beinhalten.

Um Ihnen eine Idee von der Komplexität der vedischen Astrologie zu geben, sind hier einige Unterschiede zur westlichen Astrologie:

- ✔ In der vedischen Astrologie wird der siderische Tierkreis verwendet, nicht der tropische, den westliche Astrologen bevorzugen. (Siehe Tabelle 17.1 für die Berechnung Ihrer Planetenpositionen nach dem siderischen Tierkreis.)

- ✔ In der vedischen Astrologie werden Häuserspitzen nicht in der gleichen Art und Weise verwendet wie in der westlichen Astrologie. Jedes Haus ist exakt 30 Grad groß und umfasst genau ein Zeichen: Haus und Zeichen sind identisch, und jedes Haus hat 0 Grad an seiner Spitze. Wenn Ihr Aszendent also bei 11° Wassermann steht, ist Ihr gesamtes erstes Haus im Wassermann (und der Aszendent ein Punkt darin), das gesamte zweite Haus ist in den Fischen usw.

- ✔ Die positivsten Häuser in einem Horoskop sind das fünfte und das neunte. Das sechste, achte und zwölfte Haus wird als zerstörerisch und teuflisch angesehen.

- ✔ Traditionelle vedische Astrologen ignorieren generell Uranus, Neptun und Pluto (obwohl einige moderne Astrologen anfangen, sie einzufügen). Außerdem betrachten vedische Astrologen Saturn (statt Uranus) als Herrscher des Wassermanns, Jupiter (nicht Neptun) als Herrscher der Fische und Mars (nicht Pluto) als Herrscher des Skorpion.

- ✔ Der nördliche Mondknoten, der Rahu genannt wird, und der südliche Mondknoten, der den Namen Ketu trägt, sind wesentlich wichtiger als in den meisten Formen der westlichen Astrologie. (Siehe Kapitel 16 für eine Darstellung der Mondknoten in der westlichen Astrologie.)

Die Mondknoten sind mathematische Punkte, die an den Stellen gefunden werden, an denen der Mond die Ekliptik – den Pfad der Sonne – schneidet. Der nördliche und der südliche Mondknoten stehen einander genau gegenüber.

- ✔ Die Sonne, die in der westlichen Astrologie einen positiven Einfluss hat, wird in der vedischen Astrologie als teuflisch oder zerstörerisch gesehen – ebenso wie Mars, Saturn und die Mondknoten. Venus, Jupiter, Merkur und der zunehmende Mond (aber nicht der abnehmende) werden als vorteilhaft betrachtet.

- ✔ Der Mond und der Aszendent (oder Lagna) – nicht die Sonne – sind die wichtigsten Teile eines vedischen Horoskops.
- ✔ Aspekte werden nur auf Basis von Zeichen berechnet. Planeten in gegenüberliegenden Zeichen – sagen wir z.B. Widder und Waage – werden als in Opposition stehend betrachtet, Planeten in gleichen Zeichen als in Konjunktion stehend usw. Genaue Gradangaben spielen keine Rolle.
- ✔ Vedische Horoskope werden in der Regel in quadratischer Form statt in Kreisform dargestellt. Abbildung 17.1 zeigt Pablo Picassos Horoskop in einer von mehreren vedischen Formen. Die römischen Zahlen stehen für die Hausnummern. (Die vier Eckhäuser – 1, 4, 7 und 10 – sind in der zentralen Raute.) Ich habe westliche Symbole für die Zeichen und Planeten verwendet, etwas, das ein tatsächlicher vedischer Astrologe niemals tun würde.
- ✔ Die vedische Astrologie teilt die 360 Grad des Tierkreises in 27 *Mondhäuser* oder *nakshatras*, jedes davon ist 13 Grad und 20 Minuten lang, was etwa der Distanz entspricht, die der Mond an einem Tag zurücklegt. Jedes nakshatra wird einem Planeten, einer Qualität, einem Gott oder einer Göttin, einem Symbol, einem Körperteil, einem Geräusch usw. zugeordnet – ganz schön umfangreich. Statt also einen Planeten aufgrund seiner Stellung in einem von zwölf Zeichen zu analysieren, benutzen vedische Astrologen eine kleinere Unterteilung und haben so zahlreichere Möglichkeiten.

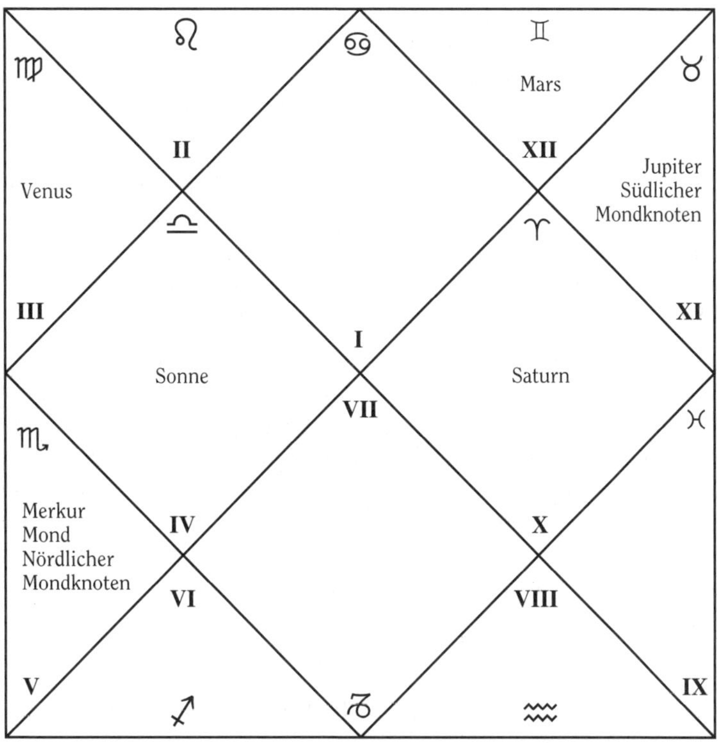

Abbildung 17.1: Pablo Picassos vedisches Horoskop in quadratischer Form

Chinesische Astrologie

Der Legende zufolge lud Buddha einmal das gesamte Tierreich zu einer Neujahrsfeierlichkeit ein, aber nur 12 Tiere kamen tatsächlich. Er war so gerührt von ihrem Erscheinen, dass er jedem von ihnen ein Jahr schenkte, beginnend mit der geselligen Ratte, die als erster Gast erschien und endend mit dem sinnlichen, glücklichen Schwein, das als letztes kam. In der chinesischen Astrologie wird jedes Jahr einem dieser zwölf Tiere zugeordnet – und jeder, der in einem bestimmten Jahr geboren wurde, teilt die Eigenschaften des Tieres.

Als ich dies zum ersten Mal hörte, rollte ich mit den Augen. Wenn schon sonst nichts, was ist mit Sonnenzeichen? Was ist mit dem Mond? Aber je mehr ich den chinesischen Tierkreis erforschte, umso faszinierter wurde ich. Mein letzter Zweifel wurde während eines Treffens meiner High-School-Klasse beseitigt, als mir zum ersten Mal klar wurde, wie ähnlich meine Klassenkameraden waren. Nun, kein Wunder. Wir sind alle in der gleichen kleinen Stadt aufgewachsen – und wurden alle im Jahr des Hundes geboren.

Ich brauche nicht zu erwähnen, dass wahre chinesische Astrologen auf wesentlich mehr schauen als das Jahr, in dem Sie geboren wurden. Aber auch das Jahr ist spezifischer als Sie vielleicht gedacht haben. Jedes Jahr wird nach dem Tierzeichen beschrieben, zu dem es gehört. Außerdem ordnen chinesische Astrologen jedes Jahr einem der fünf Grundelemente zu – Feuer, Erde, Metall, Wasser und Holz. Deshalb ist das, was als 12-Jahre-Zyklus erscheint, tatsächlich ein 60-Jahre-Zyklus. Zwar ist es richtig, dass jedes Tier alle zwölf Jahre wiederkehrt, aber jedesmal gehört es zu einem anderen Element. Die Tier-/Elementekombination wiederholt sich erst nach 60 Jahren.

1906 z.B. war das Jahr des Feuerpferdes. Das nächste Pferdejahr, 1918, war das Jahr des Erdpferdes. Zwölf Jahre später, 1930, kam das Jahr des Metallpferdes und 1942 das Jahr des Wasserpferdes. In den 50er Jahren hatten wir das Jahr des Holzpferdes. Das Jahr des Feuerpferdes kam erst 1966 wieder. Und als es soweit war, folgte ein Höllenfeuer. Das Feuerpferd – das 2026 wiederkehren wird – ist eine herausfordernde Kombination, die als sehr gefährlich betrachtet wird – besonders für Mädchen – und dazu führte, dass die Abtreibungsrate in Asien in die Höhe schoss.

Zusätzlich zur Analyse des Geburtsjahres verwenden chinesische Astrologen den Monat, den Tag und die Stunde der Geburt, um Zyklen im Leben der Menschen vorherzusagen. Die chinesische Astrologie kennt 28 Konstellationen, berücksichtigt den Einfluss bestimmter Sterne und ist um verschiedene philosophische Übereinstimmungen herum aufgebaut, die die fünf Planeten (Merkur, Venus, Mars, Jupiter und Saturn), die fünf Jahreszeiten (Sommer, Herbst, Winter, Frühling und die Hundstage), die fünf Himmelsrichtungen (Nord, Süd, Ost, West und Mitte) und die fünf chinesischen Elemente beinhalten – Metall, Wasser, Holz, Feuer und Erde, von denen jedem Jahr eines zugewiesen wird. Die Bedeutung der Elemente – die in einer bestimmten Reihenfolge durch den Kalender rotieren – sind wie folgt:

- ✔ **Metall:** Fest, intensiv, ehrgeizig, unnachgiebig und dickköpfig.
- ✔ **Wasser:** Überzeugend, intuitiv, beobachtend, flexibel und manchmal passiv.
- ✔ **Holz:** Gesellig, zuversichtlich, verständnisvoll, umfassend und manchmal unkonzentriert.

- ✔ **Feuer:** Dynamisch, entschieden, abenteuerlustig, aktiv und manchmal impulsiv und ungeduldig.
- ✔ **Erde:** Praktisch, unternehmungslustig, zielorientiert, fähig und manchmal nicht abenteuerlustig.

Um Ihr chinesisches Zeichen festzulegen, suchen Sie Ihr Geburtsdatum in Tabelle 17.2.

Beachten Sie auch, dass die chinesische wie die vedische Astrologie auf dem Mondzyklus basiert. Jedes Jahr beginnt mit dem, was westliche Astrologen als Neumond im Wassermann beschreiben würden. Das Datum für dieses Ereignis ist von Jahr zu Jahr etwas verschieden – und deshalb sind es auch die Daten für die Jahre in dieser Liste.

Erster Tag des Jahres	Element	Zeichen	Erster Tag des Jahres	Element	Zeichen
30.01.1930	Metall	Pferd	31.01.1957	Feuer	Hahn
17.02.1931	Metall	Ziege	18.02.1958	Erde	Hund
06.02.1932	Wasser	Affe	08.02.1959	Erde	Schwein
26.01.1933	Wasser	Hahn	28.01.1960	Metall	Ratte
04.02.1934	Holz	Hund	15.02.1961	Metall	Ochse
04.02.1935	Holz	Schwein	05.02.1962	Wasser	Tiger
24.01.1936	Feuer	Ratte	25.01.1963	Wasser	Hase
11.02.1937	Feuer	Ochse	13.02.1964	Holz	Drache
31.01.1938	Erde	Tiger	02.02.1965	Holz	Schlange
19.02.1939	Erde	Hase	23.01.1966	Feuer	Pferd
08.02.1940	Metall	Drache	09.02.1967	Feuer	Ziege
27.01.1941	Metall	Schlange	30.01.1968	Erde	Affe
30.01.1942	Wasser	Pferd	17.02.1969	Erde	Hahn
05.02.1943	Wasser	Ziege	06.02.1970	Metall	Hund
25.01.1944	Holz	Affe	27.01.1971	Metall	Schwein
13.02.1945	Holz	Hahn	15.02.1972	Wasser	Ratte
02.02.1946	Feuer	Hund	03.02.1973	Wasser	Ochse
22.01.1947	Feuer	Schwein	23.01.1974	Holz	Tiger
10.02.1948	Erde	Ratte	11.02.1975	Holz	Hase
29.01.1949	Erde	Ochse	31.01.1976	Feuer	Drache
17.02.1950	Metall	Tiger	18.02.1977	Feuer	Schlange
06.02.1951	Metall	Hase	07.02.1978	Erde	Pferd
27.01.1952	Wasser	Drache	28.01.1979	Erde	Ziege
14.02.1953	Wasser	Schlange	16.02.1980	Metall	Affe
03.02.1954	Holz	Pferd	05.02.1981	Metall	Hahn
24.01.1955	Holz	Ziege	25.01.1982	Wasser	Hund
12.02.1956	Feuer	Affe	13.02.1983	Wasser	Schwein

Erster Tag des Jahres	Element	Zeichen	Erster Tag des Jahres	Element	Zeichen
02.02.1984	Holz	Ratte	31.01.1995	Holz	Schwein
20.02.1985	Holz	Ochse	19.02.1996	Feuer	Ratte
08.02.1986	Feuer	Tiger	07.02.1997	Feuer	Ochse
29.01.1987	Feuer	Hase	28.01.1998	Erde	Tiger
17.02.1988	Erde	Drache	16.02.1999	Erde	Hase
06.02.1989	Erde	Schlange	05.05.2000	Metall	Drache
27.01.1990	Metall	Pferd	24.01.2001	Metall	Schlange
15.02.1991	Metall	Ziege	12.02.2002	Wasser	Pferd
04.02.1992	Wasser	Affe	01.02.2003	Wasser	Ziege
23.01.1993	Wasser	Hahn	22.01.2004	Holz	Affe
10.02.1994	Holz	Hund	09.02.2005	Holz	Hahn

Tabelle 17.2: Kalender der chinesischen Astrologie

Schauen Sie sich in folgender Liste die Eigenschaften Ihres Jahres an:

- ✔ **Das Jahr der Ratte:** Sie sind charmant, einnehmend, neugierig, unternehmungslustig, geheimnisvoll, unsicher, sorgenvoll in Bezug auf Geld und haben genug Köpfchen, um ganz oben zu landen.
- ✔ **Das Jahr des Ochsen:** Sie sind intelligent, verantwortungsbewusst, vorsichtig, hart arbeitend, hartnäckig, anspruchslos, gedankenvoll, häuslich und absolut sicher, dass Sie richtig liegen.
- ✔ **Das Jahr des Tigers:** Sie sind großzügig und mutig, protzen gern und gehen Risiken ein. Sie sind ein Rebell und ein natürlicher Anführer mit einer Liebe zum Drama, einer Tendenz, Dinge hinauszuzögern und einem starken Verlangen, das Leben zu genießen.
- ✔ **Das Jahr des Hasen:** Sie sind friedvoll, künstlerisch veranlagt, effizient, diplomatisch, misstrauisch, gerissen, egozentrisch, witzig, freundlich, liebenswert, glücklich und ein großartiger Beobachter des menschlichen Daseins.
- ✔ **Das Jahr des Drachen:** Sie sind lebhaft, energisch, entschlossen, engagiert, offen, dominierend und durch und durch strahlend – aber Sie sind auch verurteilend, egoistisch und nicht in der Lage, ein Geheimnis für sich zu behalten.
- ✔ **Das Jahr der Schlange:** Sie sind weise, redegewandt, gefährlich, mysteriös, zurückhaltend, philosophisch, ausweichend, manipulierend, anspruchsvoll, kontrollierend und durch und durch verführerisch.
- ✔ **Das Jahr des Pferdes:** Als ruheloser Abenteurer sind Sie undurchschaubar, großzügig, leidenschaftlich, hilfsbereit, elegant und optimistisch, mit vielen Freunden und einer großen Vielfalt von Interessen.

- ✔ **Das Jahr der Ziege:** Nach außen scheinen Sie lebhaft, romantisch, provokativ und beliebt. Aber unter der Oberfläche sind Sie ängstlich, unsicher und abhängig, mit einem großen Hang zur Spiritualität und großem künstlerischen Flair.
- ✔ **Das Jahr des Affen:** Sie sind clever, erfinderisch, gerissen und nicht in der Lage, mit Zurückweisung umzugehen, außerdem hyperaktiv, produktiv, konkurrenzbezogen, zutiefst erfinderisch, leicht gelangweilt und neugierig ohne Ende.
- ✔ **Das Jahr des Huhns:** Sie sind begeisterungsfähig, talentiert, dickköpfig, eitel und selbstsicher, mit einem lebhaften Sinn für Humor, starken Meinungen und jeder Menge Persönlichkeit, auch wenn Sie nicht der sensibelste Mensch auf Erden sind.
- ✔ **Das Jahr des Hundes:** Sie sind treu, liebevoll, intelligent, lebhaft, ein Mensch der guten Taten und ein großartiger Freund. Aber Sie sind auch pessimistisch, ungeduldig, verletzlich, ängstlich und fürchten Zurückweisung, besonders wenn Sie in der Nacht geboren wurden.
- ✔ **Das Jahr des Schweins:** Jemand muss das gute Leben genießen – warum also nicht Sie? Abgesehen davon, dass Sie hedonistisch und sinnlich sind, sind Sie liebevoll, süß, vergebend, ehrlich und stabil – aber zu leichtgläubig.

Um sich detailliert mit der chinesischen Astrologie zu beschäftigen, besorgen Sie sich *Die chinesische Astrologie* von Suzanne White (oder eins der anderen Bücher von dieser Autorin).

Keltische Astrologie

Schauen Sie sich die Sterne an, die den Tierkreis bevölkern und Sie werden bemerken, dass es mehr als zwölf Konstellationen gibt. Die Konstellation Ophiuchus, der Schlangenträger, tritt in den Raum zwischen Skorpion und Schütze (und Cetus, der Walfisch, obwohl weniger häufig in diesem Kontext erwähnt, kommt unbequem nah an die Fische heran). Also gibt es immer wieder hier und da einen astrologischen Außenseiter, der meint, dass wir 13 astrologische Zeichen haben sollten, die den Konstellationen entsprechen. Aber dies scheint sich nie zu bestätigen – bis auf hier ... oder da. Die keltische Astrologie, wie sie von den alten Druiden angewendet und (unter anderen) von der britischen Astrologin Helen Paterson wiedererweckt wurde, ist ein Mondsystem, das mit 13 Zeichen arbeitet. Diese Zeichen werden nicht durch die Konstellationen, sondern durch einen Zyklus von Baumbildern symbolisiert, die in Tabelle 17.3 aufgelistet sind. (Interpretationen, die Variationen der traditionellen Zeichen sind, werden hier nicht gegeben.

Datum	Zeichen	Standardentsprechung
24. Dezember – 20. Januar	Birke	2°0' Steinbock – 29°59' Steinbock
21. Januar – 17. Februar	Eberesche	0°0' Wassermann – 27°59' Wassermann
18. Februar – 17. März	Traueresche	20°0' Wassermann – 25°59' Fische
18. März – 14. April	Erle	26°0' Fische – 23°59' Widder
15. April – 12. Mai	Weide	24°0' Widder – 20°59' Stier

Datum	Zeichen	Standardentsprechung
13. Mai – 09. Juni	Weißdorn	21°0' Stier – 17°59' Zwillinge
10. Juni – 07. Juli	Eiche	18°0' Zwillinge – 14°59' Krebs
08. Juli – 04. August	Steineiche	15°0' Krebs – 11°59' Löwe
05. August – 01. September	Haselbaum	12°0' Löwe – 8°59' Jungfrau
02. September – 29. September	Weinstock	9°0' Jungfrau – 6°59' Waage
30. September – 27. Oktober	Efeu	7°0' Waage – 4°59' Skorpion
28. Oktober – 24. November	Schlehdorn	5°0' Skorpion – 2°59' Schütze
25. November – 23. Dezember	Holunder	3°0' Schütze – 1°59' Steinbock

Tabelle 17.3: Die keltischen Zeichen

Für einen detaillierteren Blick auf die keltische Astrologie schauen Sie sich das Buch *Keltische Astrologie* der britischen Astrologin Helena Paterson an.

Präkolumbische Astrologie

Wollen Sie einen Kalender sehen, der vollkommen anders ist als unserer? Ein System, das derart verschieden ist, dass man sich kaum vorstellen kann, wo es herkommt? Willkommen im Alten Amerika, wo vor mehr als zweitausend Jahren die Astronomen der Maya begannen, ihre Tage nach einem 260-Tage-Kalender zu zählen.

Dieser Kalender wurde zwar hier und dort verändert, aber er wird immer noch eingesetzt. Er umfasst eine sich wiederholende 20-Tage-Sequenz gleichzeitig mit einer von 1 bis 13 nummerierten Sequenz. Die 20-Tage-Sequenz wiederholt sich dreizehnmal, die 13-Tage-Sequenz wiederholt sich zwanzigmal, und nach 260 Tagen rollt der kosmische Wegstreckenzähler zurück an den Anfang und beginnt von neuem. Ihr »Zeichen« in diesem System ist der nummerierte Tag – Ihr Tageszeichen – der Ihre Persönlichkeit beschreibt. Vielleicht wurden Sie wie Vincent van Gogh an 8-Blume geboren und sind wie er künstlerisch begabt, unpraktisch und ungeschickt in Gesellschaft. Vielleicht ist Ihr Zeichen wie das des US-Präsidenten Bill Clinton 5-Wasser (emotional, dominierend) oder Ihr Tageszeichen ist 11-Affe (wie das eines engen Freundes von mir), was Sie clever, fragend und unersättlich nach Aufmerksamkeit macht. Es gibt 260 solcher Kombinationen. Die 20 Tageszeichen sind in Tabelle 17.4 aufgelistet.

Alligator	Tod	Affe	Geier
Wind	Wild	Gras	Erdbeben
Haus	Hase	Schilf	Messer
Eidechse	Wasser	Ozelot	Regen
Schlange	Hund	Adler	Blume

Tabelle 17.4: Die präkolumbischen Tageszeichen

Das Tageszeichen ist wichtig, aber nicht alles, was das präkolumbische System zu bieten hat. Die 13- und 20-Tage-Zyklen wiederholen sich endlos, aber andere Sequenzen schalten sich dazwischen. Unter ihnen sind eine 9-Tage-Sequenz, eine 7.200-Tage-Sequenz, die als Katun bekannt ist, eine 52-Jahre-Sequenz (so lange dauert es, bis sich das Jahr aus 260 Tagen und das Jahr aus 365 Tagen abgleichen) und eine 5.125-Jahre-Sequenz, die als die Lange Zählung bekannt ist und am 21. Dezember 2012 endet. Ebenso wichtig ist der 584-Tage-Zyklus der Venus, den Astronomen in Mexiko und anderen mittelamerikanischen Ländern mit der gefederten Schlange Quetzalcoatl verbinden.

Diese Faktoren spielen auch in den präkolumbischen Horoskopen eine Rolle, die von dem Astrologen Bruce Scofield in eine moderne Form rekonstruiert wurden, mit Hilfe von Informationen aus alten Texten, Dokumenten und den Niederschriften von Archäologen und Astronomen. In seinen Horoskopen – die auf der im nächsten Abschnitt erwähnten Website verfügbar sind – zieht er unter anderem die Bedeutung Ihres Geburtsjahrs, den 9-Tage-Zyklus, der Ihre dunkle Seite beschreibt und die Phasen der Venus in Betracht, die beeinflussen, wie Sie sich anderen gegenüber verhalten.

Zwei englische Bücher sind zu diesem Thema von Bruce Scofield erhältlich: *Day-Signs: Native American Astrology From Ancient Mexico* und *Signs of Time: An Introduction to Meso American Astrology* (One Reed Publications). Oder werfen Sie einen Blick auf die Website von One Reed unter `www.onereed.com`, auf der Sie eine kostenlose Minianalyse unter Verwendung der Astrologie der Mayas und Azteken erhalten können sowie eine umfangreiche Analyse gegen Gebühr. Die präkolumbische Astrologie ist ein unvergleichbares System und dies ist eine faszinierende Website. Schauen Sie sich diese an.

Teil VII

Anhänge

»Ich gebe Ihnen einen Tipp. Vergessen Sie die Analyse der Rennen – versuchen Sie, das Geburtshoroskop des Pferdes zu bekommen.«

In diesem Teil...

Hier ist der Ort, an dem Sie all die Informationen finden, die Sie brauchen, um Ihr eigenes Horoskop zu berechnen. Mit Hilfe von Anhang A können Sie Ihren Aszendenten schätzen (auch als aufsteigendes Zeichen bekannt). In Anhang B können Sie die Positionen der Sonne, des Mondes, der Planeten, der Mondknoten und sogar des Asteroiden Chiron für die Jahre von 1930 bis 2005 nachschlagen. Anhang C bietet Ihnen die Grafiken, die Sie benötigen, um diese Informationen aufzuzeichnen und eine doppelte, leere Horoskopgrafik für den Vergleich von Horoskopen. Beide können von Hand oder mit einem Kopierer kopiert werden.

Ihren Aszendenten bestimmen: So geht's

A

Ihr Aszendent – das Tierkreiszeichen, das im Moment Ihrer Geburt am Horizont aufstieg – ist ein wichtiger Teil Ihres Geburtshoroskops. Aber die Berechnung Ihres Aszendenten erfordert die komplette astrologische Ausrüstung, darunter einen Atlas, eine Häusertabelle und ein Buch, das Ihnen sagt, ob Sie während der Sommerzeit, der Kriegszeit, oder der Winterzeit geboren wurden. Ohne all dies tappen Sie im Dunklen.

Zum Glück gibt es einige einfache Methoden, um Ihren genauen Aszendenten in Sekundenschnelle zu erhalten: Wenden Sie sich an einen professionellen Astrologen oder besuchen Sie eine Website wie `www.astrodienst.ch` oder `www.astrologix.de`.

In der Zwischenzeit können Sie Ihren Aszendenten, der auch aufsteigendes Zeichen genannt wird, mit Hilfe von Tabelle A.1 schätzen. Suchen Sie zunächst Ihre Geburtszeit in der fett gedruckten horizontalen Zeile ganz oben in der folgenden Tabelle auf dieser oder der nächsten Seite. Suchen Sie dann Ihr Sonnenzeichen in der Spalte auf der linken Seite. Der Punkt, an dem die zwei Reihen sich überschneiden, zeigt Ihr aufsteigendes Zeichen. Denken Sie daran: Wenn Sie während der Sommerzeit geboren wurden, die von Ende März bis Ende Oktober verwendet wird, müssen Sie eine Stunde von Ihrer Geburtszeit abziehen.

Sonnenzeichen	4.00 – 6.00 Uhr	6.00 – 8.00 Uhr	8.00 – 10.00 Uhr	10.00 – 12.00 Uhr	12.00 – 14.00 Uhr	14.00 – 16.00 Uhr
Widder	Widder	Stier	Zwillinge	Krebs	Löwe	Jungfrau
Stier	Stier	Zwillinge	Krebs	Löwe	Jungfrau	Waage
Zwillinge	Zwillinge	Krebs	Löwe	Jungfrau	Waage	Skorpion
Krebs	Krebs	Löwe	Jungfrau	Waage	Skorpion	Schütze
Löwe	Löwe	Jungfrau	Waage	Skorpion	Schütze	Steinbock
Jungfrau	Jungfrau	Waage	Skorpion	Schütze	Steinbock	Wassermann
Waage	Waage	Skorpion	Schütze	Steinbock	Wassermann	Fische
Skorpion	Skorpion	Schütze	Steinbock	Wassermann	Fische	Widder
Schütze	Schütze	Steinbock	Wassermann	Fische	Widder	Stier
Steinbock	Steinbock	Wassermann	Fische	Widder	Stier	Zwillinge
Wassermann	Wassermann	Fische	Widder	Stier	Zwillinge	Krebs
Fische	Fische	Widder	Stier	Zwillinge	Krebs	Löwe

Sonnenzeichen	16.00 – 18.00 Uhr	18.00 – 20.00 Uhr	20.00 – 22.00 Uhr	22.00 – 0.00 Uhr	0.00 – 2.00 Uhr	2.00 – 4.00 Uhr
Widder	Waage	Skorpion	Schütze	Steinbock	Wassermann	Fische
Stier	Skorpion	Schütze	Steinbock	Wassermann	Fische	Widder
Zwillinge	Schütze	Steinbock	Wassermann	Fische	Widder	Stier
Krebs	Steinbock	Wassermann	Fische	Widder	Stier	Zwillinge
Löwe	Wassermann	Fische	Widder	Stier	Zwillinge	Krebs
Jungfrau	Fische	Widder	Stier	Zwillinge	Krebs	Löwe
Waage	Widder	Stier	Zwillinge	Krebs	Löwe	Jungfrau
Skorpion	Stier	Zwillinge	Krebs	Löwe	Jungfrau	Waage
Schütze	Zwillinge	Krebs	Löwe	Jungfrau	Waage	Skorpion
Steinbock	Krebs	Löwe	Jungfrau	Waage	Skorpion	Schütze
Wassermann	Löwe	Jungfrau	Waage	Skorpion	Schütze	Steinbock
Fische	Jungfrau	Waage	Skorpion	Schütze	Steinbock	Wassermann

Tabelle A.1: Ihren Aszendenten bestimmen

Nehmen wir die US-Autorin Judy Blume (»Sommerschwestern«), die am 12. Februar 1938 um 21.59 in Elizabeth, New Jersey als Wassermann geboren wurde. Suchen Sie ihr Sonnenzeichen (Wassermann) in der linken Spalte. Fahren Sie nun mit Ihrem Finger die Wassermannreihe entlang, bis Sie die Spalte 20.00 – 22.00 Uhr erreichen. Dieser Kasten zeigt, dass Frau Blume den Aszendenten Waage hat. Genaue Kalkulationen stimmen dem zu, wie Sie in Abbildung A.1 sehen können.

Aber hier ist das Problem: Oft stimmen die Berechnungen nicht mit den Ergebnissen in dieser Tabelle überein. Erstens dreht sich die Erde in einem Winkel um die Sonne und deshalb brauchen einige Zeichen (wie die Zwillinge) länger, um am Horizont aufzusteigen als andere (wie die Fische). Die Zwei-Stunden-Blöcke, in die ich den Tag aufgeteilt habe, sind also künstlich angeglichen. Zweitens macht die geographische Lage einen Unterschied. Stellen Sie sich zwei Babys vor, die am 1. Januar 2001 um 11.00 Uhr in New England geboren werden. Das Baby, das in Portland, Maine, geboren wird, hat den Aszendenten Widder, wie nach der Tabelle vorgesehen. Aber die Erde ist rund und einige hundert Kilometer davon entfernt, in Hartford, Connecticut, muss der Widder noch am Horizont aufsteigen. Dieses Kind hat den Aszendenten Fische.

Wenn Sie also diese Tabelle verwenden, sollten Sie wissen, dass Sie ihr nicht voll vertrauen können. In mehr als der Hälfte der Fälle trifft sie absolut zu. Aber für den Rest stimmt sie nicht, in der Regel um ein Zeichen. Wenn sich das Zeichen, das Sie als Aszendent finden, also nicht richtig anhört, ziehen Sie die Zeichen daneben in Betracht. Eins von ihnen ist wahrscheinlich zutreffend.

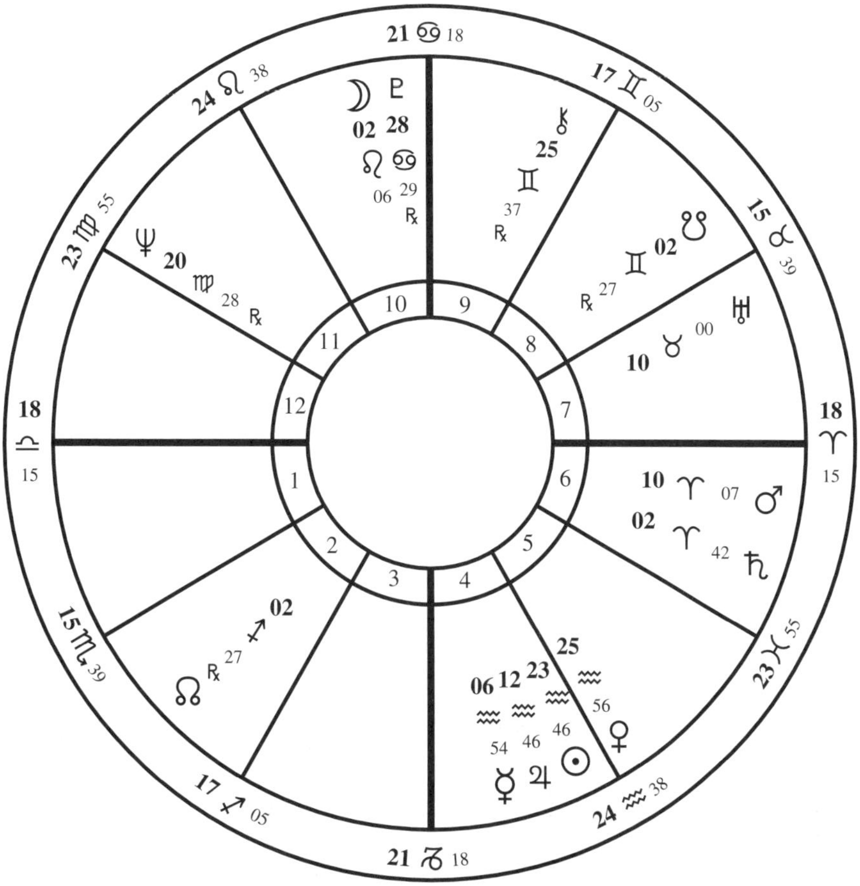

Abbildung A.1: Judy Blumes Horoskop

Nachdem Sie Ihren Aszendenten geschätzt haben, können Sie ein Horoskop erstellen.

1. **Kopieren Sie die leere Horoskopgrafik in Anhang C.**
2. **Fügen Sie das Symbol für Ihren Aszendenten in die 9-Uhr-Position ein.**

   Die Schummelseite am Anfang des Buches beinhaltet eine Liste aller Symbole.
3. **Gegen die Uhrzeigerrichtung tragen Sie nacheinander jedes Zeichen ein.**

   Wenn Sie wie Judy Blume den Aszendenten Waage haben, ist der Skorpion an der Spitze des zweiten Hauses (bei 8 Uhr), der Schütze an der Spitze des dritten Hauses (bei 7 Uhr) usw.

Ihr Horoskop sollte in etwa so wie in Abbildung A.2 aussehen.

Um sicherzugehen, dass Ihr Aszendent zutrifft, platzieren Sie Ihre Sonne in das entsprechende Haus und denken Sie an die Tageszeit, in der Sie geboren wurden. Wo war die Sonne? Ihre Position am Himmel reflektiert ihre Position in Ihrem Horoskop. Stellen Sie sich vor, dass die Achse Aszendent/Deszendent, die direkt von 9 Uhr bis 3 Uhr über Ihr Horoskop verläuft, der Horizont der Erde ist. Wenn Sie in der Morgendämmerung geboren wurden, war die Sonne am Horizont und in der Nähe Ihres Aszendenten. Um die Mittagszeit steht die Sonne hoch am Himmel, oben in Ihrem Horoskop und nicht in der Nähe des Horizonts. Stattdessen ist sie in der Nähe der zehnten Häuserspitze. Bei Sonnenuntergang ist die Sonne wieder am Horizont, diesmal in der Nähe Ihres Deszendenten, der Spitze des siebten Hauses. Und um Mitternacht ist die Sonne unterhalb des Horizonts, am Nadir, ganz unten in Ihrem Horoskop.

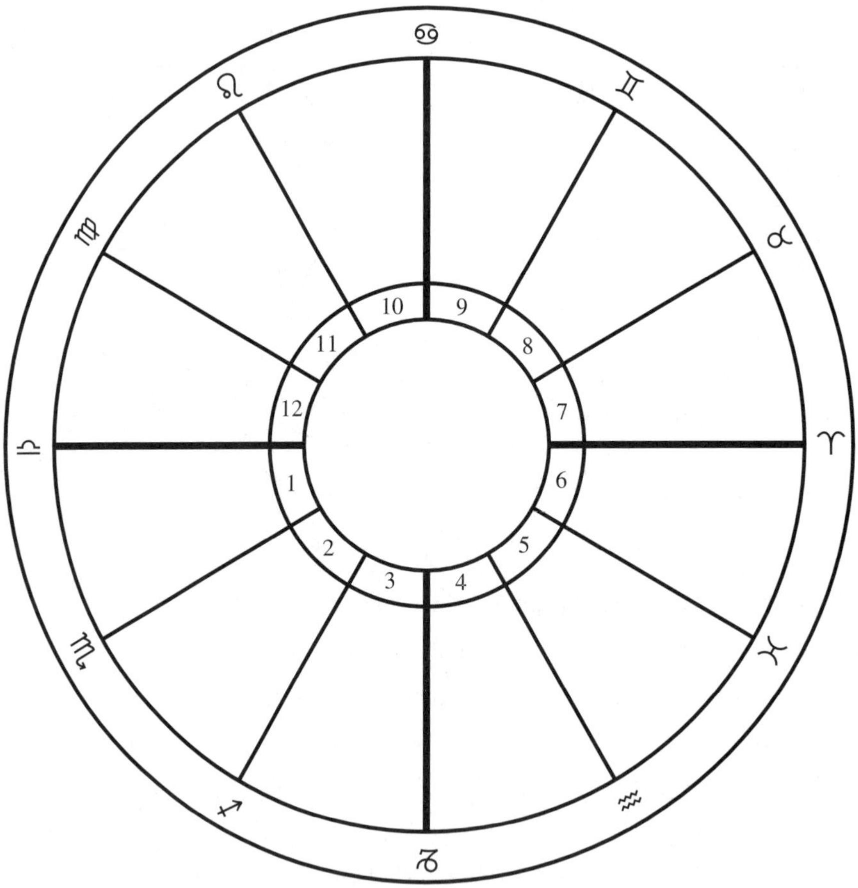

Abbildung A.2: Leeres Horoskop

Planetentabellen

B

Dieser Anhang gibt Ihnen die Positionen in den Zeichen für die Sonne, den Mond, die Planeten, die Mondknoten und den Asteroiden Chiron zwischen 1930 und 2005.

In den Tabellen finden Sie Tag und Uhrzeit für jeden Übergang (oder *Ingressus*) in ein neues Zeichen von jedem dieser Himmelskörper. Die Tabellen sind in dieser Reihenfolge:

- ✔ Tabelle B.1: Sonne
- ✔ Tabelle B.2: Mond
- ✔ Tabelle B.3: Mondknoten
- ✔ Tabelle B.4: Merkur
- ✔ Tabelle B.5: Venus
- ✔ Tabelle B.6: Mars
- ✔ Tabelle B.7: Jupiter
- ✔ Tabelle B.8: Saturn
- ✔ Tabelle B.9: Uranus
- ✔ Tabelle B.10: Neptun
- ✔ Tabelle B.11: Pluto
- ✔ Tabelle B.12: Chiron

Die erste Spalte jeder Tabelle listet die Symbole für das jeweilige Zeichen auf, in das der Planet eintritt. (Die Schummelseite am Anfang dieses Buches listet die Symbole auf.) Die zweite Spalte gibt den Tag an, an dem der Planet in dieses Zeichen übergeht. Die dritte Spalte zeigt die Uhrzeit, zu welcher der Übergang stattfindet.

Alle Zeiten beziehen sich auf die Mitteleuropäische Zeit. Das bedeutet, dass Sie die Zeiten entsprechend anpassen müssen, wenn Sie nicht in dieser Zeitzone geboren wurden. Wenn Sie z.B. in den USA unter der Eastern Standard Time geboren wurden, müssen Sie sechs Stunden abziehen. Nachfolgend finden Sie eine partielle Liste der Anpassungen, die Sie vornehmen müssen, abhängig von Ihrem Geburtsort:

Wenn Sie in diesen Zeitzonen/Ländern geboren wurden	müssen Sie Folgendes tun:
Eastern Standard Time	6 Stunden abziehen
Central Standard Time	7 Stunden abziehen
Mountain Standard Time	8 Stunden abziehen
Pacific Standard Time	9 Stunden abziehen
Brasilien (der größte Teil) und Argentinien	4 Stunden abziehen
Britische Inseln oder Westafrika	1 Stunde abziehen
Mittlerer Osten, Norwegen, Südafrika	1 Stunde zuzählen
Indien	4 ½ Stunden zuzählen
China	7 Stunden zuzählen
Australien	6 – 9 Stunden zuzählen

Und denken Sie auch an die Sommerzeit. Wenn Sie zur Zeit Ihrer Geburt aktiv war oder wenn Sie die aktuelle Position der Planeten während der Sommerzeit suchen, müssen Sie eine zusätzliche Stunde abziehen. Die Sommerzeit gilt in der Regel von Ende März bis Ende Oktober.

Beachten Sie außerdem, dass alle Tabellen in diesem Anhang die Jahre 1930 bis 2005 abdecken, auch wenn es nicht so aussieht. Die Neptuntabelle (B.10) z.B. beginnt im Jahre 1942 mit dem Eintritt Neptuns in die Waage am 3. Oktober. Das bedeutet, dass Neptun zwischen 1930 und dem 2. Oktober 1942 im vorigen Zeichen stand – der Jungfrau. Ganz ähnlich dazu ist der letzte Eintrag für Neptun 1998, als Neptun am 28. Januar in den Wassermann trat, am 22. August zurück zum Steinbock ging (beachten Sie das R bei diesem Eintrag, das anzeigt, dass der Planet an diesem Tag rückläufig war) und am 27. November zum Wassermann zurückkehrte, wo er bis weit nach 2005 verweilen wird. Also sind keine weiteren Einträge verzeichnet.

Tabelle B.1: Sonne

1930			1934			1938			1942			1946		
♒	20. Jan	19:33	♒	20. Jan	18:37	♒	20. Jan	17:59	♒	20. Jan	17:24	♒	20. Jan	16:45
♓	19. Feb	10:00	♓	19. Feb	9:02	♓	19. Feb	8:20	♓	19. Feb	7:47	♓	19. Feb	7:09
♈	21. Mrz	9:30	♈	21. Mrz	8:28	♈	21. Mrz	7:43	♈	21. Mrz	7:11	♈	21. Mrz	6:33
♉	20. Apr	21:06	♉	20. Apr	20:00	♉	20. Apr	19:15	♉	20. Apr	18:39	♉	20. Apr	18:02
♊	21. Mai	20:42	♊	21. Mai	19:35	♊	21. Mai	18:50	♊	21. Mai	18:09	♊	21. Mai	17:34
♋	22. Jun	4:53	♋	22. Jun	3:48	♋	22. Jun	3:04	♋	22. Jun	2:16	♋	22. Jun	1:44
♌	23. Jul	15:42	♌	23. Jul	14:42	♌	23. Jul	13:57	♌	23. Jul	13:07	♌	23. Jul	12:37
♍	23. Aug	22:26	♍	23. Aug	21:32	♍	23. Aug	20:46	♍	23. Aug	19:58	♍	23. Aug	19:26
♎	23. Sep	19:36	♎	23. Sep	18:45	♎	23. Sep	18:00	♎	23. Sep	17:16	♎	23. Sep	16:41
♏	24. Okt	4:26	♏	24. Okt	3:36	♏	24. Okt	2:54	♏	24. Okt	2:15	♏	24. Okt	1:35
♐	22. Nov	1:34	♐	23. Nov	0:44	♐	23. Nov	0:06	♐	22. Nov	23:30	♐	22. Nov	22:46
♑	22. Dez	14:40	♑	22. Dez	13:49	♑	22. Dez	13:13	♑	22. Dez	12:40	♑	22. Dez	11:53
1931			1935			1939			1943			1947		
♒	21. Jan	1:18	♒	21. Jan	0:28	♒	20. Jan	23:51	♒	20. Jan	23:19	♒	20. Jan	22:32
♓	19. Feb	15:40	♓	19. Feb	14:52	♓	19. Feb	14:09	♓	19. Feb	13:40	♓	19. Feb	12:52
♈	21. Mrz	15:06	♈	21. Mrz	14:18	♈	21. Mrz	13:28	♈	21. Mrz	13:03	♈	21. Mrz	12:13
♉	21. Apr	2:40	♉	21. Apr	1:50	♉	21. Apr	0:55	♉	21. Apr	0:32	♉	20. Apr	23:39
♊	22. Mai	2:15	♊	22. Mai	1:25	♊	22. Mai	0:27	♊	22. Mai	0:03	♊	21. Mai	23:09
♋	22. Jun	10:28	♋	22. Jun	9:38	♋	22. Jun	8:39	♋	22. Jun	8:12	♋	22. Jun	7:19
♌	23. Jul	21:21	♌	23. Jul	20:33	♌	23. Jul	19:37	♌	23. Jul	19:05	♌	23. Jul	18:14
♍	24. Aug	4:10	♍	24. Aug	3:24	♍	24. Aug	2:31	♍	24. Aug	1:55	♍	24. Aug	1:09
♎	24. Sep	1:23	♎	24. Sep	0:38	♎	23. Sep	23:49	♎	23. Sep	23:12	♎	23. Sep	22:29
♏	24. Okt	10:16	♏	24. Okt	9:29	♏	24. Okt	8:46	♏	24. Okt	8:08	♏	24. Okt	7:26
♐	23. Nov	7:25	♐	23. Nov	6:35	♐	23. Nov	5:59	♐	23. Nov	5:22	♐	23. Nov	4:38
♑	22. Dez	20:30	♑	22. Dez	19:37	♑	22. Dez	19:06	♑	22. Dez	18:29	♑	22. Dez	17:43
1932			1936			1940			1944			1948		
♒	21. Jan	7:07	♒	21. Jan	6:12	♒	21. Jan	5:44	♒	21. Jan	5:07	♒	21. Jan	4:18
♓	19. Feb	21:28	♓	19. Feb	20:33	♓	19. Feb	20:04	♓	19. Feb	19:27	♓	19. Feb	18:37
♈	20. Mrz	20:54	♈	20. Mrz	19:58	♈	20. Mrz	19:24	♈	20. Mrz	18:49	♈	20. Mrz	17:57
♉	20. Apr	8:28	♉	20. Apr	7:31	♉	20. Apr	6:51	♉	20. Apr	6:18	♉	20. Apr	5:25
♊	21. Mai	8:07	♊	21. Mai	7:07	♊	21. Mai	6:23	♊	21. Mai	5:51	♊	21. Mai	4:58
♋	21. Jun	16:23	♋	21. Jun	15:22	♋	21. Jun	14:36	♋	21. Jun	14:02	♋	21. Jun	13:11
♌	23. Jul	3:18	♌	23. Jul	2:18	♌	23. Jul	1:34	♌	23. Jul	0:56	♌	23. Jul	0:08
♍	23. Aug	10:06	♍	23. Aug	9:11	♍	23. Aug	8:29	♍	23. Aug	7:46	♍	23. Aug	7:03
♎	23. Sep	7:16	♎	23. Sep	6:26	♎	23. Sep	5:46	♎	23. Sep	5:02	♎	23. Sep	4:22
♏	23. Okt	16:04	♏	23. Okt	15:18	♏	23. Okt	14:39	♏	23. Okt	13:56	♏	23. Okt	13:18
♐	22. Nov	13:10	♐	22. Nov	12:25	♐	22. Nov	11:49	♐	22. Nov	11:08	♐	22. Nov	10:29
♑	22. Dez	2:14	♑	22. Dez	1:27	♑	22. Dez	0:55	♑	22. Dez	0:15	♑	21. Dez	23:33
1933			1937			1941			1945			1949		
♒	20. Jan	12:53	♒	20. Jan	12:01	♒	20. Jan	11:34	♒	20. Jan	10:54	♒	20. Jan	10:09
♓	19. Feb	3:16	♓	19. Feb	2:21	♓	19. Feb	1:56	♓	19. Feb	1:15	♓	19. Feb	0:27
♈	21. Mrz	2:43	♈	21. Mrz	1:45	♈	21. Mrz	1:20	♈	21. Mrz	0:37	♈	20. Mrz	23:48
♉	20. Apr	14:18	♉	20. Apr	13:19	♉	20. Apr	12:50	♉	20. Apr	12:07	♉	20. Apr	11:17
♊	21. Mai	13:57	♊	21. Mai	12:57	♊	21. Mai	12:23	♊	21. Mai	11:40	♊	21. Mai	10:51
♋	21. Jun	22:12	♋	21. Jun	21:12	♋	21. Jun	20:33	♋	21. Jun	19:52	♋	21. Jun	19:03
♌	23. Jul	9:05	♌	23. Jul	8:07	♌	23. Jul	7:26	♌	23. Jul	6:45	♌	23. Jul	5:57
♍	23. Aug	15:52	♍	23. Aug	14:58	♍	23. Aug	14:17	♍	23. Aug	13:35	♍	23. Aug	12:48
♎	23. Sep	13:01	♎	23. Sep	12:13	♎	23. Sep	11:33	♎	23. Sep	10:50	♎	23. Sep	10:06
♏	23. Okt	21:48	♏	23. Okt	21:07	♏	23. Okt	20:27	♏	23. Okt	19:44	♏	23. Okt	19:03
♐	22. Nov	18:53	♐	22. Nov	18:17	♐	22. Nov	17:38	♐	22. Nov	16:55	♐	22. Nov	16:16
♑	22. Dez	7:58	♑	22. Dez	7:22	♑	22. Dez	6:44	♑	22. Dez	6:04	♑	22. Dez	5:23

Tabelle B.1: Sonne (Fortsetzung)

1950			1954			1958			1962			1966		
♒	20. Jan	16:00	♒	20. Jan	15:11	♒	20. Jan	14:28	♒	20. Jan	13:58	♒	20. Jan	13:20
♓	19. Feb	6:18	♓	19. Feb	5:32	♓	19. Feb	4:48	♓	19. Feb	4:15	♓	19. Feb	3:38
♈	21. Mrz	5:35	♈	21. Mrz	4:53	♈	21. Mrz	4:06	♈	21. Mrz	3:30	♈	21. Mrz	2:53
♉	20. Apr	16:59	♉	20. Apr	16:20	♉	20. Apr	15:27	♉	20. Apr	14:51	♉	20. Apr	14:12
♊	21. Mai	16:27	♊	21. Mai	15:47	♊	21. Mai	14:51	♊	21. Mai	14:17	♊	21. Mai	13:32
♋	22. Jun	0:36	♋	21. Jun	23:54	♋	21. Jun	22:57	♋	21. Jun	22:24	♋	21. Jun	21:33
♌	23. Jul	11:30	♌	23. Jul	10:45	♌	23. Jul	9:50	♌	23. Jul	9:18	♌	23. Jul	8:23
♍	23. Aug	18:23	♍	23. Aug	17:36	♍	23. Aug	16:46	♍	23. Aug	16:12	♍	23. Aug	15:18
♎	23. Sep	15:44	♎	23. Sep	14:55	♎	23. Sep	14:09	♎	23. Sep	13:35	♎	23. Sep	12:43
♏	24. Okt	0:45	♏	23. Okt	23:56	♏	23. Okt	23:11	♏	23. Okt	22:40	♏	23. Okt	21:51
♐	22. Nov	22:03	♐	22. Nov	21:14	♐	22. Nov	20:29	♐	22. Nov	20:02	♐	22. Nov	19:14
♑	22. Dez	11:13	♑	22. Dez	10:24	♑	22. Dez	9:40	♑	22. Dez	9:15	♑	22. Dez	8:28

1951			1955			1959			1963			1967		
♒	20. Jan	21:52	♒	20. Jan	21:02	♒	20. Jan	20:19	♒	20. Jan	19:54	♒	20. Jan	19:08
♓	19. Feb	12:10	♓	19. Feb	11:19	♓	19. Feb	10:38	♓	19. Feb	10:09	♓	19. Feb	9:24
♈	21. Mrz	11:26	♈	21. Mrz	10:35	♈	21. Mrz	9:55	♈	21. Mrz	9:20	♈	21. Mrz	8:37
♉	20. Apr	22:48	♉	20. Apr	21:58	♉	20. Apr	21:17	♉	20. Apr	20:36	♉	20. Apr	19:55
♊	21. Mai	22:15	♊	21. Mai	21:24	♊	21. Mai	20:42	♊	21. Mai	19:58	♊	21. Mai	19:18
♋	22. Jun	6:25	♋	22. Jun	5:31	♋	22. Jun	4:50	♋	22. Jun	4:04	♋	22. Jun	3:23
♌	23. Jul	17:21	♌	23. Jul	16:25	♌	23. Jul	15:45	♌	23. Jul	14:59	♌	23. Jul	14:16
♍	24. Aug	0:16	♍	23. Aug	23:19	♍	23. Aug	22:44	♍	23. Aug	21:58	♍	23. Aug	21:12
♎	23. Sep	21:37	♎	23. Sep	20:41	♎	23. Sep	20:08	♎	23. Sep	19:24	♎	23. Sep	18:38
♏	24. Okt	6:36	♏	24. Okt	5:43	♏	24. Okt	5:11	♏	24. Okt	4:29	♏	24. Okt	3:44
♐	23. Nov	3:51	♐	23. Nov	3:01	♐	23. Nov	2:27	♐	23. Nov	1:49	♐	23. Nov	1:04
♑	22. Dez	17:00	♑	22. Dez	16:11	♑	22. Dez	15:34	♑	22. Dez	15:02	♑	22. Dez	14:16

1952			1956			1960			1964			1968		
♒	21. Jan	3:38	♒	21. Jan	2:48	♒	21. Jan	2:10	♒	21. Jan	1:41	♒	21. Jan	0:54
♓	19. Feb	17:57	♓	19. Feb	17:05	♓	19. Feb	16:26	♓	19. Feb	15:57	♓	19. Feb	15:09
♈	20. Mrz	17:14	♈	20. Mrz	16:20	♈	20. Mrz	15:43	♈	20. Mrz	15:10	♈	20. Mrz	14:22
♉	20. Apr	4:37	♉	20. Apr	3:43	♉	20. Apr	3:06	♉	20. Apr	2:27	♉	20. Apr	1:41
♊	21. Mai	4:04	♊	21. Mai	3:13	♊	21. Mai	2:34	♊	21. Mai	1:50	♊	21. Mai	1:06
♋	21. Jun	12:13	♋	21. Jun	11:24	♋	21. Jun	10:42	♋	21. Jun	9:57	♋	21. Jun	9:13
♌	22. Jul	23:07	♌	22. Jul	22:20	♌	22. Jul	21:37	♌	22. Jul	20:53	♌	22. Jul	20:07
♍	23. Aug	6:03	♍	23. Aug	5:15	♍	23. Aug	4:34	♍	23. Aug	3:51	♍	23. Aug	3:03
♎	23. Sep	3:24	♎	23. Sep	2:35	♎	23. Sep	1:59	♎	23. Sep	1:17	♎	23. Sep	0:26
♏	23. Okt	12:22	♏	23. Okt	11:34	♏	23. Okt	11:02	♏	23. Okt	10:21	♏	23. Okt	9:30
♐	22. Nov	9:36	♐	22. Nov	8:50	♐	22. Nov	8:18	♐	22. Nov	7:39	♐	22. Nov	6:49
♑	21. Dez	22:43	♑	21. Dez	21:59	♑	21. Dez	21:26	♑	21. Dez	20:50	♑	21. Dez	20:00

1953			1957			1961			1965			1969		
♒	20. Jan	9:21	♒	20. Jan	8:39	♒	20. Jan	8:01	♒	20. Jan	7:29	♒	20. Jan	6:38
♓	18. Feb	23:41	♓	18. Feb	22:58	♓	18. Feb	22:16	♓	18. Feb	21:48	♓	18. Feb	20:55
♈	20. Mrz	23:01	♈	20. Mrz	22:16	♈	20. Mrz	21:32	♈	20. Mrz	21:05	♈	20. Mrz	20:08
♉	20. Apr	10:25	♉	20. Apr	9:41	♉	20. Apr	8:55	♉	20. Apr	8:26	♉	20. Apr	7:27
♊	21. Mai	9:53	♊	21. Mai	9:10	♊	21. Mai	8:22	♊	21. Mai	7:50	♊	21. Mai	6:50
♋	21. Jun	18:00	♋	21. Jun	17:21	♋	21. Jun	16:30	♋	21. Jun	15:56	♋	21. Jun	14:55
♌	23. Jul	4:52	♌	23. Jul	4:15	♌	23. Jul	3:24	♌	23. Jul	2:48	♌	23. Jul	1:48
♍	23. Aug	11:45	♍	23. Aug	11:08	♍	23. Aug	10:19	♍	23. Aug	9:43	♍	23. Aug	8:43
♎	23. Sep	9:06	♎	23. Sep	8:26	♎	23. Sep	7:42	♎	23. Sep	7:06	♎	23. Sep	6:07
♏	23. Okt	18:06	♏	23. Okt	17:24	♏	23. Okt	16:47	♏	23. Okt	16:10	♏	23. Okt	15:11
♐	22. Nov	15:22	♐	22. Nov	14:39	♐	22. Nov	14:08	♐	22. Nov	13:29	♐	22. Nov	12:31
♑	22. Dez	4:31	♑	22. Dez	3:49	♑	22. Dez	3:19	♑	22. Dez	2:40	♑	22. Dez	1:44

Tabelle B.1: Sonne (Fortsetzung)

	1970		1974		1978		1982		1986	
♒	20. Jan	12:24	20. Jan	11:46	20. Jan	11:04	20. Jan	10:31	20. Jan	9:46
♓	19. Feb	2:42	19. Feb	1:59	19. Feb	1:21	19. Feb	0:47	18. Feb	23:58
♈	21. Mrz	1:56	21. Mrz	1:07	21. Mrz	0:34	20. Mrz	23:56	20. Mrz	23:03
♉	20. Apr	13:15	20. Apr	12:19	20. Apr	11:50	20. Apr	11:07	20. Apr	10:12
♊	21. Mai	12:37	21. Mai	11:36	21. Mai	11:08	21. Mai	10:23	21. Mai	9:28
♋	21. Jun	20:43	21. Jun	19:38	21. Jun	19:10	21. Jun	18:23	21. Jun	17:30
♌	23. Jul	7:37	23. Jul	6:30	23. Jul	6:00	23. Jul	5:15	23. Jul	4:24
♍	23. Aug	14:34	23. Aug	13:29	23. Aug	12:57	23. Aug	12:15	23. Aug	11:26
♎	23. Sep	11:59	23. Sep	10:58	23. Sep	10:25	23. Sep	9:46	23. Sep	8:59
♏	23. Okt	21:04	23. Okt	20:11	23. Okt	19:37	23. Okt	18:58	23. Okt	18:14
♐	22. Nov	18:25	22. Nov	17:38	22. Nov	17:05	22. Nov	16:23	22. Nov	15:44
♑	22. Dez	7:36	22. Dez	6:56	22. Dez	6:21	22. Dez	5:38	22. Dez	5:02

	1971		1975		1979		1983		1987	
♒	20. Jan	18:13	20. Jan	17:36	20. Jan	17:00	20. Jan	16:17	20. Jan	15:40
♓	19. Feb	8:27	19. Feb	7:50	19. Feb	7:13	19. Feb	6:31	19. Feb	5:50
♈	21. Mrz	7:38	21. Mrz	6:57	21. Mrz	6:22	21. Mrz	5:39	21. Mrz	4:52
♉	20. Apr	18:54	20. Apr	18:07	20. Apr	17:35	20. Apr	16:50	20. Apr	15:58
♊	21. Mai	18:15	21. Mai	17:24	21. Mai	16:54	21. Mai	16:06	21. Mai	15:10
♋	22. Jun	2:20	22. Jun	1:26	22. Jun	0:56	22. Jun	0:09	21. Jun	23:11
♌	23. Jul	13:15	23. Jul	12:22	23. Jul	11:49	23. Jul	11:04	23. Jul	10:06
♍	23. Aug	20:15	23. Aug	19:24	23. Aug	18:47	23. Aug	18:07	23. Aug	17:10
♎	23. Sep	17:45	23. Sep	16:55	23. Sep	16:16	23. Sep	15:42	23. Sep	14:45
♏	24. Okt	2:53	24. Okt	2:06	24. Okt	1:28	24. Okt	0:54	24. Okt	0:01
♐	23. Nov	0:14	22. Nov	23:31	22. Nov	22:54	22. Nov	22:18	22. Nov	21:29
♑	22. Dez	13:24	22. Dez	12:46	22. Dez	12:10	22. Dez	11:30	22. Dez	10:46

	1972		1976		1980		1984		1988	
♒	20. Jan	23:59	20. Jan	23:25	20. Jan	22:49	20. Jan	22:05	20. Jan	21:24
♓	19. Feb	14:11	19. Feb	13:40	19. Feb	13:02	19. Feb	12:16	19. Feb	11:35
♈	20. Mrz	13:21	20. Mrz	12:50	20. Mrz	12:10	20. Mrz	11:24	20. Mrz	10:39
♉	20. Apr	0:37	20. Apr	0:03	19. Apr	23:23	19. Apr	22:38	19. Apr	21:45
♊	21. Mai	0:00	20. Mai	23:21	20. Mai	22:42	21. Mai	21:58	20. Mai	20:57
♋	21. Jun	8:06	21. Jun	7:24	21. Jun	6:47	21. Jun	6:02	21. Jun	4:57
♌	22. Jul	19:03	22. Jul	18:18	22. Jul	17:42	22. Jul	16:58	22. Jul	15:51
♍	23. Aug	2:03	23. Aug	1:18	23. Aug	0:41	23. Aug	0:00	22. Aug	22:54
♎	22. Sep	23:33	22. Sep	22:48	22. Sep	22:09	22. Sep	21:33	22. Sep	20:29
♏	23. Okt	8:41	23. Okt	7:58	23. Okt	7:18	23. Okt	6:46	23. Okt	5:44
♐	22. Nov	6:03	22. Nov	5:22	22. Nov	4:41	22. Nov	4:11	22. Nov	3:12
♑	21. Dez	19:13	21. Dez	18:35	21. Dez	17:56	21. Dez	17:23	21. Dez	16:28

	1973		1977		1981		1985		1989	
♒	20. Jan	5:48	20. Jan	5:14	20. Jan	4:36	20. Jan	3:58	20. Jan	3:07
♓	18. Feb	20:01	18. Feb	19:30	18. Feb	18:52	18. Feb	18:07	18. Feb	17:21
♈	20. Mrz	19:12	20. Mrz	18:42	20. Mrz	18:03	20. Mrz	17:14	20. Mrz	16:28
♉	20. Apr	6:30	20. Apr	5:57	20. Apr	5:19	20. Apr	4:26	20. Apr	3:39
♊	21. Mai	5:54	21. Mai	5:14	21. Mai	4:39	21. Mai	3:43	21. Mai	2:54
♋	21. Jun	14:01	21. Jun	13:14	21. Jun	12:45	21. Jun	11:44	21. Jun	10:53
♌	23. Jul	0:56	23. Jul	0:04	22. Jul	23:40	22. Jul	22:36	22. Jul	21:45
♍	23. Aug	7:53	23. Aug	7:00	23. Aug	6:38	23. Aug	5:36	23. Aug	4:46
♎	23. Sep	5:21	23. Sep	4:29	23. Sep	4:05	23. Sep	3:07	23. Sep	2:20
♏	23. Okt	14:30	23. Okt	13:41	23. Okt	13:13	23. Okt	12:22	23. Okt	11:35
♐	22. Nov	11:54	22. Nov	11:07	22. Nov	10:36	22. Nov	9:51	22. Nov	9:05
♑	22. Dez	1:08	22. Dez	0:23	21. Dez	23:51	21. Dez	23:08	21. Dez	22:22

Tabelle B.1: Sonne (Fortsetzung)

1990			1994			1998			2002		
♒	20. Jan	9:02	♒	20. Jan	8:07	♒	20. Jan	7:46	♒	20. Jan	7:02
♓	18. Feb	23:14	♓	18. Feb	22:22	♓	18. Feb	21:55	♓	18. Feb	21:13
♈	20. Mrz	22:19	♈	20. Mrz	21:28	♈	20. Mrz	20:55	♈	20. Mrz	20:16
♉	20. Apr	9:27	♉	20. Apr	8:36	♉	20. Apr	7:57	♉	20. Apr	7:20
♊	21. Mai	8:37	♊	21. Mai	7:48	♊	21. Mai	7:05	♊	21. Mai	6:29
♋	21. Jun	16:33	♋	21. Jun	15:48	♋	21. Jun	15:03	♋	21. Jun	14:24
♌	23. Jul	3:22	♌	23. Jul	2:41	♌	23. Jul	1:55	♌	23. Jul	1:15
♍	23. Aug	10:21	♍	23. Aug	9:44	♍	23. Aug	8:59	♍	23. Aug	8:17
♎	23. Sep	7:56	♎	23. Sep	7:19	♎	23. Sep	6:37	♎	23. Sep	5:55
♏	23. Okt	17:14	♏	23. Okt	16:36	♏	23. Okt	15:59	♏	23. Okt	15:18
♐	22. Nov	14:47	♐	22. Nov	14:06	♐	22. Nov	13:34	♐	22. Nov	12:54
♑	22. Dez	4:07	♑	22. Dez	3:23	♑	22. Dez	2:56	♑	22. Dez	2:14
1991			1995			1999			2003		
♒	20. Jan	14:47	♒	20. Jan	14:00	♒	20. Jan	13:37	♒	20. Jan	12:53
♓	19. Feb	4:58	♓	19. Feb	4:11	♓	19. Feb	3:47	♓	19. Feb	3:00
♈	21. Mrz	4:02	♈	21. Mrz	3:14	♈	21. Mrz	2:46	♈	21. Mrz	2:00
♉	20. Apr	15:08	♉	20. Apr	14:21	♉	20. Apr	13:46	♉	20. Apr	13:03
♊	21. Mai	14:20	♊	21. Mai	13:34	♊	21. Mai	12:52	♊	21. Mai	12:12
♋	21. Jun	22:19	♋	21. Jun	21:34	♋	21. Jun	20:49	♋	21. Jun	20:10
♌	23. Jul	9:11	♌	23. Jul	8:30	♌	23. Jul	7:44	♌	23. Jul	7:04
♍	23. Aug	16:13	♍	23. Aug	15:35	♍	23. Aug	14:51	♍	23. Aug	14:08
♎	23. Sep	13:48	♎	23. Sep	13:13	♎	23. Sep	12:31	♎	23. Sep	11:47
♏	23. Okt	23:05	♏	23. Okt	22:32	♏	23. Okt	21:52	♏	23. Okt	21:08
♐	22. Nov	20:36	♐	22. Nov	20:01	♐	22. Nov	19:25	♐	22. Nov	18:43
♑	22. Dez	9:54	♑	22. Dez	9:17	♑	22. Dez	8:44	♑	22. Dez	8:04
1992			1996			2000			2004		
♒	20. Jan	20:32	♒	20. Jan	19:52	♒	20. Jan	19:23	♒	20. Jan	18:42
♓	19. Feb	10:43	♓	19. Feb	10:01	♓	19. Feb	9:33	♓	19. Feb	8:50
♈	20. Mrz	9:48	♈	20. Mrz	9:03	♈	20. Mrz	8:35	♈	20. Mrz	7:49
♉	19. Apr	20:57	♉	19. Apr	20:10	♉	19. Apr	19:40	♉	19. Apr	18:50
♊	20. Mai	20:12	♊	20. Mai	19:23	♊	20. Mai	18:49	♊	20. Mai	17:59
♋	21. Jun	4:14	♋	21. Jun	3:24	♋	21. Jun	2:48	♋	21. Jun	1:57
♌	22. Jul	15:09	♌	22. Jul	14:19	♌	22. Jul	13:43	♌	22. Jul	12:50
♍	22. Aug	22:10	♍	22. Aug	21:23	♍	22. Aug	20:49	♍	22. Aug	19:53
♎	22. Sep	19:43	♎	22. Sep	19:00	♎	22. Sep	18:28	♎	22. Sep	17:30
♏	23. Okt	4:57	♏	23. Okt	4:19	♏	23. Okt	3:47	♏	23. Okt	2:49
♐	22. Nov	2:26	♐	22. Nov	1:49	♐	22. Nov	1:19	♐	22. Nov	0:22
♑	21. Dez	15:43	♑	21. Dez	15:06	♑	21. Dez	14:37	♑	21. Dez	13:42
1993			1997			2001			2005		
♒	20. Jan	2:23	♒	20. Jan	1:43	♒	20. Jan	1:16	♒	20. Jan	0:22
♓	18. Feb	16:35	♓	18. Feb	15:51	♓	18. Feb	15:27	♓	18. Feb	14:32
♈	20. Mrz	15:41	♈	20. Mrz	14:55	♈	20. Mrz	14:31	♈	20. Mrz	13:33
♉	20. Apr	2:49	♉	20. Apr	2:03	♉	20. Apr	1:36	♉	20. Apr	0:37
♊	21. Mai	2:02	♊	21. Mai	1:18	♊	21. Mai	0:44	♊	20. Mai	23:47
♋	21. Jun	10:00	♋	21. Jun	9:20	♋	21. Jun	8:38	♋	21. Jun	7:46
♌	22. Jul	20:51	♌	22. Jul	20:15	♌	22. Jul	19:26	♌	22. Jul	18:41
♍	23. Aug	3:50	♍	23. Aug	3:19	♍	23. Aug	2:27	♍	23. Aug	1:45
♎	23. Sep	1:22	♎	23. Sep	0:56	♎	23. Sep	0:04	♎	22. Sep	23:23
♏	23. Okt	10:37	♏	23. Okt	10:15	♏	23. Okt	9:26	♏	23. Okt	8:42
♐	22. Nov	8:07	♐	22. Nov	7:48	♐	22. Nov	7:00	♐	22. Nov	6:15
♑	21. Dez	21:26	♑	21. Dez	21:07	♑	21. Dez	20:21	♑	21. Dez	19:35

Tabelle B.2: Mond

1930		
♒	01. Jan	19:29
♓	04. Jan	8:05
♈	06. Jan	19:27
♉	09. Jan	3:59
♊	11. Jan	8:34
♋	13. Jan	9:35
♌	15. Jan	8:37
♍	17. Jan	7:57
♎	19. Jan	9:44
♏	21. Jan	15:25
♐	24. Jan	0:56
♑	26. Jan	12:53
♒	29. Jan	1:35
♓	31. Jan	13:59
♈	03. Feb	1:23
♉	05. Feb	10:49
♊	07. Feb	17:08
♋	09. Feb	19:55
♌	11. Feb	20:00
♍	13. Feb	19:14
♎	15. Feb	19:50
♏	17. Feb	23:45
♐	20. Feb	7:49
♑	22. Feb	19:13
♒	25. Feb	7:57
♓	27. Feb	20:13
♈	02. Mrz	7:08
♉	04. Mrz	16:19
♊	06. Mrz	23:16
♋	09. Mrz	3:34
♌	11. Mrz	5:25
♍	13. Mrz	5:54
♎	15. Mrz	6:43
♏	17. Mrz	9:46
♐	19. Mrz	16:24
♑	22. Mrz	2:40
♒	24. Mrz	15:05
♓	27. Mrz	3:24
♈	29. Mrz	14:00
♉	31. Mrz	22:24
♊	03. Apr	4:42
♋	05. Apr	9:11
♌	07. Apr	12:09
♍	09. Apr	14:11
♎	11. Apr	16:17
♏	13. Apr	19:45
♐	16. Apr	1:49
♑	18. Apr	11:07
♒	20. Apr	22:58
♓	23. Apr	11:23
♈	25. Apr	22:10
♉	28. Apr	6:08
♊	30. Apr	11:26
♋	02. Mai	14:54
♌	04. Mai	17:32
♍	06. Mai	20:11
♎	08. Mai	23:30
♏	11. Mai	4:06
♐	13. Mai	10:39
♑	15. Mai	19:39
♒	18. Mai	7:04
♓	20. Mai	19:34
♈	23. Mai	6:56
♉	25. Mai	15:15
♊	27. Mai	20:07
♋	29. Mai	22:26
♌	31. Mai	23:45
♍	03. Jun	1:37
♎	05. Jun	5:04
♏	07. Jun	10:30
♐	09. Jun	17:56
♑	12. Jun	3:20
♒	14. Jun	14:39
♓	17. Jun	3:12
♈	19. Jun	15:15
♉	22. Jun	0:35
♊	24. Jun	6:00
♋	26. Jun	7:57
♌	28. Jun	8:06
♍	30. Jun	8:28
♎	02. Jul	10:47
♏	04. Jul	15:56
♐	06. Jul	23:49
♑	09. Jul	9:49
♒	11. Jul	21:23
♓	14. Jul	9:57
♈	16. Jul	22:26
♉	19. Jul	8:54
♊	21. Jul	15:39
♋	23. Jul	18:22
♌	25. Jul	18:19
♍	27. Jul	17:34
♎	29. Jul	18:18
♏	31. Jul	22:05
♐	03. Aug	5:24
♑	05. Aug	15:34
♒	08. Aug	3:26
♓	10. Aug	16:03
♈	13. Aug	4:32
♉	15. Aug	15:38
♊	17. Aug	23:46
♋	20. Aug	4:02
♌	22. Aug	4:58
♍	24. Aug	4:13
♎	26. Aug	3:58
♏	28. Aug	6:11
♐	30. Aug	12:04
♑	01. Sep	21:35
♒	04. Sep	9:27
♓	06. Sep	22:06
♈	09. Sep	10:21
♉	11. Sep	21:18
♊	14. Sep	6:01
♋	16. Sep	11:42
♌	18. Sep	14:18
♍	20. Sep	14:45
♎	22. Sep	14:43
♏	24. Sep	16:07
♐	26. Sep	20:34
♑	29. Sep	4:48
♒	01. Okt	16:09
♓	04. Okt	4:48
♈	06. Okt	16:52
♉	09. Okt	3:14
♊	11. Okt	11:29
♋	13. Okt	17:29
♌	15. Okt	21:19
♍	17. Okt	23:26
♎	20. Okt	0:43
♏	22. Okt	2:32
♐	24. Okt	6:23
♑	26. Okt	13:27
♒	28. Okt	23:54
♓	31. Okt	12:23
♈	03. Nov	0:34
♉	05. Nov	10:37
♊	07. Nov	17:58
♋	09. Nov	23:05
♌	12. Nov	2:45
♍	14. Nov	5:42
♎	16. Nov	8:27
♏	18. Nov	11:36
♐	20. Nov	16:00
♑	22. Nov	22:42
♒	25. Nov	8:23
♓	27. Nov	20:33
♈	30. Nov	9:06
♉	02. Dez	19:32
♊	05. Dez	2:32
♋	07. Dez	6:31
♌	09. Dez	8:53
♍	11. Dez	11:04
♎	13. Dez	14:05
♏	15. Dez	18:19
♐	17. Dez	23:54
♑	20. Dez	7:11
♒	22. Dez	16:44
♓	25. Dez	4:35
♈	27. Dez	17:29
♉	30. Dez	4:52
1931		
♊	01. Jan	12:34
♋	03. Jan	16:21
♌	05. Jan	17:32
♍	07. Jan	18:06
♎	09. Jan	19:48
♏	11. Jan	23:40
♐	14. Jan	5:51
♑	16. Jan	14:02
♒	19. Jan	0:04
♓	21. Jan	11:55
♈	24. Jan	0:55
♉	26. Jan	13:10
♊	28. Jan	22:18
♋	31. Jan	3:09
♌	02. Feb	4:24
♍	04. Feb	3:57
♎	06. Feb	3:54
♏	08. Feb	6:04
♐	10. Feb	11:21
♑	12. Feb	19:39
♒	15. Feb	6:14
♓	17. Feb	18:23
♈	20. Feb	7:21
♉	22. Feb	19:54
♊	25. Feb	6:13
♋	27. Feb	12:47
♌	01. Mrz	15:25
♍	03. Mrz	15:21
♎	05. Mrz	14:32
♏	07. Mrz	15:03
♐	09. Mrz	18:30
♑	12. Mrz	1:39
♒	14. Mrz	12:03
♓	17. Mrz	0:26
♈	19. Mrz	6:00
♉	22. Mrz	1:44
♊	24. Mrz	12:19
♋	26. Mrz	20:04
♌	29. Mrz	0:29
♍	31. Mrz	1:58
♎	02. Apr	1:49
♏	04. Apr	1:50
♐	06. Apr	3:52
♑	08. Apr	9:20
♒	10. Apr	18:40
♓	13. Apr	6:49
♈	15. Apr	19:48
♉	18. Apr	7:50
♊	20. Apr	17:56
♋	23. Apr	1:42
♌	25. Apr	7:04
♍	27. Apr	10:10
♎	29. Apr	11:35
♏	01. Mai	12:26
♐	03. Mai	14:14
♑	05. Mai	18:35
♒	08. Mai	2:37
♓	10. Mai	14:02
♈	13. Mai	2:57
♉	15. Mai	14:54
♊	18. Mai	0:26
♋	20. Mai	7:26
♌	22. Mai	12:27
♍	24. Mai	16:07
♎	26. Mai	18:51
♏	28. Mai	21:08
♐	30. Mai	23:48
♑	02. Jun	4:07
♒	04. Jun	11:23
♓	06. Jun	22:01
♈	09. Jun	10:44
♉	11. Jun	22:54
♊	14. Jun	8:22
♋	16. Jun	14:38
♌	18. Jun	18:36
♍	20. Jun	21:32
♎	23. Jun	0:23
♏	25. Jun	3:34
♐	27. Jun	7:26
♑	29. Jun	12:35
♒	01. Jul	19:56
♓	04. Jul	6:10
♈	06. Jul	18:40
♉	09. Jul	7:14
♊	11. Jul	17:14
♋	13. Jul	23:30
♌	16. Jul	2:41
♍	18. Jul	4:22
♎	20. Jul	6:06
♏	22. Jul	8:56
♐	24. Jul	13:18
♑	26. Jul	19:22
♒	29. Jul	3:24
♓	31. Jul	13:45
♈	03. Aug	2:10
♉	05. Aug	15:05
♊	08. Aug	2:01
♋	10. Aug	9:10
♌	12. Aug	12:31
♍	14. Aug	13:25
♎	16. Aug	13:45
♏	18. Aug	15:10
♐	20. Aug	18:47
♑	23. Aug	0:58
♒	25. Aug	9:38
♓	27. Aug	20:27
♈	30. Aug	8:56
♉	01. Sep	21:59
♊	04. Sep	9:43
♋	06. Sep	18:15
♌	08. Sep	22:47
♍	11. Sep	0:04

Tabelle B.2: Mond (Fortsetzung)

♎	12. Sep	23:43
♏	14. Sep	23:40
♐	17. Sep	1:39
♑	19. Sep	6:48
♒	21. Sep	15:18
♓	24. Sep	2:28
♈	26. Sep	15:09
♉	29. Sep	4:07
♊	01. Okt	16:03
♋	04. Okt	1:38
♌	06. Okt	7:49
♍	08. Okt	10:34
♎	10. Okt	10:50
♏	12. Okt	10:17
♐	14. Okt	10:51
♑	16. Okt	14:18
♒	18. Okt	21:39
♓	21. Okt	8:32
♈	23. Okt	21:21
♉	26. Okt	10:12
♊	28. Okt	21:48
♋	31. Okt	7:26
♌	02. Nov	14:39
♍	04. Nov	19:08
♎	06. Nov	21:03
♏	08. Nov	21:21
♐	10. Nov	21:39
♑	12. Nov	23:52
♒	15. Nov	5:40
♓	17. Nov	15:32
♈	20. Nov	4:08
♉	22. Nov	17:00
♊	25. Nov	4:12
♋	27. Nov	13:09
♌	29. Nov	20:06
♍	02. Dez	1:16
♎	04. Dez	4:44
♏	06. Dez	6:43
♐	08. Dez	8:04
♑	10. Dez	10:18
♒	12. Dez	15:10
♓	14. Dez	23:50
♈	17. Dez	11:49
♉	20. Dez	0:45
♊	22. Dez	11:59
♋	24. Dez	20:22
♌	27. Dez	2:16
♍	29. Dez	6:41
♎	31. Dez	10:17
1932		
♏	02. Jan	13:24
♐	04. Jan	16:15
♑	06. Jan	19:37
♒	09. Jan	0:44
♓	11. Jan	8:49
♈	13. Jan	20:07
♉	16. Jan	9:02
♊	18. Jan	20:47
♋	21. Jan	5:22
♌	23. Jan	10:39
♍	25. Jan	13:47
♎	27. Jan	16:07
♏	29. Jan	18:43
♐	31. Jan	22:07
♑	03. Feb	2:39
♒	05. Feb	8:48
♓	07. Feb	17:15
♈	10. Feb	4:17
♉	12. Feb	17:05
♊	15. Feb	5:27
♋	17. Feb	15:02
♌	19. Feb	20:49
♍	21. Feb	23:25
♎	24. Feb	0:22
♏	26. Feb	1:20
♐	28. Feb	3:39
♑	01. Mrz	8:06
♒	03. Mrz	15:00
♓	06. Mrz	0:15
♈	08. Mrz	11:35
♉	11. Mrz	0:19
♊	13. Mrz	13:03
♋	15. Mrz	23:46
♌	18. Mrz	6:56
♍	20. Mrz	10:18
♎	22. Mrz	10:56
♏	24. Mrz	10:35
♐	26. Mrz	11:07
♑	28. Mrz	14:08
♒	30. Mrz	20:30
♓	02. Apr	6:05
♈	04. Apr	17:53
♉	07. Apr	6:44
♊	09. Apr	19:27
♋	12. Apr	6:47
♌	14. Apr	15:22
♍	16. Apr	20:21
♎	18. Apr	22:00
♏	20. Apr	21:33
♐	22. Apr	20:57
♑	24. Apr	22:15
♒	27. Apr	3:04
♓	29. Apr	11:55
♈	01. Mai	23:46
♉	04. Mai	12:46
♊	07. Mai	1:20
♋	09. Mai	12:34
♌	11. Mai	21:47
♍	14. Mai	4:13
♎	16. Mai	7:32
♏	18. Mai	8:15
♐	20. Mai	7:48
♑	22. Mai	8:12
♒	24. Mai	11:31
♓	26. Mai	18:57
♈	29. Mai	6:09
♉	31. Mai	19:05
♊	03. Jun	7:32
♋	05. Jun	18:21
♌	08. Jun	3:14
♍	10. Jun	10:06
♎	12. Jun	14:41
♏	14. Jun	17:00
♐	16. Jun	17:45
♑	18. Jun	18:31
♒	20. Jun	21:12
♓	23. Jun	3:25
♈	25. Jun	13:34
♉	28. Jun	2:08
♊	30. Jun	14:35
♋	03. Jul	1:07
♌	05. Jul	9:18
♍	07. Jul	15:33
♎	09. Jul	20:12
♏	11. Jul	23:27
♐	14. Jul	1:38
♑	16. Jul	3:35
♒	18. Jul	6:44
♓	20. Jul	12:34
♈	22. Jul	21:52
♉	25. Jul	9:54
♊	27. Jul	22:26
♋	30. Jul	9:07
♌	01. Aug	16:57
♍	03. Aug	22:15
♎	06. Aug	1:56
♏	08. Aug	4:49
♐	10. Aug	7:32
♑	12. Aug	10:38
♒	14. Aug	14:54
♓	16. Aug	21:13
♈	19. Aug	6:18
♉	21. Aug	17:56
♊	24. Aug	6:33
♋	26. Aug	17:50
♌	29. Aug	2:03
♍	31. Aug	6:58
♎	02. Sep	9:32
♏	04. Sep	11:06
♐	06. Sep	13:00
♑	08. Sep	16:11
♒	10. Sep	21:16
♓	13. Sep	4:31
♈	15. Sep	14:01
♉	18. Sep	1:34
♊	20. Sep	14:14
♋	23. Sep	2:13
♌	25. Sep	11:32
♍	27. Sep	17:07
♎	29. Sep	19:22
♏	01. Okt	19:44
♐	03. Okt	20:02
♑	05. Okt	22:00
♒	08. Okt	2:44
♓	10. Okt	10:26
♈	12. Okt	20:36
♉	15. Okt	8:24
♊	17. Okt	21:03
♋	20. Okt	9:26
♌	22. Okt	19:57
♍	25. Okt	3:03
♎	27. Okt	6:15
♏	29. Okt	6:30
♐	31. Okt	5:40
♑	02. Nov	5:54
♒	04. Nov	9:06
♓	06. Nov	16:06
♈	09. Nov	2:24
♉	11. Nov	14:33
♊	14. Nov	3:13
♋	16. Nov	15:32
♌	19. Nov	2:35
♍	21. Nov	11:08
♎	23. Nov	16:08
♏	25. Nov	17:38
♐	27. Nov	16:58
♑	29. Nov	16:16
♒	01. Dez	17:46
♓	03. Dez	23:08
♈	06. Dez	8:35
♉	08. Dez	20:41
♊	11. Dez	9:26
♋	13. Dez	21:28
♌	16. Dez	8:13
♍	18. Dez	17:09
♎	20. Dez	23:32
♏	23. Dez	2:53
♐	25. Dez	3:42
♑	27. Dez	3:31
♒	29. Dez	4:23
♓	31. Dez	8:16
1933		
♈	02. Jan	16:13
♉	05. Jan	3:36
♊	07. Jan	16:19
♋	10. Jan	4:16
♌	12. Jan	14:27
♍	14. Jan	22:42
♎	17. Jan	5:03
♏	19. Jan	9:24
♐	21. Jan	11:54
♑	23. Jan	13:18
♒	25. Jan	14:57
♓	27. Jan	18:31
♈	30. Jan	1:21
♉	01. Feb	11:40
♊	04. Feb	0:05
♋	06. Feb	12:13
♌	08. Feb	22:16
♍	11. Feb	5:43
♎	13. Feb	10:59
♏	15. Feb	14:46
♐	17. Feb	17:42
♑	19. Feb	20:22
♒	21. Feb	23:29
♓	24. Feb	3:56
♈	26. Feb	10:42
♉	28. Feb	20:20
♊	03. Mrz	8:18
♋	05. Mrz	20:43
♌	08. Mrz	7:18
♍	10. Mrz	14:42
♎	12. Mrz	19:03
♏	14. Mrz	21:27
♐	16. Mrz	23:18
♑	19. Mrz	1:47
♒	21. Mrz	5:39
♓	23. Mrz	11:16
♈	25. Mrz	18:49
♉	28. Mrz	4:32
♊	30. Mrz	16:13
♋	02. Apr	4:50
♌	04. Apr	16:16
♍	07. Apr	0:33
♎	09. Apr	5:00
♏	11. Apr	6:32
♐	13. Apr	6:52
♑	15. Apr	7:54
♒	17. Apr	11:02
♓	19. Apr	16:54
♈	22. Apr	1:14
♉	24. Apr	11:31
♊	26. Apr	23:18
♋	29. Apr	11:58
♌	02. Mai	0:06
♍	04. Mai	9:41
♎	06. Mai	15:17
♏	08. Mai	17:07
♐	10. Mai	16:43
♑	12. Mai	16:15
♒	14. Mai	17:46
♓	16. Mai	22:34
♈	19. Mai	6:45

Tabelle B.2: Mond (Fortsetzung)

♉	21. Mai	17:26	♐	24. Sep	8:49	♉	22. Jan	9:26	♐	28. Mai	11:28	♋	30. Sep	0:14
♊	24. Mai	5:31	♑	26. Sep	11:23	♊	24. Jan	19:54	♑	30. Mai	12:12	♌	02. Okt	12:44
♋	26. Mai	18:12	♒	28. Sep	14:27	♋	27. Jan	8:24	♒	01. Jun	12:55	♍	05. Okt	1:31
♌	29. Mai	6:33	♓	30. Sep	18:27	♌	29. Jan	21:12	♓	03. Jun	15:06	♎	07. Okt	12:20
♍	31. Mai	17:06	♈	02. Okt	23:51	♍	01. Feb	9:00	♈	05. Jun	19:31	♏	09. Okt	20:31
♎	03. Jun	0:15	♉	05. Okt	7:18	♎	03. Feb	19:00	♉	08. Jun	2:17	♐	12. Okt	2:32
♏	05. Jun	3:25	♊	07. Okt	17:18	♏	06. Feb	2:31	♊	10. Jun	11:14	♑	14. Okt	7:04
♐	07. Jun	3:32	♋	10. Okt	5:29	♐	08. Feb	7:14	♋	12. Jun	22:14	♒	16. Okt	10:32
♑	09. Jun	2:33	♌	12. Okt	18:02	♑	10. Feb	9:23	♌	15. Jun	10:53	♓	18. Okt	13:10
♒	11. Jun	2:41	♍	15. Okt	4:24	♒	12. Feb	9:57	♍	17. Jun	23:51	♈	20. Okt	15:28
♓	13. Jun	5:50	♎	17. Okt	11:07	♓	14. Feb	10:27	♎	20. Jun	10:59	♉	22. Okt	18:34
♈	15. Jun	12:51	♏	19. Okt	14:27	♈	16. Feb	12:39	♏	22. Jun	18:25	♊	24. Okt	23:58
♉	17. Jun	23:12	♐	21. Okt	15:54	♉	18. Feb	18:03	♐	24. Jun	21:49	♋	27. Okt	8:46
♊	20. Jun	11:25	♑	23. Okt	17:13	♊	21. Feb	3:16	♑	26. Jun	22:24	♌	29. Okt	20:42
♋	23. Jun	0:07	♒	25. Okt	19:48	♋	23. Feb	15:22	♒	28. Jun	22:02	♍	01. Nov	9:36
♌	25. Jun	12:17	♓	28. Okt	0:17	♌	26. Feb	4:13	♓	30. Jun	22:38	♎	03. Nov	20:41
♍	27. Jun	23:01	♈	30. Okt	6:40	♍	28. Feb	15:46	♈	03. Jul	1:39	♏	06. Nov	4:32
♎	30. Jun	7:11	♉	01. Nov	14:53	♎	03. Mrz	1:02	♉	05. Jul	7:47	♐	08. Nov	9:33
♏	02. Jul	11:57	♊	04. Nov	1:02	♏	05. Mrz	7:59	♊	07. Jul	16:55	♑	10. Nov	12:57
♐	04. Jul	13:32	♋	06. Nov	13:05	♐	07. Mrz	12:58	♋	10. Jul	4:20	♒	12. Nov	15:52
♑	06. Jul	13:15	♌	09. Nov	1:58	♑	09. Mrz	16:22	♌	12. Jul	17:07	♓	14. Nov	18:56
♒	08. Jul	13:05	♍	11. Nov	13:24	♒	11. Mrz	18:36	♍	15. Jul	6:07	♈	16. Nov	22:26
♓	10. Jul	15:01	♎	13. Nov	21:13	♓	13. Mrz	20:25	♎	17. Jul	17:47	♉	19. Nov	2:46
♈	12. Jul	20:31	♏	16. Nov	0:52	♈	15. Mrz	23:00	♏	20. Jul	2:31	♊	21. Nov	8:47
♉	15. Jul	5:49	♐	18. Nov	1:34	♉	18. Mrz	3:46	♐	22. Jul	7:28	♋	23. Nov	17:25
♊	17. Jul	17:44	♑	20. Nov	1:24	♊	20. Mrz	11:51	♑	24. Jul	9:03	♌	26. Nov	4:54
♋	20. Jul	6:25	♒	22. Nov	2:21	♋	22. Mrz	23:13	♒	26. Jul	8:43	♍	28. Nov	17:52
♌	22. Jul	18:19	♓	24. Nov	5:50	♌	25. Mrz	12:03	♓	28. Jul	8:20	♎	01. Dez	5:39
♍	25. Jul	4:36	♈	26. Nov	12:13	♍	27. Mrz	23:44	♈	30. Jul	9:46	♏	03. Dez	14:06
♎	27. Jul	12:44	♉	28. Nov	21:03	♎	30. Mrz	8:37	♉	01. Aug	14:25	♐	05. Dez	18:53
♏	29. Jul	18:21	♊	01. Dez	7:45	♏	01. Apr	14:35	♊	03. Aug	22:48	♑	07. Dez	21:09
♐	31. Jul	21:27	♋	03. Dez	19:53	♐	03. Apr	18:37	♋	06. Aug	10:13	♒	09. Dez	22:34
♑	02. Aug	22:40	♌	06. Dez	8:49	♑	05. Apr	21:45	♌	08. Aug	23:08	♓	12. Dez	0:31
♒	04. Aug	23:22	♍	08. Dez	21:00	♒	08. Apr	0:43	♍	11. Aug	11:59	♈	14. Dez	3:51
♓	07. Aug	1:10	♎	11. Dez	6:19	♓	10. Apr	3:52	♎	13. Aug	23:33	♉	16. Dez	8:56
♈	09. Aug	5:41	♏	13. Dez	11:27	♈	12. Apr	7:40	♏	16. Aug	8:51	♊	18. Dez	15:58
♉	11. Aug	13:45	♐	15. Dez	12:49	♉	14. Apr	12:56	♐	18. Aug	15:12	♋	21. Dez	1:11
♊	14. Aug	0:57	♑	17. Dez	12:08	♊	16. Apr	20:41	♑	20. Aug	18:27	♌	23. Dez	12:37
♋	16. Aug	13:32	♒	19. Dez	11:37	♋	19. Apr	7:26	♒	22. Aug	19:18	♍	26. Dez	1:32
♌	19. Aug	1:22	♓	21. Dez	13:15	♌	21. Apr	20:10	♓	24. Aug	19:08	♎	28. Dez	13:59
♍	21. Aug	11:07	♈	23. Dez	18:15	♍	24. Apr	8:20	♈	26. Aug	19:44	♏	30. Dez	23:41
♎	23. Aug	18:29	♉	26. Dez	2:43	♎	26. Apr	17:32	♉	28. Aug	22:55			
♏	25. Aug	23:45	♊	28. Dez	13:43	♏	28. Apr	23:07	♊	31. Aug	5:55	1935		
♐	28. Aug	3:21	♋	31. Dez	2:07	♐	01. Mai	2:02	♋	02. Sep	16:40	♐	02. Jan	5:27
♑	30. Aug	5:52				♑	03. Mai	3:53	♌	05. Sep	5:32	♑	04. Jan	7:44
♒	01. Sep	8:00	1934			♒	05. Mai	6:06	♍	07. Sep	18:16	♒	06. Jan	8:04
♓	03. Sep	10:44	♌	02. Jan	14:56	♓	07. Mai	9:26	♎	10. Sep	5:23	♓	08. Jan	8:17
♈	05. Sep	15:15	♍	05. Jan	3:09	♈	09. Mai	14:09	♏	12. Sep	14:19	♈	10. Jan	10:03
♉	07. Sep	22:35	♎	07. Jan	13:20	♉	11. Mai	20:24	♐	14. Sep	21:03	♉	12. Jan	14:25
♊	10. Sep	9:01	♏	09. Jan	20:11	♊	14. Mai	4:38	♑	17. Sep	1:36	♊	14. Jan	21:43
♋	12. Sep	21:25	♐	11. Jan	23:18	♋	16. Mai	15:17	♒	19. Sep	4:06	♋	17. Jan	7:37
♌	15. Sep	9:30	♑	13. Jan	23:37	♌	19. Mai	3:55	♓	21. Sep	5:14	♌	19. Jan	19:27
♍	17. Sep	19:13	♒	15. Jan	22:56	♍	21. Mai	16:35	♈	23. Sep	6:13	♍	22. Jan	8:19
♎	20. Sep	1:51	♓	17. Jan	23:17	♎	24. Mai	2:43	♉	25. Sep	8:47	♎	24. Jan	20:59
♏	22. Sep	5:59	♈	20. Jan	2:28	♏	26. Mai	8:52	♊	27. Sep	14:33	♏	27. Jan	7:46

Tabelle B.2: Mond (Fortsetzung)

♐	29. Jan	15:11	♋	02. Jun	21:44	♒	06. Okt	23:20	♋	03. Feb	17:58	♒	08. Jun	19:17
♑	31. Jan	18:47	♌	05. Jun	7:19	♓	09. Okt	1:27	♌	06. Feb	2:26	♓	11. Jun	0:27
♒	02. Feb	19:26	♍	07. Jun	19:26	♈	11. Okt	1:20	♍	08. Feb	12:48	♈	13. Jun	3:46
♓	04. Feb	18:47	♎	10. Jun	8:00	♉	13. Okt	0:53	♎	11. Feb	0:45	♉	15. Jun	5:48
♈	06. Feb	18:49	♏	12. Jun	18:35	♊	15. Okt	2:17	♏	13. Feb	13:24	♊	17. Jun	7:30
♉	08. Feb	21:22	♐	15. Jun	1:57	♋	17. Okt	7:21	♐	16. Feb	0:56	♋	19. Jun	10:09
♊	11. Feb	3:35	♑	17. Jun	6:21	♌	19. Okt	16:35	♑	18. Feb	9:21	♌	21. Jun	15:06
♋	13. Feb	13:24	♒	19. Jun	8:56	♍	22. Okt	4:44	♒	20. Feb	13:46	♍	23. Jun	23:15
♌	16. Feb	1:35	♓	21. Jun	10:56	♎	24. Okt	17:31	♓	22. Feb	14:55	♎	26. Jun	10:23
♍	18. Feb	14:33	♈	23. Jun	13:21	♏	27. Okt	5:15	♈	24. Feb	14:35	♏	28. Jun	22:53
♎	21. Feb	3:02	♉	25. Jun	16:54	♐	29. Okt	15:17	♉	26. Feb	14:51	♐	01. Jul	10:27
♏	23. Feb	14:04	♊	27. Jun	22:06	♑	31. Okt	23:31	♊	28. Feb	17:30	♑	03. Jul	19:34
♐	25. Feb	22:40	♋	30. Jun	5:26	♒	03. Nov	5:38	♋	01. Mrz	23:25	♒	06. Jul	1:56
♑	28. Feb	4:05	♌	02. Jul	15:13	♓	05. Nov	9:20	♌	04. Mrz	8:20	♓	08. Jul	6:10
♒	02. Mrz	6:16	♍	05. Jul	3:08	♈	07. Nov	10:54	♍	06. Mrz	19:18	♈	10. Jul	9:10
♓	04. Mrz	6:13	♎	07. Jul	15:52	♉	09. Nov	11:29	♎	09. Mrz	7:26	♉	12. Jul	11:46
♈	06. Mrz	5:40	♏	10. Jul	3:15	♊	11. Nov	12:52	♏	11. Mrz	20:03	♊	14. Jul	14:38
♉	08. Mrz	6:43	♐	12. Jul	11:27	♋	13. Nov	16:56	♐	14. Mrz	8:06	♋	16. Jul	18:28
♊	10. Mrz	11:11	♑	14. Jul	16:03	♌	16. Nov	0:51	♑	16. Mrz	17:51	♌	18. Jul	23:58
♋	12. Mrz	19:52	♒	16. Jul	17:53	♍	18. Nov	12:10	♒	18. Mrz	23:52	♍	21. Jul	7:54
♌	15. Mrz	7:48	♓	18. Jul	18:30	♎	21. Nov	0:52	♓	21. Mrz	1:59	♎	23. Jul	18:31
♍	17. Mrz	20:51	♈	20. Jul	19:33	♏	23. Nov	12:36	♈	23. Mrz	1:31	♏	26. Jul	6:54
♎	20. Mrz	9:08	♉	22. Jul	22:21	♐	25. Nov	22:08	♉	25. Mrz	0:37	♐	28. Jul	18:56
♏	22. Mrz	19:44	♊	25. Jul	3:42	♑	28. Nov	5:28	♊	27. Mrz	1:31	♑	31. Jul	4:24
♐	25. Mrz	4:24	♋	27. Jul	11:43	♒	30. Nov	11:00	♋	29. Mrz	5:52	♒	02. Aug	10:25
♑	27. Mrz	10:49	♌	29. Jul	22:04	♓	02. Dez	15:03	♌	31. Mrz	14:04	♓	04. Aug	13:36
♒	29. Mrz	14:41	♍	01. Aug	10:07	♈	04. Dez	17:53	♍	03. Apr	1:07	♈	06. Aug	15:21
♓	31. Mrz	16:14	♎	03. Aug	22:55	♉	06. Dez	20:03	♎	05. Apr	13:31	♉	08. Aug	17:11
♈	02. Apr	16:31	♏	06. Aug	10:57	♊	08. Dez	22:36	♏	08. Apr	2:05	♊	10. Aug	20:12
♉	04. Apr	17:18	♐	08. Aug	20:25	♋	11. Dez	2:54	♐	10. Apr	14:03	♋	13. Aug	0:52
♊	06. Apr	20:35	♑	11. Aug	2:10	♌	13. Dez	10:07	♑	13. Apr	0:23	♌	15. Aug	7:20
♋	09. Apr	3:49	♒	13. Aug	4:22	♍	15. Dez	20:33	♒	15. Apr	7:49	♍	17. Aug	15:44
♌	11. Apr	14:52	♓	15. Aug	4:19	♎	18. Dez	8:58	♓	17. Apr	11:37	♎	20. Aug	2:17
♍	14. Apr	3:47	♈	17. Aug	3:55	♏	20. Dez	21:03	♈	19. Apr	12:20	♏	22. Aug	14:36
♎	16. Apr	16:01	♉	19. Aug	5:07	♐	23. Dez	6:45	♉	21. Apr	11:37	♐	25. Aug	3:09
♏	19. Apr	2:09	♊	21. Aug	9:25	♑	25. Dez	13:27	♊	23. Apr	11:37	♑	27. Aug	13:35
♐	21. Apr	10:06	♋	23. Aug	17:17	♒	27. Dez	17:46	♋	25. Apr	14:22	♒	29. Aug	20:12
♑	23. Apr	16:13	♌	26. Aug	4:00	♓	29. Dez	20:42	♌	27. Apr	21:03	♓	31. Aug	23:06
♒	25. Apr	20:43	♍	28. Aug	16:20	♈	31. Dez	23:15	♍	30. Apr	7:22	♈	02. Sep	23:43
♓	27. Apr	23:40	♎	31. Aug	5:08				♎	02. Mai	19:43	♉	05. Sep	0:04
♈	30. Apr	1:26	♏	02. Sep	17:22	1936			♏	05. Mai	8:16	♊	07. Sep	1:54
♉	02. Mai	3:09	♐	05. Sep	3:48	♉	03. Jan	2:11	♐	07. Mai	19:54	♋	09. Sep	6:16
♊	04. Mai	6:26	♑	07. Sep	11:08	♊	05. Jan	6:04	♑	10. Mai	5:57	♌	11. Sep	13:13
♋	06. Mai	12:50	♒	09. Sep	14:44	♋	07. Jan	11:29	♒	12. Mai	13:47	♍	13. Sep	22:20
♌	08. Mai	22:55	♓	11. Sep	15:15	♌	09. Jan	19:02	♓	14. Mai	18:52	♎	16. Sep	9:12
♍	11. Mai	11:26	♈	13. Sep	14:20	♍	12. Jan	5:05	♈	16. Mai	21:14	♏	18. Sep	21:32
♎	13. Mai	23:48	♉	15. Sep	14:10	♎	14. Jan	17:10	♉	18. Mai	21:47	♐	21. Sep	10:24
♏	16. Mai	9:54	♊	17. Sep	16:48	♏	17. Jan	5:38	♊	20. Mai	22:12	♑	23. Sep	21:53
♐	18. Mai	17:13	♋	19. Sep	23:27	♐	19. Jan	16:11	♋	23. Mai	0:19	♒	26. Sep	5:53
♑	20. Mai	22:20	♌	22. Sep	9:50	♑	21. Jan	23:19	♌	25. Mai	5:41	♓	28. Sep	9:39
♒	23. Mai	2:08	♍	24. Sep	22:18	♒	24. Jan	3:02	♍	27. Mai	14:48	♈	30. Sep	10:10
♓	25. Mai	5:13	♎	27. Sep	11:05	♓	26. Jan	4:35	♎	30. Mai	2:38	♉	02. Okt	9:25
♈	27. Mai	7:59	♏	29. Sep	23:06	♈	28. Jan	5:36	♏	01. Jun	15:11	♊	04. Okt	9:37
♉	29. Mai	10:59	♐	02. Okt	9:41	♉	30. Jan	7:37	♐	04. Jun	2:37	♋	06. Okt	12:29
♊	31. Mai	15:11	♑	04. Okt	18:02	♊	01. Feb	11:39	♑	06. Jun	12:03	♌	08. Okt	18:45

Tabelle B.2: Mond (Fortsetzung)

♍	11. Okt	4:01
♎	13. Okt	15:19
♏	16. Okt	3:47
♐	18. Okt	16:38
♑	21. Okt	4:37
♒	23. Okt	14:00
♓	25. Okt	19:28
♈	27. Okt	21:09
♉	29. Okt	20:34
♊	31. Okt	19:49
♋	02. Nov	21:00
♌	05. Nov	1:37
♍	07. Nov	10:00
♎	09. Nov	21:15
♏	12. Nov	9:52
♐	14. Nov	22:33
♑	17. Nov	10:20
♒	19. Nov	20:11
♓	22. Nov	3:04
♈	24. Nov	6:37
♉	26. Nov	7:29
♊	28. Nov	7:11
♋	30. Nov	7:40
♌	02. Dez	10:43
♍	04. Dez	17:31
♎	07. Dez	3:55
♏	09. Dez	16:28
♐	12. Dez	5:07
♑	14. Dez	16:25
♒	17. Dez	1:42
♓	19. Dez	8:43
♈	21. Dez	13:26
♉	23. Dez	16:05
♊	25. Dez	17:24
♋	27. Dez	18:36
♌	29. Dez	21:14
1937		
♍	01. Jan	2:45
♎	03. Jan	11:55
♏	05. Jan	23:58
♐	08. Jan	12:43
♑	10. Jan	23:53
♒	13. Jan	8:25
♓	15. Jan	14:28
♈	17. Jan	18:48
♉	19. Jan	22:07
♊	22. Jan	0:54
♋	24. Jan	3:38
♌	26. Jan	7:08
♍	28. Jan	12:30
♎	30. Jan	20:49
♏	02. Feb	8:10
♐	04. Feb	20:59
♑	07. Feb	8:34
♒	09. Feb	17:00
♓	11. Feb	22:10
♈	14. Feb	1:12
♉	16. Feb	3:34
♊	18. Feb	6:22
♋	20. Feb	10:04
♌	22. Feb	14:51
♍	24. Feb	21:04
♎	27. Feb	5:26
♏	01. Mrz	16:23
♐	04. Mrz	5:08
♑	06. Mrz	17:23
♒	09. Mrz	2:36
♓	11. Mrz	7:50
♈	13. Mrz	10:00
♉	15. Mrz	10:54
♊	17. Mrz	12:19
♋	19. Mrz	15:25
♌	21. Mrz	20:35
♍	24. Mrz	3:44
♎	26. Mrz	12:47
♏	28. Mrz	23:51
♐	31. Mrz	12:32
♑	03. Apr	1:16
♒	05. Apr	11:38
♓	07. Apr	17:59
♈	09. Apr	20:28
♉	11. Apr	20:39
♊	13. Apr	20:34
♋	15. Apr	22:02
♌	18. Apr	2:11
♍	20. Apr	9:16
♎	22. Apr	18:51
♏	25. Apr	6:21
♐	27. Apr	19:05
♑	30. Apr	7:56
♒	02. Mai	19:08
♓	05. Mai	2:57
♈	07. Mai	6:47
♉	09. Mai	7:32
♊	11. Mai	6:56
♋	13. Mai	7:00
♌	15. Mai	9:27
♍	17. Mai	15:19
♎	20. Mai	0:34
♏	22. Mai	12:18
♐	25. Mai	1:10
♑	27. Mai	13:53
♒	30. Mai	1:13
♓	01. Jun	9:58
♈	03. Jun	15:22
♉	05. Jun	17:36
♊	07. Jun	17:46
♋	09. Jun	17:31
♌	11. Jun	18:44
♍	13. Jun	23:01
♎	16. Jun	7:08
♏	18. Jun	18:31
♐	21. Jun	7:25
♑	23. Jun	19:58
♒	26. Jun	6:54
♓	28. Jun	15:37
♈	30. Jun	11:50
♉	03. Jul	1:34
♊	05. Jul	3:15
♋	07. Jul	3:53
♌	09. Jul	4:59
♍	11. Jul	8:15
♎	13. Jul	15:04
♏	16. Jul	1:36
♐	18. Jul	14:20
♑	21. Jul	2:50
♒	23. Jul	13:20
♓	25. Jul	21:21
♈	28. Jul	3:15
♉	30. Jul	7:31
♊	01. Aug	10:29
♋	03. Aug	12:34
♌	05. Aug	14:35
♍	07. Aug	17:54
♎	09. Aug	23:58
♏	12. Aug	9:37
♐	14. Aug	21:59
♑	17. Aug	10:37
♒	19. Aug	21:05
♓	22. Aug	4:28
♈	24. Aug	9:23
♉	26. Aug	12:57
♊	28. Aug	16:01
♋	30. Aug	19:03
♌	01. Sep	22:21
♍	04. Sep	2:34
♎	06. Sep	8:48
♏	08. Sep	17:59
♐	11. Sep	5:59
♑	13. Sep	18:52
♒	16. Sep	5:51
♓	18. Sep	13:19
♈	20. Sep	17:31
♉	22. Sep	19:49
♊	24. Sep	21:46
♋	27. Sep	0:24
♌	29. Sep	4:14
♍	01. Okt	9:29
♎	03. Okt	16:31
♏	06. Okt	1:55
♐	08. Okt	13:44
♑	11. Okt	2:47
♒	13. Okt	14:37
♓	15. Okt	23:03
♈	18. Okt	3:32
♉	20. Okt	5:09
♊	22. Okt	5:40
♋	24. Okt	6:47
♌	26. Okt	9:42
♍	28. Okt	15:01
♎	30. Okt	22:47
♏	02. Nov	8:48
♐	04. Nov	20:46
♑	07. Nov	9:50
♒	09. Nov	22:19
♓	12. Nov	8:07
♈	14. Nov	13:59
♉	16. Nov	16:12
♊	18. Nov	16:10
♋	20. Nov	15:47
♌	22. Nov	16:55
♍	24. Nov	20:56
♎	27. Nov	4:22
♏	29. Nov	14:46
♐	02. Dez	3:05
♑	04. Dez	16:07
♒	07. Dez	4:40
♓	09. Dez	15:21
♈	11. Dez	22:55
♉	14. Dez	2:50
♊	16. Dez	3:42
♋	18. Dez	3:03
♌	20. Dez	2:48
♍	22. Dez	4:57
♎	24. Dez	10:53
♏	26. Dez	20:45
♐	29. Dez	9:12
♑	31. Dez	22:17
1938		
♒	03. Jan	10:31
♓	05. Jan	21:07
♈	08. Jan	5:29
♉	10. Jan	11:06
♊	12. Jan	13:50
♋	14. Jan	14:21
♌	16. Jan	14:09
♍	18. Jan	15:13
♎	20. Jan	19:27
♏	23. Jan	3:55
♐	25. Jan	15:51
♑	28. Jan	4:58
♒	30. Jan	17:00
♓	02. Feb	2:58
♈	04. Feb	10:54
♉	06. Feb	16:58
♊	08. Feb	21:08
♋	10. Feb	23:26
♌	13. Feb	0:33
♍	15. Feb	1:57
♎	17. Feb	5:28
♏	19. Feb	12:37
♐	21. Feb	23:33
♑	24. Feb	12:28
♒	27. Feb	0:36
♓	01. Mrz	10:13
♈	03. Mrz	17:16
♉	05. Mrz	22:29
♊	08. Mrz	2:33
♋	10. Mrz	5:46
♌	12. Mrz	8:23
♍	14. Mrz	11:05
♎	16. Mrz	15:08
♏	18. Mrz	21:53
♐	21. Mrz	8:01
♑	23. Mrz	20:32
♒	26. Mrz	8:56
♓	28. Mrz	18:52
♈	31. Mrz	1:33
♉	02. Apr	5:43
♊	04. Apr	8:33
♋	06. Apr	11:07
♌	08. Apr	14:04
♍	10. Apr	17:51
♎	12. Apr	23:02
♏	15. Apr	6:21
♐	17. Apr	16:19
♑	20. Apr	4:31
♒	22. Apr	17:11
♓	25. Apr	3:53
♈	27. Apr	11:08
♉	29. Apr	15:01
♊	01. Mai	16:45
♋	03. Mai	17:51
♌	05. Mai	19:42
♍	07. Mai	23:17
♎	10. Mai	5:06
♏	12. Mai	13:16
♐	14. Mai	23:40
♑	17. Mai	11:51
♒	20. Mai	0:37
♓	22. Mai	12:08
♈	24. Mai	20:35
♉	27. Mai	1:17
♊	29. Mai	2:52
♋	31. Mai	2:52
♌	02. Jun	3:09
♍	04. Jun	5:21
♎	06. Jun	10:35
♏	08. Jun	19:01
♐	11. Jun	5:57
♑	13. Jun	18:21
♒	16. Jun	7:07
♓	18. Jun	19:02

Tabelle B.2: Mond (Fortsetzung)

♈	21. Jun	4:40	♏	23. Okt	11:00	♈	21. Feb	21:23	♏	26. Jun	7:25	♊	30. Okt	8:31
♉	23. Jun	10:50	♐	25. Okt	18:54	♉	24. Feb	7:19	♐	28. Jun	14:39	♋	01. Nov	14:41
♊	25. Jun	13:25	♑	28. Okt	5:39	♊	26. Feb	14:47	♑	30. Jun	23:53	♌	03. Nov	19:01
♋	27. Jun	13:27	♒	30. Okt	18:08	♋	28. Feb	19:06	♒	03. Jul	10:54	♍	05. Nov	21:57
♌	29. Jun	12:45	♓	02. Nov	6:09	♌	02. Mrz	20:30	♓	05. Jul	23:17	♎	08. Nov	0:03
♍	01. Jul	13:24	♈	04. Nov	15:35	♍	04. Mrz	20:17	♈	08. Jul	11:50	♏	10. Nov	2:14
♎	03. Jul	17:09	♉	06. Nov	21:41	♎	06. Mrz	20:26	♉	10. Jul	22:27	♐	12. Nov	5:41
♏	06. Jul	0:49	♊	09. Nov	1:03	♏	08. Mrz	23:00	♊	13. Jul	5:20	♑	14. Nov	11:42
♐	08. Jul	11:45	♋	11. Nov	2:59	♐	11. Mrz	5:23	♋	15. Jul	8:16	♒	16. Nov	21:00
♑	11. Jul	0:22	♌	13. Nov	4:50	♑	13. Mrz	15:35	♌	17. Jul	8:30	♓	19. Nov	9:00
♒	13. Jul	13:05	♍	15. Nov	7:38	♒	16. Mrz	4:01	♍	19. Jul	8:07	♈	21. Nov	21:36
♓	16. Jul	0:55	♎	17. Nov	12:03	♓	18. Mrz	16:31	♎	21. Jul	9:10	♉	24. Nov	8:23
♈	18. Jul	11:02	♏	19. Nov	18:26	♈	21. Mrz	3:41	♏	23. Jul	13:04	♊	26. Nov	16:09
♉	20. Jul	18:31	♐	22. Nov	2:56	♉	23. Mrz	12:58	♐	25. Jul	20:10	♋	28. Nov	21:11
♊	22. Jul	22:43	♑	24. Nov	13:38	♊	25. Mrz	20:15	♑	28. Jul	5:51	♌	01. Dez	0:34
♋	24. Jul	23:54	♒	27. Nov	1:58	♋	28. Mrz	1:19	♒	30. Jul	17:15	♍	03. Dez	3:23
♌	26. Jul	23:26	♓	29. Nov	14:30	♌	30. Mrz	4:15	♓	02. Aug	5:41	♎	05. Dez	6:22
♍	28. Jul	23:17	♈	02. Dez	1:02	♍	01. Apr	5:39	♈	04. Aug	18:22	♏	07. Dez	9:57
♎	31. Jul	1:35	♉	04. Dez	8:01	♎	03. Apr	6:48	♉	07. Aug	5:47	♐	09. Dez	14:32
♏	02. Aug	7:49	♊	06. Dez	11:18	♏	05. Apr	9:21	♊	09. Aug	14:06	♑	11. Dez	20:51
♐	04. Aug	18:02	♋	08. Dez	12:07	♐	07. Apr	14:47	♋	11. Aug	18:21	♒	14. Dez	5:42
♑	07. Aug	6:33	♌	10. Dez	12:17	♑	09. Apr	23:47	♌	13. Aug	19:09	♓	16. Dez	17:14
♒	09. Aug	19:15	♍	12. Dez	13:37	♒	12. Apr	11:33	♍	15. Aug	18:19	♈	19. Dez	6:03
♓	12. Aug	6:45	♎	14. Dez	17:27	♓	15. Apr	0:04	♎	17. Aug	18:04	♉	21. Dez	17:32
♈	14. Aug	16:34	♏	17. Dez	0:13	♈	17. Apr	11:13	♏	19. Aug	20:20	♊	24. Dez	1:37
♉	17. Aug	0:25	♐	19. Dez	9:31	♉	19. Apr	19:57	♐	22. Aug	2:14	♋	26. Dez	6:03
♊	19. Aug	5:51	♑	21. Dez	20:39	♊	22. Apr	2:16	♑	24. Aug	11:33	♌	28. Dez	8:05
♋	21. Aug	8:39	♒	24. Dez	8:59	♋	24. Apr	6:43	♒	26. Aug	23:09	♍	30. Dez	9:29
♌	23. Aug	9:27	♓	26. Dez	21:41	♌	26. Apr	9:55	♓	29. Aug	11:42			
♍	25. Aug	9:43	♈	29. Dez	9:14	♍	28. Apr	12:26	♈	01. Sep	0:15	1940		
♎	27. Aug	11:26	♉	31. Dez	17:47	♎	30. Apr	15:02	♉	03. Sep	11:47	♎	01. Jan	11:44
♏	29. Aug	16:26				♏	02. Mai	18:36	♊	05. Sep	21:02	♏	03. Jan	15:36
♐	01. Sep	1:28	1939			♐	05. Mai	0:11	♋	08. Sep	2:52	♐	05. Jan	21:12
♑	03. Sep	13:30	♊	02. Jan	22:19	♑	07. Mai	8:34	♌	10. Sep	5:11	♑	08. Jan	4:30
♒	06. Sep	2:10	♋	04. Jan	23:20	♒	09. Mai	19:41	♍	12. Sep	5:09	♒	10. Jan	13:42
♓	08. Sep	13:28	♌	06. Jan	22:32	♓	12. Mai	8:09	♎	14. Sep	4:39	♓	13. Jan	1:03
♈	10. Sep	22:40	♍	08. Jan	22:08	♈	14. Mai	19:41	♏	16. Sep	5:43	♈	15. Jan	13:56
♉	13. Sep	5:54	♎	11. Jan	0:11	♉	17. Mai	4:28	♐	18. Sep	10:02	♉	18. Jan	2:15
♊	15. Sep	11:23	♏	13. Jan	5:54	♊	19. Mai	10:06	♑	20. Sep	18:11	♊	20. Jan	11:32
♋	17. Sep	15:09	♐	15. Jan	15:10	♋	21. Mai	13:23	♒	23. Sep	5:24	♋	22. Jan	16:35
♌	19. Sep	17:26	♑	18. Jan	2:44	♌	23. Mai	15:33	♓	25. Sep	18:00	♌	24. Jan	18:10
♍	21. Sep	19:01	♒	20. Jan	15:15	♍	25. Mai	17:51	♈	28. Sep	6:22	♍	26. Jan	18:12
♎	23. Sep	21:19	♓	23. Jan	3:51	♎	27. Mai	21:06	♉	30. Sep	17:29	♎	28. Jan	18:43
♏	26. Sep	1:57	♈	25. Jan	15:42	♏	30. Mai	1:47	♊	03. Okt	2:38	♏	30. Jan	21:17
♐	28. Sep	10:02	♉	28. Jan	1:29	♐	01. Jun	8:15	♋	05. Okt	9:16	♐	02. Feb	2:36
♑	30. Sep	21:20	♊	30. Jan	7:50	♑	03. Jun	16:50	♌	07. Okt	13:10	♑	04. Feb	10:27
♒	03. Okt	9:58	♋	01. Feb	10:22	♒	06. Jun	3:40	♍	09. Okt	14:46	♒	06. Feb	20:21
♓	05. Okt	21:27	♌	03. Feb	10:06	♓	08. Jun	16:05	♎	11. Okt	15:15	♓	09. Feb	7:58
♈	08. Okt	6:22	♍	05. Feb	9:02	♈	10. Jun	4:10	♏	13. Okt	16:18	♈	11. Feb	20:49
♉	10. Okt	12:43	♎	07. Feb	9:29	♉	13. Jun	13:43	♐	15. Okt	19:36	♉	14. Feb	9:36
♊	12. Okt	17:10	♏	09. Feb	13:22	♊	15. Jun	19:32	♑	18. Okt	2:22	♊	16. Feb	20:10
♋	14. Okt	20:31	♐	11. Feb	21:24	♋	17. Jun	22:06	♒	20. Okt	12:40	♋	19. Feb	2:46
♌	16. Okt	23:19	♑	14. Feb	8:41	♌	19. Jun	22:58	♓	23. Okt	1:05	♌	21. Feb	5:19
♍	19. Okt	2:09	♒	16. Feb	21:22	♍	21. Jun	23:56	♈	25. Okt	13:28	♍	23. Feb	5:11
♎	21. Okt	5:43	♓	19. Feb	9:52	♎	24. Jun	2:30	♉	28. Okt	0:09	♎	25. Feb	4:29

Tabelle B.2: Mond (Fortsetzung)

♏	27. Feb	5:13	♊	02. Jul	6:15	♑	03. Nov	13:22	♊	05. Mrz	2:12	♑	07. Jul	18:21
♐	29. Feb	8:54	♋	04. Jul	13:10	♒	05. Nov	19:03	♋	07. Mrz	13:04	♒	09. Jul	20:36
♑	02. Mrz	16:02	♌	06. Jul	17:12	♓	08. Nov	4:46	♌	09. Mrz	20:19	♓	12. Jul	1:42
♒	05. Mrz	2:07	♍	08. Jul	19:44	♈	10. Nov	17:13	♍	11. Mrz	23:51	♈	14. Jul	10:35
♓	07. Mrz	14:07	♎	10. Jul	22:07	♉	13. Nov	6:13	♎	14. Mrz	0:51	♉	16. Jul	22:30
♈	10. Mrz	3:01	♏	13. Jul	1:07	♊	15. Nov	18:00	♏	16. Mrz	1:03	♊	19. Jul	11:10
♉	12. Mrz	15:44	♐	15. Jul	5:05	♋	18. Nov	3:52	♐	18. Mrz	2:08	♋	21. Jul	22:15
♊	15. Mrz	2:53	♑	17. Jul	10:17	♌	20. Nov	11:38	♑	20. Mrz	5:25	♌	24. Jul	6:48
♋	17. Mrz	10:57	♒	19. Jul	17:22	♍	22. Nov	17:11	♒	22. Mrz	11:34	♍	26. Jul	13:03
♌	19. Mrz	15:15	♓	22. Jul	2:58	♎	24. Nov	20:25	♓	24. Mrz	20:30	♎	28. Jul	17:41
♍	21. Mrz	16:20	♈	24. Jul	15:02	♏	26. Nov	21:44	♈	27. Mrz	7:39	♏	30. Jul	21:09
♎	23. Mrz	15:47	♉	27. Jul	3:56	♐	28. Nov	22:18	♉	29. Mrz	20:14	♐	01. Aug	23:49
♏	25. Mrz	15:33	♊	29. Jul	15:04	♑	30. Nov	23:50	♊	01. Apr	9:06	♑	04. Aug	2:17
♐	27. Mrz	17:31	♋	31. Jul	22:32	♒	03. Dez	4:12	♋	03. Apr	20:44	♒	06. Aug	5:32
♑	29. Mrz	23:00	♌	03. Aug	2:20	♓	05. Dez	12:35	♌	06. Apr	5:26	♓	08. Aug	10:51
♒	01. Apr	8:13	♍	05. Aug	3:50	♈	08. Dez	0:26	♍	08. Apr	10:21	♈	10. Aug	19:13
♓	03. Apr	20:11	♎	07. Aug	4:50	♉	10. Dez	13:27	♎	10. Apr	11:54	♉	13. Aug	6:32
♈	06. Apr	9:10	♏	09. Aug	6:46	♊	13. Dez	1:08	♏	12. Apr	11:31	♊	15. Aug	19:09
♉	08. Apr	21:39	♐	11. Aug	10:29	♋	15. Dez	10:20	♐	14. Apr	11:07	♋	18. Aug	6:37
♊	11. Apr	8:32	♑	13. Aug	16:15	♌	17. Dez	17:16	♑	16. Apr	12:38	♌	20. Aug	15:15
♋	13. Apr	17:04	♒	16. Aug	0:07	♍	19. Dez	22:35	♒	18. Apr	17:31	♍	22. Aug	20:53
♌	15. Apr	22:44	♓	18. Aug	10:10	♎	22. Dez	2:37	♓	21. Apr	2:07	♎	25. Aug	0:21
♍	18. Apr	1:34	♈	20. Aug	22:14	♏	24. Dez	5:30	♈	23. Apr	13:34	♏	27. Aug	2:49
♎	20. Apr	2:23	♉	23. Aug	11:17	♐	26. Dez	7:36	♉	26. Apr	2:23	♐	29. Aug	5:13
♏	22. Apr	2:33	♊	25. Aug	23:13	♑	28. Dez	9:58	♊	28. Apr	15:11	♑	31. Aug	8:18
♐	24. Apr	3:48	♋	28. Aug	7:53	♒	30. Dez	14:09	♋	01. Mai	2:56	♒	02. Sep	12:39
♑	26. Apr	7:50	♌	30. Aug	12:31				♌	03. Mai	12:34	♓	04. Sep	18:52
♒	28. Apr	15:39	♍	01. Sep	13:57	1941			♍	05. Mai	19:06	♈	07. Sep	3:28
♓	01. Mai	2:56	♎	03. Sep	13:54	♓	01. Jan	21:35	♎	07. Mai	22:11	♉	09. Sep	14:32
♈	03. Mai	15:52	♏	05. Sep	14:16	♈	04. Jan	8:34	♏	09. Mai	22:34	♊	12. Sep	3:06
♉	06. Mai	4:12	♐	07. Sep	16:36	♉	06. Jan	21:28	♐	11. Mai	21:49	♋	14. Sep	15:09
♊	08. Mai	14:34	♑	09. Sep	21:45	♊	09. Jan	9:27	♑	13. Mai	22:03	♌	17. Sep	0:36
♋	10. Mai	22:33	♒	12. Sep	5:51	♋	11. Jan	18:33	♒	16. Mai	1:15	♍	19. Sep	6:29
♌	13. Mai	4:22	♓	14. Sep	16:25	♌	14. Jan	0:39	♓	18. Mai	8:33	♎	21. Sep	9:17
♍	15. Mai	8:18	♈	17. Sep	4:43	♍	16. Jan	4:45	♈	20. Mai	19:34	♏	23. Sep	10:24
♎	17. Mai	10:40	♉	19. Sep	17:45	♎	18. Jan	8:00	♉	23. Mai	8:26	♐	25. Sep	11:24
♏	19. Mai	12:12	♊	22. Sep	6:05	♏	20. Jan	11:04	♊	25. Mai	21:10	♑	27. Sep	13:44
♐	21. Mai	14:00	♋	24. Sep	15:57	♐	22. Jan	14:16	♋	28. Mai	8:36	♒	29. Sep	18:17
♑	23. Mai	17:35	♌	26. Sep	22:09	♑	24. Jan	18:01	♌	30. Mai	18:15	♓	02. Okt	1:18
♒	26. Mai	0:19	♍	29. Sep	0:41	♒	26. Jan	23:06	♍	02. Jun	1:38	♈	04. Okt	10:37
♓	28. Mai	10:39	♎	01. Okt	0:46	♓	29. Jan	6:34	♎	04. Jun	6:17	♉	06. Okt	21:52
♈	30. Mai	23:18	♏	03. Okt	0:12	♈	31. Jan	17:02	♏	06. Jun	8:13	♊	09. Okt	10:23
♉	02. Jun	11:44	♐	05. Okt	0:54	♉	03. Feb	5:41	♐	08. Jun	8:24	♋	11. Okt	22:53
♊	04. Jun	21:49	♑	07. Okt	4:28	♊	05. Feb	18:09	♑	10. Jun	8:32	♌	14. Okt	9:29
♋	07. Jun	5:02	♒	09. Okt	11:44	♋	08. Feb	3:57	♒	12. Jun	10:41	♍	16. Okt	16:36
♌	09. Jun	10:00	♓	11. Okt	22:18	♌	10. Feb	10:07	♓	14. Jun	16:33	♎	18. Okt	19:54
♍	11. Jun	13:41	♈	14. Okt	10:50	♍	12. Feb	13:21	♈	17. Jun	2:30	♏	20. Okt	20:25
♎	13. Jun	16:43	♉	16. Okt	23:49	♎	14. Feb	15:07	♉	19. Jun	15:03	♐	22. Okt	20:00
♏	15. Jun	19:31	♊	19. Okt	11:59	♏	16. Feb	16:52	♊	22. Jun	3:44	♑	24. Okt	20:40
♐	17. Jun	22:34	♋	21. Okt	22:18	♐	18. Feb	19:37	♋	24. Jun	14:51	♒	27. Okt	0:02
♑	20. Jun	2:44	♌	24. Okt	5:51	♑	20. Feb	23:54	♌	26. Jun	23:55	♓	29. Okt	6:51
♒	22. Jun	9:15	♍	26. Okt	10:10	♒	23. Feb	6:02	♍	29. Jun	7:03	♈	31. Okt	16:38
♓	24. Jun	18:55	♎	28. Okt	11:37	♓	25. Feb	14:18	♎	01. Jul	12:17	♉	03. Nov	4:19
♈	27. Jun	7:13	♏	30. Okt	11:25	♈	28. Feb	0:54	♏	03. Jul	15:34	♊	05. Nov	16:52
♉	29. Jun	19:52	♐	01. Nov	11:21	♉	02. Mrz	13:23	♐	05. Jul	17:13	♋	08. Nov	5:26

Tabelle B.2: Mond (Fortsetzung)

♌	10. Nov	16:49	♑	10. Mrz	18:08	♌	14. Jul	8:08	♓	15. Nov	21:28	♌	17. Mrz	0:41
♍	13. Nov	1:29	♒	12. Mrz	21:30	♍	16. Jul	19:08	♈	18. Nov	3:30	♍	19. Mrz	12:43
♎	15. Nov	6:22	♓	15. Mrz	2:09	♎	19. Jul	4:02	♉	20. Nov	11:38	♎	21. Mrz	22:21
♏	17. Nov	7:40	♈	17. Mrz	8:41	♏	21. Jul	10:02	♊	22. Nov	21:35	♏	24. Mrz	5:23
♐	19. Nov	6:53	♉	19. Mrz	17:39	♐	23. Jul	12:58	♋	25. Nov	9:17	♐	26. Mrz	10:23
♑	21. Nov	6:11	♊	22. Mrz	5:00	♑	25. Jul	13:38	♌	27. Nov	22:09	♑	28. Mrz	14:05
♒	23. Nov	7:46	♋	24. Mrz	17:33	♒	27. Jul	13:37	♍	30. Nov	10:29	♒	30. Mrz	16:57
♓	25. Nov	13:09	♌	27. Mrz	5:04	♓	29. Jul	14:49	♎	02. Dez	19:55	♓	01. Apr	19:27
♈	27. Nov	22:26	♍	29. Mrz	13:36	♈	31. Jul	18:55	♏	05. Dez	1:06	♈	03. Apr	22:17
♉	30. Nov	10:18	♎	31. Mrz	18:36	♉	03. Aug	2:47	♐	07. Dez	2:34	♉	06. Apr	2:37
♊	02. Dez	23:00	♏	02. Apr	20:54	♊	05. Aug	13:54	♑	09. Dez	2:07	♊	08. Apr	9:41
♋	05. Dez	11:22	♐	04. Apr	22:04	♋	08. Aug	2:30	♒	11. Dez	1:57	♋	10. Apr	20:03
♌	07. Dez	22:43	♑	06. Apr	23:41	♌	10. Aug	14:39	♓	13. Dez	3:56	♌	13. Apr	8:39
♍	10. Dez	8:12	♒	09. Apr	2:56	♍	13. Aug	1:09	♈	15. Dez	9:04	♍	15. Apr	20:59
♎	12. Dez	14:46	♓	11. Apr	8:19	♎	15. Aug	9:31	♉	17. Dez	17:16	♎	18. Apr	6:41
♏	14. Dez	17:51	♈	13. Apr	15:49	♏	17. Aug	15:38	♊	20. Dez	3:46	♏	20. Apr	13:04
♐	16. Dez	18:10	♉	16. Apr	1:18	♐	19. Aug	19:35	♋	22. Dez	15:46	♐	22. Apr	16:56
♑	18. Dez	17:26	♊	18. Apr	12:37	♑	21. Aug	21:46	♌	25. Dez	4:35	♑	24. Apr	19:40
♒	20. Dez	17:53	♋	21. Apr	1:10	♒	23. Aug	23:07	♍	27. Dez	17:10	♒	26. Apr	22:21
♓	22. Dez	21:33	♌	23. Apr	13:21	♓	26. Aug	0:55	♎	30. Dez	3:44	♓	29. Apr	1:36
♈	25. Dez	5:24	♍	25. Apr	23:02	♈	28. Aug	4:39				♈	01. Mai	5:39
♉	27. Dez	16:43	♎	28. Apr	4:50	♉	30. Aug	11:29	1943			♉	03. Mai	10:57
♊	30. Dez	5:27	♏	30. Apr	6:59	♊	01. Sep	21:40	♏	01. Jan	10:40	♊	05. Mai	18:16
			♐	02. Mai	7:03	♋	04. Sep	10:00	♐	03. Jan	13:34	♋	08. Mai	4:17
1942			♑	04. Mai	7:04	♌	06. Sep	22:15	♑	05. Jan	13:35	♌	10. Mai	16:39
♋	01. Jan	17:42	♒	06. Mai	8:56	♍	09. Sep	8:31	♒	07. Jan	12:42	♍	13. Mai	5:21
♌	04. Jan	4:32	♓	08. Mai	13:44	♎	11. Sep	16:05	♓	09. Jan	13:03	♎	15. Mai	15:44
♍	06. Jan	13:42	♈	10. Mai	21:31	♏	13. Sep	21:19	♈	11. Jan	16:21	♏	17. Mai	22:19
♎	08. Jan	20:48	♉	13. Mai	7:37	♐	16. Sep	0:58	♉	13. Jan	23:22	♐	20. Mai	1:33
♏	11. Jan	1:24	♊	15. Mai	19:15	♑	18. Sep	3:48	♊	16. Jan	9:39	♑	22. Mai	3:00
♐	13. Jan	3:31	♋	18. Mai	7:49	♒	20. Sep	6:27	♋	18. Jan	21:53	♒	24. Mai	4:23
♑	15. Jan	4:07	♌	20. Mai	20:21	♓	22. Sep	9:34	♌	21. Jan	10:44	♓	26. Mai	6:58
♒	17. Jan	4:52	♍	23. Mai	7:07	♈	24. Sep	13:57	♍	23. Jan	23:03	♈	28. Mai	11:16
♓	19. Jan	7:43	♎	25. Mai	14:22	♉	26. Sep	20:34	♎	26. Jan	9:47	♉	30. Mai	17:25
♈	21. Jan	14:08	♏	27. Mai	17:32	♊	29. Sep	6:05	♏	28. Jan	17:51	♊	02. Jun	1:29
♉	24. Jan	0:18	♐	29. Mai	17:39	♋	01. Okt	18:03	♐	30. Jan	22:34	♋	04. Jun	11:45
♊	26. Jan	12:44	♑	31. Mai	16:43	♌	04. Okt	6:35	♑	02. Feb	0:15	♌	07. Jun	0:03
♋	29. Jan	1:03	♒	02. Jun	16:59	♍	06. Okt	17:13	♒	04. Feb	0:10	♍	09. Jun	13:03
♌	31. Jan	11:37	♓	04. Jun	20:14	♎	09. Okt	0:33	♓	06. Feb	0:07	♎	12. Jun	0:22
♍	02. Feb	19:57	♈	07. Jun	3:11	♏	11. Okt	4:46	♈	08. Feb	2:00	♏	14. Jun	7:59
♎	05. Feb	2:18	♉	09. Jun	13:16	♐	13. Okt	7:10	♉	10. Feb	7:17	♐	16. Jun	11:36
♏	07. Feb	6:56	♊	12. Jun	1:11	♑	15. Okt	9:13	♊	12. Feb	16:25	♑	18. Jun	12:30
♐	09. Feb	10:06	♋	14. Jun	13:50	♒	17. Okt	12:01	♋	15. Feb	4:24	♒	20. Jun	12:33
♑	11. Feb	12:19	♌	17. Jun	2:19	♓	19. Okt	16:05	♌	17. Feb	17:18	♓	22. Jun	13:36
♒	13. Feb	14:27	♍	19. Jun	13:33	♈	21. Okt	21:37	♍	20. Feb	5:20	♈	24. Jun	16:52
♓	15. Feb	17:50	♎	21. Jun	22:04	♉	24. Okt	4:52	♎	22. Feb	15:30	♉	26. Jun	22:52
♈	17. Feb	23:46	♏	24. Jun	2:50	♊	26. Okt	14:18	♏	24. Feb	23:25	♊	29. Jun	7:27
♉	20. Feb	8:57	♐	26. Jun	4:09	♋	29. Okt	2:00	♐	27. Feb	4:59	♋	01. Jul	18:13
♊	22. Feb	20:47	♑	28. Jun	3:30	♌	31. Okt	14:48	♑	01. Mrz	8:19	♌	04. Jul	6:39
♋	25. Feb	9:15	♒	30. Jun	3:00	♍	03. Nov	2:19	♒	03. Mrz	9:56	♍	06. Jul	19:45
♌	27. Feb	20:06	♓	02. Jul	4:46	♎	05. Nov	10:21	♓	05. Mrz	10:54	♎	09. Jul	7:44
♍	02. Mrz	4:06	♈	04. Jul	10:10	♏	07. Nov	14:27	♈	07. Mrz	12:41	♏	11. Jul	16:40
♎	04. Mrz	9:23	♉	06. Jul	19:22	♐	09. Nov	15:47	♉	09. Mrz	16:53	♐	13. Jul	21:37
♏	06. Mrz	12:50	♊	09. Jul	7:10	♑	11. Nov	16:18	♊	12. Mrz	0:39	♑	15. Jul	23:07
♐	08. Mrz	15:28	♋	11. Jul	19:51	♒	13. Nov	17:48	♋	14. Mrz	11:51	♒	17. Jul	22:46

Tabelle B.2: Mond (Fortsetzung)

♓	19. Jul	22:30
♈	22. Jul	0:08
♉	24. Jul	4:53
♊	26. Jul	13:04
♋	29. Jul	0:04
♌	31. Jul	12:43
♍	03. Aug	1:45
♎	05. Aug	13:51
♏	07. Aug	23:40
♐	10. Aug	6:08
♑	12. Aug	9:09
♒	14. Aug	9:36
♓	16. Aug	9:06
♈	18. Aug	9:32
♉	20. Aug	12:40
♊	22. Aug	19:34
♋	25. Aug	6:07
♌	27. Aug	18:49
♍	30. Aug	7:47
♎	01. Sep	19:33
♏	04. Sep	5:20
♐	06. Sep	12:38
♑	08. Sep	17:13
♒	10. Sep	19:18
♓	12. Sep	19:46
♈	14. Sep	20:09
♉	16. Sep	22:14
♊	19. Sep	3:42
♋	21. Sep	13:10
♌	24. Sep	1:34
♍	26. Sep	14:30
♎	29. Sep	1:56
♏	01. Okt	11:04
♐	03. Okt	18:03
♑	05. Okt	23:11
♒	08. Okt	2:39
♓	10. Okt	4:44
♈	12. Okt	6:12
♉	14. Okt	8:26
♊	16. Okt	13:07
♋	18. Okt	21:28
♌	21. Okt	9:12
♍	23. Okt	22:10
♎	26. Okt	9:38
♏	28. Okt	18:14
♐	31. Okt	0:14
♑	02. Nov	4:37
♒	04. Nov	8:10
♓	06. Nov	11:16
♈	08. Nov	14:10
♉	10. Nov	17:32
♊	12. Nov	22:31
♋	15. Nov	6:22
♌	17. Nov	17:27
♍	20. Nov	6:21
♎	22. Nov	18:19
♏	25. Nov	3:09
♐	27. Nov	8:35
♑	29. Nov	11:43
♒	01. Dez	14:01
♓	03. Dez	16:36
♈	05. Dez	20:00
♉	08. Dez	0:30
♊	10. Dez	6:32
♋	12. Dez	14:46
♌	15. Dez	1:37
♍	17. Dez	14:22
♎	20. Dez	2:55
♏	22. Dez	12:46
♐	24. Dez	18:44
♑	26. Dez	21:24
♒	28. Dez	22:21
♓	30. Dez	23:17
1944		
♈	02. Jan	1:34
♉	04. Jan	5:58
♊	06. Jan	12:44
♋	08. Jan	21:48
♌	11. Jan	8:58
♍	13. Jan	21:38
♎	16. Jan	10:29
♏	18. Jan	21:27
♐	21. Jan	4:53
♑	23. Jan	8:26
♒	25. Jan	9:09
♓	27. Jan	8:48
♈	29. Jan	9:15
♉	31. Jan	12:07
♊	02. Feb	18:17
♋	05. Feb	3:40
♌	07. Feb	15:20
♍	10. Feb	4:08
♎	12. Feb	16:54
♏	15. Feb	4:24
♐	17. Feb	13:15
♑	19. Feb	18:33
♒	21. Feb	20:27
♓	23. Feb	20:09
♈	25. Feb	19:31
♉	27. Feb	20:36
♊	01. Mrz	1:06
♋	03. Mrz	9:38
♌	05. Mrz	21:19
♍	08. Mrz	10:18
♎	10. Mrz	22:55
♏	13. Mrz	10:12
♐	15. Mrz	19:31
♑	18. Mrz	2:13
♒	20. Mrz	5:55
♓	22. Mrz	6:59
♈	24. Mrz	6:42
♉	26. Mrz	7:01
♊	28. Mrz	9:58
♋	30. Mrz	16:59
♌	02. Apr	3:54
♍	04. Apr	16:49
♎	07. Apr	5:22
♏	09. Apr	16:12
♐	12. Apr	1:02
♑	14. Apr	7:56
♒	16. Apr	12:46
♓	18. Apr	15:28
♈	20. Apr	16:35
♉	22. Apr	17:29
♊	24. Apr	19:59
♋	27. Apr	1:49
♌	29. Apr	11:36
♍	02. Mai	0:04
♎	04. Mai	12:40
♏	06. Mai	23:18
♐	09. Mai	7:27
♑	11. Mai	13:33
♒	13. Mai	18:10
♓	15. Mai	21:35
♈	18. Mai	0:03
♉	20. Mai	2:15
♊	22. Mai	5:26
♋	24. Mai	11:04
♌	26. Mai	20:04
♍	29. Mai	7:58
♎	31. Mai	20:37
♏	03. Jun	7:32
♐	05. Jun	15:27
♑	07. Jun	20:41
♒	10. Jun	0:12
♓	12. Jun	2:58
♈	14. Jun	5:41
♉	16. Jun	8:52
♊	18. Jun	13:11
♋	20. Jun	19:28
♌	23. Jun	4:25
♍	25. Jun	15:58
♎	28. Jun	4:40
♏	30. Jun	16:10
♐	03. Jul	0:38
♑	05. Jul	5:42
♒	07. Jul	8:14
♓	09. Jul	9:39
♈	11. Jul	11:18
♉	13. Jul	14:16
♊	15. Jul	19:11
♋	18. Jul	2:21
♌	20. Jul	11:51
♍	22. Jul	23:24
♎	25. Jul	12:08
♏	28. Jul	0:16
♐	30. Jul	9:50
♑	01. Aug	15:42
♒	03. Aug	18:10
♓	05. Aug	18:35
♈	07. Aug	18:43
♉	09. Aug	20:19
♊	12. Aug	0:38
♋	14. Aug	8:03
♌	16. Aug	18:08
♍	19. Aug	6:01
♎	21. Aug	18:45
♏	24. Aug	7:13
♐	26. Aug	17:52
♑	29. Aug	1:12
♒	31. Aug	4:44
♓	02. Sep	5:14
♈	04. Sep	4:27
♉	06. Sep	4:28
♊	08. Sep	7:14
♋	10. Sep	13:47
♌	12. Sep	23:50
♍	15. Sep	12:00
♎	18. Sep	0:48
♏	20. Sep	13:11
♐	23. Sep	0:16
♑	25. Sep	8:55
♒	27. Sep	14:10
♓	29. Sep	15:58
♈	01. Okt	15:30
♉	03. Okt	14:46
♊	05. Okt	15:59
♋	07. Okt	20:56
♌	10. Okt	6:03
♍	12. Okt	18:04
♎	15. Okt	6:55
♏	17. Okt	19:03
♐	20. Okt	5:50
♑	22. Okt	14:48
♒	24. Okt	21:19
♓	27. Okt	0:53
♈	29. Okt	1:54
♉	31. Okt	1:45
♊	02. Nov	2:28
♋	04. Nov	6:04
♌	06. Nov	13:44
♍	09. Nov	0:59
♎	11. Nov	13:45
♏	14. Nov	1:48
♐	16. Nov	12:02
♑	18. Nov	20:20
♒	21. Nov	2:47
♓	23. Nov	7:18
♈	25. Nov	9:57
♉	27. Nov	11:22
♊	29. Nov	12:55
♋	01. Dez	16:17
♌	03. Dez	22:53
♍	06. Dez	9:04
♎	08. Dez	21:28
♏	11. Dez	9:42
♐	13. Dez	19:50
♑	16. Dez	3:22
♒	18. Dez	8:44
♓	20. Dez	12:39
♈	22. Dez	15:42
♉	24. Dez	18:24
♊	26. Dez	21:26
♋	29. Dez	1:44
♌	31. Dez	8:19
1945		
♍	02. Jan	17:49
♎	05. Jan	5:44
♏	07. Jan	18:13
♐	10. Jan	4:55
♑	12. Jan	12:28
♒	14. Jan	16:57
♓	16. Jan	19:27
♈	18. Jan	21:21
♉	20. Jan	23:48
♊	23. Jan	3:35
♋	25. Jan	9:05
♌	27. Jan	16:33
♍	30. Jan	2:09
♎	01. Feb	13:46
♏	04. Feb	2:22
♐	06. Feb	13:57
♑	08. Feb	22:29
♒	11. Feb	3:12
♓	13. Feb	4:52
♈	15. Feb	5:12
♉	17. Feb	6:05
♊	19. Feb	9:01
♋	21. Feb	14:42
♌	23. Feb	22:58
♍	26. Feb	9:13
♎	28. Feb	20:57
♏	03. Mrz	9:32
♐	05. Mrz	21:45
♑	08. Mrz	7:37
♒	10. Mrz	13:40
♓	12. Mrz	15:50
♈	14. Mrz	15:32
♉	16. Mrz	14:54
♊	18. Mrz	16:04
♋	20. Mrz	20:31
♌	23. Mrz	4:32
♍	25. Mrz	15:11

Tabelle B.2: Mond (Fortsetzung)

♎	28. Mrz	3:15	♉	31. Jul	9:29	♐	03. Dez	18:30	♉	03. Apr	10:56	♐	06. Aug	10:36
♏	30. Mrz	15:50	♊	02. Aug	12:23	♑	06. Dez	6:23	♊	05. Apr	11:25	♑	08. Aug	23:23
♐	02. Apr	4:08	♋	04. Aug	16:23	♒	08. Dez	16:34	♋	07. Apr	13:21	♒	11. Aug	10:23
♑	04. Apr	14:51	♌	06. Aug	21:53	♓	11. Dez	0:20	♌	09. Apr	17:37	♓	13. Aug	18:41
♒	06. Apr	22:28	♍	09. Aug	5:24	♈	13. Dez	5:15	♍	12. Apr	0:20	♈	16. Aug	0:37
♓	09. Apr	2:10	♎	11. Aug	15:21	♉	15. Dez	7:30	♎	14. Apr	9:13	♉	18. Aug	4:59
♈	11. Apr	2:38	♏	14. Aug	3:24	♊	17. Dez	8:03	♏	16. Apr	20:03	♊	20. Aug	8:22
♉	13. Apr	1:40	♐	16. Aug	15:56	♋	19. Dez	8:27	♐	19. Apr	8:30	♋	22. Aug	11:06
♊	15. Apr	1:31	♑	19. Aug	2:31	♌	21. Dez	10:30	♑	21. Apr	21:28	♌	24. Aug	13:38
♋	17. Apr	4:14	♒	21. Aug	9:32	♍	23. Dez	15:44	♒	24. Apr	8:56	♍	26. Aug	16:54
♌	19. Apr	10:52	♓	23. Aug	13:05	♎	26. Dez	0:45	♓	26. Apr	16:54	♎	28. Aug	22:15
♍	21. Apr	21:03	♈	25. Aug	14:30	♏	28. Dez	12:43	♈	28. Apr	20:45	♏	31. Aug	6:49
♎	24. Apr	9:15	♉	27. Aug	15:34	♐	31. Dez	1:32	♉	30. Apr	21:31	♐	02. Sep	18:31
♏	26. Apr	21:52	♊	29. Aug	17:47				♊	02. Mai	21:03	♑	05. Sep	7:24
♐	29. Apr	9:56	♋	31. Aug	22:00	1946			♋	04. Mai	21:23	♒	07. Sep	18:41
♑	01. Mai	20:40	♌	03. Sep	4:20	♑	02. Jan	13:11	♌	07. Mai	0:04	♓	10. Sep	2:46
♒	04. Mai	5:06	♍	05. Sep	12:36	♒	04. Jan	22:38	♍	09. Mai	5:57	♈	12. Sep	7:49
♓	06. Mai	10:21	♎	07. Sep	22:48	♓	07. Jan	5:47	♎	11. Mai	14:53	♉	14. Sep	11:03
♈	08. Mai	12:25	♏	10. Sep	10:48	♈	09. Jan	10:56	♏	14. Mai	2:08	♊	16. Sep	13:45
♉	10. Mai	12:24	♐	12. Sep	23:37	♉	11. Jan	14:25	♐	16. Mai	14:46	♋	18. Sep	16:42
♊	12. Mai	12:12	♑	15. Sep	11:11	♊	13. Jan	16:42	♑	19. Mai	3:42	♌	20. Sep	20:13
♋	14. Mai	13:51	♒	17. Sep	19:19	♋	15. Jan	18:32	♒	21. Mai	15:31	♍	23. Sep	0:38
♌	16. Mai	18:57	♓	19. Sep	23:19	♌	17. Jan	21:04	♓	24. Mai	0:39	♎	25. Sep	6:40
♍	19. Mai	3:56	♈	22. Sep	0:11	♍	20. Jan	1:40	♈	26. Mai	6:05	♏	27. Sep	15:12
♎	21. Mai	15:43	♉	23. Sep	23:53	♎	22. Jan	9:31	♉	28. Mai	8:03	♐	30. Sep	2:32
♏	24. Mai	4:21	♊	26. Sep	0:32	♏	24. Jan	20:40	♊	30. Mai	7:54	♑	02. Okt	15:29
♐	26. Mai	16:11	♋	28. Sep	3:38	♐	27. Jan	9:27	♋	01. Jun	7:29	♒	05. Okt	3:27
♑	29. Mai	2:24	♌	30. Sep	9:47	♑	29. Jan	21:18	♌	03. Jun	8:39	♓	07. Okt	12:09
♒	31. Mai	10:35	♍	02. Okt	18:34	♒	01. Feb	6:23	♍	05. Jun	12:57	♈	09. Okt	17:05
♓	02. Jun	16:25	♎	05. Okt	5:17	♓	03. Feb	12:32	♎	07. Jun	20:57	♉	11. Okt	19:20
♈	04. Jun	19:51	♏	07. Okt	17:24	♈	05. Feb	16:38	♏	10. Jun	8:04	♊	13. Okt	20:37
♉	06. Jun	21:23	♐	10. Okt	6:17	♉	07. Feb	19:47	♐	12. Jun	20:50	♋	15. Okt	22:23
♊	08. Jun	22:15	♑	12. Okt	18:33	♊	09. Feb	22:45	♑	15. Jun	9:39	♌	18. Okt	1:35
♋	11. Jun	0:02	♒	15. Okt	4:07	♋	12. Feb	1:59	♒	17. Jun	21:16	♍	20. Okt	6:35
♌	13. Jun	4:20	♓	17. Okt	9:34	♌	14. Feb	5:50	♓	20. Jun	6:43	♎	22. Okt	13:33
♍	15. Jun	12:07	♈	19. Okt	11:09	♍	16. Feb	11:03	♈	22. Jun	13:19	♏	24. Okt	22:41
♎	17. Jun	23:06	♉	21. Okt	10:30	♎	18. Feb	18:36	♉	24. Jun	16:56	♐	27. Okt	10:03
♏	20. Jun	11:36	♊	23. Okt	9:49	♏	21. Feb	5:05	♊	26. Jun	18:07	♑	29. Okt	22:59
♐	22. Jun	23:27	♋	25. Okt	11:11	♐	23. Feb	17:41	♋	28. Jun	18:10	♒	01. Nov	11:36
♑	25. Jun	9:14	♌	27. Okt	15:55	♑	26. Feb	6:01	♌	30. Jun	18:47	♓	03. Nov	21:32
♒	27. Jun	16:36	♍	30. Okt	0:12	♒	28. Feb	15:34	♍	02. Jul	21:45	♈	06. Nov	3:28
♓	29. Jun	21:51	♎	01. Nov	11:08	♓	02. Mrz	21:25	♎	05. Jul	4:21	♉	08. Nov	5:49
♈	02. Jul	1:29	♏	03. Nov	23:29	♈	05. Mrz	0:23	♏	07. Jul	14:41	♊	10. Nov	6:07
♉	04. Jul	4:04	♐	06. Nov	12:18	♉	07. Mrz	2:08	♐	10. Jul	3:20	♋	12. Nov	6:15
♊	06. Jul	6:20	♑	09. Nov	0:35	♊	09. Mrz	4:12	♑	12. Jul	16:05	♌	14. Nov	7:53
♋	08. Jul	9:10	♒	11. Nov	10:59	♋	11. Mrz	7:29	♒	15. Jul	3:17	♍	16. Nov	12:05
♌	10. Jul	13:43	♓	13. Nov	18:05	♌	13. Mrz	12:14	♓	17. Jul	12:15	♎	18. Nov	19:12
♍	12. Jul	20:58	♈	15. Nov	21:24	♍	15. Mrz	18:32	♈	19. Jul	18:59	♏	21. Nov	4:58
♎	15. Jul	7:13	♉	17. Nov	21:48	♎	18. Mrz	2:40	♉	21. Jul	23:35	♐	23. Nov	16:44
♏	17. Jul	19:29	♊	19. Nov	21:02	♏	20. Mrz	13:04	♊	24. Jul	2:18	♑	26. Nov	5:40
♐	20. Jul	7:36	♋	21. Nov	21:14	♐	23. Mrz	1:30	♋	26. Jul	3:44	♒	28. Nov	18:30
♑	22. Jul	17:29	♌	24. Nov	0:12	♑	25. Mrz	14:18	♌	28. Jul	4:57	♓	01. Dez	5:30
♒	25. Jul	0:16	♍	26. Nov	6:59	♒	28. Mrz	0:51	♍	30. Jul	7:32	♈	03. Dez	13:05
♓	27. Jul	4:27	♎	28. Nov	17:18	♓	30. Mrz	7:26	♎	01. Aug	13:05	♉	05. Dez	16:48
♈	29. Jul	7:07	♏	01. Dez	5:43	♈	01. Apr	10:16	♏	03. Aug	22:23	♊	07. Dez	17:30

Tabelle B.2: Mond (Fortsetzung)

♋	09. Dez	16:50
♌	11. Dez	16:46
♍	13. Dez	19:09
♎	16. Dez	1:07
♏	18. Dez	10:43
♐	20. Dez	22:48
♑	23. Dez	11:50
♒	26. Dez	0:29
♓	28. Dez	11:43
♈	30. Dez	20:31
1947		
♉	02. Jan	2:06
♊	04. Jan	4:26
♋	06. Jan	4:28
♌	08. Jan	3:53
♍	10. Jan	4:45
♎	12. Jan	8:54
♏	14. Jan	17:15
♐	17. Jan	5:03
♑	19. Jan	18:10
♒	22. Jan	6:37
♓	24. Jan	17:23
♈	27. Jan	2:10
♉	29. Jan	8:45
♊	31. Jan	12:52
♋	02. Feb	14:38
♌	04. Feb	15:01
♍	06. Feb	15:42
♎	08. Feb	18:39
♏	11. Feb	1:28
♐	13. Feb	12:15
♑	16. Feb	1:12
♒	18. Feb	13:38
♓	20. Feb	23:57
♈	23. Feb	7:58
♉	25. Feb	14:08
♊	27. Feb	18:47
♋	01. Mrz	21:59
♌	04. Mrz	0:00
♍	06. Mrz	1:46
♎	08. Mrz	4:51
♏	10. Mrz	10:51
♐	12. Mrz	20:34
♑	15. Mrz	9:00
♒	17. Mrz	21:35
♓	20. Mrz	7:57
♈	22. Mrz	15:23
♉	24. Mrz	20:29
♊	27. Mrz	0:16
♋	29. Mrz	3:26
♌	31. Mrz	6:22
♍	02. Apr	9:30
♎	04. Apr	13:39
♏	06. Apr	19:56
♐	09. Apr	5:12
♑	11. Apr	17:08
♒	14. Apr	5:51
♓	16. Apr	16:47
♈	19. Apr	0:26
♉	21. Apr	4:56
♊	23. Apr	7:28
♋	25. Apr	9:22
♌	27. Apr	11:44
♍	29. Apr	15:15
♎	01. Mai	20:24
♏	04. Mai	3:35
♐	06. Mai	13:09
♑	09. Mai	0:55
♒	11. Mai	13:41
♓	14. Mai	1:20
♈	16. Mai	9:56
♉	18. Mai	14:51
♊	20. Mai	16:51
♋	22. Mai	17:27
♌	24. Mai	18:18
♍	26. Mai	20:50
♎	29. Mai	1:54
♏	31. Mai	9:42
♐	02. Jun	19:54
♑	05. Jun	7:51
♒	07. Jun	20:38
♓	10. Jun	8:47
♈	12. Jun	18:34
♉	15. Jun	0:45
♊	17. Jun	3:21
♋	19. Jun	3:32
♌	21. Jun	3:06
♍	23. Jun	4:01
♎	25. Jun	7:51
♏	27. Jun	15:17
♐	30. Jun	1:46
♑	02. Jul	14:03
♒	05. Jul	2:50
♓	07. Jul	15:03
♈	10. Jul	1:34
♉	12. Jul	9:12
♊	14. Jul	13:17
♋	16. Jul	14:14
♌	18. Jul	13:34
♍	20. Jul	13:19
♎	22. Jul	15:33
♏	24. Jul	21:41
♐	27. Jul	7:40
♑	29. Jul	20:01
♒	01. Aug	8:50
♓	03. Aug	20:49
♈	06. Aug	7:20
♉	08. Aug	15:43
♊	10. Aug	21:17
♋	12. Aug	23:49
♌	15. Aug	0:06
♍	16. Aug	23:49
♎	19. Aug	1:04
♏	21. Aug	5:44
♐	23. Aug	14:34
♑	26. Aug	2:31
♒	28. Aug	15:18
♓	31. Aug	3:03
♈	02. Sep	13:03
♉	04. Sep	21:10
♊	07. Sep	3:18
♋	09. Sep	7:12
♌	11. Sep	9:03
♍	13. Sep	9:51
♎	15. Sep	11:16
♏	17. Sep	15:11
♐	19. Sep	22:49
♑	22. Sep	9:58
♒	24. Sep	22:38
♓	27. Sep	10:24
♈	29. Sep	19:58
♉	02. Okt	3:15
♊	04. Okt	8:44
♋	06. Okt	12:47
♌	08. Okt	15:41
♍	10. Okt	17:57
♎	12. Okt	20:31
♏	15. Okt	0:45
♐	17. Okt	7:53
♑	19. Okt	18:14
♒	22. Okt	6:39
♓	24. Okt	18:45
♈	27. Okt	4:31
♉	29. Okt	11:16
♊	31. Okt	15:36
♋	02. Nov	18:32
♌	04. Nov	21:03
♍	06. Nov	23:55
♎	09. Nov	3:42
♏	11. Nov	9:03
♐	13. Nov	16:33
♑	16. Nov	2:37
♒	18. Nov	14:45
♓	21. Nov	3:16
♈	23. Nov	13:53
♉	25. Nov	21:06
♊	28. Nov	0:55
♋	30. Nov	2:31
♌	02. Dez	3:30
♍	04. Dez	5:23
♎	06. Dez	9:14
♏	08. Dez	15:24
♐	10. Dez	23:49
♑	13. Dez	10:14
♒	15. Dez	22:16
♓	18. Dez	10:59
♈	20. Dez	22:37
♉	23. Dez	7:11
♊	25. Dez	11:47
♋	27. Dez	13:03
♌	29. Dez	12:41
♍	31. Dez	12:47
1948		
♎	02. Jan	15:10
♏	04. Jan	20:51
♐	07. Jan	5:41
♑	09. Jan	16:41
♒	12. Jan	4:54
♓	14. Jan	17:35
♈	17. Jan	5:44
♉	19. Jan	15:42
♊	21. Jan	22:01
♋	24. Jan	0:23
♌	26. Jan	0:00
♍	27. Jan	22:56
♎	29. Jan	23:29
♏	01. Feb	3:27
♐	03. Feb	11:26
♑	05. Feb	22:30
♒	08. Feb	10:59
♓	10. Feb	23:37
♈	13. Feb	11:37
♉	15. Feb	22:08
♊	18. Feb	5:56
♋	20. Feb	10:09
♌	22. Feb	11:07
♍	24. Feb	10:22
♎	26. Feb	10:05
♏	28. Feb	12:24
♐	01. Mrz	18:41
♑	04. Mrz	4:50
♒	06. Mrz	17:14
♓	09. Mrz	5:53
♈	11. Mrz	17:33
♉	14. Mrz	3:40
♊	16. Mrz	11:45
♋	18. Mrz	17:14
♌	20. Mrz	19:58
♍	22. Mrz	20:42
♎	24. Mrz	21:01
♏	26. Mrz	22:49
♐	29. Mrz	3:46
♑	31. Mrz	12:34
♒	03. Apr	0:18
♓	05. Apr	12:56
♈	08. Apr	0:28
♉	10. Apr	9:58
♊	12. Apr	17:20
♋	14. Apr	22:41
♌	17. Apr	2:16
♍	19. Apr	4:30
♎	21. Apr	6:16
♏	23. Apr	8:49
♐	25. Apr	13:31
♑	27. Apr	21:22
♒	30. Apr	8:16
♓	02. Mai	20:44
♈	05. Mai	8:28
♉	07. Mai	17:48
♊	10. Mai	0:20
♋	12. Mai	4:38
♌	14. Mai	7:39
♍	16. Mai	10:14
♎	18. Mai	13:07
♏	20. Mai	16:56
♐	22. Mai	22:22
♑	25. Mai	6:08
♒	27. Mai	16:31
♓	30. Mai	4:46
♈	01. Jun	16:55
♉	04. Jun	2:43
♊	06. Jun	9:06
♋	08. Jun	12:28
♌	10. Jun	14:11
♍	12. Jun	15:49
♎	14. Jun	18:33
♏	16. Jun	23:03
♐	19. Jun	5:28
♑	21. Jun	13:51
♒	24. Jun	0:15
♓	26. Jun	12:23
♈	29. Jun	0:56
♉	01. Jul	11:40
♊	03. Jul	18:48
♋	05. Jul	22:07
♌	07. Jul	22:53
♍	09. Jul	23:03
♎	12. Jul	0:31
♏	14. Jul	4:28
♐	16. Jul	11:11
♑	18. Jul	20:13
♒	21. Jul	7:02
♓	23. Jul	19:13
♈	26. Jul	7:57
♉	28. Jul	19:34
♊	31. Jul	4:01
♋	02. Aug	8:20
♌	04. Aug	9:13
♍	06. Aug	8:32
♎	08. Aug	8:30
♏	10. Aug	10:57
♐	12. Aug	16:49
♑	15. Aug	1:51

Tabelle B.2: Mond (Fortsetzung)

♒	17. Aug	13:02	♍	21. Dez	1:19	♒	20. Apr	4:59	♍	24. Aug	3:56	♈	26. Dez	21:05
♓	20. Aug	1:23	♎	23. Dez	3:59	♓	22. Apr	16:08	♎	26. Aug	4:24	♉	29. Dez	9:58
♈	22. Aug	14:05	♏	25. Dez	7:39	♈	25. Apr	5:01	♏	28. Aug	5:20	♊	31. Dez	22:13
♉	25. Aug	2:03	♐	27. Dez	12:29	♉	27. Apr	17:41	♐	30. Aug	8:00			
♊	27. Aug	11:40	♑	29. Dez	18:47	♊	30. Apr	4:48	♑	01. Sep	13:05	1950		
♋	29. Aug	17:34				♋	02. Mai	13:43	♒	03. Sep	20:37	♋	03. Jan	7:56
♌	31. Aug	19:41	1949			♌	04. Mai	20:11	♓	06. Sep	6:26	♌	05. Jan	14:58
♍	02. Sep	19:20	♒	01. Jan	3:07	♍	07. Mai	0:11	♈	08. Sep	18:13	♍	07. Jan	20:06
♎	04. Sep	18:35	♓	03. Jan	13:58	♎	09. Mai	2:07	♉	11. Sep	7:12	♎	10. Jan	0:08
♏	06. Sep	19:34	♈	06. Jan	2:40	♏	11. Mai	2:54	♊	13. Sep	19:47	♏	12. Jan	3:28
♐	08. Sep	23:52	♉	08. Jan	15:03	♐	13. Mai	3:57	♋	16. Sep	5:52	♐	14. Jan	6:16
♑	11. Sep	7:56	♊	11. Jan	0:31	♑	15. Mai	6:57	♌	18. Sep	12:04	♑	16. Jan	9:06
♒	13. Sep	18:58	♋	13. Jan	5:57	♒	17. Mai	13:19	♍	20. Sep	14:34	♒	18. Jan	13:07
♓	16. Sep	7:27	♌	15. Jan	8:08	♓	19. Mai	23:26	♎	22. Sep	14:41	♓	20. Jan	19:41
♈	18. Sep	20:02	♍	17. Jan	8:52	♈	22. Mai	12:02	♏	24. Sep	14:20	♈	23. Jan	5:37
♉	21. Sep	7:45	♎	19. Jan	10:03	♉	25. Mai	0:42	♐	26. Sep	15:21	♉	25. Jan	18:08
♊	23. Sep	17:40	♏	21. Jan	12:59	♊	27. Mai	11:27	♑	28. Sep	19:07	♊	28. Jan	6:43
♋	26. Sep	0:46	♐	23. Jan	18:09	♋	29. Mai	19:39	♒	01. Okt	2:13	♋	30. Jan	16:50
♌	28. Sep	4:35	♑	26. Jan	1:22	♌	01. Jun	1:36	♓	03. Okt	12:19	♌	01. Feb	23:34
♍	30. Sep	5:40	♒	28. Jan	10:26	♍	03. Jun	5:53	♈	06. Okt	0:27	♍	04. Feb	3:37
♎	02. Okt	5:30	♓	30. Jan	21:26	♎	05. Jun	8:57	♉	08. Okt	13:26	♎	06. Feb	6:19
♏	04. Okt	5:58	♈	02. Feb	10:04	♏	07. Jun	11:13	♊	11. Okt	2:02	♏	08. Feb	8:50
♐	06. Okt	8:55	♉	04. Feb	22:57	♐	09. Jun	13:24	♋	13. Okt	12:51	♐	10. Feb	11:51
♑	08. Okt	15:31	♊	07. Feb	9:40	♑	11. Jun	16:40	♌	15. Okt	20:35	♑	12. Feb	15:45
♒	11. Okt	1:42	♋	09. Feb	16:22	♒	13. Jun	22:26	♍	18. Okt	0:42	♒	14. Feb	20:57
♓	13. Okt	14:03	♌	11. Feb	19:00	♓	16. Jun	7:38	♎	20. Okt	1:48	♓	17. Feb	4:11
♈	16. Okt	2:36	♍	13. Feb	19:05	♈	18. Jun	19:45	♏	22. Okt	1:18	♈	19. Feb	14:01
♉	18. Okt	13:54	♎	15. Feb	18:44	♉	21. Jun	8:30	♐	24. Okt	1:08	♉	22. Feb	2:12
♊	20. Okt	23:15	♏	17. Feb	19:53	♊	23. Jun	19:20	♑	26. Okt	3:10	♊	24. Feb	15:03
♋	23. Okt	6:21	♐	19. Feb	23:49	♋	26. Jun	3:01	♒	28. Okt	8:50	♋	27. Feb	2:03
♌	25. Okt	11:10	♑	22. Feb	6:50	♌	28. Jun	8:01	♓	30. Okt	18:21	♌	01. Mrz	9:30
♍	27. Okt	13:53	♒	24. Feb	16:26	♍	30. Jun	11:27	♈	02. Nov	6:34	♍	03. Mrz	13:24
♎	29. Okt	15:16	♓	27. Feb	3:54	♎	02. Jul	14:22	♉	04. Nov	19:37	♎	05. Mrz	15:00
♏	31. Okt	16:31	♈	01. Mrz	16:36	♏	04. Jul	17:22	♊	07. Nov	7:55	♏	07. Mrz	15:55
♐	02. Nov	19:10	♉	04. Mrz	5:33	♐	06. Jul	20:45	♋	09. Nov	18:35	♐	09. Mrz	17:37
♑	05. Nov	0:39	♊	06. Mrz	17:05	♑	09. Jul	1:02	♌	12. Nov	3:00	♑	11. Mrz	21:07
♒	07. Nov	9:41	♋	09. Mrz	1:21	♒	11. Jul	7:09	♍	14. Nov	8:42	♒	14. Mrz	2:52
♓	09. Nov	21:34	♌	11. Mrz	5:33	♓	13. Jul	16:01	♎	16. Nov	11:35	♓	16. Mrz	10:59
♈	12. Nov	10:12	♍	13. Mrz	6:24	♈	16. Jul	3:43	♏	18. Nov	12:18	♈	18. Mrz	21:21
♉	14. Nov	21:24	♎	15. Mrz	5:40	♉	18. Jul	16:36	♐	20. Nov	12:15	♉	21. Mrz	9:32
♊	17. Nov	6:02	♏	17. Mrz	5:25	♊	21. Jul	3:57	♑	22. Nov	13:19	♊	23. Mrz	22:28
♋	19. Nov	12:11	♐	19. Mrz	7:31	♋	23. Jul	11:52	♒	24. Nov	17:24	♋	26. Mrz	10:17
♌	21. Nov	16:32	♑	21. Mrz	13:04	♌	25. Jul	16:19	♓	27. Nov	1:35	♌	28. Mrz	19:04
♍	23. Nov	19:48	♒	23. Mrz	22:10	♍	27. Jul	18:36	♈	29. Nov	13:18	♍	31. Mrz	0:01
♎	25. Nov	22:33	♓	26. Mrz	9:50	♎	29. Jul	20:20	♉	02. Dez	2:22	♎	02. Apr	1:41
♏	28. Nov	1:19	♈	28. Mrz	22:41	♏	31. Jul	22:44	♊	04. Dez	14:28	♏	04. Apr	1:35
♐	30. Nov	4:52	♉	31. Mrz	11:29	♐	03. Aug	2:25	♋	07. Dez	0:31	♐	06. Apr	1:37
♑	02. Dez	10:16	♊	02. Apr	23:03	♑	05. Aug	7:36	♌	09. Dez	8:28	♑	08. Apr	3:29
♒	04. Dez	18:32	♋	05. Apr	8:10	♒	07. Aug	14:34	♍	11. Dez	14:31	♒	10. Apr	8:24
♓	07. Dez	5:46	♌	07. Apr	13:59	♓	09. Aug	23:45	♎	13. Dez	18:45	♓	12. Apr	16:38
♈	09. Dez	18:30	♍	09. Apr	16:32	♈	12. Aug	11:20	♏	15. Dez	21:13	♈	15. Apr	3:32
♉	12. Dez	6:09	♎	11. Apr	16:48	♉	15. Aug	0:18	♐	17. Dez	22:32	♉	17. Apr	16:00
♊	14. Dez	14:44	♏	13. Apr	16:27	♊	17. Aug	12:23	♑	20. Dez	0:00	♊	20. Apr	4:54
♋	16. Dez	20:01	♐	15. Apr	17:23	♋	19. Aug	21:15	♒	22. Dez	3:24	♋	22. Apr	17:02
♌	18. Dez	23:03	♑	17. Apr	21:16	♌	22. Aug	2:08	♓	24. Dez	10:20	♌	25. Apr	2:57

Tabelle B.2: Mond (Fortsetzung)

♍	27. Apr	9:30	♈	29. Aug	16:45	1951			♉	04. Mai	21:47	♐	07. Sep	17:11
♎	29. Apr	12:25	♉	01. Sep	3:19	♏	02. Jan	16:58	♊	07. Mai	8:51	♑	09. Sep	20:06
♏	01. Mai	12:37	♊	03. Sep	15:45	♐	04. Jan	18:38	♋	09. Mai	21:13	♒	11. Sep	22:11
♐	03. Mai	11:50	♋	06. Sep	3:54	♑	06. Jan	18:32	♌	12. Mai	9:49	♓	14. Sep	0:21
♑	05. Mai	12:08	♌	08. Sep	13:34	♒	08. Jan	18:35	♍	14. Mai	20:44	♈	16. Sep	3:47
♒	07. Mai	15:22	♍	10. Sep	19:55	♓	10. Jan	20:56	♎	17. Mai	4:05	♉	18. Sep	9:41
♓	09. Mai	22:34	♎	12. Sep	23:28	♈	13. Jan	3:05	♏	19. Mai	7:23	♊	20. Sep	18:47
♈	12. Mai	9:18	♏	15. Sep	1:27	♉	15. Jan	13:10	♐	21. Mai	7:44	♋	23. Sep	6:34
♉	14. Mai	21:59	♐	17. Sep	3:12	♊	18. Jan	1:36	♑	23. Mai	7:07	♌	25. Sep	19:08
♊	17. Mai	10:52	♑	19. Sep	5:49	♋	20. Jan	14:06	♒	25. Mai	7:41	♍	28. Sep	6:05
♋	19. Mai	22:50	♒	21. Sep	9:59	♌	23. Jan	1:12	♓	27. Mai	11:05	♎	30. Sep	14:08
♌	22. Mai	9:06	♓	23. Sep	16:09	♍	25. Jan	10:26	♈	29. Mai	17:53	♏	02. Okt	19:23
♍	24. Mai	16:50	♈	26. Sep	0:32	♎	27. Jan	17:46	♉	01. Jun	3:33	♐	04. Okt	22:48
♎	26. Mai	21:26	♉	28. Sep	11:08	♏	29. Jan	23:04	♊	03. Jun	15:03	♑	07. Okt	1:30
♏	28. Mai	23:01	♊	30. Sep	23:26	♐	01. Feb	2:16	♋	06. Jun	3:31	♒	09. Okt	4:19
♐	30. Mai	22:43	♋	03. Okt	11:59	♑	03. Feb	3:52	♌	08. Jun	16:12	♓	11. Okt	7:46
♑	01. Jun	22:27	♌	05. Okt	22:40	♒	05. Feb	5:04	♍	11. Jun	3:47	♈	13. Okt	12:19
♒	04. Jun	0:18	♍	08. Okt	5:54	♓	07. Feb	7:29	♎	13. Jun	12:31	♉	15. Okt	18:37
♓	06. Jun	5:57	♎	10. Okt	9:29	♈	09. Feb	12:43	♏	15. Jun	17:17	♊	18. Okt	3:22
♈	08. Jun	15:44	♏	12. Okt	10:31	♉	11. Feb	21:33	♐	17. Jun	18:26	♋	20. Okt	14:43
♉	11. Jun	4:12	♐	14. Okt	10:44	♊	14. Feb	9:18	♑	19. Jun	17:38	♌	23. Okt	3:25
♊	13. Jun	17:05	♑	16. Okt	11:55	♋	16. Feb	21:51	♒	21. Jun	17:04	♍	25. Okt	15:01
♋	16. Jun	4:45	♒	18. Okt	15:27	♌	19. Feb	9:01	♓	23. Jun	18:49	♎	27. Okt	23:25
♌	18. Jun	14:37	♓	20. Okt	21:53	♍	21. Feb	17:43	♈	26. Jun	0:13	♏	30. Okt	4:09
♍	20. Jun	22:31	♈	23. Okt	6:59	♎	24. Feb	0:01	♉	28. Jun	9:17	♐	01. Nov	6:20
♎	23. Jun	4:09	♉	25. Okt	18:03	♏	26. Feb	4:31	♊	30. Jun	20:51	♑	03. Nov	7:40
♏	25. Jun	7:19	♊	28. Okt	6:22	♐	28. Feb	7:49	♋	03. Jul	9:27	♒	05. Nov	9:43
♐	27. Jun	8:26	♋	30. Okt	19:03	♑	02. Mrz	10:29	♌	05. Jul	22:00	♓	07. Nov	13:23
♑	29. Jun	8:48	♌	02. Nov	6:38	♒	04. Mrz	13:11	♍	08. Jul	9:36	♈	09. Nov	18:52
♒	01. Jul	10:19	♍	04. Nov	15:21	♓	06. Mrz	16:45	♎	10. Jul	19:04	♉	12. Nov	2:07
♓	03. Jul	14:51	♎	06. Nov	20:10	♈	08. Mrz	22:16	♏	13. Jul	1:19	♊	14. Nov	11:15
♈	05. Jul	23:24	♏	08. Nov	21:29	♉	11. Mrz	6:33	♐	15. Jul	4:03	♋	16. Nov	22:27
♉	08. Jul	11:13	♐	10. Nov	20:51	♊	13. Mrz	17:36	♑	17. Jul	4:14	♌	19. Nov	11:12
♊	11. Jul	0:02	♑	12. Nov	20:25	♋	16. Mrz	6:06	♒	19. Jul	3:41	♍	21. Nov	23:35
♋	13. Jul	11:34	♒	14. Nov	22:14	♌	18. Mrz	17:44	♓	21. Jul	4:29	♎	24. Nov	9:09
♌	15. Jul	20:52	♓	17. Nov	3:38	♍	21. Mrz	2:39	♈	23. Jul	8:21	♏	26. Nov	14:32
♍	18. Jul	4:05	♈	19. Nov	12:39	♎	23. Mrz	8:21	♉	25. Jul	16:07	♐	28. Nov	16:20
♎	20. Jul	9:34	♉	22. Nov	0:08	♏	25. Mrz	11:36	♊	28. Jul	3:08	♑	30. Nov	16:22
♏	22. Jul	13:27	♊	24. Nov	12:38	♐	27. Mrz	13:40	♋	30. Jul	15:42	♒	02. Dez	16:45
♐	24. Jul	15:55	♋	27. Nov	1:13	♑	29. Mrz	15:51	♌	02. Aug	4:08	♓	04. Dez	19:08
♑	26. Jul	17:39	♌	29. Nov	13:02	♒	31. Mrz	19:02	♍	04. Aug	15:18	♈	07. Dez	0:18
♒	28. Jul	19:55	♍	01. Dez	22:53	♓	02. Apr	23:44	♎	07. Aug	0:34	♉	09. Dez	8:04
♓	31. Jul	0:19	♎	04. Dez	5:29	♈	05. Apr	6:16	♏	09. Aug	7:24	♊	11. Dez	17:54
♈	02. Aug	8:03	♏	06. Dez	8:19	♉	07. Apr	14:52	♐	11. Aug	11:31	♋	14. Dez	5:22
♉	04. Aug	19:06	♐	08. Dez	8:17	♊	10. Apr	1:41	♑	13. Aug	13:18	♌	16. Dez	18:05
♊	07. Aug	7:44	♑	10. Dez	7:16	♋	12. Apr	14:04	♒	15. Aug	13:53	♍	19. Dez	6:52
♋	09. Aug	19:27	♒	12. Dez	7:34	♌	15. Apr	2:18	♓	17. Aug	14:52	♎	21. Dez	17:41
♌	12. Aug	4:36	♓	14. Dez	11:11	♍	17. Apr	12:07	♈	19. Aug	17:58	♏	24. Dez	0:38
♍	14. Aug	11:03	♈	16. Dez	18:58	♎	19. Apr	18:13	♉	22. Aug	0:26	♐	26. Dez	3:27
♎	16. Aug	15:31	♉	19. Dez	6:10	♏	21. Apr	20:55	♊	24. Aug	10:27	♑	28. Dez	3:24
♏	18. Aug	18:49	♊	21. Dez	18:49	♐	23. Apr	21:40	♋	26. Aug	22:44	♒	30. Dez	2:36
♐	20. Aug	21:36	♋	24. Dez	7:18	♑	25. Apr	22:20	♌	29. Aug	11:10			
♑	23. Aug	0:23	♌	26. Dez	18:45	♒	28. Apr	0:32	♍	31. Aug	22:00	1952		
♒	25. Aug	3:53	♍	29. Dez	4:41	♓	30. Apr	5:13	♎	03. Sep	6:32	♓	01. Jan	3:10
♓	27. Aug	9:02	♎	31. Dez	12:20	♈	02. Mai	12:26	♏	05. Sep	12:49	♈	03. Jan	6:42

Tabelle B.2: Mond (Fortsetzung)

♉	05. Jan	13:43	♐	10. Mai	15:50	♋	12. Sep	2:24	♐	11. Jan	18:14	♋	16. Mai	0:16
♊	07. Jan	23:42	♑	12. Mai	18:09	♌	14. Sep	14:38	♑	13. Jan	21:55	♌	18. Mai	8:47
♋	10. Jan	11:34	♒	14. Mai	20:14	♍	17. Sep	3:42	♒	15. Jan	22:57	♍	20. Mai	20:31
♌	13. Jan	0:19	♓	16. Mai	23:05	♎	19. Sep	15:41	♓	17. Jan	23:07	♎	23. Mai	9:16
♍	15. Jan	13:00	♈	19. Mai	3:07	♏	22. Sep	1:43	♈	20. Jan	0:08	♏	25. Mai	20:32
♎	18. Jan	0:19	♉	21. Mai	8:29	♐	24. Sep	9:33	♉	22. Jan	3:20	♐	28. Mai	5:08
♏	20. Jan	8:44	♊	23. Mai	15:37	♑	26. Sep	15:06	♊	24. Jan	9:21	♑	30. Mai	11:17
♐	22. Jan	13:22	♋	26. Mai	1:06	♒	28. Sep	18:24	♋	26. Jan	18:07	♒	01. Jun	15:45
♑	24. Jan	14:39	♌	28. Mai	12:59	♓	30. Sep	19:52	♌	29. Jan	5:06	♓	03. Jun	19:12
♒	26. Jan	14:06	♍	31. Mai	1:57	♈	02. Okt	20:34	♍	31. Jan	17:35	♈	05. Jun	22:01
♓	28. Jan	13:45	♎	02. Jun	13:26	♉	04. Okt	22:05	♎	03. Feb	6:31	♉	08. Jun	0:41
♈	30. Jan	15:33	♏	04. Jun	21:19	♊	07. Okt	2:15	♏	05. Feb	18:21	♊	10. Jun	4:03
♉	01. Feb	20:51	♐	07. Jun	1:21	♋	09. Okt	10:16	♐	08. Feb	3:20	♋	12. Jun	9:17
♊	04. Feb	5:55	♑	09. Jun	2:46	♌	11. Okt	21:50	♑	10. Feb	8:32	♌	14. Jun	17:27
♋	06. Feb	17:44	♒	11. Jun	3:27	♍	14. Okt	10:51	♒	12. Feb	10:17	♍	17. Jun	4:37
♌	09. Feb	6:36	♓	13. Jun	5:00	♎	16. Okt	22:44	♓	14. Feb	9:58	♎	19. Jun	17:16
♍	11. Feb	19:02	♈	15. Jun	8:29	♏	19. Okt	8:10	♈	16. Feb	9:31	♏	22. Jun	4:57
♎	14. Feb	6:00	♉	17. Jun	14:11	♐	21. Okt	15:12	♉	18. Feb	10:51	♐	24. Jun	13:48
♏	16. Feb	14:45	♊	19. Jun	22:03	♑	23. Okt	20:28	♊	20. Feb	15:27	♑	26. Jun	19:29
♐	18. Feb	20:42	♋	22. Jun	8:04	♒	26. Okt	0:28	♋	22. Feb	23:48	♒	28. Jun	22:51
♑	20. Feb	23:49	♌	24. Jun	20:02	♓	28. Okt	3:23	♌	25. Feb	11:05	♓	01. Jul	1:08
♒	23. Feb	0:48	♍	27. Jun	9:06	♈	30. Okt	5:34	♍	27. Feb	23:51	♈	03. Jul	3:23
♓	25. Feb	1:01	♎	29. Jun	21:18	♉	01. Nov	7:58	♎	02. Mrz	12:41	♉	05. Jul	6:23
♈	27. Feb	2:11	♏	02. Jul	6:25	♊	03. Nov	12:02	♏	05. Mrz	0:31	♊	07. Jul	10:42
♉	29. Feb	6:02	♐	04. Jul	11:27	♋	05. Nov	19:12	♐	07. Mrz	10:20	♋	09. Jul	16:54
♊	02. Mrz	13:36	♑	06. Jul	13:02	♌	08. Nov	5:56	♑	09. Mrz	17:10	♌	12. Jul	1:28
♋	05. Mrz	0:40	♒	08. Jul	12:54	♍	10. Nov	18:47	♒	11. Mrz	20:37	♍	14. Jul	12:28
♌	07. Mrz	13:30	♓	10. Jul	12:59	♎	13. Nov	6:57	♓	13. Mrz	21:17	♎	17. Jul	1:04
♍	10. Mrz	1:51	♈	12. Jul	14:56	♏	15. Nov	16:18	♈	15. Mrz	20:39	♏	19. Jul	13:17
♎	12. Mrz	12:16	♉	14. Jul	19:45	♐	17. Nov	22:33	♉	17. Mrz	20:44	♐	21. Jul	22:59
♏	14. Mrz	20:20	♊	17. Jul	3:37	♑	20. Nov	2:40	♊	19. Mrz	23:35	♑	24. Jul	5:06
♐	17. Mrz	2:15	♋	19. Jul	14:05	♒	22. Nov	5:52	♋	22. Mrz	6:29	♒	26. Jul	8:03
♑	19. Mrz	6:19	♌	22. Jul	2:20	♓	24. Nov	8:55	♌	24. Mrz	17:14	♓	28. Jul	9:07
♒	21. Mrz	8:55	♍	24. Jul	15:25	♈	26. Nov	12:09	♍	27. Mrz	6:04	♈	30. Jul	9:56
♓	23. Mrz	10:39	♎	27. Jul	3:54	♉	28. Nov	15:54	♎	29. Mrz	18:51	♉	01. Aug	11:57
♈	25. Mrz	12:34	♏	29. Jul	14:04	♊	30. Nov	20:53	♏	01. Apr	6:19	♊	03. Aug	16:10
♉	27. Mrz	16:05	♐	31. Jul	20:37	♋	03. Dez	4:09	♐	03. Apr	15:58	♋	05. Aug	22:59
♊	29. Mrz	22:36	♑	02. Aug	23:27	♌	05. Dez	14:23	♑	05. Apr	23:29	♌	08. Aug	8:16
♋	01. Apr	8:39	♒	04. Aug	23:41	♍	08. Dez	2:57	♒	08. Apr	4:27	♍	10. Aug	19:33
♌	03. Apr	21:10	♓	06. Aug	23:05	♎	10. Dez	15:35	♓	10. Apr	6:49	♎	13. Aug	8:08
♍	06. Apr	9:40	♈	08. Aug	23:33	♏	13. Dez	1:39	♈	12. Apr	7:19	♏	15. Aug	20:43
♎	08. Apr	19:56	♉	11. Aug	2:46	♐	15. Dez	8:00	♉	14. Apr	7:31	♐	18. Aug	7:30
♏	11. Apr	3:13	♊	13. Aug	9:36	♑	17. Dez	11:17	♊	16. Apr	9:27	♑	20. Aug	14:53
♐	13. Apr	8:08	♋	15. Aug	19:52	♒	19. Dez	13:02	♋	18. Apr	14:53	♒	22. Aug	18:29
♑	15. Apr	11:41	♌	18. Aug	8:19	♓	21. Dez	14:45	♌	21. Apr	0:27	♓	24. Aug	19:12
♒	17. Apr	14:43	♍	20. Aug	21:22	♈	23. Dez	17:30	♍	23. Apr	12:53	♈	26. Aug	18:46
♓	19. Apr	17:40	♎	23. Aug	9:42	♉	25. Dez	21:46	♎	26. Apr	1:40	♉	28. Aug	19:10
♈	21. Apr	20:56	♏	25. Aug	20:10	♊	28. Dez	3:48	♏	28. Apr	12:52	♊	30. Aug	22:07
♉	24. Apr	1:15	♐	28. Aug	3:53	♋	30. Dez	11:53	♐	30. Apr	21:52	♋	02. Sep	4:30
♊	26. Apr	7:40	♑	30. Aug	8:24				♑	03. Mai	4:55	♌	04. Sep	14:05
♋	28. Apr	17:06	♒	01. Sep	10:03	1953			♒	05. Mai	10:12	♍	07. Sep	1:47
♌	01. Mai	5:12	♓	03. Sep	10:00	♌	01. Jan	22:17	♓	07. Mai	13:46	♎	09. Sep	14:27
♍	03. Mai	17:57	♈	05. Sep	9:57	♍	04. Jan	10:41	♈	09. Mai	15:49	♏	12. Sep	3:05
♎	06. Mai	4:39	♉	07. Sep	11:48	♎	06. Jan	23:36	♉	11. Mai	17:12	♐	14. Sep	14:32
♏	08. Mai	11:49	♊	09. Sep	17:06	♏	09. Jan	10:44	♊	13. Mai	19:27	♑	16. Sep	23:21

Tabelle B.2: Mond (Fortsetzung)

♒	19. Sep	4:30
♓	21. Sep	6:06
♈	23. Sep	5:30
♉	25. Sep	4:45
♊	27. Sep	6:01
♋	29. Sep	10:56
♌	01. Okt	19:53
♍	04. Okt	7:40
♎	06. Okt	20:28
♏	09. Okt	8:56
♐	11. Okt	20:19
♑	14. Okt	5:51
♒	16. Okt	12:34
♓	18. Okt	15:55
♈	20. Okt	16:27
♉	22. Okt	15:47
♊	24. Okt	16:04
♋	26. Okt	19:24
♌	29. Okt	2:55
♍	31. Okt	14:04
♎	03. Nov	2:51
♏	05. Nov	15:12
♐	08. Nov	2:06
♑	10. Nov	11:18
♒	12. Nov	18:31
♓	14. Nov	23:17
♈	17. Nov	1:35
♉	19. Nov	2:15
♊	21. Nov	2:55
♋	23. Nov	5:32
♌	25. Nov	11:40
♍	27. Nov	21:41
♎	30. Nov	10:06
♏	02. Dez	22:30
♐	05. Dez	9:09
♑	07. Dez	17:33
♒	09. Dez	23:59
♓	12. Dez	4:46
♈	14. Dez	8:06
♉	16. Dez	10:22
♊	18. Dez	12:27
♋	20. Dez	15:40
♌	22. Dez	21:23
♍	25. Dez	6:24
♎	27. Dez	18:11
♏	30. Dez	6:43
1954		
♐	01. Jan	17:39
♑	04. Jan	1:45
♒	06. Jan	7:09
♓	08. Jan	10:43
♈	10. Jan	13:27
♉	12. Jan	16:10
♊	14. Jan	19:29
♋	17. Jan	0:01
♌	19. Jan	6:24
♍	21. Jan	15:14
♎	24. Jan	2:30
♏	26. Jan	15:03
♐	29. Jan	2:42
♑	31. Jan	11:26
♒	02. Feb	16:38
♓	04. Feb	19:03
♈	06. Feb	20:14
♉	08. Feb	21:47
♊	11. Feb	0:54
♋	13. Feb	6:10
♌	15. Feb	13:35
♍	17. Feb	23:00
♎	20. Feb	10:14
♏	22. Feb	22:43
♐	25. Feb	11:00
♑	27. Feb	20:58
♒	02. Mrz	3:07
♓	04. Mrz	5:32
♈	06. Mrz	5:40
♉	08. Mrz	5:32
♊	10. Mrz	7:06
♋	12. Mrz	11:37
♌	14. Mrz	19:17
♍	17. Mrz	5:21
♎	19. Mrz	16:57
♏	22. Mrz	5:26
♐	24. Mrz	17:56
♑	27. Mrz	4:55
♒	29. Mrz	12:37
♓	31. Mrz	16:16
♈	02. Apr	16:40
♉	04. Apr	15:43
♊	06. Apr	15:40
♋	08. Apr	18:29
♌	11. Apr	1:05
♍	13. Apr	11:03
♎	15. Apr	22:58
♏	18. Apr	11:32
♐	20. Apr	23:55
♑	23. Apr	11:11
♒	25. Apr	20:02
♓	28. Apr	1:21
♈	30. Apr	3:08
♉	02. Mai	2:42
♊	04. Mai	2:06
♋	06. Mai	3:30
♌	08. Mai	8:29
♍	10. Mai	17:23
♎	13. Mai	5:03
♏	15. Mai	17:42
♐	18. Mai	5:53
♑	20. Mai	16:49
♒	23. Mai	1:48
♓	25. Mai	8:08
♈	27. Mai	11:32
♉	29. Mai	12:33
♊	31. Mai	12:41
♋	02. Jun	13:46
♌	04. Jun	17:34
♍	07. Jun	1:06
♎	09. Jun	11:59
♏	12. Jun	0:30
♐	14. Jun	12:37
♑	16. Jun	23:05
♒	19. Jun	7:26
♓	21. Jun	13:37
♈	23. Jun	17:43
♉	25. Jun	20:09
♊	27. Jun	21:41
♋	29. Jun	23:35
♌	02. Jul	3:16
♍	04. Jul	9:56
♎	06. Jul	19:53
♏	09. Jul	8:04
♐	11. Jul	20:19
♑	14. Jul	6:40
♒	16. Jul	14:19
♓	18. Jul	19:33
♈	20. Jul	23:07
♉	23. Jul	1:52
♊	25. Jul	4:30
♋	27. Jul	7:41
♌	29. Jul	12:10
♍	31. Jul	18:50
♎	03. Aug	4:14
♏	05. Aug	16:03
♐	08. Aug	4:32
♑	10. Aug	15:20
♒	12. Aug	22:54
♓	15. Aug	3:17
♈	17. Aug	5:37
♉	19. Aug	7:26
♊	21. Aug	9:56
♋	23. Aug	13:50
♌	25. Aug	19:22
♍	28. Aug	2:44
♎	30. Aug	12:12
♏	01. Sep	23:49
♐	04. Sep	12:32
♑	07. Sep	0:10
♒	09. Sep	8:31
♓	11. Sep	12:55
♈	13. Sep	14:22
♉	15. Sep	14:44
♊	17. Sep	15:55
♋	19. Sep	19:13
♌	22. Sep	1:04
♍	24. Sep	9:11
♎	26. Sep	19:11
♏	29. Sep	6:52
♐	01. Okt	19:41
♑	04. Okt	8:04
♒	06. Okt	17:45
♓	08. Okt	23:17
♈	11. Okt	0:58
♉	13. Okt	0:32
♊	15. Okt	0:10
♋	17. Okt	1:50
♌	19. Okt	6:41
♍	21. Okt	14:44
♎	24. Okt	1:12
♏	26. Okt	13:11
♐	29. Okt	1:59
♑	31. Okt	14:36
♒	03. Nov	1:22
♓	05. Nov	8:34
♈	07. Nov	11:42
♉	09. Nov	11:48
♊	11. Nov	10:50
♋	13. Nov	10:59
♌	15. Nov	14:03
♍	17. Nov	20:52
♎	20. Nov	7:02
♏	22. Nov	19:13
♐	25. Nov	8:01
♑	27. Nov	20:24
♒	30. Nov	7:19
♓	02. Dez	15:38
♈	04. Dez	20:35
♉	06. Dez	22:23
♊	08. Dez	22:16
♋	10. Dez	22:06
♌	12. Dez	23:48
♍	15. Dez	4:54
♎	17. Dez	13:51
♏	20. Dez	1:43
♐	22. Dez	14:35
♑	25. Dez	2:40
♒	27. Dez	13:00
♓	29. Dez	21:09
1955		
♈	01. Jan	2:56
♉	03. Jan	6:24
♊	05. Jan	8:04
♋	07. Jan	9:00
♌	09. Jan	10:41
♍	11. Jan	14:43
♎	13. Jan	22:15
♏	16. Jan	9:15
♐	18. Jan	22:01
♑	21. Jan	10:09
♒	23. Jan	19:58
♓	26. Jan	3:11
♈	28. Jan	8:19
♉	30. Jan	12:06
♊	01. Feb	15:02
♋	03. Feb	17:36
♌	05. Feb	20:28
♍	08. Feb	0:43
♎	10. Feb	7:33
♏	12. Feb	17:38
♐	15. Feb	6:07
♑	17. Feb	18:34
♒	20. Feb	4:33
♓	22. Feb	11:09
♈	24. Feb	15:06
♉	26. Feb	17:46
♊	28. Feb	20:24
♋	02. Mrz	23:40
♌	05. Mrz	3:48
♍	07. Mrz	9:09
♎	09. Mrz	16:20
♏	12. Mrz	2:04
♐	14. Mrz	14:13
♑	17. Mrz	3:01
♒	19. Mrz	13:47
♓	21. Mrz	20:45
♈	24. Mrz	0:09
♉	26. Mrz	1:31
♊	28. Mrz	2:42
♋	30. Mrz	5:05
♌	01. Apr	9:20
♍	03. Apr	15:31
♎	05. Apr	23:34
♏	08. Apr	9:38
♐	10. Apr	21:41
♑	13. Apr	10:40
♒	15. Apr	22:20
♓	18. Apr	6:28
♈	20. Apr	10:29
♉	22. Apr	11:29
♊	24. Apr	11:24
♋	26. Apr	12:09
♌	28. Apr	15:09
♍	30. Apr	20:58
♎	03. Mai	5:26
♏	05. Mai	16:04
♐	08. Mai	4:19
♑	10. Mai	17:19
♒	13. Mai	5:29
♓	15. Mai	14:53
♈	17. Mai	20:21
♉	19. Mai	22:12
♊	21. Mai	21:56
♋	23. Mai	21:33
♌	25. Mai	22:52

Tabelle B.2: Mond (Fortsetzung)

♍	28. Mai	3:16	♈	01. Okt	6:46	♍	29. Jan	5:17	♈	03. Jun	8:04	♏	05. Okt	14:19
♎	30. Mai	11:08	♉	03. Okt	9:52	♎	31. Jan	7:56	♉	05. Jun	14:22	♐	07. Okt	20:46
♏	01. Jun	21:54	♊	05. Okt	11:59	♏	02. Feb	14:33	♊	07. Jun	17:09	♑	10. Okt	6:48
♐	04. Jun	10:24	♋	07. Okt	14:23	♐	05. Feb	1:13	♋	09. Jun	17:42	♒	12. Okt	19:09
♑	06. Jun	23:21	♌	09. Okt	17:41	♑	07. Feb	14:08	♌	11. Jun	17:45	♓	15. Okt	7:25
♒	09. Jun	11:30	♍	11. Okt	22:11	♒	10. Feb	2:52	♍	13. Jun	19:03	♈	17. Okt	17:35
♓	11. Jun	21:32	♎	14. Okt	4:13	♓	12. Feb	13:52	♎	15. Jun	22:58	♉	20. Okt	1:07
♈	14. Jun	4:24	♏	16. Okt	12:23	♈	14. Feb	22:48	♏	18. Jun	6:03	♊	22. Okt	6:29
♉	16. Jun	7:50	♐	18. Okt	23:07	♉	17. Feb	5:48	♐	20. Jun	15:55	♋	24. Okt	10:23
♊	18. Jun	8:36	♑	21. Okt	11:52	♊	19. Feb	10:50	♑	23. Jun	3:43	♌	26. Okt	13:27
♋	20. Jun	8:15	♒	24. Okt	0:33	♋	21. Feb	13:50	♒	25. Jun	16:26	♍	28. Okt	16:09
♌	22. Jun	8:36	♓	26. Okt	10:37	♌	23. Feb	15:10	♓	28. Jun	4:54	♎	30. Okt	19:10
♍	24. Jun	11:26	♈	28. Okt	16:46	♍	25. Feb	16:05	♈	30. Jun	15:43	♏	01. Nov	23:24
♎	26. Jun	17:55	♉	30. Okt	19:30	♎	27. Feb	18:20	♉	02. Jul	23:26	♐	04. Nov	5:56
♏	29. Jun	4:04	♊	01. Nov	20:23	♏	29. Feb	23:45	♊	05. Jul	3:26	♑	06. Nov	15:24
♐	01. Jul	16:34	♋	03. Nov	21:11	♐	03. Mrz	9:09	♋	07. Jul	4:20	♒	09. Nov	3:19
♑	04. Jul	5:29	♌	05. Nov	23:20	♑	05. Mrz	21:32	♌	09. Jul	3:42	♓	11. Nov	15:51
♒	06. Jul	17:18	♍	08. Nov	3:36	♒	08. Mrz	10:19	♍	11. Jul	3:34	♈	14. Nov	2:36
♓	09. Jul	3:09	♎	10. Nov	10:15	♓	10. Mrz	21:11	♎	13. Jul	5:54	♉	16. Nov	10:12
♈	11. Jul	10:33	♏	12. Nov	19:12	♈	13. Mrz	5:26	♏	15. Jul	11:56	♊	18. Nov	14:45
♉	13. Jul	15:20	♐	15. Nov	6:17	♉	15. Mrz	11:32	♐	17. Jul	21:38	♋	20. Nov	17:18
♊	15. Jul	17:43	♑	17. Nov	18:59	♊	17. Mrz	16:12	♑	20. Jul	9:40	♌	22. Nov	19:10
♋	17. Jul	18:30	♒	20. Nov	7:58	♋	19. Mrz	19:47	♒	22. Jul	22:28	♍	24. Nov	21:32
♌	19. Jul	19:03	♓	22. Nov	19:10	♌	21. Mrz	22:31	♓	25. Jul	10:50	♎	27. Nov	1:11
♍	21. Jul	21:06	♈	25. Nov	2:47	♍	24. Mrz	0:53	♈	27. Jul	21:54	♏	29. Nov	6:34
♎	24. Jul	2:16	♉	27. Nov	6:27	♎	26. Mrz	4:00	♉	30. Jul	6:40	♐	01. Dez	13:59
♏	26. Jul	11:19	♊	29. Nov	7:11	♏	28. Mrz	9:19	♊	01. Aug	12:16	♑	03. Dez	23:36
♐	28. Jul	23:24	♋	01. Dez	6:46	♐	30. Mrz	17:56	♋	03. Aug	14:32	♒	06. Dez	11:16
♑	31. Jul	12:18	♌	03. Dez	7:07	♑	02. Apr	5:37	♌	05. Aug	14:27	♓	08. Dez	23:57
♒	02. Aug	23:52	♍	05. Dez	9:50	♒	04. Apr	18:24	♍	07. Aug	13:50	♈	11. Dez	11:37
♓	05. Aug	9:04	♎	07. Dez	15:48	♓	07. Apr	5:37	♎	09. Aug	14:50	♉	13. Dez	20:15
♈	07. Aug	16:00	♏	10. Dez	0:59	♈	09. Apr	13:46	♏	11. Aug	19:20	♊	16. Dez	1:06
♉	09. Aug	21:03	♐	12. Dez	12:34	♉	11. Apr	19:03	♐	14. Aug	4:00	♋	18. Dez	2:52
♊	12. Aug	0:33	♑	15. Dez	1:23	♊	13. Apr	22:30	♑	16. Aug	15:47	♌	20. Dez	3:11
♋	14. Aug	2:50	♒	17. Dez	14:19	♋	16. Apr	1:15	♒	19. Aug	4:38	♍	22. Dez	3:56
♌	16. Aug	4:34	♓	20. Dez	2:02	♌	18. Apr	4:00	♓	21. Aug	16:47	♎	24. Dez	6:39
♍	18. Aug	6:57	♈	22. Dez	11:05	♍	20. Apr	7:17	♈	24. Aug	3:30	♏	26. Dez	12:09
♎	20. Aug	11:34	♉	24. Dez	16:33	♎	22. Apr	11:36	♉	26. Aug	12:23	♐	28. Dez	20:20
♏	22. Aug	19:37	♊	26. Dez	18:33	♏	24. Apr	17:44	♊	28. Aug	18:59	♑	31. Dez	6:37
♐	25. Aug	7:03	♋	28. Dez	18:17	♐	27. Apr	2:25	♋	30. Aug	22:51			
♑	27. Aug	19:57	♌	30. Dez	17:36	♑	29. Apr	13:44	♌	02. Sep	0:14	1957		
♒	30. Aug	7:35				♒	02. Mai	2:27	♍	04. Sep	0:20	♒	02. Jan	18:25
♓	01. Sep	16:23	1956			♓	04. Mai	14:15	♎	06. Sep	1:04	♓	05. Jan	7:04
♈	03. Sep	22:24	♍	01. Jan	18:31	♈	06. Mai	23:05	♏	08. Sep	4:27	♈	07. Jan	19:23
♉	06. Sep	2:36	♎	03. Jan	22:44	♉	09. Mai	4:24	♐	10. Sep	11:46	♉	10. Jan	5:27
♊	08. Sep	5:58	♏	06. Jan	7:00	♊	11. Mai	7:00	♑	12. Sep	22:46	♊	12. Jan	11:44
♋	10. Sep	9:01	♐	08. Jan	18:32	♋	13. Mai	8:21	♒	15. Sep	11:28	♋	14. Jan	14:05
♌	12. Sep	12:02	♑	11. Jan	7:33	♌	15. Mai	9:52	♓	17. Sep	23:34	♌	16. Jan	13:50
♍	14. Sep	15:33	♒	13. Jan	20:19	♍	17. Mai	12:40	♈	20. Sep	9:47	♍	18. Jan	13:03
♎	16. Sep	20:35	♓	16. Jan	7:47	♎	19. Mai	17:25	♉	22. Sep	18:01	♎	20. Jan	13:55
♏	19. Sep	4:18	♈	18. Jan	17:17	♏	22. Mai	0:26	♊	25. Sep	0:25	♏	22. Jan	18:02
♐	21. Sep	15:11	♉	21. Jan	0:11	♐	24. Mai	9:46	♋	27. Sep	5:00	♐	25. Jan	1:52
♑	24. Sep	4:01	♊	23. Jan	4:06	♑	26. Mai	21:11	♌	29. Sep	7:49	♑	27. Jan	12:32
♒	26. Sep	16:07	♋	25. Jan	5:20	♒	29. Mai	9:52	♍	01. Okt	9:24	♒	30. Jan	0:42
♓	29. Sep	1:12	♌	27. Jan	5:06	♓	31. Mai	22:09	♎	03. Okt	11:01	♓	01. Feb	13:20

Tabelle B.2: Mond (Fortsetzung)

♈	04. Feb	1:42
♉	06. Feb	12:37
♊	08. Feb	20:34
♋	11. Feb	0:39
♌	13. Feb	1:19
♍	15. Feb	0:17
♎	16. Feb	23:50
♏	19. Feb	2:06
♐	21. Feb	8:23
♑	23. Feb	18:27
♒	26. Feb	6:42
♓	28. Feb	19:25
♈	03. Mrz	7:31
♉	05. Mrz	18:20
♊	08. Mrz	3:03
♋	10. Mrz	8:45
♌	12. Mrz	11:12
♍	14. Mrz	11:20
♎	16. Mrz	10:59
♏	18. Mrz	12:15
♐	20. Mrz	16:54
♑	23. Mrz	1:34
♒	25. Mrz	13:17
♓	28. Mrz	2:00
♈	30. Mrz	13:55
♉	02. Apr	0:11
♊	04. Apr	8:30
♋	06. Apr	14:37
♌	08. Apr	18:24
♍	10. Apr	20:13
♎	12. Apr	21:08
♏	14. Apr	22:45
♐	17. Apr	2:43
♑	19. Apr	10:08
♒	21. Apr	20:53
♓	24. Apr	9:23
♈	26. Apr	21:22
♉	29. Apr	7:18
♊	01. Mai	14:47
♋	03. Mai	20:08
♌	05. Mai	23:54
♍	08. Mai	2:37
♎	10. Mai	4:57
♏	12. Mai	7:48
♐	14. Mai	12:13
♑	16. Mai	19:13
♒	19. Mai	5:12
♓	21. Mai	17:20
♈	24. Mai	5:34
♉	26. Mai	15:43
♊	28. Mai	22:47
♋	31. Mai	3:05
♌	02. Jun	5:45
♍	04. Jun	7:59
♎	06. Jun	10:45

♏	08. Jun	14:41
♐	10. Jun	20:09
♑	13. Jun	3:36
♒	15. Jun	13:23
♓	18. Jun	1:15
♈	20. Jun	13:46
♉	23. Jun	0:38
♊	25. Jun	8:07
♋	27. Jun	12:00
♌	29. Jun	13:31
♍	01. Jul	14:23
♎	03. Jul	16:16
♏	05. Jul	20:10
♐	08. Jul	2:20
♑	10. Jul	10:35
♒	12. Jul	20:43
♓	15. Jul	8:32
♈	17. Jul	21:14
♉	20. Jul	8:58
♊	22. Jul	17:34
♋	24. Jul	22:05
♌	26. Jul	23:16
♍	28. Jul	22:59
♎	30. Jul	23:20
♏	02. Aug	2:01
♐	04. Aug	7:47
♑	06. Aug	16:23
♒	09. Aug	3:01
♓	11. Aug	15:02
♈	14. Aug	3:46
♉	16. Aug	16:00
♊	19. Aug	1:51
♋	21. Aug	7:48
♌	23. Aug	9:51
♍	25. Aug	9:26
♎	27. Aug	8:41
♏	29. Aug	9:45
♐	31. Aug	14:07
♑	02. Sep	22:05
♒	05. Sep	8:50
♓	07. Sep	21:04
♈	10. Sep	9:45
♉	12. Sep	21:57
♊	15. Sep	8:26
♋	17. Sep	15:49
♌	19. Sep	19:31
♍	21. Sep	20:11
♎	23. Sep	19:33
♏	25. Sep	19:40
♐	27. Sep	22:27
♑	30. Sep	4:59
♒	02. Okt	15:04
♓	05. Okt	3:17
♈	07. Okt	15:57
♉	10. Okt	3:48

♊	12. Okt	14:01
♋	14. Okt	21:54
♌	17. Okt	2:59
♍	19. Okt	5:23
♎	21. Okt	6:03
♏	23. Okt	6:31
♐	25. Okt	8:33
♑	27. Okt	13:41
♒	29. Okt	22:32
♓	01. Nov	10:18
♈	03. Nov	23:00
♉	06. Nov	10:38
♊	08. Nov	20:09
♋	11. Nov	3:24
♌	13. Nov	8:36
♍	15. Nov	12:07
♎	17. Nov	14:25
♏	19. Nov	16:17
♐	21. Nov	18:52
♑	23. Nov	23:29
♒	26. Nov	7:16
♓	28. Nov	18:16
♈	01. Dez	6:56
♉	03. Dez	18:48
♊	06. Dez	4:00
♋	08. Dez	10:16
♌	10. Dez	14:23
♍	12. Dez	17:28
♎	14. Dez	20:23
♏	16. Dez	23:35
♐	19. Dez	3:30
♑	21. Dez	8:47
♒	23. Dez	16:19
♓	26. Dez	2:41
♈	28. Dez	15:13
♉	31. Dez	3:37
1958		
♊	02. Jan	13:21
♋	04. Jan	19:22
♌	06. Jan	22:21
♍	08. Jan	23:59
♎	11. Jan	1:52
♏	13. Jan	5:02
♐	15. Jan	9:49
♑	17. Jan	16:13
♒	20. Jan	0:22
♓	22. Jan	10:42
♈	24. Jan	23:03
♉	27. Jan	11:56
♊	29. Jan	22:47
♋	01. Feb	5:41
♌	03. Feb	8:37
♍	05. Feb	9:11
♎	07. Feb	9:23

♏	09. Feb	11:03
♐	11. Feb	15:11
♑	13. Feb	21:55
♒	16. Feb	6:51
♓	18. Feb	17:39
♈	21. Feb	6:02
♉	23. Feb	19:05
♊	26. Feb	6:52
♋	28. Feb	15:17
♌	02. Mrz	19:27
♍	04. Mrz	20:15
♎	06. Mrz	19:35
♏	08. Mrz	19:34
♐	10. Mrz	21:56
♑	13. Mrz	3:36
♒	15. Mrz	12:28
♓	17. Mrz	23:41
♈	20. Mrz	12:17
♉	23. Mrz	1:16
♊	25. Mrz	13:20
♋	27. Mrz	22:53
♌	30. Mrz	4:45
♍	01. Apr	7:01
♎	03. Apr	6:54
♏	05. Apr	6:16
♐	07. Apr	7:07
♑	09. Apr	11:01
♒	11. Apr	18:41
♓	14. Apr	5:38
♈	16. Apr	18:23
♉	19. Apr	7:16
♊	21. Apr	19:03
♋	24. Apr	4:46
♌	26. Apr	11:44
♍	28. Apr	15:40
♎	30. Apr	17:06
♏	02. Mai	17:14
♐	04. Mai	17:43
♑	06. Mai	20:21
♒	09. Mai	2:29
♓	11. Mai	12:27
♈	14. Mai	0:58
♉	16. Mai	13:50
♊	19. Mai	1:14
♋	21. Mai	10:23
♌	23. Mai	17:14
♍	25. Mai	22:00
♎	28. Mai	0:55
♏	30. Mai	2:33
♐	01. Jun	3:54
♑	03. Jun	6:23
♒	05. Jun	11:34
♓	07. Jun	20:24
♈	10. Jun	8:20
♉	12. Jun	21:12

♊	15. Jun	8:31
♋	17. Jun	17:04
♌	19. Jun	23:04
♍	22. Jun	3:22
♎	24. Jun	6:42
♏	26. Jun	9:30
♐	28. Jun	12:11
♑	30. Jun	15:32
♒	02. Jul	20:44
♓	05. Jul	4:57
♈	07. Jul	16:18
♉	10. Jul	5:09
♊	12. Jul	16:46
♋	15. Jul	1:15
♌	17. Jul	6:31
♍	19. Jul	9:42
♎	21. Jul	12:12
♏	23. Jul	14:57
♐	25. Jul	18:25
♑	27. Jul	22:53
♒	30. Jul	4:52
♓	01. Aug	13:11
♈	04. Aug	0:14
♉	06. Aug	13:04
♊	09. Aug	1:16
♋	11. Aug	10:25
♌	13. Aug	15:43
♍	15. Aug	18:07
♎	17. Aug	19:17
♏	19. Aug	20:50
♐	21. Aug	23:48
♑	24. Aug	4:38
♒	26. Aug	11:28
♓	28. Aug	20:25
♈	31. Aug	7:35
♉	02. Sep	20:24
♊	05. Sep	9:07
♋	07. Sep	19:22
♌	10. Sep	1:42
♍	12. Sep	4:19
♎	14. Sep	4:44
♏	16. Sep	4:49
♐	18. Sep	6:16
♑	20. Sep	10:13
♒	22. Sep	17:03
♓	25. Sep	2:33
♈	27. Sep	14:07
♉	30. Sep	2:58
♊	02. Okt	15:50
♋	05. Okt	3:00
♌	07. Okt	10:50
♍	09. Okt	14:49
♎	11. Okt	15:44
♏	13. Okt	15:11
♐	15. Okt	15:09

Tabelle B.2: Mond (Fortsetzung)

♑	17. Okt	17:23
♒	19. Okt	23:04
♓	22. Okt	8:19
♈	24. Okt	20:10
♉	27. Okt	9:07
♊	29. Okt	21:49
♋	01. Nov	9:09
♌	03. Nov	18:02
♍	05. Nov	23:45
♎	08. Nov	2:16
♏	10. Nov	2:30
♐	12. Nov	2:03
♑	14. Nov	2:54
♒	16. Nov	6:53
♓	18. Nov	14:56
♈	21. Nov	2:28
♉	23. Nov	15:30
♊	26. Nov	4:00
♋	28. Nov	14:51
♌	30. Nov	23:41
♍	03. Dez	6:18
♎	05. Dez	10:31
♏	07. Dez	12:28
♐	09. Dez	13:02
♑	11. Dez	13:46
♒	13. Dez	16:38
♓	15. Dez	23:12
♈	18. Dez	9:45
♉	20. Dez	22:38
♊	23. Dez	11:09
♋	25. Dez	21:33
♌	28. Dez	5:33
♍	30. Dez	11:41
1959		
♎	01. Jan	16:21
♏	03. Jan	19:42
♐	05. Jan	21:56
♑	07. Jan	23:50
♒	10. Jan	2:52
♓	12. Jan	8:39
♈	14. Jan	18:09
♉	17. Jan	6:33
♊	19. Jan	19:16
♋	22. Jan	5:47
♌	24. Jan	13:13
♍	26. Jan	18:13
♎	28. Jan	21:54
♏	31. Jan	1:05
♐	02. Feb	4:11
♑	04. Feb	7:29
♒	06. Feb	11:40
♓	08. Feb	17:50
♈	11. Feb	2:55
♉	13. Feb	14:47
♊	16. Feb	3:39
♋	18. Feb	14:50
♌	20. Feb	22:38
♍	23. Feb	3:06
♎	25. Feb	5:29
♏	27. Feb	7:15
♐	01. Mrz	9:33
♑	03. Mrz	13:06
♒	05. Mrz	18:16
♓	08. Mrz	1:25
♈	10. Mrz	10:54
♉	12. Mrz	22:37
♊	15. Mrz	11:31
♋	17. Mrz	23:28
♌	20. Mrz	8:22
♍	22. Mrz	13:28
♎	24. Mrz	15:27
♏	26. Mrz	15:54
♐	28. Mrz	16:31
♑	30. Mrz	18:49
♒	01. Apr	23:41
♓	04. Apr	7:23
♈	06. Apr	17:33
♉	09. Apr	5:32
♊	11. Apr	18:25
♋	14. Apr	6:48
♌	16. Apr	16:55
♍	18. Apr	23:27
♎	21. Apr	2:19
♏	23. Apr	2:34
♐	25. Apr	1:59
♑	27. Apr	2:32
♒	29. Apr	5:55
♓	01. Mai	12:58
♈	03. Mai	23:19
♉	06. Mai	11:39
♊	09. Mai	0:34
♋	11. Mai	12:57
♌	13. Mai	23:40
♍	16. Mai	7:38
♎	18. Mai	12:06
♏	20. Mai	13:24
♐	22. Mai	12:51
♑	24. Mai	12:24
♒	26. Mai	14:09
♓	28. Mai	19:42
♈	31. Mai	5:18
♉	02. Jun	17:37
♊	05. Jun	6:35
♋	07. Jun	18:44
♌	10. Jun	5:19
♍	12. Jun	13:50
♎	14. Jun	19:42
♏	16. Jun	22:38
♐	18. Jun	23:14
♑	20. Jun	23:01
♒	23. Jun	0:00
♓	25. Jun	4:09
♈	27. Jun	12:28
♉	30. Jun	0:11
♊	02. Jul	13:05
♋	05. Jul	1:03
♌	07. Jul	11:08
♍	09. Jul	19:15
♎	12. Jul	1:26
♏	14. Jul	5:33
♐	16. Jul	7:42
♑	18. Jul	8:42
♒	20. Jul	10:05
♓	22. Jul	13:41
♈	24. Jul	20:53
♉	27. Jul	7:43
♊	29. Jul	20:23
♋	01. Aug	8:24
♌	03. Aug	18:09
♍	06. Aug	1:29
♎	08. Aug	6:56
♏	10. Aug	11:00
♐	12. Aug	13:58
♑	14. Aug	16:18
♒	16. Aug	18:53
♓	18. Aug	22:59
♈	21. Aug	5:51
♉	23. Aug	15:58
♊	26. Aug	4:18
♋	28. Aug	16:33
♌	31. Aug	2:33
♍	02. Sep	9:31
♎	04. Sep	13:56
♏	06. Sep	16:53
♐	08. Sep	19:20
♑	10. Sep	22:04
♒	13. Sep	1:43
♓	15. Sep	6:54
♈	17. Sep	14:16
♉	20. Sep	0:12
♊	22. Sep	12:16
♋	25. Sep	0:49
♌	27. Sep	11:36
♍	29. Sep	19:04
♎	01. Okt	23:08
♏	04. Okt	0:54
♐	06. Okt	1:54
♑	08. Okt	3:38
♒	10. Okt	7:12
♓	12. Okt	13:06
♈	14. Okt	21:20
♉	17. Okt	7:40
♊	19. Okt	19:40
♋	22. Okt	8:22
♌	24. Okt	20:03
♍	27. Okt	4:48
♎	29. Okt	9:41
♏	31. Okt	11:14
♐	02. Nov	11:02
♑	04. Nov	11:05
♒	06. Nov	13:14
♓	08. Nov	18:35
♈	11. Nov	3:10
♉	13. Nov	14:04
♊	16. Nov	2:16
♋	18. Nov	14:57
♌	21. Nov	3:04
♍	23. Nov	13:08
♎	25. Nov	19:41
♏	27. Nov	22:21
♐	29. Nov	22:12
♑	01. Dez	21:11
♒	03. Dez	21:35
♓	06. Dez	1:16
♈	08. Dez	8:59
♉	10. Dez	19:56
♊	13. Dez	8:24
♋	15. Dez	21:00
♌	18. Dez	8:58
♍	20. Dez	19:29
♎	23. Dez	3:29
♏	25. Dez	8:01
♐	27. Dez	9:15
♑	29. Dez	8:38
♒	31. Dez	8:15
1960		
♓	02. Jan	10:19
♈	04. Jan	16:21
♉	07. Jan	2:22
♊	09. Jan	14:45
♋	12. Jan	3:23
♌	14. Jan	14:59
♍	17. Jan	1:03
♎	19. Jan	9:14
♏	21. Jan	14:59
♐	23. Jan	18:02
♑	25. Jan	18:59
♒	27. Jan	19:19
♓	29. Jan	20:56
♈	01. Feb	1:39
♉	03. Feb	10:16
♊	05. Feb	21:58
♋	08. Feb	10:37
♌	10. Feb	22:08
♍	13. Feb	7:35
♎	15. Feb	14:55
♏	17. Feb	20:24
♐	20. Feb	0:12
♑	22. Feb	2:39
♒	24. Feb	4:32
♓	26. Feb	7:04
♈	28. Feb	11:38
♉	01. Mrz	19:18
♊	04. Mrz	6:08
♋	06. Mrz	18:37
♌	09. Mrz	6:25
♍	11. Mrz	15:47
♎	13. Mrz	22:19
♏	16. Mrz	2:37
♐	18. Mrz	5:37
♑	20. Mrz	8:14
♒	22. Mrz	11:10
♓	24. Mrz	15:02
♈	26. Mrz	20:29
♉	29. Mrz	4:13
♊	31. Mrz	14:32
♋	03. Apr	2:46
♌	05. Apr	15:01
♍	08. Apr	1:02
♎	10. Apr	7:35
♏	12. Apr	11:01
♐	14. Apr	12:37
♑	16. Apr	14:01
♒	18. Apr	16:32
♓	20. Apr	20:55
♈	23. Apr	3:23
♉	25. Apr	11:50
♊	27. Apr	22:16
♋	30. Apr	10:22
♌	02. Mai	22:59
♍	05. Mai	9:59
♎	07. Mai	17:30
♏	09. Mai	21:07
♐	11. Mai	21:55
♑	13. Mai	21:50
♒	15. Mai	22:51
♓	18. Mai	2:23
♈	20. Mai	8:55
♉	22. Mai	18:00
♊	25. Mai	4:55
♋	27. Mai	17:06
♌	30. Mai	5:50
♍	01. Jun	17:38
♎	04. Jun	2:31
♏	06. Jun	7:20
♐	08. Jun	8:31
♑	10. Jun	7:48
♒	12. Jun	7:23
♓	14. Jun	9:17
♈	16. Jun	14:42
♉	18. Jun	23:33
♊	21. Jun	10:46
♋	23. Jun	23:10

Tabelle B.2: Mond (Fortsetzung)

♌	26. Jun	11:51
♍	28. Jun	23:53
♎	01. Jul	9:46
♏	03. Jul	16:08
♐	05. Jul	18:42
♑	07. Jul	18:34
♒	09. Jul	17:43
♓	11. Jul	18:19
♈	13. Jul	22:07
♉	16. Jul	5:48
♊	18. Jul	16:40
♋	21. Jul	5:09
♌	23. Jul	17:46
♍	26. Jul	5:31
♎	28. Jul	15:33
♏	30. Jul	22:55
♐	02. Aug	3:04
♑	04. Aug	4:25
♒	06. Aug	4:21
♓	08. Aug	4:42
♈	10. Aug	7:21
♉	12. Aug	13:36
♊	14. Aug	23:29
♋	17. Aug	11:43
♌	20. Aug	0:18
♍	22. Aug	11:41
♎	24. Aug	21:09
♏	27. Aug	4:24
♐	29. Aug	9:19
♑	31. Aug	12:09
♒	02. Sep	13:35
♓	04. Sep	14:51
♈	06. Sep	17:26
♉	08. Sep	22:44
♊	11. Sep	7:31
♋	13. Sep	19:10
♌	16. Sep	7:46
♍	18. Sep	19:07
♎	21. Sep	3:58
♏	23. Sep	10:18
♐	25. Sep	14:42
♑	27. Sep	17:54
♒	29. Sep	20:32
♓	01. Okt	23:14
♈	04. Okt	2:46
♉	06. Okt	8:09
♊	08. Okt	16:16
♋	11. Okt	3:18
♌	13. Okt	15:55
♍	16. Okt	3:40
♎	18. Okt	12:32
♏	20. Okt	18:06
♐	22. Okt	21:16
♑	24. Okt	23:28
♒	27. Okt	1:57
♓	29. Okt	5:26
♈	31. Okt	10:11
♉	02. Nov	16:27
♊	05. Nov	0:44
♋	07. Nov	11:26
♌	09. Nov	23:59
♍	12. Nov	12:24
♎	14. Nov	22:07
♏	17. Nov	3:53
♐	19. Nov	6:17
♑	21. Nov	7:02
♒	23. Nov	8:04
♓	25. Nov	10:49
♈	27. Nov	15:51
♉	29. Nov	23:00
♊	02. Dez	8:01
♋	04. Dez	18:52
♌	07. Dez	7:21
♍	09. Dez	20:13
♎	12. Dez	7:10
♏	14. Dez	14:13
♐	16. Dez	17:07
♑	18. Dez	17:16
♒	20. Dez	16:49
♓	22. Dez	17:47
♈	24. Dez	21:34
♉	27. Dez	4:30
♊	29. Dez	14:01
1961		
♋	01. Jan	1:22
♌	03. Jan	13:54
♍	06. Jan	2:48
♎	08. Jan	14:31
♏	10. Jan	23:09
♐	13. Jan	3:40
♑	15. Jan	4:41
♒	17. Jan	3:55
♓	19. Jan	3:32
♈	21. Jan	5:26
♉	23. Jan	10:51
♊	25. Jan	19:50
♋	28. Jan	7:22
♌	30. Jan	20:05
♍	02. Feb	8:48
♎	04. Feb	20:27
♏	07. Feb	5:51
♐	09. Feb	12:01
♑	11. Feb	14:50
♒	13. Feb	15:14
♓	15. Feb	14:53
♈	17. Feb	15:41
♉	19. Feb	19:21
♊	22. Feb	2:51
♋	24. Feb	13:49
♌	27. Feb	2:34
♍	01. Mrz	15:12
♎	04. Mrz	2:21
♏	06. Mrz	11:24
♐	08. Mrz	18:04
♑	10. Mrz	22:19
♒	13. Mrz	0:29
♓	15. Mrz	1:26
♈	17. Mrz	2:32
♉	19. Mrz	5:25
♊	21. Mrz	11:32
♋	23. Mrz	21:22
♌	26. Mrz	9:48
♍	28. Mrz	22:30
♎	31. Mrz	9:21
♏	02. Apr	17:36
♐	04. Apr	23:34
♑	07. Apr	3:52
♒	09. Apr	7:03
♓	11. Apr	9:31
♈	13. Apr	11:55
♉	15. Apr	15:16
♊	17. Apr	20:55
♋	20. Apr	5:50
♌	22. Apr	17:43
♍	25. Apr	6:31
♎	27. Apr	17:34
♏	30. Apr	1:27
♐	02. Mai	6:25
♑	04. Mai	9:40
♒	06. Mai	12:24
♓	08. Mai	15:23
♈	10. Mai	18:56
♉	12. Mai	23:25
♊	15. Mai	5:34
♋	17. Mai	14:17
♌	20. Mai	1:45
♍	22. Mai	14:38
♎	25. Mai	2:18
♏	27. Mai	10:34
♐	29. Mai	15:11
♑	31. Mai	17:20
♒	02. Jun	18:45
♓	04. Jun	20:50
♈	07. Jun	0:23
♉	09. Jun	5:38
♊	11. Jun	12:40
♋	13. Jun	21:50
♌	16. Jun	9:16
♍	18. Jun	22:12
♎	21. Jun	10:32
♏	23. Jun	19:51
♐	26. Jun	1:05
♑	28. Jun	3:00
♒	30. Jun	3:18
♓	02. Jul	3:52
♈	04. Jul	6:12
♉	06. Jul	11:01
♊	08. Jul	18:27
♋	11. Jul	4:13
♌	13. Jul	15:56
♍	16. Jul	4:55
♎	18. Jul	17:39
♏	21. Jul	4:04
♐	23. Jul	10:42
♑	25. Jul	13:28
♒	27. Jul	13:41
♓	29. Jul	13:13
♈	31. Jul	13:56
♉	02. Aug	17:19
♊	05. Aug	0:04
♋	07. Aug	9:56
♌	09. Aug	21:59
♍	12. Aug	11:00
♎	14. Aug	23:44
♏	17. Aug	10:44
♐	19. Aug	18:44
♑	21. Aug	23:07
♒	24. Aug	0:25
♓	26. Aug	0:02
♈	27. Aug	23:49
♉	30. Aug	1:37
♊	01. Sep	6:53
♋	03. Sep	16:00
♌	06. Sep	4:01
♍	08. Sep	17:05
♎	11. Sep	5:33
♏	13. Sep	16:23
♐	16. Sep	0:54
♑	18. Sep	6:42
♒	20. Sep	9:43
♓	22. Sep	10:36
♈	24. Sep	10:40
♉	26. Sep	11:42
♊	28. Sep	15:31
♋	30. Sep	23:19
♌	03. Okt	10:43
♍	05. Okt	23:45
♎	08. Okt	12:04
♏	10. Okt	22:19
♐	13. Okt	6:21
♑	15. Okt	12:24
♒	17. Okt	16:37
♓	19. Okt	19:10
♈	21. Okt	20:36
♉	23. Okt	22:07
♊	26. Okt	1:24
♋	28. Okt	8:03
♌	30. Okt	18:30
♍	02. Nov	7:17
♎	04. Nov	19:42
♏	07. Nov	5:40
♐	09. Nov	12:51
♑	11. Nov	17:59
♒	13. Nov	21:59
♓	16. Nov	1:18
♈	18. Nov	4:10
♉	20. Nov	7:03
♊	22. Nov	10:59
♋	24. Nov	17:20
♌	27. Nov	3:01
♍	29. Nov	15:25
♎	02. Dez	4:08
♏	04. Dez	14:30
♐	06. Dez	21:25
♑	09. Dez	1:31
♒	11. Dez	4:11
♓	13. Dez	6:41
♈	15. Dez	9:44
♉	17. Dez	13:39
♊	19. Dez	18:47
♋	22. Dez	1:50
♌	24. Dez	11:26
♍	26. Dez	23:29
♎	29. Dez	12:26
♏	31. Dez	23:42
1962		
♐	03. Jan	7:23
♑	05. Jan	11:24
♒	07. Jan	13:00
♓	09. Jan	13:53
♈	11. Jan	15:34
♉	13. Jan	19:01
♊	16. Jan	0:42
♋	18. Jan	8:39
♌	20. Jan	18:50
♍	23. Jan	6:53
♎	25. Jan	19:52
♏	28. Jan	7:54
♐	30. Jan	16:59
♑	01. Feb	22:09
♒	03. Feb	23:57
♓	05. Feb	23:53
♈	07. Feb	23:50
♉	10. Feb	1:35
♊	12. Feb	6:18
♋	14. Feb	14:20
♌	17. Feb	1:04
♍	19. Feb	13:27
♎	22. Feb	2:22
♏	24. Feb	14:36
♐	27. Feb	0:46
♑	01. Mrz	7:38
♒	03. Mrz	10:52

Tabelle B.2: Mond (Fortsetzung)

♓	05. Mrz	11:16	♎	08. Jul	13:48	♉	10. Nov	16:45	♎	11. Mrz	6:35	♉	14. Jul	18:15
♈	07. Mrz	10:32	♏	11. Jul	2:05	♊	12. Nov	16:43	♏	13. Mrz	18:51	♊	16. Jul	20:27
♉	09. Mrz	10:40	♐	13. Jul	12:00	♋	14. Nov	18:49	♐	16. Mrz	7:27	♋	18. Jul	22:45
♊	11. Mrz	13:35	♑	15. Jul	18:32	♌	17. Nov	0:40	♑	18. Mrz	18:35	♌	21. Jul	2:15
♋	13. Mrz	20:25	♒	17. Jul	22:07	♍	19. Nov	10:33	♒	21. Mrz	2:21	♍	23. Jul	8:06
♌	16. Mrz	6:56	♓	20. Jul	0:00	♎	21. Nov	22:58	♓	23. Mrz	6:04	♎	25. Jul	17:02
♍	18. Mrz	19:33	♈	22. Jul	1:34	♏	24. Nov	11:33	♈	25. Mrz	6:38	♏	28. Jul	4:38
♎	21. Mrz	8:28	♉	24. Jul	3:57	♐	26. Nov	22:43	♉	27. Mrz	5:57	♐	30. Jul	17:08
♏	23. Mrz	20:29	♊	26. Jul	7:57	♑	29. Nov	8:00	♊	29. Mrz	6:13	♑	02. Aug	4:12
♐	26. Mrz	6:49	♋	28. Jul	14:00	♒	01. Dez	15:26	♋	31. Mrz	9:14	♒	04. Aug	12:25
♑	28. Mrz	14:46	♌	30. Jul	22:21	♓	03. Dez	20:53	♌	02. Apr	15:45	♓	06. Aug	17:46
♒	30. Mrz	19:43	♍	02. Aug	8:57	♈	06. Dez	0:17	♍	05. Apr	1:20	♈	08. Aug	21:07
♓	01. Apr	21:42	♎	04. Aug	21:17	♉	08. Dez	1:59	♎	07. Apr	12:49	♉	10. Aug	23:37
♈	03. Apr	21:41	♏	07. Aug	9:56	♊	10. Dez	3:07	♏	10. Apr	1:14	♊	13. Aug	2:16
♉	05. Apr	21:25	♐	09. Aug	20:48	♋	12. Dez	5:21	♐	12. Apr	13:48	♋	15. Aug	5:39
♊	07. Apr	23:00	♑	12. Aug	4:18	♌	14. Dez	10:20	♑	15. Apr	1:27	♌	17. Aug	10:17
♋	10. Apr	4:12	♒	14. Aug	8:07	♍	16. Dez	18:59	♒	17. Apr	10:34	♍	19. Aug	16:40
♌	12. Apr	13:36	♓	16. Aug	9:17	♎	19. Dez	6:41	♓	19. Apr	15:53	♎	22. Aug	1:25
♍	15. Apr	1:57	♈	18. Aug	9:25	♏	21. Dez	19:18	♈	21. Apr	17:30	♏	24. Aug	12:39
♎	17. Apr	14:54	♉	20. Aug	10:20	♐	24. Dez	6:33	♉	23. Apr	16:51	♐	27. Aug	1:15
♏	20. Apr	2:37	♊	22. Aug	13:28	♑	26. Dez	15:19	♊	25. Apr	16:06	♑	29. Aug	12:57
♐	22. Apr	12:27	♋	24. Aug	19:34	♒	28. Dez	21:42	♋	27. Apr	17:27	♒	31. Aug	21:37
♑	24. Apr	20:20	♌	27. Aug	4:30	♓	31. Dez	2:20	♌	29. Apr	22:25	♓	03. Sep	2:37
♒	27. Apr	2:08	♍	29. Aug	15:36				♍	02. Mai	7:13	♈	05. Sep	4:52
♓	29. Apr	5:40	♎	01. Sep	4:01	1963			♎	04. Mai	18:42	♉	07. Sep	6:02
♈	01. Mai	7:12	♏	03. Sep	16:46	♈	02. Jan	5:48	♏	07. Mai	7:16	♊	09. Sep	7:46
♉	03. Mai	7:49	♐	06. Sep	4:26	♉	04. Jan	8:33	♐	09. Mai	19:42	♋	11. Sep	11:08
♊	05. Mai	9:16	♑	08. Sep	13:20	♊	06. Jan	11:14	♑	12. Mai	7:13	♌	13. Sep	16:30
♋	07. Mai	13:28	♒	10. Sep	18:26	♋	08. Jan	14:41	♒	14. Mai	16:51	♍	15. Sep	23:47
♌	09. Mai	21:35	♓	12. Sep	20:02	♌	10. Jan	20:01	♓	16. Mai	23:32	♎	18. Sep	9:00
♍	12. Mai	9:11	♈	14. Sep	19:33	♍	13. Jan	4:07	♈	19. Mai	2:48	♏	20. Sep	20:10
♎	14. Mai	22:03	♉	16. Sep	19:01	♎	15. Jan	15:05	♉	21. Mai	3:21	♐	23. Sep	8:50
♏	17. Mai	9:43	♊	18. Sep	20:29	♏	18. Jan	3:35	♊	23. Mai	2:53	♑	25. Sep	21:15
♐	19. Mai	19:02	♋	21. Sep	1:26	♐	20. Jan	15:20	♋	25. Mai	3:29	♒	28. Sep	7:03
♑	22. Mai	2:08	♌	23. Sep	10:07	♑	23. Jan	0:23	♌	27. Mai	6:59	♓	30. Sep	12:46
♒	24. Mai	7:31	♍	25. Sep	21:31	♒	25. Jan	6:14	♍	29. Mai	14:22	♈	02. Okt	14:48
♓	26. Mai	11:29	♎	28. Sep	10:08	♓	27. Jan	9:35	♎	01. Jun	1:09	♉	04. Okt	14:50
♈	28. Mai	14:15	♏	30. Sep	22:49	♈	29. Jan	11:44	♏	03. Jun	13:38	♊	06. Okt	14:58
♉	30. Mai	16:17	♐	03. Okt	10:40	♉	31. Jan	13:55	♐	06. Jun	2:01	♋	08. Okt	17:01
♊	01. Jun	18:40	♑	05. Okt	20:35	♊	02. Feb	17:03	♑	08. Jun	13:07	♌	10. Okt	21:54
♋	03. Jun	22:56	♒	08. Okt	3:22	♋	04. Feb	21:40	♒	10. Jun	22:22	♍	13. Okt	5:34
♌	06. Jun	6:23	♓	10. Okt	6:29	♌	07. Feb	4:06	♓	13. Jun	5:21	♎	15. Okt	15:24
♍	08. Jun	17:12	♈	12. Okt	6:40	♍	09. Feb	12:36	♈	15. Jun	9:46	♏	18. Okt	2:53
♎	11. Jun	5:51	♉	14. Okt	5:43	♎	11. Feb	23:18	♉	17. Jun	11:54	♐	20. Okt	15:32
♏	13. Jun	17:45	♊	16. Okt	5:50	♏	14. Feb	11:38	♊	19. Jun	12:44	♑	23. Okt	4:21
♐	16. Jun	3:03	♋	18. Okt	9:05	♐	16. Feb	23:57	♋	21. Jun	13:46	♒	25. Okt	15:20
♑	18. Jun	9:30	♌	20. Okt	16:30	♑	19. Feb	10:00	♌	23. Jun	16:44	♓	27. Okt	22:36
♒	20. Jun	13:49	♍	23. Okt	3:31	♒	21. Feb	16:23	♍	25. Jun	22:56	♈	30. Okt	1:40
♓	22. Jun	16:59	♎	25. Okt	16:13	♓	23. Feb	19:17	♎	28. Jun	8:41	♉	01. Nov	1:42
♈	24. Jun	19:43	♏	28. Okt	4:49	♈	25. Feb	20:05	♏	30. Jun	20:48	♊	03. Nov	0:48
♉	26. Jun	22:34	♐	30. Okt	16:19	♉	27. Feb	20:38	♐	03. Jul	9:11	♋	05. Nov	1:08
♊	29. Jun	2:09	♑	02. Nov	2:17	♊	01. Mrz	22:39	♑	05. Jul	20:03	♌	07. Nov	4:24
♋	01. Jul	7:19	♒	04. Nov	10:02	♋	04. Mrz	3:08	♒	08. Jul	4:36	♍	09. Nov	11:14
♌	03. Jul	14:55	♓	06. Nov	14:52	♌	06. Mrz	10:15	♓	10. Jul	10:53	♎	11. Nov	21:07
♍	06. Jul	1:22	♈	08. Nov	16:45	♍	08. Mrz	19:34	♈	12. Jul	15:16	♏	14. Nov	8:57

Tabelle B.2: Mond (Fortsetzung)

♐	16. Nov	21:40
♑	19. Nov	10:23
♒	21. Nov	21:51
♓	24. Nov	6:32
♈	26. Nov	11:25
♉	28. Nov	12:49
♊	30. Nov	12:14
♋	02. Dez	11:45
♌	04. Dez	13:20
♍	06. Dez	18:26
♎	09. Dez	3:21
♏	11. Dez	15:04
♐	14. Dez	3:53
♑	16. Dez	16:21
♒	19. Dez	3:29
♓	21. Dez	12:28
♈	23. Dez	18:41
♉	25. Dez	21:57
♊	27. Dez	22:58
♋	29. Dez	23:07
1964		
♌	01. Jan	0:09
♍	03. Jan	3:48
♎	05. Jan	11:10
♏	07. Jan	22:04
♐	10. Jan	10:49
♑	12. Jan	23:14
♒	15. Jan	9:48
♓	17. Jan	18:04
♈	20. Jan	0:10
♉	22. Jan	4:23
♊	24. Jan	7:05
♋	26. Jan	8:51
♌	28. Jan	10:45
♍	30. Jan	14:09
♎	01. Feb	20:25
♏	04. Feb	6:12
♐	06. Feb	18:35
♑	09. Feb	7:11
♒	11. Feb	17:39
♓	14. Feb	1:09
♈	16. Feb	6:10
♉	18. Feb	9:45
♊	20. Feb	12:48
♋	22. Feb	15:49
♌	24. Feb	19:11
♍	26. Feb	23:30
♎	29. Feb	5:46
♏	02. Mrz	14:54
♐	05. Mrz	2:47
♑	07. Mrz	15:35
♒	10. Mrz	2:35
♓	12. Mrz	10:05
♈	14. Mrz	14:15

♉	16. Mrz	16:30
♊	18. Mrz	18:26
♋	20. Mrz	21:11
♌	23. Mrz	1:15
♍	25. Mrz	6:42
♎	27. Mrz	13:48
♏	29. Mrz	23:03
♐	01. Apr	10:41
♑	03. Apr	23:36
♒	06. Apr	11:24
♓	08. Apr	19:47
♈	11. Apr	0:08
♉	13. Apr	1:37
♊	15. Apr	2:06
♋	17. Apr	3:23
♌	19. Apr	6:40
♍	21. Apr	12:17
♎	23. Apr	20:08
♏	26. Apr	6:01
♐	28. Apr	17:46
♑	01. Mai	6:42
♒	03. Mai	19:06
♓	06. Mai	4:43
♈	08. Mai	10:15
♉	10. Mai	12:09
♊	12. Mai	12:01
♋	14. Mai	11:53
♌	16. Mai	13:31
♍	18. Mai	18:02
♎	21. Mai	1:41
♏	23. Mai	11:58
♐	26. Mai	0:03
♑	28. Mai	13:00
♒	31. Mai	1:32
♓	02. Jun	12:01
♈	04. Jun	19:03
♉	06. Jun	22:20
♊	08. Jun	22:50
♋	10. Jun	22:16
♌	12. Jun	22:35
♍	15. Jun	1:27
♎	17. Jun	7:54
♏	19. Jun	17:49
♐	23. Jun	6:03
♑	24. Jun	19:02
♒	27. Jun	7:22
♓	29. Jun	17:56
♈	02. Jul	1:52
♉	04. Jul	6:42
♊	06. Jul	8:43
♋	08. Jul	8:57
♌	10. Jul	9:01
♍	12. Jul	10:44
♎	14. Jul	15:41
♏	17. Jul	0:32

♐	19. Jul	12:28
♑	22. Jul	1:27
♒	24. Jul	13:30
♓	26. Jul	23:36
♈	29. Jul	7:25
♉	31. Jul	13:00
♊	02. Aug	16:28
♋	04. Aug	18:13
♌	06. Aug	19:11
♍	08. Aug	20:50
♎	11. Aug	0:51
♏	13. Aug	8:31
♐	15. Aug	19:44
♑	18. Aug	8:38
♒	20. Aug	20:39
♓	23. Aug	6:13
♈	25. Aug	13:15
♉	27. Aug	18:24
♊	29. Aug	22:16
♋	01. Sep	1:13
♌	03. Sep	3:36
♍	05. Sep	6:12
♎	07. Sep	10:19
♏	09. Sep	17:20
♐	12. Sep	3:47
♑	14. Sep	16:30
♒	17. Sep	4:47
♓	19. Sep	14:22
♈	21. Sep	20:44
♉	24. Sep	0:46
♊	26. Sep	3:46
♋	28. Sep	6:39
♌	30. Sep	9:52
♍	02. Okt	13:42
♎	04. Okt	18:44
♏	07. Okt	1:57
♐	09. Okt	12:02
♑	12. Okt	0:32
♒	14. Okt	13:15
♓	16. Okt	23:33
♈	19. Okt	6:05
♉	21. Okt	9:24
♊	23. Okt	11:03
♋	25. Okt	12:37
♌	27. Okt	15:14
♍	29. Okt	19:25
♎	01. Nov	1:24
♏	03. Nov	9:25
♐	05. Nov	19:43
♑	08. Nov	8:06
♒	10. Nov	21:08
♓	13. Nov	8:28
♈	15. Nov	16:10
♉	17. Nov	19:57
♊	19. Nov	20:58

♋	21. Nov	21:04
♌	23. Nov	21:59
♍	26. Nov	1:02
♎	28. Nov	6:54
♏	30. Nov	15:31
♐	03. Dez	2:24
♑	05. Dez	14:53
♒	08. Dez	3:57
♓	10. Dez	16:00
♈	13. Dez	1:12
♉	15. Dez	6:33
♊	17. Dez	8:21
♋	19. Dez	8:02
♌	21. Dez	7:31
♍	23. Dez	8:42
♎	25. Dez	13:04
♏	27. Dez	21:11
♐	30. Dez	8:20
1965		
♑	01. Jan	21:06
♒	04. Jan	10:04
♓	06. Jan	22:06
♈	09. Jan	8:08
♉	11. Jan	15:10
♊	13. Jan	18:48
♋	15. Jan	19:35
♌	17. Jan	18:57
♍	19. Jan	18:55
♎	21. Jan	21:28
♏	24. Jan	4:01
♐	26. Jan	14:32
♑	29. Jan	3:21
♒	31. Jan	16:17
♓	03. Feb	3:56
♈	05. Feb	13:43
♉	07. Feb	21:24
♊	10. Feb	2:36
♋	12. Feb	5:14
♌	14. Feb	5:54
♍	16. Feb	6:05
♎	18. Feb	7:45
♏	20. Feb	12:45
♐	22. Feb	21:57
♑	25. Feb	10:17
♒	27. Feb	23:14
♓	02. Mrz	10:38
♈	04. Mrz	19:45
♉	07. Mrz	2:49
♊	09. Mrz	8:14
♋	11. Mrz	12:03
♌	13. Mrz	14:23
♍	15. Mrz	15:55
♎	17. Mrz	18:04
♏	19. Mrz	22:32

♐	22. Mrz	6:37
♑	24. Mrz	18:07
♒	27. Mrz	6:59
♓	29. Mrz	18:32
♈	01. Apr	3:19
♉	03. Apr	9:29
♊	05. Apr	13:55
♋	07. Apr	17:24
♌	09. Apr	20:23
♍	11. Apr	23:14
♎	14. Apr	2:38
♏	16. Apr	7:42
♐	18. Apr	15:31
♑	21. Apr	2:24
♒	23. Apr	15:04
♓	26. Apr	3:02
♈	28. Apr	12:12
♉	30. Apr	18:03
♊	02. Mai	21:26
♋	04. Mai	23:39
♌	07. Mai	1:50
♍	09. Mai	4:47
♎	11. Mai	9:04
♏	13. Mai	15:10
♐	15. Mai	23:32
♑	18. Mai	10:20
♒	20. Mai	22:50
♓	23. Mai	11:14
♈	25. Mai	21:19
♉	28. Mai	3:48
♊	30. Mai	6:58
♋	01. Jun	8:05
♌	03. Jun	8:47
♍	05. Jun	10:33
♎	07. Jun	14:29
♏	09. Jun	21:04
♐	12. Jun	6:10
♑	14. Jun	17:20
♒	17. Jun	5:51
♓	19. Jun	18:29
♈	22. Jun	5:29
♉	24. Jun	13:16
♊	26. Jun	17:18
♋	28. Jun	18:20
♌	30. Jun	17:59
♍	02. Jul	18:11
♎	04. Jul	20:43
♏	07. Jul	2:38
♐	09. Jul	11:53
♑	11. Jul	23:29
♒	14. Jul	12:08
♓	17. Jul	0:45
♈	19. Jul	12:13
♉	21. Jul	21:14
♊	24. Jul	2:48

Tabelle B.2: Mond (Fortsetzung)

♋	26. Jul	4:53	♒	28. Nov	0:03	♋	29. Mrz	6:23	♒	31. Jul	17:02	♍	04. Dez	9:48
♌	28. Jul	4:37	♓	30. Nov	12:40	♌	31. Mrz	10:12	♓	03. Aug	4:36	♎	06. Dez	12:43
♍	30. Jul	3:55	♈	03. Dez	0:22	♍	02. Apr	11:31	♈	05. Aug	17:15	♏	08. Dez	15:18
♎	01. Aug	4:54	♉	05. Dez	9:11	♎	04. Apr	11:40	♉	08. Aug	5:38	♐	10. Dez	18:13
♏	03. Aug	9:20	♊	07. Dez	14:27	♏	06. Apr	12:30	♊	10. Aug	15:38	♑	12. Dez	22:30
♐	05. Aug	17:49	♋	09. Dez	16:57	♐	08. Apr	15:54	♋	12. Aug	21:41	♒	15. Dez	5:19
♑	08. Aug	5:22	♌	11. Dez	18:08	♑	10. Apr	23:02	♌	14. Aug	23:50	♓	17. Dez	15:17
♒	10. Aug	18:09	♍	13. Dez	19:35	♒	13. Apr	9:42	♍	16. Aug	23:35	♈	20. Dez	3:39
♓	13. Aug	6:37	♎	15. Dez	22:33	♓	15. Apr	22:13	♎	18. Aug	23:05	♉	22. Dez	16:07
♈	15. Aug	17:57	♏	18. Dez	3:40	♈	18. Apr	10:27	♏	21. Aug	0:24	♊	25. Dez	2:14
♉	18. Aug	3:27	♐	20. Dez	11:01	♉	20. Apr	21:00	♐	23. Aug	4:51	♋	27. Dez	8:58
♊	20. Aug	10:20	♑	22. Dez	20:27	♊	23. Apr	5:27	♑	25. Aug	12:37	♌	29. Dez	12:57
♋	22. Aug	14:04	♒	25. Dez	7:44	♋	25. Apr	11:48	♒	27. Aug	22:56	♍	31. Dez	15:33
♌	24. Aug	15:01	♓	27. Dez	20:17	♌	27. Apr	16:09	♓	30. Aug	10:48			
♍	26. Aug	14:36	♈	30. Dez	8:40	♍	29. Apr	18:50	♈	01. Sep	23:27	1967		
♎	28. Aug	14:52				♎	01. Mai	20:31	♉	04. Sep	11:59	♎	02. Jan	18:04
♏	30. Aug	17:54	1966			♏	03. Mai	22:23	♊	06. Sep	22:52	♏	04. Jan	21:16
♐	02. Sep	1:00	♉	01. Jan	18:46	♐	06. Mai	1:52	♋	09. Sep	6:26	♐	07. Jan	1:28
♑	04. Sep	11:51	♊	04. Jan	1:06	♑	08. Mai	8:12	♌	11. Sep	10:01	♑	09. Jan	6:53
♒	07. Sep	0:34	♋	06. Jan	3:40	♒	10. Mai	17:52	♍	13. Sep	10:25	♒	11. Jan	14:05
♓	09. Sep	12:56	♌	08. Jan	3:50	♓	13. Mai	5:55	♎	15. Sep	9:33	♓	13. Jan	23:45
♈	11. Sep	23:50	♍	10. Jan	3:34	♈	15. Mai	18:15	♏	17. Sep	9:34	♈	16. Jan	11:48
♉	14. Sep	8:56	♎	12. Jan	4:53	♉	18. Mai	4:49	♐	19. Sep	12:21	♉	19. Jan	0:39
♊	16. Sep	16:06	♏	14. Jan	9:08	♊	20. Mai	12:40	♑	21. Sep	18:52	♊	21. Jan	11:38
♋	18. Sep	21:01	♐	16. Jan	16:39	♋	22. Mai	18:00	♒	24. Sep	4:48	♋	23. Jan	18:51
♌	20. Sep	23:35	♑	19. Jan	2:45	♌	24. Mai	21:37	♓	26. Sep	16:48	♌	25. Jan	22:20
♍	23. Sep	0:30	♒	21. Jan	14:26	♍	27. Mai	0:22	♈	29. Sep	5:29	♍	27. Jan	23:36
♎	25. Sep	1:15	♓	24. Jan	2:58	♎	29. Mai	3:00	♉	01. Okt	17:47	♎	30. Jan	0:33
♏	27. Sep	3:47	♈	26. Jan	15:33	♏	31. Mai	6:11	♊	04. Okt	4:43	♏	01. Feb	2:44
♐	29. Sep	9:42	♉	29. Jan	2:43	♐	02. Jun	10:38	♋	06. Okt	13:12	♐	03. Feb	6:55
♑	01. Okt	19:29	♊	31. Jan	10:43	♑	04. Jun	17:10	♌	08. Okt	18:25	♑	05. Feb	13:10
♒	04. Okt	7:48	♋	02. Feb	14:41	♒	07. Jun	2:21	♍	10. Okt	20:27	♒	07. Feb	21:17
♓	06. Okt	20:14	♌	04. Feb	15:14	♓	09. Jun	13:57	♎	12. Okt	20:29	♓	10. Feb	7:19
♈	09. Okt	6:54	♍	06. Feb	14:11	♈	12. Jun	2:26	♏	14. Okt	20:21	♈	12. Feb	19:17
♉	11. Okt	15:16	♎	08. Feb	13:50	♉	14. Jun	13:29	♐	16. Okt	21:59	♉	15. Feb	8:19
♊	13. Okt	21:40	♏	10. Feb	16:15	♊	16. Jun	21:26	♑	19. Okt	2:55	♊	17. Feb	20:16
♋	16. Okt	2:27	♐	12. Feb	22:33	♋	19. Jun	2:05	♒	21. Okt	11:41	♋	20. Feb	4:48
♌	18. Okt	5:51	♑	15. Feb	8:26	♌	21. Jun	4:29	♓	23. Okt	23:20	♌	22. Feb	9:04
♍	20. Okt	8:13	♒	17. Feb	20:25	♍	23. Jun	6:08	♈	26. Okt	12:03	♍	24. Feb	10:04
♎	22. Okt	10:21	♓	20. Feb	9:05	♎	25. Jun	8:23	♉	29. Okt	0:05	♎	26. Feb	9:44
♏	24. Okt	13:31	♈	22. Feb	21:30	♏	27. Jun	12:04	♊	31. Okt	10:28	♏	28. Feb	10:09
♐	26. Okt	19:09	♉	25. Feb	8:53	♐	29. Jun	17:31	♋	02. Nov	18:43	♐	02. Mrz	12:53
♑	29. Okt	4:05	♊	27. Feb	18:03	♑	02. Jul	0:51	♌	05. Nov	0:36	♑	04. Mrz	18:35
♒	31. Okt	15:49	♋	01. Mrz	23:48	♒	04. Jul	10:14	♍	07. Nov	4:10	♒	07. Mrz	3:03
♓	03. Nov	4:23	♌	04. Mrz	1:57	♓	06. Jul	21:39	♎	09. Nov	5:54	♓	09. Mrz	13:41
♈	05. Nov	15:21	♍	06. Mrz	1:36	♈	09. Jul	10:16	♏	11. Nov	6:53	♈	12. Mrz	1:53
♉	07. Nov	23:29	♎	08. Mrz	0:48	♉	11. Jul	22:03	♐	13. Nov	8:36	♉	14. Mrz	14:54
♊	10. Nov	4:54	♏	10. Mrz	1:47	♊	14. Jul	6:51	♑	15. Nov	12:37	♊	17. Mrz	3:19
♋	12. Nov	8:29	♐	12. Mrz	6:18	♋	16. Jul	11:44	♒	17. Nov	20:03	♋	19. Mrz	13:10
♌	14. Nov	11:13	♑	14. Mrz	14:55	♌	18. Jul	13:27	♓	20. Nov	6:53	♌	21. Mrz	19:04
♍	16. Nov	13:55	♒	17. Mrz	2:35	♍	20. Jul	13:47	♈	22. Nov	19:31	♍	23. Mrz	21:08
♎	18. Nov	17:10	♓	19. Mrz	15:19	♎	22. Jul	14:38	♉	25. Nov	7:37	♎	25. Mrz	20:50
♏	20. Nov	21:37	♈	22. Mrz	3:33	♏	24. Jul	17:32	♊	27. Nov	17:31	♏	27. Mrz	20:10
♐	23. Nov	3:57	♉	24. Mrz	14:32	♐	26. Jul	23:04	♋	30. Nov	0:50	♐	29. Mrz	21:08
♑	25. Nov	12:45	♊	26. Mrz	23:41	♑	29. Jul	7:04	♌	02. Dez	6:02	♑	01. Apr	1:11

Tabelle B.2: Mond (Fortsetzung)

♒	03. Apr	8:49	♍	07. Aug	8:36	♈	09. Dez	22:43	♍	09. Apr	13:04	♈	11. Aug	18:53
♓	05. Apr	19:29	♎	09. Aug	10:34	♉	12. Dez	11:32	♎	11. Apr	16:01	♉	14. Aug	4:36
♈	08. Apr	7:57	♏	11. Aug	12:44	♊	15. Dez	0:18	♏	13. Apr	16:32	♊	16. Aug	16:51
♉	10. Apr	20:56	♐	13. Aug	15:52	♋	17. Dez	11:23	♐	15. Apr	16:23	♋	19. Aug	5:15
♊	13. Apr	9:15	♑	15. Aug	20:18	♌	19. Dez	20:21	♑	17. Apr	17:23	♌	21. Aug	15:40
♋	15. Apr	19:37	♒	18. Aug	2:17	♍	22. Dez	3:21	♒	19. Apr	20:57	♍	23. Aug	23:21
♌	18. Apr	2:54	♓	20. Aug	10:18	♎	24. Dez	8:27	♓	22. Apr	3:46	♎	26. Aug	4:45
♍	20. Apr	6:42	♈	22. Aug	20:47	♏	26. Dez	11:36	♈	24. Apr	13:32	♏	28. Aug	8:38
♎	22. Apr	7:41	♉	25. Aug	9:21	♐	28. Dez	13:09	♉	27. Apr	1:22	♐	30. Aug	11:40
♏	24. Apr	7:19	♊	27. Aug	22:08	♑	30. Dez	14:11	♊	29. Apr	14:11	♑	01. Sep	14:22
♐	26. Apr	7:27	♋	30. Aug	8:34				♋	02. Mai	2:50	♒	03. Sep	17:19
♑	28. Apr	9:54	♌	01. Sep	15:08	1968			♌	04. Mai	13:54	♓	05. Sep	21:27
♒	30. Apr	15:57	♍	03. Sep	18:07	♒	01. Jan	16:24	♍	06. Mai	21:58	♈	08. Sep	3:49
♓	03. Mai	1:47	♎	05. Sep	19:03	♓	03. Jan	21:35	♎	09. Mai	2:21	♉	10. Sep	13:06
♈	05. Mai	14:10	♏	07. Sep	19:44	♈	06. Jan	6:45	♏	11. Mai	3:30	♊	13. Sep	0:54
♉	08. Mai	3:09	♐	09. Sep	21:40	♉	08. Jan	19:02	♐	13. Mai	2:53	♋	15. Sep	13:28
♊	10. Mai	15:08	♑	12. Sep	1:43	♊	11. Jan	7:54	♑	15. Mai	2:31	♌	18. Sep	0:25
♋	13. Mai	1:11	♒	14. Sep	8:08	♋	13. Jan	18:54	♒	17. Mai	4:22	♍	20. Sep	8:15
♌	15. Mai	8:49	♓	16. Sep	16:53	♌	16. Jan	3:09	♓	19. Mai	9:53	♎	22. Sep	13:00
♍	17. Mai	13:52	♈	19. Sep	3:46	♍	18. Jan	9:11	♈	21. Mai	19:14	♏	24. Sep	15:39
♎	19. Mai	16:31	♉	21. Sep	16:20	♎	20. Jan	13:47	♉	24. Mai	7:15	♐	26. Sep	17:30
♏	21. Mai	17:30	♊	24. Sep	5:21	♏	22. Jan	17:28	♊	26. Mai	20:12	♑	28. Sep	19:44
♐	23. Mai	18:06	♋	26. Sep	16:45	♐	24. Jan	20:23	♋	29. Mai	8:43	♒	30. Sep	23:11
♑	25. Mai	19:58	♌	29. Sep	0:41	♑	26. Jan	22:57	♌	31. Mai	19:53	♓	03. Okt	4:21
♒	28. Mai	0:44	♍	01. Okt	4:38	♒	29. Jan	2:06	♍	03. Jun	4:52	♈	05. Okt	11:35
♓	30. Mai	9:18	♎	03. Okt	5:34	♓	31. Jan	7:16	♎	05. Jun	10:49	♉	07. Okt	21:07
♈	01. Jun	21:07	♏	05. Okt	5:14	♈	02. Feb	15:39	♏	07. Jun	13:30	♊	10. Okt	8:43
♉	04. Jun	10:04	♐	07. Okt	5:32	♉	05. Feb	3:15	♐	09. Jun	13:42	♋	12. Okt	21:23
♊	06. Jun	21:52	♑	09. Okt	8:04	♊	07. Feb	16:09	♑	11. Jun	13:05	♌	15. Okt	9:08
♋	09. Jun	7:18	♒	11. Okt	13:45	♋	10. Feb	3:34	♒	13. Jun	13:46	♍	17. Okt	17:58
♌	11. Jun	14:19	♓	13. Okt	22:38	♌	12. Feb	11:50	♓	15. Jun	17:42	♎	19. Okt	23:05
♍	13. Jun	19:24	♈	16. Okt	9:58	♍	14. Feb	17:02	♈	18. Jun	1:50	♏	22. Okt	1:05
♎	15. Jun	22:58	♉	18. Okt	22:41	♎	16. Feb	20:21	♉	20. Jun	13:25	♐	24. Okt	1:32
♏	18. Jun	1:25	♊	21. Okt	11:38	♏	18. Feb	23:00	♊	23. Jun	2:22	♑	26. Okt	2:13
♐	20. Jun	3:20	♋	23. Okt	23:27	♐	21. Feb	1:48	♋	25. Jun	14:43	♒	28. Okt	4:43
♑	22. Jun	5:46	♌	26. Okt	8:40	♑	23. Feb	5:12	♌	28. Jun	1:30	♓	30. Okt	9:54
♒	24. Jun	10:11	♍	28. Okt	14:19	♒	25. Feb	9:37	♍	30. Jun	10:26	♈	01. Nov	17:51
♓	26. Jun	17:49	♎	30. Okt	16:31	♓	27. Feb	15:42	♎	02. Jul	17:10	♉	04. Nov	4:01
♈	29. Jun	4:53	♏	01. Nov	16:26	♈	01. Mrz	0:14	♏	04. Jul	21:20	♊	06. Nov	15:48
♉	01. Jul	17:43	♐	03. Nov	15:51	♉	03. Mrz	11:28	♐	06. Jul	23:05	♋	09. Nov	4:26
♊	04. Jul	5:39	♑	05. Nov	16:44	♊	06. Mrz	0:17	♑	08. Jul	23:24	♌	11. Nov	16:45
♋	06. Jul	14:47	♒	07. Nov	20:45	♋	08. Mrz	12:21	♒	11. Jul	0:03	♍	14. Nov	2:55
♌	08. Jul	20:58	♓	10. Nov	4:42	♌	10. Mrz	21:27	♓	13. Jul	3:03	♎	16. Nov	9:26
♍	11. Jul	1:07	♈	12. Nov	15:58	♍	13. Mrz	2:51	♈	15. Jul	9:51	♏	18. Nov	12:06
♎	13. Jul	4:20	♉	15. Nov	4:52	♎	15. Mrz	5:23	♉	17. Jul	20:30	♐	20. Nov	12:04
♏	15. Jul	7:17	♊	17. Nov	17:40	♏	17. Mrz	6:33	♊	20. Jul	9:13	♑	22. Nov	11:20
♐	17. Jul	10:22	♋	20. Nov	5:13	♐	19. Mrz	7:54	♋	22. Jul	21:31	♒	24. Nov	12:02
♑	19. Jul	13:59	♌	22. Nov	14:47	♑	21. Mrz	10:34	♌	25. Jul	7:55	♓	26. Nov	15:52
♒	21. Jul	18:59	♍	24. Nov	21:46	♒	23. Mrz	15:16	♍	27. Jul	16:10	♈	28. Nov	23:26
♓	24. Jul	2:28	♎	27. Nov	1:48	♓	25. Mrz	22:15	♎	29. Jul	22:32	♉	01. Dez	9:58
♈	26. Jul	13:00	♏	29. Nov	3:13	♈	28. Mrz	7:32	♏	01. Aug	3:11	♊	03. Dez	22:06
♉	29. Jul	1:40	♐	01. Dez	3:10	♉	30. Mrz	18:55	♐	03. Aug	6:11	♋	06. Dez	10:43
♊	31. Jul	14:00	♑	03. Dez	3:25	♊	02. Apr	7:40	♑	05. Aug	7:57	♌	08. Dez	23:02
♋	02. Aug	23:32	♒	05. Dez	5:57	♋	04. Apr	20:13	♒	07. Aug	9:37	♍	11. Dez	9:59
♌	05. Aug	5:26	♓	07. Dez	12:19	♌	07. Apr	6:28	♓	09. Aug	12:46	♎	13. Dez	18:08

Tabelle B.2: Mond (Fortsetzung)

♏	15. Dez	22:31	♈	14. Apr	18:13	♏	18. Aug	19:54	♊	21. Dez	4:28	♏	21. Apr	15:15
♐	17. Dez	23:27	♉	17. Apr	1:43	♐	21. Aug	1:12	♋	23. Dez	15:09	♐	23. Apr	21:15
♑	19. Dez	22:32	♊	19. Apr	11:28	♑	23. Aug	3:49	♌	26. Dez	3:21	♑	26. Apr	1:26
♒	21. Dez	21:59	♋	21. Apr	23:17	♒	25. Aug	4:36	♍	28. Dez	16:20	♒	28. Apr	4:43
♓	24. Dez	0:01	♌	24. Apr	11:51	♓	27. Aug	5:03	♎	31. Dez	4:18	♓	30. Apr	7:37
♈	26. Dez	6:02	♍	26. Apr	22:57	♈	29. Aug	6:57				♈	02. Mai	10:32
♉	28. Dez	15:57	♎	29. Apr	6:43	♉	31. Aug	11:50	1970			♉	04. Mai	14:05
♊	31. Dez	4:11	♏	01. Mai	10:49	♊	02. Sep	20:23	♏	02. Jan	13:03	♊	06. Mai	19:17
			♐	03. Mai	12:19	♋	05. Sep	7:57	♐	04. Jan	17:33	♋	09. Mai	3:17
1969			♑	05. Mai	12:57	♌	07. Sep	20:36	♑	06. Jan	18:30	♌	11. Mai	14:22
♋	02. Jan	16:53	♒	07. Mai	14:28	♍	10. Sep	8:20	♒	08. Jan	17:47	♍	14. Mai	3:10
♌	05. Jan	4:55	♓	09. Mai	18:04	♎	12. Sep	18:01	♓	10. Jan	17:37	♎	16. Mai	15:02
♍	07. Jan	15:42	♈	12. Mai	0:09	♏	15. Sep	1:25	♈	12. Jan	19:48	♏	18. Mai	23:49
♎	10. Jan	0:32	♉	14. Mai	8:28	♐	17. Sep	6:42	♉	15. Jan	1:20	♐	21. Mai	5:11
♏	12. Jan	6:32	♊	16. Mai	18:41	♑	19. Sep	10:14	♊	17. Jan	10:07	♑	23. Mai	8:13
♐	14. Jan	9:19	♋	19. Mai	6:30	♒	21. Sep	12:31	♋	19. Jan	21:13	♒	25. Mai	10:25
♑	16. Jan	9:39	♌	21. Mai	19:12	♓	23. Sep	14:22	♌	22. Jan	9:40	♓	27. Mai	12:59
♒	18. Jan	9:17	♍	24. Mai	7:07	♈	25. Sep	16:55	♍	24. Jan	22:33	♈	29. Mai	16:27
♓	20. Jan	10:21	♎	26. Mai	16:07	♉	27. Sep	21:29	♎	27. Jan	10:42	♉	31. Mai	21:03
♈	22. Jan	14:43	♏	28. Mai	21:05	♊	30. Sep	5:05	♏	29. Jan	20:34	♊	03. Jun	3:10
♉	24. Jan	23:13	♐	30. Mai	22:30	♋	02. Okt	15:52	♐	01. Feb	2:50	♋	05. Jun	11:25
♊	27. Jan	10:53	♑	01. Jun	22:07	♌	05. Okt	4:25	♑	03. Feb	5:21	♌	07. Jun	22:17
♋	29. Jan	23:36	♒	03. Jun	22:03	♍	07. Okt	16:21	♒	05. Feb	5:19	♍	10. Jun	11:02
♌	01. Feb	11:29	♓	06. Jun	0:13	♎	10. Okt	1:48	♓	07. Feb	4:37	♎	12. Jun	23:28
♍	03. Feb	21:40	♈	08. Jun	5:36	♏	12. Okt	8:19	♈	09. Feb	5:17	♏	15. Jun	9:01
♎	06. Feb	6:00	♉	10. Jun	14:06	♐	14. Okt	12:33	♉	11. Feb	8:59	♐	17. Jun	14:39
♏	08. Feb	12:18	♊	13. Jun	0:48	♑	16. Okt	15:35	♊	13. Feb	16:29	♑	19. Jun	17:04
♐	10. Feb	16:23	♋	15. Jun	12:52	♒	18. Okt	18:21	♋	16. Feb	3:17	♒	21. Jun	18:00
♑	12. Feb	18:28	♌	18. Jun	1:35	♓	20. Okt	21:26	♌	18. Feb	15:53	♓	23. Jun	19:11
♒	14. Feb	19:30	♍	20. Jun	13:53	♈	23. Okt	1:17	♍	21. Feb	4:42	♈	25. Jun	21:52
♓	16. Feb	21:03	♎	23. Jun	0:03	♉	25. Okt	6:32	♎	23. Feb	16:30	♉	28. Jun	2:35
♈	19. Feb	0:48	♏	25. Jun	6:31	♊	27. Okt	14:00	♏	26. Feb	2:23	♊	30. Jun	9:24
♉	21. Feb	8:02	♐	27. Jun	9:00	♋	30. Okt	0:13	♐	28. Feb	9:38	♋	02. Jul	18:21
♊	23. Feb	18:41	♑	29. Jun	8:44	♌	01. Nov	12:35	♑	02. Mrz	13:54	♌	05. Jul	5:26
♋	26. Feb	7:11	♒	01. Jul	7:49	♍	04. Nov	1:00	♒	04. Mrz	15:34	♍	07. Jul	18:11
♌	28. Feb	19:12	♓	03. Jul	8:26	♎	06. Nov	10:59	♓	06. Mrz	15:49	♎	10. Jul	7:02
♍	03. Mrz	5:07	♈	05. Jul	12:16	♏	08. Nov	17:18	♈	08. Mrz	16:16	♏	12. Jul	17:41
♎	05. Mrz	12:34	♉	07. Jul	19:53	♐	10. Nov	20:30	♉	10. Mrz	18:43	♐	15. Jul	0:26
♏	07. Mrz	17:56	♊	10. Jul	6:31	♑	12. Nov	22:08	♊	13. Mrz	0:37	♑	17. Jul	3:19
♐	09. Mrz	21:48	♋	12. Jul	18:47	♒	14. Nov	23:53	♋	15. Mrz	10:18	♒	19. Jul	3:44
♑	12. Mrz	0:40	♌	15. Jul	7:29	♓	17. Nov	2:52	♌	17. Mrz	22:40	♓	21. Jul	3:36
♒	14. Mrz	3:09	♍	17. Jul	19:42	♈	19. Nov	7:32	♍	20. Mrz	11:30	♈	23. Jul	4:42
♓	16. Mrz	6:04	♎	20. Jul	6:20	♉	21. Nov	13:52	♎	22. Mrz	22:56	♉	25. Jul	8:18
♈	18. Mrz	10:27	♏	22. Jul	14:04	♊	23. Nov	21:59	♏	25. Mrz	8:10	♊	27. Jul	14:53
♉	20. Mrz	17:20	♐	24. Jul	18:10	♋	26. Nov	8:10	♐	27. Mrz	15:07	♋	30. Jul	0:14
♊	23. Mrz	3:12	♑	26. Jul	19:09	♌	28. Nov	20:22	♑	29. Mrz	20:00	♌	01. Aug	11:44
♋	25. Mrz	15:18	♒	28. Jul	18:34	♍	01. Dez	9:14	♒	31. Mrz	23:08	♍	04. Aug	0:34
♌	28. Mrz	3:37	♓	30. Jul	18:30	♎	03. Dez	20:17	♓	03. Apr	1:01	♎	06. Aug	13:33
♍	30. Mrz	13:54	♈	01. Aug	20:55	♏	06. Dez	3:30	♈	05. Apr	2:32	♏	09. Aug	0:57
♎	01. Apr	21:03	♉	04. Aug	3:02	♐	08. Dez	6:43	♉	07. Apr	5:02	♐	11. Aug	9:07
♏	04. Apr	1:22	♊	06. Aug	12:49	♑	10. Dez	7:20	♊	09. Apr	10:02	♑	13. Aug	13:25
♐	06. Apr	3:57	♋	09. Aug	0:57	♒	12. Dez	7:27	♋	11. Apr	18:33	♒	15. Aug	14:31
♑	08. Apr	6:04	♌	11. Aug	13:38	♓	14. Dez	8:56	♌	14. Apr	6:16	♓	17. Aug	14:01
♒	10. Apr	8:46	♍	14. Aug	1:32	♈	16. Dez	12:56	♍	16. Apr	19:07	♈	19. Aug	13:50
♓	12. Apr	12:41	♎	16. Aug	11:51	♉	18. Dez	19:35	♎	19. Apr	6:35	♉	21. Aug	15:46

Tabelle B.2: Mond (Fortsetzung)

♊	23. Aug	21:03	♑	28. Dez	1:01	♊	26. Apr	22:58	♑	31. Aug	2:54	1972		
♋	26. Aug	5:58	♒	30. Dez	3:24	♋	29. Apr	2:43	♒	02. Sep	8:04	♌	02. Jan	9:22
♌	28. Aug	17:38				♌	01. Mai	10:34	♓	04. Sep	9:51	♍	04. Jan	16:50
♍	31. Aug	6:36	1971			♍	03. Mai	22:03	♈	06. Sep	9:43	♎	07. Jan	3:33
♎	02. Sep	19:25	♓	01. Jan	5:08	♎	06. Mai	10:59	♉	08. Sep	9:37	♏	09. Jan	16:03
♏	05. Sep	6:54	♈	03. Jan	7:26	♏	08. Mai	23:03	♊	10. Sep	11:25	♐	12. Jan	3:57
♐	07. Sep	15:58	♉	05. Jan	11:00	♐	11. Mai	9:08	♋	12. Sep	16:21	♑	14. Jan	13:26
♑	09. Sep	21:51	♊	07. Jan	16:08	♑	13. Mai	17:09	♌	15. Sep	0:38	♒	16. Jan	20:04
♒	12. Sep	0:34	♋	09. Jan	23:09	♒	15. Mai	23:19	♍	17. Sep	11:29	♓	19. Jan	0:28
♓	14. Sep	0:57	♌	12. Jan	8:24	♓	18. Mai	3:39	♎	19. Sep	23:47	♈	21. Jan	3:35
♈	16. Sep	0:35	♍	14. Jan	19:57	♈	20. Mai	6:11	♏	22. Sep	12:33	♉	23. Jan	6:17
♉	18. Sep	1:21	♎	17. Jan	8:53	♉	22. Mai	7:31	♐	25. Sep	0:43	♊	25. Jan	9:14
♊	20. Sep	5:02	♏	19. Jan	21:04	♊	24. Mai	9:01	♑	27. Sep	10:52	♋	27. Jan	13:01
♋	22. Sep	12:41	♐	22. Jan	6:15	♋	26. Mai	12:26	♒	29. Sep	17:39	♌	29. Jan	18:21
♌	24. Sep	23:54	♑	24. Jan	11:32	♌	28. Mai	19:16	♓	01. Okt	20:36	♍	01. Feb	1:56
♍	27. Sep	12:53	♒	26. Jan	13:36	♍	31. Mai	5:48	♈	03. Okt	20:40	♎	03. Feb	12:07
♎	30. Sep	1:33	♓	28. Jan	14:02	♎	02. Jun	18:26	♉	05. Okt	19:42	♏	06. Feb	0:18
♏	02. Okt	12:35	♈	30. Jan	14:36	♏	05. Jun	6:36	♊	07. Okt	19:53	♐	08. Feb	12:38
♐	04. Okt	21:31	♉	01. Feb	16:49	♐	07. Jun	16:28	♋	09. Okt	23:10	♑	10. Feb	22:50
♑	07. Okt	4:10	♊	03. Feb	21:34	♑	09. Jun	23:45	♌	12. Okt	6:30	♒	13. Feb	5:36
♒	09. Okt	8:26	♋	06. Feb	5:07	♒	12. Jun	5:03	♍	14. Okt	17:16	♓	15. Feb	9:11
♓	11. Okt	10:30	♌	08. Feb	15:06	♓	14. Jun	9:01	♎	17. Okt	5:47	♈	17. Feb	10:51
♈	13. Okt	11:12	♍	11. Feb	2:58	♈	16. Jun	12:06	♏	19. Okt	18:31	♉	19. Feb	12:11
♉	15. Okt	12:00	♎	13. Feb	15:50	♉	18. Jun	14:39	♐	22. Okt	6:31	♊	21. Feb	14:35
♊	17. Okt	14:43	♏	16. Feb	4:22	♊	20. Jun	17:24	♑	24. Okt	17:05	♋	23. Feb	18:52
♋	19. Okt	20:59	♐	18. Feb	14:45	♋	22. Jun	21:30	♒	27. Okt	1:11	♌	26. Feb	1:15
♌	22. Okt	7:12	♑	20. Feb	21:37	♌	25. Jun	4:12	♓	29. Okt	5:57	♍	28. Feb	9:39
♍	24. Okt	19:57	♒	23. Feb	0:43	♍	27. Jun	14:06	♈	31. Okt	7:26	♎	01. Mrz	20:00
♎	27. Okt	8:37	♓	25. Feb	1:05	♎	30. Jun	2:22	♉	02. Nov	6:55	♏	04. Mrz	8:00
♏	29. Okt	19:15	♈	27. Feb	0:30	♏	02. Jul	14:46	♊	04. Nov	6:27	♐	06. Mrz	20:36
♐	01. Nov	3:24	♉	01. Mrz	0:54	♐	05. Jul	0:59	♋	06. Nov	8:15	♑	09. Mrz	7:49
♑	03. Nov	9:32	♊	03. Mrz	4:01	♑	07. Jul	8:03	♌	08. Nov	13:56	♒	11. Mrz	15:42
♒	05. Nov	14:11	♋	05. Mrz	10:47	♒	09. Jul	12:26	♍	10. Nov	23:44	♓	13. Mrz	19:39
♓	07. Nov	17:33	♌	07. Mrz	20:55	♓	11. Jul	15:14	♎	13. Nov	12:05	♈	15. Mrz	20:37
♈	09. Nov	19:52	♍	10. Mrz	9:10	♈	13. Jul	17:32	♏	16. Nov	0:49	♉	17. Mrz	20:27
♉	11. Nov	21:50	♎	12. Mrz	22:06	♉	15. Jul	20:10	♐	18. Nov	12:30	♊	19. Mrz	21:12
♊	14. Nov	0:48	♏	15. Mrz	10:31	♊	17. Jul	23:47	♑	20. Nov	22:36	♋	22. Mrz	0:26
♋	16. Nov	6:23	♐	17. Mrz	21:23	♋	20. Jul	4:56	♒	23. Nov	6:52	♌	24. Mrz	6:46
♌	18. Nov	15:36	♑	20. Mrz	5:37	♌	22. Jul	12:16	♓	25. Nov	12:48	♍	26. Mrz	15:48
♍	21. Nov	3:50	♒	22. Mrz	10:28	♍	24. Jul	22:09	♈	27. Nov	16:03	♎	29. Mrz	2:42
♎	23. Nov	16:39	♓	24. Mrz	12:07	♎	27. Jul	10:12	♉	29. Nov	17:08	♏	31. Mrz	14:48
♏	26. Nov	3:25	♈	26. Mrz	11:45	♏	29. Jul	22:50	♊	01. Dez	17:25	♐	03. Apr	3:27
♐	28. Nov	11:02	♉	28. Mrz	11:16	♐	01. Aug	9:49	♋	03. Dez	18:51	♑	05. Apr	15:20
♑	30. Nov	16:05	♊	30. Mrz	12:44	♑	03. Aug	17:32	♌	05. Dez	23:17	♒	08. Apr	0:37
♒	02. Dez	19:45	♋	01. Apr	17:51	♒	05. Aug	21:46	♍	08. Dez	7:40	♓	10. Apr	5:58
♓	04. Dez	22:55	♌	04. Apr	3:05	♓	07. Aug	23:34	♎	10. Dez	19:19	♈	12. Apr	7:32
♈	07. Dez	2:03	♍	06. Apr	15:16	♈	10. Aug	0:27	♏	13. Dez	8:01	♉	14. Apr	6:54
♉	09. Dez	5:24	♎	09. Apr	4:17	♉	12. Aug	1:55	♐	15. Dez	19:37	♊	16. Apr	6:16
♊	11. Dez	9:33	♏	11. Apr	16:28	♊	14. Aug	5:11	♑	18. Dez	5:07	♋	18. Apr	7:46
♋	13. Dez	15:32	♐	14. Apr	3:03	♋	16. Aug	10:50	♒	20. Dez	12:32	♌	20. Apr	12:47
♌	16. Dez	0:21	♑	16. Apr	11:38	♌	18. Aug	18:57	♓	22. Dez	18:10	♍	22. Apr	21:24
♍	18. Dez	12:04	♒	18. Apr	17:46	♍	21. Aug	5:19	♈	24. Dez	22:09	♎	25. Apr	8:34
♎	21. Dez	1:01	♓	20. Apr	21:07	♎	23. Aug	17:22	♉	27. Dez	0:45	♏	27. Apr	20:56
♏	23. Dez	12:27	♈	22. Apr	22:08	♏	26. Aug	6:09	♊	29. Dez	2:38	♐	30. Apr	9:31
♐	25. Dez	20:27	♉	24. Apr	22:06	♐	28. Aug	17:56	♋	31. Dez	5:01	♑	02. Mai	21:29

Tabelle B.2: Mond (Fortsetzung)

♒	05. Mai	7:35	♍	06. Sep	14:15	♒	05. Jan	23:47	♍	10. Mai	9:13	♈	13. Sep	10:56
♓	07. Mai	14:28	♎	08. Sep	22:36	♓	08. Jan	9:03	♎	12. Mai	16:31	♉	15. Sep	15:59
♈	09. Mai	17:35	♏	11. Sep	9:15	♈	10. Jan	15:57	♏	15. Mai	2:09	♊	17. Sep	19:48
♉	11. Mai	17:47	♐	13. Sep	21:42	♉	12. Jan	20:24	♐	17. Mai	13:41	♋	19. Sep	23:01
♊	13. Mai	16:57	♑	16. Sep	10:07	♊	14. Jan	22:41	♑	20. Mai	2:30	♌	22. Sep	1:56
♋	15. Mai	17:16	♒	18. Sep	20:04	♋	16. Jan	23:39	♒	22. Mai	15:17	♍	24. Sep	4:58
♌	17. Mai	20:38	♓	21. Sep	2:09	♌	19. Jan	0:40	♓	25. Mai	2:05	♎	26. Sep	9:00
♍	20. Mai	3:56	♈	23. Sep	4:44	♍	21. Jan	3:24	♈	27. Mai	9:14	♏	28. Sep	15:18
♎	22. Mai	14:36	♉	25. Sep	5:27	♎	23. Jan	9:16	♉	29. Mai	12:28	♐	01. Okt	0:47
♏	25. Mai	3:01	♊	27. Sep	6:14	♏	25. Jan	18:52	♊	31. Mai	12:53	♑	03. Okt	13:02
♐	27. Mai	15:33	♋	29. Sep	8:39	♐	28. Jan	7:10	♋	02. Jun	12:21	♒	06. Okt	1:49
♑	30. Mai	3:13	♌	01. Okt	13:25	♑	30. Jan	19:54	♌	04. Jun	12:49	♓	08. Okt	12:23
♒	01. Jun	13:15	♍	03. Okt	20:31	♒	02. Feb	6:55	♍	06. Jun	15:51	♈	10. Okt	19:29
♓	03. Jun	20:52	♎	06. Okt	5:35	♓	04. Feb	15:22	♎	08. Jun	22:16	♉	12. Okt	23:36
♈	06. Jun	1:27	♏	08. Okt	16:27	♈	06. Feb	21:29	♏	11. Jun	7:52	♊	15. Okt	2:09
♉	08. Jun	3:15	♐	11. Okt	4:52	♉	09. Feb	1:53	♐	13. Jun	19:43	♋	17. Okt	4:28
♊	10. Jun	3:24	♑	13. Okt	17:44	♊	11. Feb	5:10	♑	16. Jun	8:37	♌	19. Okt	7:25
♋	12. Jun	3:45	♒	16. Okt	4:51	♋	13. Feb	7:44	♒	18. Jun	21:19	♍	21. Okt	11:19
♌	14. Jun	6:10	♓	18. Okt	12:12	♌	15. Feb	10:12	♓	21. Jun	8:29	♎	23. Okt	16:28
♍	16. Jun	12:03	♈	20. Okt	15:22	♍	17. Feb	13:31	♈	23. Jun	16:48	♏	25. Okt	23:28
♎	18. Jun	21:39	♉	22. Okt	15:37	♎	19. Feb	18:58	♉	25. Jun	21:37	♐	28. Okt	8:58
♏	21. Jun	9:43	♊	24. Okt	15:02	♏	22. Feb	3:35	♊	27. Jun	23:18	♑	30. Okt	20:57
♐	23. Jun	22:14	♋	26. Okt	15:44	♐	24. Feb	15:14	♋	29. Jun	23:08	♒	02. Nov	9:58
♑	26. Jun	9:36	♌	28. Okt	19:14	♑	27. Feb	4:04	♌	01. Jul	22:55	♓	04. Nov	21:26
♒	28. Jun	19:02	♍	31. Okt	1:59	♒	01. Mrz	15:22	♍	04. Jul	0:31	♈	07. Nov	5:19
♓	01. Jul	2:18	♎	02. Nov	11:27	♓	03. Mrz	23:31	♎	06. Jul	5:23	♉	09. Nov	9:25
♈	03. Jul	7:22	♏	04. Nov	22:46	♈	06. Mrz	4:37	♏	08. Jul	14:05	♊	11. Nov	10:59
♉	05. Jul	10:25	♐	07. Nov	11:16	♉	08. Mrz	7:51	♐	11. Jul	1:48	♋	13. Nov	11:46
♊	07. Jul	12:05	♑	10. Nov	0:11	♊	10. Mrz	10:31	♑	13. Jul	14:45	♌	15. Nov	13:20
♋	09. Jul	13:29	♒	12. Nov	12:02	♋	12. Mrz	13:29	♒	16. Jul	3:15	♍	17. Nov	16:41
♌	11. Jul	16:05	♓	14. Nov	20:56	♌	14. Mrz	17:07	♓	18. Jul	14:07	♎	19. Nov	22:15
♍	13. Jul	21:16	♈	17. Nov	1:44	♍	16. Mrz	21:42	♈	20. Jul	22:43	♏	22. Nov	6:06
♎	16. Jul	5:49	♉	19. Nov	2:53	♎	19. Mrz	3:48	♉	23. Jul	4:41	♐	24. Nov	16:11
♏	18. Jul	17:15	♊	21. Nov	2:05	♏	21. Mrz	12:15	♊	25. Jul	7:58	♑	27. Nov	4:13
♐	21. Jul	5:46	♋	23. Nov	1:31	♐	23. Mrz	23:26	♋	27. Jul	9:10	♒	29. Nov	17:17
♑	23. Jul	17:10	♌	25. Nov	3:12	♑	26. Mrz	12:16	♌	29. Jul	9:29	♓	02. Dez	5:32
♒	26. Jul	2:07	♍	27. Nov	8:24	♒	29. Mrz	0:12	♍	31. Jul	10:35	♈	04. Dez	14:50
♓	28. Jul	8:29	♎	29. Nov	17:15	♓	31. Mrz	8:55	♎	02. Aug	14:12	♉	06. Dez	20:08
♈	30. Jul	12:50	♏	02. Dez	4:42	♈	02. Apr	13:48	♏	04. Aug	21:35	♊	08. Dez	21:58
♉	01. Aug	15:57	♐	04. Dez	17:22	♉	04. Apr	15:58	♐	07. Aug	8:37	♋	10. Dez	21:52
♊	03. Aug	18:33	♑	07. Dez	6:06	♊	06. Apr	17:12	♑	09. Aug	21:30	♌	12. Dez	21:44
♋	05. Aug	21:18	♒	09. Dez	17:53	♋	08. Apr	19:04	♒	12. Aug	9:52	♍	14. Dez	23:20
♌	08. Aug	0:56	♓	12. Dez	3:33	♌	10. Apr	22:31	♓	14. Aug	20:14	♎	17. Dez	3:53
♍	10. Aug	6:23	♈	14. Dez	9:59	♍	13. Apr	3:47	♈	17. Aug	4:16	♏	19. Dez	11:44
♎	12. Aug	14:27	♉	16. Dez	12:59	♎	15. Apr	10:50	♉	19. Aug	10:14	♐	21. Dez	22:20
♏	15. Aug	1:19	♊	18. Dez	13:24	♏	17. Apr	19:51	♊	21. Aug	14:26	♑	24. Dez	10:41
♐	17. Aug	13:49	♋	20. Dez	12:57	♐	20. Apr	7:02	♋	23. Aug	17:08	♒	26. Dez	23:43
♑	20. Aug	1:38	♌	22. Dez	13:34	♑	22. Apr	19:49	♌	25. Aug	18:49	♓	29. Dez	12:10
♒	22. Aug	10:43	♍	24. Dez	17:03	♒	25. Apr	8:21	♍	27. Aug	20:33	♈	31. Dez	22:34
♓	24. Aug	16:28	♎	27. Dez	0:21	♓	27. Apr	18:09	♎	29. Aug	23:52			
♈	26. Aug	19:40	♏	29. Dez	11:10	♈	29. Apr	23:53	♏	01. Sep	6:17	1974		
♉	28. Aug	21:43	♐	31. Dez	23:51	♉	02. Mai	2:01	♐	03. Sep	16:24	♉	03. Jan	5:38
♊	30. Aug	23:56				♊	04. Mai	2:16	♑	06. Sep	5:01	♊	05. Jan	9:00
♋	02. Sep	3:11	1973			♋	06. Mai	2:35	♒	08. Sep	17:30	♋	07. Jan	9:28
♌	04. Sep	7:54	♑	03. Jan	12:30	♌	08. Mai	4:36	♓	11. Sep	3:40	♌	09. Jan	8:42

Tabelle B.2: Mond (Fortsetzung)

♍	11. Jan	8:41	♈	17. Mai	10:20	♏	18. Sep	17:14	♈	18. Jan	5:03	♏	22. Mai	21:25
♎	13. Jan	11:21	♉	19. Mai	17:10	♐	20. Sep	22:46	♉	20. Jan	16:21	♐	25. Mai	0:51
♏	15. Jan	17:54	♊	21. Mai	20:54	♑	23. Sep	8:22	♊	23. Jan	0:23	♑	27. Mai	6:31
♐	18. Jan	4:12	♋	23. Mai	22:46	♒	25. Sep	20:38	♋	25. Jan	4:20	♒	29. Mai	15:09
♑	20. Jan	16:47	♌	26. Mai	0:12	♓	28. Sep	9:14	♌	27. Jan	5:00	♓	01. Jun	2:32
♒	23. Jan	5:50	♍	28. Mai	2:25	♈	30. Sep	20:25	♍	29. Jan	4:14	♈	03. Jun	15:01
♓	25. Jan	18:00	♎	30. Mai	6:16	♉	03. Okt	5:39	♎	31. Jan	4:13	♉	06. Jun	2:19
♈	28. Jan	4:32	♏	01. Jun	12:10	♊	05. Okt	13:00	♏	02. Feb	6:53	♊	08. Jun	10:49
♉	30. Jan	12:41	♐	03. Jun	20:21	♋	07. Okt	18:30	♐	04. Feb	13:10	♋	10. Jun	16:21
♊	01. Feb	17:53	♑	06. Jun	6:48	♌	09. Okt	22:03	♑	06. Feb	22:42	♌	12. Jun	19:45
♋	03. Feb	20:05	♒	08. Jun	19:02	♍	11. Okt	23:56	♒	09. Feb	10:16	♍	14. Jun	22:11
♌	05. Feb	20:11	♓	11. Jun	7:43	♎	14. Okt	1:11	♓	11. Feb	22:45	♎	17. Jun	0:41
♍	07. Feb	19:52	♈	13. Jun	18:52	♏	16. Okt	3:23	♈	14. Feb	11:22	♏	19. Jun	3:59
♎	09. Feb	21:10	♉	16. Jun	2:46	♐	18. Okt	8:14	♉	16. Feb	23:09	♐	21. Jun	8:34
♏	12. Feb	1:58	♊	18. Jun	6:59	♑	20. Okt	16:44	♊	19. Feb	8:35	♑	23. Jun	14:56
♐	14. Feb	11:01	♋	20. Jun	8:21	♒	23. Okt	4:20	♋	21. Feb	14:18	♒	25. Jun	23:33
♑	16. Feb	23:16	♌	22. Jun	8:30	♓	25. Okt	16:57	♌	23. Feb	16:13	♓	28. Jun	10:33
♒	19. Feb	12:21	♍	24. Jun	9:11	♈	28. Okt	4:13	♍	25. Feb	15:37	♈	30. Jun	23:02
♓	22. Feb	0:15	♎	26. Jun	11:57	♉	30. Okt	13:00	♎	27. Feb	14:38	♉	03. Jul	10:54
♈	24. Feb	10:12	♏	28. Jun	17:40	♊	01. Nov	19:23	♏	01. Mrz	15:33	♊	05. Jul	19:58
♉	26. Feb	18:11	♐	01. Jul	2:20	♋	04. Nov	0:01	♐	03. Mrz	20:05	♋	08. Jul	1:23
♊	01. Mrz	0:10	♑	03. Jul	13:19	♌	06. Nov	3:30	♑	06. Mrz	4:39	♌	10. Jul	3:50
♋	03. Mrz	3:59	♒	06. Jul	1:41	♍	08. Nov	6:18	♒	08. Mrz	16:09	♍	12. Jul	4:55
♌	05. Mrz	5:49	♓	08. Jul	14:25	♎	10. Nov	8:58	♓	11. Mrz	4:49	♎	14. Jul	6:21
♍	07. Mrz	6:33	♈	11. Jul	2:10	♏	12. Nov	12:23	♈	13. Mrz	17:18	♏	16. Jul	9:23
♎	09. Mrz	7:52	♉	13. Jul	11:21	♐	14. Nov	17:39	♉	16. Mrz	4:52	♐	18. Jul	14:32
♏	11. Mrz	11:40	♊	15. Jul	16:54	♑	17. Nov	1:42	♊	18. Mrz	14:43	♑	20. Jul	21:46
♐	13. Mrz	19:20	♋	17. Jul	18:56	♒	19. Nov	12:39	♋	20. Mrz	21:48	♒	23. Jul	6:56
♑	16. Mrz	6:41	♌	19. Jul	18:43	♓	22. Nov	1:11	♌	23. Mrz	1:31	♓	25. Jul	17:58
♒	18. Mrz	19:38	♍	21. Jul	18:10	♈	24. Nov	12:59	♍	25. Mrz	2:21	♈	28. Jul	6:27
♓	21. Mrz	7:33	♎	23. Jul	19:19	♉	26. Nov	22:05	♎	27. Mrz	1:51	♉	30. Jul	18:53
♈	23. Mrz	17:02	♏	25. Jul	23:45	♊	29. Nov	3:58	♏	29. Mrz	2:08	♊	02. Aug	5:02
♉	26. Mrz	0:09	♐	28. Jul	8:00	♋	01. Dez	7:22	♐	31. Mrz	5:10	♋	04. Aug	11:17
♊	28. Mrz	5:33	♑	30. Jul	19:11	♌	03. Dez	9:31	♑	02. Apr	12:08	♌	06. Aug	13:44
♋	30. Mrz	9:40	♒	02. Aug	7:46	♍	05. Dez	11:40	♒	04. Apr	22:45	♍	08. Aug	13:53
♌	01. Apr	12:40	♓	04. Aug	20:26	♎	07. Dez	14:42	♓	07. Apr	11:17	♎	10. Aug	13:51
♍	03. Apr	14:56	♈	07. Aug	8:15	♏	09. Dez	19:13	♈	09. Apr	23:44	♏	12. Aug	15:30
♎	05. Apr	17:22	♉	09. Aug	18:13	♐	12. Dez	1:34	♉	12. Apr	10:53	♐	14. Aug	19:59
♏	07. Apr	21:25	♊	12. Aug	1:15	♑	14. Dez	10:04	♊	14. Apr	20:14	♑	17. Aug	3:25
♐	10. Apr	4:27	♋	14. Aug	4:49	♒	16. Dez	20:48	♋	17. Apr	3:27	♒	19. Aug	13:09
♑	12. Apr	14:56	♌	16. Aug	5:26	♓	19. Dez	9:12	♌	19. Apr	8:14	♓	22. Aug	0:32
♒	15. Apr	3:34	♍	18. Aug	4:43	♈	21. Dez	21:35	♍	21. Apr	10:42	♈	24. Aug	13:02
♓	17. Apr	15:44	♎	20. Aug	4:45	♉	24. Dez	7:45	♎	23. Apr	11:41	♉	27. Aug	1:45
♈	20. Apr	1:20	♏	22. Aug	7:37	♊	26. Dez	14:15	♏	25. Apr	12:39	♊	29. Aug	12:53
♉	22. Apr	7:53	♐	24. Aug	14:34	♋	28. Dez	17:15	♐	27. Apr	15:20	♋	31. Aug	20:35
♊	24. Apr	12:11	♑	27. Aug	1:15	♌	30. Dez	18:05	♑	29. Apr	21:08	♌	03. Sep	0:08
♋	26. Apr	15:17	♒	29. Aug	13:52				♒	02. Mai	6:34	♍	05. Sep	0:29
♌	28. Apr	18:03	♓	01. Sep	2:29	1975			♓	04. Mai	18:34	♎	06. Sep	23:38
♍	30. Apr	21:00	♈	03. Sep	13:58	♍	01. Jan	18:32	♈	07. Mai	7:03	♏	08. Sep	23:46
♎	03. Mai	0:39	♉	05. Sep	23:50	♎	03. Jan	20:21	♉	09. Mai	18:03	♐	11. Sep	2:41
♏	05. Mai	5:43	♊	08. Sep	7:36	♏	06. Jan	0:39	♊	12. Mai	2:44	♑	13. Sep	9:11
♐	07. Mai	13:05	♋	10. Sep	12:39	♐	08. Jan	7:39	♋	14. Mai	9:08	♒	15. Sep	18:51
♑	09. Mai	23:15	♌	12. Sep	14:54	♑	10. Jan	16:58	♌	16. Mai	13:38	♓	18. Sep	6:32
♒	12. Mai	11:34	♍	14. Sep	15:12	♒	13. Jan	4:03	♍	18. Mai	16:45	♈	20. Sep	19:07
♓	15. Mai	0:03	♎	16. Sep	15:17	♓	15. Jan	16:23	♎	20. Mai	19:05	♉	23. Sep	7:43

Tabelle B.2: Mond (Fortsetzung)

♊	25. Sep	19:13
♋	28. Sep	4:07
♌	30. Sep	9:20
♍	02. Okt	11:03
♎	04. Okt	10:39
♏	06. Okt	10:09
♐	08. Okt	11:36
♑	10. Okt	16:29
♒	13. Okt	1:10
♓	15. Okt	12:40
♈	18. Okt	1:20
♉	20. Okt	13:43
♊	23. Okt	0:51
♋	25. Okt	9:57
♌	27. Okt	16:20
♍	29. Okt	19:47
♎	31. Okt	20:55
♏	02. Nov	21:07
♐	04. Nov	22:10
♑	07. Nov	1:45
♒	09. Nov	8:59
♓	11. Nov	19:42
♈	14. Nov	8:17
♉	16. Nov	20:38
♊	19. Nov	7:14
♋	21. Nov	15:36
♌	23. Nov	21:48
♍	26. Nov	2:04
♎	28. Nov	4:48
♏	30. Nov	6:37
♐	02. Dez	8:33
♑	04. Dez	11:58
♒	06. Dez	18:12
♓	09. Dez	3:52
♈	11. Dez	16:06
♉	14. Dez	4:39
♊	16. Dez	15:12
♋	18. Dez	22:49
♌	21. Dez	3:54
♍	23. Dez	7:28
♎	25. Dez	10:27
♏	27. Dez	13:28
♐	29. Dez	16:53
♑	31. Dez	21:16
1976		
♒	03. Jan	3:33
♓	05. Jan	12:35
♈	08. Jan	0:21
♉	10. Jan	13:10
♊	13. Jan	0:19
♋	15. Jan	8:00
♌	17. Jan	12:15
♍	19. Jan	14:25
♎	21. Jan	16:11
♏	23. Jan	18:48
♐	25. Jan	22:51
♑	28. Jan	4:24
♒	30. Jan	11:34
♓	01. Feb	20:47
♈	04. Feb	8:17
♉	06. Feb	21:13
♊	09. Feb	9:16
♋	11. Feb	17:59
♌	13. Feb	22:32
♍	15. Feb	23:59
♎	18. Feb	0:14
♏	20. Feb	1:14
♐	22. Feb	4:18
♑	24. Feb	9:54
♒	26. Feb	17:48
♓	29. Feb	3:42
♈	02. Mrz	15:22
♉	05. Mrz	4:18
♊	07. Mrz	16:56
♋	10. Mrz	2:59
♌	12. Mrz	8:55
♍	14. Mrz	10:59
♎	16. Mrz	10:44
♏	18. Mrz	10:18
♐	20. Mrz	11:34
♑	22. Mrz	15:48
♒	24. Mrz	23:19
♓	27. Mrz	9:34
♈	29. Mrz	21:37
♉	01. Apr	10:34
♊	03. Apr	23:15
♋	06. Apr	10:06
♌	08. Apr	17:36
♍	10. Apr	21:16
♎	12. Apr	21:54
♏	14. Apr	21:14
♐	16. Apr	21:15
♑	18. Apr	23:43
♒	21. Apr	5:47
♓	23. Apr	15:28
♈	26. Apr	3:37
♉	28. Apr	16:37
♊	01. Mai	5:05
♋	03. Mai	15:53
♌	06. Mai	0:09
♍	08. Mai	5:21
♎	10. Mai	7:39
♏	12. Mai	8:03
♐	14. Mai	8:04
♑	16. Mai	9:31
♒	18. Mai	14:02
♓	20. Mai	22:27
♈	23. Mai	10:07
♉	25. Mai	23:07
♊	28. Mai	11:22
♋	30. Mai	21:39
♌	02. Jun	5:37
♍	04. Jun	11:21
♎	06. Jun	15:00
♏	08. Jun	16:58
♐	10. Jun	18:07
♑	12. Jun	19:45
♒	14. Jun	23:31
♓	17. Jun	6:43
♈	19. Jun	17:32
♉	22. Jun	6:21
♊	24. Jun	18:37
♋	27. Jun	4:29
♌	29. Jun	11:39
♍	01. Jul	16:46
♎	03. Jul	20:34
♏	05. Jul	23:33
♐	08. Jul	2:05
♑	10. Jul	4:49
♒	12. Jul	8:53
♓	14. Jul	15:36
♈	17. Jul	1:40
♉	19. Jul	14:11
♊	22. Jul	2:40
♋	24. Jul	12:39
♌	26. Jul	19:18
♍	28. Jul	23:23
♎	31. Jul	2:13
♏	02. Aug	4:55
♐	04. Aug	8:03
♑	06. Aug	11:54
♒	08. Aug	16:57
♓	11. Aug	0:00
♈	13. Aug	9:49
♉	15. Aug	22:05
♊	18. Aug	10:54
♋	20. Aug	21:34
♌	23. Aug	4:31
♍	25. Aug	8:03
♎	27. Aug	9:42
♏	29. Aug	11:05
♐	31. Aug	13:28
♑	02. Sep	17:29
♒	04. Sep	23:20
♓	07. Sep	7:11
♈	09. Sep	17:18
♉	12. Sep	5:30
♊	14. Sep	18:32
♋	17. Sep	6:07
♌	19. Sep	14:10
♍	21. Sep	18:16
♎	23. Sep	19:28
♏	25. Sep	19:34
♐	27. Sep	20:21
♑	29. Sep	23:13
♒	02. Okt	4:49
♓	04. Okt	13:10
♈	06. Okt	23:50
♉	09. Okt	12:11
♊	12. Okt	1:14
♋	14. Okt	13:24
♌	16. Okt	22:49
♍	19. Okt	4:25
♎	21. Okt	6:26
♏	23. Okt	6:17
♐	25. Okt	5:49
♑	27. Okt	6:55
♒	29. Okt	11:05
♓	31. Okt	18:53
♈	03. Nov	5:46
♉	05. Nov	18:23
♊	08. Nov	7:21
♋	10. Nov	19:28
♌	13. Nov	5:36
♍	15. Nov	12:46
♎	17. Nov	16:34
♏	19. Nov	17:31
♐	21. Nov	17:03
♑	23. Nov	17:03
♒	25. Nov	19:30
♓	28. Nov	1:47
♈	30. Nov	12:01
♉	03. Dez	0:41
♊	05. Dez	13:38
♋	08. Dez	1:21
♌	10. Dez	11:12
♍	12. Dez	18:55
♎	15. Dez	0:13
♏	17. Dez	3:01
♐	19. Dez	3:54
♑	21. Dez	4:12
♒	23. Dez	5:48
♓	25. Dez	10:36
♈	27. Dez	19:32
♉	30. Dez	7:43
1977		
♊	01. Jan	20:43
♋	04. Jan	8:12
♌	06. Jan	17:20
♍	09. Jan	0:23
♎	11. Jan	5:48
♏	13. Jan	9:44
♐	15. Jan	12:18
♑	17. Jan	14:02
♒	19. Jan	16:12
♓	21. Jan	20:30
♈	24. Jan	4:20
♉	26. Jan	15:41
♊	29. Jan	4:37
♋	31. Jan	16:20
♌	03. Feb	1:11
♍	05. Feb	7:17
♎	07. Feb	11:36
♏	09. Feb	15:04
♐	11. Feb	18:11
♑	13. Feb	21:14
♒	16. Feb	0:45
♓	18. Feb	5:45
♈	20. Feb	13:22
♉	23. Feb	0:06
♊	25. Feb	12:50
♋	28. Feb	1:02
♌	02. Mrz	10:25
♍	04. Mrz	16:19
♎	06. Mrz	19:34
♏	08. Mrz	21:37
♐	10. Mrz	23:42
♑	13. Mrz	2:40
♒	15. Mrz	7:00
♓	17. Mrz	13:06
♈	19. Mrz	21:23
♉	22. Mrz	8:05
♊	24. Mrz	20:39
♋	27. Mrz	9:16
♌	29. Mrz	19:40
♍	01. Apr	2:25
♎	03. Apr	5:39
♏	05. Apr	6:40
♐	07. Apr	7:09
♑	09. Apr	8:40
♒	11. Apr	12:24
♓	13. Apr	18:49
♈	16. Apr	3:52
♉	18. Apr	15:02
♊	21. Apr	3:37
♋	23. Apr	16:25
♌	26. Apr	3:43
♍	28. Apr	11:52
♎	30. Apr	16:12
♏	02. Mai	17:23
♐	04. Mai	16:59
♑	06. Mai	16:54
♒	08. Mai	19:00
♓	11. Mai	0:29
♈	13. Mai	9:29
♉	15. Mai	21:04
♊	18. Mai	9:50
♋	20. Mai	22:35
♌	23. Mai	10:13
♍	25. Mai	19:31
♎	28. Mai	1:28
♏	30. Mai	3:57
♐	01. Jun	3:54

Tabelle B.2: Mond (Fortsetzung)

♑	03. Jun	3:07
♒	05. Jun	3:44
♓	07. Jun	7:35
♈	09. Jun	15:34
♉	12. Jun	2:56
♊	14. Jun	15:50
♋	17. Jun	4:28
♌	19. Jun	15:53
♍	22. Jun	1:29
♎	24. Jun	8:35
♏	26. Jun	12:42
♐	28. Jun	14:02
♑	30. Jun	13:48
♒	02. Jul	13:56
♓	04. Jul	16:31
♈	06. Jul	23:03
♉	09. Jul	9:33
♊	11. Jul	22:15
♋	14. Jul	10:50
♌	16. Jul	21:51
♍	19. Jul	6:58
♎	21. Jul	14:09
♏	23. Jul	19:13
♐	25. Jul	22:04
♑	27. Jul	23:15
♒	30. Jul	0:04
♓	01. Aug	2:23
♈	03. Aug	7:54
♉	05. Aug	17:18
♊	08. Aug	5:29
♋	10. Aug	18:04
♌	13. Aug	4:57
♍	15. Aug	13:26
♎	17. Aug	19:49
♏	20. Aug	0:35
♐	22. Aug	4:03
♑	24. Aug	6:30
♒	26. Aug	8:41
♓	28. Aug	11:46
♈	30. Aug	17:11
♉	02. Sep	1:52
♊	04. Sep	13:27
♋	07. Sep	2:03
♌	09. Sep	13:14
♍	11. Sep	21:34
♎	14. Sep	3:07
♏	16. Sep	6:45
♐	18. Sep	9:28
♑	20. Sep	12:04
♒	22. Sep	15:12
♓	24. Sep	19:30
♈	27. Sep	1:40
♉	29. Sep	10:21
♊	01. Okt	21:33
♋	04. Okt	10:09
♌	06. Okt	21:58
♍	09. Okt	6:59
♎	11. Okt	12:29
♏	13. Okt	15:11
♐	15. Okt	16:27
♑	17. Okt	17:51
♒	19. Okt	20:36
♓	22. Okt	1:26
♈	24. Okt	8:34
♉	26. Okt	17:53
♊	29. Okt	5:08
♋	31. Okt	17:40
♌	03. Nov	6:03
♍	05. Nov	16:17
♎	07. Nov	22:51
♏	10. Nov	1:42
♐	12. Nov	2:03
♑	14. Nov	1:50
♒	16. Nov	3:00
♓	18. Nov	6:58
♈	20. Nov	14:13
♉	23. Nov	0:09
♊	25. Nov	11:48
♋	28. Nov	0:20
♌	30. Nov	12:53
♍	03. Dez	0:05
♎	05. Dez	8:17
♏	07. Dez	12:33
♐	09. Dez	13:22
♑	11. Dez	12:26
♒	13. Dez	11:59
♓	15. Dez	14:09
♈	17. Dez	20:11
♉	20. Dez	5:54
♊	22. Dez	17:51
♋	25. Dez	6:30
♌	27. Dez	18:52
♍	30. Dez	6:13
1978		
♎	01. Jan	15:31
♏	03. Jan	21:35
♐	06. Jan	0:03
♑	07. Jan	23:55
♒	09. Jan	23:05
♓	11. Jan	23:50
♈	14. Jan	4:05
♉	16. Jan	12:30
♊	19. Jan	0:06
♋	21. Jan	12:50
♌	24. Jan	1:02
♍	26. Jan	11:56
♎	28. Jan	21:08
♏	31. Jan	4:04
♐	02. Feb	8:13
♑	04. Feb	9:50
♒	06. Feb	10:04
♓	08. Feb	10:47
♈	10. Feb	13:56
♉	12. Feb	20:50
♊	15. Feb	7:24
♋	17. Feb	19:56
♌	20. Feb	8:09
♍	22. Feb	18:39
♎	25. Feb	3:03
♏	27. Feb	9:28
♐	01. Mrz	14:02
♑	03. Mrz	16:58
♒	05. Mrz	18:51
♓	07. Mrz	20:46
♈	10. Mrz	0:08
♉	12. Mrz	6:18
♊	14. Mrz	15:48
♋	17. Mrz	3:49
♌	19. Mrz	16:12
♍	22. Mrz	2:49
♎	24. Mrz	10:41
♏	26. Mrz	16:01
♐	28. Mrz	19:37
♑	30. Mrz	22:23
♒	02. Apr	1:05
♓	04. Apr	4:20
♈	06. Apr	8:51
♉	08. Apr	15:21
♊	11. Apr	0:27
♋	13. Apr	11:59
♌	16. Apr	0:30
♍	18. Apr	11:44
♎	20. Apr	19:53
♏	23. Apr	0:39
♐	25. Apr	3:00
♑	27. Apr	4:28
♒	29. Apr	6:28
♓	01. Mai	10:00
♈	03. Mai	15:27
♉	05. Mai	22:52
♊	08. Mai	8:18
♋	10. Mai	19:41
♌	13. Mai	8:17
♍	15. Mai	20:15
♎	18. Mai	5:24
♏	20. Mai	10:39
♐	22. Mai	12:31
♑	24. Mai	12:41
♒	26. Mai	13:10
♓	28. Mai	15:37
♈	30. Mai	20:52
♉	02. Jun	4:50
♊	04. Jun	14:53
♋	07. Jun	2:30
♌	09. Jun	15:07
♍	12. Jun	3:35
♎	14. Jun	13:55
♏	16. Jun	20:28
♐	18. Jun	23:01
♑	20. Jun	22:52
♒	22. Jun	22:07
♓	24. Jun	22:57
♈	27. Jun	2:53
♉	29. Jun	10:21
♊	01. Jul	20:37
♋	04. Jul	8:33
♌	06. Jul	21:13
♍	09. Jul	9:44
♎	11. Jul	20:48
♏	14. Jul	4:47
♐	16. Jul	8:50
♑	18. Jul	9:33
♒	20. Jul	8:41
♓	22. Jul	8:26
♈	24. Jul	10:46
♉	26. Jul	16:50
♊	29. Jul	2:31
♋	31. Jul	14:28
♌	03. Aug	3:10
♍	05. Aug	15:29
♎	08. Aug	2:30
♏	10. Aug	11:11
♐	12. Aug	16:43
♑	14. Aug	19:03
♒	16. Aug	19:15
♓	18. Aug	19:04
♈	20. Aug	20:29
♉	23. Aug	1:06
♊	25. Aug	9:31
♋	27. Aug	20:59
♌	30. Aug	9:40
♍	01. Sep	21:46
♎	04. Sep	8:15
♏	06. Sep	16:38
♐	08. Sep	22:39
♑	11. Sep	2:20
♒	13. Sep	4:09
♓	15. Sep	5:09
♈	17. Sep	6:50
♉	19. Sep	10:43
♊	21. Sep	17:56
♋	24. Sep	4:31
♌	26. Sep	17:02
♍	29. Sep	5:11
♎	01. Okt	15:17
♏	03. Okt	22:48
♐	06. Okt	4:07
♑	08. Okt	7:52
♒	10. Okt	10:42
♓	12. Okt	13:12
♈	14. Okt	16:06
♉	16. Okt	20:22
♊	19. Okt	3:05
♋	21. Okt	12:52
♌	24. Okt	1:04
♍	26. Okt	13:32
♎	28. Okt	23:51
♏	31. Okt	6:52
♐	02. Nov	11:03
♑	04. Nov	13:40
♒	06. Nov	16:04
♓	08. Nov	19:06
♈	10. Nov	23:11
♉	13. Nov	4:35
♊	15. Nov	11:45
♋	17. Nov	21:16
♌	20. Nov	9:09
♍	22. Nov	21:57
♎	25. Nov	9:07
♏	27. Nov	16:38
♐	29. Nov	20:23
♑	01. Dez	21:44
♒	03. Dez	22:35
♓	06. Dez	0:36
♈	08. Dez	4:40
♉	10. Dez	10:50
♊	12. Dez	18:54
♋	15. Dez	4:50
♌	17. Dez	16:37
♍	20. Dez	5:34
♎	22. Dez	17:40
♏	25. Dez	2:32
♐	27. Dez	7:07
♑	29. Dez	8:15
♒	31. Dez	7:53
1979		
♓	02. Jan	8:08
♈	04. Jan	10:41
♉	06. Jan	16:17
♊	09. Jan	0:42
♋	11. Jan	11:14
♌	13. Jan	23:16
♍	16. Jan	12:10
♎	19. Jan	0:40
♏	21. Jan	10:51
♐	23. Jan	17:08
♑	25. Jan	19:27
♒	27. Jan	19:12
♓	29. Jan	18:25
♈	31. Jan	19:11
♉	02. Feb	23:03
♊	05. Feb	6:33
♋	07. Feb	17:06

Tabelle B.2: Mond (Fortsetzung)

♌	10. Feb	5:25
♍	12. Feb	18:18
♎	15. Feb	6:37
♏	17. Feb	17:12
♐	20. Feb	0:51
♑	22. Feb	5:00
♒	24. Feb	6:12
♓	26. Feb	5:52
♈	28. Feb	5:54
♉	02. Mrz	8:09
♊	04. Mrz	13:58
♋	06. Mrz	23:34
♌	09. Mrz	11:47
♍	12. Mrz	0:42
♎	14. Mrz	12:42
♏	16. Mrz	22:49
♐	19. Mrz	6:38
♑	21. Mrz	11:56
♒	23. Mrz	14:52
♓	25. Mrz	16:04
♈	27. Mrz	16:47
♉	29. Mrz	18:36
♊	31. Mrz	23:08
♋	03. Apr	7:24
♌	05. Apr	18:58
♍	08. Apr	7:52
♎	10. Apr	19:45
♏	13. Apr	5:16
♐	15. Apr	12:18
♑	17. Apr	17:23
♒	19. Apr	21:02
♓	21. Apr	23:41
♈	24. Apr	1:51
♉	26. Apr	4:27
♊	28. Apr	8:49
♋	30. Apr	16:11
♌	03. Mai	2:56
♍	05. Mai	15:41
♎	08. Mai	3:47
♏	10. Mai	13:10
♐	12. Mai	19:25
♑	14. Mai	23:25
♒	17. Mai	2:26
♓	19. Mai	5:18
♈	21. Mai	8:30
♉	23. Mai	12:20
♊	25. Mai	17:28
♋	28. Mai	0:51
♌	30. Mai	11:08
♍	01. Jun	23:41
♎	04. Jun	12:12
♏	06. Jun	22:05
♐	09. Jun	4:15
♑	11. Jun	7:23
♒	13. Jun	9:06
♓	15. Jun	10:56
♈	17. Jun	13:52
♉	19. Jun	18:18
♊	22. Jun	0:23
♋	24. Jun	8:25
♌	26. Jun	18:47
♍	29. Jun	7:14
♎	01. Jul	20:08
♏	04. Jul	6:57
♐	06. Jul	13:55
♑	08. Jul	17:07
♒	10. Jul	17:59
♓	12. Jul	18:23
♈	14. Jul	19:57
♉	16. Jul	23:43
♊	19. Jul	5:59
♋	21. Jul	14:40
♌	24. Jul	1:30
♍	26. Jul	14:01
♎	29. Jul	3:06
♏	31. Jul	14:46
♐	02. Aug	23:05
♑	05. Aug	3:23
♒	07. Aug	4:28
♓	09. Aug	4:05
♈	11. Aug	4:10
♉	13. Aug	6:21
♊	15. Aug	11:41
♋	17. Aug	20:17
♌	20. Aug	7:28
♍	22. Aug	20:11
♎	25. Aug	9:13
♏	27. Aug	21:12
♐	30. Aug	6:39
♑	01. Sep	12:33
♒	03. Sep	14:59
♓	05. Sep	15:03
♈	07. Sep	14:29
♉	09. Sep	15:12
♊	11. Sep	18:54
♋	14. Sep	2:27
♌	16. Sep	13:25
♍	19. Sep	2:15
♎	21. Sep	15:11
♏	24. Sep	2:54
♐	26. Sep	12:36
♑	28. Sep	19:40
♒	30. Sep	23:49
♓	03. Okt	1:23
♈	05. Okt	1:28
♉	07. Okt	1:45
♊	09. Okt	4:07
♋	11. Okt	10:09
♌	13. Okt	20:12
♍	16. Okt	8:51
♎	18. Okt	21:44
♏	21. Okt	9:02
♐	23. Okt	18:09
♑	26. Okt	1:11
♒	28. Okt	6:16
♓	30. Okt	9:29
♈	01. Nov	11:09
♉	03. Nov	12:16
♊	05. Nov	14:26
♋	07. Nov	19:24
♌	10. Nov	4:14
♍	12. Nov	16:20
♎	15. Nov	5:16
♏	17. Nov	16:29
♐	20. Nov	0:56
♑	22. Nov	7:01
♒	24. Nov	11:37
♓	26. Nov	15:17
♈	28. Nov	18:17
♉	30. Nov	20:54
♊	03. Dez	0:02
♋	05. Dez	5:01
♌	07. Dez	13:09
♍	10. Dez	0:33
♎	12. Dez	13:29
♏	15. Dez	1:08
♐	17. Dez	9:36
♑	19. Dez	14:54
♒	21. Dez	18:13
♓	23. Dez	20:50
♈	25. Dez	23:40
♉	28. Dez	3:08
♊	30. Dez	7:32

1980

♋	01. Jan	13:29
♌	03. Jan	21:47
♍	06. Jan	8:48
♎	08. Jan	21:38
♏	11. Jan	9:55
♐	13. Jan	19:17
♑	16. Jan	0:51
♒	18. Jan	3:25
♓	20. Jan	4:33
♈	22. Jan	5:52
♉	24. Jan	8:31
♊	26. Jan	13:11
♋	28. Jan	20:02
♌	31. Jan	5:08
♍	02. Feb	16:21
♎	05. Feb	5:04
♏	07. Feb	17:46
♐	10. Feb	4:19
♑	12. Feb	11:12
♒	14. Feb	14:19
♓	16. Feb	14:54
♈	18. Feb	14:43
♉	20. Feb	15:35
♊	22. Feb	18:58
♋	25. Feb	1:34
♌	27. Feb	11:10
♍	29. Feb	22:53
♎	03. Mrz	11:40
♏	06. Mrz	0:22
♐	08. Mrz	11:38
♑	10. Mrz	20:02
♒	13. Mrz	0:45
♓	15. Mrz	2:10
♈	17. Mrz	1:41
♉	19. Mrz	1:13
♊	21. Mrz	2:47
♋	23. Mrz	7:55
♌	25. Mrz	16:58
♍	28. Mrz	4:52
♎	30. Mrz	17:49
♏	02. Apr	6:21
♐	04. Apr	17:35
♑	07. Apr	2:43
♒	09. Apr	9:00
♓	11. Apr	12:07
♈	13. Apr	12:40
♉	15. Apr	12:11
♊	17. Apr	12:41
♋	19. Apr	16:11
♌	21. Apr	23:52
♍	24. Apr	11:12
♎	27. Apr	0:09
♏	29. Apr	12:35
♐	01. Mai	23:22
♑	04. Mai	8:14
♒	06. Mai	15:03
♓	08. Mai	19:33
♈	10. Mai	21:44
♉	12. Mai	22:24
♊	14. Mai	23:07
♋	17. Mai	1:52
♌	19. Mai	8:14
♍	21. Mai	18:32
♎	24. Mai	7:11
♏	26. Mai	19:37
♐	29. Mai	6:05
♑	31. Mai	14:14
♒	02. Jun	20:29
♓	05. Jun	1:10
♈	07. Jun	4:23
♉	09. Jun	6:29
♊	11. Jun	8:22
♋	13. Jun	11:29
♌	15. Jun	17:22
♍	18. Jun	2:47
♎	20. Jun	14:55
♏	23. Jun	3:26
♐	25. Jun	14:02
♑	27. Jun	21:46
♒	30. Jun	3:04
♓	02. Jul	6:48
♈	04. Jul	9:46
♉	06. Jul	12:30
♊	08. Jul	15:33
♋	10. Jul	19:44
♌	13. Jul	2:03
♍	15. Jul	11:11
♎	17. Jul	22:55
♏	20. Jul	11:33
♐	22. Jul	22:42
♑	25. Jul	6:45
♒	27. Jul	11:34
♓	29. Jul	14:11
♈	31. Jul	15:53
♉	02. Aug	17:55
♊	04. Aug	21:10
♋	07. Aug	2:12
♌	09. Aug	9:23
♍	11. Aug	18:54
♎	14. Aug	6:32
♏	16. Aug	19:15
♐	19. Aug	7:08
♑	21. Aug	16:11
♒	23. Aug	21:32
♓	25. Aug	23:43
♈	28. Aug	0:11
♉	30. Aug	0:41
♊	01. Sep	2:50
♋	03. Sep	7:39
♌	05. Sep	15:22
♍	08. Sep	1:31
♎	10. Sep	13:22
♏	13. Sep	2:06
♐	15. Sep	14:28
♑	18. Sep	0:45
♒	20. Sep	7:30
♓	22. Sep	10:27
♈	24. Sep	10:37
♉	26. Sep	9:53
♊	28. Sep	10:21
♋	30. Sep	13:46
♌	02. Okt	20:57
♍	05. Okt	7:19
♎	07. Okt	19:30
♏	10. Okt	8:15
♐	12. Okt	20:37
♑	15. Okt	7:37
♒	17. Okt	15:54
♓	19. Okt	20:31
♈	21. Okt	21:43

Tabelle B.2: Mond (Fortsetzung)

♉	23. Okt	20:55
♊	25. Okt	20:17
♋	27. Okt	22:00
♌	30. Okt	3.38
♍	01. Nov	13:18
♎	04. Nov	1:31
♏	06. Nov	14:19
♐	09. Nov	2:25
♑	11. Nov	13:15
♒	13. Nov	22:10
♓	16. Nov	4:21
♈	18. Nov	7:22
♉	20. Nov	7:51
♊	22. Nov	7:27
♋	24. Nov	8:19
♌	26. Nov	12:23
♍	28. Nov	20:37
♎	01. Dez	8:13
♏	03. Dez	21:00
♐	06. Dez	8:57
♑	08. Dez	19:12
♒	11. Dez	3:36
♓	13. Dez	10:03
♈	15. Dez	14:21
♉	17. Dez	16:36
♊	19. Dez	17:39
♋	21. Dez	19:03
♌	23. Dez	22:34
♍	26. Dez	5:32
♎	28. Dez	16:05
♏	31. Dez	4:36
1981		
♐	02. Jan	16:42
♑	05. Jan	2:41
♒	07. Jan	10:12
♓	09. Jan	15:42
♈	11. Jan	19:43
♉	13. Jan	22:45
♊	16. Jan	1:17
♋	18. Jan	4:08
♌	20. Jan	8:21
♍	22. Jan	15:02
♎	25. Jan	0:45
♏	27. Jan	12:49
♐	30. Jan	1:12
♑	01. Feb	11:37
♒	03. Feb	18:55
♓	05. Feb	23:21
♈	08. Feb	2:01
♉	10. Feb	4:11
♊	12. Feb	6:51
♋	14. Feb	10:43
♌	16. Feb	16:10
♍	18. Feb	23:34
♎	21. Feb	9:12
♏	23. Feb	20:54
♐	26. Feb	9:29
♑	28. Feb	20:46
♒	03. Mrz	4:51
♓	05. Mrz	9:12
♈	07. Mrz	10:48
♉	09. Mrz	11:22
♊	11. Mrz	12:42
♋	13. Mrz	16:06
♌	15. Mrz	22:02
♍	18. Mrz	6:20
♎	20. Mrz	16:31
♏	23. Mrz	4:14
♐	25. Mrz	16:51
♑	28. Mrz	4:52
♒	30. Mrz	14:15
♓	01. Apr	19:41
♈	03. Apr	21:25
♉	05. Apr	21:04
♊	07. Apr	20:47
♋	09. Apr	22:34
♌	12. Apr	3:36
♍	14. Apr	11:56
♎	16. Apr	22:38
♏	19. Apr	10:39
♐	21. Apr	23:15
♑	24. Apr	11:31
♒	26. Apr	21:57
♓	29. Apr	4:56
♈	01. Mai	7:57
♉	03. Mai	7:59
♊	05. Mai	7:01
♋	07. Mai	7:18
♌	09. Mai	10:40
♍	11. Mai	17:55
♎	14. Mai	4:24
♏	16. Mai	16:37
♐	19. Mai	5:14
♑	21. Mai	17:20
♒	24. Mai	4:01
♓	26. Mai	12:05
♈	28. Mai	16:44
♉	30. Mai	18:10
♊	01. Jun	17:48
♋	03. Jun	17:38
♌	05. Jun	19:43
♍	08. Jun	1:25
♎	10. Jun	10:55
♏	12. Jun	22:54
♐	15. Jun	11:31
♑	17. Jun	23:21
♒	20. Jun	9:36
♓	22. Jun	17:44
♈	24. Jun	23:18
♉	27. Jun	2:16
♊	29. Jun	3:21
♋	01. Jul	3:57
♌	03. Jul	5:47
♍	05. Jul	10:26
♎	07. Jul	18:42
♏	10. Jul	6:02
♐	12. Jul	18:35
♑	15. Jul	6:19
♒	17. Jul	16:02
♓	19. Jul	23:26
♈	22. Jul	4:43
♉	24. Jul	8:18
♊	26. Jul	10:42
♋	28. Jul	12:41
♌	30. Jul	15:20
♍	01. Aug	19:54
♎	04. Aug	3:24
♏	06. Aug	13:58
♐	08. Aug	2:22
♑	11. Aug	14:20
♒	13. Aug	23:56
♓	16. Aug	6:34
♈	18. Aug	10:49
♉	20. Aug	13:43
♊	22. Aug	16:18
♋	24. Aug	19:17
♌	26. Aug	23:10
♍	29. Aug	4:32
♎	31. Aug	12:02
♏	02. Sep	22:10
♐	05. Sep	10:24
♑	07. Sep	22:48
♒	10. Sep	8:58
♓	12. Sep	15:34
♈	14. Sep	18:55
♉	16. Sep	20:30
♊	18. Sep	21:59
♋	21. Sep	0:39
♌	23. Sep	5:08
♍	25. Sep	11:29
♎	27. Sep	19:40
♏	30. Sep	5:53
♐	02. Okt	18:00
♑	05. Okt	6:49
♒	07. Okt	18:01
♓	10. Okt	1:32
♈	12. Okt	5:01
♉	14. Okt	5:43
♊	16. Okt	5:41
♋	18. Okt	6:52
♌	20. Okt	10:34
♍	22. Okt	17:05
♎	25. Okt	1:56
♏	27. Okt	12:38
♐	30. Okt	0:48
♑	01. Nov	13:46
♒	04. Nov	1:51
♓	06. Nov	10:52
♈	08. Nov	15:38
♉	10. Nov	16:44
♊	12. Nov	15:59
♋	14. Nov	15:37
♌	16. Nov	17:33
♍	18. Nov	22:53
♎	21. Nov	7:33
♏	23. Nov	18:36
♐	26. Nov	7:00
♑	28. Nov	19:53
♒	01. Dez	8:09
♓	03. Dez	18:16
♈	06. Dez	0:49
♉	08. Dez	3:31
♊	10. Dez	3:30
♋	12. Dez	2:40
♌	14. Dez	3:08
♍	16. Dez	6:38
♎	18. Dez	13:58
♏	21. Dez	0:39
♐	23. Dez	13:11
♑	26. Dez	1:59
♒	28. Dez	13:54
♓	31. Dez	0:01
1982		
♈	02. Jan	7:33
♉	04. Jan	12:02
♊	06. Jan	13:48
♋	08. Jan	14:01
♌	10. Jan	14:21
♍	12. Jan	16:37
♎	14. Jan	22:17
♏	17. Jan	7:46
♐	19. Jan	20:00
♑	22. Jan	8:51
♒	24. Jan	20:25
♓	27. Jan	5:49
♈	29. Jan	12:58
♉	31. Jan	18:03
♊	02. Feb	21:20
♋	04. Feb	23:18
♌	07. Feb	0:50
♍	09. Feb	3:15
♎	11. Feb	8:02
♏	13. Feb	16:16
♐	16. Feb	3:45
♑	18. Feb	16:36
♒	21. Feb	4:15
♓	23. Feb	13:09
♈	25. Feb	19:17
♉	27. Feb	23:32
♊	02. Mrz	2:50
♋	04. Mrz	5:48
♌	06. Mrz	8:50
♍	08. Mrz	12:27
♎	10. Mrz	17:34
♏	13. Mrz	1:17
♐	15. Mrz	12:03
♑	18. Mrz	0:47
♒	20. Mrz	12:53
♓	22. Mrz	22:01
♈	25. Mrz	3:37
♉	27. Mrz	6:39
♊	29. Mrz	8:44
♋	31. Mrz	11:09
♌	02. Apr	14:36
♍	04. Apr	19:18
♎	07. Apr	1:26
♏	09. Apr	9:33
♐	11. Apr	20:07
♑	14. Apr	8:41
♒	16. Apr	21:18
♓	19. Apr	7:20
♈	21. Apr	13:23
♉	23. Apr	15:59
♊	25. Apr	16:48
♋	27. Apr	17:43
♌	29. Apr	20:09
♍	02. Mai	0:45
♎	04. Mai	7:32
♏	06. Mai	16:24
♐	09. Mai	3:17
♑	11. Mai	15:50
♒	14. Mai	4:44
♓	16. Mai	15:46
♈	18. Mai	23:04
♉	21. Mai	2:22
♊	23. Mai	2:54
♋	25. Mai	2:38
♌	27. Mai	3:27
♍	29. Mai	6:43
♎	31. Mai	13:02
♏	02. Jun	22:12
♐	05. Jun	9:31
♑	07. Jun	22:12
♒	10. Jun	11:08
♓	12. Jun	22:44
♈	15. Jun	7:20
♉	17. Jun	12:07
♊	19. Jun	13:34
♋	21. Jun	13:13
♌	23. Jun	12:57
♍	25. Jun	14:36
♎	27. Jun	19:30
♏	30. Jun	4:02

Tabelle B.2: Mond (Fortsetzung)

♐	02. Jul	15:25
♑	05. Jul	4:15
♒	07. Jul	17:03
♓	10. Jul	4:35
♈	12. Jul	13:49
♉	14. Jul	20:00
♊	16. Jul	23:03
♋	18. Jul	23:46
♌	20. Jul	23:35
♍	23. Jul	0:20
♎	25. Jul	3:45
♏	27. Jul	10:58
♐	29. Jul	21:48
♑	01. Aug	10:36
♒	03. Aug	23:17
♓	06. Aug	10:23
♈	08. Aug	19:21
♉	11. Aug	2:00
♊	13. Aug	6:22
♋	15. Aug	8:40
♌	17. Aug	9:40
♍	19. Aug	10:40
♎	21. Aug	13:22
♏	23. Aug	19:21
♐	26. Aug	5:11
♑	28. Aug	17:42
♒	31. Aug	6:23
♓	02. Sep	17:11
♈	05. Sep	1:24
♉	07. Sep	7:27
♊	09. Sep	11:57
♋	11. Sep	15:18
♌	13. Sep	17:46
♍	15. Sep	19:57
♎	17. Sep	23:03
♏	20. Sep	4:32
♐	22. Sep	13:30
♑	25. Sep	1:31
♒	27. Sep	14:21
♓	30. Sep	1:18
♈	02. Okt	9:06
♉	04. Okt	14:09
♊	06. Okt	17:39
♋	08. Okt	20:39
♌	10. Okt	23:44
♍	13. Okt	3:09
♎	15. Okt	7:23
♏	17. Okt	13:21
♐	19. Okt	22:02
♑	22. Okt	9:38
♒	24. Okt	22:36
♓	27. Okt	10:12
♈	29. Okt	18:25
♉	31. Okt	23:04
♊	03. Nov	1:23
♋	05. Nov	2:59
♌	07. Nov	5:10
♍	09. Nov	8:40
♎	11. Nov	13:46
♏	13. Nov	20:42
♐	16. Nov	5:52
♑	18. Nov	17:21
♒	21. Nov	6:20
♓	23. Nov	18:43
♈	26. Nov	4:07
♉	28. Nov	9:31
♊	30. Nov	11:36
♋	02. Dez	11:58
♌	04. Dez	12:26
♍	06. Dez	14:32
♎	08. Dez	19:11
♏	11. Dez	2:34
♐	13. Dez	12:27
♑	16. Dez	0:15
♒	18. Dez	13:12
♓	21. Dez	1:56
♈	23. Dez	12:34
♉	25. Dez	19:37
♊	27. Dez	22:49
♋	29. Dez	23:12
♌	31. Dez	22:33
1983		
♍	02. Jan	22:49
♎	05. Jan	1:44
♏	07. Jan	8:16
♐	09. Jan	18:14
♑	12. Jan	6:26
♒	14. Jan	19:26
♓	17. Jan	8:02
♈	19. Jan	19:08
♉	22. Jan	3:36
♊	24. Jan	8:40
♋	26. Jan	10:28
♌	28. Jan	10:10
♍	30. Jan	9:35
♎	01. Feb	10:47
♏	03. Feb	15:32
♐	06. Feb	0:28
♑	08. Feb	12:33
♒	11. Feb	1:40
♓	13. Feb	14:02
♈	16. Feb	0:46
♉	18. Feb	9:31
♊	20. Feb	15:52
♋	22. Feb	19:31
♌	24. Feb	20:47
♍	26. Feb	20:49
♎	28. Feb	21:30
♏	03. Mrz	0:51
♐	05. Mrz	8:15
♑	07. Mrz	19:29
♒	10. Mrz	8:30
♓	12. Mrz	20:47
♈	15. Mrz	7:00
♉	17. Mrz	15:04
♊	19. Mrz	21:20
♋	22. Mrz	1:52
♌	24. Mrz	4:43
♍	26. Mrz	6:18
♎	28. Mrz	7:48
♏	30. Mrz	10:57
♐	01. Apr	17:20
♑	04. Apr	3:30
♒	06. Apr	16:06
♓	09. Apr	4:30
♈	11. Apr	14:37
♉	13. Apr	21:59
♊	16. Apr	3:15
♋	18. Apr	7:14
♌	20. Apr	10:26
♍	22. Apr	13:12
♎	24. Apr	16:04
♏	26. Apr	20:04
♐	29. Apr	2:28
♑	01. Mai	12:01
♒	04. Mai	0:09
♓	06. Mai	12:43
♈	08. Mai	23:16
♉	11. Mai	6:36
♊	13. Mai	11:03
♋	15. Mai	13:48
♌	17. Mai	16:01
♍	19. Mai	18:37
♎	21. Mai	22:11
♏	24. Mai	3:17
♐	26. Mai	10:27
♑	28. Mai	20:07
♒	31. Mai	8:00
♓	02. Jun	20:42
♈	05. Jun	7:59
♉	07. Jun	16:05
♊	09. Jun	20:37
♋	11. Jun	22:32
♌	13. Jun	23:21
♍	16. Jun	0:38
♎	18. Jun	3:36
♏	20. Jun	8:59
♐	22. Jun	16:55
♑	25. Jun	3:08
♒	27. Jun	15:07
♓	30. Jun	3:52
♈	02. Jul	15:47
♉	05. Jul	1:05
♊	07. Jul	6:41
♋	09. Jul	8:50
♌	11. Jul	8:54
♍	13. Jul	8:43
♎	15. Jul	10:10
♏	17. Jul	14:38
♐	19. Jul	22:31
♑	22. Jul	9:11
♒	24. Jul	21:26
♓	27. Jul	10:11
♈	29. Jul	22:21
♉	01. Aug	8:37
♊	03. Aug	15:43
♋	05. Aug	19:09
♌	07. Aug	19:37
♍	09. Aug	18:49
♎	11. Aug	18:51
♏	13. Aug	21:44
♐	16. Aug	4:33
♑	18. Aug	14:59
♒	21. Aug	3:25
♓	23. Aug	16:10
♈	26. Aug	4:08
♉	28. Aug	14:38
♊	30. Aug	22:49
♋	02. Sep	3:53
♌	04. Sep	5:47
♍	06. Sep	5:36
♎	08. Sep	5:13
♏	10. Sep	6:49
♐	12. Sep	12:08
♑	14. Sep	21:34
♒	17. Sep	9:45
♓	19. Sep	22:30
♈	22. Sep	10:10
♉	24. Sep	20:12
♊	27. Sep	4:24
♋	29. Sep	10:24
♌	01. Okt	13:54
♍	03. Okt	15:15
♎	05. Okt	15:42
♏	07. Okt	17:06
♐	09. Okt	21:21
♑	12. Okt	5:30
♒	14. Okt	17:00
♓	17. Okt	5:41
♈	19. Okt	17:18
♉	22. Okt	2:47
♊	24. Okt	10:10
♋	26. Okt	15:47
♌	28. Okt	19:50
♍	30. Okt	22:33
♎	02. Nov	0:31
♏	04. Nov	2:53
♐	06. Nov	7:09
♑	08. Nov	14:31
♒	11. Nov	1:10
♓	13. Nov	13:41
♈	16. Nov	1:36
♉	18. Nov	11:06
♊	20. Nov	17:45
♋	22. Nov	22:10
♌	25. Nov	1:19
♍	27. Nov	4:02
♎	29. Nov	6:57
♏	01. Dez	10:41
♐	03. Dez	15:56
♑	05. Dez	23:28
♒	08. Dez	9:39
♓	10. Dez	21:53
♈	13. Dez	10:17
♉	15. Dez	20:33
♊	18. Dez	3:23
♋	20. Dez	7:02
♌	22. Dez	8:44
♍	24. Dez	10:01
♎	26. Dez	12:18
♏	28. Dez	16:27
♐	30. Dez	22:44
1984		
♑	02. Jan	7:07
♒	04. Jan	17:30
♓	07. Jan	5:34
♈	09. Jan	18:15
♉	12. Jan	5:36
♊	14. Jan	13:40
♋	16. Jan	17:47
♌	18. Jan	18:49
♍	20. Jan	18:35
♎	22. Jan	19:07
♏	24. Jan	22:04
♐	27. Jan	4:12
♑	29. Jan	13:12
♒	01. Feb	0:11
♓	03. Feb	12:22
♈	06. Feb	1:04
♉	08. Feb	13:05
♊	10. Feb	22:39
♋	13. Feb	4:20
♌	15. Feb	6:09
♍	17. Feb	5:32
♎	19. Feb	4:39
♏	21. Feb	5:44
♐	23. Feb	10:22
♑	25. Feb	18:49
♒	28. Feb	6:02
♓	01. Mrz	18:29
♈	04. Mrz	7:07
♉	06. Mrz	19:09
♊	09. Mrz	5:30

Tabelle B.2: Mond (Fortsetzung)

♋	11. Mrz	12:48	♒	13. Jul	20:41	♍	16. Nov	18:08	♒	16. Mrz	14:11	♍	20. Jul	14:29
♌	13. Mrz	16:21	♓	16. Jul	7:10	♎	18. Nov	20:29	♓	18. Mrz	23:50	♎	22. Jul	18:10
♍	15. Mrz	16:47	♈	18. Jul	19:26	♏	20. Nov	21:30	♈	21. Mrz	11:20	♏	24. Jul	21:16
♎	17. Mrz	15:51	♉	21. Jul	7:52	♐	22. Nov	22:34	♉	24. Mrz	0:06	♐	27. Jul	0:12
♏	19. Mrz	15:49	♊	23. Jul	18:10	♑	25. Nov	1:17	♊	26. Mrz	13:02	♑	29. Jul	3:21
♐	21. Mrz	18:41	♋	26. Jul	0:44	♒	27. Nov	7:06	♋	29. Mrz	0:13	♒	31. Jul	7:25
♑	24. Mrz	1:36	♌	28. Jul	3:41	♓	29. Nov	16:33	♌	31. Mrz	7:51	♓	02. Aug	13:33
♒	26. Mrz	12:09	♍	30. Jul	4:29	♈	02. Dez	4:42	♍	02. Apr	11:25	♈	04. Aug	22:43
♓	29. Mrz	0:37	♎	01. Aug	5:03	♉	04. Dez	17:20	♎	04. Apr	11:54	♉	07. Aug	10:41
♈	31. Mrz	13:14	♏	03. Aug	7:04	♊	07. Dez	4:24	♏	06. Apr	11:10	♊	09. Aug	23:31
♉	03. Apr	0:55	♐	05. Aug	11:30	♋	09. Dez	12:56	♐	08. Apr	11:18	♋	12. Aug	10:28
♊	05. Apr	11:04	♑	07. Aug	18:24	♌	11. Dez	19:08	♑	10. Apr	13:57	♌	14. Aug	17:57
♋	07. Apr	18:59	♒	10. Aug	3:25	♍	13. Dez	23:35	♒	12. Apr	20:04	♍	16. Aug	22:15
♌	10. Apr	0:01	♓	12. Aug	14:13	♎	16. Dez	2:52	♓	15. Apr	5:30	♎	19. Aug	0:44
♍	12. Apr	2:11	♈	15. Aug	2:28	♏	18. Dez	5:27	♈	17. Apr	17:18	♏	21. Aug	2:51
♎	14. Apr	2:29	♉	17. Aug	15:13	♐	20. Dez	7:58	♉	20. Apr	6:12	♐	23. Aug	5:36
♏	16. Apr	2:41	♊	20. Aug	2:31	♑	22. Dez	11:21	♊	22. Apr	19:01	♑	25. Aug	9:24
♐	18. Apr	4:44	♋	22. Aug	10:20	♒	24. Dez	16:47	♋	25. Apr	6:26	♒	27. Aug	14:31
♑	20. Apr	10:10	♌	24. Aug	14:00	♓	27. Dez	1:18	♌	27. Apr	15:10	♓	29. Aug	21:25
♒	22. Apr	19:27	♍	26. Aug	14:32	♈	29. Dez	12:49	♍	29. Apr	20:24	♈	01. Sep	6:42
♓	25. Apr	7:26	♎	28. Aug	13:57				♎	01. Mai	22:22	♉	03. Sep	18:28
♈	27. Apr	20:02	♏	30. Aug	14:23		1985		♏	03. Mai	22:17	♊	06. Sep	7:27
♉	30. Apr	7:30	♐	01. Sep	17:30	♉	01. Jan	1:36	♐	05. Mai	21:56	♋	08. Sep	19:10
♊	02. Mai	17:02	♑	03. Sep	23:55	♊	03. Jan	13:00	♑	07. Mai	23:11	♌	11. Sep	3:27
♋	05. Mai	0:26	♒	06. Sep	9:11	♋	05. Jan	21:18	♒	10. Mai	3:38	♍	13. Sep	7:52
♌	07. Mai	5:43	♓	08. Sep	20:24	♌	08. Jan	2:28	♓	12. Mai	11:56	♎	15. Sep	9:34
♍	09. Mai	9:02	♈	11. Sep	8:47	♍	10. Jan	5:40	♈	14. Mai	23:25	♏	17. Sep	10:17
♎	11. Mai	10:54	♉	13. Sep	21:33	♎	12. Jan	8:13	♉	17. Mai	12:23	♐	19. Sep	11:40
♏	13. Mai	12:22	♊	16. Sep	9:26	♏	14. Jan	11:07	♊	20. Mai	1:01	♑	21. Sep	14:49
♐	15. Mai	14:50	♋	18. Sep	18:36	♐	16. Jan	14:48	♋	22. Mai	12:05	♒	23. Sep	20:11
♑	17. Mai	19:43	♌	20. Sep	23:49	♑	18. Jan	19:29	♌	24. Mai	20:54	♓	26. Sep	3:50
♒	20. Mai	3:55	♍	23. Sep	1:19	♒	21. Jan	1:38	♍	27. Mai	3:06	♈	28. Sep	13:43
♓	22. Mai	15:09	♎	25. Sep	0:41	♓	23. Jan	10:02	♎	29. Mai	6:40	♉	01. Okt	1:35
♈	25. Mai	3:39	♏	27. Sep	0:04	♈	25. Jan	21:05	♏	31. Mai	8:07	♊	03. Okt	14:36
♉	27. Mai	15:13	♐	29. Sep	1:32	♉	28. Jan	9:53	♐	02. Jun	8:33	♋	06. Okt	2:59
♊	30. Mai	0:23	♑	01. Okt	6:28	♊	30. Jan	22:01	♑	04. Jun	9:34	♌	08. Okt	12:33
♋	01. Jun	6:53	♒	03. Okt	15:03	♋	02. Feb	6:59	♒	06. Jun	12:52	♍	10. Okt	18:09
♌	03. Jun	11:19	♓	06. Okt	2:19	♌	04. Feb	12:02	♓	08. Jun	19:46	♎	12. Okt	20:12
♍	05. Jun	14:27	♈	08. Okt	14:51	♍	06. Feb	14:09	♈	11. Jun	6:24	♏	14. Okt	20:13
♎	07. Jun	17:03	♉	11. Okt	3:28	♎	08. Feb	15:10	♉	13. Jun	19:11	♐	16. Okt	20:05
♏	09. Jun	19:48	♊	13. Okt	15:14	♏	10. Feb	16:49	♊	16. Jun	7:45	♑	18. Okt	21:35
♐	11. Jun	23:26	♋	16. Okt	1:00	♐	12. Feb	20:09	♋	18. Jun	18:22	♒	21. Okt	1:54
♑	14. Jun	4:48	♌	18. Okt	7:41	♑	15. Feb	1:27	♌	21. Jun	2:32	♓	23. Okt	9:27
♒	16. Jun	12:41	♍	20. Okt	10:56	♒	17. Feb	8:36	♍	23. Jun	8:32	♈	25. Okt	19:47
♓	18. Jun	23:18	♎	22. Okt	11:32	♓	19. Feb	17:38	♎	25. Jun	12:48	♉	28. Okt	7:59
♈	21. Jun	11:40	♏	24. Okt	11:08	♈	22. Feb	4:43	♏	27. Jun	15:37	♊	30. Okt	20:59
♉	23. Jun	23:38	♐	26. Okt	11:43	♉	24. Feb	17:27	♐	29. Jun	17:30	♋	02. Nov	9:31
♊	26. Jun	9:04	♑	28. Okt	15:05	♊	27. Feb	6:11	♑	01. Jul	19:22	♌	04. Nov	20:04
♋	28. Jun	15:09	♒	30. Okt	22:13	♋	01. Mrz	16:23	♒	03. Jul	22:36	♍	07. Nov	3:18
♌	30. Jun	18:30	♓	02. Nov	8:50	♌	03. Mrz	22:28	♓	06. Jul	4:40	♎	09. Nov	6:52
♍	02. Jul	20:28	♈	04. Nov	21:20	♍	06. Mrz	0:43	♈	08. Jul	14:20	♏	11. Nov	7:31
♎	04. Jul	22:27	♉	07. Nov	9:53	♎	08. Mrz	0:47	♉	11. Jul	2:44	♐	13. Nov	6:52
♏	07. Jul	1:28	♊	09. Nov	21:10	♏	10. Mrz	0:47	♊	13. Jul	15:23	♑	15. Nov	6:53
♐	09. Jul	6:03	♋	12. Nov	6:31	♐	12. Mrz	2:29	♋	16. Jul	1:54	♒	17. Nov	9:25
♑	11. Jul	12:23	♌	14. Nov	13:34	♑	14. Mrz	6:55	♌	18. Jul	9:25	♓	19. Nov	15:42

Tabelle B.2: Mond (Fortsetzung)

♈	22. Nov	1:42
♉	24. Nov	14:07
♊	27. Nov	3:08
♋	29. Nov	15:23
♌	02. Dez	1:59
♍	04. Dez	10:14
♎	06. Dez	15:33
♏	08. Dez	17:56
♐	10. Dez	18:13
♑	12. Dez	17:59
♒	14. Dez	19:15
♓	16. Dez	23:50
♈	19. Dez	8:37
♉	21. Dez	20:41
♊	24. Dez	9:45
♋	26. Dez	21:44
♌	29. Dez	7:44
♍	31. Dez	15:43
1986		
♎	02. Jan	21:45
♏	05. Jan	1:44
♐	07. Jan	3:47
♑	09. Jan	4:42
♒	11. Jan	6:01
♓	13. Jan	9:39
♈	15. Jan	17:03
♉	18. Jan	4:14
♊	20. Jan	17:12
♋	23. Jan	5:14
♌	25. Jan	14:47
♍	27. Jan	21:51
♎	30. Jan	3:10
♏	01. Feb	7:19
♐	03. Feb	10:31
♑	05. Feb	13:01
♒	07. Feb	15:35
♓	09. Feb	19:32
♈	12. Feb	2:21
♉	14. Feb	12:38
♊	17. Feb	1:17
♋	19. Feb	13:39
♌	21. Feb	23:25
♍	24. Feb	5:58
♎	26. Feb	10:07
♏	28. Feb	13:06
♐	02. Mrz	15:51
♑	04. Mrz	18:56
♒	06. Mrz	22:42
♓	09. Mrz	3:48
♈	11. Mrz	11:03
♉	13. Mrz	21:04
♊	16. Mrz	9:23
♋	18. Mrz	22:04
♌	21. Mrz	8:38
♍	23. Mrz	15:39
♎	25. Mrz	19:22
♏	27. Mrz	21:05
♐	29. Mrz	22:20
♑	01. Apr	0:25
♒	03. Apr	4:11
♓	05. Apr	10:03
♈	07. Apr	18:12
♉	10. Apr	4:36
♊	12. Apr	16:51
♋	15. Apr	5:42
♌	17. Apr	17:10
♍	20. Apr	1:24
♎	22. Apr	5:50
♏	24. Apr	7:15
♐	26. Apr	7:16
♑	28. Apr	7:41
♒	30. Apr	10:06
♓	02. Mai	15:30
♈	05. Mai	0:01
♉	07. Mai	10:59
♊	09. Mai	23:26
♋	12. Mai	12:18
♌	15. Mai	0:15
♍	17. Mai	9:45
♎	19. Mai	15:41
♏	21. Mai	18:02
♐	23. Mai	17:57
♑	25. Mai	17:15
♒	27. Mai	18:00
♓	29. Mai	21:54
♈	01. Jun	5:43
♉	03. Jun	16:45
♊	06. Jun	5:26
♋	08. Jun	18:16
♌	11. Jun	6:11
♍	13. Jun	16:18
♎	15. Jun	23:38
♏	18. Jun	3:36
♐	20. Jun	4:36
♑	22. Jun	4:00
♒	24. Jun	3:50
♓	26. Jun	6:13
♈	28. Jun	12:35
♉	30. Jun	22:54
♊	03. Jul	11:32
♋	06. Jul	0:19
♌	08. Jul	11:56
♍	10. Jul	21:50
♎	13. Jul	5:40
♏	15. Jul	10:58
♐	17. Jul	13:34
♑	19. Jul	14:10
♒	21. Jul	14:17
♓	23. Jul	15:59
♈	25. Jul	21:02
♉	28. Jul	6:11
♊	30. Jul	18:19
♋	02. Aug	7:04
♌	04. Aug	18:26
♍	07. Aug	3:44
♎	09. Aug	11:05
♏	11. Aug	16:36
♐	13. Aug	20:17
♑	15. Aug	22:22
♒	17. Aug	23:44
♓	20. Aug	1:52
♈	22. Aug	6:27
♉	24. Aug	14:36
♊	27. Aug	2:00
♋	29. Aug	14:40
♌	01. Sep	2:08
♍	03. Sep	11:06
♎	05. Sep	17:33
♏	07. Sep	22:12
♐	10. Sep	1:40
♑	12. Sep	4:28
♒	14. Sep	7:07
♓	16. Sep	10:27
♈	18. Sep	15:33
♉	20. Sep	23:25
♊	23. Sep	10:13
♋	25. Sep	22:44
♌	28. Sep	10:39
♍	30. Sep	19:57
♎	03. Okt	2:03
♏	05. Okt	5:35
♐	07. Okt	7:48
♑	09. Okt	9:52
♒	11. Okt	12:45
♓	13. Okt	17:03
♈	15. Okt	23:13
♉	18. Okt	7:35
♊	20. Okt	18:15
♋	23. Okt	6:37
♌	25. Okt	19:02
♍	28. Okt	5:20
♎	30. Okt	12:04
♏	01. Nov	15:19
♐	03. Nov	16:19
♑	05. Nov	16:49
♒	07. Nov	18:29
♓	09. Nov	22:30
♈	12. Nov	5:14
♉	14. Nov	14:24
♊	17. Nov	1:26
♋	19. Nov	13:46
♌	22. Nov	2:25
♍	24. Nov	13:46
♎	26. Nov	21:59
♏	29. Nov	2:13
♐	01. Dez	3:08
♑	03. Dez	2:28
♒	05. Dez	2:23
♓	07. Dez	4:48
♈	09. Dez	10:49
♉	11. Dez	20:10
♊	14. Dez	7:41
♋	16. Dez	20:09
♌	19. Dez	8:44
♍	21. Dez	20:30
♎	24. Dez	6:05
♏	26. Dez	12:06
♐	28. Dez	14:19
♑	30. Dez	13:54
1987		
♒	01. Jan	12:54
♓	03. Jan	13:36
♈	05. Jan	17:51
♉	08. Jan	2:13
♊	10. Jan	13:39
♋	13. Jan	2:18
♌	15. Jan	14:45
♍	18. Jan	2:15
♎	20. Jan	12:09
♏	22. Jan	19:30
♐	24. Jan	23:35
♑	27. Jan	0:42
♒	29. Jan	0:17
♓	31. Jan	0:24
♈	02. Feb	3:09
♉	04. Feb	9:53
♊	06. Feb	20:23
♋	09. Feb	8:55
♌	11. Feb	21:21
♍	14. Feb	8:26
♎	16. Feb	17:44
♏	19. Feb	1:04
♐	21. Feb	6:09
♑	23. Feb	8:57
♒	25. Feb	10:08
♓	27. Feb	11:07
♈	01. Mrz	13:37
♉	03. Mrz	19:11
♊	06. Mrz	4:26
♋	08. Mrz	16:24
♌	11. Mrz	4:54
♍	13. Mrz	15:55
♎	16. Mrz	0:34
♏	18. Mrz	6:57
♐	20. Mrz	11:32
♑	22. Mrz	14:48
♒	24. Mrz	17:18
♓	26. Mrz	19:46
♈	28. Mrz	23:12
♉	31. Mrz	4:46
♊	02. Apr	13:16
♋	05. Apr	0:33
♌	07. Apr	13:04
♍	10. Apr	0:28
♎	12. Apr	9:06
♏	14. Apr	14:41
♐	16. Apr	18:01
♑	18. Apr	20:21
♒	20. Apr	22:45
♓	23. Apr	2:02
♈	25. Apr	6:41
♉	27. Apr	13:06
♊	29. Apr	21:43
♋	02. Mai	8:39
♌	04. Mai	21:06
♍	07. Mai	9:07
♎	09. Mai	18:29
♏	12. Mai	0:09
♐	14. Mai	2:41
♑	16. Mai	3:37
♒	18. Mai	4:42
♓	20. Mai	7:24
♈	22. Mai	12:23
♉	24. Mai	19:39
♊	27. Mai	4:55
♋	29. Mai	15:59
♌	01. Jun	4:25
♍	03. Jun	16:56
♎	06. Jun	3:24
♏	08. Jun	10:06
♐	10. Jun	12:53
♑	12. Jun	13:05
♒	14. Jun	12:45
♓	16. Jun	13:54
♈	18. Jun	17:56
♉	21. Jun	1:09
♊	23. Jun	10:54
♋	25. Jun	22:22
♌	28. Jun	10:52
♍	30. Jun	23:34
♎	03. Jul	10:55
♏	05. Jul	19:03
♐	07. Jul	23:05
♑	09. Jul	23:43
♒	11. Jul	22:49
♓	13. Jul	22:36
♈	16. Jul	1:00
♉	18. Jul	7:04
♊	20. Jul	16:33
♋	23. Jul	4:13
♌	25. Jul	16:50
♍	28. Jul	5:26
♎	30. Jul	16:59

Tabelle B.2: Mond (Fortsetzung)

♏	02. Aug	2:09
♐	04. Aug	7:47
♑	06. Aug	9:51
♒	08. Aug	9:37
♓	10. Aug	9:01
♈	12. Aug	10:09
♉	14. Aug	14:38
♊	16. Aug	22:59
♋	19. Aug	10:19
♌	21. Aug	22:58
♍	24. Aug	11:23
♎	26. Aug	22:35
♏	29. Aug	7:49
♐	31. Aug	14:24
♑	02. Sep	18:04
♒	04. Sep	19:22
♓	06. Sep	19:37
♈	08. Sep	20:34
♉	10. Sep	23:57
♊	13. Sep	6:55
♋	15. Sep	17:22
♌	18. Sep	5:50
♍	20. Sep	18:13
♎	23. Sep	4:58
♏	25. Sep	13:30
♐	27. Sep	19:49
♑	30. Sep	0:08
♒	02. Okt	2:51
♓	04. Okt	4:39
♈	06. Okt	6:35
♉	08. Okt	9:57
♊	10. Okt	16:03
♋	13. Okt	1:31
♌	15. Okt	13:34
♍	18. Okt	2:06
♎	20. Okt	12:50
♏	22. Okt	20:41
♐	25. Okt	1:57
♑	27. Okt	5:33
♒	29. Okt	8:27
♓	31. Okt	11:19
♈	02. Nov	14:40
♉	04. Nov	19:02
♊	07. Nov	1:16
♋	09. Nov	10:10
♌	11. Nov	21:45
♍	14. Nov	10:29
♎	16. Nov	21:48
♏	19. Nov	5:47
♐	21. Nov	10:16
♑	23. Nov	12:32
♒	25. Nov	14:13
♓	27. Nov	16:40
♈	29. Nov	20:36
♉	02. Dez	2:06
♊	04. Dez	9:13
♋	06. Dez	18:20
♌	09. Dez	5:40
♍	11. Dez	18:30
♎	14. Dez	6:40
♏	16. Dez	15:41
♐	18. Dez	20:33
♑	20. Dez	22:07
♒	22. Dez	22:20
♓	24. Dez	23:10
♈	27. Dez	2:05
♉	29. Dez	7:37
♊	31. Dez	15:29
1988		
♋	03. Jan	1:17
♌	05. Jan	12:47
♍	08. Jan	1:35
♎	10. Jan	14:17
♏	13. Jan	0:39
♐	15. Jan	6:58
♑	17. Jan	9:15
♒	19. Jan	9:02
♓	21. Jan	8:27
♈	23. Jan	9:31
♉	25. Jan	13:36
♊	27. Jan	21:02
♋	30. Jan	7:11
♌	01. Feb	19:06
♍	04. Feb	7:54
♎	06. Feb	20:36
♏	09. Feb	7:42
♐	11. Feb	15:36
♑	13. Feb	19:36
♒	15. Feb	20:25
♓	17. Feb	19:44
♈	19. Feb	19:35
♉	21. Feb	21:50
♊	24. Feb	3:42
♋	26. Feb	13:12
♌	29. Feb	1:12
♍	02. Mrz	14:06
♎	05. Mrz	2:32
♏	07. Mrz	13:27
♐	09. Mrz	21:59
♑	12. Mrz	3:31
♒	14. Mrz	6:08
♓	16. Mrz	6:42
♈	18. Mrz	6:45
♉	20. Mrz	8:05
♊	22. Mrz	12:21
♋	24. Mrz	20:27
♌	27. Mrz	7:54
♍	29. Mrz	20:49
♎	01. Apr	9:05
♏	03. Apr	19:26
♐	06. Apr	3:29
♑	08. Apr	9:19
♒	10. Apr	13:10
♓	12. Apr	15:24
♈	14. Apr	16:47
♉	16. Apr	18:31
♊	18. Apr	22:10
♋	21. Apr	5:04
♌	23. Apr	15:34
♍	26. Apr	4:16
♎	28. Apr	16:37
♏	01. Mai	2:39
♐	03. Mai	9:52
♑	05. Mai	14:54
♒	07. Mai	18:37
♓	09. Mai	21:39
♈	12. Mai	0:23
♉	14. Mai	3:22
♊	16. Mai	7:31
♋	18. Mai	14:05
♌	20. Mai	23:51
♍	23. Mai	12:12
♎	26. Mai	0:49
♏	28. Mai	11:06
♐	30. Mai	17:57
♑	01. Jun	21:58
♒	04. Jun	0:34
♓	06. Jun	3:00
♈	08. Jun	6:04
♉	10. Jun	10:02
♊	12. Jun	15:14
♋	14. Jun	22:19
♌	17. Jun	7:57
♍	19. Jun	20:03
♎	22. Jun	8:57
♏	24. Jun	19:58
♐	27. Jun	3:18
♑	29. Jun	7:00
♒	01. Jul	8:30
♓	03. Jul	9:33
♈	05. Jul	11:37
♉	07. Jul	15:27
♊	09. Jul	21:16
♋	12. Jul	5:08
♌	14. Jul	15:11
♍	17. Jul	3:17
♎	19. Jul	16:22
♏	22. Jul	4:13
♐	24. Jul	12:42
♑	26. Jul	17:07
♒	28. Jul	18:25
♓	30. Jul	18:23
♈	01. Aug	18:53
♉	03. Aug	21:24
♊	06. Aug	2:43
♋	08. Aug	10:52
♌	10. Aug	21:26
♍	13. Aug	9:46
♎	15. Aug	22:52
♏	18. Aug	11:12
♐	20. Aug	20:55
♑	23. Aug	2:49
♒	25. Aug	5:05
♓	27. Aug	5:01
♈	29. Aug	4:29
♉	31. Aug	5:22
♊	02. Sep	9:11
♋	04. Sep	16:37
♌	07. Sep	3:14
♍	09. Sep	15:48
♎	12. Sep	4:51
♏	14. Sep	17:07
♐	17. Sep	3:25
♑	19. Sep	10:45
♒	21. Sep	14:43
♓	23. Sep	15:51
♈	25. Sep	15:29
♉	27. Sep	15:29
♊	29. Sep	17:43
♋	01. Okt	23:39
♌	04. Okt	9:31
♍	06. Okt	22:01
♎	09. Okt	11:03
♏	11. Okt	22:58
♐	14. Okt	8:58
♑	16. Okt	16:44
♒	18. Okt	22:05
♓	21. Okt	0:58
♈	23. Okt	1:59
♉	25. Okt	2:22
♊	27. Okt	3:55
♋	29. Okt	8:28
♌	31. Okt	17:03
♍	03. Nov	5:02
♎	05. Nov	18:04
♏	08. Nov	5:46
♐	10. Nov	15:06
♑	12. Nov	22:12
♒	15. Nov	3:36
♓	17. Nov	7:34
♈	19. Nov	10:12
♉	21. Nov	12:02
♊	23. Nov	14:12
♋	25. Nov	18:20
♌	28. Nov	1:52
♍	30. Nov	13:00
♎	03. Dez	1:56
♏	05. Dez	13:51
♐	07. Dez	22:55
♑	10. Dez	5:07
♒	12. Dez	9:25
♓	14. Dez	12:53
♈	16. Dez	16:03
♉	18. Dez	19:11
♊	20. Dez	22:43
♋	23. Dez	3:35
♌	25. Dez	10:57
♍	27. Dez	21:27
♎	30. Dez	10:09
1989		
♏	01. Jan	22:34
♐	04. Jan	8:12
♑	06. Jan	14:14
♒	08. Jan	17:31
♓	10. Jan	19:31
♈	12. Jan	21:36
♉	15. Jan	0:36
♊	17. Jan	4:57
♋	19. Jan	10:57
♌	21. Jan	19:02
♍	24. Jan	5:32
♎	26. Jan	18:01
♏	29. Jan	6:49
♐	31. Jan	17:30
♑	03. Feb	0:30
♒	05. Feb	3:51
♓	07. Feb	4:52
♈	09. Feb	5:18
♉	11. Feb	6:45
♊	13. Feb	10:22
♋	15. Feb	16:40
♌	18. Feb	1:33
♍	20. Feb	12:34
♎	23. Feb	1:05
♏	25. Feb	13:57
♐	28. Feb	1:29
♑	02. Mrz	9:58
♒	04. Mrz	14:36
♓	06. Mrz	15:59
♈	08. Mrz	15:36
♉	10. Mrz	15:25
♊	12. Mrz	17:16
♋	14. Mrz	22:27
♌	17. Mrz	7:13
♍	19. Mrz	18:39
♎	22. Mrz	7:24
♏	24. Mrz	20:10
♐	27. Mrz	7:54
♑	29. Mrz	17:25
♒	31. Mrz	23:45
♓	03. Apr	2:37
♈	05. Apr	2:51
♉	07. Apr	2:07

Tabelle B.2: Mond (Fortsetzung)

♊	09. Apr	2:31	♑	13. Aug	5:16	♌	15. Dez	11:41	♑	16. Apr	1:15	♌	18. Aug	14:11
♋	11. Apr	5:58	♒	15. Aug	10:59	♍	17. Dez	18:19	♒	18. Apr	11:53	♍	20. Aug	18:33
♌	13. Apr	13:31	♓	17. Aug	13:45	♎	20. Dez	4:45	♓	20. Apr	18:57	♎	23. Aug	1:17
♍	16. Apr	0:39	♈	19. Aug	14:59	♏	22. Dez	17:18	♈	22. Apr	21:58	♏	25. Aug	10:56
♎	18. Apr	13:31	♉	21. Aug	16:10	♐	25. Dez	5:37	♉	24. Apr	22:03	♐	27. Aug	22:57
♏	21. Apr	2:13	♊	23. Aug	18:39	♑	27. Dez	16:10	♊	26. Apr	21:12	♑	30. Aug	11:23
♐	23. Apr	13:38	♋	25. Aug	23:13	♒	30. Dez	0:38	♋	28. Apr	21:39	♒	01. Sep	21:51
♑	25. Apr	23:15	♌	28. Aug	6:12				♌	01. Mai	1:08	♓	04. Sep	5:06
♒	28. Apr	6:33	♍	30. Aug	15:29	1990			♍	03. Mai	8:18	♈	06. Sep	9:23
♓	30. Apr	11:03	♎	02. Sep	2:47	♓	01. Jan	7:10	♎	05. Mai	18:28	♉	08. Sep	11:55
♈	02. Mai	12:50	♏	04. Sep	15:23	♈	03. Jan	11:56	♏	08. Mai	6:22	♊	10. Sep	14:05
♉	04. Mai	12:55	♐	07. Sep	3:51	♉	05. Jan	15:04	♐	10. Mai	18:56	♋	12. Sep	16:53
♊	06. Mai	13:03	♑	09. Sep	14:13	♊	07. Jan	17:02	♑	13. Mai	7:21	♌	14. Sep	20:52
♋	08. Mai	15:19	♒	11. Sep	21:02	♋	09. Jan	18:52	♒	15. Mai	18:30	♍	17. Sep	2:19
♌	10. Mai	21:23	♓	14. Sep	0:08	♌	11. Jan	22:02	♓	18. Mai	2:54	♎	19. Sep	9:34
♍	13. Mai	7:30	♈	16. Sep	0:38	♍	14. Jan	3:57	♈	20. Mai	7:31	♏	21. Sep	19:06
♎	15. Mai	20:07	♉	18. Sep	0:22	♎	16. Jan	13:18	♉	22. Mai	8:42	♐	24. Sep	6:52
♏	18. Mai	8:48	♊	20. Sep	1:16	♏	19. Jan	1:16	♊	24. Mai	8:00	♑	26. Sep	19:36
♐	20. Mai	19:52	♋	22. Sep	4:50	♐	21. Jan	13:44	♋	26. Mai	7:34	♒	29. Sep	6:54
♑	23. Mai	4:54	♌	24. Sep	11:44	♑	24. Jan	0:27	♌	28. Mai	9:29	♓	01. Okt	14:42
♒	25. Mai	12:01	♍	26. Sep	21:32	♒	26. Jan	8:25	♍	30. Mai	15:08	♈	03. Okt	18:42
♓	27. Mai	17:13	♎	29. Sep	9:15	♓	28. Jan	13:51	♎	02. Jun	0:31	♉	05. Okt	20:06
♈	29. Mai	20:25	♏	01. Okt	21:53	♈	30. Jan	17:34	♏	04. Jun	12:21	♊	07. Okt	20:47
♉	31. Mai	21:59	♐	04. Okt	10:29	♉	01. Feb	20:27	♐	07. Jun	0:59	♋	09. Okt	22:29
♊	02. Jun	23:02	♑	06. Okt	21:45	♊	03. Feb	23:12	♑	09. Jun	13:12	♌	12. Okt	2:16
♋	05. Jun	1:17	♒	09. Okt	6:06	♋	06. Feb	2:27	♒	12. Jun	0:09	♍	14. Okt	8:21
♌	07. Jun	6:28	♓	11. Okt	10:37	♌	08. Feb	6:51	♓	14. Jun	9:00	♎	16. Okt	16:26
♍	09. Jun	15:29	♈	13. Okt	11:41	♍	10. Feb	13:13	♈	16. Jun	14:55	♏	19. Okt	2:24
♎	12. Jun	3:31	♉	15. Okt	10:52	♎	12. Feb	22:09	♉	18. Jun	17:43	♐	21. Okt	14:09
♏	14. Jun	16:11	♊	17. Okt	10:19	♏	15. Feb	9:34	♊	20. Jun	18:14	♑	24. Okt	3:03
♐	17. Jun	3:12	♋	19. Okt	12:09	♐	17. Feb	22:07	♋	22. Jun	18:10	♒	26. Okt	15:14
♑	19. Jun	11:41	♌	21. Okt	17:47	♑	20. Feb	9:30	♌	24. Jun	19:25	♓	29. Okt	0:22
♒	21. Jun	17:57	♍	24. Okt	3:15	♒	22. Feb	17:52	♍	26. Jun	23:42	♈	31. Okt	5:14
♓	23. Jun	22:36	♎	26. Okt	15:11	♓	24. Feb	22:49	♎	29. Jun	7:47	♉	02. Nov	6:31
♈	26. Jun	2:06	♏	29. Okt	3:56	♈	27. Feb	1:16	♏	01. Jul	19:01	♊	04. Nov	6:06
♉	28. Jun	4:45	♐	31. Okt	16:23	♉	01. Mrz	2:43	♐	04. Jul	7:35	♋	06. Nov	6:07
♊	30. Jun	7:08	♑	03. Nov	3:46	♊	03. Mrz	4:37	♑	06. Jul	19:39	♌	08. Nov	8:24
♋	02. Jul	10:19	♒	05. Nov	13:09	♋	05. Mrz	8:02	♒	09. Jul	6:07	♍	10. Nov	13:48
♌	04. Jul	15:37	♓	07. Nov	19:25	♌	07. Mrz	13:24	♓	11. Jul	14:29	♎	12. Nov	22:08
♍	07. Jul	0:04	♈	09. Nov	22:08	♍	09. Mrz	20:47	♈	13. Jul	20:36	♏	15. Nov	8:39
♎	09. Jul	11:30	♉	11. Nov	22:09	♎	12. Mrz	6:09	♉	16. Jul	0:29	♐	17. Nov	20:39
♏	12. Jul	0:09	♊	13. Nov	21:19	♏	14. Mrz	17:25	♊	18. Jul	2:32	♑	20. Nov	9:32
♐	14. Jul	11:31	♋	15. Nov	21:51	♐	17. Mrz	5:56	♋	20. Jul	3:44	♒	22. Nov	22:07
♑	16. Jul	20:01	♌	18. Nov	1:45	♑	19. Mrz	18:01	♌	22. Jul	5:29	♓	25. Nov	8:32
♒	19. Jul	1:35	♍	20. Nov	9:54	♒	22. Mrz	3:31	♍	24. Jul	9:17	♈	27. Nov	15:06
♓	21. Jul	5:07	♎	22. Nov	21:25	♓	24. Mrz	9:08	♎	26. Jul	16:19	♉	29. Nov	17:37
♈	23. Jul	7:41	♏	25. Nov	10:13	♈	26. Mrz	11:15	♏	29. Jul	2:39	♊	01. Dez	17:22
♉	25. Jul	10:10	♐	27. Nov	22:30	♉	28. Mrz	11:26	♐	31. Jul	15:00	♋	03. Dez	16:27
♊	27. Jul	13:15	♑	30. Nov	9:26	♊	30. Mrz	11:42	♑	03. Aug	3:08	♌	05. Dez	17:00
♋	29. Jul	17:32	♒	02. Dez	18:42	♋	01. Apr	13:50	♒	05. Aug	13:19	♍	07. Dez	20:39
♌	31. Jul	23:41	♓	05. Dez	1:48	♌	03. Apr	18:50	♓	07. Aug	20:54	♎	10. Dez	4:00
♍	03. Aug	8:19	♈	07. Dez	6:11	♍	06. Apr	2:42	♈	10. Aug	2:13	♏	12. Dez	14:28
♎	05. Aug	19:28	♉	09. Dez	7:59	♎	08. Apr	12:44	♉	12. Aug	5:55	♐	15. Dez	2:44
♏	08. Aug	8:05	♊	11. Dez	8:15	♏	11. Apr	0:18	♊	14. Aug	8:41	♑	17. Dez	15:35
♐	10. Aug	20:02	♋	13. Dez	8:49	♐	13. Apr	12:48	♋	16. Aug	11:12	♒	20. Dez	3:59

Tabelle B.2: Mond (Fortsetzung)

♓	22. Dez	14:48
♈	24. Dez	22:45
♉	27. Dez	3:09
♊	29. Dez	4:26
♋	31. Dez	4:02
1991		
♌	02. Jan	3:54
♍	04. Jan	5:57
♎	06. Jan	11:33
♏	08. Jan	20:59
♐	11. Jan	9:06
♑	13. Jan	22:00
♒	16. Jan	10:04
♓	18. Jan	20:23
♈	21. Jan	4:28
♉	23. Jan	10:01
♊	25. Jan	13:06
♋	27. Jan	14:23
♌	29. Jan	15:03
♍	31. Jan	16:44
♎	02. Feb	21:02
♏	05. Feb	5:01
♐	07. Feb	16:23
♑	10. Feb	5:16
♒	12. Feb	17:16
♓	15. Feb	2:59
♈	17. Feb	10:11
♉	19. Feb	15:24
♊	21. Feb	19:10
♋	23. Feb	21:56
♌	26. Feb	0:13
♍	28. Feb	2:50
♎	02. Mrz	7:03
♏	04. Mrz	14:08
♐	07. Mrz	0:35
♑	09. Mrz	13:14
♒	12. Mrz	1:31
♓	14. Mrz	11:11
♈	16. Mrz	17:37
♉	18. Mrz	21:40
♊	21. Mrz	0:37
♋	23. Mrz	3:27
♌	25. Mrz	6:43
♍	27. Mrz	10:41
♎	29. Mrz	15:49
♏	31. Mrz	23:01
♐	03. Apr	8:59
♑	05. Apr	21:20
♒	08. Apr	10:00
♓	10. Apr	20:18
♈	13. Apr	2:49
♉	15. Apr	6:06
♊	17. Apr	7:41
♋	19. Apr	9:17
♌	21. Apr	12:04
♍	23. Apr	16:29
♎	25. Apr	22:36
♏	28. Apr	6:34
♐	30. Apr	16:42
♑	03. Mai	4:55
♒	05. Mai	17:51
♓	08. Mai	5:04
♈	10. Mai	12:34
♉	12. Mai	16:07
♊	14. Mai	17:02
♋	16. Mai	17:14
♌	18. Mai	18:30
♍	20. Mai	22:00
♎	23. Mai	4:08
♏	25. Mai	12:41
♐	27. Mai	23:21
♑	30. Mai	11:40
♒	02. Jun	0:42
♓	04. Jun	12:36
♈	06. Jun	21:25
♉	09. Jun	2:13
♊	11. Jun	3:36
♋	13. Jun	3:16
♌	15. Jun	3:10
♍	17. Jun	5:03
♎	19. Jun	10:01
♏	21. Jun	18:18
♐	24. Jun	5:16
♑	26. Jun	17:49
♒	29. Jun	6:47
♓	01. Jul	18:51
♈	04. Jul	4:33
♉	06. Jul	10:52
♊	08. Jul	13:42
♋	10. Jul	14:03
♌	12. Jul	13:35
♍	14. Jul	14:12
♎	16. Jul	17:34
♏	19. Jul	0:41
♐	21. Jul	11:16
♑	23. Jul	23:55
♒	26. Jul	12:49
♓	29. Jul	0:35
♈	31. Jul	10:20
♉	02. Aug	17:32
♊	04. Aug	21:54
♋	06. Aug	23:47
♌	09. Aug	0:09
♍	11. Aug	0:35
♎	13. Aug	2:52
♏	15. Aug	8:34
♐	17. Aug	18:11
♑	20. Aug	6:34
♒	22. Aug	19:27
♓	25. Aug	6:51
♈	27. Aug	16:01
♉	29. Aug	23:00
♊	01. Sep	4:02
♋	03. Sep	7:19
♌	05. Sep	9:13
♍	07. Sep	10:35
♎	09. Sep	12:52
♏	11. Sep	17:42
♐	14. Sep	2:14
♑	16. Sep	14:04
♒	19. Sep	2:58
♓	21. Sep	14:20
♈	23. Sep	22:56
♉	26. Sep	4:59
♊	28. Sep	9:25
♋	30. Sep	12:58
♌	02. Okt	15:58
♍	04. Okt	18:45
♎	06. Okt	22:00
♏	09. Okt	3:00
♐	11. Okt	10:58
♑	13. Okt	22:10
♒	16. Okt	11:04
♓	18. Okt	22:53
♈	21. Okt	7:33
♉	23. Okt	12:55
♊	25. Okt	16:09
♋	27. Okt	18:37
♌	29. Okt	21:20
♍	01. Nov	0:47
♎	03. Nov	5:13
♏	05. Nov	11:09
♐	07. Nov	19:21
♑	10. Nov	6:16
♒	12. Nov	19:06
♓	15. Nov	7:33
♈	17. Nov	17:08
♉	19. Nov	22:49
♊	22. Nov	1:22
♋	24. Nov	2:25
♌	26. Nov	3:37
♍	28. Nov	6:12
♎	30. Nov	10:47
♏	02. Dez	17:33
♐	05. Dez	2:32
♑	07. Dez	13:41
♒	10. Dez	2:27
♓	12. Dez	15:19
♈	15. Dez	2:06
♉	17. Dez	9:10
♊	19. Dez	12:21
♋	21. Dez	12:54
♌	23. Dez	12:38
♍	25. Dez	13:24
♎	27. Dez	16:37
♏	29. Dez	23:03
1992		
♐	01. Jan	8:30
♑	03. Jan	20:09
♒	06. Jan	8:59
♓	08. Jan	21:52
♈	11. Jan	9:22
♉	13. Jan	18:00
♊	15. Jan	22:55
♋	18. Jan	0:26
♌	19. Jan	23:57
♍	21. Jan	23:22
♎	24. Jan	0:42
♏	26. Jan	5:32
♐	28. Jan	14:20
♑	31. Jan	2:07
♒	02. Feb	15:09
♓	05. Feb	3:51
♈	07. Feb	15:15
♉	10. Feb	0:36
♊	12. Feb	7:08
♋	14. Feb	10:31
♌	16. Feb	11:15
♍	18. Feb	10:47
♎	20. Feb	11:05
♏	22. Feb	14:11
♐	24. Feb	21:26
♑	27. Feb	8:33
♒	29. Feb	21:34
♓	03. Mrz	10:11
♈	05. Mrz	21:07
♉	08. Mrz	6:05
♊	10. Mrz	13:03
♋	12. Mrz	17:50
♌	14. Mrz	20:20
♍	16. Mrz	21:13
♎	18. Mrz	21:55
♏	21. Mrz	0:20
♐	23. Mrz	6:13
♑	25. Mrz	16:08
♒	28. Mrz	4:44
♓	30. Mrz	17:23
♈	02. Apr	4:04
♉	04. Apr	12:18
♊	06. Apr	18:33
♋	08. Apr	23:18
♌	11. Apr	2:46
♍	13. Apr	5:09
♎	15. Apr	7:10
♏	17. Apr	10:10
♐	19. Apr	15:40
♑	22. Apr	0:40
♒	24. Apr	12:38
♓	27. Apr	1:20
♈	29. Apr	12:13
♉	01. Mai	20:09
♊	04. Mai	1:28
♋	06. Mai	5:09
♌	08. Mai	8:07
♍	10. Mai	10:56
♎	12. Mai	14:05
♏	14. Mai	18:15
♐	17. Mai	0:22
♑	19. Mai	9:13
♒	21. Mai	20:43
♓	24. Mai	9:25
♈	26. Mai	20:52
♉	29. Mai	5:16
♊	31. Mai	10:19
♋	02. Jun	12:58
♌	04. Jun	14:35
♍	06. Jun	16:28
♎	08. Jun	19:33
♏	11. Jun	0:27
♐	13. Jun	7:29
♑	15. Jun	16:50
♒	18. Jun	4:19
♓	20. Jun	17:00
♈	23. Jun	5:03
♉	25. Jun	14:28
♊	27. Jun	20:14
♋	29. Jun	22:42
♌	01. Jul	23:15
♍	03. Jul	23:37
♎	06. Jul	1:27
♏	08. Jul	5:53
♐	10. Jul	13:17
♑	12. Jul	23:16
♒	15. Jul	11:03
♓	17. Jul	23:44
♈	20. Jul	12:07
♉	22. Jul	22:36
♊	25. Jul	5:44
♋	27. Jul	9:08
♌	29. Jul	9:39
♍	31. Jul	9:01
♎	02. Aug	9:17
♏	04. Aug	12:16
♐	06. Aug	18:57
♑	09. Aug	5:00
♒	11. Aug	17:06
♓	14. Aug	5:51
♈	16. Aug	18:11
♉	19. Aug	5:10
♊	21. Aug	13:36
♋	23. Aug	18:36
♌	25. Aug	20:15
♍	27. Aug	19:46

Tabelle B.2: Mond (Fortsetzung)

♎	29. Aug	19:11
♏	31. Aug	20:38
♐	03. Sep	1:50
♑	05. Sep	11:06
♒	07. Sep	23:08
♓	10. Sep	11:56
♈	13. Sep	0:02
♉	15. Sep	10:47
♊	17. Sep	19:40
♋	20. Sep	1:59
♌	22. Sep	5:19
♍	24. Sep	6:08
♎	26. Sep	5:55
♏	28. Sep	6:44
♐	30. Sep	10:33
♑	02. Okt	18:29
♒	05. Okt	5:53
♓	07. Okt	18:38
♈	10. Okt	6:36
♉	12. Okt	16:48
♊	15. Okt	1:08
♋	17. Okt	7:36
♌	19. Okt	12:01
♍	21. Okt	14:27
♎	23. Okt	15:39
♏	25. Okt	17:04
♐	27. Okt	20:29
♑	30. Okt	3:18
♒	01. Nov	13:43
♓	04. Nov	2:13
♈	06. Nov	14:19
♉	09. Nov	0:19
♊	11. Nov	7:49
♋	13. Nov	13:19
♌	15. Nov	17:23
♍	17. Nov	20:28
♎	19. Nov	23:03
♏	22. Nov	1:52
♐	24. Nov	6:01
♑	26. Nov	12:38
♒	28. Nov	22:19
♓	01. Dez	10:23
♈	03. Dez	22:49
♉	06. Dez	9:16
♊	08. Dez	16:37
♋	10. Dez	21:05
♌	12. Dez	23:47
♍	15. Dez	1:56
♎	17. Dez	4:33
♏	19. Dez	8:20
♐	21. Dez	13:42
♑	23. Dez	21:04
♒	26. Dez	6:43
♓	28. Dez	18:28
♈	31. Dez	7:07

1993		
♉	02. Jan	18:30
♊	05. Jan	2:42
♋	07. Jan	7:10
♌	09. Jan	8:49
♍	11. Jan	9:20
♎	13. Jan	10:30
♏	15. Jan	13:42
♐	17. Jan	19:30
♑	20. Jan	3:46
♒	22. Jan	14:00
♓	25. Jan	1:47
♈	27. Jan	14:28
♉	30. Jan	2:37
♊	01. Feb	12:14
♋	03. Feb	17:56
♌	05. Feb	19:51
♍	07. Feb	19:29
♎	09. Feb	18:58
♏	11. Feb	20:23
♐	14. Feb	1:08
♑	16. Feb	9:20
♒	18. Feb	20:05
♓	21. Feb	8:12
♈	23. Feb	20:50
♉	26. Feb	9:11
♊	28. Feb	19:52
♋	03. Mrz	3:16
♌	05. Mrz	6:40
♍	07. Mrz	6:52
♎	09. Mrz	5:46
♏	11. Mrz	5:40
♐	13. Mrz	8:33
♑	15. Mrz	15:28
♒	18. Mrz	1:52
♓	20. Mrz	14:11
♈	23. Mrz	2:51
♉	25. Mrz	14:59
♊	28. Mrz	1:48
♋	30. Mrz	10:14
♌	01. Apr	15:21
♍	03. Apr	17:10
♎	05. Apr	16:54
♏	07. Apr	16:32
♐	09. Apr	18:10
♑	11. Apr	23:24
♒	14. Apr	8:36
♓	16. Apr	20:32
♈	19. Apr	9:14
♉	21. Apr	21:08
♊	24. Apr	7:27
♋	26. Apr	15:45
♌	28. Apr	21:39
♍	01. Mai	1:00
♎	03. Mai	2:20

♏	05. Mai	2:57
♐	07. Mai	4:34
♑	09. Mai	8:51
♒	11. Mai	16:44
♓	14. Mai	3:50
♈	16. Mai	16:24
♉	19. Mai	4:16
♊	21. Mai	14:07
♋	23. Mai	21:38
♌	26. Mai	3:03
♍	28. Mai	6:46
♎	30. Mai	9:18
♏	01. Jun	11:22
♐	03. Jun	14:01
♑	05. Jun	18:26
♒	08. Jun	1:39
♓	10. Jun	11:57
♈	13. Jun	0:14
♉	15. Jun	12:19
♊	17. Jun	22:12
♋	20. Jun	5:05
♌	22. Jun	9:26
♍	24. Jun	12:18
♎	26. Jun	14:45
♏	28. Jun	17:37
♐	30. Jun	21:28
♑	03. Jul	2:49
♒	05. Jul	10:14
♓	07. Jul	20:10
♈	10. Jul	8:11
♉	12. Jul	20:37
♊	15. Jul	7:07
♋	17. Jul	14:08
♌	19. Jul	17:47
♍	21. Jul	19:24
♎	23. Jul	20:39
♏	25. Jul	23:00
♐	28. Jul	3:13
♑	30. Jul	9:27
♒	01. Aug	17:36
♓	04. Aug	3:44
♈	06. Aug	15:39
♉	09. Aug	4:22
♊	11. Aug	15:47
♋	13. Aug	23:46
♌	16. Aug	3:43
♍	18. Aug	4:41
♎	20. Aug	4:35
♏	22. Aug	5:27
♐	24. Aug	8:45
♑	26. Aug	14:58
♒	28. Aug	23:42
♓	31. Aug	10:18
♈	02. Sep	22:21
♉	05. Sep	11:09

♊	07. Sep	23:16
♋	10. Sep	8:37
♌	12. Sep	13:51
♍	14. Sep	15:20
♎	16. Sep	14:44
♏	18. Sep	14:15
♐	20. Sep	15:53
♑	22. Sep	20:54
♒	25. Sep	5:19
♓	27. Sep	16:13
♈	30. Sep	4:29
♉	02. Okt	17:13
♊	05. Okt	5:27
♋	07. Okt	15:42
♌	09. Okt	22:34
♍	12. Okt	1:36
♎	14. Okt	1:47
♏	16. Okt	1:01
♐	18. Okt	1:23
♑	20. Okt	4:42
♒	22. Okt	11:49
♓	24. Okt	22:17
♈	27. Okt	10:39
♉	29. Okt	23:20
♊	01. Nov	11:13
♋	03. Nov	21:25
♌	06. Nov	5:06
♍	08. Nov	9:47
♎	10. Nov	11:42
♏	12. Nov	12:00
♐	14. Nov	12:20
♑	16. Nov	14:34
♒	18. Nov	20:08
♓	21. Nov	5:27
♈	23. Nov	17:30
♉	26. Nov	6:14
♊	28. Nov	17:48
♋	01. Dez	3:17
♌	03. Dez	10:33
♍	05. Dez	15:43
♎	07. Dez	19:03
♏	09. Dez	21:04
♐	11. Dez	22:39
♑	14. Dez	1:06
♒	16. Dez	5:51
♓	18. Dez	13:59
♈	21. Dez	1:19
♉	23. Dez	14:05
♊	26. Dez	1:46
♋	28. Dez	10:46
♌	30. Dez	16:59
1994		
♍	01. Jan	21:15
♎	04. Jan	0:31

♏	06. Jan	3:29
♐	08. Jan	6:34
♑	10. Jan	10:16
♒	12. Jan	15:25
♓	14. Jan	23:04
♈	17. Jan	9:42
♉	19. Jan	22:22
♊	22. Jan	10:34
♋	24. Jan	19:55
♌	27. Jan	1:38
♍	29. Jan	4:39
♎	31. Jan	6:34
♏	02. Feb	8:49
♐	04. Feb	12:14
♑	06. Feb	17:02
♒	08. Feb	23:16
♓	11. Feb	7:23
♈	13. Feb	17:49
♉	16. Feb	6:20
♊	18. Feb	19:05
♋	21. Feb	5:27
♌	23. Feb	11:47
♍	25. Feb	14:27
♎	27. Feb	15:06
♏	01. Mrz	15:43
♐	03. Mrz	17:54
♑	05. Mrz	22:24
♒	08. Mrz	5:15
♓	10. Mrz	14:09
♈	13. Mrz	0:59
♉	15. Mrz	13:27
♊	18. Mrz	2:29
♋	20. Mrz	13:54
♌	22. Mrz	21:39
♍	25. Mrz	1:14
♎	27. Mrz	1:46
♏	29. Mrz	1:15
♐	31. Mrz	1:41
♑	02. Apr	4:38
♒	04. Apr	10:45
♓	06. Apr	19:51
♈	09. Apr	7:09
♉	11. Apr	19:48
♊	14. Apr	8:48
♋	16. Apr	20:41
♌	19. Apr	5:45
♍	21. Apr	10:58
♎	23. Apr	12:40
♏	25. Apr	12:18
♐	27. Apr	11:48
♑	29. Apr	13:05
♒	01. Mai	17:34
♓	04. Mai	1:47
♈	06. Mai	13:01
♉	09. Mai	1:50

Tabelle B.2: Mond (Fortsetzung)

♊	11. Mai	14:43
♋	14. Mai	2:27
♌	16. Mai	11:58
♍	18. Mai	18:31
♎	20. Mai	21:54
♏	22. Mai	22:51
♐	24. Mai	22:43
♑	26. Mai	23:17
♒	29. Mai	2:19
♓	31. Mai	9:03
♈	02. Jun	19:31
♉	05. Jun	8:14
♊	07. Jun	21:03
♋	10. Jun	8:22
♌	12. Jun	17:29
♍	15. Jun	0:16
♎	17. Jun	4:48
♏	19. Jun	7:20
♐	21. Jun	8:32
♑	23. Jun	9:37
♒	25. Jun	12:10
♓	27. Jun	17:44
♈	30. Jun	3:07
♉	02. Jul	15:23
♊	05. Jul	4:12
♋	07. Jul	15:17
♌	09. Jul	23:43
♍	12. Jul	5:48
♎	14. Jul	10:15
♏	16. Jul	13:35
♐	18. Jul	16:09
♑	20. Jul	18:30
♒	22. Jul	21:38
♓	25. Jul	2:56
♈	27. Jul	11:31
♉	29. Jul	23:13
♊	01. Aug	12:05
♋	03. Aug	23:22
♌	06. Aug	7:31
♍	08. Aug	12:42
♎	10. Aug	16:07
♏	12. Aug	18:56
♐	14. Aug	21:53
♑	17. Aug	1:18
♒	19. Aug	5:34
♓	21. Aug	11:27
♈	23. Aug	19:55
♉	26. Aug	7:13
♊	28. Aug	20:07
♋	31. Aug	8:00
♌	02. Sep	16:37
♍	04. Sep	21:33
♎	06. Sep	23:57
♏	09. Sep	1:26
♐	11. Sep	3:25

♑	13. Sep	6:44
♒	15. Sep	11:42
♓	17. Sep	18:31
♈	20. Sep	3:30
♉	22. Sep	14:47
♊	25. Sep	3:41
♋	27. Sep	16:12
♌	30. Sep	1:55
♍	02. Okt	7:39
♎	04. Okt	9:56
♏	06. Okt	10:22
♐	08. Okt	10:47
♑	10. Okt	12:44
♒	12. Okt	17:09
♓	15. Okt	0:18
♈	17. Okt	9:56
♉	19. Okt	21:34
♊	22. Okt	10:28
♋	24. Okt	23:15
♌	27. Okt	10:05
♍	29. Okt	17:21
♎	31. Okt	20:46
♏	02. Nov	21:19
♐	04. Nov	20:46
♑	06. Nov	21:02
♒	08. Nov	23:48
♓	11. Nov	6:04
♈	13. Nov	15:44
♉	16. Nov	3:44
♊	18. Nov	16:41
♋	21. Nov	5:21
♌	23. Nov	16:33
♍	26. Nov	1:09
♎	28. Nov	6:22
♏	30. Nov	8:21
♐	02. Dez	8:13
♑	04. Dez	7:42
♒	06. Dez	8:52
♓	08. Dez	13:24
♈	10. Dez	22:03
♉	13. Dez	9:56
♊	15. Dez	23:00
♋	18. Dez	11:25
♌	20. Dez	22:13
♍	23. Dez	7:01
♎	25. Dez	13:27
♏	27. Dez	17:17
♐	29. Dez	18:45
♑	31. Dez	18:57
1995		
♒	02. Jan	19:39
♓	04. Jan	22:49
♈	07. Jan	5:56
♉	09. Jan	16:58

♊	12. Jan	5:57
♋	14. Jan	18:20
♌	17. Jan	4:36
♍	19. Jan	12:39
♎	21. Jan	18:54
♏	23. Jan	23:32
♐	26. Jan	2:37
♑	28. Jan	4:26
♒	30. Jan	6:03
♓	01. Feb	9:05
♈	03. Feb	15:12
♉	06. Feb	1:08
♊	08. Feb	13:44
♋	11. Feb	2:17
♌	13. Feb	12:31
♍	15. Feb	19:52
♎	18. Feb	1:00
♏	20. Feb	4:55
♐	22. Feb	8:13
♑	24. Feb	11:11
♒	26. Feb	14:14
♓	28. Feb	18:16
♈	03. Mrz	0:30
♉	05. Mrz	9:50
♊	07. Mrz	21:55
♋	10. Mrz	10:40
♌	12. Mrz	21:28
♍	15. Mrz	4:54
♎	17. Mrz	9:18
♏	19. Mrz	11:52
♐	21. Mrz	13:57
♑	23. Mrz	16:31
♒	25. Mrz	20:10
♓	28. Mrz	1:18
♈	30. Mrz	8:26
♉	01. Apr	17:59
♊	04. Apr	5:49
♋	06. Apr	18:40
♌	09. Apr	6:15
♍	11. Apr	14:39
♎	13. Apr	19:20
♏	15. Apr	21:13
♐	17. Apr	21:51
♑	19. Apr	22:54
♒	22. Apr	1:38
♓	24. Apr	6:50
♈	26. Apr	14:41
♉	29. Apr	0:53
♊	01. Mai	12:53
♋	04. Mai	1:45
♌	06. Mai	13:55
♍	08. Mai	23:33
♎	11. Mai	5:30
♏	13. Mai	7:53
♐	15. Mai	7:58

♑	17. Mai	7:36
♒	19. Mai	8:39
♓	21. Mai	12:40
♈	23. Mai	20:13
♉	26. Mai	6:46
♊	28. Mai	19:07
♋	31. Mai	7:59
♌	02. Jun	20:17
♍	05. Jun	6:46
♎	07. Jun	14:13
♏	09. Jun	18:03
♐	11. Jun	18:50
♑	13. Jun	18:05
♒	15. Jun	17:52
♓	17. Jun	20:13
♈	20. Jun	2:29
♉	22. Jun	12:35
♊	25. Jun	1:02
♋	27. Jun	13:56
♌	30. Jun	2:02
♍	02. Jul	12:35
♎	04. Jul	20:55
♏	07. Jul	2:19
♐	09. Jul	4:37
♑	11. Jul	4:43
♒	13. Jul	4:21
♓	15. Jul	5:37
♈	17. Jul	10:23
♉	19. Jul	19:20
♊	22. Jul	7:23
♋	24. Jul	20:16
♌	27. Jul	8:07
♍	29. Jul	18:12
♎	01. Aug	2:23
♏	03. Aug	8:29
♐	05. Aug	12:14
♑	07. Aug	13:52
♒	09. Aug	14:28
♓	11. Aug	15:46
♈	13. Aug	19:41
♉	16. Aug	3:25
♊	18. Aug	14:40
♋	21. Aug	3:24
♌	23. Aug	15:13
♍	26. Aug	0:50
♎	28. Aug	8:15
♏	30. Aug	13:51
♐	01. Sep	17:57
♑	03. Sep	20:45
♒	05. Sep	22:47
♓	08. Sep	1:08
♈	10. Sep	5:14
♉	12. Sep	12:21
♊	14. Sep	22:48
♋	17. Sep	11:16

♌	19. Sep	23:19
♍	22. Sep	9:01
♎	24. Sep	15:50
♏	26. Sep	20:20
♐	28. Sep	23:30
♑	01. Okt	2:10
♒	03. Okt	4:59
♓	05. Okt	8:35
♈	07. Okt	13:41
♉	09. Okt	21:05
♊	12. Okt	7:10
♋	14. Okt	19:20
♌	17. Okt	7:46
♍	19. Okt	18:11
♎	22. Okt	1:15
♏	24. Okt	5:06
♐	26. Okt	6:56
♑	28. Okt	8:15
♒	30. Okt	10:23
♓	01. Nov	14:17
♈	03. Nov	20:21
♉	06. Nov	4:35
♊	08. Nov	14:55
♋	11. Nov	2:57
♌	13. Nov	15:37
♍	16. Nov	3:02
♎	18. Nov	11:18
♏	20. Nov	15:40
♐	22. Nov	16:56
♑	24. Nov	16:48
♒	26. Nov	17:15
♓	28. Nov	19:59
♈	01. Dez	1:51
♉	03. Dez	10:40
♊	05. Dez	21:35
♋	08. Dez	9:44
♌	10. Dez	22:24
♍	13. Dez	10:26
♎	15. Dez	20:09
♏	18. Dez	2:07
♐	20. Dez	4:13
♑	22. Dez	3:46
♒	24. Dez	2:52
♓	26. Dez	3:45
♈	28. Dez	8:06
♉	30. Dez	16:21
1996		
♊	02. Jan	3:29
♋	04. Jan	15:56
♌	07. Jan	4:30
♍	09. Jan	16:29
♎	12. Jan	2:55
♏	14. Jan	10:30
♐	16. Jan	14:25

Tabelle B.2: Mond (Fortsetzung)

♑	18. Jan	15:07	♌	22. Mai	17:28	♓	24. Sep	19:43	♌	23. Jan	8:50	♓	28. Mai	19:18
♒	20. Jan	14:15	♍	25. Mai	5:58	♈	26. Sep	20:46	♍	25. Jan	21:26	♈	30. Mai	22:18
♓	22. Jan	14:02	♎	27. Mai	16:33	♉	28. Sep	23:24	♎	28. Jan	10:21	♉	02. Jun	1:39
♈	24. Jan	16:37	♏	29. Mai	23:30	♊	01. Okt	5:01	♏	30. Jan	21:48	♊	04. Jun	5:55
♉	26. Jan	23:16	♐	01. Jun	2:43	♋	03. Okt	14:14	♐	02. Feb	5:51	♋	06. Jun	12:02
♊	29. Jan	9:42	♑	03. Jun	3:29	♌	06. Okt	2:12	♑	04. Feb	9:44	♌	08. Jun	20:58
♋	31. Jan	22:11	♒	05. Jun	3:45	♍	08. Okt	14:49	♒	06. Feb	10:21	♍	11. Jun	8:43
♌	03. Feb	10:46	♓	07. Jun	5:19	♎	11. Okt	2:00	♓	08. Feb	9:34	♎	13. Jun	21:35
♍	05. Feb	22:22	♈	09. Jun	9:23	♏	13. Okt	10:46	♈	10. Feb	9:29	♏	16. Jun	8:51
♎	08. Feb	8:30	♉	11. Jun	16:11	♐	15. Okt	17:07	♉	12. Feb	11:56	♐	18. Jun	16:39
♏	10. Feb	16:35	♊	14. Jun	1:16	♑	17. Okt	21:37	♊	14. Feb	17:53	♑	20. Jun	21:02
♐	12. Feb	21:58	♋	16. Jun	12:08	♒	20. Okt	0:51	♋	17. Feb	3:13	♒	22. Jun	23:20
♑	15. Feb	0:29	♌	19. Jun	0:22	♓	22. Okt	3:22	♌	19. Feb	14:52	♓	25. Jun	1:09
♒	17. Feb	1:00	♍	21. Jun	13:07	♈	24. Okt	5:50	♍	22. Feb	3:38	♈	27. Jun	3:38
♓	19. Feb	1:09	♎	24. Jun	0:37	♉	26. Okt	9:11	♎	24. Feb	16:23	♉	29. Jun	7:23
♈	21. Feb	2:58	♏	26. Jun	8:53	♊	28. Okt	14:35	♏	27. Feb	3:57	♊	01. Jul	12:35
♉	23. Feb	8:08	♐	28. Jun	13:01	♋	30. Okt	22:56	♐	01. Mrz	13:01	♋	03. Jul	19:33
♊	25. Feb	17:14	♑	30. Jun	13:47	♌	02. Nov	10:16	♑	03. Mrz	18:38	♌	06. Jul	4:45
♋	28. Feb	5:10	♒	02. Jul	13:05	♍	04. Nov	22:57	♒	05. Mrz	20:54	♍	08. Jul	16:22
♌	01. Mrz	17:47	♓	04. Jul	13:07	♎	07. Nov	10:29	♓	07. Mrz	20:57	♎	11. Jul	5:21
♍	04. Mrz	5:13	♈	06. Jul	15:42	♏	09. Nov	19:02	♈	09. Mrz	20:33	♏	13. Jul	17:20
♎	06. Mrz	14:40	♉	08. Jul	21:43	♐	12. Nov	0:26	♉	11. Mrz	21:37	♐	16. Jul	2:02
♏	08. Mrz	22:05	♊	11. Jul	6:52	♑	14. Nov	3:44	♊	14. Mrz	1:48	♑	18. Jul	6:45
♐	11. Mrz	3:32	♋	13. Jul	18:08	♒	16. Nov	6:14	♋	16. Mrz	9:51	♒	20. Jul	8:29
♑	13. Mrz	7:08	♌	16. Jul	6:31	♓	18. Nov	9:00	♌	18. Mrz	21:08	♓	22. Jul	9:00
♒	15. Mrz	9:15	♍	18. Jul	19:16	♈	20. Nov	12:34	♍	21. Mrz	9:59	♈	24. Jul	10:03
♓	17. Mrz	10:50	♎	21. Jul	7:14	♉	22. Nov	17:12	♎	23. Mrz	22:35	♉	26. Jul	12:53
♈	19. Mrz	13:15	♏	23. Jul	16:43	♊	24. Nov	23:20	♏	26. Mrz	9:42	♊	28. Jul	18:04
♉	21. Mrz	17:59	♐	25. Jul	22:24	♋	27. Nov	7:37	♐	28. Mrz	18:40	♋	31. Jul	1:38
♊	24. Mrz	1:59	♑	28. Jul	0:17	♌	29. Nov	18:30	♑	31. Mrz	1:07	♌	02. Aug	11:27
♋	26. Mrz	13:06	♒	29. Jul	23:47	♍	02. Dez	7:11	♒	02. Apr	4:59	♍	04. Aug	23:15
♌	29. Mrz	1:37	♓	31. Jul	23:00	♎	04. Dez	19:23	♓	04. Apr	6:42	♎	07. Aug	12:17
♍	31. Mrz	13:14	♈	03. Aug	0:05	♏	07. Dez	4:38	♈	06. Apr	7:19	♏	10. Aug	0:50
♎	02. Apr	22:26	♉	05. Aug	4:33	♐	09. Dez	9:58	♉	08. Apr	8:20	♐	12. Aug	10:45
♏	05. Apr	4:57	♊	07. Aug	12:49	♑	11. Dez	12:14	♊	10. Apr	11:28	♑	14. Aug	16:42
♐	07. Apr	9:21	♋	09. Aug	23:57	♒	13. Dez	13:14	♋	12. Apr	18:03	♒	16. Aug	18:58
♑	09. Apr	12:30	♌	12. Aug	12:29	♓	15. Dez	14:44	♌	15. Apr	4:22	♓	18. Aug	19:01
♒	11. Apr	15:09	♍	15. Aug	1:07	♈	17. Dez	17:55	♍	17. Apr	17:00	♈	20. Aug	18:45
♓	13. Apr	18:00	♎	17. Aug	12:55	♉	19. Dez	23:09	♎	20. Apr	5:36	♉	22. Aug	19:57
♈	15. Apr	21:42	♏	19. Aug	22:50	♊	22. Dez	6:17	♏	22. Apr	16:19	♊	24. Aug	23:56
♉	18. Apr	3:05	♐	22. Aug	5:48	♋	24. Dez	15:14	♐	25. Apr	0:32	♋	27. Aug	7:10
♊	20. Apr	10:54	♑	24. Aug	9:22	♌	27. Dez	2:09	♑	27. Apr	6:32	♌	29. Aug	17:19
♋	22. Apr	21:25	♒	26. Aug	10:10	♍	29. Dez	14:45	♒	29. Apr	10:50	♍	01. Sep	5:27
♌	25. Apr	9:44	♓	28. Aug	9:49				♓	01. Mai	13:50	♎	03. Sep	18:30
♍	27. Apr	21:49	♈	30. Aug	10:15	1997			♈	03. Mai	15:59	♏	06. Sep	7:10
♎	30. Apr	7:27	♉	01. Sep	13:19	♎	01. Jan	3:32	♉	05. Mai	18:04	♐	08. Sep	17:54
♏	02. Mai	13:42	♊	03. Sep	20:08	♏	03. Jan	14:02	♊	07. Mai	21:21	♑	11. Sep	1:23
♐	04. Mai	17:05	♋	06. Sep	6:29	♐	05. Jan	20:27	♋	10. Mai	3:13	♒	13. Sep	5:10
♑	06. Mai	18:54	♌	08. Sep	18:54	♑	07. Jan	22:55	♌	12. Mai	12:33	♓	15. Sep	5:59
♒	08. Mai	20:39	♍	11. Sep	7:28	♒	09. Jan	23:00	♍	15. Mai	0:43	♈	17. Sep	5:25
♓	10. Mai	23:29	♎	13. Sep	18:51	♓	11. Jan	22:51	♎	17. Mai	13:27	♉	19. Sep	5:21
♈	13. Mai	4:00	♏	16. Sep	4:20	♈	14. Jan	0:22	♏	20. Mai	0:11	♊	21. Sep	7:39
♉	15. Mai	10:25	♐	18. Sep	11:31	♉	16. Jan	4:40	♐	22. Mai	7:51	♋	23. Sep	13:33
♊	17. Mai	18:48	♑	20. Sep	16:12	♊	18. Jan	11:53	♑	24. Mai	12:51	♌	25. Sep	23:12
♋	20. Mai	5:16	♒	22. Sep	18:39	♋	20. Jan	21:29	♒	26. Mai	16:20	♍	28. Sep	11:27

Tabelle B.2: Mond (Fortsetzung)

♎	01. Okt	0:32
♏	03. Okt	12:57
♐	05. Okt	23:43
♑	08. Okt	8:04
♒	10. Okt	13:29
♓	12. Okt	15:59
♈	14. Okt	16:25
♉	16. Okt	16:16
♊	18. Okt	17:26
♋	20. Okt	21:45
♌	23. Okt	6:10
♍	25. Okt	17:59
♎	28. Okt	7:05
♏	30. Okt	19:15
♐	02. Nov	5:27
♑	04. Nov	13:31
♒	06. Nov	19:33
♓	08. Nov	23:34
♈	11. Nov	1:44
♉	13. Nov	2:45
♊	15. Nov	4:05
♋	17. Nov	7:32
♌	19. Nov	14:38
♍	22. Nov	1:33
♎	24. Nov	14:29
♏	27. Nov	2:43
♐	29. Nov	12:28
♑	01. Dez	19:38
♒	04. Dez	0:58
♓	06. Dez	5:07
♈	08. Dez	8:24
♉	10. Dez	11:00
♊	12. Dez	13:35
♋	14. Dez	17:25
♌	16. Dez	23:58
♍	19. Dez	10:00
♎	21. Dez	22:35
♏	24. Dez	11:07
♐	26. Dez	21:07
♑	29. Dez	3:48
♒	31. Dez	7:58
1998		
♓	02. Jan	10:56
♈	04. Jan	13:43
♉	06. Jan	16:52
♊	08. Jan	20:42
♋	11. Jan	1:43
♌	13. Jan	8:45
♍	15. Jan	18:31
♎	18. Jan	6:44
♏	20. Jan	19:34
♐	23. Jan	6:25
♑	25. Jan	13:39
♒	27. Jan	17:27
♓	29. Jan	19:08
♈	31. Jan	20:21
♉	02. Feb	22:25
♊	05. Feb	2:09
♋	07. Feb	7:57
♌	09. Feb	15:57
♍	12. Feb	2:09
♎	14. Feb	14:17
♏	17. Feb	3:13
♐	19. Feb	14:56
♑	21. Feb	23:29
♒	24. Feb	4:10
♓	26. Feb	5:42
♈	28. Feb	5:42
♉	02. Mrz	6:00
♊	04. Mrz	8:15
♋	06. Mrz	13:27
♌	08. Mrz	21:46
♍	11. Mrz	8:35
♎	13. Mrz	20:58
♏	16. Mrz	9:51
♐	18. Mrz	21:56
♑	21. Mrz	7:43
♒	23. Mrz	14:01
♓	25. Mrz	16:43
♈	27. Mrz	16:49
♉	29. Mrz	16:06
♊	31. Mrz	16:37
♋	02. Apr	20:10
♌	05. Apr	3:36
♍	07. Apr	14:25
♎	10. Apr	3:04
♏	12. Apr	15:55
♐	15. Apr	3:52
♑	17. Apr	14:05
♒	19. Apr	21:41
♓	22. Apr	2:06
♈	24. Apr	3:30
♉	26. Apr	3:09
♊	28. Apr	2:55
♋	30. Apr	4:57
♌	02. Mai	10:49
♍	04. Mai	20:47
♎	07. Mai	9:19
♏	09. Mai	22:10
♐	12. Mai	9:48
♑	14. Mai	19:39
♒	17. Mai	3:30
♓	19. Mai	9:03
♈	21. Mai	12:06
♉	23. Mai	13:06
♊	25. Mai	13:25
♋	27. Mai	14:58
♌	29. Mai	19:38
♍	01. Jun	4:21
♎	03. Jun	16:17
♏	06. Jun	5:06
♐	08. Jun	16:34
♑	11. Jun	1:50
♒	13. Jun	9:03
♓	15. Jun	14:31
♈	17. Jun	18:23
♉	19. Jun	20:47
♊	21. Jun	22:26
♋	24. Jun	0:39
♌	26. Jun	5:04
♍	28. Jun	12:54
♎	01. Jul	0:05
♏	03. Jul	12:45
♐	06. Jul	0:24
♑	08. Jul	9:27
♒	10. Jul	15:52
♓	12. Jul	20:22
♈	14. Jul	23:45
♉	17. Jul	2:33
♊	19. Jul	5:18
♋	21. Jul	8:43
♌	23. Jul	13:48
♍	25. Jul	21:34
♎	28. Jul	8:14
♏	30. Jul	20:44
♐	02. Aug	8:48
♑	04. Aug	18:18
♒	07. Aug	0:31
♓	09. Aug	4:04
♈	11. Aug	6:10
♉	13. Aug	8:04
♊	15. Aug	10:46
♋	17. Aug	14:55
♌	19. Aug	21:00
♍	22. Aug	5:21
♎	24. Aug	16:02
♏	27. Aug	4:25
♐	29. Aug	16:55
♑	01. Sep	3:23
♒	03. Sep	10:21
♓	05. Sep	13:48
♈	07. Sep	14:52
♉	09. Sep	15:16
♊	11. Sep	16:40
♋	13. Sep	20:20
♌	16. Sep	2:48
♍	18. Sep	11:52
♎	20. Sep	22:57
♏	23. Sep	11:22
♐	26. Sep	0:05
♑	28. Sep	11:30
♒	30. Sep	19:53
♓	03. Okt	0:23
♈	05. Okt	1:32
♉	07. Okt	0:57
♊	09. Okt	0:43
♋	11. Okt	2:48
♌	13. Okt	8:25
♍	15. Okt	17:32
♎	18. Okt	5:02
♏	20. Okt	17:36
♐	23. Okt	6:16
♑	25. Okt	18:05
♒	28. Okt	3:44
♓	30. Okt	9:58
♈	01. Nov	12:27
♉	03. Nov	12:12
♊	05. Nov	11:11
♋	07. Nov	11:39
♌	09. Nov	15:33
♍	11. Nov	23:37
♎	14. Nov	10:57
♏	16. Nov	23:41
♐	19. Nov	12:13
♑	21. Nov	23:45
♒	24. Nov	9:43
♓	26. Nov	17:14
♈	28. Nov	21:34
♉	30. Nov	22:52
♊	02. Dez	22:29
♋	04. Dez	22:28
♌	07. Dez	0:55
♍	09. Dez	7:21
♎	11. Dez	17:43
♏	14. Dez	6:16
♐	16. Dez	18:47
♑	19. Dez	5:55
♒	21. Dez	15:17
♓	23. Dez	22:45
♈	26. Dez	4:03
♉	28. Dez	7:05
♊	30. Dez	8:22
1999		
♋	01. Jan	9:15
♌	03. Jan	11:31
♍	05. Jan	16:49
♎	08. Jan	1:53
♏	10. Jan	13:49
♐	13. Jan	2:23
♑	15. Jan	13:28
♒	17. Jan	22:11
♓	20. Jan	4:40
♈	22. Jan	9:25
♉	24. Jan	12:52
♊	26. Jan	15:29
♋	28. Jan	17:57
♌	30. Jan	21:16
♍	02. Feb	2:37
♎	04. Feb	10:56
♏	06. Feb	22:06
♐	09. Feb	10:38
♑	11. Feb	22:10
♒	14. Feb	6:57
♓	16. Feb	12:40
♈	18. Feb	16:06
♉	20. Feb	18:29
♊	22. Feb	20:54
♋	25. Feb	0:09
♌	27. Feb	4:44
♍	01. Mrz	11:04
♎	03. Mrz	19:34
♏	06. Mrz	6:22
♐	08. Mrz	18:46
♑	11. Mrz	6:54
♒	13. Mrz	16:32
♓	15. Mrz	22:30
♈	18. Mrz	1:13
♉	20. Mrz	2:09
♊	22. Mrz	3:05
♋	24. Mrz	5:33
♌	26. Mrz	10:22
♍	28. Mrz	17:34
♎	31. Mrz	2:49
♏	02. Apr	13:49
♐	05. Apr	2:07
♑	07. Apr	14:39
♒	10. Apr	1:24
♓	12. Apr	8:35
♈	14. Apr	11:46
♉	16. Apr	12:07
♊	18. Apr	11:39
♋	20. Apr	12:27
♌	22. Apr	16:06
♍	24. Apr	23:04
♎	27. Apr	8:46
♏	29. Apr	20:12
♐	02. Mai	8:36
♑	04. Mai	21:12
♒	07. Mai	8:40
♓	09. Mai	17:16
♈	11. Mai	21:53
♉	13. Mai	22:56
♊	15. Mai	22:07
♋	17. Mai	21:39
♌	19. Mai	23:37
♍	22. Mai	5:15
♎	24. Mai	14:29
♏	27. Mai	2:05
♐	29. Mai	14:37
♑	01. Jun	3:05
♒	03. Jun	14:37
♓	06. Jun	0:00
♈	08. Jun	6:08

Tabelle B.2: Mond (Fortsetzung)

♉	10. Jun	8:43
♊	12. Jun	8:48
♋	14. Jun	8:14
♌	16. Jun	9:07
♍	18. Jun	13:12
♎	20. Jun	21:10
♏	23. Jun	8:18
♐	25. Jun	20:51
♑	28. Jun	9:12
♒	30. Jun	20:19
♓	03. Jul	5:34
♈	05. Jul	12:21
♉	07. Jul	16:22
♊	09. Jul	18:00
♋	11. Jul	18:27
♌	13. Jul	19:26
♍	15. Jul	22:39
♎	18. Jul	5:19
♏	20. Jul	15:30
♐	23. Jul	3:48
♑	25. Jul	16:08
♒	28. Jul	2:54
♓	30. Jul	11:27
♈	01. Aug	17:47
♉	03. Aug	22:09
♊	06. Aug	0:57
♋	08. Aug	2:52
♌	10. Aug	4:55
♍	12. Aug	8:22
♎	14. Aug	14:24
♏	16. Aug	23:40
♐	19. Aug	11:31
♑	21. Aug	23:59
♒	24. Aug	10:49
♓	26. Aug	18:50
♈	29. Aug	0:09
♉	31. Aug	3:41
♊	02. Sep	6:25
♋	04. Sep	9:09
♌	06. Sep	12:29
♍	08. Sep	16:57
♎	10. Sep	23:16
♏	13. Sep	8:08
♐	15. Sep	19:35
♑	18. Sep	8:13
♒	20. Sep	19:38
♓	23. Sep	3:51
♈	25. Sep	8:34
♉	27. Sep	10:51
♊	29. Sep	12:21
♋	01. Okt	14:31
♌	03. Okt	18:13
♍	05. Okt	23:40
♎	08. Okt	6:52
♏	10. Okt	16:01
♐	13. Okt	3:18
♑	15. Okt	16:04
♒	18. Okt	4:17
♓	20. Okt	13:33
♈	22. Okt	18:41
♉	24. Okt	20:25
♊	26. Okt	20:33
♋	28. Okt	21:09
♌	30. Okt	23:47
♍	02. Nov	5:07
♎	04. Nov	12:57
♏	06. Nov	22:46
♐	09. Nov	10:15
♑	11. Nov	23:00
♒	14. Nov	11:46
♓	16. Nov	22:21
♈	19. Nov	4:57
♉	21. Nov	7:26
♊	23. Nov	7:13
♋	25. Nov	6:29
♌	27. Nov	7:19
♍	29. Nov	11:11
♎	01. Dez	18:29
♏	04. Dez	4:35
♐	06. Dez	16:27
♑	09. Dez	5:14
♒	11. Dez	17:59
♓	14. Dez	5:18
♈	16. Dez	13:30
♉	18. Dez	17:45
♊	20. Dez	18:39
♋	22. Dez	17:52
♌	24. Dez	17:32
♍	26. Dez	19:34
♎	29. Dez	1:14
♏	31. Dez	10:36
2000		
♐	02. Jan	22:32
♑	05. Jan	11:24
♒	07. Jan	23:53
♓	10. Jan	10:59
♈	12. Jan	19:48
♉	15. Jan	1:38
♊	17. Jan	4:25
♋	19. Jan	5:01
♌	21. Jan	4:58
♍	23. Jan	6:07
♎	25. Jan	10:09
♏	27. Jan	18:01
♐	30. Jan	5:17
♑	01. Feb	18:10
♒	04. Feb	6:31
♓	06. Feb	17:02
♈	09. Feb	1:17
♉	11. Feb	7:21
♊	13. Feb	11:23
♋	15. Feb	13:45
♌	17. Feb	15:11
♍	19. Feb	16:53
♎	21. Feb	20:21
♏	24. Feb	2:58
♐	26. Feb	13:10
♑	29. Feb	1:45
♒	02. Mrz	14:14
♓	05. Mrz	0:30
♈	07. Mrz	7:54
♉	09. Mrz	13:01
♊	11. Mrz	16:46
♋	13. Mrz	19:51
♌	15. Mrz	22:43
♍	18. Mrz	1:48
♎	20. Mrz	5:57
♏	22. Mrz	12:17
♐	24. Mrz	21:43
♑	27. Mrz	9:51
♒	29. Mrz	22:34
♓	01. Apr	9:12
♈	03. Apr	16:22
♉	05. Apr	20:29
♊	07. Apr	22:58
♋	10. Apr	1:16
♌	11. Apr	4:16
♍	14. Apr	8:19
♎	16. Apr	13:36
♏	18. Apr	20:35
♐	21. Apr	5:58
♑	23. Apr	17:47
♒	26. Apr	6:42
♓	28. Apr	18:06
♈	01. Mai	1:55
♉	03. Mai	5:54
♊	05. Mai	7:23
♋	07. Mai	8:14
♌	09. Mai	10:01
♍	11. Mai	13:41
♎	13. Mai	19:27
♏	16. Mai	3:16
♐	18. Mai	13:09
♑	21. Mai	1:01
♒	23. Mai	14:00
♓	26. Mai	2:07
♈	28. Mai	11:08
♉	30. Mai	16:02
♊	01. Jun	17:34
♋	03. Jun	17:30
♌	05. Jun	17:45
♍	07. Jun	19:57
♎	10. Jun	0:59
♏	12. Jun	8:55
♐	14. Jun	19:18
♑	17. Jun	7:26
♒	19. Jun	20:26
♓	22. Jun	8:52
♈	24. Jun	18:55
♉	27. Jun	1:19
♊	29. Jun	3:59
♋	01. Jul	4:09
♌	03. Jul	3:38
♍	05. Jul	4:19
♎	07. Jul	7:47
♏	09. Jul	14:48
♐	12. Jul	1:06
♑	14. Jul	13:28
♒	17. Jul	2:27
♓	19. Jul	14:44
♈	22. Jul	1:09
♉	24. Jul	8:44
♊	26. Jul	13:01
♋	28. Jul	14:30
♌	30. Jul	14:23
♍	01. Aug	14:27
♎	03. Aug	16:31
♏	05. Aug	22:04
♐	08. Aug	7:30
♑	10. Aug	19:44
♒	13. Aug	8:43
♓	15. Aug	20:41
♈	18. Aug	6:44
♉	20. Aug	14:31
♊	22. Aug	19:55
♋	24. Aug	23:00
♌	27. Aug	0:17
♍	29. Aug	0:55
♎	31. Aug	2:33
♏	02. Sep	6:55
♐	04. Sep	15:08
♑	07. Sep	2:47
♒	09. Sep	15:44
♓	12. Sep	3:34
♈	14. Sep	13:00
♉	16. Sep	20:05
♊	19. Sep	1:22
♋	21. Sep	5:16
♌	23. Sep	8:00
♍	25. Sep	10:02
♎	27. Sep	12:22
♏	29. Sep	16:30
♐	01. Okt	23:50
♑	04. Okt	10:42
♒	06. Okt	23:33
♓	09. Okt	11:36
♈	11. Okt	20:51
♉	14. Okt	3:06
♊	16. Okt	7:19
♋	18. Okt	10:37
♌	20. Okt	13:42
♍	22. Okt	16:52
♎	24. Okt	20:30
♏	27. Okt	1:23
♐	29. Okt	8:40
♑	31. Okt	19:02
♒	03. Nov	7:41
♓	05. Nov	20:13
♈	08. Nov	6:02
♉	10. Nov	12:12
♊	12. Nov	15:27
♋	14. Nov	17:21
♌	16. Nov	19:19
♍	18. Nov	22:15
♎	21. Nov	2:35
♏	23. Nov	8:33
♐	25. Nov	16:33
♑	27. Nov	2:57
♒	30. Nov	15:26
♓	03. Dez	4:23
♈	05. Dez	15:17
♉	07. Dez	22:27
♊	10. Dez	1:50
♋	12. Dez	2:48
♌	14. Dez	3:09
♍	16. Dez	4:30
♎	18. Dez	8:01
♏	20. Dez	14:12
♐	22. Dez	22:57
♑	25. Dez	9:54
♒	27. Dez	22:25
♓	30. Dez	11:27
2001		
♈	01. Jan	23:14
♉	04. Jan	7:57
♊	06. Jan	12:44
♋	08. Jan	14:09
♌	10. Jan	13:44
♍	12. Jan	13:26
♎	14. Jan	15:05
♏	16. Jan	20:02
♐	19. Jan	4:36
♑	21. Jan	15:57
♒	24. Jan	4:43
♓	26. Jan	17:39
♈	29. Jan	5:35
♉	31. Jan	15:21
♊	02. Feb	21:56
♋	05. Feb	1:00
♌	07. Feb	1:21
♍	09. Feb	0:35
♎	11. Feb	0:46
♏	13. Feb	3:51

Tabelle B.2: Mond (Fortsetzung)

♐	15. Feb	11:02	♋	21. Jun	12:41	♒	24. Okt	2:26	♋	22. Feb	17:16	♒	26. Jun	23:36
♑	17. Feb	21:59	♌	23. Jun	13:55	♓	26. Okt	14:56	♌	24. Feb	20:36	♓	29. Jun	9:00
♒	20. Feb	10:53	♍	25. Jun	14:58	♈	29. Okt	3:15	♍	26. Feb	20:47	♈	01. Jul	20:49
♓	22. Feb	23:45	♎	27. Jun	17:11	♉	31. Okt	13:48	♎	28. Feb	19:47	♉	04. Jul	9:16
♈	25. Feb	11:20	♏	29. Jun	21:28	♊	02. Nov	22:12	♏	02. Mrz	19:51	♊	06. Jul	20:01
♉	27. Feb	21:06	♐	02. Jul	4:13	♋	05. Nov	4:44	♐	04. Mrz	22:55	♋	09. Jul	3:36
♊	02. Mrz	4:36	♑	04. Jul	13:21	♌	07. Nov	9:34	♑	07. Mrz	5:48	♌	11. Jul	8:08
♋	04. Mrz	9:24	♒	07. Jul	0:33	♍	09. Nov	12:49	♒	09. Mrz	15:56	♍	13. Jul	10:41
♌	06. Mrz	11:30	♓	09. Jul	13:05	♎	11. Nov	14:53	♓	12. Mrz	3:56	♎	15. Jul	12:39
♍	08. Mrz	11:44	♈	12. Jul	1:36	♏	13. Nov	16:44	♈	14. Mrz	16:34	♏	17. Jul	15:13
♎	10. Mrz	11:47	♉	14. Jul	12:13	♐	15. Nov	19:51	♉	17. Mrz	5:01	♐	19. Jul	19:02
♏	12. Mrz	13:43	♊	16. Jul	19:26	♑	18. Nov	1:40	♊	19. Mrz	16:20	♑	22. Jul	0:26
♐	14. Mrz	19:17	♋	18. Jul	22:56	♒	20. Nov	10:55	♋	22. Mrz	1:06	♒	24. Jul	7:40
♑	17. Mrz	5:02	♌	20. Jul	23:43	♓	22. Nov	22:52	♌	24. Mrz	6:12	♓	26. Jul	17:04
♒	19. Mrz	17:36	♍	22. Jul	23:29	♈	25. Nov	11:21	♍	26. Mrz	7:44	♈	29. Jul	4:39
♓	22. Mrz	6:28	♎	25. Jul	0:08	♉	27. Nov	22:06	♎	28. Mrz	7:04	♉	31. Jul	17:17
♈	24. Mrz	17:44	♏	27. Jul	3:17	♊	30. Nov	6:04	♏	30. Mrz	6:21	♊	03. Aug	4:46
♉	27. Mrz	2:51	♐	29. Jul	9:44	♋	02. Dez	11:30	♐	01. Apr	7:48	♋	05. Aug	13:02
♊	29. Mrz	10:01	♑	31. Jul	19:16	♌	04. Dez	15:15	♑	03. Apr	12:58	♌	07. Aug	17:27
♋	31. Mrz	15:23	♒	03. Aug	6:53	♍	06. Dez	18:11	♒	05. Apr	22:07	♍	09. Aug	19:03
♌	02. Apr	18:54	♓	05. Aug	19:30	♎	08. Dez	20:57	♓	08. Apr	9:57	♎	11. Aug	19:38
♍	04. Apr	20:46	♈	08. Aug	8:05	♏	11. Dez	0:09	♈	10. Apr	22:40	♏	13. Aug	21:01
♎	06. Apr	21:57	♉	10. Aug	19:23	♐	13. Dez	4:30	♉	13. Apr	10:55	♐	16. Aug	0:25
♏	09. Apr	0:01	♊	13. Aug	3:59	♑	15. Dez	10:48	♊	15. Apr	21:56	♑	18. Aug	6:15
♐	11. Apr	4:47	♋	15. Aug	8:55	♒	17. Dez	19:43	♋	18. Apr	7:01	♒	20. Aug	14:16
♑	13. Apr	13:21	♌	17. Aug	10:25	♓	20. Dez	7:09	♌	20. Apr	13:20	♓	23. Aug	0:11
♒	16. Apr	1:11	♍	19. Aug	9:53	♈	22. Dez	19:45	♍	22. Apr	16:35	♈	25. Aug	11:48
♓	18. Apr	14:00	♎	21. Aug	9:19	♉	25. Dez	7:12	♎	24. Apr	17:22	♉	28. Aug	0:32
♈	21. Apr	1:18	♏	23. Aug	10:50	♊	27. Dez	15:39	♏	26. Apr	17:15	♊	30. Aug	12:45
♉	23. Apr	9:56	♐	25. Aug	15:59	♋	29. Dez	20:40	♐	28. Apr	18:13	♋	01. Sep	22:14
♊	25. Apr	16:11	♑	28. Aug	1:02	♌	31. Dez	23:09	♑	30. Apr	22:03	♌	04. Sep	3:36
♋	27. Apr	20:49	♒	30. Aug	12:48				♒	03. Mai	5:43	♍	06. Sep	5:16
♌	30. Apr	0:25	♓	02. Sep	1:32	2002			♓	05. Mai	16:46	♎	08. Sep	4:57
♍	02. Mai	3:16	♈	04. Sep	13:58	♍	03. Jan	0:34	♈	08. Mai	5:22	♏	10. Sep	4:48
♎	04. Mai	5:50	♉	07. Sep	1:18	♎	05. Jan	2:23	♉	10. Mai	17:32	♐	12. Sep	6:44
♏	06. Mai	9:01	♊	09. Sep	10:41	♏	07. Jan	5:41	♊	13. Mai	4:04	♑	14. Sep	11:47
♐	08. Mai	14:05	♋	11. Sep	17:09	♐	09. Jan	10:57	♋	15. Mai	12:33	♒	16. Sep	19:54
♑	10. Mai	22:10	♌	13. Sep	20:16	♑	11. Jan	18:18	♌	17. Mai	18:52	♓	19. Sep	6:18
♒	13. Mai	9:20	♍	15. Sep	20:39	♒	14. Jan	3:41	♍	19. Mai	23:01	♈	21. Sep	18:11
♓	15. Mai	22:01	♎	17. Sep	20:00	♓	16. Jan	15:00	♎	22. Mai	1:19	♉	24. Sep	6:55
♈	18. Mai	9:41	♏	19. Sep	20:27	♈	19. Jan	3:35	♏	24. Mai	2:38	♊	26. Sep	19:26
♉	20. Mai	18:29	♐	22. Sep	0:02	♉	21. Jan	15:47	♐	26. Mai	4:20	♋	29. Sep	6:01
♊	23. Mai	0:12	♑	24. Sep	7:48	♊	24. Jan	1:28	♑	28. Mai	7:54	♌	01. Okt	12:58
♋	25. Mai	3:42	♒	26. Sep	19:05	♋	26. Jan	7:17	♒	30. Mai	14:35	♍	03. Okt	15:52
♌	27. Mai	6:12	♓	29. Sep	7:50	♌	28. Jan	9:31	♓	02. Jun	0:37	♎	05. Okt	15:51
♍	29. Mai	8:38	♈	01. Okt	20:08	♍	30. Jan	9:40	♈	04. Jun	12:51	♏	07. Okt	14:57
♎	31. Mai	11:41	♉	04. Okt	7:01	♎	01. Feb	9:44	♉	07. Jun	1:07	♐	09. Okt	15:21
♏	02. Jun	15:56	♊	06. Okt	16:12	♏	03. Feb	11:35	♊	09. Jun	11:29	♑	11. Okt	18:45
♐	04. Jun	21:58	♋	08. Okt	23:19	♐	05. Feb	16:21	♋	11. Jun	19:15	♒	14. Okt	1:51
♑	07. Jun	6:23	♌	11. Okt	3:54	♑	08. Feb	0:08	♌	14. Jun	0:39	♓	16. Okt	12:07
♒	09. Jun	17:20	♍	13. Okt	5:58	♒	10. Feb	10:15	♍	16. Jun	4:23	♈	19. Okt	0:13
♓	12. Jun	5:53	♎	15. Okt	6:26	♓	12. Feb	21:53	♎	18. Jun	7:11	♉	21. Okt	12:57
♈	14. Jun	18:03	♏	17. Okt	7:03	♈	15. Feb	10:26	♏	20. Jun	9:42	♊	24. Okt	1:17
♉	17. Jun	3:39	♐	19. Okt	9:47	♉	17. Feb	22:58	♐	22. Jun	12:42	♋	26. Okt	12:10
♊	19. Jun	9:42	♑	21. Okt	16:11	♊	20. Feb	9:50	♑	24. Jun	17:01	♌	28. Okt	20:20

Tabelle B.2: Mond (Fortsetzung)

♍	31. Okt	0:59
♎	02. Nov	2:28
♏	04. Nov	2:10
♐	06. Nov	2:01
♑	08. Nov	3:59
♒	10. Nov	9:27
♓	12. Nov	18:42
♈	15. Nov	6:38
♉	17. Nov	19:23
♊	20. Nov	7:25
♋	22. Nov	17:48
♌	25. Nov	2:00
♍	27. Nov	7:42
♎	29. Nov	10:54
♏	01. Dez	12:15
♐	03. Dez	12:58
♑	05. Dez	14:39
♒	07. Dez	18:54
♓	10. Dez	2:46
♈	12. Dez	13:58
♉	15. Dez	2:43
♊	17. Dez	14:43
♋	20. Dez	0:30
♌	22. Dez	7:48
♍	24. Dez	13:05
♎	26. Dez	16:53
♏	28. Dez	19:41
♐	30. Dez	22:01
2003		
♑	02. Jan	0:42
♒	04. Jan	4:56
♓	06. Jan	11:57
♈	08. Jan	22:15
♉	11. Jan	10:48
♊	13. Jan	23:08
♋	16. Jan	8:56
♌	18. Jan	15:29
♍	20. Jan	19:32
♎	22. Jan	22:23
♏	25. Jan	1:09
♐	27. Jan	4:26
♑	29. Jan	8:30
♒	31. Jan	13:44
♓	02. Feb	20:55
♈	05. Feb	6:44
♉	07. Feb	18:59
♊	10. Feb	7:45
♋	12. Feb	18:19
♌	15. Feb	1:04
♍	17. Feb	4:22
♎	19. Feb	5:48
♏	21. Feb	7:09
♐	23. Feb	9:46
♑	25. Feb	14:11
♒	27. Feb	20:24
♓	02. Mrz	4:26
♈	04. Mrz	14:30
♉	07. Mrz	2:36
♊	09. Mrz	15:38
♋	12. Mrz	3:12
♌	14. Mrz	11:06
♍	16. Mrz	14:52
♎	18. Mrz	15:43
♏	20. Mrz	15:38
♐	22. Mrz	16:33
♑	24. Mrz	19:48
♒	27. Mrz	1:51
♓	29. Mrz	10:26
♈	31. Mrz	21:04
♉	03. Apr	9:20
♊	05. Apr	22:24
♋	08. Apr	10:36
♌	10. Apr	19:54
♍	13. Apr	1:07
♎	15. Apr	2:42
♏	17. Apr	2:16
♐	19. Apr	1:51
♑	21. Apr	3:20
♒	23. Apr	7:58
♓	25. Apr	16:02
♈	28. Apr	2:54
♉	30. Apr	15:26
♊	03. Mai	4:27
♋	05. Mai	16:42
♌	08. Mai	2:46
♍	10. Mai	9:31
♎	12. Mai	12:42
♏	14. Mai	13:14
♐	16. Mai	12:43
♑	18. Mai	13:03
♒	20. Mai	16:01
♓	22. Mai	22:41
♈	25. Mai	8:59
♉	27. Mai	21:32
♊	30. Mai	10:32
♋	01. Jun	22:27
♌	04. Jun	8:25
♍	06. Jun	15:51
♎	08. Jun	20:30
♏	10. Jun	22:39
♐	12. Jun	23:12
♑	14. Jun	23:38
♒	17. Jun	1:41
♓	19. Jun	6:57
♈	21. Jun	16:06
♉	24. Jun	4:15
♊	26. Jun	17:13
♋	29. Jun	4:52
♌	01. Jul	14:13
♍	03. Jul	21:16
♎	06. Jul	2:20
♏	08. Jul	5:43
♐	10. Jul	7:48
♑	12. Jul	9:21
♒	14. Jul	11:38
♓	16. Jul	16:14
♈	19. Jul	0:20
♉	21. Jul	11:48
♊	24. Jul	0:42
♋	26. Jul	12:23
♌	28. Jul	21:17
♍	31. Jul	3:27
♎	02. Aug	7:48
♏	04. Aug	11:12
♐	06. Aug	14:11
♑	08. Aug	17:02
♒	10. Aug	20:23
♓	13. Aug	1:19
♈	15. Aug	9:00
♉	17. Aug	19:52
♊	20. Aug	8:41
♋	22. Aug	20:44
♌	25. Aug	5:48
♍	27. Aug	11:27
♎	29. Aug	14:41
♏	31. Aug	17:00
♐	02. Sep	19:32
♑	04. Sep	22:51
♒	07. Sep	3:15
♓	09. Sep	9:07
♈	11. Sep	17:09
♉	14. Sep	3:50
♊	16. Sep	16:32
♋	19. Sep	5:07
♌	21. Sep	15:02
♍	23. Sep	21:04
♎	25. Sep	23:49
♏	28. Sep	0:52
♐	30. Sep	1:57
♑	02. Okt	4:21
♒	04. Okt	8:45
♓	06. Okt	15:20
♈	09. Okt	0:07
♉	11. Okt	11:05
♊	13. Okt	23:45
♋	16. Okt	12:41
♌	18. Okt	23:41
♍	21. Okt	7:01
♎	23. Okt	10:27
♏	25. Okt	11:08
♐	27. Okt	10:55
♑	29. Okt	11:37
♒	31. Okt	14:41
♓	02. Nov	20:52
♈	05. Nov	6:02
♉	07. Nov	17:29
♊	10. Nov	6:14
♋	12. Nov	19:10
♌	15. Nov	6:48
♍	17. Nov	15:36
♎	19. Nov	20:42
♏	21. Nov	22:24
♐	23. Nov	22:02
♑	25. Nov	21:31
♒	27. Nov	22:48
♓	30. Nov	3:25
♈	02. Dez	11:56
♉	04. Dez	23:30
♊	07. Dez	12:26
♋	10. Dez	1:11
♌	12. Dez	12:40
♍	14. Dez	22:07
♎	17. Dez	4:46
♏	19. Dez	8:20
♐	21. Dez	9:16
♑	23. Dez	8:55
♒	25. Dez	9:13
♓	27. Dez	12:10
♈	29. Dez	19:08
2004		
♉	01. Jan	6:02
♊	03. Jan	18:58
♋	06. Jan	7:38
♌	08. Jan	18:38
♍	11. Jan	3:37
♎	13. Jan	10:38
♏	15. Jan	15:33
♐	17. Jan	18:18
♑	19. Jan	19:24
♒	21. Jan	20:11
♓	23. Jan	22:29
♈	26. Jan	4:06
♉	28. Jan	13:46
♊	31. Jan	2:18
♋	02. Feb	15:03
♌	05. Feb	1:50
♍	07. Feb	10:03
♎	09. Feb	16:12
♏	11. Feb	20:58
♐	14. Feb	0:35
♑	16. Feb	3:14
♒	18. Feb	5:27
♓	20. Feb	8:27
♈	22. Feb	13:45
♉	24. Feb	22:30
♊	27. Feb	10:22
♋	29. Feb	23:12
♌	03. Mrz	10:18
♍	05. Mrz	18:18
♎	07. Mrz	23:31
♏	10. Mrz	3:03
♐	12. Mrz	5:57
♑	14. Mrz	8:51
♒	16. Mrz	12:10
♓	18. Mrz	16:26
♈	20. Mrz	22:29
♉	23. Mrz	7:10
♊	25. Mrz	18:35
♋	28. Mrz	7:23
♌	30. Mrz	19:07
♍	02. Apr	3:45
♎	04. Apr	8:52
♏	06. Apr	11:24
♐	08. Apr	12:50
♑	10. Apr	14:33
♒	12. Apr	17:33
♓	14. Apr	22:24
♈	17. Apr	5:24
♉	19. Apr	14:43
♊	22. Apr	2:10
♋	24. Apr	14:56
♌	27. Apr	3:14
♍	29. Apr	13:00
♎	01. Mai	19:03
♏	03. Mai	21:38
♐	05. Mai	22:08
♑	07. Mai	22:17
♒	09. Mai	23:46
♓	12. Mai	3:52
♈	14. Mai	11:02
♉	16. Mai	20:57
♊	19. Mai	8:47
♋	21. Mai	21:35
♌	24. Mai	10:07
♍	26. Mai	20:52
♎	29. Mai	4:22
♏	31. Mai	8:08
♐	02. Jun	8:52
♑	04. Jun	8:12
♒	06. Jun	8:10
♓	08. Jun	10:38
♈	10. Jun	16:49
♉	13. Jun	2:37
♊	15. Jun	14:44
♋	18. Jun	3:37
♌	20. Jun	16:05
♍	23. Jun	3:10
♎	25. Jun	11:50
♏	27. Jun	17:13
♐	29. Jun	19:15
♑	01. Jul	19:01
♒	03. Jul	18:22
♓	05. Jul	19:26

Tabelle B.2: Mond (Fortsetzung)

♈	08. Jul	0:03	♈	25. Okt	11:24	♒	07. Feb	15:26	♒	27. Mai	19:10	♒	14. Sep	10:02
♉	10. Jul	8:51	♉	27. Okt	18:37	♓	09. Feb	14:59	♓	29. Mai	21:09	♓	16. Sep	10:24
♊	12. Jul	20:45	♊	30. Okt	4:11	♈	11. Feb	16:21	♈	01. Jun	1:07	♈	18. Sep	10:43
♋	15. Jul	9:40	♋	01. Nov	15:53	♉	13. Feb	21:18	♉	03. Jun	7:20	♉	20. Sep	12:47
♌	17. Jul	21:56	♌	04. Nov	4:32	♊	16. Feb	6:18	♊	05. Jun	15:36	♊	22. Sep	18:07
♍	20. Jul	8:44	♍	06. Nov	16:00	♋	18. Feb	18:13	♋	08. Jun	1:46	♋	25. Sep	3:10
♎	22. Jul	17:39	♎	09. Nov	0:23	♌	21. Feb	6:54	♌	10. Jun	13:39	♌	27. Sep	15:03
♏	25. Jul	0:08	♏	11. Nov	5:05	♍	23. Feb	18:44	♍	13. Jun	2:22	♍	30. Sep	3:44
♐	27. Jul	3:48	♐	13. Nov	6:56	♎	26. Feb	4:59	♎	15. Jun	13:59	♎	02. Okt	15:24
♑	29. Jul	4:57	♑	15. Nov	7:33	♏	28. Feb	13:21	♏	17. Jun	22:23	♏	05. Okt	1:03
♒	31. Jul	4:54	♒	17. Nov	8:39	♐	02. Mrz	19:29	♐	20. Jun	2:45	♐	07. Okt	8:28
♓	02. Aug	5:34	♓	19. Nov	11:38	♑	04. Mrz	23:12	♑	22. Jun	3:52	♑	09. Okt	13:43
♈	04. Aug	8:59	♈	21. Nov	17:11	♒	07. Mrz	0:49	♒	24. Jun	3:36	♒	11. Okt	17:05
♉	06. Aug	16:26	♉	24. Nov	1:16	♓	09. Mrz	1:32	♓	26. Jun	4:03	♓	13. Okt	19:05
♊	09. Aug	3:33	♊	26. Nov	11:25	♈	11. Mrz	3:03	♈	28. Jun	6:51	♈	15. Okt	20:39
♋	11. Aug	16:20	♋	28. Nov	23:10	♉	13. Mrz	7:05	♉	30. Jun	12:45	♉	17. Okt	23:04
♌	14. Aug	4:30	♌	01. Dez	11:50	♊	15. Mrz	14:44	♊	02. Jul	21:26	♊	20. Okt	3:44
♍	16. Aug	14:49	♍	04. Dez	0:00	♋	18. Mrz	1:44	♋	05. Jul	8:07	♋	22. Okt	11:41
♎	18. Aug	23:09	♎	06. Dez	9:46	♌	20. Mrz	14:17	♌	07. Jul	20:11	♌	24. Okt	22:48
♏	21. Aug	5:37	♏	08. Dez	15:43	♍	23. Mrz	2:10	♍	10. Jul	8:57	♍	27. Okt	11:28
♐	23. Aug	10:08	♐	10. Dez	17:54	♎	25. Mrz	12:00	♎	12. Jul	21:09	♎	29. Okt	23:15
♑	25. Aug	12:46	♑	12. Dez	17:42	♏	27. Mrz	19:29	♏	15. Jul	6:51	♏	01. Nov	8:29
♒	27. Aug	14:08	♒	14. Dez	17:10	♐	30. Mrz	0:56	♐	17. Jul	12:35	♐	03. Nov	14:55
♓	29. Aug	15:33	♓	16. Dez	18:24	♑	01. Apr	4:48	♑	19. Jul	14:26	♑	05. Nov	19:17
♈	31. Aug	18:46	♈	18. Dez	22:52	♒	03. Apr	7:31	♒	21. Jul	13:55	♒	07. Nov	22:31
♉	03. Sep	1:16	♉	21. Dez	6:52	♓	05. Apr	9:45	♓	23. Jul	13:12	♓	10. Nov	1:22
♊	05. Sep	11:24	♊	23. Dez	17:32	♈	07. Apr	12:28	♈	25. Jul	14:23	♈	12. Nov	4:22
♋	07. Sep	23:50	♋	26. Dez	5:38	♉	09. Apr	16:50	♉	27. Jul	18:54	♉	14. Nov	8:02
♌	10. Sep	12:06	♌	28. Dez	18:14	♊	11. Apr	23:55	♊	30. Jul	3:02	♊	16. Nov	13:10
♍	12. Sep	22:16	♍	31. Dez	6:33	♋	14. Apr	10:03	♋	01. Aug	13:52	♋	18. Nov	20:42
♎	15. Sep	5:54				♌	16. Apr	22:17	♌	04. Aug	2:10	♌	21. Nov	7:10
♏	17. Sep	11:25	2005			♍	19. Apr	10:27	♍	06. Aug	14:54	♍	23. Nov	19:41
♐	19. Sep	15:30	♎	02. Jan	17:19	♎	21. Apr	20:27	♎	09. Aug	3:08	♎	26. Nov	7:58
♑	21. Sep	18:35	♏	05. Jan	1:00	♏	24. Apr	3:25	♏	11. Aug	13:35	♏	28. Nov	17:33
♒	23. Sep	21:10	♐	07. Jan	4:44	♐	26. Apr	7:46	♐	13. Aug	20:47	♐	30. Nov	23:32
♓	25. Sep	23:55	♑	09. Jan	5:11	♑	28. Apr	10:33	♑	16. Aug	0:13	♑	03. Dez	2:42
♈	28. Sep	3:57	♒	11. Jan	4:07	♒	30. Apr	12:54	♒	18. Aug	0:39	♒	05. Dez	4:36
♉	30. Sep	10:24	♓	13. Jan	3:50	♓	02. Mai	15:43	♓	19. Aug	23:52	♓	07. Dez	6:44
♊	02. Okt	19:55	♈	15. Jan	6:27	♈	04. Mai	19:36	♈	22. Aug	0:01	♈	09. Dez	10:02
♋	05. Okt	7:54	♉	17. Jan	13:06	♉	07. Mai	1:01	♉	24. Aug	2:58	♉	11. Dez	14:46
♌	07. Okt	20:23	♊	19. Jan	23:24	♊	09. Mai	8:29	♊	26. Aug	9:43	♊	13. Dez	20:59
♍	10. Okt	7:00	♋	22. Jan	11:42	♋	11. Mai	18:20	♋	28. Aug	19:57	♋	16. Dez	5:01
♎	12. Okt	14:32	♌	25. Jan	0:21	♌	14. Mai	6:17	♌	31. Aug	8:14	♌	18. Dez	15:18
♏	14. Okt	19:10	♍	27. Jan	12:24	♍	16. Mai	18:46	♍	02. Sep	20:56	♍	21. Dez	3:39
♐	16. Okt	21:58	♎	29. Jan	23:13	♎	19. Mai	5:30	♎	05. Sep	8:52	♎	23. Dez	16:26
♑	19. Okt	0:07	♏	01. Feb	7:51	♏	21. Mai	12:49	♏	07. Sep	19:10	♏	26. Dez	3:04
♒	21. Okt	2:38	♐	03. Feb	13:21	♐	23. Mai	16:38	♐	10. Sep	3:03	♐	28. Dez	9:43
♓	23. Okt	6:13	♑	05. Feb	15:32	♑	25. Mai	18:11	♑	12. Sep	7:56	♑	30. Dez	12:35

Tabelle B.3: Die Mondknoten

Jahr	Zeichen	Datum	Zeit	
1930	♈	07. Jul	16:58	R
1931	♓	28. Dez	6:23	R
1933	♒	24. Jun	17:33	R
1935	♑	08. Mrz	18:38	R
1936	♐	14. Sep	7:29	R
1938	♏	04. Mrz	0:15	R
1939	♎	11. Sep	23:46	R
1941	♍	24. Mai	8:48	R
1942	♌	21. Nov	6:56	R
1944	♋	11. Mai	15:29	R
1945	♊	02. Dez	19:35	R
1947	♉	02. Aug	11:23	R
1949	♈	26. Jan	0:37	R
1950	♓	26. Jul	21:56	R
1952	♒	28. Mrz	11:44	R
1953	♑	09. Okt	5:28	R
1955	♐	03. Apr	8:06	R
1956	♏	04. Okt	10:36	R
1958	♎	16. Jun	12:43	R
1959	♍	15. Dez	18:36	R
1961	♌	10. Jun	21:07	R
1962	♋	23. Dez	4:33	R
1964	♊	25. Aug	11:23	R
1966	♉	19. Feb	17:41	R
1967	♈	19. Aug	18:23	R
1969	♓	19. Apr	7:54	R
1970	♒	02. Nov	9:13	R
1972	♑	27. Apr	9:03	R
1973	♐	27. Okt	3:00	R
1975	♏	10. Jul	2:20	R
1977	♎	07. Jan	19:05	R
1978	♍	05. Jul	11:41	R
1980	♌	05. Jan	15:55	R
	♍	07. Jan	3:32	
	♌	12. Jan	19:22	R
1981	♋	20. Sep	8:20	R
	♌	21. Sep	11:22	
	♋	24. Sep	7:32	R
1983	♊	16. Mrz	3:06	R
1984	♉	11. Sep	18:02	R
1986	♈	06. Apr	6:32	R
	♉	05. Mai	23:53	
	♈	08. Mai	18:18	R
1987	♓	02. Dez	6:14	R
1989	♒	22. Mai	12:55	R
1990	♑	18. Nov	20:20	R
1992	♐	01. Aug	23:07	R
1994	♏	01. Feb	10:11	R
1995	♎	31. Jul	13:32	R
1997	♍	25. Jan	1:50	R
1998	♌	20. Okt	6:52	R
2000	♋	09. Apr	1:11	R
2001	♊	13. Okt	2:48	R
2003	♉	14. Apr	0:44	R
2004	♈	26. Dez	8:31	R

Tabelle B.4: Merkur

Jahr	Zeichen	Datum	Zeit	
1930	♒	02. Jan	11:25	
	♑	23. Jan	1:30	R
	♒	15. Feb	16:08	
	♓	09. Mrz	23:39	
	♈	27. Mrz	0:36	
	♉	10. Apr	18:05	
	♊	01. Mai	6:31	
	♉	17. Mai	12:06	R
	♊	14. Jun	21:09	
	♋	04. Jul	23:10	
	♌	19. Jul	3:44	
	♍	04. Aug	3:38	
	♎	26. Aug	19:04	
	♍	20. Sep	3:16	R
	♎	11. Okt	5:45	
	♏	29. Okt	15:35	
	♐	17. Nov	6:31	
	♑	06. Dez	21:57	
1931	♒	11. Feb	13:27	
	♓	02. Mrz	18:28	
	♈	18. Mrz	20:31	
	♉	03. Apr	14:38	
	♊	11. Jun	8:27	
	♋	26. Jun	14:49	
	♌	10. Jul	20:56	
	♍	29. Jul	0:24	
	♎	04. Okt	19:27	
	♏	22. Okt	3:08	
	♐	10. Nov	5:27	
	♑	02. Dez	1:00	
	♐	20. Dez	8:59	R
1932	♑	14. Jan	13:47	
	♒	05. Feb	3:36	
	♓	23. Feb	1:50	
	♈	09. Mrz	21:21	
	♉	15. Mai	23:49	
	♊	03. Jun	0:05	
	♋	16. Jun	23:30	
	♌	02. Jul	9:16	
	♍	27. Jul	21:38	
	♌	10. Aug	8:31	R
	♍	09. Sep	8:20	
	♎	26. Sep	2:15	
	♏	13. Okt	16:41	
	♐	02. Nov	21:28	
1933	♑	08. Jan	11:25	
	♒	27. Jan	23:39	
	♓	14. Feb	6:06	
	♈	03. Mrz	11:49	
	♓	25. Mrz	22:49	R
	♈	17. Apr	16:27	
	♉	10. Mai	8:42	
	♊	25. Mai	15:27	
	♋	08. Jun	15:12	
	♌	27. Jun	2:12	
	♍	02. Sep	6:44	
	♎	18. Sep	4:48	
	♏	06. Okt	16:04	
	♐	30. Okt	5:27	
	♏	16. Nov	3:07	R
	♐	12. Dez	4:43	
1934	♑	01. Jan	19:40	
	♒	20. Jan	12:44	
	♓	06. Feb	18:24	
	♈	15. Apr	5:14	
	♉	02. Mai	19:45	
	♊	17. Mai	0:43	
	♋	01. Jun	9:22	
	♌	09. Aug	14:49	
	♍	25. Aug	3:18	
	♎	10. Sep	12:29	
	♏	30. Sep	15:46	
	♐	06. Dez	7:42	
	♑	25. Dez	15:59	
1935	♒	13. Jan	2:20	
	♓	01. Feb	12:16	
	♒	15. Feb	4:02	R
	♓	18. Mrz	22:53	
	♈	08. Apr	19:40	
	♉	24. Apr	13:29	
	♊	08. Mai	18:20	
	♋	29. Mai	20:26	
	♊	20. Jun	18:58	R
	♋	13. Jul	23:22	
	♌	02. Aug	2:48	
	♍	16. Aug	21:39	
	♎	03. Sep	10:33	
	♏	28. Sep	16:52	
	♎	12. Okt	19:03	R
	♏	10. Nov	2:24	
	♐	29. Nov	8:05	
	♑	18. Dez	9:28	

Tabelle B.4: Merkur (Fortsetzung)

1936			
♒	06. Jan	4:32	
♓	13. Mrz	7:40	
♈	31. Mrz	6:08	
♉	15. Apr	2:45	
♊	01. Mai	2:30	
♋	08. Jul	21:47	
♌	23. Jul	16:39	
♍	07. Aug	23:59	
♎	27. Aug	18:43	
♏	02. Nov	12:00	
♐	21. Nov	1:39	
♑	10. Dez	7:40	
1937			
♒	01. Jan	17:41	
♑	09. Jan	22:28	R
♒	14. Feb	1:26	
♓	06. Mrz	15:06	
♈	23. Mrz	4:41	
♉	07. Apr	2:09	
♊	13. Jun	23:28	
♋	01. Jul	3:21	
♌	15. Jul	5:11	
♍	31. Jul	22:07	
♎	08. Okt	11:12	
♏	26. Okt	2:14	
♐	13. Nov	20:25	
♑	04. Dez	0:51	
1938			
♐	06. Jan	22:37	R
♑	12. Jan	23:30	
♒	08. Feb	14:17	
♓	27. Feb	4:01	
♈	15. Mrz	1:02	
♉	01. Apr	14:24	
♈	23. Apr	14:56	R
♉	16. Mai	18:46	
♊	08. Jun	1:32	
♋	22. Jun	14:09	
♌	07. Jul	4:21	
♍	26. Jul	23:55	
♌	03. Sep	3:58	R
♍	10. Sep	16:38	
♎	01. Okt	5:19	
♏	18. Okt	13:43	
♐	07. Nov	0:33	
1939			
♑	12. Jan	8:57	
♒	01. Feb	18:57	
♓	19. Feb	9:09	
♈	07. Mrz	10:14	
♉	14. Mai	14:43	
♊	31. Mai	3:45	
♋	14. Jun	0:01	
♌	30. Jun	7:41	
♍	07. Sep	5:58	
♎	23. Sep	8:48	
♏	11. Okt	6:20	
♐	01. Nov	8:03	
♏	03. Dez	8:22	R
♐	13. Dez	20:16	
1940			
♑	06. Jan	8:56	
♒	25. Jan	11:14	
♓	11. Feb	15:01	
♈	04. Mrz	11:09	
♓	08. Mrz	2:25	R
♈	17. Apr	5:56	
♉	06. Mai	22:14	
♊	21. Mai	14:59	
♋	04. Jun	23:29	
♌	26. Jun	15:32	
♋	21. Jul	2:39	R
♌	11. Aug	18:06	
♍	29. Aug	12:11	
♎	14. Sep	12:34	
♏	03. Okt	13:14	
♐	09. Dez	13:45	
♑	29. Dez	10:35	
1941			
♒	16. Jan	23:36	
♓	03. Feb	14:08	
♒	07. Mrz	3:22	R
♓	16. Mrz	13:26	
♈	12. Apr	8:19	
♉	29. Apr	0:09	
♊	13. Mai	1:50	
♋	29. Mai	18:32	
♌	06. Aug	6:57	
♍	21. Aug	6:18	
♎	07. Sep	0:58	
♏	28. Sep	10:21	
♎	29. Okt	21:34	R
♏	11. Nov	21:11	
♐	03. Dez	1:11	
♑	22. Dez	4:54	
1942			
♒	09. Jan	16:24	
♓	17. Mrz	1:10	
♈	05. Apr	8:06	
♉	20. Apr	14:42	
♊	05. Mai	5:37	
♋	12. Jul	21:24	
♌	29. Jul	5:24	
♍	13. Aug	2:48	
♎	31. Aug	9:27	
♏	07. Nov	2:44	
♐	25. Nov	21:26	
♑	14. Dez	23:21	
1943			
♒	03. Jan	9:27	
♑	28. Jan	0:42	R
♒	15. Feb	20:00	
♓	11. Mrz	5:59	
♈	28. Mrz	12:19	
♉	12. Apr	5:56	
♊	30. Apr	16:56	
♉	26. Mai	11:04	R
♊	14. Jun	1:46	
♋	06. Jul	10:05	
♌	20. Jul	17:08	
♍	05. Aug	11:33	
♎	27. Aug	1:36	
♍	25. Sep	10:56	R
♎	12. Okt	0:27	
♏	31. Okt	0:37	
♐	18. Nov	14:39	
♑	08. Dez	2:47	
1944			
♒	12. Feb	15:17	
♓	03. Mrz	3:45	
♈	19. Mrz	8:43	
♉	03. Apr	18:29	
♊	11. Jun	12:46	
♋	27. Jun	4:40	
♌	11. Jul	8:41	
♍	29. Jul	0:44	
♎	05. Okt	4:17	
♏	22. Okt	12:33	
♐	10. Nov	12:09	
♑	01. Dez	16:31	
♐	24. Dez	0:21	R
1945			
♑	14. Jan	4:04	
♒	05. Feb	10:20	
♓	23. Feb	12:25	
♈	11. Mrz	7:45	
♉	16. Mai	16:21	
♊	04. Jun	11:30	
♋	18. Jun	13:27	
♌	03. Jul	16:39	
♍	26. Jul	15:48	
♌	17. Aug	9:50	R
♍	10. Sep	8:21	
♎	27. Sep	13:08	
♏	15. Okt	1:13	
♐	04. Nov	0:06	
1946			
♑	09. Jan	15:09	
♒	29. Jan	8:22	
♓	15. Feb	16:43	
♈	04. Mrz	10:26	
♓	01. Apr	19:16	R
♈	16. Apr	15:54	
♉	11. Mai	15:29	
♊	27. Mai	5:13	
♋	10. Jun	3:00	
♌	27. Jun	20:07	
♍	03. Sep	17:29	
♎	19. Sep	15:34	
♏	07. Okt	22:21	
♐	30. Okt	12:23	
♏	20. Nov	21:16	R
♐	13. Dez	1:03	
1947			
♑	03. Jan	2:46	
♒	21. Jan	22:06	
♓	08. Feb	2:31	
♈	16. Apr	5:31	
♉	04. Mai	7:03	
♊	18. Mai	14:33	
♋	02. Jun	14:40	
♌	10. Aug	18:40	
♍	26. Aug	15:50	
♎	11. Sep	21:54	
♏	01. Okt	16:26	
♐	07. Dez	13:32	
♑	27. Dez	0:17	
1948			
♒	14. Jan	11:06	
♓	02. Feb	1:46	
♒	20. Feb	12:08	R
♓	18. Mrz	9:14	
♈	09. Apr	3:26	
♉	25. Apr	2:38	
♊	09. Mai	5:38	
♋	28. Mai	11:50	
♊	28. Jun	18:57	R
♋	11. Jul	21:56	
♌	02. Aug	14:54	
♍	17. Aug	9:44	
♎	03. Sep	16:47	
♏	27. Sep	8:19	
♎	17. Okt	4:33	R
♏	10. Nov	3:19	
♐	29. Nov	16:09	
♑	18. Dez	17:46	
1949			
♒	06. Jan	9:53	
♓	14. Mrz	10:52	
♈	01. Apr	17:02	
♉	16. Apr	15:55	
♊	02. Mai	3:19	
♋	10. Jul	4:19	
♌	25. Jul	6:20	
♍	09. Aug	10:04	
♎	28. Aug	16:48	
♏	03. Nov	19:58	
♐	22. Nov	10:06	
♑	11. Dez	14:37	
1950			
♒	01. Jan	13:39	
♑	15. Jan	8:35	R
♒	14. Feb	20:12	
♓	07. Mrz	23:04	
♈	24. Mrz	16:52	
♉	08. Apr	12:13	
♊	14. Jun	15:33	
♋	02. Jul	15:57	
♌	16. Jul	18:08	
♍	02. Aug	3:44	
♎	27. Aug	15:17	
♍	10. Sep	20:16	R
♎	09. Okt	15:40	
♏	27. Okt	11:36	
♐	15. Nov	4:10	
♑	05. Dez	2:57	
1951			
♒	09. Feb	18:50	
♓	28. Feb	14:04	
♈	16. Mrz	12:53	
♉	02. Apr	4:27	
♈	01. Mai	22:25	R
♉	15. Mai	2:40	
♊	09. Jun	9:43	
♋	24. Jun	4:13	
♌	08. Jul	14:39	
♍	27. Jul	16:24	
♎	02. Okt	15:25	
♏	19. Okt	22:52	
♐	08. Nov	5:59	
♑	01. Dez	21:41	
♐	12. Dez	13:39	R
1952			
♑	13. Jan	7:44	
♒	03. Feb	2:38	
♓	20. Feb	19:55	
♈	07. Mrz	18:10	
♉	14. Mai	15:43	

Tabelle B.4: Merkur (Fortsetzung)

♊	31. Mai	16:26	
♋	14. Jun	13:22	
♌	30. Jun	11:27	
♍	07. Sep	13:02	
♎	23. Sep	19:45	
♏	11. Okt	14:05	
♐	01. Nov	6:34	
1953			
♑	06. Jan	14:24	
♒	25. Jan	20:10	
♓	12. Feb	0:57	
♈	02. Mrz	20:21	
♓	15. Mrz	22:16	R
♈	17. Apr	17:48	
♉	08. Mai	7:24	
♊	23. Mai	4:58	
♋	06. Jun	9:23	
♌	26. Jun	12:01	
♋	28. Jul	14:40	R
♌	11. Aug	15:04	
♍	30. Aug	23:59	
♎	15. Sep	22:45	
♏	04. Okt	17:40	
♐	31. Okt	16:49	
♏	06. Nov	23:18	R
♐	10. Dez	15:48	
♑	30. Dez	18:14	
1954			
♒	18. Jan	8:43	
♓	04. Feb	19:03	
♈	13. Apr	12:34	
♉	30. Apr	12:26	
♊	14. Mai	14:57	
♋	30. Mai	17:13	
♌	07. Aug	15:44	
♍	22. Aug	18:42	
♎	08. Sep	9:05	
♏	29. Sep	5:06	
♎	04. Nov	13:37	R
♏	11. Nov	11:25	
♐	04. Dez	8:02	
♑	23. Dez	13:10	
1955			
♒	11. Jan	0:05	
♓	17. Mrz	21:49	
♈	06. Apr	17:15	
♉	22. Apr	3:57	
♊	06. Mai	14:05	
♋	13. Jul	15:44	
♌	30. Jul	18:22	
♍	14. Aug	14:08	
♎	01. Sep	13:06	
♏	08. Nov	7:57	
♐	27. Nov	5:34	
♑	16. Dez	7:06	
1956			
♒	04. Jan	10:16	
♑	02. Feb	13:18	R
♒	15. Feb	7:34	
♓	11. Mrz	11:27	
♈	28. Mrz	23:41	
♉	12. Apr	18:10	
♊	29. Apr	23:41	
♋	06. Jul	20:02	
♌	21. Jul	6:35	
♍	05. Aug	20:06	
♎	26. Aug	14:30	
♍	29. Sep	22:25	R
♎	11. Okt	8:30	
♏	31. Okt	9:19	
♐	18. Nov	22:42	
♑	08. Dez	8:11	
1957			
♒	12. Feb	15:30	
♓	04. Mrz	12:34	
♈	20. Mrz	20:48	
♉	05. Apr	0:37	
♊	12. Jun	14:40	
♋	28. Jun	18:08	
♌	12. Jul	20:41	
♍	30. Jul	2:44	
♎	06. Okt	12:09	
♏	23. Okt	21:50	
♐	11. Nov	19:00	
♑	02. Dez	12:19	
♐	28. Dez	18:30	R
1958			
♑	14. Jan	11:03	
♒	06. Feb	16:21	
♓	24. Feb	22:44	
♈	12. Mrz	18:31	
♉	02. Apr	20:17	
♈	10. Apr	14:51	R
♉	17. Mai	2:53	
♊	05. Jun	21:59	
♋	20. Jun	3:20	
♌	05. Jul	0:46	
♍	26. Jul	11:08	
♌	23. Aug	15:31	R
♍	11. Sep	2:10	
♎	28. Sep	23:45	
♏	16. Okt	9:52	
♐	05. Nov	3:36	
1959			
♑	10. Jan	17:48	
♒	30. Jan	16:41	
♓	17. Feb	3:15	
♈	05. Mrz	12:52	
♉	12. Mai	20:48	
♊	28. Mai	18:35	
♋	11. Jun	15:11	
♌	28. Jun	17:31	
♍	05. Sep	3:28	
♎	21. Sep	2:20	
♏	09. Okt	5:02	
♐	31. Okt	2:16	
♏	25. Nov	12:53	R
♐	13. Dez	16:42	
1960			
♑	04. Jan	9:24	
♒	23. Jan	7:16	
♓	09. Feb	11:13	
♈	16. Apr	3:22	
♉	04. Mai	17:45	
♊	19. Mai	4:27	
♋	02. Jun	21:31	
♌	01. Jul	2:14	
♋	06. Jul	2:22	R
♌	10. Aug	18:49	
♍	27. Aug	4:11	
♎	12. Sep	7:29	
♏	01. Okt	18:17	
♐	07. Dez	18:30	
♑	27. Dez	8:21	
1961			
♒	14. Jan	19:58	
♓	01. Feb	22:39	
♒	24. Feb	21:22	R
♓	18. Mrz	11:16	
♈	10. Apr	10:22	
♉	26. Apr	15:34	
♊	10. Mai	17:34	
♋	28. Mai	18:23	
♌	04. Aug	2:15	
♍	18. Aug	21:52	
♎	04. Sep	23:32	
♏	27. Sep	13:16	
♎	22. Okt	3:29	R
♏	11. Nov	0:53	
♐	30. Nov	23:54	
♑	20. Dez	2:04	
1962			
♒	07. Jan	16:08	
♓	15. Mrz	12:43	
♈	03. Apr	3:32	
♉	18. Apr	5:10	
♊	03. Mai	7:05	
♋	11. Jul	8:36	
♌	26. Jul	19:50	
♍	10. Aug	20:29	
♎	29. Aug	16:48	
♏	05. Nov	3:20	
♐	23. Nov	18:31	
♑	12. Dez	21:51	
1963			
♒	02. Jan	2:10	
♑	20. Jan	5:59	R
♒	15. Feb	11:08	
♓	09. Mrz	6:26	
♈	26. Mrz	4:52	
♉	09. Apr	23:03	
♊	03. Mai	5:17	
♉	10. Mai	21:39	R
♊	15. Jun	0:21	
♋	04. Jul	4:00	
♌	18. Jul	7:19	
♍	03. Aug	10:20	
♎	26. Aug	21:33	
♍	16. Sep	21:29	R
♎	10. Okt	17:44	
♏	28. Okt	20:54	
♐	16. Nov	12:07	
♑	06. Dez	6:17	
1964			
♒	10. Feb	22:30	
♓	29. Feb	23:50	
♈	17. Mrz	0:54	
♉	02. Apr	1:57	
♊	09. Jun	16:45	
♋	24. Jun	18:17	
♌	09. Jul	1:38	
♍	27. Jul	12:35	
♎	03. Okt	1:12	
♏	20. Okt	8:11	
♐	08. Nov	12:02	
♑	30. Nov	20:30	
♐	16. Dez	15:31	R
1965			
♑	13. Jan	4:12	
♒	03. Feb	10:02	
♓	21. Feb	6:40	
♈	09. Mrz	3:19	
♉	15. Mai	14:19	
♊	02. Jun	4:47	
♋	16. Jun	3:04	
♌	01. Jul	16:55	
♍	31. Jul	12:24	
♌	03. Aug	9:09	R
♍	08. Sep	18:14	
♎	25. Sep	6:49	
♏	12. Okt	22:15	
♐	02. Nov	7:04	
1966			
♑	07. Jan	19:26	
♒	27. Jan	5:10	
♓	13. Feb	11:17	
♈	03. Mrz	3:57	
♓	22. Mrz	3:34	R
♈	17. Apr	22:31	
♉	09. Mai	15:48	
♊	24. Mai	18:59	
♋	07. Jun	20:11	
♌	26. Jun	20:05	
♍	01. Sep	11:35	
♎	17. Sep	9:19	
♏	05. Okt	23:03	
♐	30. Okt	8:38	
♏	13. Nov	4:26	R
♐	11. Dez	16:27	
1967			
♑	01. Jan	1:52	
♒	19. Jan	18:05	
♓	06. Feb	1:38	
♈	14. Apr	15:38	
♉	02. Mai	0:26	
♊	16. Mai	4:27	
♋	31. Mai	19:02	
♌	08. Aug	23:09	
♍	24. Aug	7:17	
♎	09. Sep	17:53	
♏	30. Sep	2:46	
♐	05. Dez	14:41	
♑	24. Dez	21:33	
1968			
♒	12. Jan	8:19	
♓	01. Feb	13:57	
♒	11. Feb	19:54	R
♓	17. Mrz	15:45	
♈	07. Apr	2:01	
♉	22. Apr	17:18	
♊	06. Mai	23:56	
♋	29. Mai	23:44	
♊	13. Jun	23:32	R
♋	13. Jul	2:30	
♌	31. Jul	7:11	
♍	15. Aug	1:53	
♎	01. Sep	17:59	
♏	28. Sep	15:40	
♎	07. Okt	23:46	R

Tabelle B.4: Merkur (Fortsetzung)

♏	08. Nov	12:00	
♐	27. Nov	13:47	
♑	16. Dez	15:11	
1969			
♒	04. Jan	13:18	
♓	12. Mrz	16:19	
♈	30. Mrz	10:59	
♉	14. Apr	6:55	
♊	30. Apr	16:18	
♋	08. Jul	4:58	
♌	22. Jul	20:11	
♍	07. Aug	5:21	
♎	27. Aug	7:50	
♍	07. Okt	3:57	R
♎	09. Okt	17:56	
♏	01. Nov	17:53	
♐	20. Nov	7:00	
♑	09. Dez	14:21	
1970			
♒	13. Feb	14:08	
♓	05. Mrz	21:10	
♈	22. Mrz	8:59	
♉	06. Apr	8:40	
♊	13. Jun	13:46	
♋	30. Jun	7:22	
♌	14. Jul	9:06	
♍	31. Jul	6:21	
♎	07. Okt	19:04	
♏	25. Okt	7:16	
♐	13. Nov	2:16	
♑	03. Dez	11:14	
1971			
♐	03. Jan	0:36	R
♑	14. Jan	3:16	
♒	07. Feb	21:51	
♓	26. Feb	8:57	
♈	14. Mrz	5:46	
♉	01. Apr	15:11	
♈	18. Apr	22:52	R
♉	17. Mai	4:32	
♊	07. Jun	7:45	
♋	21. Jun	17:25	
♌	06. Jul	9:53	
♍	26. Jul	18:03	
♌	29. Aug	21:42	R
♍	11. Sep	7:45	
♎	30. Sep	10:19	
♏	17. Okt	18:49	
♐	06. Nov	7:59	
1972			
♑	11. Jan	19:18	
♒	01. Feb	0:46	
♓	18. Feb	13:53	
♈	05. Mrz	17:59	
♉	13. Mai	0:45	
♊	29. Mai	7:46	
♋	12. Jun	3:56	
♌	28. Jun	17:52	
♍	05. Sep	12:36	
♎	21. Sep	13:11	
♏	09. Okt	12:11	
♐	30. Okt	20:27	
♏	29. Nov	8:08	R
♐	13. Dez	0:20	
1973			
♑	04. Jan	15:41	
♒	23. Jan	16:23	
♓	09. Feb	20:30	
♈	16. Apr	22:17	
♉	06. Mai	3:55	
♊	20. Mai	18:24	
♋	04. Jun	5:42	
♌	27. Jun	7:42	
♋	16. Jul	9:03	R
♌	11. Aug	13:21	
♍	28. Aug	16:22	
♎	13. Sep	17:16	
♏	02. Okt	21:12	
♐	08. Dez	22:29	
♑	28. Dez	16:14	
1974			
♒	16. Jan	4:56	
♓	02. Feb	23:42	
♒	02. Mrz	18:49	R
♓	17. Mrz	21:11	
♈	11. Apr	16:20	
♉	28. Apr	4:10	
♊	12. Mai	5:55	
♋	29. Mai	9:03	
♌	05. Aug	12:42	
♍	20. Aug	10:04	
♎	06. Sep	6:48	
♏	28. Sep	1:20	
♎	27. Okt	0:21	R
♏	11. Nov	17:05	
♐	02. Dez	7:17	
♑	21. Dez	10:16	
1975			
♒	08. Jan	22:58	
♓	16. Mrz	12:50	
♈	04. Apr	13:28	
♉	19. Apr	18:20	
♊	04. Mai	12:55	
♋	12. Jul	9:56	
♌	28. Jul	9:05	
♍	12. Aug	7:12	
♎	30. Aug	18:20	
♏	06. Nov	9:58	
♐	25. Nov	2:44	
♑	14. Dez	5:10	
1976			
♒	02. Jan	21:22	
♑	25. Jan	2:30	R
♒	15. Feb	20:03	
♓	09. Mrz	13:02	
♈	26. Mrz	16:36	
♉	10. Apr	10:29	
♊	30. Apr	0:11	
♉	19. Mai	20:21	R
♊	13. Jun	20:20	
♋	04. Jul	15:18	
♌	18. Jul	20:35	
♍	03. Aug	17:41	
♎	25. Aug	21:52	
♍	21. Sep	8:15	R
♎	10. Okt	15:47	
♏	29. Okt	5:55	
♐	16. Nov	20:02	
♑	06. Dez	10:25	
1977			
♒	11. Feb	0:55	
♓	02. Mrz	9:09	
♈	18. Mrz	12:56	
♉	03. Apr	3:46	
♊	10. Jun	22:07	
♋	26. Jun	8:07	
♌	10. Jul	13:00	
♍	28. Jul	11:15	
♎	04. Okt	10:16	
♏	21. Okt	17:23	
♐	09. Nov	18:20	
♑	01. Dez	7:43	
♐	21. Dez	8:18	R
1978			
♑	13. Jan	21:07	
♒	04. Feb	16:54	
♓	22. Feb	17:11	
♈	10. Mrz	13:10	
♉	16. Mai	9:20	
♊	03. Jun	16:26	
♋	17. Jun	16:49	
♌	02. Jul	23:28	
♍	27. Jul	7:10	
♌	13. Aug	8:05	R
♍	09. Sep	20:23	
♎	26. Sep	17:40	
♏	14. Okt	6:30	
♐	03. Nov	8:48	
1979			
♑	08. Jan	23:33	
♒	28. Jan	13:49	
♓	14. Feb	21:38	
♈	03. Mrz	22:32	
♓	28. Mrz	11:39	R
♈	17. Apr	13:48	
♉	10. Mai	23:03	
♊	26. Mai	8:44	
♋	09. Jun	7:32	
♌	27. Jun	10:51	
♍	02. Sep	22:39	
♎	18. Sep	19:59	
♏	07. Okt	4:55	
♐	30. Okt	8:06	
♏	18. Nov	4:08	R
♐	12. Dez	14:34	
1980			
♑	02. Jan	9:02	
♒	21. Jan	3:18	
♓	07. Feb	9:07	
♈	14. Apr	16:58	
♉	02. Mai	11:56	
♊	16. Mai	18:06	
♋	31. Mai	23:05	
♌	09. Aug	4:31	
♍	24. Aug	19:47	
♎	10. Sep	3:00	
♏	30. Sep	2:16	
♐	05. Dez	20:45	
♑	25. Dez	5:46	
1981			
♒	12. Jan	16:48	
♓	31. Jan	18:35	
♒	16. Feb	9:02	R
♓	18. Mrz	5:33	
♈	08. Apr	10:11	
♉	24. Apr	6:31	
♊	08. Mai	10:42	
♋	28. Mai	18:04	
♊	22. Jun	23:51	R
♋	12. Jul	22:08	
♌	01. Aug	19:30	
♍	16. Aug	13:47	
♎	02. Sep	23:40	
♏	27. Sep	12:02	
♎	14. Okt	3:09	R
♏	09. Nov	14:14	
♐	28. Nov	21:52	
♑	17. Dez	23:21	
1982			
♒	05. Jan	17:49	
♓	13. Mrz	20:11	
♈	31. Mrz	21:59	
♉	15. Apr	19:54	
♊	01. Mai	14:29	
♋	09. Jul	12:26	
♌	24. Jul	9:48	
♍	08. Aug	15:06	
♎	28. Aug	4:22	
♏	03. Nov	2:10	
♐	21. Nov	15:28	
♑	10. Dez	21:04	
1983			
♒	01. Jan	14:32	
♑	12. Jan	7:55	R
♒	14. Feb	10:36	
♓	07. Mrz	5:23	
♈	23. Mrz	21:09	
♉	07. Apr	18:04	
♊	14. Jun	9:06	
♋	01. Jul	20:18	
♌	15. Jul	21:57	
♍	01. Aug	11:22	
♎	29. Aug	7:07	
♍	06. Sep	3:30	R
♎	09. Okt	0:44	
♏	26. Okt	16:47	
♐	14. Nov	9:56	
♑	04. Dez	12:22	
1984			
♒	09. Feb	2:50	
♓	27. Feb	19:07	
♈	14. Mrz	17:27	
♉	31. Mrz	21:25	
♈	25. Apr	12:49	R
♉	15. Mai	13:33	
♊	07. Jun	16:45	
♋	22. Jun	7:39	
♌	06. Jul	19:56	
♍	26. Jul	7:49	
♎	30. Sep	20:44	
♏	18. Okt	4:01	
♐	06. Nov	13:09	
♑	01. Dez	17:29	
♐	07. Dez	22:46	R
1985			
♑	11. Jan	19:25	
♒	01. Feb	8:43	
♓	19. Feb	0:41	

Tabelle B.4: Merkur (Fortsetzung)

♈	07. Mrz	1:07	
♉	14. Mai	3:10	
♊	30. Mai	20:44	
♋	13. Jun	17:11	
♌	29. Jun	20:34	
♍	06. Sep	20:39	
♎	23. Sep	0:13	
♏	10. Okt	19:50	
♐	31. Okt	17:44	
♏	04. Dez	20:23	R
♐	12. Dez	12:05	
1986			
♑	05. Jan	21:42	
♒	25. Jan	1:33	
♓	11. Feb	6:21	
♈	03. Mrz	8:22	
♓	11. Mrz	18:36	R
♈	17. Apr	13:33	
♉	07. Mai	13:33	
♊	22. Mai	8:26	
♋	05. Jun	15:06	
♌	26. Jun	15:15	
♋	23. Jul	22:51	R
♌	11. Aug	22:09	
♍	30. Aug	4:28	
♎	15. Sep	3:28	
♏	04. Okt	1:19	
♐	10. Dez	1:34	
♑	30. Dez	0:09	
1987			
♒	17. Jan	14:08	
♓	04. Feb	3:31	
♒	11. Mrz	22:55	R
♓	13. Mrz	22:09	
♈	12. Apr	21:23	
♉	29. Apr	16:39	
♊	13. Mai	18:50	
♋	30. Mai	5:21	
♌	06. Aug	22:20	
♍	21. Aug	22:36	
♎	07. Sep	14:52	
♏	28. Sep	18:21	
♎	01. Nov	2:57	R
♏	11. Nov	22:57	
♐	03. Dez	14:33	
♑	22. Dez	18:40	
1988			
♒	10. Jan	6:28	
♓	16. Mrz	11:09	
♈	04. Apr	23:04	
♉	20. Apr	7:42	
♊	04. Mai	20:40	
♋	12. Jul	7:42	
♌	28. Jul	22:19	
♍	12. Aug	18:29	
♎	30. Aug	21:25	
♏	06. Nov	15:57	
♐	25. Nov	11:04	
♑	14. Dez	12:53	
1989			
♒	02. Jan	20:41	
♑	29. Jan	5:06	R
♒	14. Feb	19:11	
♓	10. Mrz	19:07	
♈	28. Mrz	4:16	
♉	11. Apr	22:36	
♊	29. Apr	20:53	
♉	28. Mai	23:53	R
♊	12. Jun	9:56	
♋	06. Jul	1:55	
♌	20. Jul	10:04	
♍	05. Aug	1:54	
♎	26. Aug	7:14	
♍	26. Sep	16:28	R
♎	11. Okt	7:11	
♏	30. Okt	14:53	
♐	18. Nov	4:10	
♑	07. Dez	15:30	
1990			
♒	12. Feb	2:11	
♓	03. Mrz	18:14	
♈	20. Mrz	1:04	
♉	04. Apr	8:35	
♊	12. Jun	1:29	
♋	27. Jun	21:46	
♌	13. Jul	0:48	
♍	29. Jul	12:10	
♎	05. Okt	18:44	
♏	23. Okt	2:46	
♐	11. Nov	1:06	
♑	02. Dez	1:13	
♐	25. Dez	23:57	R
1991			
♑	14. Jan	9:02	
♒	05. Feb	23:20	
♓	24. Feb	3:35	
♈	11. Mrz	23:40	
♉	16. Mai	23:45	
♊	05. Jun	3:24	
♋	19. Jun	6:40	
♌	04. Jul	7:05	
♍	26. Jul	14:00	
♌	19. Aug	22:40	R
♍	10. Sep	18:14	
♎	28. Sep	4:26	
♏	15. Okt	15:01	
♐	04. Nov	11:41	
1992			
♑	10. Jan	2:46	
♒	29. Jan	22:15	
♓	16. Feb	8:04	
♈	03. Mrz	22:45	
♓	04. Apr	0:52	R
♈	14. Apr	18:35	
♉	11. Mai	5:10	
♊	26. Mai	22:16	
♋	09. Jun	19:27	
♌	27. Jun	6:11	
♍	03. Sep	9:03	
♎	19. Sep	6:41	
♏	07. Okt	11:13	
♐	29. Okt	18:02	
♏	21. Nov	20:44	R
♐	12. Dez	9:05	
1993			
♑	02. Jan	15:47	
♒	21. Jan	12:25	
♓	07. Feb	17:19	
♈	15. Apr	16:18	
♉	03. Mai	22:54	
♊	18. Mai	7:53	
♋	02. Jun	4:54	
♌	10. Aug	6:51	
♍	26. Aug	8:06	
♎	11. Sep	12:18	
♏	01. Okt	3:09	
♐	07. Dez	2:04	
♑	26. Dez	13:47	
1994			
♒	14. Jan	1:25	
♓	01. Feb	11:28	
♒	21. Feb	16:15	R
♓	18. Mrz	13:04	
♈	09. Apr	17:30	
♉	25. Apr	19:27	
♊	09. Mai	22:08	
♋	28. Mai	15:52	
♊	03. Jul	0:18	R
♋	10. Jul	13:41	
♌	03. Aug	7:09	
♍	18. Aug	1:44	
♎	04. Sep	5:55	
♏	27. Sep	9:51	
♎	19. Okt	7:19	R
♏	10. Nov	13:46	
♐	29. Nov	5:38	
♑	19. Dez	7:26	
1995			
♒	06. Jan	23:17	
♓	14. Mrz	22:35	
♈	02. Apr	8:29	
♉	17. Apr	8:54	
♊	02. Mai	16:18	
♋	10. Jul	17:58	
♌	25. Jul	23:19	
♍	10. Aug	1:13	
♎	29. Aug	3:07	
♏	04. Nov	9:50	
♐	22. Nov	23:46	
♑	12. Dez	3:57	
1996			
♒	01. Jan	19:06	
♑	17. Jan	10:37	R
♒	15. Feb	3:44	
♓	07. Mrz	12:53	
♈	24. Mrz	9:03	
♉	08. Apr	4:16	
♊	13. Jun	22:45	
♋	02. Jul	8:37	
♌	16. Jul	10:56	
♍	01. Aug	17:17	
♎	26. Aug	6:17	
♍	12. Sep	10:32	R
♎	09. Okt	4:13	
♏	27. Okt	2:01	
♐	14. Nov	17:36	
♑	04. Dez	14:48	
1997			
♒	09. Feb	6:53	
♓	28. Feb	4:54	
♈	16. Mrz	5:13	
♉	01. Apr	14:45	
♈	05. Mai	2:48	R
♉	12. Mai	11:25	
♊	09. Jun	0:25	
♋	23. Jun	21:41	
♌	08. Jul	6:28	
♍	27. Jul	1:42	
♎	02. Okt	6:38	
♏	19. Okt	13:08	
♐	07. Nov	18:42	
♑	30. Nov	20:11	
♐	13. Dez	19:06	R
1998			
♑	12. Jan	17:20	
♒	02. Feb	16:15	
♓	20. Feb	11:22	
♈	08. Mrz	9:28	
♉	15. Mai	3:10	
♊	01. Jun	9:07	
♋	15. Jun	6:33	
♌	01. Jul	0:52	
♍	08. Sep	2:58	
♎	24. Sep	11:13	
♏	12. Okt	3:44	
♐	01. Nov	17:02	
1999			
♑	07. Jan	3:04	
♒	26. Jan	10:32	
♓	12. Feb	16:28	
♈	02. Mrz	23:50	
♓	18. Mrz	10:23	R
♈	17. Apr	23:09	
♉	08. Mai	22:22	
♊	23. Mai	22:22	
♋	07. Jun	1:18	
♌	26. Jun	16:39	
♋	31. Jul	19:44	R
♌	11. Aug	5:25	
♍	31. Aug	16:15	
♎	16. Sep	13:53	
♏	05. Okt	6:12	
♐	30. Okt	21:08	
♏	09. Nov	21:13	R
♐	11. Dez	3:09	
♑	31. Dez	7:48	
2000			
♒	18. Jan	23:20	
♓	05. Feb	9:09	
♈	13. Apr	1:17	
♉	30. Apr	4:53	
♊	14. Mai	8:10	
♋	30. Mai	5:27	
♌	07. Aug	6:42	
♍	22. Aug	11:11	
♎	07. Sep	23:22	
♏	28. Sep	14:28	
♎	07. Nov	8:28	R
♏	08. Nov	22:42	
♐	03. Dez	21:26	
♑	32.12.20003:03		
2001			
♒	10. Jan	14:26	
♓	01. Feb	8:13	
♒	06. Feb	20:57	R
♓	17. Mrz	7:05	
♈	06. Apr	8:14	
♉	21. Apr	21:08	
♊	06. Mai	5:53	

Tabelle B.4: Merkur (Fortsetzung)

♋	12. Jul	23:47	
♌	30. Jul	11:18	
♍	14. Aug	6:04	
♎	01. Sep	1:37	
♏	07. Nov	20:53	
♐	26. Nov	19:23	
♑	15. Dez	20:55	
2002			
♒	03. Jan	22:38	
♑	04. Feb	5:19	R
♒	13. Feb	18:20	
♓	12. Mrz	0:34	
♈	29. Mrz	15:44	
♉	13. Apr	11:10	
♊	30. Apr	8:15	
♋	07. Jul	11:35	
♌	21. Jul	23:41	
♍	06. Aug	10:51	
♎	26. Aug	22:10	
♍	02. Okt	10:26	R
♎	11. Okt	6:56	
♏	31. Okt	23:43	
♐	19. Nov	12:29	
♑	08. Dez	21:21	
2003			
♒	13. Feb	2:00	
♓	05. Mrz	3:04	
♈	21. Mrz	13:16	
♉	05. Apr	15:37	
♊	13. Jun	2:34	
♋	29. Jun	11:17	
♌	13. Jul	13:10	
♍	30. Jul	15:05	
♎	07. Okt	2:28	
♏	24. Okt	12:20	
♐	12. Nov	8:19	
♑	02. Dez	22:34	
♐	30. Dez	20:52	R
2004			
♑	14. Jan	12:02	
♒	07. Feb	5:20	
♓	25. Feb	13:58	
♈	12. Mrz	10:44	
♉	01. Apr	3:27	
♈	13. Apr	2:23	R
♉	16. Mai	7:54	
♊	05. Jun	13:47	
♋	19. Jun	20:49	
♌	04. Jul	15:52	
♍	25. Jul	14:58	
♌	25. Aug	2:33	R
♍	10. Sep	8:38	
♎	28. Sep	15:13	
♏	15. Okt	23:57	
♐	04. Nov	15:40	
2005			
♑	10. Jan	5:09	
♒	30. Jan	6:37	
♓	16. Feb	18:46	
♈	05. Mrz	2:34	
♉	12. Mai	10:13	
♊	28. Mai	11:44	
♋	11. Jun	8:03	
♌	28. Jun	5:01	
♍	04. Sep	18:52	
♎	20. Sep	17:40	
♏	08. Okt	18:15	
♐	30. Okt	10:02	
♏	26. Nov	12:53	R
♐	12. Dez	22:19	

Tabelle B.5: Venus

1930			
♒	03. Jan	1:22	
♓	16. Feb	23:11	
♈	12. Mrz	23:34	
♉	06. Apr	3:57	
♊	30. Apr	13:37	
♋	25. Mai	5:36	
♌	19. Jun	5:39	
♍	14. Jul	17:34	
♎	10. Aug	1:54	
♏	07. Sep	5:05	
♐	12. Okt	3:45	
♏	22. Nov	8:44	R
1931			
♐	03. Jan	21:03	
♑	06. Feb	13:25	
♒	05. Mrz	22:46	
♓	31. Mrz	20:04	
♈	26. Apr	3:10	
♉	21. Mai	3:38	
♊	15. Jun	0:04	
♋	09. Jul	16:35	
♌	03. Aug	4:29	
♍	27. Aug	11:42	
♎	20. Sep	15:15	
♏	14. Okt	16:45	
♐	07. Nov	17:32	
♑	01. Dez	18:29	
♒	25. Dez	20:44	
1932			
♓	19. Jan	2:52	
♈	12. Feb	17:58	
♉	09. Mrz	3:07	
♊	05. Apr	1:19	
♋	06. Mai	10:04	
♊	13. Jul	11:33	R
♋	28. Jul	13:36	
♌	08. Sep	20:45	
♍	07. Okt	6:46	
♎	02. Nov	5:01	
♏	27. Nov	1:06	
♐	21. Dez	8:43	
1933			
♑	14. Jan	10:56	
♒	07. Feb	11:30	
♓	03. Mrz	12:24	
♈	27. Mrz	14:58	
♉	20. Apr	20:00	
♊	15. Mai	3:47	
♋	08. Jun	14:01	
♌	03. Jul	2:29	
♍	27. Jul	17:45	
♎	21. Aug	13:23	
♏	15. Sep	15:54	
♐	11. Okt	5:32	
♑	06. Nov	17:02	
♒	05. Dez	19:00	
1934			
♓	06. Apr	10:23	
♈	06. Mai	9:54	
♉	02. Jun	11:11	
♊	28. Jun	10:38	
♋	23. Jul	19:22	
♌	17. Aug	16:45	
♍	11. Sep	4:32	
♎	05. Okt	8:56	
♏	29. Okt	8:37	
♐	21. Nov	5:59	
♑	16. Dez	2:39	
1935			
♒	08. Jan	23:44	
♓	01. Feb	22:36	
♈	26. Feb	1:30	
♉	22. Mrz	11:29	
♊	16. Apr	8:37	
♋	11. Mai	23:01	
♌	07. Jun	20:11	
♍	07. Jul	21:33	
♎	09. Nov	17:34	
♏	08. Dez	15:36	
1936			
♐	03. Jan	15:16	
♑	28. Jan	15:00	
♒	22. Feb	5:14	
♓	17. Mrz	15:53	
♈	11. Apr	1:41	
♉	05. Mai	11:53	
♊	29. Mai	22:39	
♋	23. Jun	9:16	
♌	17. Jul	18:51	
♍	11. Aug	3:11	
♎	04. Sep	11:02	
♏	28. Sep	19:36	
♐	23. Okt	6:00	
♑	16. Nov	19:36	
♒	11. Dez	15:51	
1937			
♓	06. Jan	4:18	
♈	02. Feb	11:39	
♉	09. Mrz	14:19	
♈	14. Apr	5:19	R
♉	04. Jun	7:41	
♊	07. Jul	22:13	
♋	04. Aug	21:14	
♌	31. Aug	1:08	
♍	24. Sep	5:03	
♎	19. Okt	17:33	
♏	12. Nov	20:43	
♐	06. Dez	19:06	
♑	30. Dez	15:42	
1938			
♒	23. Jan	12:16	
♓	16. Feb	10:00	
♈	12. Mrz	10:20	
♉	05. Apr	14:46	
♊	30. Apr	0:35	
♋	24. Mai	16:56	
♌	18. Jun	17:37	
♍	14. Jul	6:44	
♎	09. Aug	17:26	
♏	07. Sep	2:36	
♐	13. Okt	19:49	
♏	15. Nov	17:07	R
1939			
♐	04. Jan	22:48	
♑	06. Feb	10:20	
♒	05. Mrz	14:29	
♓	31. Mrz	9:34	
♈	25. Apr	15:28	
♉	20. Mai	15:13	
♊	14. Jun	11:11	
♋	09. Jul	3:25	
♌	02. Aug	15:11	
♍	26. Aug	22:24	
♎	20. Sep	2:02	
♏	14. Okt	3:41	
♐	07. Nov	4:41	
♑	01. Dez	5:52	
♒	25. Dez	8:25	
1940			
♓	18. Jan	15:00	
♈	12. Feb	6:51	
♉	08. Mrz	17:25	
♊	04. Apr	19:10	
♋	06. Mai	19:47	
♊	05. Jul	17:17	R
♋	01. Aug	3:20	
♌	08. Sep	17:59	
♍	06. Okt	22:10	
♎	01. Nov	18:24	
♏	26. Nov	13:32	
♐	20. Dez	20:36	
1941			
♑	13. Jan	22:29	
♒	06. Feb	22:49	
♓	02. Mrz	23:33	
♈	27. Mrz	1:58	
♉	20. Apr	6:53	
♊	14. Mai	14:36	
♋	08. Jun	0:53	
♌	02. Jul	13:33	
♍	27. Jul	5:12	
♎	21. Aug	1:29	
♏	15. Sep	5:01	
♐	10. Okt	20:21	
♑	06. Nov	11:17	
♒	06. Dez	0:04	

Tabelle B.5: Venus (Fortsetzung)

1942			
♓	06. Apr	14:14	
♈	06. Mai	3:26	
♉	02. Jun	1:26	
♊	27. Jun	23:18	
♋	23. Jul	7:10	
♌	17. Aug	4:04	
♍	10. Sep	15:38	
♎	04. Okt	19:58	
♏	28. Okt	19:40	
♐	21. Nov	17:07	
♑	15. Dez	13:53	
1943			
♒	08. Jan	11:03	
♓	01. Feb	10:02	
♈	25. Feb	13:04	
♉	21. Mrz	23:24	
♊	15. Apr	21:12	
♋	11. Mai	12:56	
♌	07. Jun	13:09	
♍	08. Jul	0:56	
♎	09. Nov	19:25	
♏	08. Dez	8:45	
1944			
♐	03. Jan	5:43	
♑	28. Jan	4:11	
♒	21. Feb	17:40	
♓	17. Mrz	3:46	
♈	10. Apr	13:09	
♉	04. Mai	23:04	
♊	29. Mai	9:39	
♋	22. Jun	20:12	
♌	17. Jul	5:47	
♍	10. Aug	14:13	
♎	03. Sep	22:16	
♏	28. Sep	7:12	
♐	22. Okt	18:07	
♑	16. Nov	8:26	
♒	11. Dez	5:47	
1945			
♓	05. Jan	20:18	
♈	02. Feb	9:07	
♉	11. Mrz	12:17	
♈	07. Apr	20:15	R
♉	04. Jun	23:58	
♊	07. Jul	17:20	
♋	04. Aug	11:59	
♌	30. Aug	14:05	
♍	24. Sep	17:06	
♎	19. Okt	5:09	
♏	12. Nov	8:05	
♐	06. Dez	6:22	
♑	30. Dez	2:56	
1946			
♒	22. Jan	23:28	
♓	15. Feb	21:11	
♈	11. Mrz	21:32	
♉	05. Apr	2:01	
♊	29. Apr	11:59	
♋	24. Mai	4:39	
♌	18. Jun	6:00	
♍	13. Jul	20:22	
♎	09. Aug	9:34	
♏	07. Sep	1:16	
♐	16. Okt	11:45	
♏	08. Nov	9:56	R
1947			
♐	05. Jan	17:45	
♑	06. Feb	6:41	
♒	05. Mrz	6:09	
♓	30. Mrz	23:14	
♈	25. Apr	4:03	
♉	20. Mai	3:06	
♊	13. Jun	22:35	
♋	08. Jul	14:30	
♌	02. Aug	2:06	
♍	26. Aug	9:17	
♎	19. Sep	13:01	
♏	13. Okt	14:49	
♐	06. Nov	15:59	
♑	30. Nov	17:23	
♒	24. Dez	20:13	
1948			
♓	18. Jan	3:14	
♈	11. Feb	19:51	
♉	08. Mrz	7:59	
♊	04. Apr	13:40	
♋	07. Mai	9:27	
♊	29. Jun	8:58	R
♋	03. Aug	3:15	
♌	08. Sep	14:40	
♍	06. Okt	13:25	
♎	01. Nov	7:42	
♏	26. Nov	1:55	
♐	20. Dez	8:28	
1949			
♑	13. Jan	10:01	
♒	06. Feb	10:05	
♓	02. Mrz	10:38	
♈	26. Mrz	12:54	
♉	19. Apr	17:44	
♊	14. Mai	1:25	
♋	07. Jun	11:47	
♌	02. Jul	0:40	
♍	26. Jul	16:43	
♎	20. Aug	13:39	
♏	14. Sep	18:12	
♐	10. Okt	11:18	
♑	06. Nov	5:53	
♒	06. Dez	7:06	
1950			
♓	06. Apr	16:13	
♈	05. Mai	20:19	
♉	01. Jun	15:19	
♊	27. Jun	11:45	
♋	22. Jul	18:50	
♌	06. Aug	15:18	
♍	10. Sep	2:37	
♎	04. Okt	6:51	
♏	28. Okt	6:33	
♐	21. Nov	4:03	
♑	15. Dez	0:54	
1951			
♒	07. Jan	22:10	
♓	31. Jan	21:14	
♈	25. Feb	0:26	
♉	21. Mrz	11:05	
♊	15. Apr	9:33	
♋	11. Mai	2:41	
♌	07. Jun	6:10	
♍	08. Jul	5:54	
♎	09. Nov	19:48	
♏	08. Dez	1:19	
1952			
♐	02. Jan	19:44	
♑	27. Jan	16:58	
♒	21. Feb	5:42	
♓	16. Mrz	15:18	
♈	10. Apr	0:17	
♉	04. Mai	9:55	
♊	28. Mai	20:19	
♋	22. Jun	6:46	
♌	16. Jul	16:23	
♍	10. Aug	0:58	
♎	03. Sep	9:17	
♏	27. Sep	18:36	
♐	22. Okt	6:02	
♑	15. Nov	21:03	
♒	10. Dez	19:30	
1953			
♓	05. Jan	12:10	
♈	02. Feb	6:54	
♉	14. Mrz	19:58	
♈	31. Mrz	6:17	R
♉	05. Jun	11:34	
♊	07. Jul	11:30	
♋	04. Aug	2:08	
♌	30. Aug	2:35	
♍	24. Sep	4:48	
♎	18. Okt	16:27	
♏	11. Nov	19:12	
♐	05. Dez	17:24	
♑	29. Dez	13:53	
1954			
♒	22. Jan	10:20	
♓	15. Feb	8:01	
♈	11. Mrz	8:22	
♉	04. Apr	12:55	
♊	28. Apr	23:03	
♋	23. Mai	16:04	
♌	17. Jun	18:04	
♍	13. Jul	9:43	
♎	09. Aug	1:34	
♏	07. Sep	0:29	
♐	23. Okt	23:07	
♏	27. Okt	11:42	R
1955			
♐	06. Jan	7:48	
♑	06. Feb	2:15	
♒	04. Mrz	21:22	
♓	30. Mrz	12:30	
♈	24. Apr	16:13	
♉	19. Mai	14:35	
♊	13. Jun	9:38	
♋	08. Jul	1:15	
♌	01. Aug	12:43	
♍	25. Aug	19:52	
♎	18. Sep	23:41	
♏	13. Okt	1:39	
♐	06. Nov	3:02	
♑	30. Nov	4:42	
♒	24. Dez	7:52	
1956			
♓	17. Jan	15:22	
♈	11. Feb	8:46	
♉	07. Mrz	22:31	
♊	04. Apr	8:23	
♋	08. Mai	3:17	
♊	23. Jun	13:10	R
♋	04. Aug	10:49	
♌	08. Sep	10:23	
♍	06. Okt	4:12	
♎	31. Okt	20:40	
♏	25. Nov	14:01	
♐	19. Dez	20:07	
1957			
♑	12. Jan	21:23	
♒	05. Feb	21:16	
♓	01. Mrz	21:39	
♈	25. Mrz	23:46	
♉	19. Apr	4:28	
♊	13. Mai	12:08	
♋	06. Jun	22:35	
♌	01. Jul	11:42	
♍	26. Jul	4:10	
♎	20. Aug	1:44	
♏	14. Sep	7:20	
♐	10. Okt	2:16	
♑	06. Nov	0:46	
♒	06. Dez	16:26	
1958			
♓	06. Apr	17:00	
♈	05. Mai	12:59	
♉	01. Jun	5:07	
♊	27. Jun	0:08	
♋	22. Jul	6:26	
♌	16. Aug	2:28	
♍	09. Sep	13:35	
♎	03. Okt	17:44	
♏	27. Okt	17:26	
♐	20. Nov	14:59	
♑	14. Dez	11:55	
1959			
♒	07. Jan	9:16	
♓	31. Jan	8:28	
♈	24. Feb	11:53	
♉	20. Mrz	22:55	
♊	14. Apr	22:08	
♋	10. Mai	16:45	
♌	06. Jun	23:43	
♍	08. Jul	13:08	
♌	20. Sep	4:01	R
♍	25. Sep	9:15	
♎	09. Nov	19:11	
♏	07. Dez	17:41	
1960			
♐	02. Jan	9:43	
♑	27. Jan	5:46	
♒	20. Feb	17:47	
♓	16. Mrz	2:53	
♈	09. Apr	11:32	
♉	03. Mai	20:56	
♊	28. Mai	7:11	
♋	21. Jun	17:34	
♌	16. Jul	3:11	
♍	09. Aug	11:54	
♎	02. Sep	20:29	

Tabelle B.5: Venus (Fortsetzung)

♏	27. Sep	6:13	
♐	21. Okt	18:12	
♑	15. Nov	9:57	
♒	10. Dez	9:34	
1961			
♓	05. Jan	4:31	
♈	02. Feb	5:46	
♉	05. Jun	20:25	
♊	07. Jul	5:32	
♋	03. Aug	16:28	
♌	29. Aug	15:18	
♍	23. Sep	16:43	
♎	18. Okt	3:58	
♏	11. Nov	6:33	
♐	05. Dez	4:40	
♑	29. Dez	1:07	
1962			
♒	21. Jan	21:31	
♓	14. Feb	19:09	
♈	10. Mrz	19:28	
♉	04. Apr	0:05	
♊	28. Apr	10:23	
♋	23. Mai	3:46	
♌	17. Jun	6:31	
♍	12. Jul	23:32	
♎	08. Aug	18:13	
♏	07. Sep	1:11	
1963			
♐	06. Jan	18:35	
♑	05. Feb	21:36	
♒	04. Mrz	12:41	
♓	30. Mrz	2:00	
♈	24. Apr	4:39	
♉	19. Mai	2:21	
♊	12. Jun	20:57	
♋	07. Jul	12:18	
♌	31. Jul	23:38	
♍	26. Aug	6:49	
♎	18. Sep	10:43	
♏	12. Okt	12:50	
♐	05. Nov	14:25	
♑	29. Nov	16:21	
♒	23. Dez	19:53	
1964			
♓	17. Jan	3:54	
♈	10. Feb	22:09	
♉	07. Mrz	13:38	
♊	04. Apr	4:03	
♋	09. Mai	4:16	
♊	17. Jun	19:17	R
♋	05. Aug	9:53	
♌	08. Sep	5:53	
♍	05. Okt	19:10	
♎	31. Okt	9:54	
♏	25. Nov	2:25	
♐	19. Dez	8:02	
1965			
♑	12. Jan	9:00	
♒	05. Feb	8:41	
♓	01. Mrz	8:55	
♈	25. Mrz	10:54	
♉	18. Apr	15:31	
♊	12. Mai	23:08	
♋	06. Jun	9:39	
♌	30. Jun	22:59	
♍	25. Jul	15:51	
♎	19. Aug	14:06	
♏	13. Sep	20:50	
♐	09. Okt	17:46	
♑	05. Nov	20:36	
♒	07. Dez	5:37	
1966			
♑	06. Feb	13:46	R
♒	25. Feb	11:55	
♓	06. Apr	16:53	
♈	05. Mai	5:33	
♉	31. Mai	19:00	
♊	26. Jun	12:40	
♋	21. Jul	18:11	
♌	15. Aug	13:47	
♍	09. Sep	0:40	
♎	03. Okt	4:44	
♏	27. Okt	4:28	
♐	20. Nov	2:06	
♑	13. Dez	23:09	
1967			
♒	06. Jan	20:36	
♓	30. Jan	19:53	
♈	23. Feb	23:30	
♉	20. Mrz	10:56	
♊	14. Apr	10:54	
♋	10. Mai	7:05	
♌	06. Jun	17:48	
♍	08. Jul	23:11	
♌	09. Sep	12:58	R
♍	01. Okt	19:07	
♎	09. Nov	17:32	
♏	07. Dez	9:48	
1968			
♐	01. Jan	23:37	
♑	26. Jan	18:35	
♒	20. Feb	5:55	
♓	15. Mrz	14:32	
♈	08. Apr	22:49	
♉	03. Mai	7:56	
♊	27. Mai	18:02	
♋	21. Jun	4:20	
♌	15. Jul	13:59	
♍	08. Aug	22:49	
♎	02. Sep	7:39	
♏	26. Sep	17:45	
♐	21. Okt	6:16	
♑	14. Nov	22:48	
♒	09. Dez	23:40	
1969			
♓	04. Jan	21:07	
♈	02. Feb	5:45	
♉	06. Jun	2:48	
♊	06. Jul	23:04	
♋	03. Aug	6:30	
♌	29. Aug	3:48	
♍	23. Sep	4:26	
♎	17. Okt	15:17	
♏	10. Nov	17:40	
♐	04. Dez	15:41	
♑	28. Dez	12:04	
1970			
♒	21. Jan	8:26	
♓	14. Feb	6:04	
♈	10. Mrz	6:25	
♉	03. Apr	11:05	
♊	27. Apr	21:33	
♋	22. Mai	15:19	
♌	16. Jun	18:49	
♍	12. Jul	13:16	
♎	08. Aug	10:59	
♏	07. Sep	2:54	
1971			
♐	07. Jan	2:00	
♑	05. Feb	15:57	
♒	04. Mrz	3:24	
♓	29. Mrz	15:02	
♈	23. Apr	16:44	
♉	18. Mai	13:48	
♊	12. Jun	7:58	
♋	06. Jul	23:02	
♌	31. Jul	10:15	
♍	24. Aug	17:25	
♎	17. Sep	21:25	
♏	11. Okt	23:43	
♐	05. Nov	1:30	
♑	29. Nov	3:41	
♒	23. Dez	7:32	
1972			
♓	16. Jan	16:01	
♈	10. Feb	11:08	
♉	07. Mrz	4:25	
♊	03. Apr	23:48	
♋	10. Mai	14:51	
♊	11. Jun	21:08	R
♋	06. Aug	2:26	
♌	08. Sep	0:27	
♍	05. Okt	9:33	
♎	30. Okt	22:40	
♏	24. Nov	14:23	
♐	18. Dez	19:34	
1973			
♑	11. Jan	20:15	
♒	04. Feb	19:43	
♓	28. Feb	19:45	
♈	24. Mrz	21:34	
♉	18. Apr	2:05	
♊	12. Mai	9:42	
♋	05. Jun	20:20	
♌	30. Jun	9:55	
♍	25. Jul	3:13	
♎	19. Aug	2:10	
♏	13. Sep	10:05	
♐	09. Okt	9:08	
♑	05. Nov	16:39	
♒	07. Dez	22:37	
1974			
♑	29. Jan	20:51	R
♒	28. Feb	15:25	
♓	06. Apr	15:17	
♈	04. Mai	21:21	
♉	31. Mai	8:19	
♊	26. Jun	0:44	
♋	21. Jul	5:34	
♌	15. Aug	0:47	
♍	08. Sep	11:28	
♎	02. Okt	15:27	
♏	26. Okt	15:12	
♐	19. Nov	12:56	
♑	13. Dez	10:06	
1975			
♒	06. Jan	7:39	
♓	30. Jan	7:05	
♈	23. Feb	10:53	
♉	19. Mrz	22:42	
♊	13. Apr	23:26	
♋	09. Mai	21:11	
♌	06. Jun	11:54	
♍	09. Jul	12:06	
♌	02. Sep	16:34	R
♍	04. Okt	6:19	
♎	09. Nov	14:52	
♏	07. Dez	1:29	
1976			
♐	01. Jan	13:14	
♑	26. Jan	7:09	
♒	19. Feb	17:50	
♓	15. Mrz	1:59	
♈	08. Apr	9:56	
♉	02. Mai	18:49	
♊	27. Mai	4:43	
♋	20. Jun	14:56	
♌	15. Jul	0:36	
♍	08. Aug	9:36	
♎	01. Sep	18:44	
♏	26. Sep	5:17	
♐	20. Okt	18:22	
♑	14. Nov	11:42	
♒	09. Dez	13:53	
1977			
♓	04. Jan	14:01	
♈	02. Feb	6:54	
♉	06. Jun	7:10	
♊	06. Jul	16:09	
♋	02. Aug	20:19	
♌	28. Aug	16:09	
♍	22. Sep	16:05	
♎	17. Okt	2:37	
♏	10. Nov	4:52	
♐	04. Dez	2:49	
♑	27. Dez	23:09	
1978			
♒	20. Jan	19:29	
♓	13. Feb	17:07	
♈	09. Mrz	17:29	
♉	02. Apr	22:14	
♊	27. Apr	8:53	
♋	22. Mai	3:03	
♌	16. Jun	7:19	
♍	12. Jul	3:14	
♎	08. Aug	4:08	
♏	07. Sep	6:07	
1979			
♐	07. Jan	7:38	
♑	05. Feb	10:16	
♒	03. Mrz	18:18	
♓	29. Mrz	4:18	
♈	23. Apr	5:02	
♉	18. Mai	1:29	
♊	11. Jun	19:13	
♋	06. Jul	10:02	

Tabelle B.5: Venus (Fortsetzung)

♌	30. Jul	21:07	
♍	24. Aug	4:16	
♎	17. Sep	8:21	
♏	11. Okt	10:48	
♐	04. Nov	12:50	
♑	28. Nov	15:20	
♒	22. Dez	19:35	
1980			
♓	16. Jan	4:37	
♈	10. Feb	0:39	
♉	06. Mrz	19:54	
♊	03. Apr	20:46	
♋	12. Mai	21:53	
♊	05. Jun	6:44	R
♋	06. Aug	15:25	
♌	07. Sep	18:57	
♍	05. Okt	0:07	
♎	30. Okt	11:38	
♏	24. Nov	2:35	
♐	18. Dez	7:21	
1981			
♑	11. Jan	7:48	
♒	04. Feb	7:07	
♓	28. Feb	7:01	
♈	24. Mrz	8:43	
♉	17. Apr	13:08	
♊	11. Mai	20:45	
♋	05. Jun	7:29	
♌	29. Jun	21:20	
♍	24. Jul	15:04	
♎	18. Aug	14:44	
♏	12. Sep	23:51	
♐	09. Okt	1:04	
♑	05. Nov	13:39	
♒	08. Dez	21:52	
1982			
♑	23. Jan	3:56	R
♒	02. Mrz	12:25	
♓	06. Apr	13:20	
♈	04. Mai	13:27	
♉	30. Mai	22:02	
♊	25. Jun	13:13	
♋	20. Jul	17:21	
♌	14. Aug	12:09	
♍	07. Sep	22:38	
♎	02. Okt	2:32	
♏	26. Okt	2:19	
♐	19. Nov	0:07	
♑	12. Dez	21:20	
1983			
♒	05. Jan	18:58	
♓	29. Jan	18:31	
♈	22. Feb	22:35	
♉	19. Mrz	10:51	
♊	13. Apr	12:26	
♋	09. Mai	11:56	
♌	06. Jun	7:04	
♍	10. Jul	6:25	
♌	27. Aug	12:43	R
♍	05. Okt	20:35	
♎	09. Nov	11:52	
♏	06. Dez	17:15	
1984			
♐	01. Jan	3:00	
♑	25. Jan	19:51	
♒	19. Feb	5:53	
♓	14. Mrz	13:35	
♈	07. Apr	21:13	
♉	02. Mai	5:53	
♊	26. Mai	15:40	
♋	20. Jun	1:48	
♌	14. Jul	11:30	
♍	07. Aug	20:40	
♎	01. Sep	6:07	
♏	25. Sep	17:05	
♐	20. Okt	6:45	
♑	14. Nov	0:54	
♒	09. Dez	4:26	
1985			
♓	04. Jan	7:23	
♈	02. Feb	9:29	
♉	06. Jun	9:53	
♊	06. Jul	9:01	
♋	02. Aug	10:10	
♌	28. Aug	4:39	
♍	22. Sep	3:53	
♎	16. Okt	14:04	
♏	09. Nov	16:08	
♐	03. Dez	14:00	
♑	27. Dez	10:17	
1986			
♒	20. Jan	6:36	
♓	13. Feb	4:11	
♈	09. Mrz	4:32	
♉	02. Apr	9:19	
♊	26. Apr	20:10	
♋	21. Mai	14:46	
♌	15. Jun	19:52	
♍	11. Jul	17:23	
♎	07. Aug	21:46	
♏	07. Sep	11:15	
1987			
♐	07. Jan	11:20	
♑	05. Feb	4:03	
♒	03. Mrz	8:55	
♓	28. Mrz	17:20	
♈	22. Apr	17:07	
♉	17. Mai	12:56	
♊	11. Jun	6:15	
♋	05. Jul	20:50	
♌	30. Jul	7:49	
♍	23. Aug	15:00	
♎	16. Sep	19:12	
♏	10. Okt	21:49	
♐	04. Nov	0:04	
♑	28. Nov	2:51	
♒	22. Dez	7:29	
1988			
♓	15. Jan	17:04	
♈	09. Feb	14:04	
♉	06. Mrz	11:21	
♊	03. Apr	18:07	
♋	17. Mai	17:26	
♊	27. Mai	8:36	R
♋	07. Aug	0:24	
♌	07. Sep	12:37	
♍	04. Okt	14:15	
♎	30. Okt	0:20	
♏	23. Nov	14:34	
♐	17. Dez	18:56	
1989			
♑	10. Jan	19:08	
♒	03. Feb	18:15	
♓	27. Feb	17:59	
♈	23. Mrz	19:32	
♉	16. Apr	23:52	
♊	11. Mai	7:28	
♋	04. Jun	18:17	
♌	29. Jun	8:21	
♍	24. Jul	2:31	
♎	18. Aug	2:58	
♏	12. Sep	13:22	
♐	08. Okt	17:00	
♑	05. Nov	11:13	
♒	10. Dez	5:54	
1990			
♑	16. Jan	16:23	R
♒	03. Mrz	18:52	
♓	06. Apr	10:13	
♈	04. Mai	4:52	
♉	30. Mai	11:13	
♊	25. Jun	1:14	
♋	20. Jul	4:41	
♌	13. Aug	23:05	
♍	07. Sep	9:21	
♎	01. Okt	13:13	
♏	25. Okt	13:03	
♐	18. Nov	10:58	
♑	12. Dez	8:18	
1991			
♒	05. Jan	6:03	
♓	29. Jan	5:44	
♈	22. Feb	10:02	
♉	18. Mrz	22:45	
♊	13. Apr	1:10	
♋	09. Mai	2:28	
♌	06. Jun	2:16	
♍	11. Jul	6:06	
♌	21. Aug	16:06	R
♍	06. Okt	22:15	
♎	09. Nov	7:37	
♏	06. Dez	8:21	
♐	31. Dez	16:19	
1992			
♑	25. Jan	8:14	
♒	18. Feb	17:40	
♓	14. Mrz	0:57	
♈	07. Apr	8:16	
♉	01. Mai	16:41	
♊	26. Mai	2:18	
♋	19. Jun	12:22	
♌	13. Jul	22:07	
♍	07. Aug	7:26	
♎	31. Aug	17:09	
♏	25. Sep	4:31	
♐	19. Okt	18:47	
♑	13. Nov	13:48	
♒	08. Dez	18:49	
1993			
♓	04. Jan	0:54	
♈	02. Feb	13:37	
♉	06. Jun	11:03	
♊	06. Jul	1:21	
♋	01. Aug	23:38	
♌	27. Aug	16:48	
♍	21. Sep	15:22	
♎	16. Okt	1:13	
♏	09. Nov	3:07	
♐	03. Dez	0:54	
♑	26. Dez	21:09	
1994			
♒	19. Jan	17:28	
♓	12. Feb	15:04	
♈	08. Mrz	15:28	
♉	01. Apr	20:20	
♊	26. Apr	7:24	
♋	21. Mai	2:26	
♌	15. Jun	8:23	
♍	11. Jul	7:33	
♎	07. Aug	15:36	
♏	07. Sep	18:12	
1995			
♐	07. Jan	13:07	
♑	04. Feb	21:12	
♒	02. Mrz	23:10	
♓	28. Mrz	6:10	
♈	22. Apr	5:07	
♉	17. Mai	0:22	
♊	10. Jun	17:18	
♋	01. Jul	6:00	
♌	29. Jul	18:32	
♍	23. Aug	1:43	
♎	16. Sep	6:01	
♏	10. Okt	8:48	
♐	03. Nov	11:18	
♑	27. Nov	14:23	
♒	21. Dez	19:23	
1996			
♓	15. Jan	5:30	
♈	09. Feb	3:30	
♉	06. Mrz	3:01	
♊	03. Apr	16:26	
♋	07. Aug	7:15	
♌	07. Sep	6:07	
♍	04. Okt	4:22	
♎	29. Okt	13:02	
♏	23. Nov	2:34	
♐	17. Dez	6:34	
1997			
♑	10. Jan	6:32	
♒	03. Feb	5:28	
♓	27. Feb	5:01	
♈	23. Mrz	6:26	
♉	16. Apr	10:43	
♊	10. Mai	18:20	
♋	04. Jun	5:18	
♌	28. Jun	19:38	
♍	23. Jul	14:16	
♎	17. Aug	15:31	
♏	12. Sep	3:17	
♐	08. Okt	9:25	
♑	05. Nov	9:50	
♒	12. Dez	5:39	
1998			
♑	09. Jan	22:03	R

Tabelle B.5: Venus (Fortsetzung)

♒	04. Mrz	17:14	
♓	06. Apr	6:38	
♈	03. Mai	20:16	
♉	30. Mai	0:32	
♊	24. Jun	13:27	
♋	19. Jul	16:17	
♌	13. Aug	10:19	
♍	06. Sep	20:24	
♎	01. Okt	0:13	
♏	25. Okt	0:06	
♐	17. Nov	22:06	
♑	11. Dez	19:33	
1999			
♒	04. Jan	17:25	
♓	28. Jan	17:17	
♈	21. Feb	21:49	
♉	18. Mrz	10:59	
♊	12. Apr	14:17	
♋	08. Mai	17:29	
♌	05. Jun	22:25	
♍	12. Jul	16:18	
♌	15. Aug	15:12	R
♍	07. Okt	17:51	
♎	09. Nov	3:19	
♏	05. Dez	23:41	
♐	31. Dez	5:54	
2000			
♑	24. Jan	20:52	
♒	18. Feb	5:43	
♓	13. Mrz	12:36	
♈	06. Apr	19:37	
♉	01. Mai	3:49	
♊	25. Mai	13:15	
♋	18. Jun	23:15	
♌	13. Jul	9:02	
♍	06. Aug	18:32	
♎	31. Aug	4:35	
♏	24. Sep	16:26	
♐	19. Okt	7:18	
♑	13. Nov	3:14	
♒	08. Dez	9:48	
2001			
♓	03. Jan	19:14	
♈	02. Feb	20:14	
♉	06. Jun	11:25	
♊	05. Jul	17:44	
♋	01. Aug	13:18	
♌	27. Aug	5:12	
♍	21. Sep	3:09	
♎	15. Okt	12:42	
♏	08. Nov	14:28	
♐	02. Dez	12:11	
♑	26. Dez	8:25	
2002			
♒	19. Jan	4:42	
♓	12. Feb	2:18	
♈	08. Mrz	2:42	
♉	01. Apr	7:39	
♊	25. Apr	18:57	
♋	20. Mai	14:27	
♌	14. Jun	21:16	
♍	10. Jul	22:09	
♎	07. Aug	10:09	
♏	08. Sep	4:05	
2003			
♐	07. Jan	14:07	
♑	04. Feb	14:27	
♒	02. Mrz	13:40	
♓	27. Mrz	19:14	
♈	21. Apr	17:18	
♉	16. Mai	11:58	
♊	10. Jun	4:32	
♋	04. Jul	18:39	
♌	29. Jul	5:25	
♍	22. Aug	12:35	
♎	15. Sep	16:58	
♏	09. Okt	19:56	
♐	02. Nov	22:42	
♑	27. Nov	2:07	
♒	21. Dez	7:32	
2004			
♓	14. Jan	18:16	
♈	08. Feb	17:20	
♉	05. Mrz	19:12	
♊	03. Apr	15:57	
♋	07. Aug	12:02	
♌	06. Sep	23:16	
♍	03. Okt	18:20	
♎	29. Okt	1:39	
♏	22. Nov	14:31	
♐	16. Dez	18:10	
2005			
♑	09. Jan	17:56	
♒	02. Feb	16:42	
♓	26. Feb	16:07	
♈	22. Mrz	17:25	
♉	15. Apr	21:37	
♊	10. Mai	5:14	
♋	03. Jun	16:18	
♌	28. Jun	6:53	
♍	23. Jul	2:01	
♎	17. Aug	4:05	
♏	11. Sep	17:14	
♐	08. Okt	2:00	
♑	05. Nov	9:10	
♒	15. Dez	16:57	

Tabelle B.6: Mars

1930			
♒	06. Feb	19:21	
♓	17. Mrz	6:55	
♈	24. Apr	18:27	
♉	03. Jun	4:15	
♊	14. Jul	13:54	
♋	28. Aug	12:27	
♌	20. Okt	15:43	
1931			
♋	16. Feb	15:27	R
♌	30. Mrz	4:48	
♍	10. Jun	15:58	
♎	01. Aug	17:38	
♏	17. Sep	9:43	
♐	30. Okt	13:46	
♑	10. Dez	4:11	
1932			
♒	18. Jan	1:35	
♓	25. Feb	3:36	
♈	03. Apr	8:02	
♉	12. Mai	11:53	
♊	22. Jun	10:19	
♋	04. Aug	20:52	
♌	20. Sep	20:43	
♍	13. Nov	22:25	
1933			
♎	06. Jul	23:03	
♏	26. Aug	7:34	
♐	09. Okt	12:35	
♑	19. Nov	8:18	
♒	28. Dez	4:43	
1934			
♓	04. Feb	5:13	
♈	14. Mrz	10:09	
♉	22. Apr	16:40	
♊	02. Jun	17:21	
♋	15. Jul	22:33	
♌	30. Aug	14:43	
♍	18. Okt	5:59	
♎	11. Dez	10:32	
1935			
♏	29. Jul	18:32	
♐	16. Sep	13:59	
♑	28. Okt	19:22	
♒	07. Dez	5:34	
1936			
♓	14. Jan	14:59	
♈	22. Feb	5:09	
♉	01. Apr	22:30	
♊	13. Mai	10:17	
♋	25. Jun	22:53	
♌	10. Aug	10:43	
♍	26. Sep	15:51	
♎	14. Nov	15:52	
1937			
♏	05. Jan	21:39	
♐	13. Mrz	4:16	
♏	14. Mai	23:52	R
♐	08. Aug	23:14	
♑	30. Sep	10:08	
♒	11. Nov	19:31	
♓	21. Dez	18:46	
1938			
♈	30. Jan	13:44	
♉	12. Mrz	8:48	
♊	23. Apr	19:39	
♋	07. Jun	2:28	
♌	22. Jul	23:26	
♍	07. Sep	21:22	
♎	25. Okt	7:20	
♏	12. Dez	0:25	
1939			
♐	29. Jan	10:49	
♑	21. Mrz	8:25	
♒	25. Mai	1:19	
♑	21. Jul	20:31	R
♒	24. Sep	2:13	
♓	19. Nov	16:56	
1940			
♈	04. Jan	1:05	
♉	17. Feb	2:54	
♊	01. Apr	19:41	
♋	17. Mai	15:45	
♌	03. Jul	11:32	
♍	19. Aug	16:58	
♎	05. Okt	15:21	
♏	20. Nov	18:16	
1941			
♐	04. Jan	20:42	
♑	18. Feb	0:32	
♒	02. Apr	12:46	
♓	16. Mai	6:05	
♈	02. Jul	6:17	
1942			
♉	11. Jan	23:21	
♊	07. Mrz	9:04	
♋	26. Apr	7:18	
♌	19. Jun	4:56	
♍	01. Aug	9:27	
♎	17. Sep	11:11	
♏	01. Nov	23:36	
♐	15. Dez	17:51	
1943			
♑	26. Jan	20:10	
♒	08. Mrz	13:42	
♓	17. Apr	11:25	
♈	27. Mai	10:25	
♉	08. Jul	0:05	
♊	24. Aug	0:58	
1944			
♋	28. Mrz	10:54	
♌	22. Mai	15:16	
♍	12. Jul	3:54	
♎	29. Aug	1:23	
♏	13. Okt	13:09	
♐	25. Nov	17:11	
1945			
♑	05. Jan	20:31	
♒	14. Feb	10:58	
♓	25. Mrz	4:43	
♈	02. Mai	21:29	
♉	11. Jun	12:52	
♊	23. Jul	9:59	
♋	07. Sep	21:56	
♌	11. Nov	22:05	

Tabelle B.6: Mars (Fortsetzung)

♋	26. Dez	16:04	R
1946			
♌	22. Apr	20:31	
♍	20. Jun	9:31	
♎	09. Aug	14:17	
♏	24. Sep	17:35	
♐	06. Nov	19:22	
♑	17. Dez	11:56	
1947			
♒	25. Jan	12:44	
♓	04. Mrz	17:46	
♈	12. Apr	0:03	
♉	21. Mai	4:40	
♊	01. Jul	4:34	
♋	13. Aug	22:26	
♌	01. Okt	3:31	
♍	01. Dez	12:44	
1948			
♌	12. Feb	11:28	R
♍	18. Mai	21:54	
♎	17. Jul	6:25	
♏	03. Sep	14:58	
♐	17. Okt	6:43	
♑	26. Nov	22:59	
1949			
♒	04. Jan	18:50	
♓	11. Feb	19:05	
♈	21. Mrz	23:02	
♉	30. Apr	3:33	
♊	10. Jun	1:57	
♋	23. Jul	6:54	
♌	07. Sep	5:51	
♍	27. Okt	1:58	
♎	26. Dez	6:23	
1950			
♍	28. Mrz	12:05	R
♎	11. Jun	21:27	
♏	10. Aug	17:48	
♐	25. Sep	20:48	
♑	06. Nov	7:40	
♒	15. Dez	9:59	
1951			
♓	22. Jan	14:05	
♈	01. Mrz	23:03	
♉	10. Apr	10:37	
♊	21. Mai	16:32	
♋	04. Jul	0:42	
♌	18. Aug	11:55	
♍	05. Okt	1:20	
♎	24. Nov	7:11	
1952			
♏	20. Jan	2:33	
♐	27. Aug	19:53	
♑	12. Okt	5:45	
♒	21. Nov	20:40	
♓	30. Dez	22:35	
1953			
♈	08. Feb	2:07	
♉	20. Mrz	7:54	
♊	01. Mai	7:08	
♋	14. Jun	4:49	
♌	29. Jul	20:25	
♍	14. Sep	18:59	
♎	01. Nov	15:19	
♏	20. Dez	12:22	
1954			
♐	09. Feb	20:18	
♑	12. Apr	17:28	
♐	03. Jul	8:23	R
♑	24. Aug	14:22	
♒	21. Okt	13:03	
♓	04. Dez	8:41	
1955			
♈	15. Jan	5:33	
♉	26. Feb	11:22	
♊	11. Apr	0:09	
♋	26. Mai	1:50	
♌	11. Jul	10:22	
♍	27. Aug	11:13	
♎	13. Okt	12:20	
♏	29. Nov	2:33	
1956			
♐	14. Jan	3:28	
♑	28. Feb	21:05	
♒	15. Apr	0:40	
♓	03. Jun	8:51	
♈	06. Dez	12:24	
1957			
♉	28. Jan	15:19	
♊	17. Mrz	22:34	
♋	04. Mai	16:22	
♌	21. Jun	13:18	
♍	08. Aug	6:27	
♎	24. Sep	5:31	
♏	08. Nov	22:04	
♐	23. Dez	2:29	
1958			
♑	03. Feb	19:57	
♒	17. Mrz	8:11	
♓	27. Apr	3:31	
♈	07. Jun	7:21	
♉	21. Jul	8:03	
♊	21. Sep	6:26	
♉	29. Okt	1:00	R
1959			
♊	10. Feb	14:57	
♋	10. Apr	10:46	
♌	01.0631.05.2000	3:26	
♍	20. Jul	12:03	
♎	05. Sep	23:46	
♏	21. Okt	10:40	
♐	03. Dez	19:09	
1960			
♑	14. Jan	5:59	
♒	23. Feb	5:11	
♓	02. Apr	7:24	
♈	11. Mai	8:19	
♉	20. Jun	10:05	
♊	02. Aug	5:32	
♋	21. Sep	5:06	
1961			
♊	05. Feb	1:23	R
♋	07. Feb	6:25	
♌	06. Mai	2:13	
♍	29. Jun	0:47	
♎	17. Aug	1:41	
♏	01. Okt	21:02	
♐	13. Nov	22:50	
♑	24. Dez	18:50	
1962			
♒	02. Feb	0:06	
♓	12. Mrz	8:58	
♈	19. Apr	17:58	
♉	29. Mai	0:47	
♊	09. Jul	4:50	
♋	22. Aug	12:37	
♌	12. Okt	0:54	
1963			
♍	03. Jun	7:30	
♎	27. Jul	5:14	
♏	12. Sep	10:11	
♐	25. Okt	18:31	
♑	05. Dez	10:03	
1964			
♒	13. Jan	7:13	
♓	20. Feb	8:33	
♈	29. Mrz	12:24	
♉	07. Mai	15:41	
♊	17. Jun	12:43	
♋	30. Jul	19:23	
♌	15. Sep	6:22	
♍	06. Nov	4:20	
1965			
♎	29. Jun	2:12	
♏	20. Aug	13:16	
♐	04. Okt	7:46	
♑	14. Nov	8:19	
♒	23. Dez	6:36	
1966			
♓	30. Jan	8:01	
♈	09. Mrz	13:55	
♉	17. Apr	21:35	
♊	28. Mai	23:07	
♋	11. Jul	4:15	
♌	25. Aug	16:52	
♍	12. Okt	19:37	
♎	04. Dez	1:55	
1967			
♏	12. Feb	13:20	
♎	31. Mrz	7:10	R
♏	19. Jul	23:56	
♐	10. Sep	2:44	
♑	23. Okt	3:14	
♒	01. Dez	21:12	
1968			
♓	09. Jan	10:49	
♈	17. Feb	4:18	
♉	28. Mrz	0:43	
♊	08. Mai	15:14	
♋	21. Jun	6:03	
♌	05. Aug	18:07	
♍	21. Sep	19:39	
♎	09. Nov	7:10	
♏	29. Dez	23:07	
1969			
♐	25. Feb	7:21	
♑	21. Sep	7:35	
♒	04. Nov	19:51	
♓	15. Dez	15:22	
1970			
♈	24. Jan	22:29	
♉	07. Mrz	2:28	
♊	18. Apr	19:59	
♋	02. Jun	7:50	
♌	18. Jul	7:43	
♍	03. Sep	5:57	
♎	20. Okt	11:57	
♏	06. Dez	17:34	
1971			
♐	23. Jan	2:34	
♑	12. Mrz	11:11	
♒	03. Mai	21:57	
♓	06. Nov	13:31	
♈	26. Dez	19:04	
1972			
♉	10. Feb	15:04	
♊	27. Mrz	5:30	
♋	12. Mai	14:14	
♌	28. Jun	17:09	
♍	15. Aug	1:59	
♎	01. Okt	0:23	
♏	15. Nov	23:17	
♐	30. Dez	17:12	
1973			
♑	12. Feb	6:51	
♒	26. Mrz	21:59	
♓	08. Mai	5:09	
♈	20. Jun	21:54	
♉	12. Aug	15:56	
♈	29. Okt	23:56	R
♉	24. Dez	9:09	
1974			
♊	27. Feb	11:11	
♋	20. Apr	9:18	
♌	09. Jun	1:54	
♍	27. Jul	15:04	
♎	12. Sep	20:08	
♏	28. Okt	8:05	
♐	10. Dez	23:05	
1975			
♑	21. Jan	19:49	
♒	03. Mrz	6:32	
♓	11. Apr	20:15	
♈	21. Mai	9:14	
♉	01. Jul	4:53	
♊	14. Aug	21:47	
♋	17. Okt	9:44	
♊	25. Nov	19:30	R
1976			
♋	18. Mrz	14:15	
♌	16. Mai	12:10	
♍	07. Jul	0:27	
♎	24. Aug	6:55	
♏	08. Okt	21:23	
♐	21. Nov	0:53	
1977			
♑	01. Jan	1:42	
♒	09. Feb	12:57	

Tabelle B.6: Mars (Fortsetzung)

♓	20. Mrz	3:19	
♈	27. Apr	16:46	
♉	06. Jun	4:00	
♊	17. Jul	16:13	
♋	31. Aug	1:20	
♌	26. Okt	19:56	
1978			
♋	26. Jan	2:59	R
♌	10. Apr	19:50	
♍	14. Jun	3:38	
♎	04. Aug	10:07	
♏	19. Sep	21:57	
♐	02. Nov	2:20	
♑	12. Dez	18:39	
1979			
♒	20. Jan	18:07	
♓	27. Feb	21:25	
♈	07. Apr	2:08	
♉	16. Mai	5:25	
♊	26. Jun	2:55	
♋	08. Aug	14:28	
♌	24. Sep	22:21	
♍	19. Nov	22:36	
1980			
♌	11. Mrz	21:46	R
♍	04. Mai	3:26	
♎	10. Jul	18:59	
♏	29. Aug	6:50	
♐	12. Okt	7:27	
♑	22. Nov	2:42	
♒	30. Dez	23:30	
1981			
♓	06. Feb	23:48	
♈	17. Mrz	3:40	
♉	25. Apr	8:17	
♊	05. Jun	6:26	
♋	18. Jul	9:54	
♌	02. Sep	2:52	
♍	21. Okt	2:56	
♎	16. Dez	1:14	
1982			
♏	03. Aug	12:45	
♐	20. Sep	2:20	
♑	01. Nov	0:05	
♒	10. Dez	7:17	
1983			
♓	17. Jan	14:10	
♈	25. Feb	1:19	
♉	05. Apr	15:03	
♊	16. Mai	22:43	
♋	29. Jun	7:54	
♌	13. Aug	17:54	
♍	30. Sep	1:12	
♎	18. Nov	11:26	
1984			
♏	11. Jan	4:20	
♐	17. Aug	20:50	
♑	05. Okt	7:02	
♒	15. Nov	19:09	
♓	25. Dez	7:38	
1985			
♈	02. Feb	18:19	
♉	15. Mrz	6:06	
♊	26. Apr	10:13	
♋	09. Jun	11:40	
♌	25. Jul	5:04	
♍	10. Sep	2:31	
♎	27. Okt	16:16	
♏	14. Dez	19:59	
1986			
♐	02. Feb	7:27	
♑	28. Mrz	4:47	
♒	09. Okt	2:01	
♓	26. Nov	3:35	
1987			
♈	08. Jan	13:20	
♉	20. Feb	15:44	
♊	05. Apr	17:37	
♋	21. Mai	4:01	
♌	06. Jul	17:46	
♍	22. Aug	20:51	
♎	08. Okt	20:27	
♏	24. Nov	4:19	
1988			
♐	08. Jan	16:24	
♑	22. Feb	11:15	
♒	06. Apr	22:44	
♓	22. Mai	8:42	
♈	13. Jul	21:00	
♓	23. Okt	23:02	R
♈	01. Nov	13:57	
1989			
♉	19. Jan	9:11	
♊	11. Mrz	9:51	
♋	29. Apr	5:37	
♌	16. Jun	15:10	
♍	03. Aug	14:35	
♎	19. Sep	15:38	
♏	04. Nov	6:29	
♐	18. Dez	5:57	
1990			
♑	29. Jan	15:10	
♒	11. Mrz	16:54	
♓	20. Apr	23:09	
♈	31. Mai	8:11	
♉	12. Jul	15:44	
♊	31. Aug	12:40	
♉	14. Dez	8:46	R
1991			
♊	21. Jan	2:15	
♋	03. Apr	1:49	
♌	26. Mai	13:19	
♍	15. Jul	13:36	
♎	01. Sep	7:38	
♏	16. Okt	20:05	
♐	29. Nov	3:19	
1992			
♑	09. Jan	10:47	
♒	18. Feb	5:38	
♓	28. Mrz	3:04	
♈	05. Mai	22:36	
♉	14. Jun	16:56	
♊	26. Jul	19:59	
♋	12. Sep	7:05	
1993			
♌	28. Apr	0:40	
♍	23. Jun	8:42	
♎	12. Aug	2:10	
♏	27. Sep	3:15	
♐	09. Nov	6:29	
♑	20. Dez	1:34	
1994			
♒	28. Jan	5:05	
♓	07. Mrz	12:01	
♈	14. Apr	19:02	
♉	23. Mai	23:37	
♊	03. Jul	23:30	
♋	16. Aug	20:15	
♌	04. Okt	16:48	
♍	12. Dez	12:32	
1995			
♌	23. Jan	0:48	R
♍	25. Mai	17:09	
♎	21. Jul	10:21	
♏	07. Sep	8:00	
♐	20. Okt	22:02	
♑	30. Nov	14:57	
1996			
♒	08. Jan	12:02	
♓	15. Feb	12:50	
♈	24. Mrz	16:12	
♉	02. Mai	19:16	
♊	12. Jun	15:42	
♋	25. Jul	19:32	
♌	09. Sep	21:02	
♍	30. Okt	8:13	
1997			
♎	03. Jan	9:10	
♍	08. Mrz	20:49	R
♎	19. Jun	9:30	
♏	14. Aug	9:42	
♐	28. Sep	23:22	
♑	09. Nov	6:33	
♒	18. Dez	7:37	
1998			
♓	25. Jan	10:26	
♈	04. Mrz	17:18	
♉	13. Apr	2:05	
♊	24. Mai	4:42	
♋	06. Jul	10:00	
♌	20. Aug	20:16	
♍	07. Okt	13:28	
♎	27. Nov	11:10	
1999			
♏	26. Jan	12:59	
♎	05. Mai	22:32	R
♏	05. Jul	4:59	
♐	02. Sep	20:29	
♑	17. Okt	2:35	
♒	26. Nov	7:56	
2000			
♓	04. Jan	4:01	
♈	12. Feb	2:04	
♉	23. Mrz	2:25	
♊	03. Mai	20:18	
♋	16. Jun	13:30	
♌	01. Aug	2:21	
♍	17. Sep	1:19	
♎	04. Nov	3:00	
♏	23. Dez	15:37	
2001			
♐	14. Feb	21:06	
♑	08. Sep	18:51	
♒	27. Okt	18:19	
♓	08. Dez	22:52	
2002			
♈	18. Jan	23:53	
♉	01. Mrz	16:05	
♊	13. Apr	18:36	
♋	28. Mai	12:43	
♌	13. Jul	16:23	
♍	29. Aug	15:38	
♎	15. Okt	18:38	
♏	01. Dez	15:26	
2003			
♐	17. Jan	5:22	
♑	04. Mrz	22:17	
♒	22. Apr	0:48	
♓	17. Jun	3:25	
♈	16. Dez	14:24	
2004			
♉	03. Feb	11:04	
♊	21. Mrz	8:39	
♋	07. Mai	9:45	
♌	23. Jun	21:50	
♍	10. Aug	11:14	
♎	26. Sep	10:15	
♏	11. Nov	6:11	
♐	25. Dez	17:04	
2005			
♑	06. Feb	19:32	
♒	20. Mrz	19:02	
♓	01. Mai	3:58	
♈	12. Jun	3:30	
♉	28. Jul	6:12	

Tabelle B.7: Jupiter

Jahr	Zeichen	Datum	Zeit	
1930	♋	26. Jun	23:42	
1931	♌	17. Jul	8:52	
1932	♍	11. Aug	8:16	
1933	♎	10. Sep	6:11	
1934	♏	11. Okt	5:55	
1935	♐	09. Nov	3:56	
1936	♑	02. Dez	9:39	
1937	♒	20. Dez	5:06	
1938	♓	14. Mai	8:46	
	♒	30. Jul	4:01	R
	♓	29. Dez	19:34	
1939	♈	11. Mai	15:08	
	♓	30. Okt	1:44	R
	♈	20. Dez	18:03	
1940	♉	16. Mai	8:54	
1941	♊	26. Mai	13:48	
1942	♋	10. Jun	11:36	
1943	♌	30. Jun	22:46	
1944	♍	26. Jul	2:04	
1945	♎	25. Aug	7:06	
1946	♏	25. Sep	11:19	
1947	♐	24. Okt	4:00	
1948	♑	15. Nov	11:38	
1949	♒	12. Apr	20:18	
	♑	27. Jun	19:29	R
	♒	30. Nov	21:08	
1950	♓	15. Apr	9:58	
	♒	15. Sep	3:23	R
	♓	01. Dez	20:57	
1951	♈	21. Apr	15:57	
1952	♉	28. Apr	21:50	
1953	♊	09. Mai	16:33	
1954	♋	24. Mai	5:43	
1955	♌	13. Jun	1:07	
	♍	17. Nov	4:59	
1956	♌	18. Jan	3:04	R
	♍	07. Jul	20:01	
	♎	13. Dez	3:17	
1957	♍	19. Feb	16:37	R
	♎	07. Aug	3:11	
1958	♏	13. Jan	13:52	
	♎	20. Mrz	20:13	R
	♏	07. Sep	9:52	
1959	♐	10. Feb	14:46	
	♏	24. Apr	15:10	R
	♐	05. Okt	15:40	
1960	♑	01. Mrz	14:10	
	♐	10. Jun	2:52	R
	♑	26. Okt	4:01	
1961	♒	15. Mrz	9:01	
	♑	12. Aug	9:54	R
	♒	04. Nov	3:49	
1962	♓	25. Mrz	23:07	
1963	♈	04. Apr	4:19	
1964	♉	12. Apr	7:52	
1965	♊	22. Apr	15:32	
	♋	21. Sep	5:40	
	♊	17. Nov	4:08	R
1966	♋	05. Mai	15:52	
	♌	27. Sep	14:19	
1967	♋	16. Jan	4:50	R
	♌	23. Mai	9:21	
	♍	19. Okt	11:51	
1968	♌	27. Feb	4:33	R
	♍	15. Jun	15:44	
	♎	15. Nov	23:44	
1969	♍	30. Mrz	22:36	R
	♎	15. Jul	14:30	
	♏	16. Dez	16:55	
1970	♎	30. Apr	7:43	R
	♏	15. Aug	18:58	
1971	♐	14. Jan	9:49	
	♏	05. Jun	3:12	R
	♐	11. Sep	16:33	
1972	♑	06. Feb	20:37	
	♐	24. Jul	17:42	R
	♑	25. Sep	19:20	
1973	♒	23. Feb	10:28	
1974	♓	08. Mrz	12:11	
1975	♈	18. Mrz	17:47	
1976	♉	26. Mrz	11:25	
	♊	23. Aug	11:24	
	♉	16. Okt	21:24	R
1977	♊	03. Apr	16:42	
	♋	20. Aug	13:43	
	♊	31. Dez	0:50	R
1978	♋	12. Apr	1:12	
	♌	05. Sep	9:31	
1979	♋	01. Mrz	0:35	R
	♌	20. Apr	9:30	
	♍	29. Sep	11:23	
1980	♎	27. Okt	11:10	
1981	♏	27. Nov	3:19	
1982	♐	26. Dez	2:57	
1984	♑	19. Jan	16:04	
1985	♒	06. Feb	16:35	
1986	♓	20. Feb	17:05	
1987	♈	02. Mrz	19:41	
1988	♉	08. Mrz	16:44	
	♊	22. Jul	1:00	
	♉	30. Nov	21:53	R
1989	♊	11. Mrz	4:26	
	♋	31. Jul	0:50	
1990	♌	18. Aug	8:30	
1991	♍	12. Sep	7:00	
1992	♎	10. Okt	14:26	
1993	♏	10. Nov	9:15	
1994	♐	09. Dez	11:54	
1996	♑	03. Jan	8:22	
1997	♒	21. Jan	16:13	
1998	♓	04. Feb	11:52	
1999	♈	13. Feb	2:23	
	♉	28. Jun	10:29	
	♈	23. Okt	6:48	R
2000	♉	14. Feb	22:40	
	♊	30. Jun	8:35	
2001	♋	13. Jul	1:03	
2002	♌	01. Aug	18:20	
2003	♍	27. Aug	10:26	
2004	♎	25. Sep	4:23	
2005	♏	26. Okt	3:52	

Tabelle B.8: Saturn

Jahr	Zeichen	Datum	Zeit	
1932	♒	24. Feb	3:47	
	♑	13. Aug	12:14	R
	♒	20. Nov	3:10	
1935	♓	14. Feb	15:08	
1937	♈	25. Apr	7:29	
	♓	18. Okt	4:41	R
1938	♈	14. Jan	11:31	
1939	♉	06. Jul	6:45	
	♈	22. Sep	6:18	R
1940	♉	20. Mrz	10:40	
1942	♊	08. Mai	20:39	
1944	♋	20. Jun	8:48	
1946	♌	02. Aug	15:42	
1948	♍	19. Sep	5:36	
1949	♌	03. Apr	4:38	R
	♍	29. Mai	13:59	
1950	♎	20. Nov	16:50	
1951	♍	07. Mrz	13:12	R
	♎	13. Aug	17:44	
1953	♏	22. Okt	16:36	
1956	♐	12. Jan	19:46	
	♏	14. Mai	4:45	R
	♐	10. Okt	16:11	
1959	♑	05. Jan	14:33	
1962	♒	03. Jan	20:01	
1964	♓	24. Mrz	5:18	
	♒	16. Sep	22:04	R
	♓	16. Dez	6:39	
1967	♈	03. Mrz	22:32	
1969	♉	29. Apr	23:24	
1971	♊	18. Jun	17:09	
1972	♉	10. Jan	4:43	R
	♊	21. Feb	15:53	
1973	♋	01. Aug	23:20	
1974	♊	07. Jan	21:26	R
	♋	18. Apr	23:34	
1975	♌	17. Sep	5:57	
1976	♋	14. Jan	14:16	R
	♌	05. Jun	6:09	
1977	♍	17. Nov	3:43	
1978	♌	05. Jan	1:44	R
	♍	26. Jul	13:02	
1980	♎	21. Sep	11:48	
1982	♏	29. Nov	11:29	
1983	♎	06. Mai	20:29	R
	♏	24. Aug	12:54	
1985	♐	17. Nov	3:10	
1988	♑	14. Feb	0:51	
	♐	10. Jun	6:22	R
	♑	12. Nov	10:26	
1991	♒	06. Feb	19:51	
1993	♓	21. Mai	5:58	
	♒	30. Jun	9:28	R
1994	♓	29. Jan	0:43	
1996	♈	07. Apr	9:49	
1998	♉	09. Jun	7:07	
	♈	25. Okt	19:41	R
1999	♉	01. Mrz	2:26	
2000	♊	10. Aug	3:26	
	♉	16. Okt	1:44	R
2001	♊	20. Apr	22:59	
2003	♋	04. Jun	2:28	
2005	♌	16. Jul	13:30	

Tabelle B.9: Uranus

Jahr	Zeichen	Datum	Zeit	
1934	♉	06. Jun	16:41	
	♈	10. Okt	1:37	R
1935	♉	28. Mrz	3:57	
1941	♊	07. Aug	16:32	
	♉	05. Okt	3:08	R
1942	♊	15. Mai	5:04	
1948	♋	30. Aug	16:40	
	♊	12. Nov	14:27	R
1949	♋	10. Jun	5:08	
1955	♌	24. Aug	20:04	
1956	♋	28. Jan	2:57	R
	♌	10. Jun	2:48	
1961	♍	01. Nov	17:01	
1962	♌	10. Jan	6:53	R
	♍	10. Aug	2:19	
1968	♎	28. Sep	17:10	
1969	♍	20. Mai	21:51	R
	♎	24. Jun	11:36	
1974	♏	21. Nov	10:32	
1975	♎	01. Mai	18:46	R
	♏	08. Sep	6:16	
1981	♐	17. Feb	10:02	
	♏	21. Mrz	0:15	R
	♐	16. Nov	13:05	
1988	♑	15. Feb	1:11	
	♐	27. Mai	2:17	R
	♑	02. Dez	16:35	
1995	♒	01. Apr	13:11	
	♑	09. Jun	2:42	R
1996	♒	12. Jan	8:13	
2003	♓	10. Mrz	21:53	
	♒	15. Sep	4:47	R
	♓	30. Dez	10:14	

Tabelle B.10: Neptun

Jahr	Zeichen	Datum	Zeit	R
1942	♎	03. Okt	18:01	
1943	♍	17. Apr	11:56	R
	♎	02. Aug	20:10	
1955	♏	24. Dez	16:22	
1956	♎	12. Mrz	2:53	R
	♏	19. Okt	10:27	
1957	♎	15. Jun	21:07	R
	♏	06. Aug	9:25	
1970	♐	04. Jan	20:55	
	♏	03. Mai	20:30	R
	♐	06. Nov	17:32	
1984	♑	19. Jan	3:55	
	♐	23. Jun	2:10	R
	♑	21. Nov	14:21	
1998	♒	29. Jan	3:52	
	♑	23. Aug	1:13	R
	♒	28. Nov	2:19	

Tabelle B.11: Pluto

Jahr	Zeichen	Datum	Zeit	R
1937	♌	07. Okt	13:08	
	♋	25. Nov	10:13	R
1938	♌	03. Aug	18:56	
1939	♋	07. Feb	4:00	R
	♌	14. Jun	5:46	
1956	♍	20. Okt	7:12	
1957	♌	15. Jan	3:45	R
	♍	19. Aug	5:23	
1958	♌	11. Apr	15:58	R
	♍	10. Jun	19:50	
1971	♎	05. Okt	7:15	
1972	♍	17. Apr	8:49	R
	♎	30. Jul	12:39	
1983	♏	05. Nov	22:07	
1984	♎	18. Mai	15:35	R
	♏	28. Aug	5:44	
1995	♐	17. Jan	10:16	
	♏	21. Apr	3:56	R
	♐	10. Nov	20:11	

Tabelle B.12: Chiron

Jahr	Zeichen	Datum	Zeit	R
1933	♊	07. Jun	3:16	
	♉	22. Dez	8:52	R
1934	♊	23. Mrz	14:54	
1937	♋	27. Aug	18:03	
	♊	23. Nov	3:23	R
1938	♋	28. Mai	13:29	
1940	♌	30. Sep	14:25	
	♋	27. Dez	6:22	R
1941	♌	16. Jun	19:22	
1943	♍	26. Jul	23:30	
1944	♎	18. Nov	4:08	
1945	♍	24. Mrz	4:14	R
	♎	22. Jul	17:15	
1946	♏	10. Nov	8:04	
1948	♐	28. Nov	11:51	
1951	♑	09. Feb	2:20	
	♐	18. Jun	14:21	R
	♑	08. Nov	17:17	
1955	♒	27. Jan	17:27	
1960	♓	26. Mrz	14:40	
	♒	19. Aug	7:30	R
1961	♓	21. Jan	2:51	
1968	♈	01. Apr	8:09	
	♓	18. Okt	23:33	R
1969	♈	30. Jan	9:14	
1976	♉	28. Mai	12:12	
	♈	13. Okt	23:43	R
1977	♉	28. Mrz	20:07	
1983	♊	21. Jun	14:56	
	♉	29. Nov	14:17	R
1984	♊	11. Apr	5:20	
1988	♋	21. Jun	10:41	
1991	♌	21. Jul	16:55	
1993	♍	03. Sep	18:34	
1995	♎	09. Sep	15:31	
1996	♏	29. Dez	12:23	
1997	♎	04. Apr	17:40	R
	♏	03. Sep	4:30	
1999	♐	07. Jan	11:34	
	♏	01. Jun	10:41	R
	♐	22. Sep	3:38	
2001	♑	12. Dez	0:09	
2005	♒	21. Feb	18:39	
	♑	01. Aug	4:38	R
	♒	06. Dez	2:10	

Leere Horoskopgrafiken

C

In diesem Anhang finden Sie zwei leere Horoskopgrafiken. Abbildung C.1 ist die Grafik für Ihr Basishoroskop, die Sie per Hand oder mit einem Kopierer kopieren können und dann mit Ihren Planeten aus Anhang B und Ihrem Aszendenten aus Anhang A füllen können. (Siehe Kapitel 2 für mehr Informationen über das Ausfüllen Ihres Horoskops.)

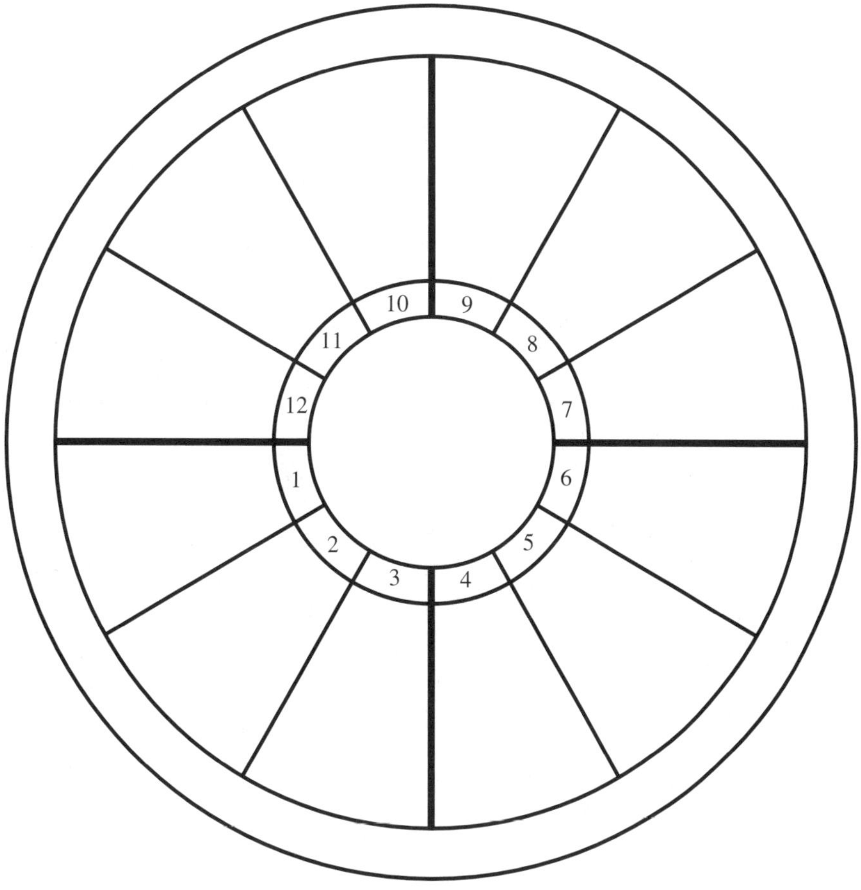

Abbildung C.1: Eine leere Horoskopgrafik, die Sie kopieren und ausfüllen können.

Abbildung C.2 zeigt eine doppelte Horoskopgrafik. Sie können diese verwenden, wenn Sie Ihr Horoskop mit dem eines anderen Menschen vergleichen wollen. Kopieren Sie die Horoskopgrafik per Hand oder mit einem Kopierer. Schreiben Sie Ihren Aszendenten und Ihre Häuserspitzen in den schmalen äußeren Rand. Platzieren Sie Ihre Sonne, Ihren Mond und Ihre Planeten in den inneren Ring, direkt hinter die Zahlen. Kopieren Sie dann die Planeten der anderen Person in den verbleibenden Ring in der Mitte. Für Informationen darüber, wie Sie das, was Sie sehen, interpretieren können, schauen Sie sich Kapitel 11 an.

Sie können diese doppelte Horoskopgrafik auch verwenden, um den Einfluss der Transite in Betracht zu ziehen. Stellen Sie wieder Ihre Sonne, Ihren Mond und Ihre Planeten in den inneren Ring und platzieren Sie die Transite in den äußeren Ring. Informationen für eine Interpretation dessen, was Sie sehen, finden Sie in Kapitel 13.

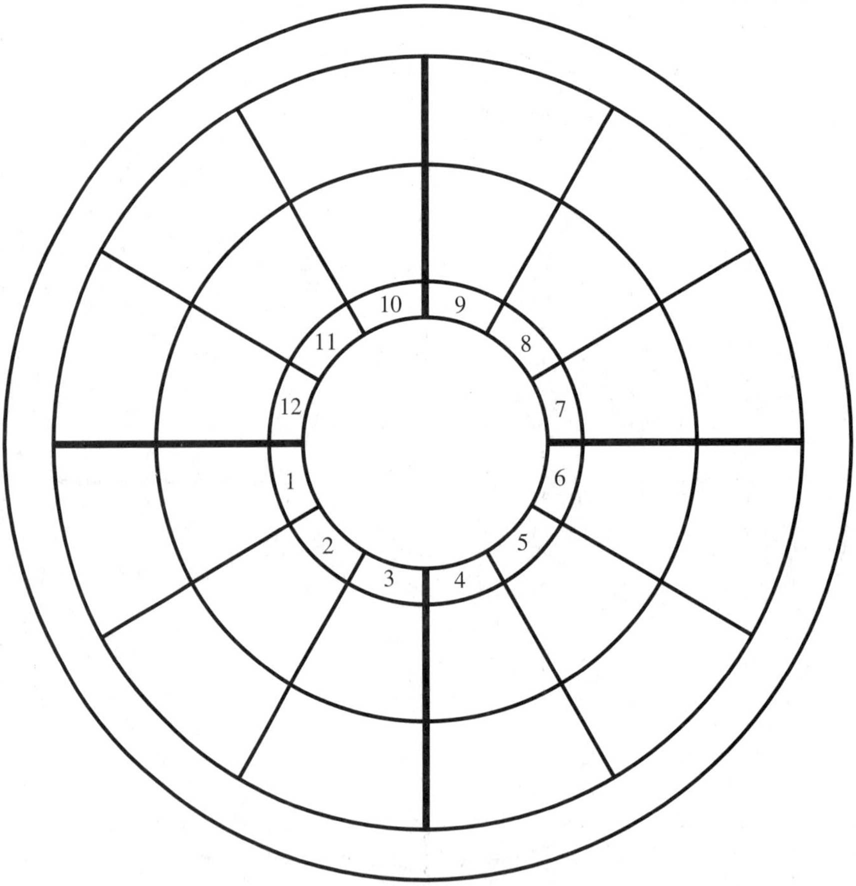

Abbildung C.2: Eine leere, doppelte Horoskopgrafik, die Sie kopieren und ausfüllen können.

Glossar

achtes Haus: Der Abschnitt des Horoskops, der Sexualität, Tod, Wiedergeburt und das Geld anderer Menschen regiert.

Affliktion: Die Situation, in der ein Planet eine Reihe spannungsreicher oder schwieriger Aspekte erhält. Typische Affliktionen beinhalten Quadrate und Oppositionen von Saturn oder Uranus.

äquale Häuseraufteilung: Die Aufteilung des Horoskops in 12 gleiche 30°-Segmente.

Äquator: Die imaginäre Linie, die sich wie ein gigantischer Gürtel um die Mitte der Erde legt. Ins Weltall verlegt, wird die gleiche Linie Himmelsäquator genannt.

arabische Punkte: Imaginäre Punkte, die während des Mittelalters von arabischen Astrologen verwendet und aus Planetenpositionen mit Hilfe bestimmter mathematischer Formeln errechnet wurden. Siehe auch **Glückspunkt**.

Aspekt: Eine geometrische Verbindung zwischen zwei Planeten oder anderen Punkten in einem Geburtshoroskop, die anhand der Anzahl der Grade dazwischen gemessen wird. Astrologen betrachten nur bestimmte Distanzen als bedeutend. Der engste Aspekt ist die *Konjunktion*, im idealsten Fall besetzen dabei zwei Planeten den gleichen Grad. Der am weitesten auseinanderstehende Aspekt ist die *Opposition*, wenn zwei Planeten 180° auseinander liegen. Siehe auch **Hauptaspekte** und **Nebenaspekte**.

Asteroiden: Kleine Stücke Gestein und Metall, die auch als *Planetoiden* bekannt sind, und die Sonne zwischen den Umlaufbahnen von Mars und Jupiter umkreisen. Der erste Asteroid wurde im Jahre 1801 entdeckt.

Astrokartographie: Ein modernes System der Standortastrologie, das vom Astrologen Jim Lewis entwickelt wurde.

Aszendent: Der Grad des Tierkreises, der im Moment der Geburt am Horizont aufsteigt. Er symbolisiert Ihre nach außen gezeigte Persönlichkeit und Ihren unmittelbaren Eindruck auf andere.

aufsteigendes Zeichen: siehe **Aszendent**.

beweglich: Eine der drei Qualitäten. Bewegliche Zeichen sind anpassungsfähig und flexibel. Die beweglichen Zeichen sind Zwillinge, Jungfrau, Schütze und Fische.

Bündel: Eines von sieben Mustern in Geburtshoroskopen, die von Marc Edmund Jones identifiziert wurden. In einem Bündelhoroskop sind alle Planeten in einem Bereich von 120° oder weniger gebündelt.

Ceres: Der zuerst entdeckte Asteroid, mit einem Durchmesser von 997 km auch der Größte. Ceres wird mit der Göttin Demeter in Verbindung gebracht, der Mutter von Persephone.

Chiron: Ein Himmelskörper, der die Sonne zwischen Saturn und Uranus umkreist. Vielleicht ein Asteroid, ein Komet oder ein abtrünniger Mond von Neptun. Er charakterisiert den verletzten Heiler und wird mit Leiden und Heilung in Verbindung gebracht. Er wurde 1977 entdeckt.

Composit-Horoskop: Eine astrologische Horoskopgrafik, in der die Beziehung zwischen zwei Menschen dargestellt wird. Ein solches Horoskop wird anhand der Geburtshoroskope zweier Menschen und den Halbsummen zwischen jedem Planetenpaar berechnet. Die Composit-Sonne z.B. ist der Mittelpunkt zwischen den beiden individuellen Sonnen usw.

Deszendent: Der Punkt des Tierkreises, der im Moment der Geburt am westlichen Horizont versinkt, das Gegenüber des Aszendenten. In vielen Häusersystemen entspricht der Deszendent der Spitze des siebten Hauses. Der Deszendent symbolisiert Ihre Haltung der Ehe und anderen Verbindungen gegenüber, darunter auch Geschäftspartnerschaften.

direkte Bewegung: Die normale Bewegung eines Planeten in Richtung des Tierkreises – das Gegenteil der rückläufigen Bewegung. Wenn ein rückläufiger Planet die Richtung wechselt und beginnt, nach vorne durch den Tierkreis zu reisen, sprechen Astrologen davon, dass er direkt wird.

Drachenkopf: Siehe **nördlicher Mondknoten**.

Drachenschwanz: Siehe **südlicher Mondknoten**.

drittes Haus: Der Abschnitt des Horoskops, der kurze Reisen, frühe Bildung, Geschwister, Schreiben und Kommunikation regiert.

Eckhäuser: Das erste, vierte, siebte und zehnte Haus.

Ehepunkt: Einer der arabischen Punkte. Um ihn zu berechnen, wenden Sie folgende Formel an: Aszendent + Deszendent – Venus = Ehepunkt.

Ekliptik: Der scheinbare Pfad der Sonne um die Erde und durch den Tierkreis.

Elektionsastrologie: Ein Teilgebiet der Astrologie, in dem günstige Momente für wichtige Ereignisse gewählt werden, z.B. für Hochzeiten.

Elemente: Eine traditionelle Methode, die grundlegenden Temperamente der Sonnenzeichen zu beschreiben. Die vier Elemente sind Feuer, Erde, Luft und Wasser.

elftes Haus: Der Abschnitt des Horoskops, der Freundschaften, Gruppen, Hoffnungen und Wünsche regiert.

Endhäuser: Das dritte, sechste, neunte und zwölfte Haus.

Ephemeriden: Ein Almanach, der die Positionen der Sonne, des Mondes, der Mondknoten, der Planeten und manchmal der Asteroiden für jeden Tag des Jahres auflistet.

Erde: Eines der vier traditionellen Elemente, in die der Tierkreis aufgeteilt ist. Erde wird mit praktischem Denken und der materiellen Welt in Verbindung gebracht. Die Erdzeichen sind Stier, Jungfrau und Steinbock.

Erhöhung: Eine der Würden der Planeten. Das Zeichen der Erhöhung eines Planeten ist ein Zeichen, in dem der Planet als besonders gut funktionierend betrachtet wird. Der Mond z.B., der den Krebs regiert, ist im Stier in seiner Erhöhung.

erstes Haus: Der Abschnitt des Horoskops, der das Erscheinungsbild und die nach außen gezeigte Persönlichkeit regiert.

Exil: Eine der Würden der Planeten. Ein Planet ist im Exil, wenn er in dem Zeichen steht, das dem von ihm beherrschten gegenüberliegt. Mars z.B., der den Widder regiert, ist in der Waage im Exil. Dies wird als schwache Stellung angesehen.

Fall: Eine der Würden der Planeten. Ein Planet ist im Fall, wenn er in dem Zeichen steht, das dem Zeichen der Erhöhung gegenübersteht. Jupiter z.B. ist im Krebs erhöht und im Steinbock im Fall.

fest: Eine der drei Qualitäten. Feste Zeichen widerstehen Veränderungen und arbeiten daran, den Status Quo beizubehalten. Die festen Zeichen sind Stier, Löwe, Skorpion und Wassermann.

Feuer: Eines der vier traditionellen Elemente, in die der Tierkreis aufgeteilt ist. Feuerzeichen werden mit Lebenskraft und Begeisterung in Verbindung gebracht. Die Feuerzeichen sind Widder, Löwe und Schütze.

Fische: Das zwölfte und letzte Zeichen des Tierkreises, das mit dem Sternbild Fische in Verbindung gebracht wird. Die Fische sind ein negatives, bewegliches Wasserzeichen. Es wird vom Planeten Neptun regiert.

Fixsterne: Die Sterne, so genannt, weil sie im Gegensatz zu den Planeten, feststehend scheinen. Die Fixsterne im Tierkreis werden manchmal als Elemente für eine Interpretation verwendet.

fünftes Haus: Der Abschnitt des Horoskops, der Liebe, Kinder, Kreativität, Freizeit und Glücksspiele regiert.

Geburtshoroskop: Ein Horoskop, das für den genauen Zeitpunkt und Ort der Geburt berechnet wird.

gegenseitige Verstärkung: Die Situation, in der zwei Planeten jeweils das Zeichen besetzen, das vom anderen regiert wird. Wenn z.B. Merkur im Wassermann (der von Uranus regiert wird) steht und Uranus in den Zwillingen (die von Merkur regiert werden), dann verstärken sich Merkur und Uranus gegenseitig.

Glückspunkt: Der am weitesten verbreitete der arabischen Punkte. Er weist auf einen Bereich des Glücks und der Leichtigkeit in einem Geburtshoroskop hin. Um ihn zu berechnen, wenden Sie folgende Formel an: Aszendent + Mond – Sonne = Glückspunkt.

Glyphen: Geschriebene Symbole der Zeichen, Planeten und Aspekte.

Grad: Ein Bruchteil eines Kreises, der 1/360 des Ganzen entspricht, also eine Teilung des Tierkreises, die in etwa der Distanz entspricht, welche die Sonne in einem Tag zurücklegt. Der Tierkreis besteht aus 360°, mit 30° in jedem Zeichen. Jeder Grad ist in 60 Minuten aufgeteilt.

großes Kreuz: Eine seltene und herausfordernde Aspektfigur, die aus zwei Planetenpaaren in Opposition besteht, mit jedem Planet im Quadrat zu zwei der anderen.

großes Trigon: Ein glückbringender Aspekt, der von drei (oder mehr) Planeten geformt wird, von denen jeder im Trigon zu den anderen zwei steht.

Halbsumme: Ein Punkt im Tierkreis, der genau in der Mitte zwischen zwei Planeten liegt. Sie können die Halbsumme so berechnen wie den Durchschnitt: Sie addieren die Positionen der zwei Planeten und teilen das Ergebnis durch zwei.

Hauptaspekte: Konjunktion, Sextil, Quadrat, Trigon und Opposition.

Häuser: Die zwölf Bereiche eines Horoskops, von dem jeder einen anderen Teil des alltäglichen Lebens repräsentiert, z.B. Beruf, Ehe usw.

Häuserspitze: Der Grad am Anfang eines Hauses.

Häusertabelle: Ein nummerisches Dokument, in dem der Aszendent, die Himmelsmitte und alle Häuserspitzen nach Geburtszeit und Breitengrad des Geburtsorts aufgelistet sind sowie nach Position der Sterne (siderische Astrologie) statt der Ekliptik, wie in der westlichen Astrologie üblich.

herrschender Planet: Als Herrscher eines gesamten Horoskops wird in der Regel der Planet betrachtet, der den Aszendenten oder das aufsteigende Zeichen regiert. Der Herrscher eines Hauses ist der Planet, der das Zeichen an der Häuserspitze regiert. Der Herrscher eines Zeichens wird der Tradition folgend bestimmt.

Himmelsmitte (MC): Deutscher Begriff für *Medium Coeli,* einem lateinischen Begriff, der die Mitte des Himmels bezeichnet. Der Grad des Tierkreises, der im Moment der Geburt am höchsten Punkt steht. Er symbolisiert Ihre Ambitionen und Ihr Bild in der Öffentlichkeit.

Horizontlinie: Die Achse, die den Kreis des Horoskops kreuzt und sich vom Aszendenten im Osten zum Deszendenten im Westen ausbreitet.

Horoskop: Eine vollständige astrologische Aufzeichnung, die für eine bestimmte Zeit und einen bestimmten Ort berechnet wird und die Sonne, den Mond und die Planeten beinhaltet – ein Geburtshoroskop. Das Wort wird auch für die Bezeichnung der täglichen oder wöchentlichen Vorhersagen verwendet, die in Zeitungen und Zeitschriften erscheinen.

IC: Abkürzung für *Imum Coeli,* ein lateinischer Begriff, der den untersten Teil des Himmels bezeichnet. Der IC ist der unterste Punkt einer astrologischen Grafik – das Gegenüber der Himmelsmitte oder MC –, und in den meisten Häusersystemen entspricht er der Spitze des vierten Hauses. Er symbolisiert Ihre Haltung gegenüber Ihrem Zuhause und der Familie.

Ingressus: Der Eintritt eines Planeten in ein Tierkreiszeichen.

Jod: Eine Aspektfigur, die aus zwei Quinkunxen und einem Sextil besteht, auch als Finger des Schicksals oder Hand Gottes bekannt. Sie führt zu Spannungen und Unentschlossenheit.

Jungfrau: Das sechste Zeichen des Tierkreises, verbunden mit dem Sternbild der Jungfrau. Die Jungfrau ist ein negatives, bewegliches Erdzeichen. Es wird vom Planeten Merkur regiert.

Juno: Der Asteroid, der als dritter entdeckt wurde. Benannt nach der römischen Göttin Juno, der Frau des Jupiters, wird er mit Ehe und Beziehungen in Verbindung gebracht.

Jupiter: Der Planet der Erweiterung, des Wachstums und des Glücks. Auch der größte Himmelskörper im Sonnensystem nach der Sonne.

kardinal: Eine der drei Qualitäten. Kardinalzeichen sind unternehmungslustig und motiviert, Änderungen herbeizuführen. Die Kardinalzeichen sind Widder, Krebs, Waage und Steinbock.

Kardinalpunkte: Die vier Kardinalpunkte eines Horoskops sind der Aszendent, der Deszendent, die Himmelsmitte und der IC.

Konjunktion: Der engste Aspekt zwischen zwei Planeten (oder zwischen einem Planeten und dem Aszendenten oder der Himmelsmitte). Wenn zwei Planeten in einer exakten Konjunktion stehen, besetzen sie den gleichen Grad des Tierkreises. Die meisten Astrologen lassen eine Abweichung (Orbis) von 8° (im Fall von zwei Planeten) oder 10° (wenn Sonne oder Mond beteiligt sind) gelten. Die Konjunktion symbolisiert einen Zusammenschluss der Energien zwischen den zwei Planeten.

Korb: Eines von sieben Mustern in Geburtshoroskopen, die von Marc Edmund Jones identifiziert wurden. In einem Korbhoroskop sind alle Planeten bis auf einen in einem Bereich von 180° oder weniger gruppiert, während ein Planet – der Henkel des Korbs – auf der anderen Seite des Horoskops isoliert steht.

Krebs: Das vierte Zeichen des Tierkreises, das mit dem Sternbild des Krebses verbunden ist. Der Krebs ist ein negatives, kardinales Wasserzeichen. Es wird vom Mond regiert.

Leerlauf: Während seiner Reise durch die Tierkreiszeichen formt der Mond Aspekte verschiedener Art mit jedem der Planeten. Zwischen seinem letzten Hauptaspekt in einem Zeichen und seinem Eintritt in das nächste Zeichen, wird er als im Leerlauf betrachtet.

Lokomotive: Eines der sieben Horoskopmuster, die von Marc Edmund Jones identifiziert wurden. Ein Lokomotivhoroskop zeigt die Planeten mehr oder weniger gleichmäßig über zwei Drittel oder 240° des Horoskops verteilt.

Löwe: Das fünfte Zeichen des Tierkreises, verbunden mit dem Sternbild des Löwen. Der Löwe ist ein positives, festes Feuerzeichen. Es wird von der Sonne regiert.

Luft: Eines der vier traditionellen Elemente, in die der Tierkreis aufgeteilt wird. Luft wird mit mentalen Funktionen in Verbindung gebracht. Die Luftzeichen sind Zwillinge, Waage und Wassermann.

männliche Zeichen: siehe **positive Zeichen**.

Mars: Der Planet der Aktion, der Aggression und des Verlangens.

MC: siehe **Himmelsmitte**

Meridian: Die Linie in einer Horoskopgrafik, die das Horoskop vertikal teilt und von der Himmelsmitte oben bis zum IC unten verläuft.

Merkur: Der Planet des Intellekts, der Vernunft, des Redens, des Schreibens und der Kommunikation.

Mittelhäuser: Das zweite, fünfte, achte und elfte Haus.

Modalität: Eine der drei Qualitäten, die beschreiben, wie die unter einem bestimmten Zeichen Geborenen mit Veränderungen umgehen. Die drei Modalitäten sind kardinal, fest und beweglich.

Mond: Der Mond symbolisiert Gefühle, den Instinkt, Gewohnheiten und das Unbewusste.

Mondknoten: Die zwei Punkte im All, an denen der Pfad des Mondes die Ekliptik schneidet. Siehe auch **nördlicher Mondknoten** und **südlicher Mondknoten**.

Mundanastrologie: Ein Teilbereich der Astrologie, der anhand der Horoskope von Nationen, der Sonnenwenden und Finsternisse die Politik und wichtige Ereignisse analysiert.

Nadir: Der tiefste Punkt des Horoskops, gegenüber der Himmelsmitte.

Nebenaspekte: Semisextil, Semiquadrat, Sesquiquadrat und Quinkunx. Quintile und Biquintile werden als noch unbedeutender angesehen.

negative Zeichen: Auch feminine oder Yin-Zeichen genannt: Stier, Krebs, Jungfrau, Skorpion, Steinbock und Fische (die Erd- und Wasserzeichen). Negative Zeichen werden als aufnahmefähig und introvertiert betrachtet.

Neptun: Der Planet der Phantasie, der Träume und Illusionen.

Neumond: Die allmonatliche Konjunktion zwischen Sonne und Mond. Eine Zeit des Neubeginns.

neuntes Haus: Der Abschnitt des Horoskops, der Reisen, die Philosophie, die Religion, die Rechte, das Verlagswesen und die höhere Bildung regiert.

nördlicher Mondknoten: Ein mathematischer Punkt, der eine erweiterte und wertvolle Lebensrichtung symbolisiert.

Opposition: Ein 180°-Aspekt zwischen zwei Planeten (oder einem Planet und dem Aszendenten oder der Himmelsmitte), mit einer möglichen Abweichung von 8° (im Fall von zwei Planeten) oder 10° (im Fall der Sonne oder des Mondes). Die Opposition zeigt, dass die zwei beteiligten Planeten gegeneinander arbeiten. Sie wird mit Konflikten und externen Problemen in Verbindung gebracht.

Orbis: Auch Reichweite oder Wirkkreis genannt. Der Gradbereich, innerhalb dessen ein Aspekt als gültig angesehen wird. Üblicherweise wird den Hauptaspekten – der Konjunktion, dem Sextil, dem Trigon, dem Quadrat und der Opposition – ein größerer Orbis eingeräumt als den Nebenaspekten. Außerdem wird auch einem Aspekt, an dem Sonne oder Mond beteiligt sind, ein größerer Orbis erlaubt.

Pallas: Der Asteroid, der als zweiter entdeckt wurde. Pallas wird mit Pallas Athene in Verbindung gebracht, der Kriegsgöttin der Weisheit und des Erfolgs.

Placidus-Häusersystem: Die am weitesten verbreitete Form der Häuseraufteilung (zumindest bis vor kurzem). Placidus war ein Astrologe des 17. Jahrhunderts.

Planeten: In astrologischen Begriffen (im Gegensatz zu astronomischen) sind dies Merkur, Venus, Mars, Jupiter, Saturn, Uranus, Neptun und Pluto, plus die Sonne und der Mond.

Pluto: Der Planet der Macht, Obsession und Transformation.

Polarität: Die positive oder negative Energie, die jedem Zeichen symbolisch verliehen wird. Feuer- und Luftzeichen sind positiv. Erd- und Wasserzeichen sind negativ.

positive Zeichen: Auch männliche oder Yang-Zeichen genannt: Widder, Zwillinge, Löwe, Waage, Schütze und Wassermann (die Feuer- und Luftzeichen). Positive Zeichen werden als aktiv und extrovertiert angesehen.

Progressionshoroskop: Ein Horoskop, das auf einem Geburtshoroskop basiert, aber für einen späteren Zeitpunkt berechnet wird, oft anhand der Formel, nach der ein Tag einem Jahr entspricht. Daher würde die Position der Planeten drei Wochen (21 Tage) nach Ihrer Geburt den Positionen der Planeten während Ihres 21. Lebensjahres entsprechen.

Quadrat: Ein schwieriger 90°-Aspekt zwischen zwei Planeten (oder einem Planet und dem Aszendenten oder der Himmelsmitte). Astrologen lassen in der Regel einen Orbit von 8° (im Fall von zwei Planeten) oder 10° (wenn Sonne oder Mond beteiligt sind) zu. Das Quadrat weist darauf hin, dass die zwei Planeten Schwierigkeiten miteinander haben. Oft führt das Quadrat zu Spannungen, internen Konflikten und gemischten Motivationen.

Qualität: siehe **Modalität**.

Quinkunx: ein 150°-Aspekt (plus/minus 2°) zwischen zwei Planeten (oder zwischen einem Planeten und dem Aszendenten oder der Himmelsmitte). Der Quinkunx führt zu sporadischer Energie zwischen zwei Planeten.

Quintil: Ein Aspekt von 72° (plus/minus 2°). Sein Einfluss ist kreativ.

Rektifikation: Der Prozess, eine Geburtszeit zu bestimmen oder zu korrigieren, in der Regel durch Anpassen der Geburtszeit, bis das Horoskop die Termine von Schlüsselereignissen wie Heirat oder Tod eines Elternteils genauer darstellt.

relokalisiertes Horoskop: Ein Geburtshoroskop, das für einen anderen Ort als Ihren Geburtsort berechnet wird. Es zeigt, wie dieser Ort auf Sie wirken kann.

Rückläufigkeit: Wenn es scheint, als würde ein Planet rückwärts durch den Tierkreis reisen (d.h. vom Stier zum Widder), spricht man von Rückläufigkeit. Rückläufigkeit ist eigentlich eine Illusion: Tatsächlich ändern die Planeten nie ihre Richtung.

Saturn: Der Planet der Einschränkung, Grenzen und Struktur.

Schüssel: Eines von sieben Mustern in Geburtshoroskopen, die von Marc Edmund Jones identifiziert wurden. In einem Schüsselhoroskop sind alle Planeten innerhalb von 180° oder weniger in einer Hälfte des Horoskops zu finden.

Schütze: Das neunte Zeichen des Tierkreises, verbunden mit dem Sternbild des Schützen. Der Schütze ist ein positives, bewegliches Feuerzeichen. Es wird vom Planeten Jupiter regiert.

sechstes Haus: Der Abschnitt des Horoskops, der den Beruf, die Gesundheit, Dienstleistungen, die Pflicht und die Selbstverbesserung regiert.

Semiquadrat: Ein 45°-Aspekt, plus/minus 2°, zwischen zwei Planeten (oder einem Planet und dem Aszendenten oder der Himmelsmitte). Ein Semiquadrat führt zu Spannungen.

Semisextil: Ein 30°-Aspekt, plus/minus 2°, zwischen zwei Planeten (oder einem Planet und dem Aszendenten oder der Himmelsmitte). Dieser Aspekt ist leicht unterstützend.

Sesquiquadrat: Ein 135°-Aspekt (plus/minus 2°) zwischen zwei Planeten (oder einem Planet und dem Aszendenten oder der Himmelsmitte). Sein Einfluss ist beunruhigend.

Sextil: Ein harmonischer 60°-Aspekt zwischen zwei Planeten (oder einem Planet und dem Aszendenten oder der Himmelsmitte). Die meisten Astrologen lassen einen Orbis von 6° (im Fall von zwei Planeten) oder 8° (wenn Sonne oder Mond beteiligt sind) zu.

siderische Astrologie: Ein System der Astrologie, das auf den Sternbildern basiert, nicht auf den Unterteilungen der Ekliptik, wie es in der westlichen Astrologie üblich ist.

siebtes Haus: Der Abschnitt des Horoskops, der Partnerschaften, darunter auch die Ehe, regiert.

Skorpion: Das achte Zeichen des Tierkreises, verbunden mit dem Sternbild des Skorpions. Der Skorpion ist ein negatives, festes Wasserzeichen. Es wird vom Planeten Pluto regiert.

Sonne: Der Himmelskörper im Zentrum des Sonnensystems. Die Sonne repräsentiert die wesentlichste Persönlichkeit, Lebenskraft und wichtigsten Sorgen.

Spritzer: Eines der sieben Muster in Geburtshoroskopen, die von Marc Edmund Jones identifiziert wurden. In einem Spritzerhoroskop sind die Planeten mehr oder weniger gleichmäßig über das Horoskop verteilt.

Steinbock: Das zehnte Zeichen des Tierkreises, das mit dem Sternbild des Steinbocks verbunden ist. Der Steinbock ist ein negatives, kardinales Erdzeichen. Es wird vom Planeten Saturn regiert.

Stellatium: Eine Gruppe von drei oder mehr Planeten in einem Zeichen oder Haus. Auch Stellium genannt.

Stier: Das zweite Zeichen des Tierkreises, verbunden mit dem Sternbild des Stiers. Der Stier ist ein negatives, festes Erdzeichen. Es wird vom Planeten Venus regiert.

Stundenastrologie: Ein Teilgebiet der Astrologie, in dem eine Frage auf Basis einer Horoskopberechnung für den Moment beantwortet wird, in dem die Frage gestellt wurde.

südlicher Mondknoten: Ein mathematischer Punkt, der eine negative oder einschränkende Lebensrichtung symbolisiert.

T-Quadrat: Eine spannungsreiche Aspektfigur, mit zwei Planeten in Opposition und einem dritten, der jeweils ein Quadrat zu den anderen zwei bildet.

Transite: Die sich ändernden Positionen der Planeten auf ihrer Reise durch die Tierkreiszeichen. Die aktuellen Transite beeinflussen Planeten im Geburtshoroskop und lösen Ereignisse aus.

Trigon: Ein 120°-Aspekt zwischen zwei Planeten (oder einem Planet und dem Aszendenten oder der Himmelsmitte). Astrologen lassen in der Regel einen Orbis von 8° (im Fall von zwei Planeten) oder 10° (wenn Sonne oder Mond beteiligt sind) zu. Das Trigon weist darauf hin, dass die zwei Planeten effektiv zusammenarbeiten.

tropische Astrologie: Das System, das weithin in der westlichen Astrologie zum Einsatz kommt, in dem die Ekliptik in 12 Abschnitte von je 30° aufgeteilt ist, die wiederum jeweils ein Zeichen darstellen. Diese Zeichen stimmen nicht mit den Sternbildern überein, die ihren Namen tragen.

Tupfer: Eines der sieben Muster in Geburtshoroskopen, die von Marc Edmund Jones identifiziert wurden. In einem Tupferhoroskop sind die Planeten unregelmäßig über das Horoskop verteilt, mit mindestens einer Gruppierung von drei oder mehr Planeten an einem Ort.

Uranus: Der Planet des Aufstands, der Rebellion, der Exzentrizität und der plötzlichen, unerwarteten Ereignisse.

Venus: Der Planet der Liebe, der Schönheit, der Kunst und der Freuden.

Vesta: Der Asteroid, der als vierter entdeckt wurde. Benannt nach der römischen Göttin des Herdes, wird Vesta mit dem Heim in Verbindung gebracht.

viertes Haus: Der Abschnitt des Horoskops, der das Heim, die Eltern, die psychologischen Wurzeln und des Lebensende regiert.

Vollmond: Die jeden Monat wiederkehrende Opposition zwischen Sonne und Mond. Eine Zeit, in der die Dinge sich zuspitzen.

Waage: Das siebte Zeichen des Tierkreises, das mit dem Sternbild der Waage in Verbindung steht. Die Waage ist ein positives, kardinales Luftzeichen. Es wird vom Planeten Venus regiert.

Wasser: Eines der vier traditionellen Elemente, in die der Tierkreis aufgeteilt ist. Wasser wird mit Gefühlen in Verbindung gebracht. Die Wasserzeichen sind Krebs, Skorpion und Fische.

Wassermann: Das elfte Zeichen des Tierkreises, das mit dem Sternbild des Wassermanns verbunden ist. Der Wassermann ist ein positives, festes Luftzeichen. Sein Herrscher ist der Planet Uranus.

weibliche Zeichen: siehe **negative Zeichen**.

Widder: Das erste Zeichen des Tierkreises, verbunden mit dem Sternbild des Widders. Der Widder ist ein positives, kardinales Feuerzeichen. Es wird vom Planeten Mars regiert.

Wippe: Eines der sieben Muster in Geburtshoroskopen, die von Marc Edmund Jones identifiziert wurden. In einem Wippehoroskop sind die Planeten in zwei einzelne Gruppen aufgeteilt, die einander gegenüber stehen, getrennt von zwei oder drei leeren Häusern auf jeder Seite.

Würde: Die Zeichen, in denen ein Planet als besonders gut oder besonders schlecht funktionierend angesehen wird. Für jeden Planeten gibt es ein Zeichen der Herrschaft, der Erhöhung, des Exils und des Falls.

zehntes Haus: Der Abschnitt des Horoskops, der die Karriere, den Ruf, den Status und das öffentliche Bild regiert.

Zenith: Der höchste Punkt am Himmel, der Punkt senkrecht über dem Kopf.

zweites Haus: Der Bereich des Horoskops, der Geld, materielle Besitztümer und Werte regiert.

Zwillinge: Das dritte Zeichen des Tierkreises, das mit dem Sternbild der Zwillinge in Verbindung gebracht wird. Die Zwillinge sind ein positives, bewegliches Luftzeichen. Es wird vom Planeten Merkur regiert.

zwölftes Haus: Der Bereich des Horoskops, der Abgeschiedenheit, Geheimnisse, Spiritualität, Selbstblockade, Institutionen, heimliche Aktionen und das symbolisiert, was hinter den Kulissen passiert.

Stichwortverzeichnis

Symbole

A

B

M

N

Q

R

S

T

U

V

W

Y

Z

336 Seiten, 2000
29,90 DM, kart.
ISBN 3-8266-2903-5

Stephan Bodian

Meditation für Dummies

Aus dem Amerikanischen übersetzt von Reinhard Engel

- Ihr Wegweiser zu innerer Ausgeglichenheit
- Alltagsstress bekämpfen
- Moderne und traditionelle Meditationstechniken

Sie hetzen von einem Termin zum nächsten, kommen nie zur Ruhe und wissen gar nicht mehr, was Erholung, innere Ruhe und Ausgeglichenheit sind?

Versuchen Sie es mit Meditation! Dafür müssen sie keineswegs zum einsamen Mönch werden, denn Meditation lässt sich auch in Ihren Alltag integrieren. Lassen Sie sich von Stephan Bodian auf diesem Weg begleiten! Er zeigt Ihnen, wie Sie durch einfache Meditationen Energie und Kraft tanken und auch wie Sie als erfahrener Meditierender mit speziellen Problemsituationen umgehen.

Starten Sie Schritt für Schritt eine Reise in Ihr Inneres und finden Sie so zu mehr Ausgeglichenheit und Lebensfreude!

Sie erfahren:

- ✔ Wo die Meditation herkommt und warum sie so wertvoll ist
- ✔ Welche Methoden es gibt und wo deren Gemeinsamkeiten liegen
- ✔ Wie Sie mit Ihrem Geist arbeiten und Ihre Konzentration verbessern
- ✔ Worauf Sie in der Meditationspraxis achten sollten: schrittweiser Blick nach Innen, die richtige Haltung etc.
- ✔ Wie Sie mit Meditation Ihren Alltagsstress bekämpfen und Ihr Wohlbefinden steigern
- ✔ Wie Sie mit unruhigen Gedanken und Ablenkungen während der Meditation umgehen

Warum meditieren?

2

In diesem Kapitel

- Einen scharfen Blick darauf werfen, warum Ihr Leben Ihre Erwartungen nicht erfüllt
- Die hohen Kosten des permanenten, schnellen Wandels berechnen
- Meditation als Mittel gegen die Krankheiten des 21. Jahrhunderts – Stress, Angst und Entfremdung – verwenden
- Die vielen Vorteile der Meditation katalogisieren

Ich gehöre zu den Menschen, die vorher wissen wollen, was sie für ihren Zeitaufwand und ihre Energie bekommen werden, bevor sie sich auf eine Aktivität einlassen. Ich meine, warum soll man einen Vorturner für die Plackerei im Aerobic-Unterricht bezahlen oder sich in einem Fitness-Studio kasteien, wenn man nicht erwarten kann abzunehmen, stärkere Muskeln zu bekommen und ausdauernder zu werden? Warum sollte man einmal die Woche einen Gourmet-Kochkurs besuchen, wenn man keine umwerfenden Fettucini oder Ente à l'orange zubereiten will?

Dasselbe gilt für die Meditation. Warum sollten Sie jeden Tag 10 oder 15 oder sogar 20 Minuten Ihrer hart verdienten Freizeit damit verbringen, Ihren Atem zu beobachten oder denselben Ausdruck laufend zu wiederholen, wenn Sie stattdessen joggen, vor der Glotze abschalten oder im Internet surfen könnten? Der Grund sind die zahllosen Nutzeffekte, die damit verbunden sind!

Aber bevor wir uns mit diesen Vorteilen auseinander setzen, untersucht dieses Kapitel einige der Probleme, zu deren Lösung die Meditation beitragen kann. Sie kennen die alte Aussage: »Wenn es nicht kaputt ist, repariere es nicht.« Nun ja, in der Wirklichkeit sind viele Menschen der Ansicht, dass ihr Leben in ziemlich bedeutenden Aspekten »kaputt« ist. Schließlich haben Sie ein oder zwei Gründe dafür gehabt, sich dieses Buch zu kaufen. Jetzt ist es an der Zeit, einige dieser Gründe herauszufinden.

Wie das Leben Sie antreibt – zum Meditieren

Obwohl Sie es vielleicht nicht gern zugeben – wenigstens nicht in der Öffentlichkeit – erfüllt das Leben nicht immer Ihre Erwartungen. Als Folge davon leiden Sie – unter Stress, Enttäuschungen, Furcht, Ärger, Empörung, Verletzungen oder einer Reihe anderer unangenehmer Emotionen. Meditation lehrt Sie, wie Sie mit schwierigen Umständen umgehen und den Spannungen und Emotionen, die sie auslösen, mit Gelassenheit, Gleichmut und Mitgefühl begegnen können. Aber bevor ich die positiven Lösungen beschreibe, die die Meditation anzubieten hat – und seien Sie versichert, dass es viele gibt – möchte ich mit Ihnen im Schnelldurchgang die Probleme behandeln, die damit gelöst werden sollen.

Der Mythos vom perfekten Leben

In meinen Jahren als Psychotherapeut und Meditationslehrer habe ich festgestellt, dass viele Leute leiden, weil sie ihr Leben mit einem vorgestellten Idealbild vergleichen, wie das Leben zu sein habe. Zusammengeflickt aus Konditionierungen in der Kindheit, Bildern und Geschichten in den Medien und persönlichen Wünschen, lauert dieses Idealbild jetzt irgendwo im Schatten und dient als Maßstab, an dem jeder Erfolg oder Misserfolg, jeder Umstand oder jede Wendung der Ereignisse gemessen und beurteilt wird. Nehmen Sie sich einen Moment Zeit, um einen Blick auf Ihr Idealbild zu werfen.

Vielleicht haben Sie Ihr Leben damit verbracht, um den Traum des bürgerlichen Daseins zu erfüllen – zwei Kinder, ein Haus in der Vorstadt, eine brilliante Karriere, also das, was Zorba der Grieche als die »absolute Katastrophe« bezeichnete. Schließlich ist dies das, was Ihre Eltern hatten (oder nicht hatten), und Sie beschlossen irgendwann, dass Sie es Ihren Eltern und sich selbst schuldig seien, Erfolg zu haben. Doch jetzt rotieren Sie in zwei Jobs, um das Geld für die Raten zusammenzubekommen, Ihre Ehe bricht auseinander, und Sie haben Schuldgefühle, weil Sie nicht genügend Zeit mit Ihren Kindern verbringen.

Vielleicht glauben Sie auch, dass das ultimative Glück Ihren Weg kreuzen wird, wenn Sie nur die perfekte Figur (oder das perfekte Aussehen) erreichen. Das Problem ist: Diäten funktionieren nicht, Sie können sich nicht zu einem strengen Fitnessprogramm durchringen, und jedes Mal, wenn Sie in den Spiegel schauen, fühlen Sie sich, als könnten Sie ohnmächtig werden. Vielleicht besteht Ihre Idee eines irdischen Nirvanas auch in der perfekten Beziehung. Leider gehen Sie auf die Vierzig zu und haben Frau oder Herrn Richtig immer noch nicht gefunden. Sie waschen wie verrückt Ihre privaten Körperteile, während Sie heimlich fürchten, dass Sie unter einer furchtbaren sozialen Krankheit leiden.

Wie immer Ihre Version des perfekten Lebens – perfekte Urlaube, perfekter Sex, perfekte Gesundheit, sogar perfekte Geistesruhe oder totale Freiheit von Spannung und Stress – aussehen mag, Sie bezahlen ein hohen Preis dafür, solch hohe Erwartungen zu haben. Wenn das Leben diese Erwartungen nicht erfüllt, wie es unvermeidlich der Fall sein wird, enden Sie im Leiden und weisen sich selbst die Schuld zu. (Glauben Sie mir – ich bin selbst immer wieder in diese Falle getappt!) Wenn ich nur mehr verdient hätte, mehr Zeit zu Hause verbracht hätte, ein besserer Liebhaber gewesen wäre, wieder zur Schule gegangen wäre, diese zusätzlichen Pfunde abgespeckt hätte ... die Liste ist endlos. Egal, wie Sie die Liste zerlegen, Sie sind den Anforderungen einfach nicht gewachsen.

Vielleicht gehören Sie aber auch zu der Elite den wenigen Menschen, die es schaffen, alles zu bekommen, was sie wollen. Das Problem ist, dass die Situation für Sie irgendwann langweilig wird und Sie mehr wollen – oder Sie kämpfen jeden freien Moment darum, Ihren Besitz zu schützen oder zu kontrollieren.

Die großen Meditationstraditionen haben eine menschlichere Botschaft für Sie. Sie lehren, dass das ideale irdische Leben ein Mythos ist. Ein alter christlicher Spruch drückt dies folgendermaßen aus: »Der Mensch denkt, Gott lenkt.« Oder um es mit einem beliebten Scherz auszudrücken: »Wenn Sie Gott zum Lachen bringen wollen, teilen Sie ihm Ihre Pläne mit.« Diese Traditionen erinnern uns daran, dass im Universum weit mächtigere Kräfte am Werk sind, als Sie oder ich haben. Sie können sich alles vorstellen, was Sie wollen. Sie können es zu Ihrem Ziel machen, Sie können es anstreben, und Sie können versuchen, es zu kontrollieren – und letztlich können Sie sogar ein geringes Maß an Erfolg erreichen. Aber die Wahrheit ist, dass Sie und ich langfristig nur höchst begrenzt die Umstände unseres Lebens beeinflussen können! (Nähere Informationen über das Loslassen finden Sie in Kapitel 9.)

Wenn alles zerfällt

Weil sie allem zuwider läuft, was Ihnen jemals beigebracht worden ist, haben Sie möglicherweise Schwierigkeiten damit, die grundlegende spirituelle Wahrheit zu akzeptieren, dass Sie und ich nur eine begrenzte Kontrolle über die Ereignisse in unseren Leben haben. Geht es schließlich im Leben nicht gerade darum, auszugreifen und dem Werbespruch von Nike, »Just do it!« (»Tu es einfach!«), zu folgen? Ja, auch das stimmt. Sie müssen Ihren Träumen folgen und Ihre Wahrheit leben; dies ist eine entscheidende Komponente der Gleichung.

Aber wenn sich das Leben ändert und Ihnen der Wind ins Gesicht bläst, wie es manchmal passiert, wie reagieren Sie dann? (Denken Sie nur an die olympischen Skiläufer, die jahrelang trainiert haben, nur um zu erleben, wie ihre Medaillenhoffnungen in einem Augenblick durch schlechtes Wetter oder eine vereiste Stelle begraben wurden!) Oder wenn das Leben Sie vollkommen in die Knie zwingt und Ihnen alles nimmt, was Sie erworben haben, einschließlich Ihrer Zuversicht und Ihres hart erarbeiteten Selbstvertrauens – wo gehen Sie dann hin, um Hilfe und Unterstützung zu finden? Wie gehen Sie mit dem Schmerz und der Verwirrung um? Auf welche inneren Ressourcen können Sie zurückgreifen, die Sie durch dieses Furcht erregende und unbekannte Terrain leiten? Überdenken Sie die folgende Geschichte:

Eines Tages kam eine Frau mit ihrem toten Kind im Arm zu Buddha (dem großen spirituellen Lehrer, der vor etwa zweieinhalbtausend Jahren in Indien lebte). Von Kummer gebeugt war sie von Ort zu Ort gewandert und hatte die Leute nach einer Medizin gefragt, um das Kind wiederzubeleben. Buddha war ihre letzte Hoffnung. Sie fragte ihn, ob er ihr helfen könne. »Ja«, sagte er, »aber zuerst musst du mir einige Senfsamen aus einem Haus bringen, in dem es noch nie ein Todesfall gegeben hat.«

Voller Hoffnung klopfte die Frau an eine Tür nach der anderen, um zu fragen, aber niemand konnte ihr helfen. Jedes Haus, das sie betrat, hatte seinen Teil Todesfälle erlebt. Als sie das Ende des Dorfes erreichte, hatte sich ihr Geist so weit geklärt, dass sie erkannte, dass Krankheit und Tod unvermeidbar sind. Nachdem sie ihren Sohn begraben hatte, kehrte sie zu Buddha zurück, um spirituelle Unterweisungen zu erhalten. »Nur ein Gesetz im Universum ändert sich niemals«, erklärte er, »nämlich dass alle Dinge sich ändern und dass alle Dinge unbeständig sind.« Als sie dies hörte, wurde die Frau seine Schülerin und nach einiger Zeit, so wird überliefert, erlangte sie die Erleuchtung.

Natürlich bietet das Leben weit mehr als Krankheit und Tod; es hält für uns auch Augenblicke außergewöhnlicher Liebe, Schönheit, Wunder und Freude bereit. Aber wie die Frau in der Geschichte tendieren wir im Westen dazu, die dunkle Seite des Lebens zu verleugnen. Wir schieben unsere Alten und Sterbenden in Altersheime ab, ignorieren unsere Obdachlosen, drängen unsere verarmten Minderheiten in Ghettos ab und sperren unsere Geisteskranken und Entwicklungsgestörten in Krankenhäusern und Irrenanstalten ein, während wir auf unseren Werbetafeln und in unseren Zeitschriften die lächelnden Gesichter der Jugend und des Wohlstands zeigen.Tatsache ist, dass das Leben ein reichhaltiges und verblüffendes Zusammenspiel von Licht und Dunkel, von Erfolg und Misserfolg, von Jugend und Alter, von Vergnügen und Schmerz und – jawohl – von Leben und Tod ist. Die Umstände ändern sich permanent, scheinen in dem einen Augenblick auseinander zu fallen, nur um sich im nächsten wieder zusammenzufinden. Der zeitgenössische Zen-Lehrer Shunryu Suzuki drückt dies so aus, dass alles laufend »sein Gleichgewicht vor einem Hintergrund eines perfekten Gleichgewichts verliert.«

Der Schlüssel zur Ihrer Geistesruhe liegt nicht in Ihren Umständen, sondern in Ihrer Reaktion auf die Umstände. Die Buddhisten sagen, dass das Leiden darin besteht, zu wollen, was man nicht hat, und nicht zu wollen, was man hat, während das Glück genau im Gegenteil besteht – nämlich darin, das zu genießen, was man hat, und nicht nach dem zu gieren, was man nicht hat. Dieses Konzept bedeutet nicht, dass Sie Ihre Werte, Träume und Bestrebungen aufgeben müssen – nur dass Sie sie mit der Fähigkeit ins Gleichgewicht bringen müssen, die Dinge zu akzeptieren, wie sie sind.

Meditation bietet Ihnen eine Gelegenheit, Ihren Gleichmut zu kultivieren, indem Sie Ihnen beibringt, auf eine Bewertung zu verzichten und sich jeder Erfahrung zu öffnen, ohne zu versuchen, diese zu verändern oder zu verdrängen. Dann können Sie, wenn einmal rauhe Zeiten kommen, diese Fähigkeit nutzen, um Ihre zerzausten Federn zu glätten und Ihre Geistesruhe zu bewahren. (Wenn Sie lernen wollen, die Dinge so zu akzeptieren, wie sie sind, lesen Sie die Kapitel 6 und 11.)

Mit der postmodernen Zwangslage umgehen

Natürlich ist es für niemanden etwas Neues, dass sich die Umstände laufend ändern – Gelehrte und Weise haben diese Wahrheit seit langen Zeiten ausgesprochen. Aber noch niemals in der Geschichte war der Wandel so augenfällig und unwiderstehlich – oder hat so tief in unser Leben eingegriffen – wie während der letzten zehn bis fünfzehn Jahre. Wenn wir die Abendnachrichten sehen oder eine Zeitung lesen, werden wir mit Statistiken und Bildern der Gewalt und des Hungers, der Umweltzerstörung und der wirtschaftlichen Instabilität überflutet, die alle das Bild einer Welt zeichnen, die zunehmend auseinander zu fallen scheint.

Auf einer eher persönlichen Stufe haben Sie möglicherweise Ihren Arbeitsplatz verloren, weil Ihr ehemaliges Unternehmen »schlanker« gemacht wurde. Vielleicht haben Sie auch eine Beziehung beendet, weil Ihr Partner in ein anderes Bundesland versetzt wurde. Möglicherweise wurden Sie Opfer eines Gewaltverbrechens oder haben beträchtliche Summen an einer schwankenden Börse verloren. Vielleicht verbringen Sie Ihre Freizeit damit herauszufinden, wie Sie bei der Konkurrenz auf dem Arbeitsmarkt wettbewerbsfähig bleiben können. Oder vielleicht liegen Sie einfach jede Nacht wach und machen sich Sorgen darüber, wann die Flutwelle des Wandels Sie endlich erreichen und fortreißen wird. Kommt Ihnen eines dieser Szenarien bekannt vor?

Soziologen bezeichnen dieses Zeitalter als *Postmoderne*. In ihr wird der permanente Wandel zu einem Lebensstil, und die althergebrachten Werte und Wahrheiten werden rasend schnell demontiert. Wie finden Sie Ihren Weg durch das Leben, wenn Sie nicht mehr wissen, was wahr ist, und wenn Sie nicht einmal mehr sicher sein können, wie Sie das herausfinden können? Suchen Sie Im Internet nach der Wahrheit, oder versuchen Sie, die Wahrheit irgendwie aus den neuesten Verkündigungen der Orakel in den Medien oder aus den Worten der Vorstandsvorsitzenden der großen Unternehmen herauszulesen?

Trotz der unbestreitbaren Vorteile aller elektronischen Spielereien, die seit den 80er Jahren unverzichtbar geworden sind, haben Sie möglicherweise Folgendes bemerkt: Je schneller Sie kommunizieren, desto weniger nehmen Sie mit anderen eine wirklich bereichernde und sinnhaltige Beziehung auf. Ein Cartoon, der in *Newsweek* abgedruckt wurde, fasst die Situation eindrucksvoll zusammen: Unter dem Titel »Urlaub in den 90ern« zeigt er eine Familie am Strand. Jede Person benutzt ihr eigenes persönliches elektronisches Gerät: Die Mutter telefoniert, der Vater surft im Internet, der eine Sohn nimmt ein Fax entgegen, ein zweiter reagiert auf seinen Beeper, und die Tochter ruft ihre Voice-Mail ab – und alle sind sich der Anwesenheit der anderen gar nicht bewusst!

Die Unbeständigkeit schätzen

In seinem Buch *Gedanken ohne Denker* gibt der Psychiater Mark Epstein die folgende Lehre des thailändischen Meditationsmeisters Achaan Chaa wieder. »Siehst du diesen Pokal?«, fragt Achaan Chaa. »Für mich ist dieses Glas bereits zerbrochen. Ich genieße es; ich trinke daraus. Es hält bewunderswert das Wasser zusammen und spiegelt manchmal sogar die Sonne in wunderschönen Mustern. Falls ich darauf klopfe, ertönt ein einen lieblicher Klang. Aber wenn ich dieses Glas auf die Ablage stelle und der Wind es umstößt oder wenn ich es mit meinem Ellbogen vom Tisch stoße und es auf den Boden fällt und zerbricht, dann sage ich: ‚Natürlich.' Wenn ich verstehe, dass dieses Glas bereits zerbrochen ist, dann ist jeder Augenblick mit ihm kostbar.«

Dieser unwiderstehliche Wandel fordert einen hohen emotionalen und spirituellen Preis. In unserem kollektiven Versuch, das Positive zu betonen und das Negative zu verdrängen, neigen wir dazu, diesen Preis zu verleugnen. Das Leben in der Postmoderne hat unter anderem die folgenden negativen Nebenwirkungen:

- ✔ **Angst und Stress:** Wenn der Boden unter Ihren Füßen zu schwanken beginnt, besteht Ihre erste Reaktion, während Sie versuchen, Ihr Gleichgewicht zu halten, in Angst oder Furcht. Diese aus dem Bauch kommende Reaktion wurde über Millionen von Jahren des gefährlichen Lebens am Abgrund in unsere Gene einprogrammiert. Heutzutage hören die Erschütterungen unglücklicherweise niemals auf, und die kleinen Ängste sammeln sich an und verdichten sich zu einer Dauerspannung und Stress. Ihr Körper wartet in ständiger Anspannung auf den nächsten Ansturm weiterer Schwierigkeiten und Verantwortungen – eine Situation, die es praktisch unmöglich macht, sich zu entspannen und das Leben voll zu genießen. Die Meditation kann

Ihnen helfen, Ihren Körper zu entspannen und den Stress zu reduzieren, und bietet damit eine dringend benötigte Abhilfe.

- **Zersplitterung:** Die meisten Menschen verbrachten früher ihr Leben in immer der gleichen Gemeinschaft. Dort arbeiteten sie, kauften ein, zogen sie ihre Kinder groß und verbrachten sie ihre Freizeit. Sie sahen jeden Tag dieselben Gesichter, arbeiteten ein Leben lang im selben Beruf, blieben mit derselben Person verheiratet und sahen zu, wie ihre Kinder ihre eigenen Kinder nur einen Häuserblock entfernt aufzogen. Heute bringen wir häufig unsere Kinder mit dem Auto oder dem Bus zur Schule oder in den Kindergarten und fahren über weite Entfernungen zur Arbeit, während wir die Nachrichten auf unserem Handy abfragen. Auf dem Weg nach Hause halten wir in einem Einkaufszentrum, und abends surfen wir möglicherweise im Internet. Wir wechseln den Beruf und den Partner häufiger als je zuvor, und wenn unsere Kinder erwachsen werden, ziehen sie oft in ein anderes Bundesland – ins Ausland! Obwohl wir diese Woge der Zersplitterung nicht eindämmen können, können wir die Meditation dazu benutzen, uns mit einer tieferen Ganzheit zu verbinden, die durch externe Umstände nicht gestört werden kann.

- **Entfremdung:** Wenn unser Leben aus losen Teilen eines Puzzles zu bestehen scheint, die nicht zusammenpassen, ist es kein Wunder, dass wir uns vollkommen gestresst fühlen. Trotz der Statistiken, die Zeiten des Wohlstands verkünden, haben viele Leute einen Billigjob, mit dem sie gerade ihre Rechnungen bezahlen, der ihnen aber kein tieferes Gefühl des Eigenwerts oder einer sinnvollen Tätigkeit vermittelt. Gemäß einem Artikel in der Fachzeitschrift *American Demographics* drängt es immer mehr Leute in kleinere Städte, um zu dort zu versuchen, ein Gefühl der Gemeinschaft wiederzugewinnen, und immer weniger Menschen gehen zu den Wahlurnen, weil sie offensichtlich der Meinung sind, dass sie sehr wenig Macht haben, die Dinge zu ändern. Wie es scheint, haben sich niemals zuvor so viele Menschen so entfremdet gefühlt, nicht nur von ihrer Arbeit und ihrer Regierung, sondern auch von anderen, von sich selbst und von ihrem eigenen Wesenskern – und die meisten Menschen verfügen nicht über die Fähigkeiten oder das Know-how, um die Verbindung wiederherzustellen! Indem die Meditation den Abgrund überbrückt, der uns von uns selbst trennt, kann sie dabei helfen, unsere Entfremdung von anderen und der Welt im Allgemeinen zu heilen.

- **Einsamkeit und Isolation:** Mit der wachsenden Mobilität der Menschen werden Familien immer häufiger zersplittert und über den ganzen Globus verstreut. Immer seltener gibt es einen regelmäßigen Kontakt mit den Leuten, die Sie kennen und lieben – und selbst wenn Sie die Möglichkeit dazu haben, sind Sie häufig zu beschäftigt, um eine gegenseitig erfüllende Beziehung herzustellen. Neulich hörte ich eine Werbung im Radio, die ein so genanntes *Family Net*, ein separates Handy für Mutter, Vater und Kinder, mit dem die Familie in Kontakt bleiben kann, mit der Begründung anbot, dass das gemeinsame Essen der Familie der Vergangenheit angehörte! Auch hier können Sie wahrscheinlich nicht die Kräfte eindämmen, die uns trennen. Aber Sie können die Meditation dazu verwenden, aus jedem gemeinsamen Augenblick »Qualitätszeit« zu machen.

- **Depression:** Wenn wir uns einsam, entfremdet, gestresst und von einer tieferen Quelle des Sinns und Zwecks getrennt fühlen, ist es kein Wunder, das einige Leute sich deprimiert fühlen. In Amerika ist *Prozac* zu einem Alltagsbegriff geworden. Millionen von Menschen nehmen tagtäglich stimmungsaufhellende Drogen, um die Schmerzen des postmodernen Lebens nicht zu fühlen. Die Meditation kann Sie mit Ihrer eigenen inneren Quelle der Zufriedenheit und Freude verbinden, die auf natürliche Weise die Wolken der Depression hinwegbläst.

✔ **Stressinduzierte Krankheiten:** Angefangen vom Spannungskopfschmerz und der Magenübersäuerung bis hin zu Herz- und Kreislaufkrankheiten und Krebs gibt es eine ständige Zunahme stressinduzierter Krankeiten, die unsere kollektive Unfähigkeit zum Ausdruck bringt, mit der Instabilität und Zersplitterung unserer Zeit umzugehen – und die eine milliardenschwere Krankheitsindustrie antreibt, die häufig nur die tieferen Probleme der Furcht, des Stresses und der Orientierungslosigkeit maskiert. Wie zahlreiche wissenschaftliche Studien gezeigt haben, kann die regelmäßige Ausübung der Meditation tatsächlich die Folgen vieler stressinduzierter Leiden rückgängig machen (siehe den Abschnitt *Mit Meditation im 21. Jahrhundert überleben* später in diesem Kapitel).

Die Dinge so akzeptieren, wie sie sind

In der Zen-Tradition wird die Geschichte eines armen Bauern erzählt, dem sein einziges Pferd entlaufen war. Seine Freunde und Nachbarn bedauern ihn in seiner Notlage, aber er schien davon nicht berührt zu sein. »Wir werden sehen«, sagte er mit einem geheimnisvollen Lächeln.

Mehrere Tage später kehrte sein Pferd mit einer Horde von fünf wilden Hengsten zurück, die sich ihm unterwegs angeschlossen hatten. Seine Nachbarn frohlockten angesichts dieses günstigen Schicksals, aber er schien nicht aufgeregt zu sein. »Wir werden sehen«, sagte er wieder.

In der folgenden Woche stürzte sein geliebter einziger Sohn bei dem Versuch, einen der wilden Hengste zu reiten und zu zähmen, vom Pferd und brach sich ein Bein. Die ewig besorgten Nachbarn waren außer sich vor Kummer, aber der Bauer, obwohl er den Sohn tröstete und versorgte, schien sich nicht allzu sehr um die Zukunft zu sorgen. »Wir werden sehen«, gab er tiefsinnig von sich.

Am Ende desselben Monats kam der hiesige Kriegsherr in das Dorf des Bauern, um alle gesunden jungen Männer für seinen nächsten Kriegszug einzuziehen. Aber der Sohn des Bauern ... nun ja, Sie können sich den Rest der Geschichte ausmalen.

Falls Sie es noch nicht bemerkt haben: Das Leben gleicht einer Fahrt auf einer Achterbahn, und Sie können das Auf und Ab nicht steuern. Wenn Sie Ihre körperliche und geistige Gesundheit erhalten wollen, müssen Sie lernen, Ihre Geistesruhe zu bewahren.

Vier verbreitete »Lösungen«, die nicht wirklich funktionieren

Bevor ich die Litanei der postmodernen Leiden beende und einige Lösungen vorschlage, die tatsächlich funktionieren, möchte ich Ihnen einen schnellen Überblick über einige verbreitete Ansätze für den Umgang mit Stress und Unsicherheit geben, die mehr Probleme erzeugen, als sie lösen:

- **Sucht:** Süchte imitieren einige Vorteile der Meditation, indem sie die Menschen von ihrem Schmerz ablenken, indem sie sie ermutigen, ihre normalen Sorgen und Beschäftigungen beiseite zu stellen und indem sie die Gehirnchemie ändern. Leider tendieren Süchte auch dazu, den Geist auf eine Sucht erzeugende Substanz oder Aktivität zu fixieren – Drogen, Alkohol, Sex, Spielen usw. –, und es den Menschen dadurch noch schwerer zu machen, sich den Wundern des Augenblicks zu öffnen oder sich mit einer tieferen Dimension des Seins zu verbinden. Außerdem sind die meisten Süchte mit einem selbstzerstörerischen Lebensstil verbunden, der letztendlich die Probleme verstärkt, denen der Süchtige zu entkommen versuchte.
- **Fundamentalismus:** Durch das Eintreten für einfache, eindimensionale Antworten auf komplexe Probleme, durch die Vermittlung eines Gefühls von Bedeutung und Zugehörigkeit und durch die Ablehnung vieler der offensichtlichen Übel des postmodernen Lebens bietet der – religiös oder politisch begründete – Fundamentalismus ein Refugium vor der Mehrdeutigkeit und Entfremdung. Leider trennen Fundamentalisten die Welt in Schwarz und Weiß, gut und böse, wir und sie – und nähren damit nur das Feuer der Entfremdung, der Konflikte und des Stresses in der Welt insgesamt.
- **Unterhaltung:** Wenn Sie sich einsam oder entfremdet fühlen, schalten Sie einfach den Fernseher ein oder gehen Sie in Ihren örtlichen Multiplex-Kinopalast und ziehen sich den neuesten Film rein. Das wird Ihre Angst beruhigen oder Ihren Schmerz lindern – oder etwa nicht? Die Medien scheinen uns nicht nur zu unterhalten, sondern zusätzlich eine Gemeinschaft zu schaffen, indem sie uns mit anderen Menschen und den Ereignissen in unserer Umgebung zusammenbringen. Aber Sie können kein von Herz zu Herz gehendes Gespräch mit einer TV-Berühmtheit führen oder Ihren Lieblingsschauspieler umarmen. Außerdem manipulieren die Medien (absichtlich oder nicht) Ihre Emotionen, füllen Ihren Geist mit den Ideen und Bildern der populären Kultur und fokussieren Ihre Aufmerksamkeit auf etwas außerhalb Ihres Selbst – anstatt Ihnen die Möglichkeit zu geben herauszufinden, was Sie wirklich denken, fühlen und wissen.
- **Konsumieren:** Diese Scheinlösung für die Leiden des Lebens will Ihnen weismachen, dass die Antwort darin besteht, mehr zu wollen und zu haben – mehr Nahrung, mehr Eigentum, mehr Urlaub, mehr von jedem Dies-und-das, das man für Plastik kaufen kann. Wie Sie möglicherweise bemerkt haben, lässt die Faszination jedoch schnell nach, und bald planen Sie Ihren nächsten Kauf – oder versuchen krampfhaft eine Möglichkeit zu finden, wie Sie die Rechnung Ihrer Kreditkarte bezahlen können, die pünktlich wie ein Uhrwerk an jedem Monatsende in Ihrem Briefkasten liegt. Muss ich noch mehr sagen?

Mit Meditation im 21. Jahrhundert überleben

Doch jetzt zu den guten Nachrichten! Wie ich bereits weiter oben in diesem Kapitel erwähnt habe, ist die Meditation ein althergebrachtes Heilmittel gegen Zersplitterung, Entfremdung, Isolierung, Stress und sogar gegen stressinduzierte Krankheiten und Depression. Obwohl sie nicht die externen Probleme Ihres Lebens löst, hilft sie Ihnen dabei, Ihre innere Zähigkeit, Ihren Gleichmut und Ihre Widerstandskraft gegen Schicksalschläge zu entwickeln und kreative Lösungen zu finden.

Um ein Gefühl dafür zu bekommen, wie Meditation funktioniert, stellen Sie sich für einen Moment vor, dass Ihr Körper und Geist einen komplexen Computer bilden. Anstatt darauf programmiert zu sein, inneren Frieden, Harmonie, Gleichmut und Freude zu erfahren, wurden Sie darauf programmiert, auf das unvermeidbare Auf und Ab des Lebens mit Stress, Angst und Unzufriedenheit zu reagieren. Aber es liegt in Ihrer Macht, Ihre Programmierung zu ändern. Indem Sie jeden Tag für zehn oder fünfzehn Minuten alle anderen Aktivitäten beiseite schieben, sich ruhig hinsetzen und sich auf den gegenwärtigen Augenblick einlassen, entwickeln Sie einen ganz neuen Satz gewohnheitsmäßiger Reaktionen und programmieren sich selbst darauf, positivere Emotionen und Geisteszustände zu erfahren. (Nähere Informationen über die tatsächliche Ausübung der Meditation finden Sie in den Kapiteln 6 und 10.)

Natürlich können Sie sich auch – wenn die Vorstellung, ein Computer zu sein, nicht nach Ihrem Geschmack ist – das Leben als einen Ozean vorstellen und das ständige Auf und Ab Ihrer Erfahrung mit den Wellen vergleichen, die an seiner Oberfläche aufgewühlt und aufgeschäumt werden. Wenn Sie meditieren, tauchen Sie durch die Oberfläche in die Tiefe, wo das Wasser ruhiger und gleichmäßiger ist.

Doch egal, welche Metapher Sie bevorzugen, der Punkt ist, dass die Meditation Ihnen ein Mittel an die Hand gibt, Stress und Leiden in Gleichmut und Ruhe zu verwandeln. In diesem Abschnitt werden Sie erfahren, wie Meditierende seit Jahrtausenden den bemerkenswerten Nutzen der Meditation geerntet haben – und wie Sie dies auch können!

Eine fortgeschrittene Technik für den Geist und das Herz

Traditionell hat die westliche Welt die externe Leistung betont, während der Osten mehr Wert auf die innere Entwicklung gelegt hat. Die großartigen wissenschaftlichen und technischen Fortschritte der vergangenen fünfhundert Jahre hatten ihren Ursprung im Westen, während die Yogis und Roshis in den Klöstern und Ashrams Asiens die inneren Künste der Meditation weiterentwickelten. (In Kapitel 3 erfahren Sie mehr über die Geschichte der Meditation.) Heute haben sich Osten und Westen und Norden und Süden zusammengetan und vermischen sich, um eine im Entstehen begriffene globale Kultur und Wirtschaft zu bilden. Als Folge davon können wir die Techniken für die innere Entwicklung, die im Osten perfektioniert wurden, benutzen, um die Exzesse der schnellen technischen Innovationen auszugleichen, die im Westen perfektioniert wurden!

Wie meisterliche Computerprogrammierer haben die großen Meditationsmeister im Laufe der Geschichte die Fähigkeit entwickelt, ihren Körper, ihren Geist und ihr Herz so zu programmieren, dass sie sehr fortgeschrittene, feine Zustände des Seins erfahren konnten. Während wir im Westen damit beschäftigt waren, den Himmel zu kartografieren und die Industrielle Revolution durchzuführen, haben die Meditationsmeister einige ziemlich bemerkenswerte Fähigkeiten entwickelt:

- ✔ Durchdringende Einsicht in die Natur des Geistes und des Prozesses, durch den er Leiden und Stress erzeugt und aufrechterhält

- Tiefe Zustände der ekstatischen Absorption, in denen der Meditierende vollkommen in der Einheit mit dem Göttlichen versunken ist
- Die Weisheit, zwischen der relativen Wirklichkeit und der heiligen Dimension des Seins zu unterscheiden
- Einen unerschütterlichen inneren Frieden, der durch externe Umstände nicht gestört werden kann
- Die Kultivierung von positiven, vorteilhaften und lebensbejahenden Geisteszuständen, wie beispielsweise Geduld, Liebe, Freundlichkeit, Gleichmut, Freude und – insbesondere – Mitgefühl für das Leiden anderer
- Die Fähigkeit, Körperfunktionen zu kontrollieren, die normalerweise als unwillkürliche Funktionen gelten, wie beispielsweise die Anzahl der Herzschläge, die Körpertemperatur und den Stoffwechsel
- Die Fähigkeit, Vitalenergien zu mobilisieren und zum Zweck der Heilung oder persönlichen Transformation durch die verschiedenen Zentren und Kanäle des Körpers zu lenken
- Spezielle psychische Fähigkeiten, wie beispielsweise das *Hellsehen* (die Fähigkeit, Dinge wahrzunehmen, die außerhalb der Reichweite der normalen Wahrnehmung liegen) und die *Telekinese* (die Fähigkeit, Objekte aus der Ferne zu bewegen, ohne sie zu berühren)

Natürlich haben die großen Meditierenden der Vergangenheit diese Qualitäten dazu verwendet, Befreiung vom Leiden zu erreichen – entweder indem sie sich aus der Welt in eine abgehobenere Wirklichkeit zurückzogen oder indem sie weit reichende Einsichten in die Natur der Existenz gewannen. Jedoch können die Meditationstechniken, die sie entwickelt haben und die in den vergangenen wenigen Jahrzehnten im Westen auf breiter Basis verfügbar wurden, auch von uns in normaler, alltäglicher Weise angewendet werden, um einige außergewöhnliche Vorteile zu erlangen.

Kontakt mit Ihrem Körper aufnehmen

Wie Mr. Duffy in dem Roman *Ulysses* von James Joyce leben die meisten Menschen »in einem kurzen Abstand« zu ihrem Körper. Die folgende Meditation, zu der es Gegenstücke im Yoga und Buddhismus gibt, hilft Ihnen, den Kontakt mit dem Körper wiederherzustellen, indem sie die Aufmerksamkeit sanft von einem Körperteil zum anderen lenkt. Während die Übung die Achtsamkeit kultiviert und ebenfalls die Muskeln und internen Organe entspannt, stellt sie eine sehr brauchbare Vorübung zu formaleren Meditationsübungen dar. Reservieren Sie wenigstens 20 Minuten für die Durchführung.

1. **Legen Sie sich auf einer bequemen Oberfläche auf den Rücken – aber nicht zu bequem, damit Sie nicht einschlafen.**
2. **Schließen Sie die Augen, und spüren Sie einige Momente in Ihren Körper insgesamt hinein, einschließlich der Stellen, an denen er Kontakt mit der Oberfläche des Bettes oder des Fußbodens hat.**

3. **Lenken Sie Ihre Aufmerksamkeit auf die Zehen Ihres rechten Fußes.**

   Nehmen Sie ohne Unterschied alle Empfindungen in diesem Bereich wahr. Falls Sie keine Empfindungen verspüren, fühlen Sie einfach, »dass Sie nichts empfinden«. Stellen Sie sich beim Atmen vor, dass Ihr Atem durch die Zehen hinein und hinaus fließt. (Falls Ihnen dies zu verrückt oder zu unbequem erscheint, atmen Sie einfach ganz normal.)

4. **Wenn Sie mit Ihren Zehen fertig sind, gehen Sie nacheinander zur Fußsohle, zur Ferse, zum Fußrücken und zum Knöchel weiter, und spüren Sie jeden Teil auf dieselbe Art und Weise, wie Sie Ihre Zehen gespürt haben.**

   Nehmen Sie sich Zeit. Bei dieser Übung geht es nicht darum, etwas Bestimmtes zu erreichen, nicht einmal Entspannung, sondern darum, mit Ihrem Bewusstsein so weit es Ihnen möglich ist, an der Stelle präsent zu sein, an der Sie sich gerade befinden.

5. **Bewegen Sie sich allmählich Ihren Körper hinauf, und bleiben Sie wenigstens drei oder vier Atemzüge bei jedem Körperteil stehen.**

   Halten Sie die folgende Reihenfolge ein: unteres rechtes Bein, rechtes Knie, rechter Oberschenkel, rechte Hüfte, linke Zehen, linker Fuß, unteres linkes Bein, linker Oberschenkel, linke Hüfte, Becken, unterer Unterleib, unterer Rücken, Solarplexus, oberer Rücken, Brust, Schultern; konzentrieren Sie sich jetzt auf die Finger, Hände und Arme auf beiden Seiten und dann auf den Nacken und die Kehle, das Kinn, die Kiefer, das Gesicht, die Rückseite des Kopfes und die Spitze des Kopfes.

   Wenn Sie die Spitze Ihres Kopfes erreicht haben, fühlen Sie sich möglicherweise so, als seien die Grenzen zwischen Ihnen und dem Rest der Welt fließender geworden – oder als hätten sie sich vollkommen aufgelöst. Gleichzeitig fühlen Sie sich möglicherweise schweigsamer und stiller – frei von Ihrer normalen Unruhe oder Unrast.

6. **Bleiben Sie einen Moment in diesem Zustand; lenken Sie dann Ihre Aufmerksamkeit auf Ihren Körper insgesamt zurück.**

7. **Wackeln Sie mit den Zehen, bewegen Sie die Finger, öffnen Sie die Augen, rollen Sie sanft von einer Seite auf die andere, und setzen Sie sich langsam auf.**

8. **Nehmen Sie sich einige Momente Zeit, um sich zu strecken und sich wieder mit der Umgebung vertraut zu machen, bevor Sie aufstehen und Ihrem Tagewerk nachgehen.**

Und das Kapitel geht noch weiter …

312 Seiten, 2000
DM 29,90
ÖS 218,–
ISBN: 3-8266-2902-7

Georg Feuerstein, Larry Payne

Yoga für Dummies

Entspannung und Lebensfreude mit Yoga

- Der einfache Weg zu mehr Ausgeglichenheit, Gesundheit, Ruhe und Seelenfrieden
- Jede Menge Übungen zum Nachmachen
- Über hundert nützliche Abbildungen und Illustrationen

Yoga muss nicht heißen, dass Sie Ihren Körper hoffnungslos verknoten. Vielmehr soll Yoga zu Ihrer Entspannung beitragen, auch wenn es zunächst nicht so aussieht. Yoga beruht im Wesentlichen auf der Verbindung von körperlichem und geistigem Training und ist vieles auf einmal: eine Technik zur Stressreduzierung, bewusstes Atmen, Meditation; mit Yoga können Sie Ihre Gesundheit fördern und Ihre Fitness verbessern. Yoga fördert die Einheit von Geist und Körper und kann von jedem erlernt werden, um seine Lebensqualität zu verbessern.

Sie erfahren:

- ✔ Wie Sie mit Yoga die Gesundheit und Ganzheit von Körper und Geist verbessern oder wiederherstellen
- ✔ Bhakti, Hatha, Jnana, Mantra, Raja... Wie Sie Ihre richtige Yoga-Disziplin und den richtigen Lehrer finden
- ✔ Wie Sie sich optimal auf Ihre Sessions vorbereiten
- ✔ Wie Sie mit Yoga Ihren täglichen Stress reduzieren können
- ✔ Welche Übungen wozu geeignet sind
- ✔ Wie Sie Ihr persönliches Yoga-Programm erstellen
- ✔ Warum Sie auch meditieren sollten
- ✔ Wie Sie sich mit Yoga größerer Gesundheit erfreuen
- ✔ Wie Yoga Rücken- und Knieprobleme verbessern kann

336 Seiten, 2000
39,90 DM, kart., mit Farbteil
ISBN: 3-8266-2890-X

Stephen P. Maran

Astronomie für Dummies

Für eine aufregende Reise ins Universum

- Eine spannende Einführung in die Astronomie
- Sternenkarten und Planeten-Tabellen zum Selber-Beobachten
- Schwarze Löcher, Quasare, Antimaterie ... verständlich erklärt

Wenn Sie schon immer mal auf Entdeckungsreise ins Universum gehen und alles Irdische hinter sich lassen wollten oder wenn Sie des Nachts bei klarem Himmel oder Vollmond ehrfürchtig aufwärts blicken und sich fragen, was da oben so vor sich geht, dann sollten Sie mit *Astronomie für Dummies* den ersten Schritt wagen und Ihre Reise antreten. Lassen Sie sich in die geheimnisvolle Welt der Planeten einführen, lassen Sie Ihren Blick in die Vergangenheit schweifen und sich zur Sternen- und Himmelsbeobachtung aus dem eigenen Garten verleiten, so dass Ihnen der nächtliche Himmel ganz vertraut wird. Mit diesem Buch werden Sie unterhaltsam in die Welt der Astronomen eingeführt und Asteroiden, Schwarze Löcher, Quasare und Antimaterie werden keine Fremdwörter mehr für Sie sein.

Sie erfahren:

- ✔ Wie Sie am besten Sterne, Kometen und andere faszinierende Phänomene beobachten
- ✔ Wie Sie Planeten und Sternbilder erkennen und benennen können
- ✔ Wie Sie roten Riesen und weißen Zwergen einen Besuch abstatten
- ✔ Woraus Kometen, Planeten, Schwarze Löcher bestehen
- ✔ Was es mit SETI, der Suche nach Außerirdischer Intelligenz, auf sich hat
- ✔ Wie das Universum aus dem Big Bang entstand